Kuno Fischer

Geschichte der neuern Philosophie

Erster Band

Verlag der Wissenschaften

Kuno Fischer

Geschichte der neuern Philosophie

Erster Band

ISBN/EAN: 9783957003645

Auflage: 1

Erscheinungsjahr: 2015

Erscheinungsort: Norderstedt, Deutschland

Hergestellt in Europa, USA, Kanada, Australien, Japan
Verlag der Wissenschaften in Hansebooks GmbH, Norderstedt

Geschichte

der neuern Philosophie.

Descartes

und

seine Schule.

Von

Kuno Fischer.

Erster Theil.
Allgemeine Einleitung.
Descartes' Leben, Schriften und Lehre.

Dritte neu bearbeitete Auflage.

München.
Verlagsbuchhandlung von Fr. Bassermann.
1878.

Geschichte der neuern Philosophie

von

Kuno Fischer.

Erster Band.

Erster Theil.

Dritte neu bearbeitete Auflage.

München.
Verlagsbuchhandlung von Fr. Bassermann.
1878.

Vorwort.

Der erste Band des vorliegenden Werks, der seit längerer Zeit im Buchhandel gefehlt hat, erscheint hier in dritter Auflage und in einer neuen Bearbeitung, die ich erst im Laufe dieses Jahres auszuführen vermochte. Als ich diesen Band zum zweiten male herausgab, war meine Geschichte der neuern Philosophie bis zu Kant gediehen; seitdem sind Fichte und seine Vorgänger, Schelling und sein Zeitalter hinzugekommen. Hegel und seine Schule, die Gegner derselben und der Entwicklungsgang der Philosophie in der nachhegelschen Zeit bis auf die heutigen Tage sind das Thema, das mir noch übrig bleibt. Bei der ungemeinen Schwierigkeit der Objecte, habe ich die Darstellung, um die belehrende Wirkung der Deutlichkeit zu erreichen, so ausführlich behandeln müssen, daß sich der Umfang und Aufwand des Werks über das beabsichtigte Maß vergrößert hat. Denn man kann die Schwierigkeiten auch der eigenen Arbeit erst schätzen, wenn man sie erfahren und zu überwinden gesucht. Trifft es sich dann so gut, daß man den mühevollen Weg zum zweiten male machen darf, so wird man, wie es bei großen und beschwerlichen Reisen der Fall ist, die Kraft gewonnen haben, leichter und schneller fortzukommen. Die Kürze ohne jeden Eintrag der Deutlichkeit ist eine Frucht, die man nur von der ausführlichsten Arbeit und Darstellung erntet.

Der äußere Umfang des Werks soll in der neuen Auflage durch die gedrängtere Form vermindert werden; ich suche meinerseits dieser wohlbegründeten Absicht der Verlagshandlung entgegenzukommen, indem ich jede Art der Kürzung, bei welcher die Deutlichkeit eher gehoben als beeinträchtigt wird, anstrebe. Bei meiner Darstellungsweise kann ich die Kürze nicht durch Streichungen, sondern nur durch eine entsprechende Einwirkung auf alle ineinander gefügten Theile des stylistischen Gebäudes erreichen. Darin liegt ein Grund und ein wesentlicher Theil dieser neuen Bearbeitung; der andere liegt in der Vermehrung des Inhalts, die theils in Betreff der Einleitung, namentlich in den Abschnitten über das Zeitalter der Renaissance und Reformation, wünschenswerth schien, theils durch die Rücksichtnahme auf einige Ergebnisse neuerer Forschungen über Descartes gefordert wurde. Im Uebrigen sind Standpunkt und Einrichtung des Werks unverändert. Es ist unnöthig, in der Vorrede zu wiederholen, was in dem Buche selbst begründet und gerechtfertigt wird. Wenn ein so umfangreiches und keineswegs leicht zugängliches Werk zum dritten male erscheint, so darf ich darin wohl mit einiger Genugthuung die Probe finden, daß es den Zeitgenossen zur Belehrung gereicht hat.

Heidelberg, 23. October 1878.

Kuno Fischer.

Inhaltsverzeichniß.

Einleitung
zur Geschichte der neuern Philosophie.

Erstes Capitel.
	Seite
Geschichte der Philosophie als Wissenschaft	3

Zweites Capitel.
Der Entwicklungsgang der griechischen Philosophie	15
Das Weltproblem	17
Das Erkenntnißproblem	21
Das Freiheitsproblem	25
Das Religionsproblem	28

Drittes Capitel.
Christenthum und Kirche	38
Das Urchristenthum	38
Die Kirche	40
Die Kirchenlehre	43
1. Die Probleme	43
2. Der Augustinismus	46
Die Vergötterung der Kirche	50

Viertes Capitel.
Der Entwicklungsgang der mittelalterlichen Philosophie	51
Aufgabe	51
Das kirchliche Weltalter	53
Die Begründung der Scholastik	58
1. Erigena	58
2. Anselm	60
Der Entwicklungsgang der Scholastik	61
1. Realismus und Nominalismus	61

	Seite
2. Der platonische und aristotelische Realismus	64
3. Summen und Systeme	67
4. Thomas und Scotus	68
5. Occam. Auflösung der Scholastik	70

Fünftes Capitel.

Das Zeitalter der Renaissance	72
Der Humanismus	72
Italienische Renaissance	75
Entwicklungsgang der Renaissance	77
1. Die neulateinische Renaissance	78
2. Die aristotelische Renaissance	79
3. Die politische Renaissance	82
4. Der italienische Neuplatonismus und die Theosophie	86
5. Magie und Mystik	91
6. Die italienische Naturphilosophie	96
7. Die Skepsis als Folge der Renaissance	105

Sechstes Capitel.

Das Zeitalter der Reformation	109
Die neue Weltanschauung	110
1. Der historische Gesichtskreis	110
2. Der geographische Gesichtskreis	111
3. Der kosmographische Gesichtskreis	113
4. Erfindungen	119
Conflict zwischen Kirche und Wissenschaft. Der Proceß Galilei's	119
Die religiöse Reformation	122
1. Der Protestantismus	122
2. Die Gegenreformation und der Jesuitismus	130
3. Der Jansenismus	137

Siebentes Capitel.

Der Entwicklungsgang der neuen Philosophie	141

Erstes Buch.
Descartes' Leben und Schriften.

Erstes Capitel.

Descartes' Persönlichkeit und erste Lebensperiode	147
Lebenstypus	147
Erste Lebensperiode (1596—1612)	150

Zweites Capitel.

Zweite Lebensperiode (1612–1628). Die Wanderjahre.

Seite

A. Weltleben und Kriegsjahre (1612–1621) 157
   Eintritt in die Welt 157
   Die Kriegsdienste in Holland (1617–19) 159
   Die Kriegsjahre in Deutschland (1619–21) 162
     1. Die Feldzüge 162
     2. Einsamkeit in Neuburg. Innere Krisis 165
     3. Die Epoche des Durchbruchs 171

Drittes Capitel.

Fortsetzung. B. Reisen und zweiter Aufenthalt in Paris
(1621–28) 174

Viertes Capitel.

Dritte Lebensperiode (1629–1650). Die Zeit der Werke.

A. Aufenthalt in den Niederlanden 180
   „Die holländische Einsiedelei" 180
   Geistiges Leben in den Niederlanden 187
     1. Bildungszustände 187
     2. A. M. von Schürmann 188
     3. Die Pfalzgräfin Elisabeth 190

Fünftes Capitel.

B. Ausbildung und Veröffentlichung der Werke 196
   Das kosmologische Werk 196
     1. Anordnung und Plan 196
     2. Ausführung und Hemmung 201
   Die philosophischen Werke 207
     1. Motive zur Herausgabe 207
     2. Die methodologischen Schriften 212
     3. Die metaphysischen Werke 213

Sechstes Capitel.

C. Anfänge der Schule. Anhänger und Gegner 220
   Die Kämpfe in Utrecht 220
     1. Neeri und Regius 220
     2. Gisbertus Voëtius 222
     3. Die Verurtheilung der neuen Philosophie . . . 223
     4. Streit zwischen Descartes und Voëtius 226

	Seite
5. Ausgang des Utrecht-Gröninger Streites	231
Angriffe in Leyden	233

Siebentes Capitel.

Letzte Jahre und Werke in Holland … 236
Neue Pläne und Freunde … 236
  1. Reisen nach Frankreich … 236
  2. Clerselier und Chanut … 238
  3. Letzter Aufenthalt in Paris … 241
Ein neuer Gegner. Die letzten Arbeiten … 245
  1. Regius' Abfall … 245
  2. Die letzten Werke … 247

Achtes Capitel.

Descartes' Lebensende in Stockholm … 249
Einladung der Königin … 249
  1. Christine von Schweden … 249
  2. Philosophische Briefe … 250
  3. Einladung und Reise nach Stockholm … 256
Descartes in Stockholm … 259
  1. Aufenthalt und Stellung … 259
  2. Krankheit und Tod … 261

Neuntes Capitel.

Gesammtübersicht der Werke und Schriften … 263
Die von Descartes selbst herausgegebenen Werke … 263
  1. Philosophische … 263
  2. Polemische … 264
Der Nachlaß und die opera postuma … 264
  1. Schriften in fremdem Besitz … 264
  2. Verlorene Schriften … 265
  3. Die von Clerselier herausgegebenen Werke … 266
  4. Sammlung nachgelassener Werke … 267
Ausgabe sämmtlicher Werke … 267
  1. Collectiv-Ausgaben … 267
  2. Ordnung der Briefe … 269
  3. Supplemente … 269

Zweites Buch.
Descartes' Lehre.

Erstes Capitel.

Die neue Methode der Philosophie. Der Weg zum System . 273
   Quellen der Methodenlehre 273
     1. Thema 273
     2. Die methodologischen Postuma. Kritische Fragen . . . 274
   Die Irrwege der Erkenntniß 276
     1. Mangel des Wissens 276
     2. Mangel der Methode 277
   Der Weg zur Wahrheit 279
     1. Die Aufgabe des Wissens 279
     2. Die Methode der wahren Deduction 280
     3. Universalmathematik. Analytische Geometrie . . . 282
     4. Enumeration oder Induction. Intuition 286

Zweites Capitel.

Der Anfang der Philosophie: Der methodische Zweifel . . 289
   Entstehung und Umfang des Zweifels 289
     1. Ueberlieferung der Schule 289
     2. Die menschliche Selbsttäuschung 290
   Der methodische und grundsätzliche Zweifel 294

Drittes Capitel.

Das Princip der Philosophie und das Erkenntnißproblem . . 297
   Das Princip der Gewißheit 297
     1. Das eigene denkende Sein 297
     2. Die Regel der Gewißheit. Der Geist als das klarste Object . 299
   Das Erkenntnißproblem 301
     1. Die Vorstellung eines Wesens außer uns 301
     2. Das Princip der Causalität 302

Viertes Capitel.

Das Dasein Gottes. Die menschliche Selbstgewißheit und Gottes-
   gewißheit 305
   Beweise vom Dasein Gottes 305
     1. Ursache der Gottesidee 305
     2. Die Gottesidee als angeborene Idee 307

		Seite
3. Beweisgründe ontologischer und anthropologischer Art	. . .	307
4. Der anthropologische Beweis als Grundlage des ontologischen	.	309
Selbstgewißheit und Gottesgewißheit		312
1. Die Gewißheit der eigenen Unvollkommenheit		312
2. Die Idee des Vollkommenen und deren Ursprünglichkeit	. .	314
3. Die Ursprünglichkeit, Realität und Wahrhaftigkeit Gottes	. .	315

Fünftes Capitel.

Der Ursprung des Irrthums. Verstand und Wille. Die menschliche Freiheit 317
- Der Irrthum als Willensschuld 317
  1. Die Thatsache des Irrthums 317
  2. Wille und Verstand 319
  3. Der verschuldete Unverstand 320
- Der Wille zur Wahrheit 320
  1. Verhütung des Irrthums 320
  2. Die niedere und höhere Willensfreiheit 322
  3. Die Freiheit vom Irrthum 323

Sechstes Capitel.

Gegensatz zwischen Geist und Körper. Uebergang zur Naturphilosophie 324
- Substantialität der Dinge 324
  1. Das Dasein der Körper 324
  2. Die Substanzen. Gott und die Dinge 327
  3. Attribut und Modi 328
- Die Attribute der Dinge 329
  1. Die falschen Attribute 329
  2. Die Hauptquelle und das Heer unserer Irrthümer . . . 331

Siebentes Capitel.

Naturphilosophie. A. Das mathematische Princip der Naturerklärung 334
- Die Ausdehnung als Attribut der Körper 334
  1. Der Körper als Gegenstand des Denkens 334
  2. Der Körper als Raumgröße 336
- Die Körperwelt 338

Achtes Capitel.

Naturphilosophie. B. Das mechanische Princip der Naturerklärung 339

	Seite
Die Bewegung als Grundphänomen der Körperwelt	339
1. Die Bewegung als Modus der Ausdehnung	339
2. Die Bewegung als Ortsveränderung	340
Die Ursachen der Bewegung	343
1. Die erste Ursache und die Größe der Bewegung	343
2. Die zweiten Ursachen der Bewegung oder die Naturgesetze	344
Hydromechanik. Feste und flüssige Körper	349
1. Unterschied beider	349
2. Der feste Körper im flüssigen	350
3. Himmel und Erde. Planetenbewegung. Hypothese der Wirbel	350
4. Die Leere und der Luftdruck	357

Neuntes Capitel.

Verbindung zwischen Seele und Körper. Die Leidenschaften der Seele. Das natürliche und sittliche Menschenleben	359
Das anthropologische Problem	359
1. Bedeutung und Umfang des Problems	359
2. Der Cardinalpunkt des Problems	362
3. Die Leidenschaften als Grundphänomen der menschlichen Seele	364
Verbindung zwischen Seele und Körper	365
1. Der Mechanismus des Lebens	365
2. Das Seelenorgan	368
3. Wille und Leidenschaften	370
Die Arten der Leidenschaft	373
1. Die Grundformen	373
2. Die abgeleiteten oder combinirten Formen	374
Die sittliche Lebensrichtung	380
1. Der Werth und der Unwerth der Leidenschaften	380
2. Der Werth der Bewunderung	382
3. Die Geistesfreiheit	385

Zehntes Capitel.

Die erste kritische Probe. Einwürfe und Erwiederungen	388
Einwürfe	388
1. Standpunkte und Richtungen der Verfasser	388
2. Gegensätze und Berührungspunkte	391
3. Die Angriffspunkte	395
Die Erwiederungen	406
1. Wider den Einwurf der syllogistischen Begründung	407
2. Wider die materialistischen und sensualistischen Einwürfe	408
3. Wider den Einwurf des nihilistischen Zweifels	410

Elftes Capitel.

Beurtheilung des Systems. Ungelöste und neue Probleme . . 412
  Object und Methode der Untersuchung 412
  Die kritischen Hauptfragen 416
    1. Das dualistische Erkenntnißsystem 417
    2. Der Dualismus zwischen Gott und Welt 418
    3. Der Dualismus zwischen Geist und Körper 423
    4. Der Dualismus zwischen Mensch und Thier 428
  Neue Probleme und deren Lösung 431
    1. Occassionalismus 431
    2. Spinozismus 433
    3. Monadologie 434
    4. Sensualismus 436
    5. Materialismus und Idealismus 437
    6. Kriticismus 438

Einleitung

zur

Geschichte der neuern Philosophie.

Erstes Capitel.

Geschichte der Philosophie als Wissenschaft.

Der Gegenstand dieses Werkes ist die Philosophie der neuen Zeit. So eigenthümlich auch die Lebensbedingungen sind, welche diese Philosophie in sich trägt, so selbstverständlich und einfach die Aufgaben, die sie aus eigenster Einsicht sich setzt, so ist sie doch in ihrem Ursprunge bedingt durch die Geschichte der Philosophie, die ihr vorausgeht. Zwar entsteht sie in einem völlig bewußten Bruch mit der Vergangenheit, sie hat die deutliche und ausgesprochene Gewißheit, daß die Sache wieder einmal ganz von vorn müsse angefangen werden, und erklärt in ihrer Grundlegung, daß sie voraussetzungslos und von allen überlieferten Lehren, von allen geschichtlich gegebenen und befestigten Autoritäten vollkommen unabhängig sein wolle; sie ist es auch in ihrem Sinne wirklich, aber diese Geistesfreiheit selbst ist eine geschichtlich gewordene, diese Voraussetzungslosigkeit eine geschichtlich bedingte, sie wird allmählig angebahnt und vorbereitet in einer zunehmenden Entfernung von den Grundlagen der früheren Philosophie. Es sind bestimmte Wendepunkte, in denen der menschliche Geist, des Vorhandenen satt, seine ursprüngliche Kraft einsetzt und aus dieser unversieglichen Quelle seine Bildung erneut. Solche Wendepunkte sind in dem Entwicklungsgange der Menschheit tief begründet, lange vorbereitet, darum selten. Sie erscheinen immer nur, wenn die Zeiten erfüllt sind. Eine solche Erfüllung der Zeiten bedurfte zu ihrer Entstehung auch die neuere Philosophie. Dazu kommt, daß diese Philosophie bei aller Unabhängigkeit ihres Denkens, bei aller Ursprünglichkeit ihrer Grundlagen, doch in einem beständigen Verkehr mit ihren geschichtlichen Voraussetzungen bleibt; sie widerspricht denselben in ihren Anfängen, sie schärft diesen Widerspruch bis zu einem völligen Gegensatz, sie neigt sich in ihrem weiteren Verlauf diesen Voraussetzungen zu und fühlt sich mit ihnen in einer geistigen Verwandtschaft, sie erneut in ihrem jüngsten Zeitalter diesen Gegensatz und diese Verwandtschaft. So giebt sich die neuere Philosophie zu der früheren stets ein bestimmtes Verhältniß und läßt sie nie aus ihrem Gesichtskreise verschwinden. Daher müssen wir uns in der Einleitung dieses Werkes darüber klar werden, aus welchen geschichtlichen Bedingungen die neuere Philosophie hervorgeht, in welchem Zusammenhange mit dem großen Bildungsgange der Menschheit ihr Zeitalter beginnt.

Schon in dem Begriff einer Geschichte der Philosophie sind gewisse Schwierigkeiten enthalten, die gegen die Möglichkeit der Sache bedenklich machen könnten. Denn ein Begriff ist schwierig, wenn seine Merkmale sich nicht sofort vereinigen lassen, er ist unmöglich, wenn diese Merkmale wirklich unvereinbar sind. Nun scheint zwischen dem Begriff der Geschichte und dem der Philosophie in der That ein solcher Widerstreit stattzufinden: Geschichte ist nicht denkbar ohne eine Zeitfolge von Begebenheiten, Philosophie nicht ohne Erkenntniß der Wahrheit, und wahr ist nur diejenige Vorstellung, welche der Sache oder ihrem Gegenstande vollkommen entspricht. Hier aber giebt es bloß die beiden Möglichkeiten, daß die Uebereinstimmung zwischen Vorstellung und Sache entweder stattfindet oder nicht: in dem ersten Fall ist die Vorstellung wahr, in dem andern falsch. Die Wahrheit ist nur eine, sie hat keine Reihe oder Zeitfolge von Fällen, darum, wie es scheint, keine Geschichte. Und so erscheint eine Geschichte der Philosophie, eine Reihenfolge verschiedener Systeme, die oft unter einander im größten Widerstreit, nie mit einander in völliger Uebereinstimmung sind, als das offenbare Gegentheil der Philosophie selbst, als das deutlichste Zeugniß gegen deren Möglichkeit. So ist der Widerstreit der Philosophen, die Vielheit und Verschiedenheit ihrer Systeme auch stets von denen genommen worden, welche die Möglichkeit einer wahren Erkenntniß bezweifelt haben. Unter den Einwürfen, welche die alten Skeptiker gegen die Philosophie vorbrachten, war der Streit der Systeme einer der ersten und wichtigsten. Es leuchtet ein, daß unter diesem Gesichtspunkte von einer Geschichte der Philosophie im strengen Verstande nicht geredet werden kann; entweder man hält sich an die geschichtlich gegebene Thatsache der vielen sogenannten Systeme, ohne sich um deren Wahrheitsgehalt zu kümmern, und läßt demgemäß von der Geschichte der Philosophie nichts übrig als eine Geschichte der Philosophen, ihrer

Lebensverhältnisse, Meinungen und Schulen, die man darstellt, so gut es die Quellen erlauben und so gut man die Quellen versteht; oder man fordert die Einheit der wahren Erkenntniß und sieht in jenen verschiedenen Systemen so viele Versuche, die ihr Ziel verfehlt haben und die man beurtheilt ohne jede Rücksicht auf ihren geschichtlichen Charakter. So trennt sich in der Betrachtung der Geschichte der Philosophie das geschichtliche Interesse ganz von dem philosophischen: im ersten Fall wird die Geschichte der Philosophie ein Gegenstand bloß der Erzählung, im zweiten ein Gegenstand bloß der Beurtheilung; die Erzählung der ersten Art ist ebenso unkritisch und urtheilslos, als die Kritik der zweiten unhistorisch und ohne geschichtliche Einsicht. Unter dem einseitig historischen Gesichtspunkt giebt es wohl eine Geschichte, aber keine Philosophie, und unter dem einseitig kritischen giebt es wohl eine Philosophie, aber keine Geschichte. Diese Philosophie ohne geschichtliches Interesse und ohne das Vermögen, die Dinge historisch zu würdigen, hält die Aufgabe der wahren Erkenntniß entweder für unlösbar und darum die gegebenen Systeme für lauter Irrthümer, oder sie behauptet aus praktischen Gründen eine gewisse in allen Fällen gültige Erkenntniß der Wahrheit, die aber von jenen Systemen theils verfehlt, theils nur unvollkommen erreicht und mit falschen Ansichten vermischt sei. So verfährt sie mit den geschichtlichen Systemen entweder durchaus skeptisch, indem sie alle verwirft, oder eklektisch, indem sie nach einem völlig subjectiven Maaßstab das Wahre sondert und auswählt. Diese Kritiker nun sind bei weitem nicht, was sie sein wollen; sie meinen, den geschichtlichen Systemen gegenüber, die sie von oben herab ansehen, höchst unbefangen und unabhängig zu urtheilen, als ob sie über der Geschichte der Philosophie ständen; sie wissen nicht, daß sie ihre eigenen Standpunkte von eben dieser Geschichte empfangen, daß diese Standpunkte selbst geschichtlich geworden und vorbereitet sind, daß sie aus einer ganz bestimmten geschichtlichen Lage der Philosophie mit Nothwendigkeit hervorgehen und eben dadurch zeitweilig berechtigt werden.

Es ist natürlich, daß dieser historische und dieser kritische Gesichtspunkt die ersten und nächsten sind, unter denen man die Geschichte der Philosophie als Gegenstand betrachtet; sie wird zunächst entweder von Geschichtsschreibern oder von skeptischen und eklektischen Philosophen dargestellt. Drei wichtige Quellen für die Kenntniß der alten Philosophie sind eben so viele Beispiele für diese historische, skeptische und eklektische Betrachtungsweise: Diogenes Laërtius, Sextus Empirikus, Johannes Stobäus. Und unter den ersten Schriftstellern, die in der neuen Zeit die Systeme der Philosophen dargestellt und beurtheilt haben, giebt es drei, die sich mit jenen Standpunkten vergleichen lassen: Thomas Stanley, Pierre Bayle und Jakob Brucker.

Bei dieser Trennung des historischen und kritischen Standpunktes wird die Aufgabe, welche die Geschichte der Philosophie stellt, nicht gelöst und die Schwierigkeit, welche in der Sache liegt, bloß umgangen. Wir erhalten von den einen Geschichte ohne Philosophie, von den andern Philosophie ohne Geschichte. Geschichte der Philosophie ist begreiflicher Weise auf keinem dieser Standpunkte möglich. Und hier kehrt uns die Frage zurück: wie ist Geschichte der Philosophie als Wissenschaft möglich?

Untersuchen wir etwas genauer, ob die Philosophie als Liebe zur Weisheit, als Streben nach Wahrheit oder wahrer Erkenntniß in der That den Begriff der Geschichte von sich ausschließt? Lassen wir die gewöhnliche Erklärung für jetzt gelten, nach welcher die Wahrheit in der adäquaten Vorstellung besteht, d. h. in der vollkommenen Uebereinstimmung zwischen unserem Begriff und der Sache. Setzen wir die Sache voraus als ein gegebenes, in sich vollendetes Object, das unveränderlich sich gleich bleibt, so sind allerdings nur die beiden Fälle möglich, daß unsere Vorstellung diesem so ausgemachten Gegenstande entweder gemäß ist oder nicht. Nehmen wir an, daß es eben so ausgemacht eine sachgemäße und fertige Vorstellung giebt, so sind nur die beiden Fälle möglich, daß wir diese vorhandene wahre Vorstellung entweder haben oder nicht, daß wir die Wahrheit entweder völlig besitzen oder völlig entbehren. Dann ist jede Art der Geschichte aus dem Gebiete der Wahrheit ausgeschlossen.

So aber verhält es sich in keinem Fall. Der Gegenstand unserer Erkenntniß möge noch so ausgemacht und seiner Natur nach unveränderlich sein, die ihm entsprechende Vorstellung unsererseits ist niemals in einer solchen Fertigkeit gegeben, daß wir mit einem Griff dieselbe entweder erfassen oder verfehlen. Selbst wenn die wahren Vorstellungen uns angeboren wären, so müßten wir uns derselben doch allmählig bewußt werden und einen Aufklärungsproceß durchlaufen, der einer Geschichte unseres Bewußtseins gleichkäme. Und wenn die wahren Vorstellungen dem Geiste nicht ursprünglich eingeprägt sind, so müssen sie aus dem Geiste geboren, d. h. gebildet werden, also einen Bildungsproceß durchlaufen, der nichts anderes sein kann als eine allmählig fortschreitende Berichtigung unserer Begriffe, die in ihrer ersten natürlichen Verfassung den Objecten nicht gemäß sind. In dem menschlichen Bewußtsein ist jede wahre Vorstellung eine gewordene, hier hat jede Wahrheit ihre Geschichte, ohne welche sie nicht zu Stande kommt, diese Geschichte bildet einen wesentlichen Theil in dem geistigen Bildungs- und Entwicklungsgange des Individuums. Je größere Schwierigkeiten zu überwinden, je mehr Aufgaben zu lösen sind, um die Wahrheit an's Licht zu bringen, um so länger natürlich dauert ihr Bildungsproceß; ganze Zeitalter bleiben in Irrthümern befangen, die einzusehen, zu berichtigen, zu überwinden, die Kraft neuer Zeiten erfordert wird. An einem solchen Bildungsproceß arbeiten Jahrhunderte. Eine solche Wahrheit hat eine Geschichte im Großen. Die menschlichen Wissenschaften sämmtlich sind geschichtlich geworden und konnten nur durch eine allmählige Ausbildung werden, was sie sind. Das Weltgebäude in seiner Verfassung, seinen Gesetzen, seiner mechanischen Ordnung bleibt als ein Gegenstand menschlicher Anschauung unverrückt dasselbe, aber die Astronomie mußte eine Reihe von Vorstellungen ausbilden und befestigen, wieder erschüttern und aufgeben, um auf diesem Wege nach so vielen Jahrhunderten die wahren Einsichten zu erreichen. So unrichtig ihr altes System war, dennoch bildete es die nothwendige Vorstufe zu dem neuen und richtigen.

Von der obigen Voraussetzung gilt also die zweite nie: daß die wahren Vorstellungen einmal für immer ausgeprägt und fertig sind, vielmehr sind sie allemal zu lösende Aufgaben. Aber auch der erste Satz gilt nicht immer: daß nämlich der Gegenstand unserer Erkenntniß unveränderlich derselbe bleibt. Wenn nun dieser Gegenstand selbst einen Proceß bildet, selbst in einer Veränderung begriffen ist, die sich immer wieder erneut, nicht in einer solchen Veränderung, die nach denselben Gesetzen beständig wiederkehrt, wie die Bewegungen in der Natur und der Kreislauf des Lebens, sondern in einer schöpferischen Thätigkeit, in einer wirklich fortschreitenden Bildung? Wenn dieser Gegenstand selbst eine Geschichte nicht bloß hat, sondern sein ganzes Wesen in dieser Geschichte entfaltet und darthut, ohne es je in irgend einem Abschnitte derselben zu erschöpfen? Wenn mit einem Worte dieser Gegenstand lebendiger, geistiger Natur ist? So leuchtet ein, daß die Erkenntniß eines solchen Objects nicht bloß, wie jede menschliche Einsicht, einer Ausbildung bedarf, sondern um ihrem Gegenstande gleichzukommen, selbst in einem geschichtlichen Fortschritt begriffen sein muß. Ein fortschreitender Bildungsproceß kann nur begriffen werden in einem fortschreitenden Erkenntnißproceß.

Dieser fortschreitende Bildungsproceß ist der menschliche Geist, dieser fortschreitende Erkenntnißproceß ist die Philosophie als die Selbsterkenntniß des menschlichen Geistes. Denn es ist klar, daß der menschliche Geist als selbstbewußtes Wesen sich Gegenstand sein, darum sich Problem werden muß; er muß suchen, dieses Problem zu lösen, er kann ohne ein solches Streben nicht sein. Eben dieses Streben ist die Philosophie. Ohne dasselbe könnte der Geist nicht sich selbst Problem, nicht sein eigenes Object, also nicht selbstbewußt sein. Das menschliche Selbstbewußtsein ist eine Frage, welche die Philosophie auflöst. Der menschliche Geist ist gleich einer geschichtlichen Entwicklung, die in einer Mannigfaltigkeit von Bildungen, in einer Reihe von Bildungssystemen verläuft, die der Geist aus sich hervorbringt, erfüllt, auslebt, und woraus er als seinem Stoff neue Culturformen erzeugt. Was kann diesem Object gegenüber die Erkenntniß, die ihm entsprechen will, anderes sein, als eine Mannigfaltigkeit und Reihe von Erkenntnißsystemen, die gleich ihrem Object ein geschichtliches Leben führen? Was also kann die Philosophie in dieser Rücksicht anderes sein, als Geschichte der Philosophie? Sie ist wie eine Größe, deren Werth ausgemacht wird in einer Reihe von Größen. Auf den ersten Blick schien es, als ob der Begriff der Philosophie die Möglichkeit einer Geschichte als etwas ihr Unverträgliches von sich ausschließt; jetzt sehen wir, daß im Gegentheil die Philosophie die geschichtliche Entwicklung nicht bloß als eine Möglichkeit zuläßt, sondern als eine Nothwendigkeit fordert, daß jedem philosophischen System mit seinem geschichtlichen Werth auch seine geschichtliche Wahrheit zukommt, daß jedes dieser Systeme ebenso sehr in seiner geschichtlichen Eigenthümlichkeit als nach seinem Wahrheitsgehalt erkannt sein will, daß mithin die Geschichte der Philosophie als Wissenschaft den historischen Gesichtspunkt mit dem kritischen, das geschichtliche Interesse mit dem philosophischen auf das engste vereinigt. Wenn das Object der Stein der Weisen wäre, so wäre die Wahrheit ein Fund, ein Treffer, den man entweder gewinnt oder verfehlt. Wenn das Object der menschliche Geist ist, so ist die Wahrheit selbst eine lebensvolle Geschichte, sie muß sich entwickeln und fortschreiten in dem großen Bildungsgange der Menschheit.

So muß es sein, wenn in der That der menschliche Geist der eigentliche Gegenstand der Philosophie, wenn diese ihrer Grundrichtung, ihrer eigentlichen Aufgabe nach nichts anderes ist, als die Selbsterkenntniß des Geistes, die menschliche Selbsterkenntniß im Großen. Ist diese Annahme richtig? Ist diese Erklärung nicht zu eng und beschränkt? Umfaßt die Philosophie ihrer Aufgabe nach nicht mehr als den menschlichen Geist? Wir nennen sie Selbsterkenntniß, sie selbst nennt sich Weltweisheit. Und die Selbsterkenntniß kann sich zur Weltweisheit doch nur verhalten, wie der menschliche Geist zur Welt, d. h. wie der Theil zum Ganzen. Daß wir also nicht einen sophistischen Schluß machen und was auf die Philosophie in einem gewissen Sinn paßt, auf die Philosophie in jedem Sinn ausdehnen, was nur theilweise von ihr gilt, überhaupt von ihr gelten lassen!

Es ist allerdings wahr, daß unter den geschichtlich gegebenen Systemen keineswegs alle die Aufgabe der menschlichen Selbsterkenntniß in ihren Vordergrund stellen und von dieser Aufgabe alle übrigen abhängen lassen; vielmehr ist nur in seltenen Momenten im Laufe der Zeit das delphische Wort an der Spitze der Philosophie erschienen mit dem vollen und ausgesprochenen Bewußtsein, die erste aller philosophischen Aufgaben zu sein. Aber so oft es geschah, war damit zugleich in dem Bildungsgange der Philosophie ein entscheidender Wendepunkt eingetreten, wie im Alterthum durch die sokratische Epoche und in der neuen Zeit durch die kantische. Es läßt sich leicht zeigen, daß die Bedeutung dieser Wendepunkte sich über die gesammte frühere und die gesammte folgende Philosophie erstreckt, daß sie in Rücksicht auf jene die Frucht, in Rücksicht auf diese den Saamen bilden, daß sie die vorhergehende Philosophie durchgängig vollenden, die folgende durchgängig beherrschen. Und so wird es klar und durch die geschichtliche Erfahrung selbst bestätigt, daß die menschliche Selbsterkenntniß das Grundthema aller Systeme ausmacht: aller, wenn man sie nicht vereinzelt, sondern in ihrem inneren Zusammenhange betrachtet. Sie ist in der That die durchgängige Aufgabe, in welche die klare Einsicht die Systeme der einen Reihe vorbereiten, von welcher mit klarem Bewußtsein die Systeme der andern Reihe ausgehen.

Die Epochen, in denen das Bewußtsein dieser Aufgaben durchbricht, würden uns nicht den Weg der Philosophie nach beiden Seiten so hell erleuchten, sie würden nicht die Punkte sein, wo wir uns so leicht und einfach nach allen Richtungen orientiren, wenn sie nicht die Natur der Sache in ihrem ganzen Umfange zum Vorschein brächten.

Und was die geschichtliche Erfahrung auf diese Weise darthut, das lehrt, richtig erwogen, schon der Begriff der Philosophie. Denn die menschliche Selbsterkenntniß ist unter allen wissenschaftlichen Aufgaben nicht blos die tiefste, sondern auch die umfassendste. Die Philosophie als Selbsterkenntniß begreift die Philosophie als Weltweisheit offenbar in sich. Die gedankenlose Vorstellung freilich läßt die Selbsterkenntniß zur Weltweisheit, das Selbst zur Welt sich verhalten wie den Theil zum Ganzen, sie sieht in dem Selbst ein einzelnes Ding, in der Welt den Inbegriff der Dinge: wie sollte also jenes nicht kleiner sein als diese? Und doch ist es nicht schwer einzusehen, daß die Welt als Inbegriff der Dinge ein Wesen voraussetzt, das einen solchen Inbegriff bildet, also ein begreifendes Wesen, denn Inbegriff ist nichts an sich; es ist nicht schwer einzusehen, daß die Welt als Gegenstand unserer Betrachtung, als Aufgabe unserer Erkenntniß, nur möglich ist unter der Bedingung eines Wesens, das sie zum Gegenstand macht, also eines anschauenden, vorstellenden, mit einem Worte selbstbewußten Wesens; daß dieses selbst als einzelnes Ding, als Theil der Welt, unter die Objecte gehört, die angeschaut, vorgestellt, gegenständlich gemacht sein wollen, also ein ursprüngliches Selbst voraussetzen, welches den innersten Kern unseres Wesens bildet. Hier ist das große Räthsel der Dinge, das zur Lösung drängt: das Problem aller Probleme. Welt und Selbst verhalten sich wie Object und Subject, wie das Bedingte zur Bedingung, nicht wie das Ganze zum Theil, auch nicht wie die Seiten eines Gegensatzes, die einander ausschließen, etwa das Reale zum Idealen, um die beliebte Formel zu brauchen, in der man so gern das Verhältniß zwischen Object und Subject, Welt und Selbst ausdrückt. Die Welt ist unser Gegenstand, unsere Vorstellung; sie ist nichts unabhängig von unserer Vorstellung, diese ist nichts unabhängig von unserem Selbst. Die Welt sind wir selbst. Jede falsche Weltansicht ist immer zugleich eine Selbsttäuschung, jede wahre Weltansicht immer zugleich eine Selbsterkenntniß. Wie es keine Welt giebt, unabhängig von unserem Selbst, dem sie erscheint, das sie vor=

stellt, so giebt es auch keine Weltweisheit, die unabhängig oder abgesondert wäre von der menschlichen Selbsterkenntniß. Hier sind nur zwei Fälle denkbar: entweder unsere Selbsterkenntniß wird von unserer Weltansicht abhängig gemacht oder umgekehrt. Die Natur der Sache fordert das Zweite, aber die Einsicht in diese Nothwendigkeit will erobert sein, und die Philosophie hat eine Reihe von Voraussetzungen zu durchlaufen, bevor sie diese Einsicht erreicht. Und so unterscheiden sich ihre Grundrichtungen. Zuerst erscheint die Welt als das Erste und das Selbst als das Zweite, bis die Selbsttäuschung, die diesem Gesichtspunkt zu Grunde liegt, einleuchtet und sich nun das Verhältniß im Bewußtsein der Philosophie umkehrt.

Damit wollen wir festgestellt haben, daß die Philosophie vermöge ihres eigenen Begriffs nichts anderes sein kann, als die Selbsterkenntniß des menschlichen Geistes und, sobald sie die erste Selbsttäuschung überwunden, auch bewußterweise nichts anderes sein will. Ihr geschichtlicher Entwicklungsgang wird diese Wahrheit bestätigen.

Dieser Begriff erlaubt eine Reihe selbstverständlicher Folgerungen, welche die Geschichte der Philosophie erleuchten und eine Menge Vorurtheile wegräumen, welche die richtige Ansicht über die geschichtlichen Bildungsformen der Philosophie hindern.

Das Erste ist, daß die Philosophie, wie der menschliche Geist selbst, einer geschichtlichen Entwicklung fähig und bedürftig ist, daß sie an den Bildungssystemen, welche Zeitalter und Völker erfüllen, lebendigen Theil nimmt, deßhalb auch dem Gange und den Schicksalen derselben mitunterliegt. Sie ist die menschliche Selbsterkenntniß im Großen. Der Mensch im Großen ist die Menschheit auf der Höhe einer ihrer Entwicklungsstufen, unter der Herrschaft einer bestimmten und ausgeprägten Bildungsweise. Die Philosophie hat die Aufgabe, diese Bildungsform zu durchschauen, sie aus ihrem innersten Motiv heraus zu begreifen und klar zu machen, was sie ist und erstrebt. Dieses innerste Motiv muß zum Vorschein kommen, der Geist muß sich desselben bewußt werden, wenn er sich überhaupt seiner bewußt werden will. Denn dieses innerste Motiv ist er selbst. Und diese Aufgabe zu lösen, giebt es kein anderes Mittel als die Philosophie.

Diese Aufgabe wird um so schwieriger, je reicher und vielgestaltiger die Bildungswelt ist, welche die Philosophie aus ihrem Mittelpunkte heraus erleuchten soll. Der geistigen Richtungen und In=

teressen, die sich auf dem lebensvollen Schauplatze der Welt drängen, sind viele, verschiedenartige, entgegengesetzte, die einander bekämpfen. So verschiedenartig sind die in dem menschlichen Geistesleben wirksamen Motive. So verschiedenartig müssen demnach auch die philosophischen Richtungen sein, die in einem solchen Zeitalter zur Geltung kommen, und es ergiebt sich von selbst, daß die Widersprüche der Zeit in widerstreitenden Systemen hervortreten, deren jedes eine Seite des herrschenden Menschengeistes wissenschaftlich erscheinen läßt, und die sich gegenseitig ergänzen, um die philosophische Aufgabe der Zeit zu lösen.

Es giebt herrschende Zeitrichtungen, die sich entweder allein gültig oder mit einem unverkennbaren Uebergewichte hervorthun und die geschichtlich wirksamen Kräfte in ihren Dienst nehmen, gestützt entweder auf die große Aufgabe der Zeit, auf die höchsten Interessen des menschlichen Geistes, die alle übrigen in den Hintergrund drängen und verdunkeln, oder auf die Interessen der Masse, die mit der Geltung ihrer Lebenszwecke in den Vordergrund rückt und zeitweilig alle andern Bildungsinteressen überwuchert. So entstehen auch in der Philosophie herrschende Systeme einer doppelten Art, die tiefsinnigen, die in das Innerste des menschlichen Geistes eindringen, und die populären, die nur so viel begreifen, als die Meisten begehren.

Indessen, wie auch der geschichtliche Geist beschaffen sein mag, der sich in der Philosophie aufklärt, diese Aufklärung ist immer mehr als ein bloßes Abbild. Um zunächst das große Verhältniß im verkleinerten Maaßstab zu beobachten: die Philosophie verhält sich zu dem geschichtlichen Menschengeist, wie die Selbsterkenntniß zu unserem Leben. Was liegt in dem Acte der Selbsterkenntniß? Wir ziehen uns von der Außenwelt, die uns einnahm, zurück und beschäftigen uns mit uns selbst; es ist das eigene Leben, das wir uns gegenständlich machen, und indem wir ihm betrachtend gegenübertreten, werden wir uns selbst zur Erscheinung, fallen wir nicht mit unserem bisherigen Dasein zusammen, sondern erheben uns darüber, wie das Auge des Künstlers über das Werk, das unter seinen Händen entstanden. Das Auge des Künstlers, das in die Arbeit versenkt war, sieht anders als das Auge des prüfenden Künstlers, der das Werkzeug niederlegt, von seiner Arbeit zurücktritt und aus einem wohlgelegenen Gesichtspunkt das Ganze überschaut. Jetzt entdeckt er Mängel, die ihm vorher verborgen waren, hier erscheint ein Mißverhältniß in den Theilen, dort überwuchert ein Glied das ebenmäßige Ganze. In der günstigen Beleuchtung, die er wählt, sieht er jetzt, wie das Eine mit dem Andern übereinstimmt, und erkennt deutlich, was diese Uebereinstimmung stört. Was wird der Künstler thun? Etwa dem Werke entsagen, weil es noch nicht vollendet ist, weil ihm vieles mißlungen erscheint? Oder nicht vielmehr das Werkzeug von neuem ergreifen und nach der richtigen Idee, die er im Augenblick der Prüfung empfangen, jetzt richtiger und besser arbeiten? Lassen wir das Bild: der Künstler sind wir, das Kunstwerk bedeutet unser Leben, der prüfende Blick, der das Werk durchschaut, ist die Selbsterkenntniß, die das Leben unterbricht. Wir ziehen uns aus dem Dasein, daß wir bis jetzt gelebt haben, wie der Künstler aus seinem Werke, zurück, wir entfernen uns davon bis auf einen Punkt, wo uns das eigene Dasein gegenständlich wird und wir eine deutliche Selbstanschauung gewinnen; wir treten damit aus dem bisherigen Lebenszustande heraus und werden nie wieder in die Verfassung desselben zurückkehren. So entscheidet die Selbsterkenntniß in unserem Dasein den Moment, der eine Lebensperiode abschließt und eine neue eröffnet, sie bildet eine Krisis in der Entwicklung, sie macht einen Wendepunkt oder eine Epoche des Lebens. Sie ist nicht bloß ein Abbild, sondern zugleich eine Umwandlung unseres Lebens. Wir befreien uns von unseren Leidenschaften, sobald wir sie denken, - sie hören auf unser Zustand zu sein, sobald sie unser Gegenstand werden, wir hören auf sie zu empfinden, sobald wir anfangen sie zu betrachten. Darin liegt die ganze Bedeutung der Selbsterkenntniß, die Krisis, die sie in unserem Leben bewirkt. Sie verwandelt unseren Zustand in unseren Gegenstand, sie stellt die Macht, unter der wir gelebt haben, als Object uns gegenüber. Was ist die nothwendige Folge? Wir sind nicht mehr in diesem Zustande befangen, wir sind nicht mehr von dieser Macht beherrscht, wir sind also nicht mehr, was wir waren. So ist die ernste Selbsterkenntniß jedesmal eine gründliche Befreiung und Erneuerung unseres Lebens, sie ist wirklich die Krisis, in welcher die Gegenwart sich von der Vergangenheit scheidet und die Zukunft sich vorbereitet; die Acte der Selbsterkenntniß sind in unserm Leben, was die Monologe in einem Drama, die Handlung zieht sich aus dem bewegten Schauplatz der Außenwelt in das innerste Gemüth zurück, und hier in der Stille der Selbstbesinnung löst und bildet sie ihre Probleme.

Solche tief eingreifenden Momente fehlen in keinem geistig bewegten Dasein und jeder findet sie in der eigenen Erfahrung. Es ist unmöglich, daß wir auf die Dauer in die bestimmten Lebens- und Bildungszustände, von denen wir beherscht werden, gleichsam ohne Rest aufgehen. Unmerklich beginnt, allmählig wächst das widerstrebende Selbstgefühl. In demselben Maße erlischt das Interesse, mit dem wir die eingelebten Bildungsformen festhalten; in demselben Maße hören diese auf uns zu erfüllen, wir sind derselben satt, ein Gefühl des Ueberdrusses und der Nichtbefriedigung macht sich immer lebhafter immer peinlicher geltend, und zuletzt bleiben wir allein mit uns selbst. Eines ist gewiß: wir sind dem bisherigen Lebenszustande entfremdet, innerlich davon losgelöst und befreit, zum erstenmal werden wir unserer Selbstständigkeit inne und entschädigen uns im Stillen mit diesem großen Bewußtsein für Alles, was wir nicht mehr begehren oder glauben, daß wir es nicht mehr begehren. Jetzt beginnt das Nachdenken über uns selbst, über das Problem unseres Daseins über das Problem der Welt. Wir fangen an zu philosophiren, soweit wir es vermögen, soweit unsere Bildung reicht. Diese Philosophie ist eine Frucht unserer Bildung, so reif oder unreif sie ist; sie ist in dem Bildungszustande begründet, aus dem sie hervorgeht und von dem sie uns befreit; sie wird darum nothwendig diesen Bildungszustand auch mitausdrücken. Ich habe aus der Erfahrung und Entwicklung des einzelnen Lebens die Gemüthsstimmung geschildert, in welcher der Wille sich dem Nachdenken und der Selbsterkenntniß zuneigt und die ersten Motive der Philosophie aufkeimen; es sind die Momente, wo in feurigen Seelen ein leidenschaftliches Bedürfniß erwacht, die Philosophie kennen zu lernen und von ihr die Befriedigung zu empfangen, welche das Leben nicht mehr gewährt.

Was in der Entwicklung des Individuums die bedeutungsvollen Selbstbetrachtungen sind, das sind in dem Gesammtleben der Menschheit die hervorragenden Systeme der Philosophie; sie begleiten nicht blos den fortschreitenden Menschengeist, sondern sie greifen still aber mächtig in diesen Fortschritt ein, sie machen durch ihre denkende Betrachtung zum Gegenstande, was vorher herrschender Zustand war, sie befreien die Welt von dieser Herrschaft, und so wirken sie vollendend in Rücksicht der vorhandenen, vorbereitend und begründend in Rücksicht einer neuen menschlichen Bildung; sie wirken als weltgeschichtliche Factoren, in denen die großen Cultursysteme sich ausleben

und die großen Culturkrisen von innen heraus ausgemacht werden.
Die Menschheit ist ein Problem, das in der Geschichte immer vollständiger entwickelt, in der Philosophie immer deutlicher zum Vorschein gebracht, immer tiefer begriffen wird: das ist, kurz gesagt, der ganze Inhalt der Geschichte der Philosophie, ein Inhalt selbst von größter geschichtlicher Bedeutung. Erst dann sieht man die Geschichte der Philosophie im richtigen Lichte, wenn man in ihr den Entwicklungsgang erkennt, in welchem die nothwendigen Probleme der Menschheit mit aller Deutlichkeit bestimmt und so gelöst werden, daß aus jeder Lösung in fortschreitender Ordnung immer neue und tiefere Probleme entspringen. Ueber diesen Entwicklungsgang müssen wir uns den Grundzügen nach orientiren, um den Punkt festzustellen, wo wir selbst in seine Darstellung eingehen.

Zweites Capitel.
Der Entwicklungsgang der griechischen Philosophie.

Der Eintritt des Christenthums in die Weltgeschichte bildet die Grenzscheide, in welcher die beiden größten Weltperioden sich trennen, die vorchristliche und christliche, wir verstehen unter dieser Grenzscheide das ganze Zeitalter, welches die neue Religion nöthig hatte, um die alte zu überwinden und selbst eine weltgeschichtliche Macht zu werden.

In der vorchristlichen Welt war ein Volk vor allen übrigen das philosophische, es hat diese Geistesherrschaft fast ungetheilt länger als ein Jahrtausend geführt, und seine Systeme bleiben noch für die nachfolgenden christlichen Zeitalter eine Schule der Bildung und Erziehung. Die herrschende Philosophie des Alterthums ist die griechische. Sie beginnt in dem sechsten vorchristlichen Jahrhundert und endet in dem sechsten der christlichen Zeitrechnung. Ihre Anfänge fallen zusammen mit dem Aufgange des persischen Weltreichs, und ihre letzte Schule erlischt etwa ein halbes Jahrhundert nach dem Untergange der weströmischen Welt. Ein eigenthümliches Schicksal hat gewollt, daß griechische Philosophen der ersten Zeit sich vor den Persern flüchten mußten, deren Eroberungszüge schon die hellenische

Welt bedrohten, und daß über ein Jahrtausend später die letzten Philosophen Griechenlands, aus Athen vertrieben, ihre Zuflucht bei dem Perserkönige suchten, geächtet von dem Edict eines christlichen Kaisers.

Man hat oft Vergleichungen angestellt zwischen der griechischen und neueren Philosophie, man hat in dieser Rücksicht Sokrates mit Kant, die Standpunkte der vorsokratischen Richtungen mit denen der vorkantischen zusammengehalten und auch in den Philosophen nach Kant manche bemerkenswerthe Verwandtschaft auffinden wollen mit den großen attischen Philosophen nach Sokrates. Doch sind im Ganzen die Grundlagen beider Perioden wesentlich verschieden. Indessen möchte ich hier die Vergleichung in einem Punkt festhalten, wäre es auch nur, um den Ueberblick schneller zu gewinnen. Darf man in der Entwicklung des Alterthums Perioden unterscheiden nach dem allgemeinen Schema der Geschichtseintheilung in alte, mittlere und neuere Zeit, so beginnt die griechische Philosophie in dem letzten dieser Abschnitte, in einer Epoche, die sich unverkennbar als ein reformatorisches Zeitalter kundgiebt. Die Urheber der alten Philosophie sind getrieben von dem Bedürfniß einer durchgängig religiös sittlichen Umbildung der griechischen Welt, die Philosophie selbst erscheint im Dienst dieses reformatorischen Strebens. Ich brauche bloß den Namen Pythagoras zu nennen, um den Typus und das Vorbild einer Richtung zu bezeichnen, die sich der griechischen Philosophie schon in ihrem Ursprunge eingeprägt und während ihres Verlaufs immer wieder erneuert haben. In dem Reformationszeitalter der griechischen Welt entsteht die alte Philosophie, in dem der christlichen Welt die neue. Zwischen dem Ende der einen und dem Anfange der andern liegt das Jahrtausend jener specifisch christlichen Bildung, worin das neue Glaubensprincip seine Weltordnung in der Herrschaft der Kirche und seine Weltanschauung auf theologischer Grundlage ausführt. So sind es die philosophischen Probleme des Alterthums und die theologischen des Christenthums, welche, im Großen betrachtet, den Entwicklungsgang der Philosophie bilden, der als geschichtliche Bedingung unserem Gegenstande vorausgeht.

Die griechische Philosophie ist in der Ausbildung und Reihenfolge ihrer Probleme ein bewunderungswürdiges und unvergleichliches Beispiel einer tiefsinnigen und zugleich höchst naturgemäßen und einfachen Entwicklung. Nichts ist hier gewaltsam erkünstelt, nirgends findet sich in dem fortschreitenden Ideengange ein Sprung, überall sind die verknüpfenden Mittelglieder durchdacht und ausgeprägt, ein Zusammenhang der lebendigsten Art verbindet die Glieder dieser weit ausgedehnten Reihe zu einem Ganzen, in dessen großartigen Formen wir den bildnerischen Geist der classischen Kunst wiedererkennen. Diesen Eindruck macht nur die griechische Philosophie. Sie hat ihre Gedankenwelt aus einem Volk, aus einer Sprache geboren und darum nichts von der Zerstückelung solcher philosophischer Zeitalter, in deren Ausbildung verschiedene Völker zusammenwirken. Und welche inhaltsvolle und reiche Entwicklung erlebt die griechische Philosophie! In ihren Anfängen berührt sie noch die kosmogonischen Dichtungen der Naturreligion, in ihrem Ende finden wir sie dem Christenthum gegenüber, das sie nicht bloß als ein wesentlicher Factor miterzeugen, sondern als ein wesentliches Bildungsmittel miterziehen hilft.

I. Das Weltproblem.

Ihre erste Aufgabe ist die Erklärung der Welt, wie sie als Natur dem anschauenden Geist einleuchtet. Ihre ersten Gedanken sind die einfachsten, die zur Auflösung jenes Problems zunächst müssen gefaßt werden. Woraus besteht die Welt? Welches ist der Grundstoff, der sie bildet und ausmacht? Aber die Welt ist nicht bloß Stoff und Material, sie ist zugleich Form und Ordnung, Weltgebäude, Kosmos. Worin besteht die Grundform, das ordnende Weltprincip? Diese beiden Fragen sind die einfachsten und ersten. Die Lösung der einen übernimmt die ionische Physiologie: die Bestimmung des Grundstoffs; die zweite, welche die höhere ist, die pythagoreische Philosophie: die Bestimmung der Grundform oder der Weltordnung.

Wenn wir die beiden Fragen in eine zusammenfassen, so haben wir das Grundproblem der griechischen Philosophie, das sich erst auf ihrem classischen Höhepunkte löst: wie vereinigen sich Stoff und Form? wie kommt der Stoff zur Form? wie bildet sich die Welt? wie entstehen die Dinge? Diese Bildung oder Entstehung, in ihrer einfachsten Form genommen, ist ein Werden, ein Proceß, eine Veränderung. Und so ist das dritte einfache und große Problem, das an dieser Stelle hervortritt, die Frage nach dem Weltproceß, nach der Weltentstehung. Hat man das Princip, den Realgrund der Dinge bestimmt, sei es als Stoff oder Form, so wird offenbar die nächste Frage sein müssen: wie folgen die Dinge aus ihrem Realgrunde?

Diese Frage wird aufgeworfen, und ihre Lösung fordert neue Gegensätze. Der Begriff des Werdens, des Entstehens und Vergehens, mit einem Worte des Weltprocesses ist ein großes Räthsel. Es soll begriffen werden, wie etwas entsteht, d. h. aus dem Nichtsein in das Sein übergeht, wie etwas sich verändert, d. h. aus diesem ein anderes wird, aus dieser Beschaffenheit übergeht in eine andere? Ein solcher Uebergang erscheint unbegreiflich, nicht zu erklären, nicht abzuleiten. Und so giebt es zunächst für das aufgeworfene Weltproblem nur zwei Lösungen. Man kann die Genesis der Dinge nicht ableiten, nicht erklären, nicht denken, sie erscheint daher undenkbar, unmöglich, sie kann nicht sein: das ist die eine Lösung; oder man kann das Werden zwar nicht ableiten, aber ebensowenig leugnen, also muß es für ursprünglich und ewig erklärt werden; es folgt nicht aus dem Weltprincip, es ist das Weltprincip selbst: das ist die zweite Lösung. Beide Arten der Lösung bilden den entschiedensten Gegensatz, die erste erklärt: Nichts ist im Proceß oder im Werden begriffen; die zweite: Alles ist im Proceß, in einer fortwährenden und stetigen Umwandlung begriffen, die nicht anfängt, nicht aufhört, nicht pausirt. Beide erkennen in dem Begriffe des Werdens den Widerspruch, daß etwas zugleich ist und nicht ist. Dieser Widerspruch ist unmöglich, erklärt die Schule von Elea; dieser Widerspruch ist nothwendig, erklärt Heraklit, „der Dunkle von Ephesus." Die Probleme auf beiden Seiten sind klar. Wie muß die Welt begriffen werden, wenn sie jenen Widerspruch nicht erträgt, wenn das Sein in jeder Rücksicht das Nichtsein, also alles Werden und alle Vielheit nothwendig von sich ausschließt, wenn mit einem Worte das Werden und die Vielheit widerspruchsvolle, undenkbare, unmögliche Begriffe sind? Dies ist genau das Problem der Eleaten. Sie machen zuerst die große Entdeckung, daß in unserem natürlichen Denken Widersprüche und Unmöglichkeiten enthalten sind, daß deßhalb die natürliche und sinnliche Vorstellung der Welt die wahre nicht sein kann; darum ist diese Richtung folgenreich für alle Zeiten. Der Weltproceß läßt sich nicht ableiten, es läßt sich nicht begreifen, wie das Urwesen aus dem beharrenden Zustande in den wandelbaren übergegangen sein soll, ein solches Uebergehen ist undenkbar, darum unmöglich. Es giebt kein Werden, das Urwesen bleibt stets sich selbst gleich, es giebt in ihm keinen Unterschied, keine Vielheit, es ist das All-Eine: das ist der Grundbegriff der Eleaten, das nothwendig zu Denkende als das

Gegentheil des unmöglich zu Denkenden. (Xenophanes, Parmenides, Zeno, Melissus).

Wie muß die Welt begriffen werden, wenn sie das starre, unveränderliche Sein als vollkommen naturwidrig von sich ausschließt? Das ist die Frage des Heraklit. Der Weltproceß kann nicht geleugnet werden: er ist; er kann nicht abgeleitet werden, denn es ist unbegreiflich, wie ein Unveränderliches jemals soll angefangen haben sich zu verändern; also der Weltproceß ist ursprünglich, das Urwesen selbst ist in ewiger, ununterbrochener Verwandlung begriffen, es selbst ist der Weltproceß, die ewig entstehende und vergehende Welt, es ist das Eine Göttliche, die Weltordnung, der Logos, das Urfeuer: das ist die Lösung Heraklit's.

Wie das ionische und pythagoreische Problem zusammen die Grundfrage der griechischen Philosophie ausmachen, so bilden die eleatische und herakliteische Richtung deren tiefste und ursprünglichste Gegensätze. Um die erste Frage zu lösen, um das richtige Verhältniß von Stoff und Form oder deren Vereinigung zu begreifen, dazu bedurfte es der aristotelischen Metaphysik. Um die zweite Frage zu lösen, um das richtige Verhältniß des Einen und Vielen, des Seienden und der wandelbaren Erscheinungen zu begreifen, das Sein im Werden, diese Einheit des eleatischen und herakliteischen Grundgedankens, dazu bedurfte es der platonischen Dialektik.

Indessen steht das Problem der Philosophie noch dem Weltproceß als Natur gegenüber. Dieses Problem soll gelöst, der Weltproceß, die Entstehung und Bildung der Dinge begreiflich gemacht oder erklärt werden. Erklären heißt ableiten. Eine solche Erklärung des natürlichen Werdens ist weder bei den Eleaten noch bei Heraklit möglich, jene erklären den Weltproceß für unmöglich, dieser für ursprünglich; auf keinem der beiden Standpunkte kann von einer Ableitung die Rede sein.

Soll der Weltproceß abgeleitet werden, so muß ihm etwas zu Grunde liegen, das selbst nicht geworden ist und selbst nicht in die Veränderung eingeht, also etwas Ursprüngliches und Unveränderliches, etwas, in dem kein Entstehen und Vergehen stattfindet: ein Seiendes im Sinne der Eleaten. Der Weltproceß ist, in dem Seienden darf er nicht stattfinden. Was bleibt übrig? Wie allein kann er gedacht werden, da er offenbar so gedacht werden muß, daß das Urwesen selbst sich nicht verändert? Genau so steht jetzt das Problem der griechischen Philosophie. Die Lösung leuchtet ein, die einzig mögliche. Das Seiende darf nicht begriffen werden als Eines, sondern als Vieles, als eine Mehrheit von Urwesen; der Weltproceß, d. h. alle natürlichen Veränderungen, alles Entstehen und Vergehen der Dinge, kann nur begriffen werden als eine Verbindung und Trennung der Urwesen, d. h. als mechanischer Proceß.

Diese Urwesen, da sie verbunden und getrennt werden sollen, können natürlich nichts Anderes sein als Stoffe, Grundstoffe. Aber welches sind diese Grundstoffe? Die erste und nächste Fassung setzt sie gleich den vier Elementen (Empedokles). Aber die Elemente sind veränderlicher, theilbarer Natur, die Grundstoffe sollen unveränderlich sein. So verlangt es das eleatische Denkprincip, dem diese Richtung in diesem Punkte treu bleibt, und zwar grundsätzlich. Sollen sie unveränderlich sein, so dürfen sie nicht diese oder jene Beschaffenheit haben, also nicht verschiedenartige Elemente, also überhaupt nicht die vier Elemente sein, sondern qualitätslose, unbestimmt viele, untheilbare Grundstoffe, d. h. zahllose, nur quantitativ verschiedene Atome, deren mannigfaltige Verbindungen oder Aggregate die Dinge bilden (Leukipp, Demokrit). Wenn es aber nur die mechanische blinde Bewegung vermöge der Schwere ist, welche die Atome zusammenführt, wo bleibt die Form und Ordnung der Dinge? Offenbar kann ohne eine solche ordnende Bewegung das Weltproblem nicht gelöst werden, offenbar kann aus den Grundstoffen eine solche ordnende Bewegung nicht hervorgehen, offenbar muß es ein intelligentes Princip sein, von dem diese Bewegung und damit alle Bewegung überhaupt hervorgebracht wird, denn die mechanische Bewegung ist zugleich eine zweckmäßige. Also muß das geistige Urwesen von dem stofflichen geschieden und der Dualismus zwischen Geist und Materie erklärt werden. An sich betrachtet, ist deßhalb die Weltmaterie eine bewegungslose, ungeschiedene Masse, ein Chaos, in dem keine Trennung der Stoffe, sondern eine durchgängige Mischung jedes mit jedem stattfindet. Also können auch die Grundstoffe nicht mehr Atome sein, sondern qualitative Stoffe, deren jeder in jedem Theile mit Theilen der anderen gemischt ist, also gleichtheilige Stoffe oder Homoiomerien, wie Aristoteles diesen Begriff genannt hat (Anaxagoras).

Hier erreicht die erste Periode der griechischen Philosophie ihr naturgemäßes Ende. Diese Periode, die man gewöhnlich als die der Naturphilosophie bezeichnet, hat das Weltproblem soweit durchdacht, daß aus ihren Lösungen zuletzt der Geist als Problem hervorgehen muß. Es sind drei große Probleme gewesen, welche diese erste Periode erfüllt haben: das Problem des Weltstoffs, der Weltordnung, des Weltprocesses (Genesis der Dinge). Diese Untersuchungen sämmtlich münden in ein Ergebniß, womit zugleich die neue und höhere Aufgabe sich vorbereitet.

II. Das Erkenntnißproblem.

Wenn nämlich die Natur der Dinge sich in Wahrheit so verhält, wie diese ersten naturphilosophischen Systeme bestimmt haben, so erscheint es zunächst unbegreiflich und darum unmöglich, daß die menschliche Natur die Dinge erkennt. Das Erkennen ist ein geistiger Proceß. Giebt es überhaupt keinen Proceß, wie die Eleaten behaupten, so giebt es auch keinen geistigen. Giebt es nur Proceß und gar nichts Beharrliches, wie Heraklit erklärt hat, so beharrt weder Subject noch Object, so giebt es weder Erkennendes noch Erkennbares, also keine Erkenntniß. Giebt es nur mechanischen Proceß, nur stoffliche Verbindungen und Trennungen, wie Empedokles und die Atomisten lehren, so giebt es keinen geistigen also keinen Erkenntnißproceß. Und ist der geistige Proceß bedingt durch ein außerweltliches Wesen, wie Anaxagoras will, so giebt es keinen natürlichen Erkenntnißproceß, also keine menschliche Erkenntniß. Das Gesammtergebniß heißt: die menschliche Erkenntniß ist unmöglich. Sie ist unmöglich unter allen Gesichtspunkten der bisherigen Philosophie, sie kann in dieser so begriffenen Natur nicht stattfinden. Also bleibt zunächst nichts übrig, als sie zu verneinen. Es giebt keine Erkenntniß, also keine Wahrheit, also überhaupt nichts an sich oder allgemein Gültiges, weder im wissenschaftlichen noch im sittlichen Gebiet; es bleibt Nichts übrig, als die subjective Meinung und die Kunst sie geltend zu machen, als der einzelne Mensch, der sich selbst für das Maß aller Dinge erklärt: das Thema der Sophistik (Gorgias, Protagoras). Diese Sophistik bildet den Uebergang von der Welterkenntniß zur Selbsterkenntniß, die Krisis der griechischen Philosophie, sie entscheidet das neue Problem, welches die folgende Periode beherrscht, das classische Zeitalter der attischen Denker: sie klärt den vorhandenen Zustand des Denkens vollkommen auf, indem sie ganz deutlich macht, daß unter diesem Zustande das Erkennen und damit die Philosophie selbst eine baare Unmöglichkeit ist. Die Sophistik selbst war von dieser Unmöglichkeit wirklich überzeugt, wenigstens in ihren bedeutenden Köpfen, denn sie sah keinen Ausweg. In dieser Ueberzeugung ist sie keineswegs principlos gewesen, und wenn man sie richtig und im Ganzen versteht, so muß man sich sagen, daß sie nicht bloß die Bildung ihres Zeitalters befruchtet, sondern den philosophischen Zustand dergestalt erleuchtet hat, daß sich für den fortschreitenden Geist das neue Problem von selbst ergab. Sie hat den Denkzustand des griechischen Geistes vollkommen erhellt, und die Verwirrung der Begriffe, welche sie angerichtet haben soll, war die nothwendige Folge der vorhandenen Geistesverfassung, die sie mit vollem Bewußtsein erkannt und dem Bewußtsein der Anderen klar gemacht hat.

Der Erste, der das neue Problem findet und selbst davon unwillkürlich ergriffen ist, der den Wendepunkt entscheidet und die Epoche der Selbsterkenntniß in der griechischen Philosophie zum Durchbruch bringt, ist Sokrates. Die Sophistik bildet den Uebergang von der vorsokratischen Philosophie zur sokratischen. Die vorsokratischen Probleme, wenn wir alle in einem ausdrücken wollen, das ihren Mittelpunkt ausmacht, betreffen die Genesis der Dinge. Das sokratische Problem ist die Genesis des Erkennens. Dieses Problem beherrscht die attische Philosophie. Das Weltproblem wird jetzt gefaßt und gelöst unter der Voraussetzung des Erkenntnißproblems. Die Frage heißt: wie muß die Welt gedacht werden, wenn sie als eine erkennbare Welt, als Erkenntnißobject gedacht werden soll?

Was die sokratische Philosophie in der Person ihres Urhebers bewegt, ist in der That nichts Anderes, als die Genesis des Erkennens, das Uebergehen aus dem Zustande des Nichtwissens in den des Wissens, das Suchen der Wahrheit, das Hervorbringen und Entbinden der wahren Begriffe, die thatsächliche Widerlegung der Sophisten, welche die Erkenntniß für unmöglich erklären, weil es keinen Begriff, kein Urtheil gebe, von dem nicht ebenso gut das Gegentheil behauptet werden könne. Bei den Sophisten gilt der beständige Widerspruch der menschlichen Meinungen für das Kriterium der Unmöglichkeit des Wissens; bei Sokrates gilt die aus dem Widerspruch der Meinungen erzeugte Uebereinstimmung der Einsicht für das Kriterium des Gegentheils. Darum kann er die Wahrheit nur finden in dem Verkehr mit Menschen, in dem lebendigen Gespräch, in dem gemeinschaftlichen dialogischen Denken.

Die allgemeinen Vorstellungen, in denen die Denkenden überein=

stimmen, sind die wahren Begriffe, die Objecte der wahren Erkenntniß, also überhaupt die wahren Objecte. Wird man nicht folgern müssen, daß diese Gattungen oder Ideen, welche das Wesen der Dinge ausdrücken, auch wirklich das Wesen der Dinge sind, daß die wahren Objecte das wahrhaft wirkliche und ursprüngliche Sein ausmachen, also die wahre Welt, die intelligible oder urbildliche Welt sind, die in der sinnlichen als ihrem Abbilde erscheint, wie die Idee in dem Kunstwerk? Giebt es eine wahre Erkenntniß, so muß deren Object das wahrhaft Wirkliche sein. Das ist der Schritt von Sokrates zu Plato. Unter diesem Gesichtspunkt wird die Philosophie Ideenlehre, und die Welt erscheint als ein Abbild der Ideen, als ein ewig lebendiges Kunstwerk: als ein natürliches der Kosmos, als ein sittliches der Staat. Eine ideale Welt erhebt sich in dem philosophischen Bewußtsein, dem Menschen erreichbar nur durch die Erhebung zu seiner denkenden und idealen Natur, und diese Erhebung ist nur möglich durch die Reinigung von dem sinnlichen Stoff, von dem, was die Sinnlichkeit in der Wurzel ausmacht, das sind die Begierden, welche die lichte Welt in uns verdunkeln und uns in den Stoff der Dinge herabziehen. Diese Philosophie muß die Abwendung von den Begierden und die Hinwendung zu den Ideen fordern, sie muß die Erhebung zu der idealen Welt abhängig machen von der Läuterung des innern Menschen von der sittlichen Umwandlung desselben. Jetzt ist die Vorstellung eines ewigen Weltzwecks gewonnen, der sich lebendig und bildnerisch in der Ordnung der Dinge entfaltet und dem menschlichen Dasein als Vorbild einleuchtet, dem gemäß das sittliche Leben sich gestalten und ordnen soll. In dieser Richtung auf die sittliche Umgestaltung des Menschenlebens ist die platonische Philosophie reformatorisch und religiös. Hier empfindet Plato seine Verwandtschaft mit Pythagoras, hier werden künftige Jahrhunderte ihre Verwandtschaft mit Plato empfinden. Es wird die Zeit kommen, wo man mit heißer Sehnsucht nach jener intelligiblen Welt hinblicken wird, die Plato noch wie ein großer plastischer Künstler gedacht und seiner Welt vorgehalten hat als die einzige Rettung aus dem schon beginnenden Verfall.

Der Gegensatz der Idee und Materie, der intelligiblen und körperlichen Welt, der denkenden und sinnlichen Natur ist der platonischen Philosophie eigenthümlich und in ihrer ganzen Anlage begründet. Es ist einfach ausgedrückt der Dualismus zwischen Form und Stoff.

Diesem Dualismus widerstrebt das philosophische Bewußtsein, das der Einheit und des innern Zusammenhangs bedarf. Und so geht aus der platonischen Philosophie die Frage, die wir als das Urproblem des griechischen Denkens bezeichnet haben, als die nächste hervor: wie kommt der Stoff zur Form? wie erklärt sich ihre Vereinigung? Wären sie getrennt und abgesondert von einander, so ließe ihre Vereinigung sich nur durch ein drittes Princip, durch das Werk einer äußern Kunst begreiflich machen, die selbst unbegreiflich bliebe. Also wird die Form so gedacht werden müssen, daß sie dem Stoffe inwohnt, als die Kraft, die ihn gestaltet, d. h. als Energie, und der Stoff wird so gedacht werden müssen, daß er die Form der Möglichkeit nach in sich enthält, als Anlage zu dieser bestimmten Bildung, d. h. als Dynamis, und jedes wirkliche Ding wird gedacht werden müssen als ein sich gestaltender Stoff, der seine Form vollendet, seinen innern Zweck erfüllt, d. h. als Entelechie. Und die Dinge insgesammt müssen uns als eine Reihe solcher Formen erscheinen, deren niedere immer die Anlage enthält zu der nächst höheren, d. h. als eine Stufenreihe von Entelechien. Und der Weltproceß selbst kann nur als eine Bewegung gefaßt werden, in welcher der Stoff sich formt, die Form sich vollendet, die Anlage sich verwirklicht, und das Gewordene immer wieder Stoff und Material wird zu höheren Bildungen, d. h. er will als Entwicklung gedacht sein. Durch diesen Begriff überwindet Aristoteles den platonischen Dualismus. Auch die Erkenntniß ist nach Aristoteles ein Entwicklungsproceß. So wird durch den Begriff der Entwicklung beides gelöst: zugleich das Weltproblem und das Erkenntnißproblem. Dieser Begriff steht fest, sobald die Form als energisches und die Materie als dynamisches Princip gefaßt ist, oder was dasselbe heißt, sobald die Idee als der den Dingen inwohnende Zweck gilt. Dann muß die Materie durch den Begriff der Anlage oder Bildungsfähigkeit erklärt werden. Bei Plato gilt der Stoff als $μὴ\ ὄν$, bei Aristoteles als $δυνάμει\ ὄν$. Kürzer und schlagender läßt sich der Unterschied beider Philosophen nicht darthun.

Hier endet die classische Zeit der griechischen Philosophie. Die folgende Periode nimmt eine andere, durch die sokratischen Schulen und die platonisch-aristotelische Lehre vorbereitete Richtung. Sie hört auf, Kosmologie zu sein, was die griechische Philosophie in ihren bisherigen Formen geblieben war, denn sie hat vor und nach dem sokratischen Durchgangspunkt nicht aufgehört, sich mit der speculativen Lösung der Weltprobleme zu beschäftigen. Die Probleme des Weltstoffs, der Weltordnung, des Weltprocesses waren die Aufgaben der vorsokratischen Periode; das Problem der Welterkenntniß war die der sokratischen. Die letzte Lösung jener ersten Probleme gab Anaxagoras, die letzte Lösung dieses zweiten giebt Aristoteles. Anaxagoras begründet den Dualismus zwischen Geist und Materie, den Aristoteles durch den Begriff der Entelechie und Entwicklung im Princip überwinden will, aber keineswegs durchgängig überwunden hat, denn am Ende seines Systems bricht dieser Dualismus an so vielen Stellen wieder hervor. Achten wir nur auf diese Absonderung des Geistes von der Materie, auf diese Trennung beider, so scheint Aristoteles in einem ähnlichen Dualismus zu enden, als von welchem Anaxagoras ausging.

III. Das Freiheitsproblem.

Diese dualistische Vorstellungsweise, zwar dem Princip des Aristoteles zuwiderlaufend, ist doch ein natürliches Ergebniß seiner Philosophie. Diese Philosophie sieht in der Welt eine Stufenreihe von Entelechien, sie denkt diese Reihe als ein vollendetes Ganzes, sie fordert ein letztes Glied, eine höchste Entelechie, d. h. eine solche, aus der keine höhere hervorgehen kann, die also in keiner Weise Anlage zu neuen Bildungen enthält, darum gar nicht stofflicher Natur ist, sondern vollkommen immateriell, die mithin gedacht werden muß als reine Form, als bloße Energie, die lediglich sich selbst Zweck ist, d. h. als das Denken, welches sich selbst denkt, als Geist, als Gott. Alles bewegend, ist er selbst unbewegt. Von dem Weltproceß unergriffen, ist er erhaben über die Welt und in dieser Erhabenheit absolut vollkommen. Er ist sich selbst genug. Diese Autarkie erscheint als der vollkommenste Zustand, erreichbar nur dem Geist, der in seinem Selbstbewußtsein ruht und sich von den Bewegungen der Welt frei hält. Auch der Mensch ist ein selbstbewußtes, persönliches Wesen; wäre er frei von der Welt, so wäre er vollkommen. Diese Vollkommenheit wird sein Ziel, seine höchste Aufgabe; was er sucht ist der vollkommenste Lebenszustand, das persönliche Ideal. Die Philosophie, welche diese Richtung ergreift, ist weniger Weltweisheit, als Lebensweisheit; was ihr vorschwebt, ist weniger Idee als Ideal, weniger die Wahrheit als der Weise, dessen Urbild sie nur darum zu erkennen sucht, um es im Leben zu verwirklichen. Ihre Grundrichtung ist praktisch, ihre Aufgabe ist die Herstellung göttlicher Vollkommenheit im Menschen, einer inneren Vollendung des Menschen, welche der Gottheit nahe kommt; ihr Ziel ist dieser gottmenschliche Zustand oder, wenn ich so sagen darf, diese Gottwerdung des Menschen. Die Lösung dieser Aufgabe ist nur möglich durch die Befreiung von der Welt. In diesem Sinne will ich das neue Problem das der Weltbefreiung nennen (Befreiung nicht der Welt, sondern des Menschen von der Welt). Hier sehen wir schon, wie die griechische Philosophie, von dem Menschenideale ergriffen und erfüllt, die Welt losläßt und ein Ziel sucht, das unwillkürlich in die Richtung einlenkt, die sich im Christenthum vollendet.

Aber wie ist diese Befreiung von der Welt, wodurch die persönliche Autarkie erreicht wird, möglich? So lange wir von dem Weltproceß ergriffen und in denselben verflochten sind, bleiben wir abhängig und unfrei. In dieser Abhängigkeit sind wir tief befangen, so lange wir uns zu der Welt begehrend, leidend, strebend verhalten; so lange wir uns ergreifen lassen von den Gütern der Welt, ihren Uebeln, ihren Aufgaben. Um sich gründlich von der Welt zu befreien, muß man aufhören zu begehren, zu leiden, zu streben d. h. nach der Lösung der Weltprobleme zu ringen. Wir müssen uns in einen Zustand versetzen, in dem uns die Welt keine Güter mehr bietet, in dem es nichts Begehrenswerthes für uns giebt, die Begierden und Leidenschaften verstummen, der Wille durch nichts erschüttert und bewegt wird: dieser Zustand ist die Tugend der Stoiker. Wir müssen, um uns gegen die Welt zu sichern, eine Lebensform gewinnen, die leidensfrei ist, oder, um die Natur nicht zu überbieten, einen Zustand, in dem wir so wenig als möglich leiden, so viel als möglich genießen: dieser Zustand ist die Glückseligkeit der Epikureer. Endlich, um die Unruhe des Geistes los zu werden, müssen wir aufhören zu streben und auf die Lösung der Weltprobleme Verzicht leisten, indem wir uns klar machen, daß sie unlösbar sind: dieser Zweifel ist die Ruhe der Skeptiker. Was nach Sokrates begonnen war in der cynischen, cyrenaischen und megarischen Schule, das erscheint nach Aristoteles wieder in den verwandten Richtungen der Stoiker, Epikureer, Skeptiker gleichsam auf erhöhter Potenz und in einer solchen Verfassung, daß diese verschiedenen Richtungen hier aus einem Motiv entspringen und in einem Ziel zusammengehen.

Dieses gemeinschaftliche Motiv ist das Ideal eines von der Welt freigewordenen Menschen, eines in sich ruhenden Selbstbewußtseins, einer vollendeten Autarkie. In diesem Typus, von dem sie erfüllt sind, vereinigen sich Stoiker, Epikureer und Skeptiker.

Vergleichen wir die Mittel, die sie zur Befreiung des Menschen einsetzen, mit der Macht, von der sie sich befreien wollen, so erscheint diese größer als jene. Sie wollen von dem Weltlauf loskommen; der Weltlauf ist mächtiger als sie, und das Ideal des Weisen scheitert an der beharrlichen Gewalt der Dinge. Der stoischen Tugend steht der Weltlauf gegenüber mit der sich immer erneuenden Macht der Naturtriebe; der epikureischen Glückseligkeit steht der Weltlauf gegenüber mit dem Heere der Uebel, und wenn sich die Epikureer nicht zu ihren Göttern in die Zwischenräume der Welt flüchten, so werden sie den Uebeln der Welt nicht entrinnen; endlich dem skeptischen Bewußtsein, welches die allgemein gültigen Wahrheiten verneint, steht der Weltlauf gegenüber mit der Macht der herrschenden Vorstellungen und Zwecke, welche der Skeptiker nicht vertreiben, denen er selbst sich nicht entziehen kann. Es ist unmöglich, das Ideal der Autarkie dem Weltlauf abzuringen, es rein und siegreich davonzutragen, unangetastet von den Mächten der Welt zu erhalten; dieses Ideal ist in dem Kampf mit diesen Mächten der schwächere Theil, der zuletzt unterliegt.

Die Mittel nämlich, welche hier dem Weltlauf entgegengesetzt werden, sind im Grunde selbst dem Weltlauf entnommen. Der Stoiker sucht die Befreiung durch die Willensautarkie, die er als Tugend bezeichnet, diese Tugend ist das stolze Selbstgefühl des eigenen Werthes, und dieses Selbstgefühl geht den Weg der menschlichen Eitelkeit, die mitten in den Weltlauf hineinführt. Der Epikureer sucht die Befreiung im Genuß, den er in einen dauernden Zustand verwandeln möchte, dieser Genuß ist das behagliche Selbstgefühl des eigenen Wohlseins, und dieses Selbstgefühl befindet sich mitten im Weltlauf. Der Skeptiker sucht die Befreiung durch den Zweifel, der die natürlichen Einsichten und Probleme ungültig machen will, und dieser Zweifel selbst stützt sich auf natürliche Gründe, auf die Einsichten des natürlichen Verstandes, der selbst in das Getriebe des Weltlaufs gehört. Das Ideal, welches den Weltlauf besiegen will, ist aus einem Stoffe gebildet, welcher aus den Mächten der Welt besteht.

Und so gerathen diese Richtungen jede in einen eigenthümlichen Widerspruch mit sich selbst. Dem Stoiker ist wohl in dem Bewußtsein seiner Tugend, er fühlt sich darin erhaben, in dieser Erhabenheit glücklich und behaglich, wie nur der Epikureer mitten im Sinnengenuß; er genügt sich in dem Bewußtsein, daß er die Güter der Welt nicht braucht und begehrt, in diesem Bewußtsein darf er sie genießen, erst recht genießen. Kurz gesagt: der Stoiker macht sich aus der Tugend einen Genuß. Der Epikureer sucht den Genuß als vollkommensten Lebenszustand, der alles Leiden so viel als möglich ausschließt, aber der größte Feind des Genusses sind die Genüsse; so geht der Epikureer behutsam den Genüssen aus dem Wege und legt sich um des Genusses willen eine Entsagung und Mäßigkeit auf, die manchem Stoiker Ehre machen würde. Kurz gesagt: der Epikureer macht sich aus dem Genuß eine Tugend. Und so können die beiden entgegengesetzten Richtungen und Lebenssysteme in ihren Lebenserscheinungen selbst bis zum Verwechseln einander ähnlich werden. Endlich der Skeptiker macht sich aus dem Zweifel eine Gewißheit und geräth, wie er sich auch wendet, in Widerspruch mit sich selbst. Denn ist der Zweifel gewiß, so ist er nicht mehr skeptisch, und ist der Zweifel zweifelhaft, so giebt er sich selbst auf, und mit dem Skepticismus ist es am Ende. Genug, diese Richtungen sind auf dem Wege zum menschlichen Ideal, aber ihre Versuche sämmtlich schlagen fehl und lösen sich zuletzt in lauter Probleme auf, die einer neuen und tieferen Lösung bedürfen.

IV. Das Religionsproblem.

Die Welt sind wir selbst. Unsere natürliche Selbstliebe und unser natürlicher Verstand sind auch Welt, sie sind weltliche Mächte von Grund aus, denn ohne sie giebt es keine Welt, die wir begehren und vorstellen. Und eben diese Welt, die mit unserem Selbst eins ist, die wir selbst in gewissem Sinne sind, diese Welt ist in dem Ideale der Stoiker, Epikureer, Skeptiker so wenig überwunden, daß sie vielmehr darin vergöttert ist. Von dieser Welt loszukommen, von dieser eigenen weltlichen Natur, die schon als Uebel empfunden wird, sich gründlich zu befreien, dieses Selbst, das uns gefangen nimmt und niederhält, abzuwerfen und zu durchbrechen: das wird jetzt die Aufgabe der Philosophie und zugleich die Sehnsucht aller, die das Unglück der Zeiten und den tiefen innern Verfall der Menschen empfinden. Dieser Drang nach Befreiung von unserer eigenen, in der Selbstsucht gegründeten, weltlichen Natur ist ein Erlösungsbedürfniß, und so ist es ein durchaus religiöses Motiv, welches jetzt die Philosophie in Bewegung setzt und sie unmittelbar auf das menschliche Heil richtet. Sie sucht den Weg zu diesem Ziel, sie selbst will das erlösende Heilmittel sein, sie giebt sich als Heilslehre; in diesem Geist und aus diesem Motiv heraus muß man ihre Vorstellungsweise und ihre Wirkungen beurtheilen. Ihr Problem ist die Welterlösung, das letzte des Alterthums. Was sie in's Leben rufen möchte, ist eine Weltreligion, die sie mit den Mitteln des Heidenthums zuerst durch eine Läuterung des alten Götterglaubens, zuletzt durch eine Wiederherstellung desselben zu erreichen sucht. Mit diesem Gedanken geht sie dem Christenthum vorbereitend entgegen, wetteifert und ringt mit ihm um den Sieg, den zuletzt die neue Religion über die alte davonträgt. Aber die Idee einer welterlösenden Religion ist im Gemüthe der griechischen Welt empfangen und genährt worden, und als das aufstrebende Christenthum die jüdischen Schranken durchbrach, um welterlösend zu wirken, fand es hier den fruchtbarsten Boden.

Jenes Erlösungsbedürfniß, welches die letzte Philosophie des Alterthums erfüllt und das Motiv ihrer Denkweise bildet, besteht in dem Streben des Menschen, sich der Welt zu entledigen, sich zu entweltlichen oder, was dasselbe heißt, sich mit einem Wesen zu vereinigen, welches der Sinnenwelt vollkommen entrückt ist, frei von ihren Schranken und Uebeln. Darum fordert der Standpunkt dieser Philosophie in der strengsten Bedeutung des Worts die Jenseitigkeit Gottes. Diesem menschlichen Erlösungsbedürfniß gegenüber kann Gott nicht jenseitig oder transcendent genug sein. Gerade durch seine Geschiedenheit von der Welt, gerade dadurch, daß er frei ist von allem, wovon der Mensch frei sein möchte, wird er ein Gegenstand und Ziel religiöser Sehnsucht. Und eben darum liegt hier in der Vorstellung der größten Kluft zwischen Gott und Welt eine religiöse Genugthuung. Gott muß hier so vorgestellt werden, daß der Mensch zu sich sagen kann: wenn ich bei ihm wäre, so wäre ich selig; bei ihm ist nichts von dem, was mich ängstet und drückt! Die dualistische Vorstellungsweise wird daher ein Charakterzug dieser Philosophie und ist in ihrem Grunde durchaus religiös motivirt. Gott steht hier der Welt gegenüber nicht als das ordnende Princip dem Chaos, nicht als der bewegende Zweck dem bewegten Kosmos, sondern als der Ort der Seligkeit dem Orte der Uebel; er ist nicht ein Princip zur Erklärung der Dinge, sondern das Ziel des heilsbedürftigen Menschen. Die religiöse Sehnsucht erweitert bis zum Aeußersten die Kluft, welche Gott von der Welt und vom Menschen trennt, zugleich begehrt sie die Vereinigung. Aber wie ist diese Vereinigung möglich? Auf natürlichem Wege gewiß nicht, also nur auf übernatürlichem: von Seiten Gottes durch wunderbare Offenbarung, von Seiten des Menschen durch wunderbare Anschauung, durch innere geheimnißvolle Erleuchtung. Jetzt gilt als der höchste Zustand, in welchen der Mensch versetzt werden kann, nicht der selbstgenügsame, sondern der gotterfüllte, nicht die Autarkie, sondern der Enthusiasmus. Dieser Zustand hat mit der natürlichen Vernunft nichts gemein und ist durch diese nicht erreichbar; er ist geheimnißvoll, und die Philosophie, die diesen Zustand sucht, ist mystischer Art. Es ist eine wunderbare Erhöhung, welche dem Philosophen zu Theil wird und ihn seinem natürlichen Bewußtsein entrückt: ein Zustand der Ekstase, der unmöglich im Wege natürlicher Vermittlung entsteht, vielmehr plötzlich kommt und verschwindet als ein Augenblick göttlicher Erleuchtung. Von sich aus kann der Mensch diesen Zustand nicht hervorbringen, er kann ihn nur erfahren und sich, soviel an ihm ist, dafür empfänglich machen durch eine beharrliche Läuterung seines Lebens, eine fortgesetzte Entweltlichung und Bekämpfung der natürlichen Begierden bis zur größten Enthaltung. Daher die streng ascetische Lebensform, welche diese fromme Philosophie annimmt. Aber die unendlich große Kluft zwischen dem göttlichen und menschlichen Wesen bleibt; nur für einen Augenblick hebt der Moment der Ekstase den Menschen darüber hinweg, der erleuchtete Augenblick verschwindet, und der Mensch sinkt wieder zurück in die dunkle und unheilvolle Welt seines natürlichen Bewußtseins. Die religiöse Sehnsucht bedarf der Mittelglieder, welche die Kluft ausfüllen. Natürliche Wesen können diese Mittelglieder nicht sein, also werden es höhere, übernatürliche Wesen sein müssen. Von der Welt führt keine Stufenleiter empor zu Gott, also wird von Gott eine Stufenleiter herabführen müssen zu der bedürftigen Menschenwelt. Diese Mittelglieder sind demnach übermenschliche und untergöttliche Wesen: es sind die Dämonen, welche die Vermittlung führen zwischen Gott und den

Menschen. Der Dämonenglaube bemächtigt sich dieser religiösen Philosophie, und dasselbe Motiv, welches in ihrer Vorstellungsweise Gott und Welt auf das Aeußerste trennt, das Verhältniß beider dualistisch, das Wesen Gottes vollkommen jenseitig, das menschliche Gottesbewußtsein mystisch, das menschliche Leben ascetisch macht, läßt in Rücksicht auf die Vermittlung zwischen Gott und Mensch die Philosophie dämonologisch werden.

Natürlich kann aus solchen Bedingungen ein neues wissenschaftliches System nicht hervorgehen, auch liegt es nicht in dem Bedürfniß und in der Richtung der Zeit. Sie geht zurück auf die Vergangenheit, und was sie in den Systemen derselben Verwandtes findet, wird von ihr ergriffen und in dem religiösen Geist, der jetzt die Philosophie führt, umgebildet und erneut. Und hier sind es vorzugsweise zwei Richtungen, welche dem herrschenden Bedürfniß entgegenkommen und schon darum als Vorbilder erscheinen, weil sie von gleichartigen reformatorischen und religiösen Motiven getragen sind: die pythagoreische und platonische Lehre, deren Urheber jetzt in den Nimbus eines göttlichen Ansehens erhoben werden. In dem religiösen Geiste der Zeit werden beide Richtungen theologisch umgebildet, in diesem Charakter erscheinen sie jetzt als neupythagoreische und neuplatonische Philosophie. Um die pythagoreische Lehre theologisch umzubilden und in diesem Geist zu erneuen, müssen ihre Begriffe von den Ordnungen der Welt als Gedanken Gottes gefaßt, die Zahlen, welche diese Ordnungen in dem altpythagoreischen System ausdrücken, sinnbildlich genommen, als Zeichen oder Symbole von Begriffen, also selbst als Ideen gedacht, der Zahlenlehre die Ideenlehre, d. h. der altpythagoreischen Philosophie die platonische eingebildet werden. Und so ist es hauptsächlich die platonische Philosophie, die das Werkzeug darbietet, um die religiöse Weltanschauung auszubilden, welche das letzte Alterthum bedarf. Wir können deßhalb diese ganze Richtung als religiösen Platonismus bezeichnen, der mit den Neupythagoreern beginnt und sich in den neuplatonischen Schulen (Plotinus und Porphyrius, Jamblichus, Proklus) systematisch vollendet und auslebt. In der That konnte auch die Sehnsucht nach einer übersinnlichen, rein intelligiblen Welt, der Drang nach Befreiung von der sinnlichen, nach Erlösung von dem Orte der Nebel, der Wille zur innern Läuterung, diese Grundtriebe, welche der Philosophie den religiösen Geist einflößen, kein größeres und leuchtenderes

Vorbild finden als die Ideenlehre Plato's. Und die platonischen Ideen selbst, die von der obersten Einheit stufenweise in immer zunehmender Vielheit herabsteigen bis zu der äußersten Grenze, wo die Formen eingehen in die Materie, erscheinen hier gleichsam als Mittelwesen, als Bindeglieder, als Stufenleiter, die von Gott herabführt zur Welt; diese Ideenwelt bietet sich dar als ein willkommenes Schema, in welches die dämonengläubige Philosophie ihre Vorstellung von den untergöttlichen Mittelwesen einträgt.

Hieraus läßt sich leicht die systematische Form bestimmen, in welcher die letzte Schule des Alterthums ihre Aufgabe vorstellt und löst. Es handelt sich um ein System, welches diese zwei Bedingungen erfüllt: einmal den Dualismus zwischen Gott und Welt auf das Aeußerste spannt, dann diesen Dualismus durch eine Reihe von Zwischenwesen, die zuletzt eine unendliche Reihe sein muß, vermittelt. Diese Zwischenwesen müssen gedacht werden als eine Stufenfolge, eine herabsteigende, also als ein Stufenreich abnehmender Vollkommenheit, das aus dem vollkommensten Wesen hervorgeht und in dem unvollkommensten d. h. in der Sinnenwelt endet, mit dem Streben der Rückkehr zu seinem Ursprunge. Das göttliche Urwesen muß gedacht werden als jenseits nicht bloß der Welt, sondern auch aller Geistesthätigkeit, als jenseits auch des Denkens und Wollens, denn es ist als solches dem Menschen unerreichbar. Darum kann jenes Stufenreich aus dem göttlichen Urgrunde nicht vermöge des Willens und des Gedankens hervorgehen, sondern nur als eine nothwendige Folge, die aus der Fülle des Urwesens entspringt, ohne daß diese Fülle sich mindert, als eine Wirkung, aus der wieder neue, weniger vollkommene Wirkungen ausströmen, d. h. jene Stufenfolge der Mittelglieder muß vorgestellt werden als eine Reihenfolge göttlicher Emanationen. Was in dem altplatonischen System die Ideen sind, das sind in dem neuplatonischen die Emanationen, in denen die Welterlösung oder die aus der größten Gottesferne zur Vereinigung mit Gott zurückkehrende Seele in der Form eines ewigen Welt- und Naturprocesses gedacht wird. Hier sehen wir deutlich, wie sich das religiöse Motiv in den Typus der heidnischen Vorstellung faßt. Diese Emanationen sind der willfährigste Stoff für alle Formen der Mythologie. Was im Plotin noch Emanationen sind, das sind im Jamblichus die Götter- und Dämonengeschlechter, die Proklus ordnet und methodisch einrichtet.

Von dem Mittelpunkt des religiösen Platonismus, in dem sie wurzelt, beschreibt diese Anschauungsweise einen weiten Gesichtskreis, der über Pythagoras und die Grenzen der griechischen Welt hinausgeht. Religiöse Empfindungen sind schon als solche verwandt. Jede Erscheinung von ausgeprägt religiösem Charakter wird dem Interesse dieser Zeit wichtig. Wie sie selbst mystisch gestimmt ist, wird sie besonders von solchen religiösen Bildungsformen angezogen, die geheimnißvoller Art sind, von einer solchen religiösen Weisheit, die den Charakter göttlicher Offenbarung an sich trägt. Daher der mächtige und phantasievolle Reiz, den die Mysterien der Griechen, die orphischen Geheimnisse, die morgenländischen Religionen auf diese Geistesstimmung ausüben. Je geheimnißvoller die Erscheinung ist, um so magischer und wirksamer ist ihr Eindruck, und je dunkler und verborgener d. h. je weiter entfernt von der Gegenwart sie erscheint, um so geheimnißvoller darf sie sein. Daher das Streben, welches diese platonisirende Richtung hat, die Quellen der religiösen Weisheit über die Grenzen der erhellten Geschichte hinauszurücken und in das Dunkel der Zeiten zu versenken. Hier möchte sie die Glaubensweisheit, von der sie selbst erfüllt ist, entspringen und fortgetragen sehen in Religion und Philosophie durch eine Reihe welterleuchtender Geister bis herab zu der Gegenwart, in welcher die alten und geheimnißvollen Offenbarungen erneut werden. Es gehört mit zu den Glaubensvorstellungen dieser Zeit, zu den Dogmen dieser Philosophie, daß sie sich im Einklange weiß mit allen religiösen Geistern der Vergangenheit und diese in einen Zusammenhang bringt, der ihren gläubigen Voraussetzungen entspricht. Sie sieht überall wie in ihren Spiegel, sie findet überall das Gegenbild ihrer Denkweise, sie erblickt ihre Vorstellungen in der platonischen Philosophie, diese in der älteren Weisheit des Pythagoras, diese in den Geheimnissen der Aegypter, in der Weisheit der Magier und Brahmanen, in den Erleuchtungen der jüdischen Propheten; sie fühlt sich als Glied der großen Geisterkette, in der sich die göttlichen Offenbarungen in der Menschheit fortpflanzen. Ihr Gegenbild, das sie in die Vergangenheit zurückwirft, leuchtet ihr wieder als das Vorbild, von dem sie das eigene Licht empfangen haben will. Wie diese religiös platonisirenden Philosophen denken, so müssen Plato und Pythagoras selbst, die altplatonischen und altpythagoreischen Philosophen gedacht haben; und damit diese vollkommene Uebereinstimmung sich rechtfertige und ihr die Beweise nicht fehlen, erscheinen jetzt eine Menge Schriften, die im Geiste der neuen Denkweise geschrieben sind, unter den Namen eines Orpheus, Pythagoras und alter Pythagoreer. Der geglaubte Zusammenhang tritt an die Stelle des wirklichen, der sich unter den dogmatischen Vorstellungen völlig verdunkelt, und ebenso verdunkelt sich bis zum Verschwinden unter der Herrschaft dieser Vorstellungen der geschichtliche Sinn und die geschichtliche Kritik.

Unter den morgenländischen Religionen ist es besonders eine, welche von sich aus mit dem religiösen Platonismus eine Geistes= verwandtschaft empfindet und eingeht: die jüdische. Der Verfall und das Unglück des Volks unter dem Drucke der Fremdherrschaft, das Gefühl dieses Unglücks, das Bedürfniß und die Sehnsucht, davon erlöst zu werden, die Hoffnung auf einstige Wiederherstellung, der Glaube an den jenseitigen Gott, die religiöse Belebung, Erweiterung und Läuterung der Gottesidee durch das prophetische Bewußtsein, das Prophetenthum selbst als Träger der Religion mit seiner refor= matorischen Richtung, mit seinen bis zur Ekstase gesteigerten Erleuch= tungen, der Wunderglaube, die schon in den Volksglauben einge= lebten Vorstellungen der Engel als Mittelwesen zwischen Gott und den Menschen — alle diese Züge geben dem Judenthum eine Ver= wandtschaft mit der von uns entwickelten Form der griechischen Philosophie und machen den mosaischen Glauben empfänglich für den platonischen. Auch die äußeren Bedingungen zu einem Geistes= verkehr von beiden Seiten sind in Alexandrien, diesem Mittelpunkte des hellenisirten Morgenlandes, gegeben. Das Judenthum erkennt diese Verwandtschaft, es kann die Uebereinstimmung zwischen sich und dem Platonismus nur begreifen, indem es die griechische Philosophie aus dem alten Testament, den heiligen Urkunden seines eigenen Glaubens, hervorgegangen denkt, es kann jetzt seine Glaubensurkun= den nur so verstehen, daß sich ihre Uebereinstimmung mit der grie= chischen Weisheit rechtfertigt. So bildet sich die allegorische Erklä= rungsweise der alttestamentlichen Schriften und auf deren Grund die jüdisch=alexandrinische Religionsphilosophie, die sich in Philo vollendet, wie der religiöse Platonismus griechischerseits in den spä= teren Neuplatonikern.

Diese jüdische Philosophie ist auch religiöser Platonismus, unter welchem Namen wir demnach alle bewegenden Factoren im Geiste der letzten vorchristlichen Zeit zusammenfassen. Um uns nicht in

Einzelnes zu verlieren, da wir hier nur die vorwärtsdrängenden Motive in's Auge fassen, suchen wir den Hauptpunkt, um den es sich in dieser ganzen Richtung handelt. Das herrschende Problem ist die Welterlösung; der Grundgedanke, in welchem die Entscheidung gesucht wird, ist der eines welterlösenden Princips. Nun kann dieses letztere nur gedacht werden als der göttliche Weltzweck, als Beweggrund der Schöpfung, als die weltordnende und in der Bildung der Dinge gegenwärtige Idee, die in das Weltall eingeht, während Gott selbst in reiner Jenseitigkeit vollkommen frei und abgesondert bleibt von der Welt. Also muß das weltschaffende und erlösende Princip unterschieden werden von Gott, es ist nicht Gott selbst, aber es geht von Gott aus, wie das Wort vom Geist; es ist, um es sinnbildlich und typisch auszudrücken, das Wort Gottes, der göttliche Logos. In diesem Begriff versammeln sich als in ihrer Einheit alle Mittelwesen zwischen Gott und den Menschen, gleichviel wie sie heißen, ob Dämonen nach griechischer oder Engel nach jüdischer Weise. Der Logos gilt als der Mittler zwischen Gott und Menschheit.

Die Logosidee hat sich in der griechischen Philosophie entwickelt. Diese Idee bedurfte, um in das menschliche Bewußtsein einzutreten, einer Richtung, die von Anfang an das Weltprincip zu ihrer Aufgabe gemacht hat. Die griechische Philosophie hat von ihrem Ursprunge an das Weltprincip durchdacht, sie hat diesen Gedanken in ihrer vorsokratischen Zeit entwickelt und ausgebildet zur Erklärung der Dinge, in ihrer classischen Periode zur Erklärung der Erkenntniß der Dinge, in ihren ersten nacharistotelischen Richtungen zur Verwirklichung des menschlichen Ideals, in ihrem letzten Zeitalter, um daraus die Erlösung des Menschen von der Welt zu begreifen. Wollen wir das Weltprincip mit dem Worte Logos bezeichnen, da doch unter dem Logos ein Weltprincip gedacht werden muß, obwohl diese Bezeichnung keineswegs die stetige war, so können wir sagen, daß die griechische Philosophie fast durchgängig mit diesem Thema beschäftigt war, mit dieser Frage: was ist der Logos? Ich will in der Reihe der Lösungen, die wir kennen gelernt haben, drei Hauptformen hervorheben, in denen wir dem griechischen Logosbegriff am deutlichsten begegnen. Das Weltprincip muß gedacht werden als die Weltordnung, die dem ewigen Weltprocesse gleichkommt, aber diese Weltordnung kann nicht gedacht werden ohne einen ewigen Weltzweck, der in dem Weltprocesse sich abbildet und erscheint als das wandellose Sein in dem unaufhörlichen Werden; aber dieser ewige Weltzweck kann nicht gedacht werden, ohne in ihm zugleich die bildende Weltkraft oder die bildenden Vermögen vorzustellen, welche die Welt gestalten und gleichsam der Saamen sind, der sich als Welt entwickelt. Wir erkennen in der ersten Form die heraklitische Erklärung des Weltprincips, in der zweiten die platonische, in der dritten, nach dem Vorgange der aristotelischen Philosophie, die stoische. In der ersten Erklärung erscheint der Logos als Weltordnung oder Weltproceß, als Natur oder Kosmos; in der zweiten als urbildliche oder ideale Welt, als die Welt der Ideen; in der dritten als die Fülle der bildenden Weltkräfte, die λόγοι σπερματικοί. Und in der heraklitisch=stoischen Form begegnen wir selbst dem Worte Logos.

Aber den eigentlichen Mittelpunkt der griechischen Logosidee bildet die platonische Vorstellungsweise. Zu ihr drängt die heraklitische hin, auf sie weist die stoische zurück. Denn man kann den Weltproceß nicht vorstellen ohne Weltidee, und ebensowenig die bildenden Weltvermögen. Die platonische Vorstellung der urbildlichen Welt begreift das menschliche Urbild in sich als den intelligiblen Grund unseres Daseins und das Ziel unseres Werdens. Wir können diesem Urbilde gegenüber unser irdisches Dasein, unsere Einkörperung in die sinnliche Welt nur verstehen als einen Fall der Seele, den die Begierde verschuldet, und unsere Rückkehr zu jenem Urbild ist nur möglich durch eine Läuterung, welche das Begehrliche in uns ganz überwindet. Ist aber dieses das Ziel des Menschen, sollte es nicht auch das Ziel der Welt sein: diese Erlösung des Menschen von der Welt? Hier erscheint die platonische Philosophie in ihrer religiösen Bedeutung, und von hier aus motivirt und erleuchtet sie die religiöse Gemüthsverfassung und Denkweise, welche die griechische Philosophie in ihren letzten Jahrhunderten durchdringt. Jetzt erscheint der Logos als das erlösende Weltprincip, als der göttliche Gedanke der Welterlösung, in welchem das Geheimniß d. h. der innerste Zweck der Schöpfung enthalten ist, als das eigentliche Schöpfungsmotiv, als das schöpferische Wort Gottes. Das Wort ist erfüllt in dem Menschen, der die Welt überwindet oder in sich das reine Urbild des Menschen wiederherstellt.

Nun begegnen sich das griechische und jüdische Erlösungsproblem und zeigen in so vielen verwandten Vorstellungen ihre religiöse Gemeinschaft. Jenes ruht in dem Gedanken des Logos, dieses in der Vorstellung des Messias; der Logos ist ein allgemein gefaßtes Weltprincip und sucht die Personificirung, der Messias ist ein persönlich gefaßtes Volksideal und sucht die Verallgemeinerung. Beide Richtungen wollen sich ergänzen und durchdringen, diese Ergänzung wird gesucht von der jüdischen Seite her. Den Platonismus in das Judenthum einführen, heißt die Logosidee in die Messiasvorstellung einbilden. Diese Aufgabe, schon vorgebildet in dem jüdisch-alexandrinischen Buche der Weisheit, löst Philo, der den Logos-Messias zum Mittelpunkt seiner Philosophie, zum Mittler und Erlöser der Welt macht.

Das Erlösungsproblem fordert eine persönliche Lösung. Es ist gelöst, wenn ein Mensch erscheint, der die Welt in sich wirklich überwindet, der in des Wortes tiefster Bedeutung wahrhaft weltfrei ist, in welchem die Menschheit ihr Urbild wiedererkennt, an den sie deßhalb als an den Welterlöser glaubt. Dies ist die einzig mögliche Form, in der sich die Lösung des religiösen Weltproblems vollzieht. Die Person soll erscheinen, die sich von der Welt und durch den Glauben an sich die Welt selbst erlöst: eine Person, von der man sagen darf, daß in ihr die Erlösung stattgefunden, die Idee erschienen, der Logos Fleisch, Gott Mensch geworden sei. Nur in dem Glauben an eine solche Person kann sich das menschliche Erlösungsbedürfniß befriedigen.

Aus dem Gesichtspunkte der Logosidee, wie sie sich in dem Bewußtsein der griechischen Philosophie herangebildet hat, ist dieser Mensch nicht zu finden, denn diese Idee hat gar keine Aussicht auf ein bestimmtes Individuum, auf einen wirklichen Menschen, sie giebt dem Glauben, den sie erfüllt, gar keine Richtung, die auf eine Person hinwiese. Vom Logos zum Menschen ist eine unübersteigliche Kluft, die nicht ausgefüllt wird, wenn man auch noch so viele Götterordnungen einschiebt. Die Logosidee möchte sich personificiren, aber das natürliche Menschenleben will nirgends auf sie passen und in sie eingehen; der Erlösungsgedanke steht im Widerspruch mit der menschlichen Natur, er bleibt jenseits der Wirklichkeit etwas Allgemeines und Unlebendiges, und so bleibt unter dieser Vorstellung das Erlösungsbedürfniß ohne Aussicht und ohne Hoffnung.

Dagegen ist das jüdische Erlösungsbedürfniß erfüllt von einer bestimmten Aussicht und Hoffnung; ihm ist ein Volksideal gegeben in der Person des Messias, es harrt diesem Heilande entgegen, der kommen wird, ein Erretter des Volks, eines Volks, welches Gott erwählt und aufbewahrt hat zur Weltherrschaft; dieser weltbeherrschende Messias, den die Propheten in der Zukunft Israels vorausgeschaut haben, ist der Gegenstand der höchsten Glaubenshoffnungen des jüdischen Volks. Wenn nun ein Messias erscheint, der ein Erlöser wird, nicht wie ihn der jüdische Glaube erwartet, sondern wie ihn die Logosidee bezweckt, ein Erlöser von der Welt, so sind die Bedingungen erfüllt, unter denen das religiöse Weltproblem seine weltgeschichtliche Lösung findet. Der Ausgangspunkt liegt in der Mitte des jüdischen Volks. Das Messiasideal giebt die persönliche Richtung, welche der Logosidee fehlt. Darum muß das Erlösungsbedürfniß diese Richtung ergreifen, um durch den Messiasglauben hindurch sein Ziel zu erreichen, in welchem als geschichtliche Erscheinung der fleischgewordene Logos, der menschgewordene Gott geglaubt wird. Es giebt für den Glauben zunächst keinen Weg vom Logos zum Menschen, aber es giebt einen Weg vom Menschen zum Messias und von diesem Messias, der ein Erlöser ist nicht im jüdisch-weltlichen Sinne, zum Logos. Diesen Weg nimmt die geschichtliche Entwicklung, es ist ein Umweg, aber der kürzeste, weil er zum Ziele führt, und, wie Lessing in der Erziehung des Menschengeschlechts gesagt hat: "es ist nicht wahr, daß die gerade Linie immer der kürzeste Weg ist."

Drittes Capitel.
Christenthum und Kirche.
I. Das Urchristenthum.

Die Person Jesu erfüllt das Erlösungsbedürfniß der Menschheit, das sie am tiefsten, am reinsten und, was stets das Siegreiche und Durchschlagende ist, am einfachsten empfindet. In ihm vergeistigt und verklärt sich das jüdische Messiasideal, weil er es von vornherein mit einem neuen Geiste durchdringt, der nicht auf die Erhöhung eines Volks, auf die Herrschaft der Welt ausgeht, sondern auf die Umwandlung und Wiedergeburt des innern Menschen. In ihm löst sich das tiefste und schwierigste aller Weltprobleme: die Erlösung des Menschen von der Welt. Er selbst ist die persönliche Lösung dieses Problems und darum bildet er den entscheidenden Wendepunkt in der Entwicklung der Menschheit, wie einst Sokrates in der Entwicklung des griechischen Bewußtseins ein solcher Wendepunkt war. Diese Vergleichung zeigt zugleich den Unterschied beider.

Hier beginnt eine geistige Erneuerung der Menschheit von Grund aus. Zuerst mußte die Person erscheinen, welche die göttliche Idee des Menschen verkörpert, das menschliche Urbild in sich herstellt und offenbart; dann mußte die Menschheit dieses Urbild als das ihrige erkennen, und an die Person Jesu als den Weltheiland glauben. Dieser Glaube an Jesum Christum bildet die Grundlage und das Element des Christenthums, er enthält die Aufgabe, die von jetzt an die Menschheit durchdringt und aus der die neuen Probleme in einer fortschreitenden Entwicklungsreihe hervorgehen. Wir verfolgen hier diese Probleme in ihrer philosophischen Wirksamkeit, soweit sie eine neue dem Christusglauben entsprechende Weltanschauung fördern und ausprägen. Das Princip ist durchaus religiös, gerichtet nur auf das menschliche Heil, auf die Welterlösung, auf das Verhältniß des Menschen zu Gott; daher ist die ihm gemäße Weltanschauung durchaus theologisch. Die theologische Denkart bildet den Grundzug der christlichen Philosophie, worunter wir dasjenige Vorstellungssystem verstehen, das sich auf den Christusglauben als sein Princip gründet.

Daher kann die christliche Philosophie in der systematischen Ausbildung ihrer Vorstellungen erst auftreten, nachdem der Christusglaube nach innen und außen die Geltung eines religiösen Weltprincips errungen hat. In seiner Urform erscheint er nicht als Lehrbegriff, sondern als Verkündigung einer Thatsache, nicht dogmatisch, sondern evangelisch; seine innere Entwicklung hat eine Reihe zeitgeschichtlicher Vorstellungsformen zu durchlaufen und Gegensätze zu überwinden, die aus den ersten christlichen Religionsurkunden erforscht und erkannt sein wollen. Allmählig erhebt sich der Christusglaube zu immer höheren Gesichtspunkten, unter denen die Person Jesu religiös angeschaut wird. Auf der ersten Stufe des evangelischen Glaubens gilt diese Person als der Messias des auserwählten Volks, auf der zweiten und höheren gilt dieser Messias als der Weltheiland, der gekommen ist, nicht die Juden zu verherrlichen, sondern die Menschheit zu erlösen, auf der dritten und höchsten wird in diesem Welterlöser das erlösende Weltprincip erblickt, der ewige

Christus, der verkörperte Logos, der menschgewordene Gott und in diesem Lichte die Person und das Leben Jesu dargestellt.

Es ist die besondere Aufgabe der eindringenden Bibelforschung, diese Entwicklungen in den neutestamentlichen Urkunden zu verfolgen und darzuthun, jene Gegensätze, Uebergangsformen und Mischungen judaistischer und hellenistischer Vorstellungen, jene großen Kämpfe, die das Urchristenthum tief und leidenschaftlich bewegt haben und nothwendig waren, um den neuen Glauben von seiner ersten zeitgeschichtlichen Schranke zu befreien und in die Bahn einer weltgeschichtlichen Entwicklung zu führen. Es mußte entschieden werden zwischen dem jüdischen Messiasglauben und dem Glauben an den Weltheiland, zwischen Secte und Weltreligion, dem particularistischen und universellen Christenthum, judenchristlicher und heidenchristlicher, petrinischer und paulinischer Glaubensrichtung. Der Kampf und die Ausgleichung dieser apostolischen Gegensätze ist das Thema und die Aufgabe des Urchristenthums, das in seiner paulinischen Form die jüdische Schranke durchbricht und gleichsam die Nabelschnur löst, die das erste Christenthum noch an den mütterlichen Schooß des Judenthums bindet. Erst in der allmähligen Auflösung und Neutralisirung jener Urgegensätze erreicht der christliche Glaube die universelle Geltung, welcher die Aufgabe und Kraft einer weltgeschichtlichen Entwicklung inwohnt.

II. Die Kirche.

Die Lösung dieser Aufgabe ist die Kirche, ein in festen Formen zu organisirendes Glaubensreich, das sich mitten in dem Verfall der alten Welt aufbaut und die Fundamente einer neuen legt. Um aber in eine solche kirchliche Ordnung einzugehen und eine in dauernden Formen verfaßte Gemeinschaft zu bilden, muß der Christusglaube seine apokalyptischen Vorstellungen ablegen von der nahen Wiederkunft des Messias auf den Wolken des Himmels, von dem bevorstehenden Ende dieser Welt, von der Gründung des tausendjährigen Reichs, denn unter diesen Vorstellungen bedarf er keiner auf die Dauer berechneten kirchlichen Einrichtung. In demselben Maße, als dieser Glaube seine messianischen Formen überwindet und vergeistigt, erhebt sich die Idee seiner universellen Geltung und damit die Forderung einer neuen aus dieser Idee erzeugten Lebensgemeinschaft und Lebensordnung der Menschheit, in demselben Maße erscheint die

Kirche als eine nothwendige Aufgabe des Christenthums. Sie ist statt des tausendjährigen Reichs, welches die messianischen Hoffnungen von dem wiedererschienenen Christus erwarten, das auf Erden gegründete Reich des unsichtbaren Christus. Dieses Reich fordert die Einheit der Gläubigen; von dieser Einheit will die neue Lebensordnung vollkommen durchdrungen und beherrscht sein. Nun kann die Einheit der Christusgläubigen kein Anderer sein, als Christus selbst. Zugleich fordert diese Einheit zu ihrer Geltung auf Erden eine sichtbare Form. Die Gemeinde der Gläubigen will sich verbunden wissen in einem Oberhaupte, welches ihr Christum repräsentirt und gleichsam seine Stelle in ihrer Mitte vertritt. Die Aufgabe der Glaubenseinheit, welche eins ist mit der Aufgabe der Kirche, kann nur gelöst werden durch die Idee des stellvertretenden Amtes, d. h. durch die Idee des Episkopats. Die Bischöfe erscheinen als die Stellvertreter Christi auf Erden, sie können diese Stellvertreter nur sein als die Nachfolger Christi, nicht als die unmittelbaren, diese sind die Apostel, sondern als die mittelbaren d. h. als die Nachfolger der Apostel. So rechtfertigt sich die Geltung des Episkopats aus der Idee der apostolischen Succession. Aber der Bischöfe sind viele; die Idee der Einheit, welche eins ist mit der Idee der Kirche, fordert, daß sie zusammengehalten sind in einer höchsten Einheit. Es muß einen obersten Bischof geben. Aus der Idee der apostolischen Succession folgt, daß dieser oberste Bischof gelten muß als der Nachfolger des obersten Apostels d. h. als der Nachfolger Petri. Nun entfaltet sich die Kirche auf dem Schauplatz des römischen Weltreichs, und hier findet sie die politischen Ordnungen als die gegebenen und äußern Bedingungen vor, unter denen sie auftritt. Die politischen Mittelpunkte dieser Welt erscheinen von selbst als die geschichtlich gebotenen Einheitspunkte der kirchlichen Ordnung; so werden die Hauptstädte der Provinzen die natürlichen Sitze der Bischöfe, die Welthauptstädte die der Metropoliten und Patriarchen, die Hauptstadt der Welt der Sitz des obersten Bischofs. Aus politischen Gründen folgt, daß die kirchliche Einheit oder der bischöfliche Primat in Rom sein, aus kirchlichen Gründen, daß dieser Primat bei dem Nachfolger oder Stellvertreter Petri sein soll; daher folgt aus beiden Motiven, die hier nothwendig zusammenwirken, daß der römische Bischof als Nachfolger Petri gilt und der Apostel Petrus als der Gründer der christlichen Gemeinde in Rom. Und so entsteht im Ver=

lauf der kirchlichen Entwicklung die Idee des Papstthums, die sich in der abendländischen Kirche verwirklicht. Eine höchst lehrreiche, die Stimmung und Entwicklung der judenchristlichen Denkart erleuchtende Untersuchung hat gezeigt, wie die Vorstellung von Petri Aufenthalt und Wirksamkeit in Rom zuerst aus paulusfeindlichen Tendenzen sich gebildet, dann die versöhnte Form der petro=paulinischen Legende angenommen und sich zu der festen Tradition gestaltet hat, auf deren Grund die römischen Bischöfe den kirchlichen Primat fordern.

Wenn man ein Beispiel haben will für eine geschichtliche Ent=wicklung, die lediglich aus einer Idee entspringt und von dieser fortbewegt und beherrscht wird, so giebt es unter den Lebensord=nungen und Bildungsformen der Menschheit kaum ein größeres, als die christliche Kirche, die aus der Idee der Glaubenseinheit hervor=geht, ihre Formen gestaltet und ausdehnt zu einer weltbeherrschen=den Macht. Ihre Grundform ist höchst einfach. Sie ist so verfaßt, daß sich die Gläubigen mit Christus in einem lebendigen und ge=schichtlichen Zusammenhang wissen, daß die Person Christi durch die ununterbrochene Reihe der Mittelglieder verbunden erscheint mit der christlichen Gemeinde; dieser kirchliche Zusammenhang ist vermittelt durch die Bischöfe, deren Zusammenhang mit Christus selbst ver=mittelt ist durch die Apostel und die apostolischen Väter. Daher gilt die geschichtliche Realität der Person Jesu als ein kirchliches Axiom von unerschütterlicher Bedeutung.

In kurzer Zeit wird diese Kirche eine lebensvolle unzerstörbare Macht. Zunehmend erstarkt sie trotz der Verfolgungen des römischen Staats und durch dieselben; mitten in dem heidnischen Weltreich, das aus den Fugen weicht und die innere Kraft des Zusammenhaltes entbehrt, ist die christliche Kirche nach wenigen Jahrhunderten die einzige innerlich lebendige und festgeschlossene Einheit. Die Staats=einheit liegt im Cäsarismus, die Glaubenseinheit in der Kirche, die jenem gegenübersteht schon als eine imposante, selbst in ihrer äußern Erscheinung unüberwindliche Macht. In einer Richtung sind Cäsa=rismus und Kirche einander verwandt: in dem Streben nach Cen=tralisation. Diese Verwandtschaft begründet eine Anziehung, welche die Kirche auf das Centrum der Staatsmacht ausübt. Wenn sich die beiden Mächte gegenseitig ergreifen und einen Bund schließen, so stärkt jede ihre Herrschaft. Diese Lage der Dinge, die ihm sehr wohl in religiösem Licht erscheinen konnte, begreift Constantin der

Große;*) es ist weniger das Kreuz in den Wolken, als das in der Welt gewesen, vor dem er sich gebeugt hat; der Cäsarismus bekennt sich zum Christenthum und erhebt es dadurch zur Weltmacht. Was Constantin im Anfange des vierten Jahrhunderts begründet und Julian fünfzig Jahre nach den ersten Toleranzedicten vergeblich rückgängig zu machen gesucht, befestigt am Ende dieses Zeitalters, noch vor Theilung des Weltreichs, Theodosius der Große.

Die erste innere Aufgabe der neuen Religion bestand in der Entfaltung und Ueberwindung der apostolischen Gegensätze, in der Begründung des katholischen Christenthums. Die Aufgabe nach außen war der Sieg über das heidnische Weltreich, er wurde erreicht, nachdem das Christenthum im Laufe der drei ersten Jahrhunderte alle Arten der politischen Verfolgung von Nero bis Diocletian bestanden und alle Angriffe der Philosophie von Celsus bis Porphyrius erfahren hatte.

III. Die Kirchenlehre.

1. Die Probleme.

Die Glaubenseinheit fordert die vollkommene Uebereinstimmung in den Glaubensvorstellungen, diese Vorstellungen müssen durch die Kirche allgemein gültig oder symbolisch gemacht werden; nur die Kirche kann diese Aufgabe lösen, denn nur sie hat kraft ihrer Verfassung in den Bischöfen und Synoden die Organe, welche den Glauben bestimmen und festsetzen können. Der Christusglaube muß allen willkürlichen Vorstellungen, allen widerstreitenden Gesichtspunkten entrückt und in eine Form gebracht werden, in der er feststeht. Eine solche Form bedarf die Kirche, denn die Glaubenseinheit fordert auch die Einheit im Glaubensbewußtsein, erst dadurch wird die Kirche innerlich grundfest. Die Männer, welche das kirchliche Fundament gestalten, diese Bildner der Glaubenslehre, heißen mit Recht die Väter der Kirche, patres ecclesiae; sie verwandeln den Glauben in Glaubenssätze oder Dogmen, sie begründen die Kirchenlehre und damit die innere Glaubenseinheit der Kirche, sie lösen die Grundaufgaben der Theologie, die innerhalb dieses Abschnittes ihrer Entwicklung die patristische genannt wird.

---

*) F. Chr. Baur: Das Christenthum und die christliche Kirche der drei ersten Jahrhunderte (1853). S. 143—47.

Die Lösung geschieht unter einem regulativen Gesichtspunkt. Das Kriterium der kirchlichen Glaubenseinheit ist bestimmt durch die Lehre Christi und der Apostel. Wahr ist, was diese gelehrt haben, was als ihre Lehre fortgepflanzt und überliefert worden ist in stetiger Succession durch die Nachfolger der Apostel, mit denen die Kirche sich und nur sich allein im geschichtlich lebendigen Zusammenhange glaubt. Wahr ist demnach, was mit der apostolischen Tradition übereinstimmt. Wie die apostolische Succession die Glaubenseinheit der Kirche bildet, so bildet die apostolische Tradition die Norm und das Regulativ für die Glaubenslehre der Kirche.

Aus dem Gesichtspunkte und der Grundidee des Christenthums läßt sich die Richtschnur erkennen, welche die Fassung und Lösung der patristischen Aufgabe leitet. Was geglaubt werden soll, ist Christus als der Erlöser der Menschheit. Er soll geglaubt werden als die Person, in welcher die Thatsache der Welterlösung vollbracht ist. Der Glaube an diese Thatsache bildet die feste Voraussetzung, auf welcher die Kirche beruht, diese Thatsache bildet die sichere Glaubensrichtschnur, welche die Glaubensvorstellungen regulirt und ordnet. Was dieser Richtschnur zuwiderläuft, ist falsch; was mit ihr übereinstimmt, ist richtig: so unterscheiden sich in den christlichen Glaubensbegriffen Orthodoxie und Heterodoxie. Und die Aufgabe der Kirche ist, daß sie nach dieser Richtschnur die rechtgläubige Lehre ausbildet und feststellt.

In jener Glaubensthatsache selbst liegt die Grundfrage der christlichen Theologie. In der Person Christi ist die Thatsache der Welterlösung vollbracht: also muß Christus geglaubt werden als der Welterlöser, als das welterlösende Princip, welches ewig ist, wie der göttliche Weltzweck, wie das göttliche Schöpfungsmotiv, also ewig wie Gott selbst. Dieses welterlösende Princip soll geglaubt werden als die Person Jesu, als diese bestimmte geschichtliche Person. Beide Glaubensmomente wollen mit gleicher Berechtigung gelten und fordern, daß die Kirchenlehre sie vereinige. Nehmen wir an, eine gewisse Vorstellungsweise wolle in Christus das erlösende Weltprincip dergestalt anerkennen und hervorheben, daß dadurch die geschichtlich menschliche Person Jesu aufgehoben und unwirklich gemacht wird, so hört die Thatsache der Erlösung auf eine geschichtliche und wirkliche Thatsache zu sein: diese Vorstellungsweise ist daher falsch. Oder eine andere Vorstellungsweise wolle in der Person des Erlösers den endlichen und creatürlichen Charakter dergestalt hervorheben, daß seine göttliche Natur dadurch herabgesetzt und ungültig gemacht wird, so erscheint die Thatsache der Erlösung unmöglich und diese Vorstellungsweise daher ebenfalls im Widerspruche mit dem, was geglaubt werden soll. So wird die Kirchenlehre im Streit mit entgegengesetzten Glaubens= ansichten die ihrige ausbilden müssen, sie ist von zwei Seiten bedroht, die selbst einander widerstreiten: von der einen Seite wird die göttliche Erscheinung Christi auf Kosten seiner geschichtlichen und menschlichen Realität zur Geltung gebracht, von der andern umgekehrt sein creatürliches Wesen auf Kosten des göttlichen; dort ist die gnostisch=doketische, hier die rationalistisch=arianische Vorstellungsweise zu bekämpfen.

Setzen wir die Thatsache der Erlösung in Christus als das ursprünglich Gegebene voraus, so ist die Aufgabe der patristischen Theologie, die Glaubensvorstellungen damit in Einklang zu bringen, sie jenem Glaubensprincip conform zu machen, sie dergestalt zu bestimmen, daß sie jene Urthatsache nicht aufheben. Die Menschheit soll durch Christus erlöst d. h. mit Gott versöhnt sein. Diese That= sache erscheint mithin als ein Product aus drei Factoren: Gott, Christus, Menschheit. In Rücksicht auf alle drei Factoren sind eine Menge Vorstellungen denkbar, die sich nur mit der Thatsache der Erlösung nicht vertragen, alle diese Vorstellungen sind im Sinne der Kirche falsch und müssen es sein; in Rücksicht auf alle drei Bedingungen sind also nur gewisse Vorstellungen richtig. Eben darum handelt es sich in der Aufgabe der Kirchenlehre: diese richtigen Vorstellungen zu bestimmen. Wird Gott nicht so gedacht, daß von ihm ein erlösendes Weltprinzip ausgeht, welches in der Person Jesu erscheint und die Gemeinschaft der Gläubigen erfüllt, so ist die That= sache der Erlösung nichtig. Wird die Person Christi nicht so gedacht, daß in ihr die Erlösung stattfindet, so ist diese Thatsache so gut als nicht geschehen. Wird die menschliche Natur nicht so gedacht, daß sie einer solchen Erlösung bedürftig und dafür empfänglich ist, so ist die Thatsache der Erlösung zwecklos und leer.

So sind es im Hinblick auf jene Urthatsache des Glaubens drei Probleme, welche die Kirchenlehre bewegen: wie muß das Wesen Gottes, Christi, des Menschen gedacht werden, damit in allen drei Punkten unsere Vorstellungen der Thatsache der Erlösung conform sind? Die erste Frage ist das theologische Problem, die zweite das christologische, die dritte das anthropologische. Die kirchliche Lösung der ersten Frage entscheidet Athanasius, der Bischof von Alexandrien, im Streit mit dem Presbyter Arius, er verhält sich nach Baurs treffendem Ausspruch zum Dogma, wie Gregor VII. zur Kirche; die der zweiten Cyrillus, der Patriarch von Alexandrien, im Streit mit Nestorius, dem Patriarchen von Constantinopel, die der dritten Augustinus, der Bischof von Hippo, im Streit mit dem Mönch Pelagius. Die Lösung der ersten Frage fordert die Unterscheidung der göttlichen Personen und deren Wesensgleichheit, die Feststellung der göttlichen Oekonomie, den Begriff der Trinität; die Lösung der zweiten Frage fordert die Unterscheidung und Vereinigung der beiden Naturen in Christus, den Begriff der Gottmenschheit; die Lösung der dritten Frage die Lehre von der göttlichen Gnade und der sündhaften Natur des Menschen, wodurch der Begriff der menschlichen Freiheit bestimmt wird. Hier vollendet sich das kirchliche Glaubenssystem im ausgemachten und durchgängigen Gegensatz zu der heidnischen Welt. Diesen Gegensatz zwischen Christenthum und Heidenthum entscheidet Augustin, indem er beide als von Grund aus entgegengesetzte Weltordnungen auffaßt: das Heidenthum als das Reich dieser Welt, „civitas terrena," das Christenthum als das Reich Gottes, „civitas Dei." Er begründet die specifisch christliche und kirchliche Weltanschauung, erfüllt von dem erleuchteten Glauben an eine neue Welt mitten in der hereinbrechenden Zerstörung und Verwüstung der alten.

2. Der Augustinismus.

Augustin ist unter den kirchlichen Denkern der bedeutendste, und wenn von der kirchlichen Bedeutung die theologische abhängt, so ist er unter allen christlichen Theologen der größte, denn er hat die Kirche über sich selbst in's Klare gebracht, er hat erleuchtet, was sie ist, er hat ihr das Licht angezündet, in welchem die Kirche sich selbst erkannt hat, und in diesem Sinn darf man von diesem Kirchenvater mit Recht sagen, daß er das größte Kirchenlicht gewesen ist. Er hat nicht blos den Glauben der Kirche vollendet, sondern zugleich den Glauben an die Kirche begründet, indem er aus dem Glaubensprincip der Erlösung alle Folgerungen zog, welche die menschliche Natur betreffen.

Die menschliche Natur soll so gedacht werden, daß sie in die Heilsthatsache der Erlösung eingeht und paßt; sie muß daher gelten als erlösungsbedürftig oder als sündhaft. Sie kann erlöst werden nur durch Christus, sie erscheint daher als von sich aus erlösungs= unfähig oder als in ihrer Sündhaftigkeit unfrei. Die Sünde ist demnach die Macht, welche den Willen beherrscht, sie ist eine Beschaffenheit des Willens, von welcher dieser nicht loskommen kann, sie ist die Natur des menschlichen Willens. Aber die Sünde ist Schuld, die Schuld setzt die Freiheit voraus, denn nur diese kann schuldig werden; eine Sünde, welche die Freiheit ausschließt, hebt sich selbst auf. So erscheint die Sünde als eine That der Freiheit und zu= gleich als deren Verlust: der Mensch hat ursprünglich die Freiheit gehabt nicht zu sündigen, er hat gesündigt, damit hat er jene Frei= heit verloren und zwar von sich aus für immer. Seitdem kann er nichts als sündigen. In der ersten Sünde ist das Menschengeschlecht gefallen, in Adam haben alle gesündigt. Die Sünde ist in ihrem Ursprunge frei, in ihren Folgen Knechtschaft, fortwirkende Verderbniß der menschlichen Natur, Erbsünde: das ist der Grundbegriff Augustins, den er zuerst in dieser Bedeutung geltend gemacht, ins volle Bewußtsein erhoben, in den Mittelpunkt der Erlösungslehre gestellt hat. In dem Zustand der Erbsünde kann der Mensch die Erlösung nicht erwerben, er kann sich dieselbe weder geben, noch auch von sich aus verdienen, sie kann ihm nur zu Theil werden wider sein Verdienst d. h. durch Gnade; diese Gnade ist von Seiten des Menschen durch nichts begründet, sie ist daher unbedingt, sie handelt grundlos und ist ein Act göttlicher Willkür. Der Mensch wird ohne sein Zuthun von Gott begnadigt d. h. zur Erlösung erwählt. Die Erlösung gilt daher als Gnadenwahl, als eine Wahl, völlig unabhängig von menschlichen Handlungen und Werken, wonach sie sich zu richten hätte, sie geht dem Menschen voraus und muß demnach gedacht werden als göttliche Vorherbestimmung oder Prädestination. Wählen heißt vorziehen: die Einen sind von Gott erwählt zur Seligkeit, die Andern zur Verdammniß. Nun kann nach göttlichem Rathschluß, offenbart in der Thatsache der Erlösung, der Mensch der göttlichen Gnade nur theilhaftig werden durch Christus, und die Gemeinschaft mit Christus ist nur möglich durch die Kirche; daher ist diese das Reich der Gnadenmittel, die göttliche Gnadenanstalt auf Erden, welche die menschliche Erlösung bedingt und vermittelt. Es giebt kein Heil außer in der Erlösung, also kein Heil außer der Kirche: das ist der Begriff der alleinseligmachenden Kirche.

Die Glaubensthatsache der Erlösung fordert, daß die menschliche Natur unter der Herrschaft der Erbsünde gedacht werde. Zu derselben Forderung führt der Begriff Gottes und der Begriff der Kirche.

Gott muß gedacht werden als unbedingter d. h. allmächtiger Wille: er ist nicht blos Macht, sondern Wille, dieser Begriff verneint alle Emanation; er ist unbedingter Wille, der durch nichts außer ihm beschränkt wird, außer dem es also nichts giebt, das ihn einschränken könnte, dieser Begriff verneint allen Dualismus. Der religiöse Platonismus, die Neuplatoniker, die christlichen Gnostiker dachten dualistisch und emanatistisch. Die augustinische Theologie ist diesen Vorstellungsarten vollkommen entgegengesetzt. Ist Gott Wille, so ist die Welt ein Werk seines Willens, d. h. sie ist Geschöpf, und die göttliche Wirksamkeit schöpferisch. Ist Gott unbedingter Wille, so kann die Welt, da sie nicht aus dem göttlichen Wesen hervorgeht, nur durch den göttlichen Willen geschaffen sein aus Nichts, sie ist „per Deum de nihilo"; so ist die Welterhaltung, da die Welt in sich nichtig ist, eine fortgesetzte Schöpfung Gottes, „creatio continua"; so ist Alles, was in der Welt geschieht, durch den göttlichen Willen bestimmt, vorherbestimmt, so sind auch die Menschen prädestinirt, die Einen zur Seligkeit, die Andern zur Verdammniß; so kann die Erlösung von Seite des Menschen durch nichts bedingt sein, d. h. die Menschen erscheinen als von sich aus vollkommen unfähig zur Erlösung, als dergestalt in der Herrschaft der Sünde befangen, daß diese ihre Willensbeschaffenheit ausmacht, die sich forterbt von Geschlecht auf Geschlecht. Hier mündet die augustinische Theologie in den Begriff der Erbsünde.

Zwei Hauptbegriffe des augustinischen Systems scheinen im Widerstreit mit einander: der Begriff Gottes fordert die Unbedingtheit des Willens und diese den Begriff der Prädestination, welche die menschliche Freiheit aufhebt; aber ohne Freiheit giebt es keine Sünde, ohne diese keine Erlösungsbedürftigkeit, ohne diese keine Erlösung. Was der Gottesbegriff verneint, bejaht der Erlösungsbegriff. Diesen Widerspruch will Augustin so lösen, daß er die menschliche Freiheit nicht als solche verneint. Gott hat sie dem Menschen gegeben, aber dieser hat sie durch die Sünde verloren und seine Natur verkehrt; eben dadurch ist die Sünde zur Erbsünde geworden.

Der Begriff der Kirche fordert den der Erbsünde. Die Einsicht in diesen Zusammenhang ist für das augustinische System durchaus erleuchtend. Gilt die Kirche als das Reich, innerhalb dessen allein wir der Gemeinschaft mit Christus und dadurch der göttlichen Gnade theilhaftig sein können, so besitzt sie die Macht der Sündenvergebung; nur durch sie und in ihr können die Sünden vergeben werden, dieses Heil widerfährt dem Menschen, indem die Kirche ihn aufnimmt in ihren Schoos durch das Gnadenmittel der Taufe. Nun ist die Kirche als das Reich der göttlichen Gnade, wie diese selbst, unbedingt und unabhängig von dem Zuthun des Menschen, sie geht den Einzelnen voraus, sie erscheint, wie bei den Alten der Staat, als das Ganze, welches früher ist als die Theile; sie empfängt daher den Menschen im Beginn seines irdischen Daseins, bei seinem Eintritt in die Welt, sie muß schon die Kinder sich einverleiben, indem sie dieselben tauft. Durch die Taufe werden die Kinder der Sündenvergebung theilhaftig, also müssen sie auch der Sündenvergebung bedürftig d. h. sündhaft sein, was nur möglich ist in Folge der Erbsünde. Es ist sehr bezeichnend, daß über die Verdammniß der ungetauften Kinder der Streit ausbricht zwischen Pelagius und Augustin. Wenn es außer der Kirche kein Heil giebt und die Seligkeit nur durch sie erreicht werden kann, so ist der außerkirchliche Zustand heillos, so ist diesseits der Taufe das Verderben, so herrscht im Reiche der Natur die Sünde, die zur Verdammniß führt. Ohne Erbsünde keine Sündhaftigkeit der Kinder, keine Nothwendigkeit in diesem Fall der Sündenvergebung, keine Nothwendigkeit der Kindertaufe, keine Geltung der Kirche vor den Einzelnen, keine unbedingte Geltung derselben, d. h. keine Kirche als Reich der Gnade. So stellt sich die Lehre von der Erbsünde in den Mittelpunkt der Kirchenlehre. Der Glaube an die Kirche fordert den Glauben an die natürliche Verderbniß des Menschen und umgekehrt. Was das ewige Heil des Menschen betrifft, so geschieht nichts durch den natürlichen Menschen und alles nur durch die Kirche. Das ist der Mittelpunkt der augustinischen Lehre, die mit rücksichtsloser Energie und Schärfe alle Folgerungen löst, welche das vorausgesetzte Glaubensprincip gebietet, selbst in ihren unvermeidlichen Widersprüchen.

Auf dieses System gründet sich die Kirche des Mittelalters; von hier aus empfängt sie das Bewußtsein ihrer unbedingten Herrschaft. Aber im Verlauf der kirchlichen Entwicklung müssen Folgerungen hervortreten, unter denen sich das Princip der augustinischen Lehre verdunkelt. Der Glaube an die Kirche ist der unbedingte Gehorsam, welcher thut, was die Kirche fordert; der Gehorsam kann sich nur auf eine einzige Weise bewähren: durch das folgsame Thun, durch das äußere Werk, in diesem Fall durch die kirchliche Leistung. Das Werk, von innen betrachtet, kann gesinnungslos sein; von außen geschätzt, kann es das Maß der geforderten Leistung weit überschreiten und ein verdienstvolles, heiliges Werk sein. Es liegt in der Natur der Werke, daß sie von außen geschätzt werden. Jetzt bietet sich die Möglichkeit dar, kirchliche Verdienste zu erwerben, sich durch kirchliche Werke zu rechtfertigen. Gelten aber einmal Werke als Mittel zur Rechtfertigung, so ist das menschliche Zuthun nicht mehr ausgeschlossen von den Bedingungen zur Erlösung, so muß in demselben Maße, als dieses Zuthun verdienstlich ist, auch der menschlichen Freiheit Geltung eingeräumt werden. Und so geht aus dem Glauben an die Kirche, den Augustin begründet, eine menschliche Werkheiligkeit hervor, die im Widerspruch mit Augustin, sich stützen muß auf die pelagianische Freiheitslehre. Nachdem die Veräußerung der Religion in kirchlichen Werken ihre äußerste Grenze erreicht hat, erhebt sich von neuem der augustinische Grundgedanke von der sündhaften Menschennatur und der göttlichen Gnade als reformatorische Macht; er durchbricht innerhalb des abendländischen Christenthums die Autorität des römisch-katholischen Systems in Luther, Zwingli und Calvin, er bekämpft innerhalb der katholischen Welt das jesuitische System in Jansen.

IV. Die Vergötterung der Kirche.

Gilt die Kirche als Reich der göttlichen Gnade, als Gefäß und Wirkungskreis des heiligen Geistes, so erscheint sie selbst als ein Glied in der Einrichtung der göttlichen Macht, als eine ewige Ordnung, die in ihren hierarchischen Formen die Stufenleiter bildet, die vom Himmel zur Erde herabführt. In dieser Vorstellung verdunkelt sich der geschichtliche Ursprung und Entwicklungsgang der Kirche, sie erscheint als vom Himmel herabgestiegen, sichtbar geworden in der irdischen Hirarchie, die von der jüdischen zur christlichen, von der gesetzlichen zur kirchlichen, von den Diakonen und Presbytern zu den Bischöfen emporsteigt und sich jenseits der Welt in der himmlischen Hierarchie, in den Ordnungen der Engel fortsetzt, deren oberste Stufen den Thron Gottes umgeben.

Die Stufenordnung der platonischen Ideen hatte sich in den letzten Systemen der griechischen Philosophie, in dem religiösen Platonismus umgewandelt in die Stufenordnung der heidnischen Götter. Diese Vorstellung, welche die neuplatonische Schule von Athen, das System des Proklus ausgebildet, war die letzte des erschöpften Heidenthums. Jetzt hat die christliche Kirche die Geltung einer göttlichen Autorität errungen, sie ist auch ein Stufenreich, das vermittelnde zwischen Gott und der Menschheit; ihrer hierarchischen Verfassung entspricht der Typus und die Form jener neuplatonischen Vorstellungsweise. So erklärt sich, daß beide einen Bund eingehen, daß jener Typus christianisirt und in ihm die Kirche vergöttert wird.

Diese Art der Verschmelzung neuplatonischer Formen mit dem Glauben an die Kirche, diese Art der Vergötterung der Kirche bildet den Charakter und das Thema jener Schriften, die im sechsten christlichen Jahrhundert bekannt wurden unter dem Namen „Dionysius Areopagita", der unter den ersten Christen war, die Paulus in Athen bekehrt und den die Sage zum ersten Bischof von Athen gemacht hatte. Diese Anschauung der „areopagitischen Theologie," die in der Kirche das Himmelreich auf Erden erblickt und feiert, hat sich der Glaubensphantasie und Mystik des Mittelalters tief eingeprägt. Es war die Gnosis, welche der Kirche entsprach.

Viertes Capitel.

Der Entwicklungsgang der mittelalterlichen Philosophie.

I. Aufgabe.

Das Christenthum ist Kirche, der Christusglaube Dogma geworden, ausgebildet in einer Reihe kirchlicher Lehrbegriffe und Glaubenssätze. Jetzt ist die feste Voraussetzung, worauf sich die weitere Entwicklung der christlichen Ideen gründet, die Erlösungsthatsache, dargestellt in der Form der aus der Arbeit der Kirchenväter und der großen Concile des vierten und fünften Jahrhunderts hervorgegangenen Symbole und Glaubenslehrsätze. Die Erlösungsthatsache wollte verkündet, gläubig empfangen, von jeder beschränkten Geltung befreit werden; die Glaubenssätze dagegen wollen gelehrt, bewiesen, verknüpft sein. Wie die Kirche ein hierarchisches System von durchgängiger Einheit bildet, so muß ihre Lehre ein Glaubenssystem werden, in völliger Uebereinstimmung mit dem Geist der Kirche und von diesem beherrscht. Die Systematisirung des Glaubens fordert einen Inbegriff und verständigen Zusammenhang der Sätze durch Begründung und Folgerung, d. h. eine demonstrative Verfassung, wodurch der Dogmenglaube lehr- und lernbar gemacht wird. Diese schulgerechte Einrichtung der christlichen Glaubenslehre giebt die scholastische Theologie. An die Stelle der Kirchenväter treten die Kirchenlehrer im engeren Sinne des Worts, an die der „patres ecclesiae" die „doctores ecclesiae", die den dogmatischen Glaubensinhalt als Lehrstoff empfangen. Die Theologie wird geschult, sie wird zur kirchlichen Schulphilosophie, zur Scholastik und bildet in dieser Gestalt die Philosophie jenes kirchlichen Weltalters, das man die mittleren Zeiten der Weltgeschichte zu nennen pflegt.

Der Charakter und die Aufgabe der Scholastik ist dadurch bestimmt. Sie steht im Dienst der Kirchenherrschaft, in strengem Zusammenhang mit dem hierarchischen System, ihre Arbeit ist eine wesentlich formale, sie hat aus gegebenem Material nach vorgeschriebenem Plan und fester Richtschnur ein Lehrgebäude zu errichten, das in das kirchliche Weltgebäude vollkommen paßt, sie ist als Theologie ein dienendes Glied der Kirche, sie ist als Philosophie „die Magd der Theologie."

Aber wie gebunden immerhin in der Scholastik die Stellung der Philosophie ist unter der Herrschaft der Kirche und Theologie, so enthält diese Gebundenheit zugleich ein neues und eigenthümliches Verhältniß, welches in der Scholastik die Philosophie mit dem Glauben eingeht. Die Kirchenlehre bestimmt, was geglaubt wird, die Scholastik soll erklären, warum das Geglaubte wahr ist. Das Dogma sagt: „Deus homo", die Scholastik fragt: „cur Deus homo?" Die Glaubenslehre will dem natürlichen Verstande einleuchtend gemacht werden, das menschliche Erkennen will mit dem Glauben übereinstimmen: diese Uebereinstimmung ist die ausgesprochene Aufgabe, gleichsam das Programm der Scholastik. Darin unterscheidet sich die letztere von der theologischen Entwicklung die ihr vorausgeht, und von der philosophischen Entwicklung die ihr folgt. Die kirchliche Glaubenslehre mußte sich im Gegensatz zur Gnosis, die sie vor sich hatte, im Gegensatz überhaupt zur Philosophie, die vom Heidenthum

herkam und ihr als die Mutter aller häretischen Vorstellungen er=
schien, ausbilden. Die Philosophie und mit ihr alle natürliche Ver=
nunfterkenntniß galten als das glaubensfeindliche Princip, dessen
Aussagen Tertullian als das Kriterium des Unglaubens, als das
völlige Gegentheil der göttlichen Glaubenswahrheit ansah und mit
seinem „credo, quia absurdum" zu Boden schlug. In der nach=
scholastischen Zeit macht sich die Philosophie unabhängig vom Glau=
ben und nimmt ihren eigenen Weg, selbst im Widerspruch mit der
Glaubensrichtung. Vor und nach der Scholastik sind Glaube und
Philosophie getrennt; in ihr, so lange sie in völliger Kraft steht,
sind sie verbunden. So lange dieses Band hält, dauert die Blüthe
der Scholastik und lebt sie in ihrem wahren Element; sobald sich
dieses Band auflöst, geräth sie in Verfall. Wie sich der Glaube von
der Philosophie losreißt und ihr den Dienst kündigt, sind auch die
Zeichen da, daß der Verfall der Scholastik beginnt. Und dieser Ver=
fall kam von innen, er war die Selbstauflösung der Scholastik, denn
sie mußte in ihrem eigenen Entwicklungsgange dazu fortschreiten, die
Trennung zwischen Glauben und Wissen zu fordern und damit ihr
eigenes Werk zu zersetzen.

Der Beweggrund der Scholastik heißt: „credo ut intelligam".
Ihre Grundlage ist die kirchliche „fides", ihr Ziel die „ratio fidei".
Die Systematisirnng des Glaubens ist zugleich die Rationalisirung des=
selben. Die Scholastik ist rationale Theologie unter der Herr=
schaft der Kirche: darin besteht ihr Charakter und ihre Aufgabe. Die
Kirche berechtigt mit der Scholastik die Philosophie, sie giebt ihr ein
Arbeitsfeld, sie fordert die Ausbildung einer christlichen Philosophie
und nimmt die rationelle Thätigkeit in ihre eigene Entwicklung auf,
freilich als einen dienenden, vollkommen abhängigen Factor, dem der
Kirchenglaube vorschreibt, was er zu thun hat. Aber dienen heißt frei
werden. Der Gehorsam ist die Zucht der Befreiung. Im Dienst
der Theologie hat sich die Philosophie ihre Mündigkeit mühselig er=
arbeitet und die Selbstständigkeit errungen, womit sie zuletzt von der
Botmäßigkeit der Kirche sich losreißt und ihre eigene Entwicklung
unternimmt.

II. Das kirchliche Weltalter.

Wir haben in der Bestimmung der Aufgabe und Wirksamkeit
der Scholastik ein kirchliches Weltalter vorausgesetzt, das geschichtlich

begründet sein mußte, bevor diese kirchliche Philosophie ihr Lehramt antrat; es mußten sich neue Welt- und Völkerzustände entwickelt haben, die das Christenthum in der Form des Kirchenglaubens empfingen, deren Erziehung und Cultur von der Kirche ausging. Der Untergang der alten Welt, die Stürme der Völkerwanderung, die Zerstörung des weströmischen Reiches, welches unter den vorhandenen Mächten allein die Kirche überlebt, die Bildung feudaler Staatenordnung, die Christianisirung der neuen Völker, die sich in romanische, germanische, slavische unterscheiden, zuletzt die Gründung eines neuen fränkisch-karolingischen Weltreichs sind die Bedingungen, die das kirchliche Weltalter anbahnen und dem Eintritt der Scholastik vorausgehen. Ihr Schauplatz war die abenbländische Welt, die romanisch-germanische: Spanien, Frankreich, Italien, Britannien, Deutschland.

Das geistige Centrum dieser neuen Welt ist Rom, nicht mehr das alte der Cäsaren, sondern das kirchliche, in dessen Weltherrschaft das Zeitalter besteht, das wir das kirchliche genannt. Die Herrschaft der Kirche ruht in ihrer Einheit und Centralisation, das Centrum des Weltreichs, darum auch der Weltkirche ist Rom. Die Steigerung des römischen Bischofs zum Herrn der Kirche ist die Bedingung, die den Charakter des kirchlichen Zeitalters ausmacht und erfüllt. Dieser römische Summepiskopat ist das Papstthum, das allmählig im Lauf der Jahrhunderte von Stufe zu Stufe den Gipfel ersteigt, wo es Kirche und Welt zu seinen Füßen sieht.

Die erste Staffel war der kirchliche Primat, den der römische Bischof als Nachfolger Petri beanspruchte, den insbesondere Leo I., ein Menschenalter vor dem Untergange des weströmischen Reichs, auf Grund der kirchlichen Würde und Bedeutung Roms geltend zu machen wußte. Während des jähen Wechsels der politischen Schicksale Italiens im Laufe der folgenden Zeit — die Gothenherrschaft mußte den Griechen und diese den Longobarden weichen — erstarkt mehr und mehr die äußere Unabhängigkeit des Nachfolgers Petri. Der zweite große Fortschritt geschieht im achten Jahrhundert durch die Verbindung mit den fränkischen Herrschern, die schon Gregor I. im Sinn hatte, die dem Bischof von Rom den ersten Länderbesitz einträgt und nach der Zerstörung des Longobardenreichs jenen bedeutungs- und schicksalsvollen Moment dicht vor dem Beginn des neunten Jahrhunderts herbeiführt, der einen neuen Weltzustand bezeichnet:

die Kaiserkrönung Karls des Großen durch den ersten Bischof des Abendlandes, die kirchliche Inauguration des mittelalterlichen Cäsarenreiches, die Unterordnung der Welt unter zwei höchste, für jetzt einverstandene, einander nebengeordnete Gewalten, die Doppelgewalt von Kaiser und Papst. Es war ein Dualismus gegründet, der im Fortgang der Dinge zwischen jenen beiden Gewalten den Kampf um die Weltherrschaft hervorrufen mußte. Vorherging die dritte Steigerung, die dem römisch-kirchlichen Primat und dessen zuständlicher Geltung durch jene Sammlung falscher, nach Isidorus genannter Decretalen den Schein einer gesetzlichen Grundlage unterschob. Die gewordenen Zustände sollten als die ursprünglichen gelten, der römische Bischof als der von jeher anerkannte Bischof der Weltkirche, dem schon Constantin auch die Herrschaft über Rom und Italien eingeräumt habe. Jetzt erst vollendete sich das hierarchische System, der kirchliche Pyramidenbau, der römische Bischof galt nicht blos als der erste, sondern als der oberste Bischof der christlichen Welt, als Haupt und Herr der Kirche. In dieser Centralgewalt besteht das eigentliche Papstthum. Die pseudoisidorischen Decretalen erschienen um die Mitte des neunten Jahrhunderts, hervorgegangen aus dem Schooße des fränkischen Episcopats und im Interesse desselben entstanden, denn die unmittelbare Unterordnung unter den römischen Herrn befreite die Bischöfe des fränkischen Reichs von den weltlichen und kirchlichen Mächten (Metropoliten), die sie in der Nähe beengten. Unabhängig von den gemachten Decretalen, behauptet die durch die Zeit getragene Geltung seiner kirchlichen Centralgewalt mit vollem Bewußtsein und voller Thatkraft Nikolaus I. (858—867).

In dem Kampf um die Weltherrschaft und in dem Siege, den es davon trägt, gipfelt das Papstthum. Hier erreicht das kirchliche Weltalter seine Höhe. Man kann diesen Höhengang durch drei Punkte bestimmen: die aufsteigende Weltherrschaft, die Culmination und den Anfang des Sinkens. Im Aufgange steht Gregor VII. (1073—1085), auf der vollen Höhe Innocenz III. (1198—1216), in der Neigung abwärts Bonifaz VIII. (1294—1303). Es ist nicht mehr genug, daß die römischen Bischöfe die Nachfolger Petri sein sollen, sie werden seine Stellvertreter: in diesem Bewußtsein handelt Gregor VII. Das kirchliche Machtbewußtsein steigert sich, es ist nicht genug, daß sie Petri Stellvertreter sind, sie werden die Vicare Christi, die Statthalter Gottes auf Erden, die unfehlbare Autorität in Menschen=

gestalt. Die Bischöfe selbst gelten nur noch als ihre Vicare, der Papst ist nicht bloß der oberste, sondern kraft seiner absoluten Machtvollkommenheit der alleinige Bischof. So steht das Papstthum seit Innocenz III., gestützt auf eine neue Sammlung kirchlicher Beschlüsse von der Hand Gratian's, das sogenannte „decretum Gratiani", das im Laufe des zwölften Jahrhunderts entsteht. Diese höchste Machtsteigerung ist das Papalsystem.

In diesen Weltkämpfen um die Universalherrschaft lassen sich drei große Phasen unterscheiden: in der ersten handelt es sich um den Principienkampf zwischen Kirche und Welt oder Staat, es ist der Streit zwischen Gregor VII. und Heinrich IV., in der zweiten um den weltlichen Besitz, insbesondere um den Besitz Italiens, hier entzünden sich die verhängnißvollen Kämpfe zwischen den Päpsten und den Hohenstaufen; in der letzten erneuert sich der Streit zwischen Kirche und Staat mit der eigenthümlichen Wendung, daß jetzt der politischen Macht schon das nationale Bewußtsein zur Seite steht, um der römischen Centralgewalt die Unabhängigkeit des nationalen Staates entgegenzusetzen, es ist der Streit, den gegen Bonifaz VIII. der König und die Stände Frankreichs führen.

Zuerst erscheinen auf dem Kampfplatz die beiden gewaltigen, pyramidenförmig geordneten Körperschaften des Mittelalters: die hierarchische Kirche und der feudale Staat, die Glieder der ersten eingefügt zugleich in den Bau und das Getriebe des zweiten, preisgegeben der Verweltlichung und Verwilderung. Die Losreißung der Kirche von den weltlichen Mächten, die sie fesseln, die Auflösung aller Bande, die den Klerus in Welt und Staat verstricken, die Entweltlichung der Kirche, ohne Preisgebung ihrer Macht, d. h. die Erhebung derselben über den Staat erkannte Gregor VII. als seine reformatorische Aufgabe. Er verbot die Priesterehe, den Kauf geistlicher Aemter (Simonie), die Laieninvestitur, das Vasallenthum der Bischöfe. Der Investiturstreit dauert fort und endet mit einem Compromiß der Parteien. In dem Kampf mit den Hohenstaufen siegen die Päpste, aber die Mittel ihres Sieges tragen schon die Keime ihres Verderbens in sich. Niemals hat die Nemesis in der Weltgeschichte großartiger gewaltet. Zur Vernichtung des deutschen Kaisergeschlechtes hat die päpstliche Politik einen französischen Thron in Italien gegründet, die nothwendige Folge war das Wachsthum des französischen Einflusses auf den römischen Stuhl; in dem Streit mit Frankreich scheitert der gewaltige Bonifaz VIII., der in seinem Machtbewußtsein unfehlbarste aller Päpste fällt als ein Gefangener in die Hand des Königs von Frankreich, und der zweite seiner Nachfolger, ein französischer Papst, wandert nach Avignon (1305), zwei Jahre nach dem Tode Bonifaz' VIII. So hat der Untergang der Hohenstaufen durch die französische Politik der Päpste die französische Gefangenschaft derselben zur Folge gehabt, jenes sogenannte babylonische Exil (1305—1377), wodurch das Papstthum in den Abgrund geführt wurde, an dessen Rand schon Bonifaz VIII. stand. Denn die unmittelbare Folge dieses Exils war der Anfang des großen Schisma (1378), der Zerfall der Kircheneinheit, der die reformatorischen Concile des fünfzehnten Jahrhunderts hervorrief, die an der eigenen Aufgabe scheiterten. Denn die Reformation der Kirche ließ sich nicht mit der Restauration des Papstthums vereinigen. Was blieb übrig, als die kirchliche Reformation, die nothwendig war und durch Concile beweisenermaßen unmöglich, von unten herauf zu beginnen? Und hier erschien Luther, als die Zeit des Durchbruchs gekommen war!

So umfaßt das kirchliche Weltalter, bevor die Reformation des sechszehnten Jahrhunderts den unheilbaren Riß macht, die Zeit von Gregor VII. bis zu den Anfängen der deutschen Reformation. In diese Zeit gehört die eigentliche, in ihrer Denkthätigkeit an die Kirche gebundene Scholastik, sie reicht vom Ende des elften bis zum Ende des fünfzehnten Jahrhunderts. Ihr Entwicklungsgang entsprach dem der Kirche. Hier lassen sich zwei Zeitalter deutlich unterscheiden: das der päpstlichen Weltherrschaft oder kirchlichen Centralisation und das der beginnenden Auflösung und Decentralisation, jenes umfaßt das zwölfte und dreizehnte, dieses das vierzehnte und fünfzehnte Jahrhundert, die beiden ersten sind das Zeitalter der Kreuzzüge (1095—1291), in denen das Papstthum an der Spitze der Völker erscheint, und die (dicht vor Bonifaz VIII.) mit dem Verluste aller ihrer Eroberungen enden. Es steht zu erwarten, daß in dem Entwicklungsgange der Scholastik, der von den Weltzuständen der Kirche regiert wird, der Unterschied jener beiden Zeitalter sich ausprägt, daß in ihrer ersten Periode die Grundrichtung der kirchlichen Centralisation, die Idee der allgewaltigen, alle Einzelmächte bindenden Universalkirche vorherrscht, in der zweiten die Grundrichtung der kirchlichen Decentralisation, die Idee der von Welt und Staat unabhängigen und getrennten Kirche. Kirche und Welt verhalten sich, wie der Kirchenglaube und die natürliche (menschliche) Erkenntniß. Darum wird das Band zwischen Glauben und Wissen in der ersten Periode festhalten, in der zweiten sich auflösen. Die Scholastik wandelt sich mit den Zeiten. Eben darin besteht ihre philosophische Bedeutung, daß sie innerhalb ihres Gebiets das Zeitbewußtsein formulirt und ausspricht. Daß in einem kirchlichen Weltalter das Zeitbewußtsein kirchlich geartet und begrenzt ist, erscheint als die natürliche Folge der herrschenden Weltzustände. Es ist ungereimt, über die öde und unfruchtbare Scholastik zu lärmen und den Wald zu schelten, weil er kein Obstgarten ist.

III. Die Begründung der Scholastik.

1. Erigena.

Die Scholastik hat zwei Anfänge gehabt, durch mehr als zwei Jahrhunderte von einander getrennt: den ersten, der isolirt blieb, im karolingischen Weltalter, in der Zeit der pseudoisidorischen Decretalen und Nikolaus' I., den zweiten, mit dem ihr eigentlicher Entwicklungsgang beginnt, in dem Zeitalter, das von Gregor VII. herkommt.

Der erste Begründer, ein Brite, den Karl der Kahle an seinen Hof nach Paris rief, war Johannes Scotus Erigena. Ihm galt die Einheit und Universalität des göttlichen Seins als das wahrhaft Wirkliche und die Erkenntniß desselben als die Erleuchtung des Glaubens. Gott ist Anfang, Mitte und Ende alles Seienden, dieses selbst in seinen Artunterschieden bestimmt durch den Begriff des Schaffens und Geschaffenseins. Es giebt ein Wesen, welches alles schafft, selbst ungeschaffen, der ewige schöpferische Urgrund des Alls; es giebt ein zweites, das, selbst geschaffen, schöpferisch wirkt, der Logos; die dritte Natur besteht in den Geschöpfen ohne eigene Schöpferkraft, in der zeitlichen und sinnlichen Welt; endlich giebt es einen letzten Zustand, in dem alles Schaffen und Geschaffene sein Ziel erreicht, das Ende aller Dinge in der Wiedervereinigung mit Gott. Demgemäß theilt sich das Seiende oder die Natur ihrem ganzen Umfange nach in folgende Wesensunterschiede: Gott, Welt in Gott (Logos), Welt außer Gott, Rückkehr der Welt zu Gott. Das ist Erigena's „divisio naturae". Man erkennt schon in der Form dieser begrifflichen Eintheilung den platonischen Denker. In der Art, wie Erigena das Urwesen als unterschiedslose Einheit faßt und die übrigen Naturen als Stufen des einen von Gott ausströmenden, von ihm getrennten, zu ihm zurückkehrenden Lebens nach Weise der pantheistischen Emanationslehre unter-

scheidet, treten uns unverkennbar die Züge seiner Geistesverwandt=
schaft mit der neuplatonischen Grundanschauung und der areopagi=
tischen Theologie entgegen. (Er wird nicht bloß aus äußerer Ver=
anlassung der Uebersetzer des Areopagiten.)

Im System des Erigena hat das göttliche Leben in der Welt
nur einen Ursprung, den Ausgang vom Vater aller Dinge, und die
Menschheit nur ein Endziel, die Vereinigung mit Gott; hier giebt
es daher keine zweite dem Urwesen gleiche Gottheit, keine göttliche
Doppelnatur, keinen doppelten Ausgang des heiligen Geistes, keine
doppelte Gnadenwahl. Wenn das Endziel der Menschheit in ihrer
Vergeistigung, Verklärung und Wiedervereinigung mit Gott (aduna-
tio) besteht, so kann ihre Gemeinschaft mit Gott in der sichtbaren
Kirche und die Gegenwart Christi im Sacrament nur eine bildliche
und symbolische Bedeutung haben.

So steht dieses System im Widerstreit mit dem Dogma der
Trinität, der Gottmenschheit, der göttlichen Gnadenwahl und mit
der beginnenden Lehre von der Transsubstantiation im Meßopfer.
Nachdem durch den Cultus der Jahrhunderte sich in der Phantasie
der Gläubigen das bildliche Opfer allmählig verwandelt hatte in
das reale, war im Zeitalter Erigenas aus diesem Cultus die Ver=
wandlungslehre des Paschasius Radbertus hervorgegangen (831), und
jene Abendmahlsstreitigkeiten begannen, die sich unter Gregor VII.
zwischen Lanfranc und Berengar von Tours erneuten und zuletzt die
Folge hatten, die in dem Interesse und der Verfassung der Kirche
begründet war, daß unter Innocenz III. die Verwandlungslehre zum
Dogma der Kirche wurde (1215). Es giebt kein größeres Beispiel für
die Entwicklung des Dogmas aus dem Cultus, keines, in dem der
Glaubensgehorsam im Gegensatz zur sinnlichen Gewißheit eine gewal=
tigere Probe zu bestehen hatte, keines, das die Wahrheit jenes deut=
schen Dichterwortes: „Das Wunder ist des Glaubens liebstes Kind"
einleuchtender machen könnte, als der Glaube an diese Verwandlung!

Erigenas System steht im Gegensatz zur römischen Kirche. Es
trifft ein Zeitalter, in welchem der Streit über die Prädestination
erneut wurde und der über die Transsubstantiation entstand; es ist
daher begreiflich genug, daß ein solcher Denker kirchliche Verfolgungen
durch Synoden, Bischöfe und Päpste (Nikolaus I.) erfuhr. In ihm
mischt sich Gnosis und Scholastik, er hat die Einheit von Glauben
und Wissen gefordert, aber in einem Systeme durchgeführt, welches

die Kirche verwarf und noch Jahrhunderte nach ihm als einen Typus häretischer Ideen verdammte. Man hat Erigena den „abendländischen Origines" genannt. Aber die Scholastik bedurfte, um ihre kirchliche Aufgabe zu lösen, eines „zweiten Augustin."

2. Anselm.

Dieser erschien in einem Zeit- und Geistesgenossen Gregors VII. In demselben Jahr, wo Hildebrand den päpstlichen Stuhl bestieg (1073), wurde Anselmus von Aosta Prior des Klosters Bec in Frankreich (Nachfolger jenes Lanfranc, der die Transsubstantiation gegen Berengar vertheidigte); zwanzig Jahre später wurde er Erzbischof von Canterbury, der erste Kirchenfürst Englands. Im englischen Investiturstreit steht er gegen den König auf Seiten des Papstes, in den kirchenpolitischen Fragen ist er Hierarch, in den theologischen der kirchlich-correcte Begründer der Scholastik; in ihm stimmen das hierarchische und theologische Interesse zusammen, wie es der Geist der Scholastik fordert.

Jetzt gilt der Kirchenglaube als Beweggrund und Ziel aller Erkenntniß, und diese selbst nur als Mittel, um die Herrschaft der Kirchenlehre zu befestigen. Wo das Begreifen aufhört, gebietet der Glaube Halt, und die Vernunft unterwirft sich. „Caput submittam!" Die Realität Gottes und der Gottmenschheit werden nicht etwa untersucht und in Frage gestellt, als ob sie erst auszumachen wären, sie sind nicht fraglich, sondern unerschütterlich gewiß; es handelt sich nur um die Beweisgründe zur Demonstration. Und die Argumente, die Anselmus von Canterbury für das Dasein und die Menschwerdung Gottes in seinem „proslogium" und der Schrift: „cur Deus homo?" gegeben hat, lassen den Charakter der Scholastik sehr gut erkennen.

Er beweist das Dasein Gottes ontologisch. Aus unserem Begriff des vollkommensten Wesens erhellt dessen Realität, denn fehlte ihm die Existenz, so wäre es mangelhaft, also nicht vollkommen, und unsere Vorstellung wäre dann nicht, was sie ist: die des vollkommensten Wesens. Er beweist die Menschwerdung Gottes aus den Bedingungen, durch welche allein die sündige Menschheit zu erlösen ist. Denn der Sündenfall ist als Handlung wider Gott eine unendliche Schuld, die als solche weder ohne weiteres vergeben noch in verdienter Weise bestraft werden kann, die Vergebung ohne Strafe wäre ungerecht, die verdiente Strafe wäre Vernichtung, jene würde der

göttlichen Gerechtigkeit widerstreiten, diese den göttlichen Schöpfungs=
zweck vereiteln. Der einzige Ausweg besteht darin, daß die Schuld
wiedergutgemacht oder Gott Genugthuung geleistet wird: die Er=
lösung ist nur möglich durch Satisfaction. Aber diese genug=
thuende, unsere unendliche Schuld tilgende Handlung muß selbst ein
unendliches Verdienst sein, dazu ist die sündhafte Menschheit un=
fähig; statt ihrer muß ein sündloses Wesen das Leiden auf sich
nehmen, welches die Sündenschuld aufwiegt: die Satisfaction ist
nur möglich durch ein stellvertretendes Leiden. An dieser Stelle
kann nur Gott selbst die Menschheit vertreten, denn er allein ist
sündlos, das stellvertretende Leiden fordert daher die Menschwer=
dung Gottes, welche selbst von den Bedingungen, durch welche die
Erbsünde fortwirkt, unabhängig sein muß, also nur durch überna=
türliche Erzeugung geschehen kann, nur möglich ist im Sohne der
Jungfrau Maria, in der Person Jesu, der sich für die Menschheit
opfert und durch diesen Opfertod ein unendliches Verdienst erwirbt,
das Gott nicht ihm selbst, sondern nur an denen vergelten kann, für
welche der Gottmensch sich zum Opfer gebracht hat. Diese Vergel=
tung ist die Sündenvergebung oder die Erlösung der Menschheit.
Jetzt geht die Rechnung ohne Rest auf. Die Erlösung geschieht durch
die Menschwerdung Gottes, diese ist bedingt durch die Stellvertre=
tung, diese durch die Genugthuung, welche die Menschheit in Folge
der Erbsünde schuldet. An die Stelle der Erbsünde tritt jetzt die
Erbgerechtigkeit, jene wirkt fort in der Natur, diese wirkt fort in der
Kirche als dem Reich der Gnade. So führt uns der Gang der an=
selmischen Beweise in den Mittelpunkt der augustinischen Lehre. Mit
Recht durfte man diesen ersten kirchlichen Scholastiker den zweiten
Augustin nennen.

IV. Der Entwicklungsgang der Scholastik.

1. Realismus und Nominalismus.

Anselm's Beweisführung steht unter einer logischen Grund=
voraussetzung, die schon die gesammte Kirchenlehre beherrscht, aber
erst hier, wo das demonstrative und logisch interessirte Denken an die
Dogmen herantritt, zur bewußten Geltung kommt. Die beiden An=
gelpunkte der augustinischen Glaubenslehre und der anselmischen
Theologie sind die Erbsünde und die Erlösung: in Adam ist die
Menschheit gefallen, in Christus erlöst. Wenn diese Thatsachen keine

universelle Geltung oder, was dasselbe heißt, wenn diese universellen Bestimmungen keine thatsächliche (reale) Geltung haben, so ist der Glaube hinfällig. Er beruht daher in der logischen Voraussetzung, daß die Menschheit als Gattung oder Idee im platonischen Sinn in Wahrheit existirt und das Wesen des Menschen ausmacht. Was von dieser Gattung gilt, muß von allen Gattungen (Ideen), von allen Universalien gelten. Wenn sie nicht Realitäten sind, so ist zu fürchten, daß die Glaubensthatsachen entweder als unwirklich oder als unbeweisbar erscheinen. Die Kirche selbst existirt nur kraft ihrer Idee, ihre Realität beruht auf ihrer Universalität, schon Augustin begründet aus der Katholicität der Kirche deren Autorität, aus der allgemeinen Geltung die nothwendige. Wie der platonische Staat in der Idee der Gerechtigkeit besteht, unabhängig von den Einzelnen, so besteht die christliche Kirche in der Idee der Glaubenseinheit; daher ist die Vergleichung beider, wie Baur und Zeller sinnvoll gezeigt haben, so berechtigt und zutreffend.

Aus dieser der Kirche eingeborenen Grundanschauung folgt nun der Satz, in dem die Scholastik ihr Princip erkennt: universalia sunt realia. Die Gattungen sind das wahrhaft Wirkliche. Es ist bezeichnend genug, daß der erste scholastische Beweis vom Dasein Gottes das ontologische Argument des Anselm war.

Auf den Satz von der Wirklichkeit der Universalien gründet sich der mittelalterliche Realismus, die erste Grundrichtung der Scholastik, welche die entgegengesetzte hervorruft. Die Aufgabe der Scholastik berechtigt auch die Forderungen des natürlichen Verstandes, diesem aber erscheinen die einzelnen Dinge als die wirklichen Objecte, die Gattungen dagegen als bloße Begriffe und Abstractionen, die wir machen und durch Wörter bezeichnen; demgemäß gelten ihm die universalia nicht als realia, sondern "vocalia" oder "nomina". Auf diesen Satz von der Nichtrealität der Universalien gründet sich der mittelalterliche Nominalismus, die zweite Grundrichtung der Scholastik, deren erste Aeußerung dem Realismus auf dem Fuße nachfolgt. In dem Streit zwischen Roscellin und Anselm, zwischen Wilhelm von Champeaux und Roscellin erscheint die Streitfrage und der Gegensatz beider Richtungen schon gegen Ende des elften Jahrhunderts.

Die Tragweite der nominalistischen Denkweise läßt sich sogleich abmessen. Die Erkenntniß geschieht durch Vorstellungen und Begriffe, durch Urtheile und Sätze. Wenn die Begriffe Realität weder haben noch erfassen, so giebt es keine Erkenntniß des Realen, und da die Glaubensobjecte das wahrhaft Wirkliche sind, keine Erkenntniß des Glaubens. Wenn daher der Nominalismus im Geist der Scholastik die Realität der Glaubensobjecte bejaht, so wird er zugleich genöthigt sein, gegen das scholastische Grundprincip die Erkenntniß derselben zu verneinen. Sobald diese Denkweise die Herrschaft gewinnt, wird jenes Band, in welchem die mittelalterliche Theologie ihren Bestand hatte, gelöst werden: die Einheit von Glauben und Wissen. Von hier aus übersieht man den Entwicklungsgang der Scholastik: im zwölften und dreizehnten Jahrhundert herrscht der Realismus, im vierzehnten erhebt sich mit zunehmender Geltung die nominalistische Denkweise, die den Verfall der Scholastik anbahnt und den Uebergang bildet zu einer neuen, von der Glaubensherrschaft unabhängigen Philosophie. So fallen die beiden Grundrichtungen der Scholastik, jede in ihrer vollen Geltung genommen, mit den beiden Perioden zusammen, die wir oben in Rücksicht auf die kirchlichen Weltzustände unterschieden haben: der Realismus entspricht dem Zeitalter der kirchlichen Weltherrschaft und Centralisation, der Nominalismus dem der beginnenden Zersetzung und Decentralisation.

Man hat neuerdings einen solchen inneren Entwicklungsgang der Scholastik überhaupt in Abrede stellen und andrerseits die Streitfrage zwischen Realismus und Nominalismus auf jenes erste Zusammentreffen beider einschränken wollen, als Roscellin die Universalien für „flatus vocis" erklärte. Will man den erfolglosen Widerspruch des letzteren allein mit dem Worte „Nominalismus" bezeichnen, so mag für die spätere, dem Realismus entgegengesetzte, siegreiche Richtung ein anderer Name gewählt werden; in der Sache selbst, in dem eben erklärten, weltkundigen Gegensatz der beiden scholastischen Zeitalter wird dadurch nichts geändert. Eben so wenig ist mit dem Einwurf gethan, daß der Fortgang der Scholastik nur Wachsthum in der Breite gewesen sei, nur in der vermehrten Zufuhr des Lehrstoffes, mit anderen Worten in der fortschreitenden Kenntniß der aristotelischen Lehre bestanden habe. Die Bildungsstoffe, die das Mittelalter von der alten Welt empfing, waren die dürftigsten, von der Philosophie des Aristoteles, welche die Scholastik auf ihrer Höhe beherrschen sollte, kannte man zunächst nur einen unbedeutenden Bruchtheil der Logik, diesen blos in der Uebersetzung des Boëthius, die Lehre vom Satz und den Kategorien, dazu kam die Einleitung von Porphyrius; erst im zwölften Jahrhundert wird das Organon seinem ganzen Umfange nach bekannt, erst im folgenden Jahrhundert die Realphilosophie des Aristoteles, Metaphysik, Physik, Psychologie u. s. f., vermittelt durch lateinische Uebersetzungen, die erst aus dem Hebräischen und Arabischen, später aus dem Griechischen gemacht wurden, bis endlich das Studium der Alten selbst sich von neuem belebte. Dieses Fortkriechen am Gängelbande des Aristoteles bedeutet nichts anderes als die zunehmende Verweltlichung der scholastischen Theologie, woraus zuletzt die Trennung zwischen Glaube und Wissen und der Sieg der nominalistischen Erkenntnißlehre mit Nothwendigkeit hervorging.

2. Der platonische und aristotelische Realismus.

In dem Zeitalter der ungebrochenen kirchlichen Weltherrschaft gilt in der scholastischen Theologie der Grundsatz, daß die Gattungen oder Ideen Realität haben, diese gilt entweder völlig unabhängig von den einzelnen Dingen oder als die ihnen inwohnende, wirksame Macht, sie ist entweder „ante rem" oder „in re". Es ist hier nicht der Ort, in alle die Spaltungen und Mittelarten einzugehen, die zwischen jenen Fassungen die Bestimmung des Verhältnisses der Universalien und Einzeldinge noch haben kann; die Scholastik des zwölften Jahrhunderts ist in solchen Unterscheidungen unermüdlich gewesen. Die beiden normgebenden Auffassungen sind vorgebildet in der griechischen Philosophie: die erste in der platonischen, die andere in der aristotelischen. Beide bejahen die Realität der Ideen, aber bei Plato gelten sie als das wahrhaft Seiende, unabhängig von den Erscheinungen, bei Aristoteles als das wahrhaft Wirkende in den Dingen: dort ist ihre Wirklichkeit Ideenwelt, hier Natur. Wir haben schon gezeigt, wie die zweite Auffassung nothwendig aus der ersten folgt. Während des zwölften Jahrhunderts herrscht in der scholastischen Theologie der platonische, während des dreizehnten der aristotelische Realismus. So lassen sich in der kirchlichen Philosophie des Mittelalters drei Richtungen unterscheiden, die im Großen und Ganzen mit den Jahrhunderten zusammenfallen: die realistisch=platonische im zwölften Jahrhundert, die realistisch=aristotelische im dreizehnten, die nominalistische in den beiden folgenden. Das Mittelglied zwischen der platonischen und aristotelischen Scholastik bildet Abälard († 1142), das zwischen der realistischen und nominalistischen Johannes Duns Scotus († 1308).

Es ist schon hingewiesen auf jene bedeutsame Verwandtschaft, die trotz der grundverschiedenen Zeitalter und Weltanschauungen zwischen der platonischen Denkweise des Alterthums und der kirchlichen des Mittelalters, zwischen dem platonischen Staat und der römischen Kirche stattfindet. In beiden herrscht das Allgemeine unbedingt über das Einzelne, gilt das Ganze als vor den Theilen und die Idee als die allein wirkliche, von dem Einzelwillen völlig unabhängige Macht. Daher befremdet es nicht, daß unter der unbedingten Herrschaft der mittelalterlichen Kirche eine platonische Scholastik sich ausbilden mußte, daß diese Scholastik mit dem Zeitalter der Kreuzzüge Hand in Hand ging, daß sich die Kirche gegen die zunehmende Entfernung von dieser Art der realistischen Denkweise, gegen die Annäherungen an den aristotelischen Lehrbegriff, gegen dessen Eindringen gewehrt hat und zuletzt der Nothwendigkeit nachgab, die sie nicht hemmen konnte. Die naturphilosophischen und metaphysischen Schriften des Aristoteles wurden noch im Anfange des dreizehnten Jahrhunderts verdammt, dann zögernd erlaubt, erst den Artisten, dann auch den Theologen, und zuletzt wurde das Studium der aristotelischen Philosophie sogar gefordert und dem heidnischen Philosophen von der Kirche selbst das größte Ansehen eingeräumt in Rücksicht aller natürlichen Erkenntniß.

Aus welchen Motiven erklärt sich diese auffallende Erscheinung, diese Verbindung, welche die Kirche des Mittelalters mit Aristoteles eingeht? War einmal in der Scholastik die natürliche Erkenntniß berechtigt, wenn auch nur als Glaubensinstrument, so mußte in dem Verlaufe ihrer Entwicklung nothwendig der Punkt kommen, wo sie auch die Natur als Object ergreifen und diesen Begriff ihrem System einfügen und unterordnen mußte, so gut als die Kirche den Staat ihrer Herrschaft eingefügt und untergeordnet hatte. Die Kirche selbst mußte mit der Zeit diese Aufgabe als eine nothwendige und ihrem eigenen System zuträgliche erkennen. Die Scholastik bedurfte eines theologischen Naturbegriffs. Wenn sie ihn erreicht, so erobert sie zugleich der Kirche ein großes Gebiet, das feindlich erscheint, so lange es der Theologie fremd bleibt. Unter dem theologischen Naturbegriff ist aber eine Anschauung zu verstehen, die Gott als den letzten Grund und Zweck der Natur betrachtet und unter diesem Gesichtspunkt die Natur selbst als ein Stufenreich körperlicher und lebendiger Formen, die von dem göttlichen Zweck abhängen, von ihm bewegt werden, in ihm sich vollenden. Diesen Naturbegriff bietet die aristotelische Philosophie; daher ihre Bedeutung für Scholastik und Kirche. Sie ist um ihres heidnischen Geistes willen zuerst das bedenkliche, dann um ihres theologischen Charakters willen das äußerst willkommene Werkzeug, um eine Aufgabe zu lösen, in deren Lösung die Kirche triumphirt.

Nun ist die aristotelische Philosophie dem Abendlande so gut als unbekannt; die logischen Schriften haben für die Lösung dieser Aufgabe keine Bedeutung, die Entfernung der abendländischen Bildung von der griechischen ist die größte, noch gesteigert durch die Kluft der beiden Kirchen. Und so wird auf dem weitesten Umwege die aristotelische Philosophie eingeführt in die Schulen der abendländischen Christenheit: durch die Vermittlung der arabischen Philosophen des zehnten, elften und zwölften Jahrhunderts. Unter den morgenländischen ist Avicenna († 1036), unter den spanischen Averroës († 1198) der größte, welcher letztere dem Verständniß des griechischen Philosophen durch den Umfang seiner Commentare und die Art seiner Einsicht am nächsten kommt.

Das dreizehnte Jahrhundert ist die große Zeit der Scholastik. Es handelt sich darum, den Naturbegriff dem theologischen Systeme zu gewinnen und dadurch das letztere erst als System zu vollenden. Das Reich der Gnade erscheint für die natürliche Erkenntniß erst dann vollkommen befestigt, wenn ihm das Reich der Natur untergeordnet und in einem Zusammenhange mit jenem gedacht werden kann. In dieser Verbindung der beiden Reiche besteht die Aufgabe. Das Reich der Natur muß als die Vorstufe gelten zum Reich der Gnade, so daß schon in der Natur das Reich der Gnade angelegt, vorbereitet, bezweckt ist, daß die kirchlichen Ordnungen als die Vollendung der natürlichen erscheinen. Das ist der Grundgedanke, der das dreizehnte Jahrhundert erfüllt, das eigentliche Motiv in den Systemen der großen Theologen dieses Zeitalters: Alexander von Hales, Albertus Magnus, Thomas von Aquino. Wer diese Aufgabe im Sinne der Kirche am vollkommensten löst, verhält sich zur Scholastik, wie sich Augustin zur Glaubenslehre verhalten hatte. Dieser größte unter den Scholastikern ist Thomas. In seinem System erscheint die Natur als ein Stufenreich, angelegt auf die

Kirche: in dem natürlichen Leben des Menschen vollendet sich die Stufenreihe der Körper, in den Gnadenordnungen der Kirche d. h. in den Sacramenten vollendet sich das natürliche Menschenleben. Die thomistische Lehre von den Sacramenten ist erleuchtend für den Geist dieser ganzen Theologie, es ist der aristotelische Begriff der Entwicklung, von dem ihre Systeme getragen sind. Wie sich die Anlage zur Vollendung, das Mittel zum Zweck verhält, so verhält sich in der thomistischen Weltanschauung die natürliche Weltordnung zur kirchlichen, das menschliche Leben zum Sacrament. Das System ist im kirchlichen Geiste durchaus theologisch und supranaturalistisch, aber es hat den Naturbegriff in sich aufgenommen und dadurch die theologisch-scholastische Vorstellungsweise vollendet; Thomas hat den Kirchenglauben zu einem Lehrsystem abgerundet, welches unvergleichlich dasteht und seinem Urheber den Ruhm des kirchlichen Philosophen in eminentem Sinn verdient hat.

3. Summen und Systeme.

In der Aufgabe der Scholastik lag die theologische Systembildung aus dem gegebenen Stoff der dogmatischen Lehren und Streitfragen. Die erste Lösung dieser Aufgabe bestand in dem Inbegriff, der Sammlung und Anordnung aller hierher gehörigen Materien, jenen sogenannten „Summen" des zwölften Jahrhunderts, deren fortwirkender Typus das Werk des Petrus Lombardus († 1164) war. Er verhielt sich zur Kirchenlehre, wie sein Zeitgenosse Gratian zum Kirchenrecht; er gab einen gesammelten und übersichtlichen Inbegriff der dogmatischen Lehrmeinungen oder „Sentenzen", ein Werk, das ihm den Namen „magister sententiarum" erwarb und das erste mustergültige Lehrbuch der Theologie, die Grundlage theologischer Vorlesungen wurde. Die Summen der Sentenzen, welche das zwölfte Jahrhundert hervorbrachte, waren noch keine Systeme. Das Lehrbuch des Lombarden wurde zum Material, woraus durch Verschmelzung mit der aristotelischen Philosophie die theologischen Summen des dreizehnten Jahrhunderts, die Werke der großen Doctoren der Kirche hervorgingen. Zu den Glaubensgründen der Kirchenlehre kamen jetzt die Vernunftgründe der Philosophen, zu den „auctoritates" die „rationes"; in der Darstellung, Vergleichung, Entgegensetzung beider wurde die neue Aufgabe von dem englischen Franziskaner Alexander von Hales († 1245) eingeführt. Der eigentliche Repräsentant der

„rationes" war die aristotelische Philosophie. Soweit diese in dem Gesichtskreise und der Fassungskraft des Zeitalters lag, mußte ihr Inbegriff neben den der Theologie gestellt und dadurch die Aufgabe ihrem ganzen Umfange nach auseinandergesetzt und verdeutlicht werden. Dieß geschah durch den „doctor universalis", den deutschen Dominikaner Albert den Großen († 1280). Sein größerer Schüler, der italienische Dominikaner Thomas von Aquino († 1274) vollbrachte die Lösung der scholastischen Aufgabe, er gab das kirchenphilosophische System, in welchem Augustin, der Lombarde und Aristoteles in einander gefügt waren. Er hat die aristotelische Entwicklungslehre im Geist der kirchlichen Weltherrschaft christianisirt, wie einst der Areopagit die neuplatonische Emanationslehre im Geist der hierarchischen Kirchenordnung christianisirt hatte.

4. Thomas und Scotus.

In dem Fortgange des aristotelischen Realismus entsteht der Gegensatz zwischen Thomas und Scotus, der ihre Schulen entzweit und den Bestand der scholastischen Theologie nachhaltig erschüttert. Werden die beiden Reiche der Natur und der Gnade dergestalt verknüpft, daß jenes sich in diesem vollendet und seine Bestimmung erfüllt, so muß in einem solchen Zusammenhang das Reich der Dinge überhaupt als die bestgeordnete Welt erscheinen, die Gott aus allen möglichen Welten kraft seiner Weisheit gewählt, kraft seiner Allmacht geschaffen hat, so ist der göttliche Wille in der Schöpfung der Welt durch die Einsicht bestimmt und das göttliche Schaffen, da es unter der Herrschaft einer Idee, der des Guten, stattfindet, ein nothwendiges und determinirtes Handeln. So ist das thomistische System trotz seines supranaturalistischen Charakters durchaus deterministisch und darin der ächte Ausdruck des kirchlichen Weltbewußtseins, das seine Ordnungen streng determinirt, für alle Fälle ausgemacht und so eingerichtet haben will, daß sie den Einzelwillen und die Willkür völlig ausschließen. Diese thomistische Theodicee, worin alles nach göttlicher Einsicht determinirt und „ad Deum" geordnet ist, findet ihren Gegner in dem englischen Franziskaner Johannes Duns Scotus. Es ist kein geringerer Streit als der des Determinismus und Indeterminismus, der hier in der Scholastik ausbricht. In der Frage der Willensfreiheit liegt die Differenz zwischen Thomas und Scotus. Ist das göttliche Wirken nothwendig, so ist Gott an seine

Wirkung gebunden und kann nicht ohne dieselbe sein, dann muß die
Unabhängigkeit Gottes und folgerichtigerweise auch seine Existenz
verneint werden; ist alles durch die göttliche Nothwendigkeit und
diese selbst durch die Idee des Guten bestimmt, so giebt es weder
Zufälliges noch Böses, so ist Gott nicht bloß die erste, sondern im
Grunde die alleinige Ursache, er ist eines mit der Natur der Dinge,
und der Pantheismus erscheint als unvermeidliche Folge: das sind
die gewichtigen Gründe, die Scotus gegen Thomas erhebt. Aus der
Thatsache des Zufalls und des Bösen in der Welt folgt die Un=
möglichkeit des Determinismus, wonach der göttliche Wille gebunden
ist an die Idee des Guten; er ist an nichts gebunden, er handelt
grundlos, aus absoluter Willkür, er kann ebenso gut schaffen als
nicht schaffen, ebenso gut diese Welt als eine andere, auch gar keine;
der Wille wird nicht bestimmt durch die Einsicht, sondern umgekehrt:
„voluntas superior intellectu;" das Gute gilt nicht durch sich, sondern
durch göttliche Willensbestimmung, nicht „per se" sondern „ex insti-
tuto", es ist nicht rational, sondern positiv, nicht weil etwas gut ist,
hat Gott es gewollt, sondern weil Gott es gewollt hat, darum ist es
gut. Mit der Willkür ist das Wollen vernichtet, der Unterschied auf=
gehoben zwischen natürlichen Ursachen und Willensursachen, dann
giebt es überhaupt keinen Willen, weder einen göttlichen noch einen
menschlichen. Scotus bejaht die menschliche Freiheit und deren Mit=
wirkung in dem Empfangen der göttlichen Gnade, die Verdienstlich=
keit der Werke, die nicht kraft ihrer eigenen Beschaffenheit, auch nicht
kraft der Gesinnung, womit sie geschehen, sondern blos dadurch recht=
fertigen, daß Gott kraft seiner Willkür mit diesem Werk diese Wir=
kung verknüpft hat; das kirchliche Werk gilt unabhängig von aller
Gesinnung als äußeres, vorschriftsmäßiges Thun, als „opus operatum". So denkt der scholastische, der Macht und dem Interesse der
Kirche dienstbare Indeterminismus. Die menschliche Freiheit schließt
die Selbstbestimmung, den persönlichen Willen, das individuelle Da=
sein in sich, kraft dessen jeder Mensch nicht blos ein Ding unter Din=
gen ist, sondern dieses einzelne, singulare Wesen für sich ist. Damit
erhebt sich im Bewußtsein der Scholastik der Begriff der Einzelnheit
oder Individualität, der Charakter nicht blos spezifischer, sondern
individueller Unterscheidung der Dinge, diese sind nicht blos durch
ihre Arten und Beschaffenheiten (Quidditäten) unterschieden, sondern
jedes von allen übrigen kraft seiner Einzelnheit (Häcceität). Die Indi=

vidualität ist undefinirbar, nicht aufzulösen in begriffliche Erkenntniß: „ratio singularitatis frustra quaeritur". Wenn die Realität sich in der Individualität zuspitzt und vollendet, so giebt es keine Erkenntniß des Realen. Dasselbe gilt von der Willkür, sie ist grundlos, daher unerkennbar; dasselbe gilt von der göttlichen Offenbarung, dem Erlösungswerk, den kirchlichen Glaubensobjecten überhaupt, sie sind kraft der grundlosen und unergründlichen Willkür Gottes, daher giebt es keine Erkenntniß des Glaubens, keine rationale Theologie, kein philosophisches Glaubenssystem. Die Theologie ist praktisch, der Glaube eine von der Erkenntniß unabhängige Willensrichtung und Zustimmung, nicht durch rationale Gründe bedingt, nicht durch solche zu erschüttern. So löst der Indeterminismus das Band zwischen Glauben und Wissen.

5. Occam. Auflösung der Scholastik.

Die Bahn ist eröffnet, in welche jene neue und letzte Grundrichtung der Scholastik eingeht, die der englische Franziskaner Wilhelm Occam († 1347?), ein Schüler des Scotus, methodisch begründet. Es sind nicht mehr die Zeiten Roscellins, die von Gregor VII. herkamen und auf Innocenz III. zustrebten. Als Scotus auf der Höhe seines Ruhms stand und starb, war der päpstliche Stuhl seit drei Jahren in Avignon; die Zeiten Occams kommen von Bonifaz VIII. her und eilen dem großen Schisma entgegen.

Occam's That ist die Vernichtung des scholastischen Realismus, der Herrschaft der Ideenwelt im kirchlichen Glauben. Wären die Universalien (Ideen) real, so müßten sie in Gott der Schöpfung vorausgehen und den Willen Gottes determiniren und binden, dann gäbe es keine göttliche Freiheit und keine Schöpfung aus Nichts: hier ist der Widerstreit zwischen dem Glauben und dem scholastischen Realismus.

Wären die Universalien (Gattungen), die doch den Dingen gemeinsam sind, selbst Dinge, so müßte ein Ding in mehreren Dingen zugleich sein, was unmöglich ist. Die Ideen sind nicht Dinge, sie sind nicht Realitäten, sondern Vorstellungen, welche Dinge bezeichnen und selbst durch Wörter bezeichnet werden, wie diese durch Buchstaben: sie sind daher Zeichen oder „signa", deren Grundbestimmungen die „termini" ausmachen. Diese letzteren sind Einzelvorstellungen und Allgemeinvorstellungen, Laut- und Schriftzeichen, also

Anschauungen, Begriffe, Wörter; die Anschauung vertritt die Stelle eines einzelnen wirklichen Dinges, der Begriff die Stelle vieler Einzelvorstellungen, das Wort die des Begriffs. Alle menschliche Erkenntniß geschieht durch Termini, sie ist daher terministisch und, sofern die mittheilbaren Zeichen der Vorstellungen „vocalia" oder nomina sind, nominalistisch. Die Erkenntniß durch Einzelvorstellungen ist intuitiv oder real, da diese Vorstellungen „pro re" stehen; die Erkenntniß durch Allgemeinbegriffe und Urtheile, durch Wörter und Sätze ist rational oder logicalisch (sermocinal). Es giebt daher keine Erkenntniß der wirklichen Dinge. Die Wirklichkeit besteht in Einzeldingen, Individuen, einfachen Substanzen; unsere Vorstellung ist weder Ding noch Substanz noch einfach, sie ist um so undeutlicher, je allgemeiner sie ist: daher giebt es keinerlei Uebereinstimmung zwischen Vorstellung und Sache, also keinerlei Erkenntniß der Wahrheit.

Zwischen Vorstellung und Realität liegt eine unübersteigliche Kluft, daraus erhellt die Unmöglichkeit des ontologischen Beweises vom Dasein Gottes, denn seine Voraussetzung von der Realität der Vorstellung Gottes war grundfalsch. Auch die kosmologischen Beweise sind hinfällig, denn sie setzen voraus, daß es eine erste oder letzte Ursache geben müsse, daß in der Begründung ein Fortgang ins Endlose unmöglich sei; eben diese Voraussetzung ist grundfalsch, vielmehr ist ein solcher Fortgang nothwendig zu fordern. Es giebt daher keinerlei Beweise vom Dasein Gottes, keinerlei rationale Theologie. Aus der Unmöglichkeit dieser Erkenntniß folgt die Nothwendigkeit des Glaubens auf dem alleinigen Grunde der kirchlichen Autorität. Dem Verhältniß zwischen Glauben und Wissen entspricht das zwischen Kirche und Welt. Es handelt sich um Trennung in beiden Fällen, um Entweltlichung des Glaubens wie der Kirche. Die Zeit ist gekommen, wo die von der Kirche gebundenen Mächte centrifugal zu werden beginnen und sich von der Kirchenherrschaft losmachen wollen: Staaten und Völker, Wissenschaften und Künste. Mit der Entweltlichung der Kirche wird zugleich die Unabhängigkeit des Staates von der Kirche gefordert. „Vertheidige du mich mit dem Schwert, ich will dich mit der Feder vertheidigen", soll Occam im Streit zwischen Kaiser und Papst zu Ludwig dem Baier gesagt haben.

Man muß wohl beachten, wie diese nominalistische Erkenntnißlehre, die den Zwiespalt zwischen Glauben und Wissen, Theologie und Philosophie begründet und dem Zeitbewußtsein einprägt, sich zu beiden verhält. Sie will die Trennung um des Glaubens, um der Kirche willen; ihr Interesse ist die Reinigung und Stärkung beider durch die Entweltlichung. Es ist nicht zufällig, daß die Männer dieser Richtung großen Theils zu den strengen Franziskanern (Spiritualen) gehören. Der Glaube will mit dem gebrechlichen, auf menschliche Mittel angewiesenen Wissen nicht mehr gemeinsame Rechnung führen, mit diesem ihm fremden und gefährlichen Bundesgenossen nichts mehr zu thun haben. In demselben Maße, als er sich von aller natürlichen und rationalen Erkenntniß lossagt, erstarkt sein supranaturaler Charakter, seine positive Geltung, seine kirchliche Autorität. Diese letztere zu befestigen und unerschütterlich zu machen, ist der Endzweck dieser nominalistischen Theologie: darum ist sie ihrem Wesen nach scholastisch. Aber sie hat mit der kirchlichen Weltherrschaft gebrochen und ist auf eine Kirchenreinigung bedacht, die den reformatorischen Bestrebungen innerhalb der Scholastik den Weg öffnet. Sie befreit durch die Trennung vom Glauben auch die Philosophie und weist diese hin auf die weltlichen Dinge, sie räumt innerhalb der Scholastik schon den Boden für den Weg und das Werk einer neuen Philosophie. Sie hat die Möglichkeit einer wahren Erkenntniß der Dinge aus menschlichen Mitteln verneint und dadurch jenen Skepticismus vorbereitet, mit dem die neue Philosophie beginnt, aus dem sie hervorgeht; sie läßt innerhalb der menschlichen Erkenntniß nur die anschauliche und sinnliche als real gelten und erscheint in diesem Punkte als die scholastische Vorläuferin jenes Empirismus und Sensualismus, mit dem die neue Philosophie im Vaterlande Occams ihren Lauf antrat.

Fünftes Capitel.

Das Zeitalter der Renaissance.

I. Der Humanismus.

In der kirchlichen Philosophie des Mittelalters hat die heidnische des Alterthums fortgewirkt in einer dienenden, ihrem Ursprunge und Wesen entfremdeten Gestalt. Die scholastische Theologie hielt die menschliche Erkenntniß in einer doppelten Gefangenschaft: unter der

Herrschaft der Kirche, die den Lehrinhalt bestimmte, und unter der Herrschaft einer Schule, die ihre Lehrart und formale Bildung von den Autoritäten der alten Philosophie empfing. Wie nun die Fessel sich zu lösen beginnt und die menschliche Erkenntniß eine gründliche Erneuerung anstrebt, ist die erste Bedingung, daß zunächst die Schule sich freimacht und die großen Philosophen des Alterthums wieder in ihrer Urform aufgesucht und erforscht werden. Die Philosophie der neuen Zeit kommt unmittelbar aus der emancipirten Schule des Alterthums. In ihr reift sie allmählig. Wenn sie auch diesem Gängelbande sich entwachsen fühlt, erst dann ist die Epoche ihres Durchbruchs, der Moment gekommen, in dem sie mündig auftritt. Die Wiederbelebung der griechisch=römischen Philosophie ist daher die nothwendige und nächste Erkenntnißaufgabe, die Voraussetzung und der Uebergang zur neuen Philosophie.

Diese Aufgabe bildet einen Theil der philologischen Alterthums=kunde, welche selbst als ein besonderer Zweig der wiederbelebten Alterthumskunde überhaupt gepflegt und verstanden sein will. Um die Philosophie aus den mittleren Zeiten in die unsrigen zu leiten, mußte jene geistige Wiedergeburt des Alterthums, die man „Renais=sance" nennt, den Weg finden und erleuchten. Die Bedeutung der=selben ist keineswegs auf die philologischen Studien einzuschränken, denn sie ist nicht bloß eine Sache der Schule und Gelehrsamkeit, sondern ein Zeitalter, welches die fortschreitende Menschheit erlebt, das die gesammte Menschencultur durchdrungen hat, ein unerschöpf=liches, das bis in unsere Tage fortwirkt und niemals ausgelebt sein wird. Die Renaissance ist ihrer Aufgabe und Geistesrichtung nach so wenig zu begrenzen als die Reformation, und wenn beide auf ge=wisse Zeitalter eingeschränkt werden, — jene in ihrer Blüthe auf die zweite Hälfte des fünfzehnten, diese auf die erste des sechszehnten Jahrhunderts — so gilt eine solche chronologische Einfassung nur von der Begründung und dem Durchbruche beider.

Die Renaissance hat die menschliche Lebens= und Weltanschauung in der Wurzel verändert, von den Mächten, die sie im Mittelalter beherrschten, losgerissen und gegen diese letzteren einen Gegensatz aus=geprägt, den die Kirche selbst, von der Geistesströmung der Zeit ergriffen, nicht merkte, den sie befördern half und erst weit später, nachdem die erste Blüthe der Renaissance verwelkt und die Refor=mation mächtig geworden war, erkannte. Das Grundthema des

Mittelalters war die Herstellung und Verherrlichung der „civitas Dei", jenes Gottesreiches auf Erden, das durch seine unantastbaren Ordnungen die Welt beherrscht und die Individuen bindet; das Grundthema der Renaissance geht aus der völlig entgegengesetzten Tonart, es besteht in der Verherrlichung des Menschen, seiner Größe und seines Ruhms, im Cultus des menschlichen Individuums, seines Genies, seiner Kraft, seiner ungemessenen natürlichen Freiheit. Wenn es je ein Zeitalter gegeben, das an das menschliche Universalgenie, an die menschliche Allmacht und Magie geglaubt, geistesmächtige Individuen erzeugt und ihren Zauber empfunden, die Menschenwelt in Natur, Staat und Kunst vergöttert hat, so war es dieses. Sein ganzes Interesse geht auf den natürlichen, durch seine Kraft und Begabung unendlich gesteigerten Menschen. In einem solchen Sinn, weit umfassender und universeller, als man das Wort gewöhnlich nimmt, darf von der Renaissance gesagt werden, daß sie die „Humaniora" zu ihrem Gegenstand gemacht hat. Im Mittelalter gebietet die Macht zu lösen und zu binden über die Sündenvergebung und Seligkeit des Menschen, sie war bei der Kirche; in der Renaissance trifft die Macht zu erheben und zu stürzen, zu verherrlichen und zu verwerfen die Verdienste und den Ruhm des Menschen, sie ist bei den Dichtern, Rednern, Geschichtschreibern. Schon Dante, mit dem der erste Frühschimmer der Renaissance zu leuchten begann, dichtet sich eine Hölle und bevölkert sie aus eigener Machtvollkommenheit als poetischer Weltrichter. Das Mittelalter verehrt die Heiligen, die Renaissance die Celebritäten, die großen durch ihre Geistesthaten eminenten Menschen, man feiert deren Reliquien und Gräber, die erinnerungsreichen Schauplätze ihres Lebens. „Die Stätte, die ein guter Mensch betrat, ist eingeweiht, nach hundert Jahren klingt sein Wort und seine That dem Enkel wieder!" Dieses Wort ist aus dem Geist der Renaissance gesprochen, der dem Mittelalter fremd war, aber in unserer Empfindungsweise fortwirkt. Man muß erkennen, wie die Renaissance das menschliche Selbstgefühl von Grund aus verändert hat, bevor man von dem veränderten Gange der Wissenschaften und Studien redet; sie hat „den modernen Menschen" ins Leben gerufen, wie einer ihrer bedeutendsten Kenner gesagt und in einer umfassenden, die menschlichen Grundzüge dieses mächtigen Zeitalters erleuchtenden Charakteristik ausgeführt hat.*)

―――――
*) Jacob Burckhardt: die Cultur der italienischen Renaissance (2. Aufl. 1869).

II. Italienische Renaissance.

Der Glaube des Mittelalters folgte dem Zuge seines Reliquien=
cultus nach Palästina, um das heilige Land und das heiligste der
Gräber gegenwärtig zu schauen. Der Reliquiencultus der Renaissance
bedarf keiner Kreuzzüge; ihre natürliche Geburtsstätte und Heimath ist
Italien, das classische Land, das Grab der glorreichsten Vergangen=
heit der Welt. In der Wiederbelebung des Alterthums feiert Italien
seine Vergangenheit und Vorwelt, sich selbst. So ist die Renaissance
gleich in ihrem Ursprung kein künstliches Product der Schule, sondern
die naturgemäße Richtung, welche der Aufschwung des nationalen
Selbstgefühls ergreift, das Object und Thema nationaler Freude
und Selbstverherrlichung. Augustin, der letzte der großen Kirchen=
väter, sah in dem altrömischen Reich und seinem Volk die Vollendung
der „civitas terrena," die dem Untergang geweihte, durch die Schuld
des Heidenthums gefallene Welt, die in ihrer Größe und in ihrem irdi=
schen Ruhm den Lohn ihrer Thaten geerndtet und für immer dahin
hat. Dante, der erste nationale Dichter Italiens, erhebt von neuem das
römische Volk als das edelste der Welt, das erste aller Völker, dem
die irdische Weltherrschaft gebührt und von Gottes Gnaden zukommt,
unabhängig von Kirche und Papst, er feiert Rom als die erhabene
Wittwe, die sehnsüchtig ihres Cäsars harrt; ihn begeistert die ewige
Stadt in ihren Ehrfurcht gebietenden Trümmern. Wenige Jahr=
zehnte nach Dante erschien jener phantastische Tribun Cola di Rienzo
und improvisirte mitten in dem verlassenen und verfallenen Rom, in
dem zerrissenen Italien die Wiederherstellung der römischen Weltherr=
schaft. Augustin, noch vor den Anfängen des Mittelalters, sieht das
neue kirchliche Weltreich im Aufgang, das der Cäsaren im Untergange
begriffen; Dante, schon an der Schwelle der Renaissance, sieht das
irdische Heil der Welt und der Menschheit in einem neuen Augustus.

Für die geistige Wiedergeburt des Alterthums war es gut, daß
eine solche römische Centralherrschaft nicht bestand, daß sie nirgends
weniger möglich war als in Italien. Die politische Einheit und
Centralisation würde die Kräfte gebunden haben, die zur Entfaltung
des neuen geistigen Lebens in voller Freiheit und Regsamkeit sein
mußten; es wäre nie zu jener Mannigfaltigkeit individuellen Daseins,
zu jener Ergiebigkeit und Ausbreitung menschlicher Charaktere und
Leidenschaften, zu jenem Wetteifer der Staaten und Städte gekommen,

die nach allen Richtungen hin die Talente hervorriefen und beförderten. Das decentralisirte Italien ist dem Aufschwunge der Renaissance ebenso günstig gewesen, als das decentralisirte Deutschland dem der Reformation. Die Zersplitterung Italiens in Folge der Kämpfe zwischen den Päpsten und Hohenstaufen, die Menge und Verschiedenheit der Kleinstaaten, der beständige und jähe Wechsel ihrer Schicksale, die inneren Parteikämpfe und die Kriege nach außen, die Usurpatoren und Gewaltherrscher, die Erfindung und Anwendung aller Machtmittel, die den politischen Interessen dienen, den fürstlichen Ruhm erhöhen, die Masse gewinnen und fesseln, darunter die imposanten und glänzenden Werke der Kunst, alle diese Zustände Italiens während des vierzehnten und fünfzehnten Jahrhunderts gewähren einen Anblick, der unwillkürlich an ähnliche Verhältnisse und Schicksale der griechischen Welt im siebenten und sechsten Jahrhundert der vorchristlichen Zeit erinnert. Damals entstand aus dem bewegtesten Leben die Fülle der Welterfahrung und Menschenkenntniß, der Bildungsreichthum, aus dem die griechische Philosophie hervorging. Diese Analogie ist bedeutsam. Es giebt in der Weltgeschichte kaum zwei Zeitalter, die so viele in den Volkszuständen begründete Elemente der Verwandtschaft darbieten. Kein Wunder daher, daß aus solchen Bedingungen, aus einer solchen ähnlichen Lage der Dinge in Italien eine Lebensanschauung und Bildung emporwächst, die sich ihrer Verwandtschaft mit dem Alterthum bewußt wird und die verlassenen Geistesschätze desselben wieder ergreift, daß die Italiener, — unter den europäischen Völkern das erste, das vom Mittelalter frei wird, — sich jetzt als die Abkömmlinge der Griechen und Römer erkennen und mit diesem Selbstgefühl die große Erbschaft ihrer Vorzeit antreten. Man muß alle diese Factoren wohl zusammenfassen, um daraus den naturwüchsigen Ursprung und Charakter der italienischen Renaissance zu erkennen, die dem übrigen Europa die Schule einer neuen Weltbildung eröffnet. Zu der Entdeckung der antiken Ruinen und Kunstwerke kommt die Wiederauffindung der Autoren, die abgeschrieben und vervielfältigt, in Bibliotheken gesammelt und geordnet werden; in der zunehmenden Kenntniß derselben besteht die literarische Renaissance und die Erweiterung ihres wissenschaftlichen Gesichtskreises.

In seiner größten Ausdehnung reicht dieses Zeitalter von den Anfängen des vierzehnten bis zum Ende des sechszehnten Jahrhunderts, von Dante bis Tasso; sein Höhenzug, um die Grenzpunkte durch Päpste zu bestimmen, erstreckt sich von Nikolaus V. (1447—1455), dem Gründer der vaticanischen Bibliothek, bis Leo X. (1513—1521), der unter den Musen des Vatican den Ausbruch der deutschen Reformation gern überhört hätte. Die beiden Zeiträume, welche dieser Blüthe vorausgehen und nachfolgen, lassen sich als „Früh- und Spätrenaissance" bezeichnen.

Um die neue Geistesströmung auszubreiten und zu verstärken, sind einige Begebenheiten, die in den mittleren Lauf des fünfzehnten Jahrhunderts fallen, von einflußreichster Bedeutung gewesen: die Erfindung der Buchdruckerkunst und die erneute Verbindung zwischen der lateinischen und griechischen Welt, zwischen der aufblühenden italienischen Renaissance und den griechischen Gelehrten. Die Unionsconcile, die Papst Eugen IV. veranstaltet, gaben den Anlaß einer Zusammenkunft, die der Kirche keine, der Renaissance die reichsten Früchte trug. Griechische Theologen werden durch einen römischen Gesandten, Nikolaus Cusanus, der (ein Deutscher von Geburt) selbst schon von den tiefsten Ideen der griechischen Philosophie bewegt ist, zu der Kirchenversammlung eingeladen, die in Ferrara (1438) eröffnet und im folgenden Jahre nach Florenz verlegt wird. Wenige Jahre später fällt das oströmische Reich. Die Eroberung Constantinopels durch die Türken (1453) vermehrt die Flucht der griechischen Gelehrten, die in Italien die willkommenste Zuflucht finden. Hier gewinnt diese fortgesetzte, durch den letzten Sieg der Barbaren verstärkte Ansiedlung den Charakter einer geistigen Colonisation. Zum zweitenmale verdient sich Italien den Namen Großgriechenland.

III. Entwicklungsgang der Renaissance.

Wir haben jetzt den fortschreitenden Bildungsgang der philosophischen Renaissance näher ins Auge zu fassen, die den Uebergang vom Mittelalter zur neuen Philosophie vermittelt in einer zunehmenden Entfernung von der Scholastik, in einer zunehmenden Erstarkung des eigenen freigewordenen Erkenntnißtriebes. Dadurch ist das Gesetz ihrer Entwicklung bestimmt. Es ist nicht genug, die antiken Bildungsformen und Systeme wiederzuerkennen in ihrer wahren Gestalt, sie gleichsam auszugraben und bloßzulegen, wie die Ruinen des Alterthums, ohne das Gestrüpp und die Zuthaten, womit die Scholastik sie umschlungen und unkenntlich gemacht hatte; es ist nicht genug, den Alten nachzuphilosophiren und in ihre Fußstapfen zu treten, man muß, wie jene, originell philosophiren und es ihnen gleichthun in dem Versuch einer neuen Welterkenntniß aus eigener Kraft, nach dem Bedürfniß des eigenen Zeitalters. So ist die Renaissance in der ersten Hälfte ihrer Aufgabe reproductiv in Rücksicht auf das Alterthum, in der zweiten productiv, getrieben von dem Geiste einer neuen Zeit.

1. Die neulateinische Renaissance.

Von dem griechisch=römischen Alterthum liegt den Anfängen der italienischen Renaissance am nächsten das alte classische Rom, die römischen Redner und Dichter, die Muster und Lehrer der Bered=samkeit, die in der römischen Bildung heimisch gewordenen Systeme und Lebensanschauungen der nacharistotelischen Philosophie, der Epi=kureer, Stoiker, Skeptiker. Die Reproduction dieser römischen Geistes=bildung ist die neulateinische Renaissance, die in Cicero und Quin=tilian ihre Meister erkennt und ihren bedeutendsten Repräsentanten in dem Römer Lorenzo Valla (1406—1457) findet. Hier ist der Gegensatz gegen Mittelalter und Scholastik schon in vollem Zuge; dem barbarischen Kirchenlatein wird die gereinigte, an Cicero ge=schulte Latinität, der Glaubwürdigkeit kirchlicher Satzungen die phi=lologische Kritik entgegengesetzt, Valla untersucht die Vulgata und zeigt ihre Fehler, er bezweifelt die Aechtheit des apostolischen Sym=bolums, er widerlegt den constantinischen Ursprung des Kirchenstaats in seiner berühmten Schrift „von der fälschlich geglaubten und er=logenen Schenkung Constantins." Die pseudoisidorischen Decretalen hatten diese Fiction gleichsam codificirt; das spätere Papalsystem ließ es nicht bei der Schenkung bewenden, Constantin habe dem Papste nur zurückerstattet, was jener als Statthalter Gottes von jeher besessen; Dante verwirft schon die Rechtmäßigkeit der kaiserlichen Schenkung, aber bestreitet nicht ihre Thatsache; Valla beweist, daß sie nie war, daß die Päpste Gewaltherrscher und Räuber seien, die verdienen, daß man ihr Joch abwerfe. Es ist nicht zu verwundern, daß dieser Mann verfolgt wurde und unter den Aragonesen in Neapel zur Noth Schutz fand; weit charakteristischer ist, daß ihn Nikolaus V. in seine Dienste nahm. Valla wollte seine Schrift „um der Wahrheit, um der Re=ligion und des Ruhmes willen" geschrieben haben; als er die Rück=kehr nach Rom wünschte, erklärte er sich zum Widerrufe bereit.

Seine kühne Geistesthat war vom Ehrgeiz nicht weniger bewegt als von der Wahrheitsliebe; sie sollte ihn berühmt, aber nicht elend machen. Bei den Interessen, die das Zeitalter der Renaissance erfüllen, war das Märtyrerthum im Preise gefallen, und man darf die Stärke ihrer Charaktere nicht an einer Aufopferungsfähigkeit erproben, welche die Macht des ungebrochenen Glaubens voraussetzt.

In einer Zeit, wo die Scholastik noch solidarisch verbunden erscheint mit Aristoteles, namentlich in dem Gebiete der Logik, muß die Verwerfung jener auch diesen treffen. Die neulateinische Renaissance wird in ihrer antischolastischen und antihierarchischen Richtung zugleich die Gegnerin des Aristoteles und seiner Logik. Das gilt insbesondere von Valla und allen, die ihm folgen. In den Lehrbüchern und dem Gebrauch der Scholastiker hatte die aristotelische Logik ein lächerliches und barbarisches Ansehen gewonnen. Statt der abstracten und künstlichen Denkformen soll jetzt die lebendige und mustergültige Rede, statt der Logik die Rhetorik, statt des Aristoteles Cicero und Quintilian, statt der bisherigen trockenen und unfruchtbaren Schuldisciplin einer leeren Wortmacherei die freie und schöne Eloquenz zu jener geistigen Formbildung dienen, in der die Kraft des Gedankens und des Ausdrucks zugleich geübt wird.

2. Die aristotelische Renaissance.

Indessen kann die vorwärts dringende Renaissance den großen Meister der griechischen Philosophie nicht in den Händen der Scholastik lassen; sie hat die Aufgabe, das Verständniß des Aristoteles aus ihm selbst wiederherzustellen, sein System der Kirchenherrschaft zu entreißen und den Gegensatz zwischen ihm und der Kirchenlehre zu erleuchten. Wir können die Entwicklungsform, welche die italienische Renaissance in dieser Richtung durchlaufen hat, als die aristotelische bezeichnen; ihre durch das sechszehnte Jahrhundert fortgesetzten Controversen sind besonders an den Universitäten Padua und Bologna geführt worden; ihr hervorragender, dem Geiste der Renaissance am meisten gemäße Repräsentant war der Mantuaner Pietro Pomponazzi (1462—1525). Da es sich um das richtige Verständniß des Aristoteles handelte, mußte die Untersuchung von den Commentatoren ausgehen und bei dem vorhandenen Gegensatz der letzteren sich zur Streitfrage gestalten. Unter den arabischen Erklärern war Averroës, unter den griechischen Alexander von

Aphrodisias, „der Exeget" (aus den Anfängen des dritten christlichen Jahrhunderts) der größte. Averroisten und Alexandristen kämpften in Padua und Bologna. Kein Zweifel, daß die italienische Renaissance, in der Reproduction der griechischen Philosophie begriffen, den griechischen Erklärer vorziehen und zu ihrer Richtschnur nehmen mußte. Auf dieser Seite stand Pomponazzi gegen Achillini und Niso. Die aristotelische Lehre war ein Entwicklungssystem, das, gegründet auf die Immanenz der Zwecke, die Einheit der Form und Materie, die natürliche Entelechie und deren Stufenreihe, in seinen letzten Ergebnissen wieder zu einem Dualismus von Form und Materie, Gott und Welt, Geist und Körper geführt hatte. So lag in der Verfassung der Lehre selbst der Zwiespalt der monistischen und dualistischen Richtung und darin die Möglichkeit entgegengesetzter Auffassungen, je nachdem die Immanenz der Zwecke oder die Transcendenz Gottes zum herrschenden Gesichtspunkte der Betrachtung und Beurtheilung gemacht wurde. Der erste Gesichtspunkt bestimmt die naturalistische, der zweite die theologische Auffassung der aristotelischen Philosophie, jener ist unter den griechischen Erklärern zuerst durch Strato, dann durch Alexander, dieser durch die Neuplatoniker ausgeführt worden, von denen er zu den arabischen Philosophen überging, die den Aristoteles in theosophischer Gestalt der Scholastik des Abendlandes zugänglich machten. Wird das aristotelische Entwicklungssystem von oben herab (theologisch) betrachtet und geordnet, so erscheint es als ein von der überweltlichen Gottheit abwärts schreitendes Stufenreich der Intelligenzen, deren jede, von den höheren umfaßt und beherrscht, in dem abgestuften Kosmos selbst einer bestimmten Sphäre vorsteht, und deren unterste in der sublunarischen Welt den Geist der Menschheit ausmacht. Dies war die Grundform der averroistischen Lehre, die durch ihren pantheistischen Charakter die Scholastik abstieß, durch ihre theologische Natur- und Weltanschauung anzog. Jetzt handelt es sich um die Reinigung der aristotelischen Lehre von den fremden Zuthaten ihrer neuplatonischen, arabischen und scholastischen Erklärer, um die Erkenntniß des wahren Aristoteles, der Differenz zwischen ihm und Plato, zwischen ihm und der christlichen Glaubenslehre. Die italienischen Aristoteliker, die es mit Alexander halten, sind auf der Rückkehr zum wahren Aristoteles begriffen. Es giebt keinen Punkt, in dem alle diese Gegensätze so deutlich und wirksam hervortreten und zugleich die Aufmerksamkeit des

Zeitalters so lebhaft erregen und fesseln können, als die Frage nach der Unsterblichkeit der Seele. Aristoteles hatte gelehrt, daß die Seele der individuelle Lebenszweck eines organischen Körpers, daß der Geist oder die Vernunft unvergänglich und unsterblich sei, er hatte zwischen Seele und Geist (Vernunft), zwischen leidender und thätiger Vernunft unterschieden und von der letzteren die Unsterblichkeit behauptet. Hier entstand nun die Frage, ob dieser unsterbliche Geist des Menschen auch persönlich und individuell sei, ob es eine persönliche Unsterblichkeit gebe, die einzige, womit dem Glauben und der Kirche gedient ist? Wenn sie nach Aristoteles verneint werden muß, so fällt die Bedingung, unter der allein eine jenseitige Vergeltung stattfindet, eine jenseitige Welt für den Menschen, eine über die Grenzen dieses Lebens fortwirkende Macht der Kirche, d. h. diejenige Macht, mit der alle Kirchenherrschaft steht und fällt, so ist zwischen der aristotelischen und kirchlichen Lehre ein Gegensatz, der nicht größer gedacht werden kann, und das ganze Lehrgebäude der Scholastik liegt in Trümmern. Wenn man den Geist oder die thätige (in der wahren Erkenntniß begriffene) Vernunft zugleich für körperlos und individuell erklärt, so wird, wie Thomas gewollt hat, die persönliche Unsterblichkeit des Menschen mit Hülfe der aristotelischen Seelenlehre in majorem Dei gloriam bewiesen. Wenn die thätige Vernunft gleichgesetzt wird dem allgemeinen Menschengeist, so muß mit Averroës die Unsterblichkeit bejaht, aber die persönliche verneint werden. Gilt dagegen nach der naturalistischen Auffassung die thätige Vernunft als ein Product der Entwicklung, die stets individuell ist und organisch bedingt, so kann von keinerlei menschlicher Unsterblichkeit die Rede sein, weder von unpersönlicher noch von individueller. Diesen Beweis führt Pomponazzi in seiner berühmten Schrift „de immortalitate animae" (1516). Die Unsterblichkeit ist blos kirchliche Glaubenssache, als welche Pomponazzi sie gelten läßt und bejaht; der schon geläufige Gegensatz zwischen Glauben und Wissen, Theologie und Philosophie ist jetzt in der schärfsten Form zugespitzt, in den wichtigsten und praktisch bedeutsamsten aller Fälle concentrirt: er besteht zwischen Thomas und Aristoteles, er betrifft die gesammte jenseitige Welt, für welche die Kirche die diesseitige beherrscht. Was konnte dem weltdurstigen Geist der Renaissance willkommener sein als eine solche indirecte Hinweisung auf die Mächte des gegenwärtigen Lebens? Eine Reihe großer Probleme, die mit dem Schicksal des Menschen unmittelbar zusammenhängen, werden von neuem geweckt: über die Ordnung der Welt und die Art ihrer Nothwendigkeit, über Prädestination und Fatum, über die Möglichkeit der menschlichen Freiheit, lauter Themata, die auch Pomponazzi behandelt. Die Aufgabe steht schon fest, daß alle Erscheinungen, auch die vermeintlich übernatürlichen, wie Zaubereien, Ahnungen, Dämonen u. s. w. auf natürliche Weise erklärt werden sollen. In Betreff der Zauberkünste hat Pomponazzi ebenfalls eine solche Erklärung versucht.*)

Wenn nun diese Aufgabe einer Erkenntniß der Dinge aus natürlichen Ursachen zwar nothwendig gefordert werden muß, aber durch eine Wiederbelebung der aristotelischen Philosophie keineswegs geleistet werden kann, wenn diese letztere nicht blos mit der Kirchenlehre, sondern auch mit der Naturlehre streitet, so muß die Renaissance selbst Hand anlegen an die Ausbildung einer neuen Naturphilosophie. Als Pomponazzi die aristotelische Seelenlehre gegen den christlichen Himmel in's Feld führte, war die Zeit nicht mehr fern, wo die aristotelische Lehre vom Weltgebäude untergehen sollte durch die Entdeckung des wirklichen Himmels.

3. Die politische Renaissance.

Die unmittelbaren Objecte des neuen, mit der Renaissance erwachten Weltbewußtseins sind Natur und Staat, dieser Inbegriff des menschlichen Kosmos. Die Zeit ist gekommen, wo auch das Interesse am Staat wiederauflebt und sich von aller theologischen Bevormundung losreißt, von der gesammten scholastischen, der kirchlichen Autorität unterworfenen Staatslehre. In einem Zeitgenossen Pomponazzi's, einem der bewunderungswürdigsten Köpfe des damaligen Italiens erreicht diese Renaissance des politischen Bewußtseins ihren höchsten und concentrirtesten Ausdruck: in dem Florentiner Nicolo Machiavelli (1469—1527). Ihn treibt mit einer Urkraft und Unwiderstehlichkeit, wie sie nur die volle Tagesfrische einer neuen Zeit giebt, das Bedürfniß wieder politisch zu denken und mit ganzer

---

*) Die ausführlichste Abhandlung über Pomponazzi ist dem italienischen Gelehrten Francesco Fiorentino zu verdanken, der durch seine beiden Werke über P. Pomponazzi (1868) und B. Telesio (1872 u. 74) sich um die Erforschung der philosophischen Renaissance des sechszehnten Jahrhunderts sehr schätzenswerthe Verdienste erworben.

Seele für den Staat zu leben. „Das Schicksal wollte, daß ich weder
von Seide noch Wollweberei, weder von Gewinn noch von Verlust
zu reden weiß, ich muß vom Staate reden oder völlig schweigen,
wenn ich davon nicht reden kann", schreibt er einem Freunde, als
ihn die Medicäer verbannt hatten. Er möchte die Rückkehr zur po=
litischen Thätigkeit um jeden Preis erkaufen: „und müßte ich Steine
wälzen"!

Aus dem Vorbilde des altrömischen Staates, dem Studium der
Geschichte, der patriotischen Theilnahme an den öffentlichen Zustän=
den Italiens schöpft er seine Belehrungen und Aufgaben. Das
physische Menschenleben will aus der Natur, das Staatsleben aus
der Geschichte erkannt und beurtheilt werden. So erweitert sich der
politische Gesichtskreis zum historischen; das politische Interesse
weckt das geschichtliche, und aus der naturgemäßen Verbindung bei=
der entsteht wieder politische Geschichtswissenschaft und Geschichts=
schreibung. In diesem Geist studirt Machiavelli den Livius und
schreibt die florentinische Geschichte, der Mensch ist zu allen Zeiten
derselbe, stets haben gleiche Ursachen gleiche Wirkungen, diese ver=
ändern und verschlimmern sich im Verhältniß zu jenen. Das sind sehr
einleuchtende und allgemeine Wahrheiten, die Machiavelli oft wieder=
holt und auf das eigene Zeitalter und Vaterland anwendet. Die
Größe des alten Rom und das Elend des neuen Italien: dort die
zunehmende Herrschaft eines erstarkenden und mächtigen Volkes, hier
die zunehmende Knechtschaft seiner Nachkommen, die den Barbaren
dienen und in der Gegenwart ein Spielball fremder Eroberungssucht
sind; dort das zur Weltherrschaft aufsteigende Rom, hier das gesunkene
Italien im Zustande der Zerrissenheit, der Fremdherrschaft, der Inva=
sion! Woher kam jene Größe, woher dieser Verfall? Wodurch sind die
Nachkommen der Römer entartet? Wie ist die Kluft entstanden zwi=
schen den Römern vor Cäsar und den Italienern der Gegenwart?
Hier sind die großen geschichtlichen Fragen, deren Thema den Geist
Machiavellis unaufhörlich beschäftigt, die er in seinen „Discorsi" an
der Hand des Livius nach dem Gesetze der historischen Causalität zu
lösen sucht. Es mußte den Italienern der Renaissance gesagt wer=
den, daß sie zwar die berufenen, aber auch die gesunkenen Erben des
römischen Alterthums seien, daß die Wiedergeburt die Wiederer=
hebung fordere. „Was du ererbt von deinen Vätern hast, erwirb es,
um es zu besitzen!" Dieses Wort, angewendet auf die Erben der

Römer, bezeichnet dasjenige Thema der italienischen Renaissance, welches Machiavelli als Staatsmann und Schriftsteller zu dem seinigen gemacht hat.

Er sucht durch seine historischen Betrachtungen den Weg zur politischen Reformation Italiens. In diesem Punkt liegt sein Ziel, seine eigentliche patriotische Aufgabe. Das lehrreiche und orientirende Vorbild ist der Staat, von dem Machiavelli in seinen Discorsi über die erste Dekade des Livius handelt, den vergleichenden Blick immer auf die Zustände der Gegenwart gerichtet. Die Aufgabe der letzteren ist die Befreiung Italiens von den Barbaren, die Herstellung seiner Einheit. Nur von einer solchen italienischen Stadt, die durch ihr Gemeinwesen, ihre republikanische Verfassung, ihre politische Entwicklung von allen die reichste und erfahrenste ist, kann die politische Reformation ausgehen; sie kann nur erreicht werden durch eine Gewaltherrschaft, die alle Mittel kennt und braucht, wodurch Macht gegründet, erhalten, vermehrt wird. Diese Stadt ist Florenz, dieser Gewaltherrscher soll der Urenkel jenes großen florentinischen Bürgers sein, den man „Vater des Vaterlandes" genannt hatte. Der politische Beruf und die Bedeutung von Florenz erhellen aus seiner Geschichte, die Machiavelli in dieser Absicht geschrieben und bis zu dem Tode des Mannes geführt hat, in dessen Sohn (Lorenzo II.) er gern den Meister Italiens gesehen. Diesem wollte er in seinem Buch „vom Fürsten" den Gewaltherrscher schildern, den Italien braucht, um die erste Bedingung seiner politischen Wiedergeburt zu erfüllen: nämlich eine Macht zu werden. So hängen die Bücher der florentinischen Geschichte mit denen vom Staat (Discorsi) und vom Fürsten zusammen. Wenn man sich den Unterschied klar gemacht hat zwischen der fortschreitenden Machtentwicklung eines tüchtigen und gesunden Volkes, welches keinen Herrn verträgt, und der Ohnmacht eines gesunkenen und verderbten, das zu seiner Zusammenfassung einen Herrn braucht, so wird man keinen Widerstreit finden zwischen dem Verfasser der „Discorsi", der sich von dem großen Cäsar abwendet, und dem des „Principe", der für Italien einen Mann nach Art des Cäsar Borgia herbeiwünscht. Und da man weiß, daß politische Machtfragen nie, am wenigsten in einem verderbten Volke, mit den Mitteln der Moral zu lösen sind, so ist es unverständig, das Buch vom Fürsten zu verschreien; Machiavelli hatte einen Herrscher zu schildern, keinen Klosterbruder, einen jener italienischen Herrscher, an denen das Zeitalter der Renaissance längst gewöhnt war nur die Kraft und den Erfolg zu bewundern, die nichts mit der Gutheit gemein haben.

Unter den Ursachen, welche die Römer groß und die Italiener elend gemacht haben, läßt Machiavelli die Religion mit besonderem Nachdruck hervortreten. Hier zeigt sich der ganze Gegensatz zwischen der politischen Renaissance und der Kirche. Die Religion der alten Römer war Staatsreligion und ihre Erhaltung eine Sache der Politik und des Patriotismus; das Christenthum dagegen ist von Anbeginn auf das Jenseits gerichtet, von der Welt und dem Staate abgewendet, in seinem Ursprunge unpolitisch, es hat die Menschen dem Staat entfremdet und die politische Thatkraft geschwächt. Zu diesem ersten Uebel hat sich ein zweites gesellt. Die christliche Religion ist ihrer ursprünglichen Richtung nicht treu geblieben, sondern entartet; auf den Glauben an den Himmel ist eine kirchliche Herrschaft auf Erden gegründet, die den Staat eingenommen und bemeistert hat. Dieses zweite größere Uebel ist die Hierarchie und das Papstthum, das in Rom thront und einen Theil Italiens besitzt. Es giebt kein größeres Uebel als den Kirchenstaat, das gewaltigste aller Hindernisse der italienischen Einheit. Hier trifft Machiavelli den schlimmsten Gegner seiner reformatorischen Idee. Drei Fälle sind denkbar in der Stellung des Papstthums zu Italien: entweder der Papst beherrscht ganz Italien, oder nur den Kirchenstaat, oder er ist ohne alle weltliche Macht blos das Oberhaupt der Kirche. Im ersten Fall ist Italien kein Staat, sondern eine kirchliche Provinz, im zweiten bleibt es zerrissen und seine Einheit unmöglich, im dritten, den Dante gewollt hatte, bedarf der Papst des Schutzes einer fremden Macht, die Italiens Selbständigkeit fortdauernd gefährdet. Daher giebt es keinen Fall, in dem das Papstthum sich mit der politischen Reformation Italiens verträgt. So besteht zwischen beiden ein absoluter Gegensatz, und Machiavelli wünscht die Vernichtung des Papstthums. In ihm sieht er die Wurzel der Uebel. Das Papstthum hat beide verdorben, die Religion und den Staat, es hat jene heuchlerisch, diesen nichtig gemacht; das Verderben hat von hier aus um sich gegriffen und die Sitten der Völker vergiftet, je näher diese dem Haupte der Kirche sind, um so weniger sind sie religiös; daher unter den christlichen Völkern die romanischen die verdorbensten sind, und unter diesen am schlimmsten die Italiener. Das letzte Ziel Machiavellis kann kein anderes sein als die Vernichtung der römischen Kirche, die Säcularisirung der Religion; er würde am liebsten an die Stelle der neurömischen Religion die altrömische, an die der Kirche den Staat, an die der Religion den Patriotismus setzen. Er vergöttert den Staat. Eine solche Anschauung mußte im Verlauf der Renaissance hervortreten; Machiavelli wurde von ihr ergriffen und hat sie im Charakter dieses Zeitalters mit genialer Energie auf unvergleichliche Art ausgeprägt.

Pomponazzi erkannte den Widerstreit zwischen der Unsterblichkeitslehre und der Philosophie, die menschliche Unsterblichkeit kann nur geglaubt, nicht bewiesen werden; Machiavelli erkennt den Widerstreit zwischen dem christlichen Unsterblichkeitsglauben und der Politik, der Mensch soll im Staate aufgehen. Jener läßt das kirchliche Himmelreich hinfällig, dieser das irdische Reich der Kirche verwerflich erscheinen.

4. Der italienische Neuplatonismus und die Theosophie.

Der Geist der Renaissance fordert die unbedingte, der Religion des Jenseits entgegengesetzte Weltbejahung, die in den kühnsten und entschiedensten Charakteren der Zeit bis zur Vergötterung des Staates und der Natur fortschreitet. Wir haben in Machiavelli gleichsam die eine Hälfte dieser Weltbejahung, die politische, kennen gelernt und sehen der anderen entgegen, die sich als naturphilosophische und pantheistische darstellen wird und am Ende des sechzehnten Jahrhunderts erscheint. Diese pantheistische Weltanschauung, die Natur und Universum vergöttert, widerstreitet nicht bloß der kirchlichen, sondern auch der aristotelischen Lehre, die Gott und Welt trennt, und da sie noch von der Renaissance getragen wird und aus der Wiedergeburt der alten Philosophie hervorgeht, so müssen die ersten Ausgangspunkte dieser Richtung in der neuplatonischen Lehre gesucht werden. Hier finden wir die philosophische Renaissance in einem Zuge begriffen, der, verglichen mit dem Entwicklungsgange der alten Philosophie selbst, in der umgekehrten Richtung fortschreitet. Der Geist des Alterthums ging von den kosmologischen Problemen durch das anthropologische (sokratische) zu dem theologischen und mündete zuletzt in die große religiöse Weltfrage, die dem Neuplatonismus in seinem weitesten Umfange zu Grunde lag; dagegen der Geist der Renaissance, der vom Mittelalter herkommt, sucht aus der theologischen Weltan=

schauung, die er mitbringt und noch in sich trägt, den Weg zu den kosmologischen Problemen. Das Vorbild der Alten muß der aus dem Christenthum wiedererstehenden Philosophie zunächst von der Seite am meisten einleuchten, die ihrem theologisch geschulten und in religiösen Anschauungen einheimischen Geist am nächsten verwandt ist. Diese Gestalt der griechischen Philosophie, in welcher das letzte Alterthum und die beginnende Neuzeit sich berühren, ist der religiöse Platonismus. Ueber das Mittelalter hinweg reichen sie sich die Hände, und es könnte scheinen, als ob nach einer langen Pause, in der sie verstummt war, die Philosophie des Alterthums eben da fortfahren wollte, wo sie in den letzten Neuplatonikern aufgehört hatte. Wir sehen die Renaissance in derjenigen Richtung vor uns, die von der religionsphilosophischen Weltanschauung zur naturphilosophischen fortschreitet; den Ausgangspunkt bildet der italienische Neuplatonismus, den Endpunkt die italienische Naturphilosophie: dort begegnen wir Vorstellungsweisen, die an Proklus und die letzten Neuplatoniker erinnern, hier dagegen solchen, die mit den ersten Anschauungen der ionischen Naturphilosophie verwandt sind.

Unter jenen griechischen Theologen, die in Florenz erschienen, wo die Union der griechischen und römischen Kirche im Sinne der letzteren geplant wurde, waren Georgios Gemistos Plethon und sein Schüler Bessarion aus Trapezunt (1395—1472), jener ein Gegner, dieser ein Freund der Union, bald Cardinal der römischen Kirche (1439), der Vertheidiger und Führer der platonischen Renaissance in Italien. Plethon verkündigt schon eine Art neuer Weltreligion, die das Christenthum verdunkeln und dem Heidenthum nicht unähnlich sein werde, er ist ein gläubiger Anhänger mehr des Proklus als der christlichen Kirche, er gewinnt durch seine begeisterten Vorträge den ersten Mediceer für die platonische Philosophie und veranlaßt die Stiftung der platonischen Akademie zu Florenz, in der jene Schule von Athen wiederaufzuleben scheint, die vor mehr als neun Jahrhunderten Justinian vernichtet hatte. Jetzt erneuert sich der Streit zwischen Platonikern und Aristotelikern; Bessarion vertheidigt Plato gegen seine Verläumder, ihm gelten Plato und Aristoteles als die Heroen der Philosophie, zu denen die Philosophen der Gegenwart sich wie Affen zu Menschen verhalten; er möchte das Gebiet der Erkenntniß zwischen beiden so getheilt wissen, daß Plato die theologische Autorität, Aristoteles die naturphilosophische ausmacht.

Die erste Aufgabe der florentinischen Akademie ist die Renaissance der platonischen Philosophie, die Erkenntniß derselben aus ihren Quellen, die Verbreitung dieser Erkenntniß im Abendlande. Die Lösung dieser Aufgabe durch die lateinische Uebersetzung der Werke Platos und Plotins geschieht durch den Florentiner Marsilio Ficino (1433—1499), den Cosimo erziehen läßt zum Lehrer der Philosophie in seinem Hause und in der Akademie von Florenz. Seine Anschauungsweise ist die neuplatonische. Er findet in der platonischen Philosophie den Inbegriff aller Weisheit, den Schlüssel zum Christenthum, zugleich das Mittel, dieses zu vergeistigen und zu verjüngen; sie ist das große Mysterium, worin alle Weisheit der Vergangenheit niedergelegt worden, von dem alle wahre Weisheit der folgenden Zeit durchdrungen ist. Plato ist der ächte Erbe von Pythagoras und Zoroaster; Philo, Numenius, Plotin, Jamblichus, Proklus sind die ächten Erben Platos und zugleich diejenigen, die das Mysterium seiner Lehre enthüllt haben. Dieses Licht hat die Träger der christlichen Weisheit erleuchtet: Johannes, Paulus und den Areopagiten.

Es kommt darauf an, in dieser Vorstellungsweise, deren Grundzüge nicht neu sind, den bewegenden Punkt zu erkennen. Er liegt darin, daß Christenthum und Neuplatonismus in Uebereinstimmung gesetzt werden sollen, der theologische Geist des einen mit dem kosmologischen Geiste des andern. Der Neuplatonismus ist dem Christenthum verwandt in seinem religiösen Motiv, dem Streben nach Vereinigung mit Gott; er ist dem Christenthum entgegengesetzt in seinem heidnischen Typus der Weltvergötterung. Hier erscheint die Welt in einem naturnothwendigen Zusammenhange göttlicher und ewiger Ordnungen, als eine Folge aus dem Urwesen, als eine in bestimmter Stufenordnung bedingte Offenbarung göttlicher Kräfte; hier erscheint der Kosmos als ein göttlicher Lebensstrom, der aus dem Urgrunde naturmächtig hervorquillt und in einer Stufenordnung abnehmender Vollkommenheit eingeht in die Formen der Sinnenwelt, um von hier aus, wo sich das göttliche Leben am weitesten von seinem Urquell entfernt hat, wieder dahin zurückzustreben. In diesem Typus bildet die Vereinigung mit Gott ein Moment in dem ewigen Kreislauf des Universums, die Natur selbst sucht in ihrer größten Entfernung von dem ewigen Urgrunde die Rückkehr. Das Princip des Christenthums ist die Erlösung der Welt durch Christus, das Princip des Neuplatonismus ist die (mittelbare) Emanation der Welt aus dem göttlichen Urwesen.*) Wird nun das Christenthum mit dem Neuplatonismus in Uebereinstimmung gebracht, so muß der theologische Geist des ersten in die emanatistische Vorstellungsweise des zweiten eingehen, also kosmologische Formen annehmen, und das göttliche Geheimniß der Welterlösung muß so gefaßt werden, daß es sich (nicht blos in der Kirche, sondern) auch in dem Welt= und Naturleben offenbart und zwar in ächter und unverfälschter Abkunft aus der Tiefe des göttlichen Wesens selbst. Jetzt wird auf die Natur hingewiesen als eine Quelle ächter Gotteserkenntniß, als eine Führerin zur Vereinigung mit Gott. Sie erscheint in einer religiösen Geltung, die das Ansehen der Kirche bedroht. In der Tiefe der Natur verbirgt sich das Geheimniß der Gottheit. Wer die Natur durchschaut, blickt in das göttliche Wesen. So erscheint die Natur als das große zu enthüllende Mysterium.

Ist dieses Räthsel gelöst, so ist die Gottheit entschleiert und das Wort der Versöhnung gefunden für alle Gegensätze der Welt. Setzen wir die Gotteserkenntniß bedingt durch die Thatsache der Welterlösung in Christus, so haben wir das Princip und die Form der (christlichen) Theologie; setzen wir die Gotteserkenntniß bedingt durch das Mysterium der Natur, so haben wir das Princip und die Form der Theosophie, und dieser theosophische Charakter ist die nächste Form, welche die vom Neuplatonismus wiederbelebte Philosophie annimmt. Es ist der erste Schritt auf dem Wege zur Naturphilosophie. Aber die Natur erscheint unter diesem Gesichtspunkte nicht als Gegenstand einer methodisch forschenden Erkenntniß, sondern als ein Geheimniß, für welches das Wort der Lösung gesucht wird, als ein verschlossenes, dem irdischen Sinn undurchdringliches Buch, zu dessen Verständniß ein Schlüssel erforderlich ist, ebenso geheimnißvoll als das Buch selbst. Was daher der theosophische Geist sucht, ist eine Geheimlehre, die ihm den verborgenen Sinn der Natur aufschließt und das geheimnißvolle Räthsel derselben löst. Und wie einst der griechischen Logosidee das jüdische Messiasideal entgegenkam, so wird jetzt dieser theosophische Geist, den der Neuplatonismus in der christlichen Welt erweckt hat, angezogen von der jüdischen Geheimlehre der Kabbala, die aus göttlichen Offenbarungen der

---

*) Vgl. oben S. 31 fgd.

Urzeit die Lösung empfangen haben will für das Räthsel der Schöpfung. In dieser Verbindung mit der Kabbala, dieser jüdischen Gnosis, die in ihren Grundanschauungen dem Neuplatonismus verwandt ist, finden wir die platonische Theosophie ausgeprägt in Giovanni Pico della Mirandola, dem talentvollsten Repräsentanten des italienischen Neuplatonismus.

Das Interesse für die kabbalistischen Lehren und Schriften wird in dem Bildungsgange des Zeitalters ein bewegender und wirksamer Factor, schon dadurch, daß nun das Interesse an der jüdischen Literatur geweckt und das Studium des Hebräischen angeregt und hervorgetrieben wird. Der humanistische Bildungskreis erweitert sich und nimmt neben der griechischen Literatur die hebräische in sich auf. Neben Erasmus erhebt sich Reuchlin, der das Hebräische zum Gegenstand wissenschaftlicher Forschungen macht in Absicht auf die Erklärung der heiligen Schriften und das Verständniß der Kabbala. Er lernt Pico kennen und empfängt von dem italienischen Theosophen das Interesse für die Kabbala. Aus diesem Interesse wird er der erste hebräisch Gelehrte des Abendlandes. Als die kölner Theologen, Scholastiker von mittelalterlichem Schlage, aufgeregt durch einen abtrünnigen Juden, die Vertilgung der hebräischen Literatur mit Ausnahme der heiligen Schriften, also die kirchliche Verurtheilung der kabbalistischen Bücher fordern, wird Reuchlin der öffentliche Vertheidiger dieser Literatur und gewinnt die Sache gegen den Ketzerrichter; es ist der erste siegreiche Kampf des Humanismus mit der Scholastik auf deutschem Schauplatz, die ganze gebildete Welt begleitet den Streit mit ihrer Theilnahme, die großen Parteien der Humanisten und Scholastiker treten einander gegenüber: auf der einen Seite die berühmten Männer der Zeit, die wissenschaftlich glänzenden Namen, auf der andern die dunkeln in Rücksicht sowohl des Geistes als der Geltung. Auf die Briefe der berühmten Männer, die den siegreichen Kämpfer beglückwünschen, läßt man die „Briefe der Dunkelmänner" (1515—1517) folgen, diese unübertreffliche Satyre, die am deutlichsten zeigt, wie hoch der humanistische Geist schon emporgestiegen ist über den scholastischen, dessen Figuren ihn nur noch ergötzen als Gegenstände des heitersten Spottes, des Humors und der Komödie.*)

---

*) Vgl. D. Fr. Strauß: Ulrich von Hutten (2. Aufl. 1871) I. Buch I. Cap. VIII. S. 176—211.

5. Magie und Mystik.

Doch verfolgen wir den weiteren Verlauf dieser theosophischen Denkweise. Sind in der Natur göttliche Kräfte wirksam in einer abwärtssteigenden Stufenfolge, in welcher aus den höheren Kräften die niederen hervorgehen, so muß ein göttliches Leben das gesammte Universum schöpferisch durchströmen, so muß das Niedrigste mit dem Höchsten, die irdische Welt mit der himmlischen in einem ununterbrochenen Zusammenhange stehen, der die unsichtbaren Einflüsse von oben nach unten fortpflanzt, so müssen die höheren Kräfte alle niederen durchdringen und beherrschen, und es erscheint demnach nichts weiter nöthig, als daß man sich diese höheren Kräfte aneigne, um über die Natur im vollsten Sinne zu herrschen. Jetzt wird die Theosophie immer mehr angelockt von dem Bilde der Natur, immer tiefer verliert sie sich in dessen Betrachtung, begierig spähend, wo und wie sie der Natur ihre Geheimnisse ablauschen, ihre verborgenen Kräfte abgewinnen könne. In dieser Richtung wird sie zur Magie, zu der großen Kunst, die auf die tiefste und geheimnißvollste Wissenschaft sich gründet. Und in diesem Zusammenhange mit der Theosophie entwickelt sich die mago-kabbalistische Richtung in Agrippa von Nettesheim (1487—1535). Diese Magie ist der Glaube an die Natur als das Räthsel, in welchem die Gottheit verborgen ist, sie ist zugleich der Glaube an die Lösung dieses Räthsels. Giebt es in der Natur göttliche Kräfte, warum soll der Mensch sie nicht gewinnen können? Wenn er sie gewinnt und in sich wirksam macht, so wird er ein Magus. An diese Möglichkeit glaubt das Zeitalter. In einer Reihe abenteuerlicher Charaktere prägt sich diese Geistesart aus, die zuletzt in der Sage vom Faust ihren typischen und in der goethe'schen Dichtung ihren prometheischen Ausdruck gefunden.*) „Die Geisterwelt ist nicht verschlossen, dein Sinn ist zu, dein Herz ist todt, auf! bade, Schüler, unverdrossen die ird'sche Brust im Morgenroth!" Dieses goethisch-faustische Wort ist in dem sechszehnten Jahrhundert in der That lebendig gewesen in dem Glauben der Menschen. Auch die Vorstellung von der Welt, welche diesem Glauben zu Grunde liegt, können wir nicht besser ausdrücken als mit den Worten Faust's, wie er das Zeichen des Makrokosmus betrachtet:

---

*) Vgl. meine Schrift über Goethes Faust. Cap. I. S. 21—35. (Stuttgart, Cotta 1878.)

> Wie alles sich zum Ganzen webt,
> Eins in dem Andern wirkt und lebt!
> Wie Himmelskräfte auf und nieder steigen
> Und sich die goldnen Eimer reichen!
> Mit segenduftenden Schwingen
> Vom Himmel durch die Erde dringen,
> Harmonisch all' das All durchklingen!

Aber wie ist es möglich, diese höheren göttlichen Kräfte der Natur sich anzueignen, um mit ihnen zu wirken? Das Erste ist, daß man sie erkennt. Sie sind in der Natur und den niedern Bildungen derselben verborgen, sie erscheinen verhüllt und unter den äußeren Einflüssen der Dinge, unter feindlichen Einwirkungen mannigfaltig gehemmt. Diese Hemmungen müssen entfernt, diese Hülle durchbrochen werden. Daher ist es nöthig, selbst einzudringen in die Körperwelt, sich nicht blos mit der Betrachtung des großen Schauspiels der Weltkräfte zu genügen, sondern jede in ihrer Eigenthümlichkeit zu enthüllen, indem man alles, was sie bindet oder hemmt, ausscheidet und so der Natur ihre Kunst ablauscht. Die Magie fordert die Scheidekunst, die chemische Operation. Wenn es dieser Kunst möglich ist, alle Hemmungen zu entfernen, so wird sie auch im Stande sein, alle Krankheiten zu heilen; der Gedanke einer Panacee liegt in der Vorstellungsweise dieser Magie, die durch die Scheidekunst zugleich die Heilkunst befördern will. Aber das Wichtige ist, daß die Magie in dieser Richtung anfängt mit der Natur selbst zu verkehren, Versuche macht, schon Hand an die Dinge legt und so das Experiment einführt, wie es die wirkliche Erforschung der natürlichen Dinge verlangt. Diese praktische und darum bedeutende Wendung nimmt die Magie, noch ganz im Zusammenhang mit ihren theosophischen Grundlagen, in dem Wunderarzt Paracelsus (1493—1541).

Wenn nun im Innersten der natürlichen Dinge göttliches Leben gegenwärtig und wirksam ist, wird es nicht auch mächtig sein im Innern der menschlichen Natur, im Kern des menschlichen Wesens? Nirgends kann uns das göttliche Mysterium unmittelbarer, heller, deutlicher entgegenleuchten, als aus der verborgensten Tiefe unseres eigenen Innern. Nur müssen wir in diese Tiefe hineinschauen und die Hülle durchbrechen, die den Kern, in welchem der Funken des göttlichen Lichts schlummert, umgiebt und verdunkelt. Auch hier ist eine Scheidekunst nöthig, die alles Fremdartige und Feindliche absondert und ausschließt, das von der Außenwelt her in unser Innerstes eindringt und unsern Sinn trübt. Die Begierden und Leidenschaften, die uns in die weltlichen Dinge hineinziehen, sind die Schlacken, die dem Golde in dem tiefen Schacht unserer Seele beigemischt sind. Diese Mischung muß zersetzt, das Aechte von allem Unächten gereinigt werden, damit das Licht aus dem Dunkel hervorleuchte und jetzt alle unsere Gemüthskräfte erfülle. Es giebt einen Weg, der unmittelbar zu Gott führt, er geht mitten durch das eigene Selbst hindurch, er fordert die Vertiefung in uns selbst, die stille Einkehr in unser Innerstes, die Abwendung von aller weltlich selbstsüchtigen Lust, mit einem Wort die vollkommen lautere, tiefsinnige, beschauliche Frömmigkeit, wodurch wir werden, was wir im Ursprunge unseres Wesens sind. Das ist nicht der Weg der Magie, sondern der Mystik. Beide sind Formen der Theosophie, welche den Weg zu Gott sucht durch das Mysterium der Dinge hindurch. Die Magie nimmt ihren Weg durch die äußere Natur, die Mystik den ihrigen durch die innere, jene durch das Geheimniß der Natur, diese durch das Geheimniß des Menschen. Die Mystik ist die tiefere und dauernde Form, denn sie sucht auf sicherem Wege, der immer wieder zu neuen Entdeckungen führt. Darin stimmen beide überein, daß sie demselben Ziel nachgehen, daß sie es unmittelbar erreichen wollen durch die ahnungsvolle Vertiefung in das Leben selbst; daher bei beiden dieselbe Abneigung gegen die von außen empfangene Tradition, gegen die Ueberlieferungen der Schule, gegen alles gelehrte und büchermäßige Wissen; sie schütteln den Bücherstaub von sich in dem Gefühl, daß etwas Neues von innen heraus sich mit ursprünglicher und unwiderstehlicher Kraft hervordrängt. Die leidenschaftliche Empörung gegen die überkommenen Begriffe ist nur der Ausdruck, in welchem mit der Vergangenheit gebrochen wird, das Zeichen der Krisis, in welcher die Zeiten sich scheiden. Den Ueberdruß an der Schulgelehrsamkeit empfindet ein Mystiker, wie Valentin Weigel, nicht weniger stark als Agrippa und Paracelsus!

Innerhalb der christlichen Welt hatte die Mystik eine Reihe von Entwicklungsformen durchlaufen, bevor sie im sechzehnten Jahrhundert von jener theosophischen Richtung ergriffen wurde, die von der platonischen Renaissance ausging und die Mystik mit der Magie verschwisterte. Sie ist in ihrer einfachen Form der Ausdruck des inneren religiösen Lebens, das in der Stille und Tiefe des Gemüths den Weg zu Gott sucht, das gottinnige Leben durch die Umwandlung des menschlichen Herzens, ohne welche christliche Frömmigkeit nicht gedacht werden kann. Dieser Grundzug ist dem Christenthum eingeboren und bildet unter den mannigfaltigen Formen, die den Wandlungen des Zeitbewußtseins unterworfen sind, das beständige Thema aller christlichen Mystik, die unversiegliche Quelle, woraus immer von neuem ein Strom lebendiger Religion hervorbricht, so oft das Christenthum durch seine kirchliche Ausbildung in Gefahr steht, in dogmatischen Formen zu erstarren und in den Labyrinthen weltlicher Interessen und theologischer Schulsysteme seinem Erlösungsberuf sich zu entfremden. So hat die Scholastik des Mittelalters in jedem ihrer Zeitalter die Mystik zur Seite gehabt, die sich gegen die kirchliche, von Dialektik und Formalismus beherrschte Theologie theils widerstreitend, theils ergänzend verhielt, wie der Affect zur Doctrin und das Leben zur Lehre. Im zwölften Jahrhundert sind es die Männer im Kloster von St. Victor zu Paris (die Victoriner: Hugo, Richard, Walter), welche die Mystik in die kirchliche Scholastik einführen und mit steigender Abneigung den Schuldoctrinen entgegensetzen, damit die Religion nicht von der Theologie verzehrt werde; im folgenden Jahrhundert, wo sich die kirchlich-scholastische Weltanschauung vollendet, bildet die Mystik deren wohlthätige Ergänzung und findet ihren mächtigsten Ausdruck in Bonaventura und Dante, die uns das menschliche Seelenleben in seinem religiösen Entwicklungsgange, gleichsam auf seiner Reise zu Gott schildern. In dem Zeitalter, wo die nominalistische Erkenntnißlehre sich auszubreiten anfängt und die Scheidung zwischen Wissen und Glauben, Philosophie und Theologie beginnt, muß die letztere sich in das Gebiet der praktischen und religiösen Interessen zurückziehen und selbst den Charakter einer mystischen Richtung annehmen. Aber mit den ersten Regungen der kirchlichen Decentralisation strebt auch das religiöse Leben sich von seiner kirchlichen Gebundenheit loszuringen und unabhängiger von der vorschriftsmäßigen Kirchenlehre, als je vorher, sich zu bejahen und die eigene innere Umwandlung als den einzigen Heilsweg zu fordern. Daher begegnen wir in den letzten Jahrhunderten der Scholastik einer kirchlich gesinnten und einer freien, von dem Zwange des Kirchenglaubens unabhängigen Mystik: jene steht im Bunde mit den reformatischen Concilen und findet ihren Ausdruck in den beiden französischen Theologen Pierre d'Ailly

(1350—1425) und Johann Gerson (1363—1429); diese ist die Vorläuferin der deutschen Reformation und hat ihr Haupt in dem sächsischen Dominikaner, Meister Eckardt, dem die deutschen und niederländischen Mystiker folgen: Suso (Heinrich Berg 1300—1365), Johann Tauler (1290—1391), Johann Ruysbroek (1293—1381) und jener unbekannte Frankfurter, der Verfasser der „Deutschen Theologie", die Luther herausgab ein Jahr, nachdem er seine Thesen gegen den Ablaß verkündet. Die Reformation des sechszehnten Jahrhunderts weckt in Deutschland eine protestantisch gesinnte Mystik, die gegen die beginnende Scholastik des Lutherthums, gegen den Buchstabenglauben, den äußeren Gottesdienst, die leibliche Gegenwart Christi im Abendmahl das alte und ewige Thema von der geistigen Wiedergeburt erneut, von der Hölle, die in der Selbstsucht, und dem Himmel, der in der Selbstverleugnung besteht, von dem Christus, den wir in uns erleben und erfahren müssen, um in ihm selig zu werden. Diese religiöse, von dem Protestantismus ergriffene Selbsterkenntniß ist es, die in Caspar Schwenckfeld (1490—1561), Sebastian Franck (1500—1545), Valentin Weigel 1533—1588) und Jacob Böhme (1575—1624) dem äußeren Lutherthum entgegenwirkt, das zunehmend erstarkt und gegen Ende des Jahrhunderts in die Glaubensenge der Concordienformel eingeht, worin es verödet.

Der tiefsinnigste und bedeutendste dieser Mystiker ist Jacob Böhme, in dem sich diese beiden Factoren vereinigen: die magokabbalistische mit der Renaissance verbundene Weltanschauung, die den Paracelsus bewegte, und die Mystik, die der Protestantismus in's Leben rief. Das göttliche Mysterium im Menschen ist eins mit dem in der Natur; ist jenes enthüllt, so löst sich das Räthsel und Geheimniß der Schöpfung. Die religiöse Selbsterkenntniß ist der Blick in die Tiefe, in den innersten, verborgensten Abgrund unseres Wesens; in der Wiedergeburt erkennt Böhme das Hervortreten des „inwendigen" und den Tod des „monstrosischen Menschen", der von der Selbstsucht beherrscht wird, in der Geburt des natürlichen (selbstischen) Willens die Geburt der Dinge überhaupt, die kraft ihres Eigenwillens sich von Gott losreißen, daher es einen Urstand der Dinge oder eine Natur in Gott giebt, die sich zu Gottes Leben und Offenbarung verhält, wie im Menschen der natürliche Wille zum wiedergeborenen. Denn die Offenbarung Gottes ist die Wiedergeburt und Erleuchtung der Welt (Menschheit), die das göttliche Licht zurück=

strahlt, wie der Metallspiegel das natürliche. Auf den Zusammenhang und Widerstreit der göttlichen und natürlichen Lebenskräfte, deren Ziel kein anderes sein kann als „das Erlöstsein von allem Streit", gründet sich Böhmes mago=mystische Weltanschauung, eine theosophische Betrachtung der Dinge, in der die Innigkeit frommer Empfindung zusammengeht mit einer lebensvollen, von den Bildern der Natur erfüllten Phantasie.

Die religiöse Selbsterkenntniß ist der Grund der philosophischen. Eckarts Mystik, die in der deutschen Theologie ihre Höhe erreicht, war die Vorläuferin der Reformation; die protestantische Mystik, die sich in Jacob Böhme vollendet, ist eine Vorläuferin der neuen Philosophie und steht dicht an deren Schwelle.

6. Die italienische Naturphilosophie.

Wir kehren zu der Renaissance zurück, um ihren philosophischen Entwicklungsgang in dem ihr eigenthümlichen Element zu vollenden. Die Wiederbelebung des Neuplatonismus hat eine theosophische Naturbetrachtung zur Folge gehabt, die sich von dem theologischen Naturbegriff der Scholastik und des Aristoteles mit jedem Schritte weiter entfernt, ihren pantheistischen Charakter immer deutlicher ausprägt und in einer naturalistischen Weltanschauung ihr der Scholastik völlig entgegengesetztes Ziel erreicht. Die Geltung der Natur wird um ihrer selbst willen bejaht, sie trägt Gesetz, Kraft und Zweck ihrer Wirksamkeit in sich und will daher aus sich allein erklärt werden, nicht aus theologischen Gründen, sondern „juxta propria principia". Diese Richtung ergreift die italienische Naturphilosophie, das letzte Glied jener philosophischen Entwicklung der Renaissance, deren erstes die platonische Schule von Florenz war.

Schon die Aufgabe, welche die italienische Naturphilosophie sich jetzt, widerstreitet der Grundanschauung des Aristoteles. Unmöglich kann die Natur aus sich erklärt werden, so lange der außerweltliche Gott als ihr bewegender Grund und Zweck gilt; dieser Gottesbegriff hängt genau zusammen mit der Lehre von dem begrenzten Weltall, von dem geocentrischen Weltsystem, von dem Gegensatz zwischen Himmel und Erde, von der Bildung der Elemente, die aus den Unterschieden der Bewegung (Ortsveränderung) construirt werden, woraus der Gegensatz zwischen dem oberen oder himmlischen Element (Aether) und den vier unteren (Feuer, Luft, Wasser Erde) erhellen soll; das Feuer gilt demnach als Stoff, Wärme und Kälte, Leichtigkeit und Schwere als entgegengesetzte Eigenschaften oder Zustände der Stoffe. In den Grundlagen der aristotelischen Lehre selbst ist ein Widerstreit zwischen der theologischen und naturalistischen Vorstellungsweise, zwischen Metaphysik und Physik, zwischen der Transscendenz und Immanenz des Zwecks, zwischen Zweck (Form) und Materie.

Der Begründer des neuen Naturalismus, der den Aristoteles bekämpft, der Kirche aus dem Wege geht und die Natur allein zu seiner Richtschnur nimmt, ist Bernardino Telesio aus Cosenza in Calabrien (1509—1588), das Haupt der naturphilosophischen Schule, die in der cosentinischen Akademie ihren Mittelpunkt findet. Sein Vorläufer war der abenteuerliche Girolamo Cardano aus Mailand (1500—1577), der die Philosophie auf die Erkenntniß der Natur, den inneren Zusammenhang aller Erscheinungen, die durchgängige Einheit des lebendigen und beseelten Weltalls hinwies und den Begriff der Weltseele erneute, die er als Licht und Wärme faßte. Die telesianische Lehre, das eigentliche Fundament der italienischen Naturphilosophie, vereinfacht die Principien, die blos aus der Beobachtung der Dinge selbst geschöpft sein wollen. Alles in der Natur müsse aus Stoff und Kraft, aus der Materie und dem Streit der ihr inwohnenden Kräfte erklärt werden, deren Wirksamkeit in der Ausdehnung und Zusammenziehung bestehe, die dem Licht und Dunkel, der Wärme und Kälte gleichzusetzen seien und sich in Sonne und Erde centralisiren. Wie unentwickelt die Begriffe des Telesio sein mögen, so drängt sich hier in den Mittelpunkt der Naturphilosophie schon die Lehre von den Naturkräften und die Ahnung von deren Einheit. Die Wärme gilt nicht mehr als Stoff, sondern als Bewegung und Ursache der Bewegung, und als deren Wirkungen Feuer, Luft und Wasser. Damit ist die aristotelische Physik in einem ihrer Hauptpunkte, der Lehre von den Elementen, durchbrochen, und da alles aus natürlichen Kräften erklärt sein will, so muß auch das Erkennen aus dem Empfinden, die Vernunft aus der Sinnlichkeit, das sittliche Verhalten aus dem Begehren, die Tugenden aus dem Selbsterhaltungstriebe abgeleitet werden. Die theologischen und religiösen Fragen bei Seite gesetzt, ist das telesianische System durchgängig monistisch und naturalistisch. Sein Hauptwerk „über die Erforschung der natürlichen Ursachen" erschien in erster Gestalt 1565, in vollendeter 1587.

Diese Lehre übt durch ihren Gegensatz gegen Aristoteles unwillkürlich eine Anziehungskraft auf die platonische Denkart in ihrer von der Renaissance erneuten Form: Francesco Patrizzi aus Clissa in Dalmatien (1529—1593) vereinigt den italienischen Neuplatonismus mit der neuen, von Telesio eingeführten italienischen Naturphilosophie. Der Berührungspunkt beider liegt in der Lehre von Wärme und Licht, das Telesio als die bewegende und belebende Naturkraft nimmt, und womit die Neuplatoniker von jeher das göttliche Wesen und seine Emanationen verglichen haben. Patrizzi unterscheidet und vereinigt beide Bedeutungen, die natürliche und symbolische, und läßt das körperliche und geistige Licht von der Einheit des göttlichen Urlichts abstammen, dem Urquell aller Dinge, woraus die Reihe der Emanationen hervorgeht. Das ist der Grundgedanke, den er in seiner „Nova de universis philosophia" (1591) durchzuführen gesucht. In diesem System findet auch der Begriff der Weltseele seine Stelle, so daß Patrizzi innerhalb der italienischen Naturphilosophie Telesio und Cardano verbindet. Doch erscheint seine Lehre in ihrem zwar dem Aristoteles feindlichen, aber der Kirche zugewendeten Platonismus als ein rückläufiger Schritt in dem Gange dieser neuen, naturalistisch gerichteten Philosophie.

Auf dem Wege, den Telesio ergriffen, handelt es sich nicht mehr um die Erneuerung des Aristoteles oder Plato, nicht um den Streit ihrer wiedererweckten Schulen, sondern um die Renaissance der Natur selbst im Geiste der Menschen, um die volle, rückhaltlose Bejahung des Naturalismus, der jede Geltung transscendenter Vorstellungen als fremden Blutstropfen in seinen Adern, als todte Scholastik, als Knechtung der Natur durch die Theologie empfindet und empört von sich ausstößt. Was Aristoteles von Plato gesagt hatte: „amicus Plato, magis amica veritas!" gilt jetzt von der Natur selbst. Sie wird der Gegenstand enthusiastischer Begeisterung und Liebe. Wie Machiavelli den Staat vergöttert, den Kirchenstaat und das Papstthum selbst gehaßt und für den Grund der politischen Uebel erklärt hatte, so wird jetzt die Natur vergöttert und die Kirchenlehre bekämpft bis in die Wurzeln des christlichen Glaubens. Diesen kühnen, durch den Geist der italienischen Renaissance und ihrer Naturphilosophie geforderten Schritt thut der Dominikanermönch Giordano Bruno aus Nola im Neapolitanischen (1548—1600), der das Ordenskleid wegwirft und sich in die abenteuerliche Weltfahrt flüchtet, wie einst drei Jahrhunderte vor ihm sein Landsmann Thomas von Aquino alles gewagt hatte, um sich aus der Welt in die Kutte der Dominikaner zu flüchten. So wandeln sich die Zeiten! Bruno repräsentirt die naturalistisch gesinnte Renaissance, wie Machiavelli die politisch gesinnte. Sein Thema ist die Vergötterung der Natur und des Universums, die göttliche Alleinheit, der Pantheismus im Gegensatz gegen alle kirchlichen Vorstellungen; diese Lehre bewegt sein Denken und Dichten und gilt ihm als eine völlig neue Weltanschauung, als der neue Bund der Religion und Erkenntniß, den er als Philosoph und Dichter verkündet. Er hat die Mönchskutte mit dem Thyrsus vertauscht! Die Philosophen des Alterthums, die den göttlichen Kozmos bejaht und gelehrt haben, fühlt er sich geistesverwandt: Pythagoras und Plato, die Stoa und Epikur; sie stehen ihm um so näher, je weniger dualistisch und der natürlichen Ordnung der Dinge gemäßer ihre Vorstellungen waren: daher hält er Plato höher als Aristoteles, Pythagoras höher als Plato, Epikur und Lucrez höher als die stoische Lehre. Dagegen verwirft er die Scholastik, insbesondere die aristotelische, und vor allen Duns Scotus, der die Natur der göttlichen Willkür preisgegeben. Wie das System der Dinge nur eines sein kann, so müssen demgemäß sich unsere Begriffe systematisch und tabellarisch ordnen lassen: daher interessirt und beschäftigt ihn die sogenannte „lullische Kunst". Gegen den Dualismus zwischen Gott und Welt, Form und Materie erhebt er die durchgängige Einheit der Gegensätze, die zuerst an der Schwelle der Renaissance der tiefsinnige Nikolaus Cusanus ausgesprochen, und macht sie zum Princip seiner Lehre. Ihm erscheint das Universum als die wahre und alleinige Offenbarung Gottes: daher widerstreitet er dem Glauben an den persönlichen Gottmenschen, auf dem das Christenthum beruht, und der Lehre von der sündhaften Natur, worauf der Katholicismus seine Rechtfertigung blos durch die Kirche und der Protestantismus seine Rechtfertigung blos durch den Glauben gründet; das lutherische Axiom „sola fide" ist so wenig nach seinem Sinn als das römische „nulla salus extra ecclesiam". Die Natur allein ist das Reich Gottes, das nur in der lebendigen und wahren Anschauung der Dinge, nicht in Büchern zu finden und nicht durch Wortkünste zu erreichen ist; von dem Drange nach Erkenntniß der Natur ganz erfüllt, ist Bruno dem philologischen

Geist der Renaissance, dem Formalismus, der Logik und Rhetorik abgeneigt. Hier rührt sich schon der Naturalismus gegen den Humanismus im engeren Sinn.

Aus Brunos pantheistischer Grundanschauung, die alles außer- und überweltliche Dasein Gottes verneint und als dessen volle Gegenwart das Universum betrachtet, folgt unmittelbar die Gleichung zwischen Gott und Welt, die Lehre von der unbedingten Immanenz Gottes. „Ihm ziemt's die Welt im Innern zu bewegen, Natur in sich, sich in Natur zu hegen." Also ist das Universum gleich Gott unbegrenzt und unermeßlich, zahllose Welten umfassend, der gestirnte Himmel ist nicht mehr die Decke des Weltgebäudes, die Erde nicht mehr das unbewegte Centrum der Welt, es giebt überhaupt kein solches absolutes Centrum, selbst die Sonne ist nur in relativem Sinne central, als Mittelpunkt des Planetensystems. Daher ist Bruno einverstanden mit der kopernikanischen Weltansicht, die ihm vorausgeht, die er gegen das aristotelische und ptolemäische System vertheidigt, dem sich die kirchliche Weltanschauung angepaßt hatte; er geht in seinen Folgerungen weiter als Kopernikus und ist schon ein Vorläufer Galilei's. Ob zwischen der pantheistischen und kopernikanischen Lehre ein nothwendiger und endgültiger Zusammenhang stattfindet, ist hier nicht die zu untersuchende Frage. So viel ist einleuchtend, daß aus der Verneinung des geocentrischen Systems die Verneinung des begrenzten Weltalls, die Bejahung des unbegrenzten hervorgehen mußte, womit die gewöhnlichen Vorstellungen der Transcendenz fallen und sich die Gleichung zwischen Gott und Universum darbietet. Man kann auf die kopernikanische Weltansicht die pantheistische gründen und umgekehrt aus dieser die Richtigkeit jener folgern. Dies war der Weg, den Bruno nahm. Er ist wegen seiner Uebereinstimmung mit Kopernikus der fortgeschrittenste unter den italienischen Naturphilosophen, wie um seines Charakters willen der kühnste und genialste.

Nun muß die göttliche Alleinheit so begriffen werden, daß in der Natur der Dinge nichts ist und geschieht, was nicht aus der göttlichen Natur hervorgeht; diese ist die alles umfassende und in sich tragende, alles erzeugende und bewegende, alles durchdringende und erkennende Einheit: Materie, Kraft und Geist in Einem. Das Verhältniß zwischen Gott und Universum ist demnach gleich der nothwendigen Ordnung der Dinge oder der Natur. Brunos Alleinheitslehre ist naturalistisch. Gott verhält sich zur Welt als die wirkende Natur zur bewirkten, er ist „natura naturans", die Erscheinungswelt ist „natura naturata"; Gott als die ursächliche Natur oder die alles erzeugende Kraft ist zugleich Materie und Geist, Stoff und Intelligenz, Ausdehnung und Denken. Hier erkennen wir in Bruno den Vorläufer Spinozas. Aber die Natur ist zugleich ein lebendiges und göttliches Kunstwerk, in welchem der innerlich wirkende Künstler sich selbst abbildet und offenbart, von der bewußtlosen Natur fortschreitend zur bewußten, von dem materiellen Ausdruck seiner Ideen zu dem geistigen, von den „vestigia" zu den „umbrae", welche die Abbilder der göttlichen Ideen in uns sind. Diese naturgemäße und fortschreitende Offenbarung Gottes in der Welt ist ein Entwicklungsproceß, dem die göttlichen Zwecke oder Weltgedanken als treibende Kräfte inwohnen, und aus dem sie als Erkenntnißobjecte hervorgehen, wie die Frucht aus dem Saamen. Das Universum, als lebendiges Kunstwerk betrachtet, ist Gottes Selbstentwicklung. Gott verhält sich demnach zur Welt als der Entwicklungsgrund zu dem ganzen Umfange und Reichthum aller Entwicklungsformen und Stufen, wie der Keim zur Entfaltung, wie der Punkt zum Raum, das Atom zum Körper, die Monas zur Zahl: daher ist Gott das Kleinste und Größte und bildet in Wahrheit die Einheit aller Gegensätze; in ihm ist die Welt, wie schon Cusanus gesagt hatte, potentiell enthalten, in unentfalteter Anlage, im Zustande der „implicatio", in der Welt ist Gott im Zustande der „explicatio", der unendlichen Fülle und Entfaltung seiner Kräfte. So erscheint das Universum als ein Entwicklungssystem, dessen Elemente die unentfalteten Entwicklungskräfte oder Monaden der Dinge sind. Hier erkennen wir in Bruno den Vorläufer unseres Leibniz. Die italienischen Schriften, die er in London herausgab (1584), liegen in der Richtung, die Spinoza vollendet, wogegen die lateinischen Lehrgedichte, die er in Frankfurt a. M. veröffentlichte (1591), kurz bevor er seinem Verhängniß entgegenging, schon die Monadenlehre vorbilden. Nachdem er durch Verrath in die Hand der Inquisition gefallen, wollte er, selbst von jenen „eroici furori" seines Glaubens erfüllt, sein Schicksal durch keinerlei Widerruf mildern und erduldete den 17. Februar 1600 zu Rom den Feuertod ohne jedes Zeichen der Furcht. „Ihr zittert mehr als ich!" rief er im Angesicht des Scheiterhaufens seinen Richtern zu. Er war kein Atheos, sondern ein

„Philotheos". Seine Lehre von dem göttlichen und unermeßlichen Weltall, die er wie eine neue Religion empfunden und verkündet, bildete das Hauptziel der Anklagen; er ist für den Pantheismus gestorben, der ihn die neue Weltansicht des Kopernikus bejahen und vertheidigen hieß. Zwei Jahrtausende nach dem Tode des Sokrates!

Aber soweit Bruno der neuen Zeit entgegengeht im leidenschaftlichen Kampfe gegen die Kirche des Mittelalters, so ist er doch nur ein Mann der philosophischen Renaissance, nicht der neuen Philosophie; er ist weniger selbständig als er zu sein glaubt, Neuerer mehr der Absicht als der Wirkung nach, origineller durch seinen Charakter und seine Individualität, als durch seine Ideen, die zum guten Theil aus der Geistesatmosphäre des wiederbelebten Alterthums herrühren und ihn sympathisch anwandeln. Ueberhaupt muß von der italienischen Naturphilosophie gesagt werden, daß ihr Compaß zwar unverkennbar auf die neue Zeit hinweist, aber unter den mächtigen Einflüssen der Vergangenheit starke Ablenkungen erfährt und daher noch unsicher schwankt. Sie ist nicht der Anfang und die Begründung der neuen Philosophie, sondern der Uebergang vom Mittelalter durch die Renaissance zu derselben, daher mischen sich in ihr die Geistesströmungen der Vergangenheit und Zukunft, und sie empfindet die dreifache Anziehungskraft, welche das Alterthum, das kirchliche Weltalter und das Vorgefühl der neuen Zeit ausüben. In keinem erscheint diese Mischung, die zu originell ist, um für gewöhnlichen Eklekticismus zu gelten, umfassender und großartiger, als in dem letzten und jüngsten dieser Reihe, Tommaso Campanella aus Stylo in Calabrien (1568—1639), dem Landsmann und jüngeren Zeitgenossen Brunos. Wie dieser, ist Campanella ein Dominikaner von feuriger und poetischer Einbildungskraft, den die telesianische Naturphilosophie mächtig ergreift und mit sich fortreißt; wie dieser, wird er verfolgt, weniger aus kirchlichen als politischen Gründen, denn er steht im Verdacht einer Verschwörung gegen die spanische Herrschaft und büßt diesen Verdacht mit siebenmaliger Folter und siebenundzwanzigjährigem Gefängniß in fünfzig verschiedenen Kerkern (1599—1626). Mit Telesio, von dem er ausgeht, Patrizzi und Bruno bekräftigt er den antiaristotelischen Charakter der neuen Naturphilosophie, er nimmt, wie Patrizzi, die telesianisch-platonische und kirchenfreundliche Richtung, aber in völligem Gegensatz zu Bruno bejaht er die kirchliche Weltherrschaft und stiftet in seiner Lehre einen Bund zwischen der italienischen Naturphilosophie und der scholastischen Staatslehre, zwischen Telesio, dem Begründer des Naturalismus, und Thomas, der theologischen Autorität der Dominikaner. Von der Höhe der Spätrenaissance fällt Campanella in seinen politischen Ansichten auf einen Standpunkt vor Dante zurück und stellt sich in erbitterten Gegensatz gegen Machiavelli, diesen ächten Repräsentanten der politischen Renaissance, der ihm diabolisch erscheint. Zugleich gründet sich diese merkwürdige Mischung telesianisch-platonischer und thomistischer Vorstellungen, diese Synthese zwischen italienischer Naturphilosophie, neuplatonischer (areopagitischer) und scholastischer Theologie auf Principien, die Campanella als den Progonen der Begründer der neuen Philosophie erscheinen lassen; er verhält sich zu Bacon und Descartes, insbesondere zu dem letzteren, ähnlich wie Bruno zu Spinoza und Leibniz.

Die natürliche Erkenntniß der Dinge gründet sich auf unsere äußere und innere Erfahrung; jene besteht in der sinnlichen Wahrnehmung und ist sensualistisch, diese ist reflexiv und besteht in der Selbstbetrachtung, in der unmittelbaren Gewißheit unseres eigenen Seins, in dem zweifellosen: „Ich bin." Hier ist der Punkt, in welchem Campanella an Descartes grenzt und den Anfang der neuen Philosophie zu anticipiren scheint. Wir erkennen unmittelbar nicht blos unsere Existenz und deren Schranke, sondern auch was wir sind und worin die Natur unseres Wesens besteht: nämlich in der Kraft des Erkennens und Wollens. Ich bin ein vermögendes, vorstellendes, wollendes Wesen: das sind meine unmittelbar einleuchtenden Grundbeschaffenheiten oder „Primalitäten"; das Vermögen vollendet sich in der Macht, das Vorstellen in der Erkenntniß oder Weisheit, das Wollen in der Liebe. Aber da mein Wesen beschränkter Natur ist, so bin ich auch dem Gegentheil dieser Vollkommenheiten unterworfen, der Ohnmacht, der Unwissenheit und dem Haß. Nun fordert die Erkenntniß die Einheit und den Zusammenhang aller Wesen, deren Grundbeschaffenheiten daher einander analog sein müssen. So erleuchtet mir meine Selbstgewißheit unmittelbar die letzten Principien oder die Urgründe der Dinge. Aus jenen „primalitates" des eigenen Wesens erkennt Campanella die „proprincipia", die das Thema seiner neuen Metaphysik ausmachen. Die bewußtlosen Naturwesen unter mir sind in niederer Potenz, was ich in höherer bin; Gott ist in höchster und absoluter Potenz, was alle endlichen Wesen in niederer sind: er ist Allmacht, Weisheit und Liebe. Es giebt daher kein wirkliches Ding, das sein Dasein nicht zugleich fühlt und begehrt, das nicht kraft seiner Natur empfindet und will, wenn auch in bewußtloser, dunkler Weise. Jedes wirkliche Sein ist zugleich Selbstempfindung, Wille zum Sein, Trieb zur Selbsterhaltung. Aus dem Leblosen kann nie Lebendiges, aus dem Empfindungslosen nie Empfindung und Perception hervorgehen. Daher sind Vorstellungs- und Willenskraft die Urkräfte, die alles Dasein begründen, beleben und den Stufengang der Dinge hervorbringen. In dieser tiefsinnigen Anschauung finden wir Campanella auf dem Wege zu Leibniz und in demselben Maße Spinoza entgegengesetzt, als Bruno demselben verwandt war; er steht zwischen Telesio und Descartes, mit Bruno zwischen Telesio und Leibniz, aber nicht auch gleich Bruno zwischen jenem und Spinoza. Die telesianische Lehre von dem Gegensatz und Streit der Kräfte in der Natur der Dinge begründet Campanella dadurch, daß Sinn und Empfindung in allen Dingen leben, daß aus ihrem Selbsterhaltungstriebe, dem Willen zum Dasein, der schon dem Widerstand der trägen Masse inwohnt, Sympathie und Antipathie, Anziehung und Abstoßung folgen, er begründet sie aus dem „sensus rerum", dem originellen Thema seiner ersten philosophischen Schrift, die schon den Grundgedanken seiner Metaphysik enthält und in demselben Jahre (1591) in Neapel erscheint, als Patrizzis neue Philosophie in Ferrara und Brunos lateinische Lehrgedichte in Frankfurt.

Wird die Welt vom Standpunkt der natürlichen Dinge aus betrachtet, so erscheint sie als Entwicklung, als ein Stufengang zunehmender Vollkommenheit und Erleuchtung, die sich in Gott vollendet; wird sie von Gott aus betrachtet, so erscheint sie als das Geschöpf der allmächtigen Weisheit und Liebe, das im Unterschiede von Gott endlich und unvollkommen sein muß und daher, je weiter es sich von Gott entfernt, ein Stufenreich zunehmender Unvollkommenheit und Verdunkelung bildet, in welchem auch die Zwischenreiche der Ideen, Geister und Seelen nicht fehlen dürfen. Die Geisterwelt begreift auch die Ordnungen der Engel, die himmlische Hierarchie in sich, die der Areopagit gelehrt hatte. Campanellas Schöpfungslehre hat ihr nächstes Vorbild in Thomas, die Vorstellung der abwärts steigenden Stufen des Universums hat das ihrige in der neuplatonischen Emanationslehre. Aber in der Menschheit steigt die Geisterwelt aus dem dunkeln Schooße der Natur wieder empor, aufwärts gerichtet, sie soll ein neues Lichtreich, einen „Sonnenstaat" bilden, ein Abbild des göttlichen Reichs. Es soll eine Heerde und ein Hirte sein. Darum fordert Campanella die Einheit und Centralisirung der Religion, der Kirche und des Staats: ein Weltreich, welches die stufenförmig geordnete Menschheit in sich vereinigt, unter einem Universalherrscher, über dem der Statthalter Gottes auf Erden thront, das Oberhaupt der Weltkirche als Abbild der göttlichen Allmacht, der römische Papst. Eine poetische, rückwärtsschauende, ernstlich gemeinte Reconstruction des kirchlichen Weltalters aus den Zeiten Innocenz III., ein philosophisches Traumbild, nachdem schon Dante die weltliche Macht des Papstthums, Machiavelli auch die kirchliche verwünscht und die Reformation bereits den unheilbaren Riß gemacht hatte! Aber warum sollte die Phantasie der Renaissance, welche die magische Kraft der Todtenbeschwörung besaß, in einem ihrer Spätlinge nicht auch dieses Ideal des Mittelalters noch einmal träumen? War doch zwischen dem platonischen Staat und der römischen Kirche eine alte Verwandtschaft, die den einsamen Campanella in seinem Kerker überwältigen und inspiriren konnte!

7. Die Skepsis als Folge der Renaissance.

Schon in dem letzten Zeitalter der Scholastik hatte der Glaube die Erkenntniß nicht mehr als dienende Stütze, sondern nur noch als beengendes Joch empfunden und sich durch die nominalistische Erkenntnißlehre davon befreit. Die menschliche Einsicht war auf die natürliche und sinnliche Welt hingewiesen worden mit dem Bewußtsein, daß ihre Mittel nicht im Stande seien, das Wesen der Dinge zu erfassen. So lag schon in jener scholastischen Erkenntnißlehre, welche Glauben und Wissen getrennt hatte, in Rücksicht auf das letztere eine skeptische Richtung. Die Renaissance erschüttert den kirchlichen Glauben und die Geltung der jenseitigen und übernatürlichen Welt, sie belebt von neuem die philosophischen Systeme des Alterthums, deren keines die wissenschaftliche Befriedigung gewähren kann, welche der Geist des neuen Zeitalters sucht und bedarf; sie berechtigt die freie Mannigfaltigkeit der individuellen Ansichten und ist selbst keineswegs gesonnen, sich in das Joch eines Systems zu fügen. Eine solche Herrschaft, welche die Erkenntniß centralisirt, widerstreitet dem Ursprunge und der Sinnesart der Renaissance von Grund aus. Es ist daher ein ganz natürliches Ergebniß, wenn die Bildung der Renaissance, selbst unvermögend ein wahrhaft neues System zu erzeugen, zuletzt in eine Skepsis ausläuft, die dieses Unvermögen offen bekennt und den Glauben an die Erkenntniß der Wahrheit unter die menschlichen Selbsttäuschungen rechnet.

Dem skeptischen Bewußtsein solcher Art ist durch Bildung und Zeitalter eine Richtung nahe gelegt, die an die Sophistik der Alten erinnert, worin der Zweifel dem persönlichen Selbstgenuß dient und das intellectuelle Machtgefühl des Individuums so gewaltig steigert, daß sich dasselbe einbildet, auf einer Höhe zu stehen, der die Reiche des Glaubens und Wissens unterworfen scheinen. Der Mensch dünkt sich wieder einmal „das Maß aller Dinge"; es steht bei ihm, ob er den Glauben heute vertheidigen und morgen verhöhnen will. Diesen Zug einer eitlen und prahlerischen Sophistik mußte die italienische Renaissance noch ausprägen, und sie hat den entsprechenden Charakter in einem jüngeren Zeitgenossen Brunos und Campanellas gefunden, einem Mann, dessen persönliches Selbstgefühl schon in den Größenwahn übergeht: er hieß Lucilio Vanini und nannte sich „Giulio Cesare Vanini" (1585—1619). In einem seiner Gespräche läßt er den Unterredner in höchster Bewunderung über die Macht seines Räsonnements ausrufen: „entweder du bist ein Gott oder Vanini!" Bescheiden antwortet er: „ich bin Vanini"! In seinem „Amphitheatrum" (1615) wollte er als Gegner der Philosophen des Alterthums und als Sachwalter des Christenthums, der Kirche, des tridentinischen Concils und der Jesuiten erscheinen; schon im nächsten Jahr schrieb er jene „Dialoge über die Natur", „die Königin und Göttin der Sterblichen", worin die religiösen und christlichen Glaubenssätze die zwar durch die Gesprächsform verdeckte, aber unverkennbare Zielscheibe der Ironie und des Spottes sind. Ein Jahrhundert ist seit Pomponazzi vergangen, der den Naturalismus gegen die Kirche in's Feld geführt und den Zweifel am Glauben vorsichtig begründet und verhüllt hatte; Vanini folgt Pomponazzis Vorbild und Spuren, ohne den Ernst und die Originalität der Forschung, er spielt gegenüber der Kirche fast gleichzeitig den sophistischen Apologeten und den frechen Spötter. Aber das Zeitalter, das von der Gründung des Jesuitenordens, dem tridentinischen Concil und der Bartholomäusnacht herkam, verstand sich nicht mehr auf solche Scherze und ließ Vanini wegen seiner Dialoge zu Toulouse den Feuertod sterben (1619). Nicht durch seinen Charakter und seine Werke, nur durch dieses tragische Schicksal, das größer ist als der Mann, erscheint Vanini neben Giordano Bruno.*)

Es giebt eine skeptische Weltansicht, die als reife Frucht gesammelter Erfahrung und Lebensweisheit aus der Bildung der Renaissance hervorgeht und den Schlußpunkt ihrer philosophischen Entwicklung bildet. In dieser bunten Mannigfaltigkeit philosophischer Lehrmeinungen und Systeme ist bei keinem die Ueberzeugungskraft der Wahrheit, vielmehr geben sie durch ihren Widerstreit den Beweis ihrer intellectuellen Ohnmacht, die bei einer solchen Fülle von Bildung, einem solchen Reichthum von Geisteskräften, wie das Zeitalter besitzt, in der menschlichen Natur selbst begründet sein muß. Daher ist die richtige, an der Erfahrung erprobte, aller intellectuellen Herrschsucht und Großthuerei abgeneigte Selbsterkenntniß die Aufgabe und das Ziel, auf welche der gesammte geistige Weltzustand hinweist. Je richtiger und unverblendeter man sich selbst beobachtet, um so besser erkennt man die anderen und gewinnt den Standpunkt einer ruhigen und menschenkundigen Betrachtung der Dinge. „C'est moi, que je peins!" Dies ist der Standpunkt, auf welchem Michel de Montaigne (1533—1592) im Schlußpunkt der philosophischen Renaissance erscheint; dieser Satz ist das ausgesprochene und durchgängige Thema seiner Selbstschilderungen oder Essays (1580—1588). Seine Erziehung war ganz im Geiste der Renaissance gehalten, seine Denkweise die Frucht dieser Erziehung; Montaigne kannte sich selbst und niemand wußte besser als er die Macht der erziehenden Einflüsse zu schätzen, die von den Zeitaltern und Sitten abhängen und selbst die Meinungen der Menschen heranbilden. In der Menschenwelt wechseln die Individuen, in diesen die Stimmungen und Lebenszustände, mit diesen die Meinungen. Wer die Entstehungsweise der letzteren kennt, wird keiner eine objective Geltung einräumen und jede als eine Frucht individueller Entwicklung anerkennen. Daher begleitet Montaigne's skeptische Richtung ein Zug wohlthuender und menschenkundiger Toleranz, auch im Hinblick auf die religiösen Glaubensdifferenzen, die in Frankreich die Bürgerkriege erzeugt hatten; er verwirft den Wahrheitsdünkel philosophischer Systeme und die aufgeblasene Gelehrsamkeit, die Commentare auf Commentare häuft, er achtet überall das individuelle Recht der Meinungen, und

---

*) Fr. Fiorentino: Bernardino Telesio. Vol. II pg. 211—222.

gerade in dieser Anerkennung zeigt sich Montaigne als Zögling der Renaissance und seine Skepsis als das Ergebniß ihrer Bildung. Je wankelmüthiger und gebrechlicher die Welt menschlicher Vorstellungen und Ansichten, Gesetze und Sitten erscheint, um so mächtiger erhebt sich die Geltung der unverrückbaren, von menschlicher Wandelbarkeit unabhängigen Ordnung der Dinge in dem gesetzmäßigen und constanten Gange der Natur, dem lebendigen Buche der Schöpfung, das schon Raymund von Sabunde in seiner natürlichen Theologie (1436) Gottes unverfälschte Offenbarung genannt hatte. Montaigne hat in seiner Jugend Raymund's Werk übersetzt und in dem umfassendsten seiner Essays vertheidigt. Dem Glauben an die menschliche Erkenntniß und deren künstliche Machwerke setzt er den Glauben an die Natur in seiner Einfachheit und Uebereinstimmung mit Gottes positiver Offenbarung entgegen; er weiß keinen bessern Rath als sich der Natur zu überlassen und ihrer Richtschnur zu folgen. In diesem Glauben an die Natur erscheint Montaigne als ein Vorläufer Rousseaus, auch darin, daß er diesen Glauben auf Selbstbeobachtung gründet und in der Form der Selbstschilderung ausspricht. „C'est moi, que je peins!" „Ich studire mich selbst: das ist meine Metaphysik und Physik." Dieses Wort unseres Skeptikers konnte auch Rousseau zu seinem Wahlspruch machen.

Montaigne steht an der Schwelle der neuen Philosophie, die er nicht überschreitet. Diese beginnt, wo jener endet: mit dem auf die Selbstbeobachtung und Selbstprüfung gegründeten Zweifel, der auch den Glauben an die Natur, aber an die Erkennbarkeit derselben in sich schließt. Es ist der die Erkenntniß suchende und erzeugende Zweifel, der Bacon und Descartes, die Begründer der neuen Philosophie, bewegt. Montaignes Vater war ein Landsmann Bacons, welcher die Form der „Essays" zum Vorbilde seiner ersten bedeutenden Schrift nahm; Montaigne selbst ist der Landsmann Descartes'. Er ist der Typus und Führer einer skeptischen Denkart, die sich ihm anschließt und in Südfrankreich gleichsam die letzte Station bildet zwischen der Renaissance und Descartes. In dem Prediger Pierre Charron (1541—1603) wird diese Skepsis zur verstärkten Hinweisung auf den religiösen Glauben, in dem Professor der Medicin Franz Sanchez (1562—1632), wendet sie sich zur naturgemäßen Beobachtung der Dinge. Ihr bewegender Grundgedanke liegt in dem Worte Charrons: „das wahre Studium des Menschen ist der Mensch!"

Sechstes Capitel.
Das Zeitalter der Reformation.

Der Ursprung der neuen Philosophie ist durch eine epochemachende That bedingt, welche die Grundlagen der mittelalterlichen Bildung erschüttert, die Schranken derselben aufhebt und durch die Vereinigung aller zum Durchbruch erforderlichen Kräfte die gesammte menschliche Weltanschauung dergestalt umbildet, daß die Fundamente für ein neues Zeitalter der Cultur befestigt sind. Diese umfassende und gründliche Umbildung, die sich keineswegs blos auf die kirchlichen Veränderungen einschränkt, ist die Epoche der Reformation, welche die Grenzscheide bildet zwischen dem mittleren und neuen Weltalter. Nie ist in der Welt Größeres in kürzerer Zeit geschehen. In der Spanne eines halben Jahrhunderts ist das menschliche Bewußtsein in allen seinen Hauptformen umgestaltet und verändert, eine Menge reformatorischer Kräfte strömen zusammen, um das Mittelalter aus den Fugen zu heben, sie wirken auf den verschiedensten Gebieten durchbrechend, unabhängig von einander und zugleich in bewunderungswürdigem Einklang. Wir haben die Uebergangsstufen kennen gelernt, in denen die Renaissance dem neuen Zeitalter zustrebt; jetzt soll sich zeigen, in welchen Punkten sie in die reformatorische Epoche selbst eingreift.

Der Mensch hat zwei Objecte, die er unmittelbar vorstellt: die Welt und sich selbst. In dem Zusammenhang und der Entwicklung dieser beiden Vorstellungen besteht seine Weltanschauung und in dieser die höchste Form seiner Bildung; beide sind der Selbsttäuschung unterworfen und nur in dem Grade wahr, als sie die Blendungen durchschaut und sich vom Schein der Dinge befreit haben. Die erste Vorstellung, deren Object die vorhandene Welt ist, möge die äußere Weltanschauung, die andere, deren Object in dem menschlichen Wesen selbst besteht, die innere heißen. Diese vollendet sich in der Gewißheit eines höchsten Endzwecks, dem wir dienen, einer höchsten Macht, von der wir abhängen, sie ist in dieser Form religiös; die äußere dagegen findet in der vorhandenen Welt ihre bestimmten Objecte und Aufgaben. Die gegebene Welt ist die Menschheit, in deren Entwicklung wir begriffen sind, der Weltkörper, auf dem die Menschheit lebt, das All oder der Kosmos, in dem sich dieser Weltkörper befindet: die Menschheit, die Erde, das Weltall sind demnach

Objecte, auf welche unsere äußere Weltanschauung sich bezieht. Wir unterscheiden demgemäß in ihrem Gebiet drei große Gesichtskreise menschlicher Bildung: den geschichtlichen, geographischen, kosmographischen. Der Gegenstand des ersten ist die Menschheit in ihrer Entwicklung, der des zweiten die Erde als das Wohnhaus der Menschen, der des dritten das Universum als der Inbegriff der Weltkörper. Von diesen Formen unserer äußeren Weltbetrachtung unterscheiden wir als die tiefste unser inneres religiöses Bewußtsein. Vergleichen wir die Vorstellungsweisen, die auf allen diesen Gebieten vor der Reformation geherrscht haben, mit denen, die nach derselben gelten, so zeigt der erste Blick die größten Veränderungen; die menschliche Weltanschauung erscheint in allen ihren Theilen, in allen ihren wesentlichen Bedingungen von Grund aus umgebildet. Eben diese Umbildung ist die Reformation selbst.

I. Die neue Weltanschauung.

1. Der historische Gesichtskreis.

Zuerst erfährt der geschichtliche Gesichtskreis eine durchgreifende Erweiterung und Umbildung, die das Bewußtsein, dessen Gegenstand die Menschheit selbst ist, von seinen mittelalterlichen Schranken befreit. Zwischen der heidnischen und christlichen Welt liegt, aus dem Gesichtspunkt des Mittelalters gesehen, eine unübersteigliche Kluft, ein Gegensatz der jeden Zusammenhang ausschließt und den die augustinische Lehre dem Glaubensbewußtsein der Kirche tief eingeprägt hatte. Eben so tief ist die Unwissenheit und das Dunkel, worin das Mittelalter gegenüber dem Alterthum und der classischen Bildung sich befindet. Die Kirche selbst hat das Interesse gehabt, den Glauben an ihren göttlichen Ursprung dadurch zu heben, daß sie ihre geschichtlich und menschlich bedingte Entwicklung geflissentlich verdunkelt. In dem Bewußtsein des Mittelalters fällt auf die Menschenwelt, ihren Zusammenhang und ihre Geschichte nur so viel Licht, als die Kirche von oben hereinscheinen läßt, und in dieser Beleuchtung ist eine geschichtswissenschaftliche Weltanschauung nicht möglich. Die Wiederbelebung der classischen Studien durchbricht auf diesem Gebiet die kirchlichen Schranken, das Alterthum wird von neuem entdeckt, das Gefühl der Verwandtschaft mit dem Geiste seiner Kunst und Philosophie durchdringt verjüngend die abendländische Welt, in der Be-

wunderung und Nachbildung dieser Werke des classischen Heidenthums
empfindet man nicht mehr ausschließlich christlich, sondern allgemein
menschlich. Die Denkweise wird mit den Studien zugleich humani=
stisch, Kunst und Philosophie folgen diesem Zuge. Ein neues, reiches
und umfassendes Bild der Menschheit rollt sich auf, eine Fülle von
Aufgaben, denen keine Grenze gesteckt ist, und die nur durch Ge=
schichtsforschung gelöst werden können, drängt sich in den wissen=
schaftlichen Horizont. Wir haben Zeitalter und Cultur der Renais=
sance bereits in ihren Grundzügen geschildert und bezeichnen sie jetzt
nicht bloß als Uebergang zur Reformation, sondern als einen Bestand=
theil der letzteren, das Wort im weitesten Umfange genommen: die
Renaissance enthält die Reform der geschichtlichen Weltanschauung.

2. Der geographische Gesichtskreis.

Der Entdeckung der alten Welt auf dem historischen Gebiet,
folgt auf dem geographischen die der neuen; in Folge der ersten
Entdeckung lernt die Menschheit sich in ihrer Entwicklung in immer
größerer Ausdehnung kennen, in Folge der zweiten den Weltkörper,
den sie bewohnt. Dort wird die Geschichtskunde, hier die Erdkunde
in's Unermeßliche erweitert. Schon die Kreuzzüge, die der kirchliche
Eroberungsgeist gewollt und ausgeführt, haben den Zug in die Ferne
geweckt und die ersten entdeckungslustigen Reisen zur Folge gehabt,
deren Ziel die Wunderländer des Orients waren. Dann kommt der
weltdurstige, vom Handelsgeist erfüllte Sinn der Renaissance, den
besonders die italienischen Seestädte nähren. Es ist kein Zufall, daß
die großen orientalischen Reisen durch Venetianer gemacht werden
und die epochemachende That selbst von einem Sohne Genuas ausgeht.

In der zweiten Hälfte des dreizehnten Jahrhunderts durchwan=
dern die älteren Poli aus Venedig das östliche Asien, Marco Polo,
ihr jüngerer Genosse, der sie auf der zweiten Reise begleitet, wird in
China und Indien einheimisch (1271—1295) und hat durch seine
Erzählungen, die er niederschreibt, sich den Ruhm erworben, „der
Herodot des Mittelalters" zu werden, in derselben Zeit, wo die
Kreuzzüge erfolglos enden und Dante seine Laufbahn beginnt. Jetzt
erscheint der Seeweg nach Indien als das große Handelsproblem des
Abendlandes, dessen Auflösung durch die Umsegelung Afrikas oder
im Wege der transatlantischen Fahrt gesucht wird. Dieser zweite

Gedanke, der sich von den Küsten der alten Welt losreißt, ist der kühnste. In ihm, wenn er gelingt, liegt die epochemachende That.

Wenn sich Asien nach Osten in weitester Ausdehnung erstreckt und die Gestalt der Erde eine Kugel bildet, so muß sich das östliche Asien von Westen her unserem Erdtheile nähern und diese Annäherung muß um so größer, das Ziel um so erreichbarer sein, je kleiner die Oberfläche der Erdkugel ist. Unter diesen Voraussetzungen, die beide falsch sind, faßt und löst Christoph Columbus sein Problem. Sein Glaube an die Westwelt jenseits des Oceans steht fest und gründet sich noch auf einige thatsächliche Zeichen, die sicherer sind als jene Annahmen. Er entdeckt das Land im Westen, noch in der Vorstellung befangen, er habe Indien erreicht. Fünf Jahre später umsegelt der Portugiese Vasco da Gama das Südcap Afrikas und vollendet den Seeweg nach Indien.

Jetzt muß erkannt werden, daß die Welt im Westen Asien nicht ist, sondern einen Continent für sich bildet, von den östlichen Grenzen Asiens durch ein Weltmeer geschieden. Die nächsten Aufgaben sind die Entdeckung dieses Weltmeers, die Umsegelung Amerikas, die Umsegelung der Erde, die Entdeckung, Eroberung, Colonisirung der Länder des neuen Continents. In dem Zeitraum eines Menschenalters werden diese Aufgaben gelöst. Der Spanier Balboa überschreitet die Landenge von Darien und endeckt den stillen Ocean (1513), der Portugiese Fernando Magellan (Magalhães) umsegelt die Südspitze Amerikas und endeckt die Südsee (1520), ihm gebührt der Ruhm, die erste Weltumsegelung begonnen und ermöglicht, wenn auch nicht selbst vollendet zu haben; der Portugiese Cabral entdeckt Brasilien (1500), Fernando Cortez, der größte der spanischen Conquistadoren, erobert Mexiko (1519—21), Pizarro entdeckt und erobert Peru (1527—31). Mit den siegreichen Kriegen der Engländer gegen die Spanier im Zeitalter der Elisabeth beginnt eine neue Epoche auf dem Gebiet des transatlantischen Lebens; sie besteht in der Verbindung zwischen Nordamerika und England, in den Anfängen einer colonialen, von germanischer Cultur getragenen Staatengründung. Francis Drake wird der erste glückliche Weltumsegler (1577—80), wenige Jahre später entdeckt Walter Raleigh die Küste „Virginiens" und pflanzt die ersten Keime englisch-nordamerikanischer Colonien.

Alle diese Thaten, deren jede neue Aufgaben in sich schließt, sind bedingt durch die Entdeckung des Columbus, in ihr liegt die Reform der geographischen Weltanschauung.

3. Der kosmographische Gesichtskreis.

Nachdem der menschliche Horizont innerhalb des irdischen Gebietes sich ausgedehnt hat über die Weltgeschichte, die Welttheile und Weltmeere, bleibt nur Eines übrig: die Entdeckung der Erde selbst im Universum, ihres Orts und ihrer Stellung im Weltall, die Entdeckung der Erde unter den Sternen! Dem sinnlichen Gesichtspunkte, welcher der nächste und für die Betrachtung der Weltkörper, wie es scheint, der einzig mögliche ist, muß das Weltgebäude als eine Kugel erscheinen, deren Gewölbe der Fixsternhimmel und deren fester Mittelpunkt die Erde selbst ist, um die sich Mond, Sonne und Planeten bewegen, zwischen Mond und Sonne die beiden unteren Planeten Mercur und Venus, jenseits der Sonne die drei oberen Mars, Jupiter und Saturn. Jeder dieser Weltkörper theilt die tägliche Umwälzung des Fixsternhimmels und hat zugleich eine ihm eigenthümliche (für uns durchsichtige, darum unsichtbare) Sphäre, an die er befestigt ist und aus deren eigener Bewegung die verschiedenen Umläufe der Wandelsterne sich erklären. In diesem Typus geocentrischer Weltbetrachtung beharrte die Kosmographie der Alten, ausgenommen die Pythagoreer, die aus dogmatischen Gründen die Fiction eines Centralfeuers im Mittelpunkte der Welt und zu Gunsten der Zehnzahl die einer Gegenerde gemacht hatten, sie lehrten aus falschen Voraussetzungen ein nicht geocentrisches Weltsystem, das Daten enthielt, woraus schon im Alterthum vereinzelt die heliocentrische Hypothese hervorging. Die aristotelische Lehre vom Weltgebäude beruhte auf der geocentrischen Anschauung und der Sphärentheorie. Nun aber widersprachen die thatsächlichen Bewegungserscheinungen der Wandelsterne der Lehre von ihrem kreisförmigen, durch die Sphäre bedingten Umlauf, und da die letztere grundsätzlich galt, so blieb die Aufgabe, die Abweichungen mit derselben in Uebereinstimmung zu bringen. Die künstliche und abschließende Lösung gab im zweiten christlichen Jahrhundert der alexandrinische Astronom Ptolemäus in seinem Werke von der Anordnung des Planetensystems ($\mu\varepsilon\gamma\acute{\alpha}\lambda\eta$ $\sigma\acute{\upsilon}\nu\tau\alpha\xi\iota\varsigma$, in der arabischen Uebersetzung „Almagest" genannt). Die Planeten sollen sich um die Erde radförmig in Kreisen bewegen, deren Mittelpunkt auf der Peripherie eines anderen (deferirenden) Kreises fortschreitet.

Diese Kreise heißen Epicykeln, und die Linie, welche der Planet in solcher Weise beschreibt, Epicykloide. Aber der wirkliche Planetenlauf paßt keineswegs in die künstlich verschlungene Linie. In so vielen Fällen stimmt der beobachtete Ort des Planeten nicht mit dem berechneten zusammen, der Planet steht nicht genau an dem Punkt, wo er zufolge der geometrischen Construction stehen müßte; immer erscheinen neue Widersprüche zwischen der Thatsache des Planetenlaufs und ihrer Erklärung, und immer neue Epicykeln müssen herbeigeholt werden, diese Widersprüche zu beseitigen. Im Hinblick auf die Thatsachen der Planetenbewegung und auf die Einfachheit und den regelmäßigen Gang der Natur steigt das Mißtrauen gegen die ptolemäische Lehre. So unregelmäßig und verworren kann die Natur nicht handeln. Diese Lehre kann die wahre nicht sein; sie muß einer falschen Grundvoraussetzung unterliegen. Es handelt sich darum, diesen Grundirrthum zu finden.

Nun gründet sich diese ganze Anschauungsweise auf die Voraussetzung, daß sich die Planeten um die Erde bewegen und diese im Mittelpunkte der Welt steht. Um die Epicykeln los zu werden, lasse man die erste jener beiden Voraussetzungen fallen: die Planeten bewegen sich nicht um die Erde. Jetzt werden ihre Bahnen auf die Sonne bezogen, und die Vorstellung dieser Bahnen klärt sich auf. Aus der wahren Entfernung der Planeten, welche der dänische Astronom Tycho de Brahe (1546—1601) berechnet, läßt sich beweisen, daß die Planeten in der That die Sonne umkreisen. Das ptolemäische System hat berechnet, wie sich die Halbmesser der Epicykeln zu den Halbmessern der deferirenden Kreise verhalten; Tycho berechnet das Verhältniß der ersten zu den Halbmessern der Sonnenbahn und findet, daß sich die Halbmesser der Epicykeln zu den Halbmessern der deferirenden Kreise genau so verhalten, wie zu den Halbmessern der Sonnenbahn. In jedem Punkte seines Epicykels zeigt sich der Mercur gleich weit entfernt von der Sonne, ebenso die Venus; was von den unteren Planeten gilt, läßt sich auch von den oberen beweisen. Also gilt von allen Planeten, daß die Sonne den Mittelpunkt ihrer Epicykeln bildet, oder, was dasselbe heißt, daß der deferirende Kreis die Sonnenbahn ist. In dem ptolemäischen System sind die Mittelpunkte der Epicykeln leer; jetzt erscheint als dieser Mittelpunkt aller Planetenbahnen die Sonne. Also in Rücksicht auf die Sonne erscheinen die Planetenbahnen nicht mehr epicykloidisch, sondern kreisförmig; die Epicykeln lösen sich auf, die Planeten beschreiben ihre Bahn um die Sonne in der Peripherie ihrer deferirenden Kreise. Unter dieser Voraussetzung, welche die Epicykeltheorie aufhebt und damit das ptolemäische System wesentlich verändert, ist noch die Frage offen in Rücksicht des kosmischen Mittelpunkts. Es wäre möglich, daß die Sonne das Centrum der Planetenbahnen ist und sich selbst um die Erde bewegt als kosmisches Centrum. Dann würde in seiner zweiten Grundvoraussetzung das ptolemäische System gelten und mit ihm die sinnliche und kirchliche Vorstellungsweise. Diese beiden Fälle sind noch denkbar: die Planeten bewegen sich um die Sonne, die sich selbst um die Erde bewegt als den kosmischen Mittelpunkt; oder die Planeten bewegen sich um die Sonne, die zugleich den kosmischen Mittelpunkt bildet, und was als Bewegung der Sonne erscheint, ist in Wahrheit die Bewegung der Erde, die also nicht mehr ruhendes Centrum der Welt ist, sondern Planet unter Planeten. Sonne und Erde tauschen ihre Stellen und ihre Rollen im Weltall. Nach der einen Vorstellung ist die Erde, nach der andern die Sonne der kosmische Mittelpunkt: jenes ist die geocentrische, dieses die heliocentrische Hypothese; die erste vertritt Tycho de Brahe, die zweite der deutsche Astronom und Frauenburger Domherr Nikolaus Kopernikus (1473—1543). Beide unterscheiden sich von dem ptolemäischen System darin, daß sie die Sonne in den Mittelpunkt der Planetenbahnen setzen; aber das tychonische System theilt mit dem ptolemäischen die geocentrische Voraussetzung, während das kopernikanische auch diese aufhebt und darum das alte System im Principe umstürzt. Die kopernikanische Weltansicht geht der tychonischen voraus, welche daher nicht als die Vorstufe, sondern vielmehr als der Versuch auftritt, die neue Lehre mit der alten, die kopernikanische mit der ptolemäischen zu vermitteln. Kopernikus' epochemachendes Werk „über die Bewegungen der Himmelskörper" erscheint kurz vor seinem Tode (1543).

Unter dem Gesichtspunkt des Kopernikus wird die kosmographische Anschauungsweise eine sehr einfache und klare. Die sinnliche Vorstellung wird gründlich verneint, indem sie zugleich höchst einleuchtend erklärt wird. Die wirkliche Achsendrehung der Erde erklärt den scheinbaren (täglichen) Umschwung des Himmels, die wirkliche Bewegung der Erde um die Sonne erklärt die scheinbare (jährliche) Bewegung der Sonne um die Erde und zugleich die scheinbar epicykloidenförmigen Bahnen der Planeten. Unter diesen Bedingungen erweitert sich die Anschauung des Weltalls in's Unermeßliche. Wenn die Erde ihren Ort im Weltraum verändert, warum erscheint diese Veränderung nicht in Rücksicht auf die Fixsterne? In den beiden Punkten der Erdbahn, die am weitesten von einander abstehen, zeigt die Erdachse nach denselben Sternen. Also eine Ortsveränderung von der Größe des Durchmessers der Erdbahn, d. h. von vierzig Millionen Meilen, erscheint in Rücksicht auf die Fixsterne als verschwindend; also müssen die Fixsterne als unendlich weit oder, nach der Vorstellung der Weltkugel zu reden, der Halbmesser der Fixsternsphäre muß als unendlich groß erscheinen. Diese Widerlegung der ptolemäischen Weltanschauung ist zugleich die größte Widerlegung der sinnlichen Vorstellungsweise und darum für alle menschliche Erkenntniß ein höchst erleuchtendes Vorbild, an dem sich die nachfolgende Philosophie oft orientirt hat. Kant verglich sein Werk gern mit dem des Kopernikus. Denn der Grundirrthum aller früheren Astronomie lag eben darin, daß sie in einer Selbsttäuschung befangen war über ihren eigenen Gesichtspunkt, den sie sich nach dem Schein der Sinne in dem ruhenden Mittelpunkte der Welt vorstellte; jetzt mußten ihr die scheinbaren Bewegungen der Weltkörper als die wirklichen, die Phänomene als reale Thatsachen vorkommen. Der Mangel der Selbstbesinnung über den eigenen Gesichtspunkt und das eigene Verhalten erzeugt die Selbsttäuschung, die unsere Vorstellungen verblendet. Es giebt in dieser Rücksicht kein Beispiel, das lehrreicher und großartiger wäre, als die Geschichte der Astronomie.

Das Werk des Kopernikus war dem Papst Paul III. gewidmet und in der Vorrede von der Hand Osianders als bloße Hypothese bezeichnet worden, während Kopernikus selbst von der Wahrheit seines Systems völlig überzeugt war. Diesem System war das tychonische mit seiner Wiederbejahung der geocentrischen Lehre entgegengetreten, und so erschien die neue astronomische Weltansicht in fraglicher Geltung und in einer wissenschaftlich bekämpften Stellung. Daher mußte die nächste Aufgabe sein, die kopernikanische Lehre durch eine Reihe neuer Beweise dergestalt zu begründen, daß ihre Wahrheit wissenschaftlich außer Frage gesetzt und das Gegengewicht der tychonischen Annahme gänzlich entkräftet wurde. Einer der größten Naturforscher aller Zeiten, in dem die italienische Renaissance das Höchste geleistet und einen Reformator der Wissenschaft erzeugt hat, führt diese Beweise: Galileo Galilei aus Pisa (1564—1642). Noch als Professor in Pisa (1587—92) reformirt er die Bewegungslehre durch die Entdeckung der Fall- und Wurfgesetze. Dieselbe Kraft der Schwere (Centripetalkraft), welche die irdischen Körper nach dem Mittelpunkte der Erde zieht, zieht die Erde nach dem der Sonne und bewirkt, verbunden mit der gleichzeitigen Kraft des Stoßes oder Wurfs (Centrifugalkraft), ihren Umlauf. Die Einsicht in die Natur der Bewegungskräfte mußte Galilei von der Wahrheit der heliocentrischen Lehre überzeugen, noch bevor er in Padua (1592—1610) seine großen astronomischen Entdeckungen machte. Im Jahre 1597 erklärt er in einem Briefe an Kepler, daß er seit vielen Jahren ein Anhänger des Kopernikus sei. Die aristotelische Ansicht von der Unveränderlichkeit des Himmels (Fixsternsphäre) wird hinfällig, nachdem Galilei im Bilde des Schlangenträgers das Erscheinen und Verschwinden eines Sterns beobachtet hat (1604). Mit Hülfe des Fernrohrs, das er nacherfindend verbessert und zuerst auf die Betrachtung der Himmelskörper anwendet, macht er im Jahr 1610 jene bewunderungswürdigen Entdeckungen, die alle die Wahrheit des heliocentrischen Systems und die Unwahrheit des geocentrischen verkünden: er entdeckt die erdartige Beschaffenheit des Mondes, die Trabanten des Jupiter, den Ring des Saturn, die wechselnden Lichtgestalten (mondähnlichen Phasen) der Venus und des Mercur, zuletzt die Sonnenflecken und deren Bewegung, woraus er die Achsendrehung der Sonne erschließt. Sie ist das Centrum des Planetensystems, nicht das ruhende und absolute Centrum der Welt. Das Universum ist unermeßlich. Die geträumte Himmelsdecke stürzt ein, wie ihr die Geister der Erkenntniß zurufen: „Schwindet ihr dunkelen Wölbungen droben!"

Galilei's teleskopische Entdeckungen sind lauter Triumphe des kopernikanischen Systems. Wenn es sich so verhielte, wie Kopernikus lehrt, so müßten, hatten die Gegner eingewendet, die unteren Planeten uns ähnliche Lichtphasen zeigen als der Mond. Weil das Bedingte nicht ist, kann auch die Bedingung nicht stattfinden. Galilei entdeckt die Venusphasen und macht die Gegner verstummen.

Noch sind in der kopernikanischen Lehre zulösende Probleme, zuberichtigende Vorstellungen enthalten. Sie läßt die Planeten kreisförmige Bahnen um die Sonne beschreiben und hängt mit dieser Anschauung noch an der Sphärentheorie der Alten. Nun aber ist der wirkliche, richtig beobachtete Lauf der Planeten nicht gleichförmig, sie bewegen sich bald schneller, bald langsamer, diese wechselnde Geschwindigkeit ist bedingt durch ihre Sonnennähe und Sonnenferne, also steht die Sonne nicht im Mittelpunkt ihrer Bahnen, diese letztern sind mithin nicht gleichförmige Kreise. Demnach ist die nächste Aufgabe, die gesetzmäßige Form dieser Bahnen zu finden. Die Bewegung der Planeten muß ebenfalls gesetzmäßig sein, es muß in ihr ein bestimmtes Verhältniß zwischen den Zeiten und den durchlaufenen Räumen stattfinden: dieses Verhältniß zu finden ist die zweite Aufgabe. Die Umlaufszeit der Planeten ist verschieden, sie ist um so größer, je weiter sie von der Sonne entfernt sind; die Größe ihrer Umlaufszeit ist bedingt durch die Größe ihrer Entfernungen, zwischen beiden muß ein bestimmtes Verhältniß stattfinden, welches zu entdecken die dritte Aufgabe bildet. Wenn diese Gesetze einleuchten, so ist die Weltharmonie, welche einst die Pythagoreer gesucht haben, wirklich entdeckt in ihren wahren Figuren und Zahlen Diese Aufgaben löst der deutsche Mathematiker und Astronom Johann Kepler aus Weil in Würtemberg (1571—1630), Galilei's Zeitgenosse, Bewunderer und Freund. Das erste von ihm gefundene Gesetz erklärt die Gestalt der Planetenbahnen als Ellipse, in deren einem Brennpunkte das Centrum der Sonne liegt; das zweite Gesetz bestimmt das Verhältniß der Räume und Zeiten in der Planetenbewegung: die gerade Linie vom Mittelpunkt des Planeten zum Mittelpunkt der Sonne (radius vector) beschreibt in gleichen Zeiten gleiche Flächen; das dritte Gesetz bestimmt das Verhältniß der Umlaufszeit zur Entfernung: die Quadrate der Umlaufszeiten verhalten sich, wie die Würfel der mittleren Entfernungen. Keplers Gesetze gründen sich auf seine Beobachtungen des Planeten Mars, die er in seinem Hauptwerk „Nova astronomia" niedergelegt hat (1609). So bleibt nur eine Aufgabe übrig, um die erste Epoche der neuen Astronomie zu vollenden. Was Kepler durch Beobachtung und Induction gefunden, die Gesetze der Planetenwelt, muß aus einem Princip, das schon Galilei erkannt hatte, hergeleitet oder deducirt werden: diese Aufgabe löst der größte Mathematiker Englands Isaak Newton (1642—1727) aus dem Princip der allgemeinen Gravitation.

Die astronomischen Entdeckungen, welche die neue Anschauung des Universums begründen, sind von Kopernikus ausgegangen, wie die transatlantischen von Columbus.

4. Erfindungen.

Mit dem Entdeckungsgeist geht der Erfindungsgeist Hand in Hand. Neue höchst wirkungsreiche Erfindungen werden gemacht, welche die großen Entdeckungen theils begleiten und unterstützen, theils durch dieselben gefordert werden und ihnen folgen. Die literarischen Entdeckungen, die das Licht des Alterthums über die Welt verbreiten, werden begleitet von der Erfindung der Buchdruckerkunst, die transatlantischen sind unmöglich ohne den Compaß, die astronomischen bedürfen und fordern in ihrem weiteren Verlauf neue Instrumente sowohl der Beobachtung als der Berechnung. Keine größere Erfindung für den beobachtenden Forschungsgeist als das Fernrohr und Mikroskop, welche beide Galilei nicht selbst erfindet, aber nachconstruirt und verbessert. Für die Berechnungen, welche die Wissenschaft braucht, sind drei Erfindungen, welche die Mathematik betreffen, von der größten Bedeutung. Es ist ein Mittel nöthig, um die großen Rechnungen zu vereinfachen und zu erleichtern: dieses Mittel bieten die Logarithmen; man bedarf eines zweiten, um geometrische Aufgaben durch Rechnung lösen zu können: die analytische Geometrie entsteht durch Descartes gleichzeitig mit den Principien der neuen Philosophie; endlich ist ein drittes erforderlich, um die Größenveränderungen dem Calcül zu unterwerfen: die höhere Analysis oder Unendlichkeitsrechnung, welche Newton und Leibniz erfinden.

II. Conflict zwischen Kirche und Wissenschaft.

Der Proceß Galilei's.

Ueberall, wo die reformatorische That die Dämme der kirchlichen Vorstellungsweise durchbricht und deren Schranken einreißt, ist der Gegensatz der alten und neuen Weltansicht zu Tage getreten, aber nirgends sind seine Züge so groß und augenscheinlich ausgeprägt, als in der Umgestaltung aller herkömmlichen Vorstellungen von Himmel und Erde, die der Geist eines neuen Archimedes wirklich aus ihren Angeln gehoben hat. Auch hat in keinem Punkte die Kirche so viele und mächtige Bundesgenossen als in der Bejahung des begrenzten und geocentrischen Weltalls, für welches die Zeugnisse der Sinne und die Autoritäten des Alterthums sprechen. Mit dem aristotelischen und ptolemäischen Weltsystem sind hier die kirchlichen Glaubens=

interessen auf das Engste verknüpft. Beide passen zusammen, wie Scene und Handlung: die Erde als Mittelpunkt der Welt, die Erscheinung Gottes auf Erden, die Kirche als civitas Dei, als Centrum der Menschheit, die Hölle unter, der Himmel über der Erde, die Verdammten im Höllenreich, die Seligen im Himmelreich jenseits der Sterne, wo die Ordnungen der himmlischen Hierarchie emporsteigen zum Throne Gottes! Dieses ganze Gebäude kirchlicher Vorstellungen wankt und stürzt in seiner greifbaren und localen Construction zusammen, sobald die Erde aufhört, das Centrum des Weltgebäudes, und der Himmel aufhört, dessen Kuppel zu sein.. Es ist wahr, daß es weit tiefere, in der christlichen Religion begründete, in der Mystik bewahrte Vorstellungen von Himmel und Hölle giebt, als jene sinnlichen und localen, aber das kirchliche Machtbewußtsein des Mittelalters und der Glaube des kirchlichen Volks leben in den letzteren und sind von ihnen unabtrennbar. Hier ist darum zwischen dem kirchlichen und kopernikanischen System ein umfassender, gründlicher, nicht zu verdeckender Gegensatz, der dem Bewußtsein der Welt einleuchten muß und um so ernsthafter hervortritt, als die Begründer der neuen Weltanschauung keineswegs kirchliche und herausfordernde Freigeister sind, wie Bruno oder Vanini, sondern glaubensgehorsame Söhne der Kirche, zugleich tiefe, dem Dienste der Wissenschaft ganz ergebene Forscher, die nichts weniger als den Bestand der Kirche erschüttern, sondern blos weltkundige, räthselhafte, aus dem bisherigen Standpunkt unbegriffene Thatsachen erklären wollen und wirklich erklären. Der Proceß, den die römische Inquisition gegen das kopernikanische System in der Person Galilei's geführt hat, ist ein dauerndes und unvergeßliches Denkmal dieses Zusammenstoßes kirchlicher Satzung und wissenschaftlicher Forschung. Er fällt schon in die Anfänge der neuen Philosophie und hat auf diese selbst, wie wir sehen werden, einen verhängnißvollen Einfluß geübt.

In seiner gegen einen Jesuiten gerichteten Streitschrift über die Entdeckung und Erklärung der Sonnenflecken (1613) hatte sich Galilei zum erstenmal öffentlich für die Wahrheit der kopernikanischen Lehre ausgesprochen und dadurch den Zorn der Mönchsorden dergestalt erregt, daß er jetzt der schon aufmerksam gemachten Inquisition verdächtig erschien. Das seit siebzig Jahren verbreitete und als Hypothese geduldete kopernikanische System wurde auf Befehl Paul V. von den sachkundigen Theologen des heiligen Officiums geprüft und

verworfen; die heliocentrische Lehre sollte für vernunftwidrig und
kehzerisch, die nichtgeocentrische für vernunftwidrig und irrthümlich
gelten. Dieser Beschluß wurde den 24. Februar 1616 veröffentlicht.
Schon am folgenden Tage erhielt der Cardinal Bellarmin die päpst=
liche Weisung, den in Rom anwesenden Galilei zu ermahnen, die
kopernikanische Lehre aufzugeben; wenn er sich weigerte, sollte die
Inquisition gegen ihn einschreiten. Galilei unterwarf sich sogleich
(26. Febr.), es bedurfte daher keiner weiteren inquisitorischen Ver=
handlung, keines förmlichen und speciellen Verbots. Ueber diesen
Verlauf der Sache und diese Art der Erledigung lassen der Auftrag
des Papstes an Bellarmin vom 25. Februar, der Bericht des letzteren
in der Sitzung des heiligen Officiums vom 3. März, das Galilei
persönlich ausgestellte Zeugniß Bellarmin's vom 26. Mai, endlich
gleichzeitige briefliche Aeußerungen Galilei's selbst nicht den mindesten
Zweifel. Unter dem 5. März 1616 wurden durch einen öffentlichen,
die kopernikanische Lehre betreffenden Beschluß von Seiten der Con=
gregation des Index solche Schriften, welche die Wahrheit jener Lehre
behaupteten, gänzlich verboten, andere vorläufig bis zur Berichtigung.
Darunter waren solche gemeint, die nach Berichtigung gewisser Stellen
die kopernikanische Ansicht nicht als Wahrheit, sondern nur als Hy=
pothese erscheinen ließen. Unter diesen befand sich das Werk des
Kopernikus selbst. Es kann daher nicht zweifelhaft sein, daß nach
jenen Verhandlungen im Frühjahr 1616, von denen Galilei berührt
wurde, die Duldung der kopernikanischen Lehre als einer mathema=
tischen Hypothese fortbestand. Einen weiteren Spielraum zu gewinnen,
um das heliocentrische System als solches beweisen und vertheidigen
zu dürfen, bemühte sich Galilei bei einem neuen Aufenthalte in Rom
(1624) vergeblich, so günstig ihm Urban VIII. gesinnt war. In=
zwischen hatte er durch eine zweite beißende Streitschrift gegen einen
Jesuitenpater (1618) die Zahl seiner Feinde vermehrt, die ihn ver=
derben wollten. Die ersehnte Gelegenheit kam. Im Jahr 1632 er=
schien mit päpstlicher Druckerlaubniß „Galilei's Dialog über die
beiden wichtigsten Weltsysteme, das ptolemäische und kopernikanische".
Schon die Form des Gesprächs hielt die Sache innerhalb der
geduldeten Grenzen hypothetischer Behandlung. Es war auf dem
Titel ausdrücklich gesagt, daß keine Entscheidung gegeben, sondern nur
die Gründe für jede der beiden Ansichten dargelegt werden sollten.
Freilich konnte nach dem Inhalt dieser Gespräche kein Urtheilsfähiger

zweifeln, auf welcher Seite das Gewicht der Gründe war. Aber eine Verurtheilung Galileis durch die Inquisition konnte nur dann stattfinden, wenn ihm persönlich jede Art, das kopernikanische System vorzutragen, förmlich untersagt gewesen wäre. Ein solches specielles Verbot existirte nicht und war nach der Lage der Dinge unmöglich. Man wußte sich zu helfen. Das Verbot, kraft dessen allein die gewünschte Verurtheilung geschehen konnte, wurde nachträglich fabricirt und das Actenstück vom 26. Febr. 1616 in diesem Sinne gefälscht. Auf diese bis in die jüngsten Zeiten unentdeckte, jetzt erwiesene Fälschung gründete sich der unerhörte Proceß, der mit Galilei's Verurtheilung endete.*) Den 22. Juni 1633 mußte der fast siebzigjährige Mann in der Dominikanerkirche Maria sopra Minerva zu Rom das kopernikanische System abschwören und verfluchen. Er blieb bis zu seinem Tod ein Gefangener, wenn auch nicht in der Haft, doch in der Hand und unter dem Auge der Inquisition. Man hat ihn weder eingekerkert noch gefoltert, und er selbst war weit entfernt, seinen Widerruf zu widerrufen. Das Wort: „Und sie bewegt sich doch!" mag Galilei gedacht haben, aber gesagt hat er es gewiß nicht. Er ließ alles über sich ergehen, um in die Freiheit seiner Gedanken und Forschungen zurückkehren zu können, die er mit Recht höher hielt, als ein solches Martyrium. Der Erde konnte die römische Kirche die Bewegung nicht verbieten, sie hat dafür die Werke des Kopernikus, Galilei und Kepler auf ihren Index gesetzt und mehr als zwei Jahrhunderte dort stehen lassen.

III. Die religiöse Reformation.

1. Der Protestantismus.

Wie gewaltig die Erschütterungen und Umbildungen sind, die auf dem Gebiet der historischen, geographischen und astronomischen Weltbetrachtung stattfinden und hier den menschlichen Horizont von seinen Schranken befreien und in's Unermeßliche erweitern, so würden sie doch für sich allein nicht hinreichen, in die geschichtliche Entwicklung der Menschheit selbst ein neues Lebensprincip einzuführen und im umfassenden Sinne des Worts eine Weltepoche zu machen. Diese

---

*) Galileo Galilei und die römische Curie. Nach den authentischen Quellen von Karl von Gebler (Stuttg. Cotta 1876). Ueber die Fälschung und die Geschichte ihrer Entdeckung zu vgl. S. 95—112.

reformatorischen Thaten tragen ihre Früchte in Kunst und Wissen=
schaft, d. h. auf solchen Höhen der menschlichen Bildung, die selbst in
den empfänglichsten Zeitaltern immer nur wenigen zugänglich sind.
Sie können gedeihen, ohne daß die Gesinnung und Erziehung der
Menschheit in ihren Grundlagen geändert wird. Die Kirche hat die
Renaissance gefördert, diese hat im Großen und Ganzen sich im
Schooß der Kirche wohl befunden und würde sich mit der letzteren
schon vertragen und abgefunden haben. Es ist nicht der im Bil=
dungsgenuß befriedigte Unglaube der Aufklärung, den die Kirche
zu fürchten hat, er ist ihr gegenüber ohnmächtig durch seine Zahl,
sein Bedürfniß nach ungestörter Muße und seine Glaubensindifferenz.
Selbst die Heroen der entdeckenden und wissenschaftlichen Reformation,
Männer, wie Columbus, Kopernikus und Galilei, waren treue Söhne
der Kirche, die niemals die Absicht gehegt, mit ihr zu brechen. Die
gesammte Bildung der Renaissance war unvermögend, die Funda=
mente der kirchlichen Weltherrschaft dergestalt zu erschüttern, daß sie
in Stücke gingen.

Die Kirche ruht auf religiösen Grundlagen und beherrscht in
ihrer hierarchischen Verfassung das Volk; daher kann nur aus reli=
giösen Motiven, die jene Grundlagen treffen und in das Herz des
Volkes eindringen, der entscheidende Angriff und Kampf gegen die
Kirche stattfinden. Um die Welt aus den Angeln zu heben, muß
man den Punkt des Angriffs außerhalb derselben suchen; mit der
Kirche verhält es sich anders, man muß in ihr stehen und zwar in
der Tiefe des Glaubens, um die Kirchenherrschaft zu sprengen und
die Grundlagen des Glaubens umzugestalten. Diese Umbildung und
Erneuerung des religiösen Bewußtseins ist die Reformation im
kirchlichen Sinn, ohne welche das Mittelalter trotz aller Entdeckungen
fortgelebt hätte.

So wenig die Kirche zufällig und plötzlich die Form der Hie=
rarchie und des römischen Papstthums angenommen hat, so wenig ist
ihr zufällig und plötzlich die Reformation entgegengetreten. Diese ist
aus der Kirche selbst hervorgegangen, in der sie allmählig gezeitigt
worden; es hat nie ein kirchliches Zeitalter ohne reformatorische Be=
wegungen und Bedürfnisse gegeben. Immer hat die Kirche, mitten
in der Verweltlichung, die der Gang der menschlichen Dinge herbei=
führte, das vom christlichen Geist ihr eingeborene Bedürfniß nach
Entweltlichung und Läuterung gefühlt, nur daß die Richtung, in

welcher die Reform gesucht wurde, nach Maßgabe der Zeitalter verschieden war. Um das christliche Leben aus den Netzen der Welt zu befreien und dieser zu entfremden, sind die Mönchsorden der ersten Jahrhunderte entstanden; um den kirchlichen Priesterstaat von den feudalen Banden des weltlichen Staates loszulösen, erschien Gregor VII. als Reformator der Hierarchie; in demselben Zeitpunkt, wo die römische Kirchenherrschaft ihren Gipfel erreicht hatte, sah Innocenz III. die Glaubenseinheit bedroht durch den Einbruch der Ketzer, die der Kirche schon das Evangelium entgegenhielten, und erklärte die dringende Nothwendigkeit einer Reformation der Laienwelt in Rücksicht auf den kirchlichen Glauben; als endlich die Einheit der Kirchenherrschaft im Papstthume selbst durch das Schisma zerrissen war, kamen die Concile des fünfzehnten Jahrhunderts mit der Aufgabe einer Kirchenreformation an Haupt und Gliedern. Die Aufgabe blieb ungelöst und unlösbar. Es war unmöglich, die Kirche zu reformiren durch die Restauration des Papstthums und die Unterdrückung jeder antihierarchischen Richtung. Diese Unmöglichkeit konnte nicht greller erleuchtet werden als durch die Flammen jenes Scheiterhaufens, auf dem das reformatorische Concil von Constanz Huß verbrennen ließ. Sein Feuertod hat der Reformation den Weg gewiesen von Constanz nach Wittenberg. Da sie von oben nicht durchdringen konnte, mußte sie von unten kommen, durchbrechend in Luther, als die Zeit erfüllt war, ein Jahrhundert nach Huß.

Die Reformation des sechszehnten Jahrhunderts stellt auf der Grundlage des Christenthums den Gegensatz der Religion gegen die Kirche. Diese Opposition, die aus religiösen Gründen das System der Kirche von Grund aus bekämpft, nennen wir in einem weiteren Sinn, als die geschichtliche Entstehung des Namens reicht, Protestantismus. In der Verneinung des römischen Katholicismus besteht sein negativer Charakter, in dem christlichen Glaubensgrunde, auf dem er ruht, der positive, ohne den er niemals eine religiöse Macht geworden wäre. Was dieser Protestantismus bejaht und zu seinem Princip macht, erhellt aus dem, was er verneint und von sich abstößt. Die Religion des Mittelalters besteht im Glauben an die Kirche als die göttliche und unerschütterliche Autorität, im Glaubensgehorsam, der glaubt, was die Kirche lehrt, und thut, was sie fordert, der, wie jeder Gehorsam, sich durch äußere Leistungen zu bewähren hat: dieser Glaube wird erfüllt durch die kirchliche Werkthätigkeit, die Ausübung der Cultuspflichten und frommer, der Kirche wohlgefälliger und nützlicher Handlungen. Wer im Dienste der Kirche mehr leistet als sie fordert, handelt verdienstlich. Es sind die kirchlich correcten und verdienstlichen Werke, die den Gläubigen in den Augen der Kirche und darum vor Gott gerecht machen; der kirchliche Glaubensgehorsam besteht daher in dem Glauben an die Rechtfertigung durch den Cultus und die Werke: das ist der Glaube an die Werkheiligkeit, der menschliches Thun für verdienstlich halten und darum auch die menschliche Freiheit bejahen und einräumen muß. Das äußere Werk geschieht unabhängig von der Gesinnung als „opus operatum"; es ist vom Standpunkt der Kirche aus begreiflich, daß sie ihre Herrschaft nicht von den Gesinnungen der Einzelnen abhängig macht und daher den Charakter der Frömmigkeit in den kirchlichen Gehorsam d. h. in die Werkheiligkeit setzt. Nun erhebt sich zwischen Gott und den Menschen die Sündenschuld, die nur im Wege der kirchlichen Ordnungen durch Beichte und Buße getilgt, durch kirchliche Abbüßungen und Strafen gesühnt werden kann, deren Zeitdauer nach dem Maße der menschlichen Sünden sich bis in die jenseitigen Zustände erstreckt. Es giebt der kirchlichen und frommen Werke mannigfaltige, und da die Kirche den Werth derselben entscheidet und nach ihren Interessen bemißt, so steht es bei ihr, eines für das andere zu setzen, dem äußeren Werk ein äußeres anderer Art zu substituiren, an die Stelle der Buße ein Aequivalent treten zu lassen, das ihre Zeitdauer verkürzt oder sie überhaupt ersetzt. Ein solches äußeres Werk anderer Art kann auch die Abgabe sein, welche die Kirche bereichert. Jetzt wird die Buße, die Bedingung zur Sündenvergebung, diese selbst für Geld verkauft. Ist einmal die Buße auf den Tarif des kirchlichen Handels gesetzt, so hindert nichts, die Geldbuße um des kirchlichen Nutzens willen unter die Aequivalente aufzunehmen. So entsteht der Ablaß, dem die nachträgliche dogmatische Begründung nicht fehlt, als eine nothwendige Folge aus dem Glauben an die Rechtfertigung durch die Werke. Da es im Schooße der Kirche so viele giebt, die mehr gebüßt als gesündigt haben, so darf es auch solche geben, die auf Conto der Heiligen mehr sündigen als büßen und das Deficit durch Geld decken. Schreibt man dafür den Sündern die Mehrbuße der Heiligen gut, so fehlt selbst an ihrer Buße nichts.

Das Ablaßsystem erleuchtet auf das Grellste den ungeheuern

Widerspruch zwischen Kirche und Religion. Diese fordert als Bedingung der Sündenvergebung tiefe, das Herz zerknirschende und umwandelnde Reue, jene nimmt als Aequivalent der Reue Geld! Hier erhebt sich gegen das kirchliche System die religiöse Gegenwirkung. Mit den Thesen, die Luther gegen den Ablaß an die Schloßkirche zu Wittenberg schlägt (31. October 1517), beginnt die Reformation, denn es handelt sich schon um die Sache der Religion gegen die Kirche. War es zunächst auch nur der Mißbrauch des Ablasses, den Luther in seinen Thesen angriff, — er verdammte ihn als Mittel zur Seligkeit, nicht als Ersatzmittel kirchlicher und diesseitiger Strafen — so nöthigte ihn der Ernst seiner religiösen Motive, unaufhaltsam weiter zu gehen. Denn der Ablaß ist kein zufälliger Mißbrauch, sondern folgt aus der Werkheiligkeit, wie diese aus der Glaubenshörigkeit, die gefordert ist durch die unbedingte, von der Glaubensgesinnung unabhängige Autorität der Kirche. Und was den Reformator bewegt, ist die Angst um das menschliche Seelenheil, das die römische Kirche veruntreut. Dieses Motiv treibt ihn weiter. Er verwirft bald auch die dogmatische Begründung des Ablasses, den Schatz der guten Werke, den Glauben an die Heiligen, die Beichte der einzelnen Sünden, als ob sie zählbar wären; er muß die Werkheiligkeit im Principe verneinen, darum den Grund erschüttern, auf dem sie ruht: das hierarchische Kirchensystem, den päpstlichen Primat, die Unfehlbarkeit der Concile; er muß damit enden, daß er der Kirche die Glaubensherrschaft bestreitet, darum den Glaubensgehorsam kündigt und um der Religion willen die Glaubensfreiheit erklärt. Jetzt ist die Reformation in ihrem Element, sie erscheint der katholischen Kirche gegenüber als die religiöse That des erneuerten Christenthums, dem römischen Katholicismus gegenüber als die nationale That des deutschen Volks. Diesen Standpunkt, den Luthers durchbrechende Schriften vom Abendmahl, von der Gefangenschaft der Kirche und von des christlichen Standes Besserung (1519—20) ausführen, hat sich der gewaltige Mann durch schwere Kämpfe errungen, denn das Joch, das er abschüttelte, war sein eigenes und lastete in der Tiefe seines Gewissens.

Was demnach der Protestantismus verneint, ist die Rechtfertigung durch die Werke. Keines hat eine sündentilgende Kraft, jedes, es scheine noch so heilig, kann geschehen als äußerliche, gesinnungslose Handlung, als bloßes „opus operatum" und ist als solches zur Seligkeit nichts nütze, vielmehr durch den Wahn, daß es zum Heile gereiche, verderblich. Alle kirchlichen Werke, selbst die der äußersten Weltentsagung können pünktlich erfüllt werden und der Mensch dabei doch innerlich bleiben, was er ist; sie sind daher religiös werthlos. Die religiöse That liegt in der sittlichen Wiedergeburt, in der Umwandlung der Gesinnung und des Herzens, die im Glauben besteht: im Glauben an die Rechtfertigung nicht durch die Kirche, sondern durch Christus Der positive Satz des Protestantismus heißt: „nur der Glaube macht selig." Dieser Glaube ist kein Werk, welches die menschliche Willkür machen oder verdienen kann, sondern ein Act der göttlichen Gnade, welche den Menschen ergreift und nicht von den Satzungen der Kirche abhängt, die Menschenwerk sind. So kehrt die Reformation zurück zu den Quellen des christlichen Glaubens und der christlichen Glaubenslehre, um aus diesen seinen ursprünglichen Bedingungen das Christenthum selbst wiederherzustellen; sie gründet sich den Kirchensatzungen entgegen auf die heilige Schrift als göttliche Offenbarungsurkunde, auf die apostolische Lehre, insbesondere die paulinische, die zuerst das Joch des Gesetzes und der Gesetzeswerke gebrochen und die Rechtfertigung durch den Glauben verkündet hat, auf die Lehre der Kirchenväter, insbesondere die augustinische, welche zuerst die menschliche Sündenschuld in ihrer ganzen Größe als That und Verlust der Freiheit erleuchtet und in den Mittelpunkt der christlichen Glaubenslehre gestellt hat, jene unveräußerliche, der menschlichen Natur im Innersten anhaftende Schuld, die in der Kirche verkäuflich geworden! Nicht das Geldopfer, sondern das Opfer des menschlichen Herzens und seiner Selbstsucht führt zur Seligkeit. Darin bestand das Thema jener „deutschen Theologie," die Luther aus eben diesem Grunde nächst der Bibel und Augustin auf's höchste schätzte. Jeder soll sich selbst, sein eigenes sündhaftes Herz opfern: darin besteht das allgemeine Priesterthum des christlichen Volks im Gegensatz zu dem Weihepriesterthum der Kirche und dem Opferpriesterthum des Sacraments. Daher der Gegensatz der Reformation gegen die Hierarchie und deren Verherrlichung im Cultus, insbesondere im Cultus des Abendmahls; daher muß die Umbildung der Lehre von den Sacramenten, vor allen der Abendmahlslehre, die Läuterung und Vereinfachung des Cultus ein Hauptobject der Reformation, eine ihrer wesentlichen Aufgaben, sogar ihr Ausgangspunkt sein, wo sie am einfachsten und greifbarsten vor sich geht. Das Abendmahl ist der Gipfel des Cultus, der Cultus ist die eigentliche Heimath der Volksreligion, daher die Cultusreform die unmittelbarste und wirksamste Umgestaltung des religiösen Volkslebens.

Wir haben die Grundzüge vor uns, die der christliche Protestantismus bejaht, in denen die großen Reformatoren Luther, Zwingli, Calvin einverstanden waren: es ist der Schriftglaube, der Paulinismus, der Augustinismus, die Läuterung des Cultus, die Umbildung der Abendmahlslehre. Innerhalb der augustinischen Lehre macht die Prädestination, innerhalb der Abendmahlslehre die Frage nach der realen Gegenwart Christi die trennende Differenz. Die Lehre von der göttlichen Prädestination und Gnadenwahl in ihrer ganzen Härte und Folgerichtigkeit, die selbst Augustin nicht gewagt hatte, begründet Calvin, die Abendmahlslehre in der symbolischen, jeder Art der Transsubstantiation, der magischen wie mystischen, völlig entgegengesetzten Fassung bringt Zwingli zur Geltung. Trotz der Kämpfe, welche die Vereinigung gegen den gemeinsamen Feind dringend geboten, hat das Zeitalter der Reformation jene Differenzen nicht auszugleichen und die Spaltung des Protestantismus in das lutherische und reformirte Bekenntniß nicht zu hindern vermocht.

Die Renaissance geht der Reformation voraus und mit ihr zusammen. Die Erneuerung der Alterthumswissenschaft, der Philologie, der griechischen und hebräischen Sprachstudien führte nothwendig zu neuen und helleren Ansichten über den Ursprung des Christenthums, zu einem neuen und besseren Verständniß der biblischen Urkunden und damit zu Einsichten, deren die kirchliche Reformation auf dem Wege ihrer Geschichts- und Schriftforschung bedurfte. Sie verdankt ihre wissenschaftliche Ausrüstung der Renaissance. Als die deutsche Reformation im Aufgange und die deutsche Renaissance, die von Italien herkam, gleichzeitig in voller Blüthe stand, gab es einen Moment, wo sich beide gegenseitig ergriffen, im vollen Bewußtsein ihres gemeinsamen Ursprungs und ihrer gemeinsamen nationalen Erhebung. Das Gefühl des neuen Zeitalters durchdrang allgewaltig die Geister. Mit der Wiedergeburt des Alterthums wollte die des Christenthums, mit beiden die Wiedergeburt des deutschen Volkes und Reiches Hand in Hand gehen; die wissenschaftliche und religiöse Reformation wollte auch eine nationale und politische sein. Diese Idee fand in Ulrich von Hutten ihren Träger und in seinen letzten Schriften (1519--23) ihren mächtigen Ausdruck. Aber die politische Reform mußte scheitern da durch die religiöse das deutsche Reich tiefer als je gespalten wurde. Auch die Wege der Renaissance und Reformation kamen in Widerstreit. Mit der Aristokratie der Geister, die im ruhigen Genuß der hohen Bildung des Alterthums leben und leuchten wollten, vertrug sich nicht der revolutionäre Sturm der Völker, den die Reformation entfesselt hatte; mit den wiederaufgelebten Ideen der alten Philosophie, welche die menschliche Geistesfreiheit bejahen, vertrug sich nicht der erneuerte Augustinismus der lutherischen Lehre von der völligen Unfreiheit des Menschen: dieser Gegensatz zwischen Renaissance nud Reformation verkörpert sich mit typischer Vollendung in dem Streit zwischen Erasmus und Luther. Indessen war die Macht des Zeitalters mit dem religiösen Gedanken und führte auch die Geister der Renaissance in seinen Dienst. Von dieser Seite kam Zwingli mit seiner einfachen und natürlichen Auffassung des Abendmahls, die Luther mit dem charakteristischen Worte verwarf: „wir haben einen anderen Geist als ihr!" Aber auch unter den deutschen Reformatoren gab es einen, der beide Richtungen vereinigte: Melanchthon, der seinen Bildungsgang durch die Renaissance genommen und in den Dienst der deutschen Reformation trat, ein Mann aus Reuchlins Verwandtschaft und Schule, Luthers Amtsgenosse, nächster Freund und Gehülfe. In ihm war die religiöse und liberale Gesinnung der Renaissance verkörpert, welche Gegensätze zu ertragen vermochte, die Luther nicht ertrug, und zu gewissen Ausgleichungen zwischen Katholicismus und Protestantismus, zwischen der lutherischen und reformirten Richtung geneigt war. Dieses vermittelnde und friedliche Element stieß das Lutherthum von sich. Nachdem es erst in der Augsburgischen Confession (1530) sich dogmatisch fixirt, dann nach dem Religionsfrieden von Augsburg (1555) immer enger und starrer ausgebildet, zuletzt in der Concordienformel (1577) jede Eintracht mit den Reformirten ausgeschlossen und die Geltung Melanchthons vertilgt hatte, zerfiel auch der deutsche Protestantismus in das lutherische und deutsch-reformirte Bekenntniß, und jene kirchenpolitische Spaltung Deutschlands, die dem dreißigjährigen Kriege entgegenging, war vollendet.

Die Reformation hat die politische Zerklüftung Deutschlands nicht verschuldet, wohl aber vermehrt und gefördert. Diese Schuld war eine so nothwendige und unvermeidliche Folge, daß sie vorwurfsfrei ist. Ohne das zerklüftete und decentralisirte römische Reich deutscher Nation wäre die Reformation so wenig möglich gewesen, als die römische Kirche ohne das centralisirte altrömische Reich, und die Renaissance ohne die Spaltung und Decentralisation Italiens. Es war nicht zufällig, sondern in der Natur der Verhältnisse wohl begründet, daß die Reformation in Deutschland und der Schweiz entstand; ihre Centralpunkte waren Wittenberg, Zürich und Genf; in Wittenberg wurde Luther der Führer der deutschen Reformation (1517—1546), in Zürich leitete Zwingli die schweizerische (1519—1531), in Genf herrschte Calvin (1541—1564). Im Laufe des sechszehnten Jahrhunderts verbreitete sich von hier aus die Reformation über Europa und gewann eine weltgeschichtliche Macht. Die skandinavischen Landeskirchen gestalteten sich nach lutherischem Vorbilde (1527—37), Schottland und die Niederlande nach reformirtem (calvinistischem), jenes unter Knox (1556—73), diese errangen sich die religiöse und politische Freiheit im Kampf gegen Spanien (1566—1609), in England trat an die Stelle der römischen Kirche die bischöfliche, reformirte Staatskirche (1534—71); in Italien gährte die Reformation in vereinzelten Erscheinungen, in Spanien wurde die Gährung erstickt, in Frankreich erzeugte sie die religiösen Bürgerkriege.

2. Die Gegenreformation und der Jesuitismus.

Durch die Reformation ist in dem abendländischen Christenthum der Gegensatz zwischen Katholicismus und Protestantismus' entstanden, auf Principien gegründet, die jede Vermittlung ausschließen. Der Protestantismus verneint das kirchliche Autoritätsprincip und stützt sich auf die religiöse Gesinnung und Ueberzeugung der Individuen, die durch ihre Uebereinstimmung Gemeinden bilden, aber nicht jene unbedingte Unterwerfung zulassen, auf der allein die Macht einer Kirche beruht. Daher die Einigkeit des Protestantismus in negativer Hinsicht und seine Spaltung in positiver, welche letztere der katholischen Kirche gegenüber als Ohnmacht erscheint. Es lag daher in dem Interesse und der Politik der römischen Kirche, gegen den Protestantismus ihre Einheit und Autorität von neuem zu befestigen und mit Beseitigung gewisser Mißbräuche alle Motive, welche den Glauben abfällig und in ihren Augen hinfällig gemacht hatten, durch feierliche Anatheme für immer von sich auszuschließen. Diese förmliche Verneinung und Verdammung des Protestantismus wurde das Thema der Gegenreformation, die das tridentinische Concil, das vorletzte ökumenische, ausführte (1545—1563).

Aber mit der bloßen Verdammung war dem katholischen Princip nicht genug geschehen, die Geltung des letzteren forderte die Vernichtung des Protestantismus, die Rückeroberung der abgefallenen Völker, die Wiederherstellung der mittelalterlichen Weltkirche. Zur Lösung dieser Aufgabe bedurfte es einer neuen Ausrüstung und Organisirung kirchlicher Kräfte, die in erster Reihe den Kampf mit der Reformation und ihrem Zeitalter übernehmen sollten, es bedurfte eines neuen, nur diesem Zwecke gewidmeten kirchlichen Ordens, den der Spanier Ignaz von Loyola (1491—1556) in der „Gesellschaft" oder, wie der charakteristische und kriegslustige Ausdruck hieß, „Compagnie Jesu" gründete (1534), und der die erste päpstliche Bestätigung 1540 erhielt. Wenn man die religiösen Zwecke der römischen Kirche ihren politischen d. h. der Erhaltung und Vermehrung ihrer Weltmacht völlig gleichsetzt, so ist der Jesuitismus mit dem römischen Katholicismus identisch und der Träger des ultramontanen Systems. Zwei Richtungen, ihrer Anlage nach so grundverschieden, daß man sie in der Vorstellung nie combiniren würde, vereinigen sich in dem Ordensgeist der Jesuiten: die opferwilligste Schwärmerei für ein Ideal der Vergangenheit, die Wiederherstellung der mittelalterlichen Kirche nach dem Zeitalter der Renaissance und Reformation, und die raffinirteste, mit allen Fragen der Gegenwart, mit jeder Veränderung der Zeitlage vertrauteste Politik, kundig aller Mittel, welche die Macht fördern, geschickt und entschlossen in ihrer Anwendung, systematisch in ihrer Verknüpfung! Wer würde glauben, daß die Schwärmerei eines Don Quixote und die Politik eines Machiavelli jemals in der Richtung auf dasselbe Ziel sich vereinigen könnten? Sie sind vereinigt im Orden der Jesuiten. Der Geist des kirchenfeindlichen Machiavelli ist nirgends mächtiger, wirksamer furchtbarer aufgetreten als hier, wo es sich allein um das Interesse und die Macht der Kirche handelt. Jesuitismus ist kirchlicher Machiavellismus. Und es hat vielleicht nie einen Menschen gegegeben, der dem Don Quixote so ähnlich war, als sein Landsmann Ignaz von Loyola, der Stifter der Jesuiten, der sich zuerst von den Ritterromanen zu den Heiligenlegenden, von Amadis zu Franziskus bekehrte und dann vor dem Marienbilde auf dem Montserrat seine nächtliche Waffenwache hielt, wie der Junker von La Mancha in jener Dorfschänke, die er für ein Ritterschloß ansah. Ohne den Grundzug einer von den Heiligenbildern des Mittelalters hingerissenen Schwärmerci wäre die Idee des Jesuitenordens nie entstanden. Bevor Ignaz von Loyola ein Soldat Jesu wurde, hatte er sich gelobt, ein Ritter der Maria zu werden; es war in demselben Jahre, wo Luther auf dem Reichstag in Worms erschien. Gleichzeitig mit dem Protestantismus entwickelt sich die neue Ordensidee und gewinnt diesem, als dem zu bekämpfenden Feinde, gegenüber die feste und organisirte Form der Compagnie Jesu.

Die Kirche ist in Gefahr, aus der sie nur durch die unbedingte Geltung der kirchlichen Centralgewalt, die beständige päpstliche Dictatur gerettet und in ihrer alten Macht wiederhergestellt werden kann. Daher ist die unbedingte und blinde Unterwerfung unter den Willen des Papstes, diese besondere Art des Gehorsams, die der militärischen Subordination gleichkommt, das eigentliche Ordensgelübde der Jesuiten, das in Verbindung mit den drei üblichen Gelübden der Keuschheit, Armuth und Obedienz den specifischen Charakter dieser neuen Mönche ausmacht. Die Welt, die sie bekämpfen und besiegen sollen, ist nicht durch die Flucht in's Kloster zu überwinden, sondern nur durch das einflußreichste, an allen menschlichen Interessen betheiligte Leben mitten im Getriebe der Welt. In dem Orden der Jesuiten sind zwei Lebensrichtungen vereinigt, die sonst stets geschieden waren: der Mönch und der Weltmann, jener in der starrsten, dieser in der geschmeidigsten Form; diese Vereinigung, die in der Geschichte der Mönchsorden eine ganz neue Stufe bezeichnet, gilt dem ausschließenden Dienst der römisch-monarchischen Kirche, die gegen die Ungläubigen, vor allen gegen die Protestanten, die Jünger Loyolas aussendet mit der Weisung: „gehet hin in alle Welt!" Wie einst die judenchristliche Legende dem verhaßten Apostel, der das Christenthum unter die Heiden trug, ihren Petrus auf Schritt und Tritt nachfolgen ließ, um das Werk desselben zu zerstören, so sind jetzt diese neuen Petriner wirklich berufen, die verhaßte Reformation, diesen neuen Paulinismus, überall zu verfolgen und zu unterminiren. Ihre weltmännische Thätigkeit im Dienst kirchenpolitischer Zwecke ist wichtiger als die zeit- und kraftraubenden Exercitien der gewöhnlichen Mönche, daher die Jesuiten nicht an die ascetische und ceremonielle Erfüllung solcher Pflichten gebunden sind, die das unbeschäftigte Mönchsleben reguliren.

Dem unbedingten, jedes päpstlichen Winks gewärtigen Gehorsam, der den besonderen Ordenszweck und das Gelübde der eigentlichen

Professen (professi quatuor votorum) ausmacht, entspricht in der inneren Verfassung des Ordens die strengste Subordination und Abstufung, die von den Novizen zu den Scholastikern, zu den weltlichen und geistlichen Coadjutoren, zu den Professen der drei Gelübde, zu denen des vierten, welche letzteren die eigentlichen Missionäre sind, emporsteigt und ihre Spitze in dem General findet, der die in Collegien, Provinzen und Ländergebiete eingetheilte Ordenswelt regiert. Ein Zweck bewegt alle Glieder und erzeugt jenen gleichförmigen und geschulten Ordenstypus, der in der äußeren Erscheinung und Haltung, in dem Spiel der Gebehrden und Mienen den Ausdruck gemessener, kluger Zurückhaltung und gewinnender Selbstbeherrschung zeigt. Die Wege, die der Orden zu gehen hatte, geboten die Schlangenklugheit, welche in diesem Fall sich nicht mit der Taubeneinfalt verbinden ließ. Die Bekehrung heidnischer Völker, welche schon die ersten Jesuiten in Indien, China und Brasilien unternahmen, bildete den auswärtigen Theil ihrer Mission; die Aufgabe der inneren war die Beherrschung der christlichen Völker. Die Wege zu diesem Ziel haben die Jesuiten durch die drei erfolgreichsten Mittel, den Cultus, die Erziehung und die Lenkung der Staaten, gesucht und zu finden gewußt. Da der imposante, prachtvolle, sinnliche Cultus der volksthümlichste ist, so haben sie alles gethan, den Cultus in dieser Weise zu vermehren und zu bereichern. Auch ihre Kunst trägt ganz den Charakter reicher, überladener, geschmackloser Pracht, wie sie dem Volke gefällt. Es lag in ihrem Interesse, das Cultusdogma zu begünstigen, den Mariencultus zu steigern und in der Lehre von der unbefleckten Empfängniß mit den Franziskanern gemeinsame Sache zu machen. War doch das Marienritterthum das erste Ideal ihres Stifters! Daß die Lehre von der unwidersprechlichen Autorität oder Unfehlbarkeit des Papstes als ein förmliches Ordensdogma gepflegt wurde, folgte unmittelbar aus den Principien der Jesuiten. Sie haben ihr pädagogisches System auf die kirchlichen Zwecke angelegt und berechnet, für die Bildung des Volks, der Weltleute, der Gelehrten, der Theologen und Geistlichen eingerichtet und den Bedürfnissen der Zeit dergestalt anzupassen gewußt, daß ihre Schulen selbst bei Gegnern für Musteranstalten der Erziehung galten. Durch die Macht über das Volk gewinnen sie die über den Staat. Denn die Staatsgewalt gründet sich auf das Volk, wie die Kirchengewalt auf Gott; die kirchliche Monarchie (Papstthum) ist ein Ausfluß göttlicher Machtvollkommenheit und darum unerschütterlich, wogegen die weltliche (Fürstenthum) sich auf die Volkssouveränetät gründet und darum nur so lange zu Recht besteht, als sie dem Volkswohl dient, welches letztere unabtrennbar ist von dem kirchlichen Heil. Da die Kirche zur Zeit den Staat nicht direct beherrschen kann, so muß sie ihn indirect beherrschen durch das Volk, das in kirchlichen Dingen absolut abhängig und in politischen machtvollkommen ist. Daher werden die Jesuiten die ersten Verkündiger der Volkssouveränetät, kraft deren die Fürsten entthront werden können und, wenn sie durch Abfall von der Kirche oder dem Gehorsam gegen dieselbe das Wohl des Volks veruntreuen, entthront werden müssen. Ein solcher Abfall oder Ungehorsam macht den Fürsten zum Tyrannen; dieselben Jesuiten, die an katholischen und kirchlich correcten Höfen die aristokratischen Prinzenerzieher und Beichtväter sind, erscheinen abgefallenen oder kirchlich verdächtigen Fürsten gegenüber als Revolutionäre, die den „Tyrannenmord" lehren, verherrlichen, ausüben lassen. So preist der Jesuit Mariana in seinem Werk über das Königthum (1598) den Mörder Heinrichs III. Wenn der Fürst von der Kirche abfällt d. h. Tyrann wird, so hat das Volk nicht blos das Recht, sondern die Pflicht, von seinem Fürsten abzufallen.

Es ist nicht genug, daß die Jesuiten durch die Macht ihres Einflusses auf Cultus, Erziehung und Staat den Protestantismus bedrängen, sie müssen ihren Hebel noch tiefer einsetzen und die religiöse Grundanschauung der gesammten Reformation zu entwurzeln suchen. Die Lehre von der Rechtfertigung durch Glaube und Gnade gründet sich auf das Gewicht der menschlichen Sündenschuld, auf jene augustinische Lehre von der Erbsünde, die den Menschen unfrei und zum Knecht seiner Selbstsucht gemacht hat. Diesen Cardinalpunkt des protestantischen Glaubens fortzuschaffen und im menschlichen Bewußtsein völlig zu verdunkeln, ist das eigentliche Ziel der jesuitischen Moral, die nur dann richtig erkannt wird, wenn man sie in dieser Richtung entstehn sieht und verfolgt. Je ernster der Protestantismus das Gewicht der Sünde nimmt und als den Grund der Gewissensangst empfindet — hier war die Quelle, woraus die Reformation entsprang — um so weniger Aufhebens machen die Jesuiten von der Sache. Die protestantische Glaubens- und Gnadenlehre ist in ihren Augen viel Lärm um Nichts! Man hat die Sünde bei weitem zu mystisch und tragisch aufgefaßt; wird sie einfach und verständig betrachtet, so hat es mit derselben so viel nicht auf sich, sie besteht nicht in einer mystischen Gattungsschuld, die einmal für immer alles verdorben hat, sondern in einzelnen Handlungen, deren jede nach ihren Umständen und Absichten erwogen und beurtheilt sein will. So wird die Sünde casuistisch genommen und ihr Gewicht schon dadurch außerordentlich verkleinert. Die compacte Masse der Schuld, die den Menschen zu Boden drückt, wird gleichsam pulverisirt und zerrieben. Die Jesuiten sind in der Sittenlehre die ausgemachtesten Individualisten. Ihr ganzes Moralsystem geht darauf aus, die Sünde klein zu kriegen, indem sie den Sündenfall auflösen in einzelne Fälle: daher ihre Casuistik, die überall Collisionen zu finden und die Gewissensscrupel in Gewissensprobleme zu verwandeln weiß, deren Lösung erst entscheidet, ob der Mensch gesündigt hat oder nicht. Wenn das Gewissen anfängt zu grübeln, so hört es auf zu richten. Dieses Richteramt zu entkräften, tritt der Scharfsinn der casuistischen Moral, womit die Jesuiten Staat machen, in's Mittel. Bei jeder einzelnen Handlung muß vor allem die Absicht geprüft werden. Wer wird eine Absicht verwerfen, die durch einen guten Zweck oder die Meinung einer bewährten Autorität motivirt war oder sein konnte? Wenn die Beweggründe einer Handlung auf solche Art sich probabel machen und in Entschuldigungs- oder Billigungsgründe verwandeln lassen, so ist ein guter Theil der Rechtfertigung geschehen: daher die Bedeutung des Probabilismus in der Jesuitenmoral. Der Probabilismus ist die Kunst, aus dem Gewissen eine Wahrscheinlichkeitsrechnung zu machen und zwar eine solche, welche die Wahrscheinlichkeit der sündhaften Motive vermindert. Nun ist jede Absicht ihrem Wesen nach innerlich, es muß daher wohl unterschieden werden zwischen dem ausgesprochenen und wahren Vorsatz, von welchem letzteren allein die Sündhaftigkeit der Handlung abhängt. In Folge geheimen Vorbehalts (der sogenannten Reservation oder Restriction) kann eine Handlung zwar dem gegebenen Wort widerstreiten, aber der wahren Absicht conform und dadurch gerechtfertigt sein. Die Reservation ist die Kunst, die bösen Motive von der Handlung oder, richtiger gesagt, von dem Urtheil über dieselbe auszuschließen. Je größer die Sünde ist, um so unwahrscheinlicher ist die Annahme, daß die volle Klarheit der Erkenntniß und der Absicht des Sündigens in der Handlung gegenwärtig war; daher wird, je größer die Sünde, um so geringer ihre Wahrscheinlichkeit, so daß am Ende die Todsünden die unwahrscheinlichsten sind und so gut als unmöglich). Auf diese Art bringt der Mensch seine Absichten völlig unter seine Willkür, er kann dieselben durch Probabilitätsgründe und Reservationen ganz nach seiner Bequemlichkeit lenken oder lenken lassen; es ist ebenso leicht, mit Hülfe einer solchen Moral die Sünden los zu werden, als es ihr gegenüber schwierig erscheint, überhaupt noch zu sündigen. Die Freiheit nicht zu sündigen, die nach Augustin und den Reformatoren der Mensch von sich aus völlig verloren hat, giebt ihm die Jesuitenmoral in vollstem Maße zurück und treibt den kirchlichen Pelagianismus in der Lehre von der natürlichen Freiheit des Menschen auf die Spitze.

Ueber den sittlichen Werth der menschlichen Handlungen entscheidet demgemäß nicht, wie es den Anschein hat, die wirkliche Gesinnung und Absicht, sondern das Urtheil über diese; aber das sittliche Richteramt ist nur bei der Kirche, und die ganze Jesuitenmoral gilt und will gelten als ein antireformatorisches Werkzeug und Machtmittel in deren Hand. Die Reformatoren haben dem Sünder die Kirche mit ihrer Werkheiligkeit unheimlich und unerträglich gemacht, der Jesuitismus macht sie ihm so heimlich und bequem, wie nie zuvor. Nachdem die Sünden in verzeihliche Schwächen verwandelt worden, bleibt die Verzeihung selbst übrig, die durch die Kirche allein nach Erfüllung der sacramentalen Pflichten ertheilt werden kann, sonst bleibt die Sünde unverziehen und verdammt. Je häufiger gesündigt wird, um so häufiger muß gebeichtet werden, und es versteht sich von selbst, daß es im jesuitischen Beichtstuhl mit der Absolution von der Sünde ebenso leicht genommen wird, als mit dieser selbst. Die Vergebung ist bedingt blos durch den kirchlichen Gehorsam, durch die genaue Erfüllung der kirchlichen Pflichten, durch die kirchliche Correctheit, in welcher allein die Frömmigkeit besteht. Wer die Kirche zur Mutter hat, nur der hat Gott zum Vater. Es macht dem lieben Gott ganz besondere Freude, den guten Kindern zu verzeihen, die der Mutter zu Gefallen leben und sich die Zufriedenheit ihrer Erzieher (der Väter Jesu) erwerben. So einfach und natürlich ist die göttliche Gnade, aus der die Reformatoren eine so nebulose Lehre gemacht haben! Erst jetzt, nachdem der Probabilitätsmoral diese unendliche Erleichterung der Sündenschuld und Sündenvergebung gelungen ist, läßt sich, wie der Jesuit Escobar sagte, verstehen, was jene Worte Jesu bedeuten: „mein Joch ist sanft und meine Last ist leicht!"

Die Menschen sind immer geneigt, ihre Sünden leicht zu nehmen und zu entschuldigen, darum ist die Sittenlehre der Jesuiten nach dem Sinne der Welt, sie ist die Rechtfertigung des Menschen, wie er geht und steht, die Selbstbeschönigung des natürlichen Menschen, in Kunst und System verwandelt, eine nach dem Geschmacke der Weltlust eingerichtete Moral, dem Geiste der Renaissance und Aufklärung offenbar verwandter, als die mystische Lehre Luthers und die düstere Calvins. Die Sittenlehre der Jesuiten steht zu der gewohnten Handlungsweise der Menschen in demselben Verhältniß, als die Staatslehre Machiavellis zu der Praxis der Politik. Statt sich über beide tugendhaft zu entsetzen, sollten sich die Weltleute vielmehr wundern, daß sie diese Prosa zeitlebens gesprochen haben. „Gut scheinen ist besser als gut sein", sagte Machiavelli, weil er wußte, wie wenig wirkliche Herzensgüte in politischen Dingen ausrichtet. Ebenso muß der Jesuitenmoral heilig scheinen für besser gelten als heilig sein, denn die Heiligung kann nur aus einer Willensumwandlung und einem Zwiespalte in uns selbst hervorgehen, der den Autoritätsglauben immer beunruhigt und den kirchlichen Gehorsam gefährdet. Dort gilt die Macht des Staates, hier die der Kirche als der alleinige Zweck, dem sich die Sittenlehre als Mittel zu fügen und anzupassen hat. Daß die Jesuiten diese Anpassung in der geschmeidigsten Form zu Stande gebracht und den Menschen gezeigt haben, wie sie sündhaft bleiben und kirchlich sein können: darin besteht zum größten Theil die Gewalt, die sie auf die Gesellschaft eines sittenlosen Zeitalters, insbesondere auf die Höfe geübt haben, an deren Spitze Ludwig XIV. stand, der es in vollstem Maße zu würdigen wußte, sündigen zu können, ohne der Frömmigkeit Abbruch zu thun.

3. Der Jansenismus.

Jener Gegensatz gegen die Reformation, den die Jesuiten verkörpern, trifft zugleich den Augustinismus und in ihm eine Grundlage der katholischen Kirche. Es entsteht die Frage, ob die Kirche diese Grundlage wirklich zerstören und von sich abthun oder nicht vielmehr bewahren, wiederherstellen und auf derselben sich erneuen soll? Der Abfall von der Kirche ist die Gefahr, welche dem Katholicismus der protestantische Glaube bereitet; der Abfall der Kirche vom Augustinismus ist die Gefahr, die mit dem Orden der Jesuiten entstanden. Beide Uebel sollen durch einen erneuerten Augustinismus vermieden werden, der in der Kirche bleibt und den Jesuiten entgegenwirkt. Man könnte diese Richtung, die von den katholischen Niederlanden herkommt und in Frankreich den Schauplatz ihrer bewegtesten Kämpfe findet, den katholischen Protestantismus nennen, weil sie ohne Abfall von der Kirche die augustinisch-sittliche Grundlage der Reformation theilt. Ihr Begründer ist Cornelius Jansen (1585—1638), Professor der Theologie in Löwen, dessen großes Werk über Augustin in demselben Jahre erscheint, in dem die Jesuiten das erste Säcularfest ihres Ordens feiern (1640).

Das Gefühl, daß die katholische Kirche einer religiösen und sittlichen Läuterung bedarf, hat vor der Reformation bestanden und ist nach derselben durch das tridentinische Concil und den Jesuitismus keineswegs völlig erstickt worden; es hat in einzelnen Kreisen fortgewirkt und namentlich in Frankreich den Geist beschaulicher und weltentsagender Frömmigkeit, den Ernst der Buße, die religiöse und gewissensstrenge Erfüllung der kirchlichen Heilsordnung und Cultuspflichten von neuem geweckt und dafür gesorgt, daß der Katholicismus nicht ohne Rest in den Jesuitismus aufging. Dieser Richtung entsprach Augustins Lehre von der sündhaften Menschennatur und Jansens Erneuerung des Augustinismus. Die Empfänglichkeit dafür hatte sich in einem einsamen ländlichen Frauenkloster, Port royal des Champs, unter der reformirenden Leitung einer strengen und frommen Aebtissin Angelica Arnauld (seit 1607) vorbereitet, in dem neuen zu Paris gegründeten Filialkloster, Port royal de Paris (1625), fortgepflanzt und unter dem Einflusse eines Mannes, der Jansens nächster Freund und Geistesgenosse war (Du Verger, Abt von St. Cyran), die jansenistische Richtung angenommen. In dem Asyle des ländlichen Klosters finden sich in gleicher religiöser Lebensrichtung und anachoretischer Art eine Reihe bedeutender Männer zusammen, darunter wissenschaftliche und theologische Größen, welche die Vertheidigung des Jansenismus ergreifen und als eine geistesmächtige, kirchlich-religiöse Partei auftreten. Es sind die Männer von Port royal, an deren Spitze der Theologe Antoine Arnauld („der große Arnauld" 1612—1694) und der Mathematiker Blaise Pascal (1623—62) „das Genie von Port royal", erscheinen. Man fürchtet schon die Kirche in der Kirche. Der Kampf gegen die Jesuiten giebt sich von selbst, der Kampf gegen die päpstliche Autorität wird von Seiten der letzteren herausgefordert. Im Jahre 1653 hat Innocenz X. einige

Sätze Jansens als ketzerisch verdammt, von denen man nicht anerkennt, daß es jansenistische Sätze sind; nachdem eine zweite Bulle (1654) auch diesen Punkt festgestellt hat, bestreitet Arnauld dem Papst zwar nicht das Recht, über Glaubenssätze zu richten, wohl aber die Macht, ungeschehene Thatsachen für geschehene zu erklären (1655). Ob gewisse Sätze häretisch seien, möge der Papst aburtheilen; ob diese Sätze im Werke Jansens stehen, sei eine Frage, welche Thatsachen betrifft (question du fait) und durch keinen Machtspruch, sondern historisch zu entscheiden sei. Eine solche Beschränkung der päpstlichen Autorität ist die Verneinung ihrer Unfehlbarkeit, die das Ordensdogma der Jesuiten ausmacht. Die Doctoren der Sorbonne verdammten Arnauld mit einer Mehrzahl von Stimmen, die zum dritten Theil aus Mönchen bestand. „Die Gegner", sagte Pascal, „haben mehr Mönche als Gründe"!

Schon zehn Jahre früher, bevor die erste Bulle die Sätze Jansens traf, hatte Arnauld den Kampf gegen den Jesuitismus aufgenommen, auf dessen Seite der König und die Hofbischöfe standen. Wir kennen den Zusammenhang zwischen der casuistischen Moral der Jesuiten und ihrer Hinweisung auf die kirchlichen Observanzen, die häufige Uebung der Beichte und Communion, wobei von der Innerlichkeit der Reue und dem Ernste der Buße völlig abgesehen wurde. In seiner Schrift „von der häufigen Communion" zeigt Arnauld die taube Frucht der Jesuitenmoral, in einer zweiten greift er „die theologische Sittenlehre der Jesuiten" selbst an (1643). Diesem Orden zu Liebe ist die päpstliche Unfehlbarkeit gegen die historische Wahrheit zur Verurtheilung des Jansenismus eingesetzt und das päpstliche Ansehen, sei es durch eigenen Irrthum oder durch Betrug, zur Sanction der Unwahrheit gemißbraucht und herabgewürdigt worden. Es ist an der Zeit, den Jesuitismus in seinem ganzen Getriebe bis in seine innersten Beweggründe hinein zu erleuchten und aller Welt als ein System der Fälschung zu enthüllen, welches den Irrthum zur Wahrheit und die Sünde zur Gerechtigkeit macht. Dies geschieht in einer Reihe von Briefen, die Arnaulds Angriffen gegen die päpstliche Unfehlbarkeit folgen und unter dem Namen „Louis Montalte" an einen Freund in der Provinz gerichtet sind: Pascals Provinzialbriefe (Lettres provinciales, 1656—57), unter den wenigen Meisterwerken der polemischen Literatur eines der größten und erfolgreichsten durch die Bedeutung der Sache, die Gewalt der Beweise und die Vollkommenheit der Darstellung, die alle siegreichen Mittel der Sprache, auch die zündende Kraft des Witzes; ins Feld führte. Pascal ist unter den Männern von Port royal der geistesmächtigste und glaubensmuthigste gewesen, er hat das Wesen des Jesuitismus, wie keiner vor und nach ihm, entschleiert und die päpstliche Unfehlbarkeit ohne die Reservationen, die er an den Jansenisten zweideutig und selbst jesuitisch fand, verneint. Es ist unmöglich, durch einen kirchlichen Machtspruch die Natur der Dinge zu ändern; die Decrete gegen Galilei beweisen so wenig, daß die Erde ruht, als die Decrete gegen die Antipoden bewiesen haben, daß es keine giebt. Wenn die Päpste überhaupt irren, sind sie auch in Glaubensfragen nicht unfehlbar. Mit dieser offenen und ausgesprochenen Ansicht steht Pascal auf dem Wege, der aus dem Katholicismus hinüberführt in den Protestantismus; er hatte die Halbheit erkannt, in welcher der Jansenismus stecken blieb und erschlaffte, da er die römische Kirchengewalt nicht mehr anzuerkennen vermochte und doch nicht zu verwerfen wagte. An dieser Unentschiedenheit ist er zu Grunde gegangen. Das alte Port royal wurde zerstört, die Bulle Unigenitus (1713), von den Jesuiten herbeigeführt, verurtheilte Quesnel's neues Testament, unbekümmert, ob auch augustinische und biblische Sätze mit unter das Anathem fielen, und machte im Bunde mit der Staatsgewalt dem französischen Jansenismus ein Ende (1730).

Katholicismus und Protestantismus sind weltgeschichtliche Gegensätze, die innerhalb des Christenthums die Principien des religiösen Lebens umfassen und erschöpfen, darum keine Vermischung, keinen Compromiß, kein Dasein des einen im andern, auch keine Zwischenformen gestatten. Was sich zwischen beide stellt, ist immer nur die Abart eines von beiden und für sich genommen eine ohnmächtige Zwitterbildung. Autoritätsglauben und Glaubensfreiheit (ich nehme die letztere nicht als leere Phrase, sondern als die Forderung, die Luther erhob) stehen in einem religiösen Principienkampf, der die Reformation zum Abfall und die Kirche zu den tridentinischen Beschlüssen geführt hat. Daß der Protestantismus im Katholicismus nicht fortkommen, daß keine ihm verwandte Gesinnung in der Kirche und unter dem Autoritätsglauben leben kann, hat der Jansenismus an sich erfahren und der Welt noch einmal nachträglich bewiesen. Der französische Jansenismus des siebzehnten Jahrhunderts kann gleichsam zur Probe dienen, daß die deutsche Reformation des sechszehnten, als sie den Abfall erklärte, richtig gerechnet hatte.

Katholicismus und Protestantismus sind in der christlichen Welt zugleich die religiösen Entwicklungs= und Erziehungsstufen der Völker; jener ist noch lange nicht ausgelebt, dieser noch lange nicht zu seiner vollen Entwicklung gediehen.

Siebentes Capitel.
Der Entwicklungsgang der neuen Philosophie.

Die religiöse Reformation ist eine durchgängige Befreiung und Erneuerung des geistigen Lebens von unbegrenzter Tragweite. Schon dadurch, daß die kirchliche Gebundenheit des Gewissens gelöst, der Glaubensgehorsam und die Werkheiligkeit verworfen wird, treten alle jene Gewichte außer Wirksamkeit und Kraft, die im Interesse des menschlichen Heils die menschliche Arbeit unterdrückt und verkümmert haben. Wenn die Erfüllung kirchlicher Werke die Seligkeit nicht fördert, so kann ihre Unterlassung sie auch nicht hindern; wenn die Askese, der Cölibat, die freiwillige Armuth, der unbedingte Gehorsam, die Abwendung von dem bürgerlichen und politischen Leben die religiöse Vollkommenheit nicht machen, wie diese überhaupt sich nicht machen läßt, so kann auch die natürliche und harmlose Lebensfreude, die Gründung der Ehe und Familie, die Erfüllung der bürgerlichen Pflichten und Aufgaben, die Theilnahme am Staat und an den Geschäften der Welt das religiöse Heil nicht beeinträchtigen oder gefährden. Vielmehr soll die Ueberwindung der Welt durch die Lösung ihrer Aufgaben, durch die hingebende und aufopferungsvolle Arbeit zur menschlichen Läuterung beitragen und dadurch dem Heilswege dienen. Die Arbeit des Menschen im Dienste der Weltcultur steht nicht im Widerstreit mit seiner Arbeit an sich selbst, an der eigenen Läuterung und sittlichen Reife, und da der Protestantismus diese letztere fordern muß, so darf er jene nicht hindern, er muß sie freigeben und aus dem Standpunkt seiner geschichtlichen Erziehungsaufgabe sogar fordern. So übt die Religion keinen Zwang mehr auf die weltliche Arbeit und Laufbahn des Menschen, sie macht ihn der Welt gegenüber innerlich frei und berechtigt ihn, selbst seine Aufgaben zu suchen und zu lösen. Hier begegnet der religiöse Geist der Reformation wieder dem humanistischen der Renaissance, nicht um ihn zu bekämpfen, sondern in seiner weltlichen Arbeitslust zu bestärken und gründlicher zu befreien, als er selbst es vermocht hatte. Es ist eine sehr einseitige und kümmerliche Auffassung sowohl der Reformation als der Renaissance, wenn man jene als den Gegensatz oder gar Protest gegen diese ansieht.

Unter den neuen Aufgaben der menschlichen Arbeit ist die erste die der Wissenschaft und Erkenntniß. Die Philosophie muß die Bahn betreten, welche die Reformation gebrochen und eröffnet hat, sie folgt dem Zuge der letzteren. Wie diese das Christenthum aus seinen ursprünglichen Quellen, Gott, dem Menschen und der Bibel, wiederherzustellen sucht, so will jene die Erkenntniß ebenfalls aus ihren ursprünglichen Bedingungen, den natürlichen Quellen der menschlichen Vernunft wiedererneuern, unabhängig von allen Traditionen der Vergangenheit, von allen Bedingungen, die nicht in ihr selbst, d. h. in dem menschlichen Erkenntnißvermögen liegen. In einer solchen Selbsterneuerung besteht hier die reformatorische That. Sobald diese Aufgabe mit vollem Bewußtsein gefaßt, diese Selbständigkeit erklärt, die neue Erkenntniß in diesem Geiste versucht wird, ist die Epoche der neuen Philosophie ins Leben getreten. Ihr Zeitalter beginnt in dem ersten Drittel des siebzehnten Jahunderts und erstreckt sich bis auf unsere Tage. Von den Anfängen ihrer ersten Begründung bis zur Vollendung ihrer letzten geschichtlich denkwürdigen Systeme sind etwa zwei Jahrhunderte verflossen, in denen der Schauplatz ihrer Entwicklung hauptsächlich England, Frankreich, die Niederlande und Deutschland war. Es sind die Länder, welche die Reformation am gewaltigsten erschüttert hat, sie hat ihre größten Kämpfe in Frankreich erlitten, in Deutschland bestanden, in England und den Niederlanden siegreich vollendet. Bei diesen, von der Reformation theils ergriffenen theils beherrschten Völkern ist die Führung der neuen Philosophie, sie ist seit dem Ende des vorigen Jahrhunderts vorzugsweise bei den Deutschen, aus deren Mitte einst die Reformation hervorging.

Der innere Entwicklungsgang der neuen Philosophe läßt sich leicht überschauen. Sie sucht die Erkenntniß der Dinge kraft der menschlichen Vernunft und beginnt daher im guten Glauben an die Möglichkeit einer solchen Einsicht, im vollen Vertrauen auf die Macht der menschlichen Vernunft: sie ruht auf dieser Annahme und hat

demnach in der Art ihrer Grundlegung den Charakter des Dogma=
tismus. Da sie die Erkenntniß voraussetzt, so muß sie die Natur
der Dinge, unabhängig von den Bedingungen der Erkennbarkeit, zu
ihrem Object und die Erklärung aller Erscheinungen, auch der gei=
stigen, aus dem Wesen der Natur zu ihrer Aufgabe machen: sie hat
daher in ihrer Grundrichtung den Charakter des Naturalismus.
Nun soll das wahre Erkenntnißvermögen nur eines sein, wie die
wahre Erkenntniß der Dinge. Aber die menschliche Vernunft bietet
zwei Vermögen, durch welche die Dinge vorgestellt werden: die Sinn=
lichkeit und den Verstand, die Kraft der Wahrnehmung und die des
Denkens. Daher entsteht gleich in den Anfängen der neuen Philoso=
phie ein Streit entgegengesetzter Erkenntnißrichtungen, den die gemein=
same Aufgabe und Voraussetzung nicht hindert, vielmehr hervorruft.
Von der einen Seite wird die Erkenntniß der Dinge durch die sinnliche
Wahrnehmung, von der andern die durch den Verstand oder das klare
und deutliche Denken für die allein wahre erklärt: dort gilt die Erfah=
rung (Empirie), hier der Verstand (Ratio) für das einzige Mittel
zur Lösung der philosophischen Aufgabe, daher muß diese Lösung in
den entgegengesetzten Richtungen des Empirismus und Ratio=
nalismus gesucht werden. Die nominalistische Erkenntnißlehre hat
den Empirismus vorbereitet; dieser, sobald er in voller Unabhängig=
keit auftritt, erscheint als der Anfang der Epoche und macht, daß
ihm der Rationalismus entgegentritt. Es ist einleuchtend, mit wel=
chem Recht. Die Dinge sollen erkannt werden, wie sie sind, unab=
hängig von der Art, wie wir sie wahrnehmen, wie sie in unseren
Sinnen erscheinen; die wahre Natur der Dinge kann daher nicht
sinnlich wahrgenommen, sondern nur denkend erkannt werden. Hier
ist der Punkt, aus dem jene große Controverse hervorgeht, welche die
neue Philosophie in ihrem ersten Entwicklungsgange beherrscht und
jede ihrer Stufen durch eine Antithese bezeichnet.

Die Erfahrungsphilosophie wird durch den Engländer Francis
Bacon (1561—1626) begründet und in dem Zeitraum von 1605—
1623 ausgebildet; sie entwickelt sich in England durch Hobbes und
Locke, den Begründer des Sensualismus (1690), und verzweigt sich
von hier aus in die englisch=französische Aufklärung, die bis zum
Materialismus fortschreitet (1690—1770) und in die folgerichtige Aus=
bildung der sensualistischen Lehre, die durch die englischen Philosophen
Berkeley und Hume fortgebildet und vollendet wird (1710—1740).

Diese Richtung der neuen Philosophie, die in Bacon ihren Stammvater erkennt, habe ich in einem besonderen Werke ausgeführt, auf das ich hier meine Leser verweise, weil es nur durch eine äußere Veranlassung von dem gegenwärtigen Werke getrennt ist.*)

Den Rationalismus begründet der Franzose René Descartes, er giebt der neuen Philosophie die Richtung, die eine neue rationale Principienlehre (Metaphysik) ausbildet, deren Hauptstufen in Frankreich, den Niederlanden und Deutschland entwickelt werden. Diese Hauptstufen sind bezeichnet durch Descartes, Spinoza und Leibniz, wie die des Empirismus durch Bacon, Hobbes und Locke. Unwillkürlich bieten sich die Parallelen, welche zugleich Antithesen sind: Bacon und Descartes, Hobbes und Spinoza, Locke und Leibniz. Locke bildet den Ausgangspunkt für Voltaire und die französische Aufklärung, Leibniz den Ausgangspunkt für Wolf und die deutsche. Die fundamentale Entwicklung der neuen Metaphysik von Descartes bis Leibniz fällt, um die literarischen Grenzpunkte zu bezeichnen, in den Zeitraum von 1637—1714.

Nun ist die Thatsache der Erkenntniß unter der dogmatischen Voraussetzung sowohl des Empirismus als des Rationalismus weder erklärt noch zu erklären. Daher ist die nothwendige Folge, daß ihre Möglichkeit verneint wird. Dies geschieht durch Hume's Skepticismus, in welchem die entgegengesetzten Richtungen convergiren und ihren Lauf vollenden. Die Philosophie steht an einem neuen, entscheidenden Wendepunkt, sie darf die Möglichkeit der Erkenntniß nicht voraussetzen, sondern muß dieselbe an erster Stelle untersuchen und begründen. Die Natur der Dinge ist bedingt durch ihre Erkennbarkeit. Das Erkenntnißproblem ist das erste aller Probleme. Hume hat den dogmatischen Schlummer der Philosophie gestört; der erste, den er geweckt hat, war Kant, der Begründer der kritischen Epoche (1781), die den Entwicklungsgang der neuen Philosophie in die dogmatische und kritische Periode scheidet und die Philosophie unseres Jahrhunderts beherrscht.

---

*) Francis Bacon und seine Nachfolger. Entwicklungsgeschichte der Erfahrungsphilosophie. 2. völlig umgearbeitete Aufl. (Leipzig F. A. Brockhaus 1875).

Erstes Buch.

Descartes' Leben und Schriften.

Erstes Capitel.

Descartes' Persönlichkeit und erste Lebensperiode.

I. Lebenstypus.

Bei den Männern, die das neue Zeitalter der Philosophie begründen, ist diese nicht eine Sache des Lehramts und der Schule, sondern des innersten Berufs und freier, unabhängiger Muße. Es gilt nicht mehr, eine überlieferte Lehre fortzupflanzen, sondern die Elemente und Grundlagen einer neuen zu schaffen; daher liegt das „munus professorium" scholastischen Andenkens nicht in der Lebensrichtung dieser ersten Philosophen, die genug zu thun haben, um mit dem eigenen Denken und Wahrheitsbedürfniß in's Reine zu kommen. Entweder leben sie außerhalb ihrer philosophischen Muße auf dem Schauplatz der großen Welt und verfolgen Ziele, die ihren Ehrgeiz und Erfahrungsdurst mehr befriedigen als ein Lehramt, oder sie widmen sich ganz dem stillen Dienste der Erkenntniß: sie werden entweder Weltmänner, wie Bacon und Leibniz, oder Einsiedler, wie Descartes und Spinoza. Indessen finden sich in Descartes die Züge beider Typen gewissermaßen vereinigt. Mit Bacon und Leibniz verglichen, erscheint er als ein Eremit der Philosophie, der aus innerster Neigung den Glanz und die Pflichten einer Weltstellung verschmäht und das Bedürfniß nach Erkenntniß so mächtig empfindet, daß jeder Ehrgeiz dagegen verstummt, sogar das Streben nach wissenschaftlichem Ruhm. „Ich habe gar keine Lust", sagt er am Schluß seiner Selbstschilderung, „in der Welt angesehen zu sein und werde den Genuß ungestörter Muße stets für eine größere Wohlthat halten als die ehrenvollsten Aemter der Erde". Aus diesem Zuge spricht eine Aehnlichkeit mit Spinoza, doch erscheint diesem gegenüber Descartes als der vornehme und begüterte Weltmann, der in der Gesellschaft der Großen seinen Platz findet, eine kurze Zeit sich in ihren Lebensgenüssen ergeht, für immer in den Sitten derselben einheimisch bleibt, auch die äußere Uebereinstimmung mit den Weltzuständen, worin er lebt, sorgfältig wahrt und jeden Conflict mit ihren Ordnungen vermeidet, sogar ängstlich flieht: Kämpfe, die Spinoza zwar nicht sucht, aber hinnimmt und muthig erträgt; endlich der reich genug ist, um seinen brennenden Durst nach Welt und Erfahrung in einem vielbewegten Leben, in großen und mannigfaltigen Reisen zu befriedigen. In Spinozas Leben haben die Wanderjahre gefehlt, deren Schule Descartes in ausgedehntem Umfange durchgemacht hat. Wie seine Lehre die Keime enthält, woraus die Systeme hervorgehen, die Spinoza und Leibniz ausbilden, so vereinigt sein Charakter und Lebenstypus Züge von beiden, aber in solcher Weise, daß sich hier der Weltmann dem Einsiedler unterordnet und der Erkenntnißtrieb die Grundrichtung und Form seines ganzen Lebens entscheidet.

Es ist das Wahrheitsbedürfniß selbst, das Descartes in das Treiben der großen Welt eingehen und einen fast abenteuerlichen Lebensgang machen läßt, er will die mannigfaltige Natur der Dinge und Menschen kennen lernen, um Stoff und Aufgaben für sein Nachdenken zu sammeln. Es ist nicht das Weltgetriebe selbst, das ihn lockt, sondern die Contemplation desselben, die ihn befruchtet und nach gesättigtem Erfahrungsdurst in der vollen und freien Muße des einsamen Denkers ihre wahre und befriedigte Lebensform findet. Er lebt immer nur sich und seiner intellectuellen Selbstbildung. Alle äußeren Kämpfe hat er aus Neigung und Grundsatz sich zu ersparen gewünscht, sie ganz zu vermeiden hat er nicht vermocht, gesucht hat er sie nie. Er wußte, warum er sich der Welt gegenüber friedlich verhielt, seine conservative Haltung war eben so durchdacht als natürlich, sie war nicht blos durch Methode und Grundsätze bestimmt, sondern eine nothwendige Folge seiner Gemüthsart, denn die intellectuelle Unruhe seines Geistes war so groß, daß er die äußere Ruhe bedurfte und um keinen Preis aufopfern wollte.

Von den innern Kämpfen, welche die größten und gewaltigsten sind, hat er sich keinen erspart. Wenn man aus der Wahrheit eine Pflicht macht, so ist diese Pflicht jeder zuerst sich selbst schuldig. Wahr gegen sich sein ist die Grundbedingung aller Wahrhaftigkeit. Die meisten rühmen sich ihrer Aufrichtigkeit gegen andere und leben über sich selbst in der größten Verblendung; unter allen Täuschungen ist diese, die Selbsttäuschung, die schlimmste und häufigste. Vor diesem verderblichsten Feinde der Wahrheit wollte Descartes sich schützen durch die gründlichste Selbstprüfung und den kühnsten Zweifel. Alle Scheinwahrheit und eingebildete Erkenntniß besteht in einer intellectuellen Selbsttäuschung, die im Grunde eine moralische ist. Hier ist der Feind, mit dem Descartes kämpft und den er nicht losläßt, bis er gewiß ist, ihn besiegt zu haben. In diesem Ringen nach Wahrheit, in diesem Kampf gegen die intellectuelle Selbsttäuschung in jeder Form war Descartes einer der furchtlosesten und größten Denker der Welt. Ein Blick in diese inneren Kämpfe, die einige seiner Schriften ganz so schildern, wie er sie erlebt hat, ein Blick genügt, um den Mann zu erkennen, den eine oberflächliche Vorstellung so wenig durchdringt und oft so falsch und unkundig beurtheilt. Es giebt in der gesammten philosophischen Literatur keine Schrift, in der das Ringen nach Wahrheit lebendiger, persönlicher, ergreifender und zugleich einfacher und klarer geschildert ist, als in Descartes' Abhandlung von der Methode und in seinen ersten Meditationen. Hier ist jener übermächtige Drang nach Erkenntniß, jener Ueberdruß an der Büchergelehrsamkeit, jener Zweifel an allem Gelernten, jener Widerwille gegen alles Belehren und Bessern anderer, jener Durst nach Welt und Leben, jene Sehnsucht nach einer geistigen Selbsterneuerung von Grund aus, lauter Züge, die in einer solchen Großheit nur noch in einer deutschen Dichtung ausgeprägt sind. Vergegenwärtigen wir uns in dem goetheschen Faust den tiefsinnigen Grübler und Denker, der nach Erkenntniß ringt, in einen Strudel von Zweifeln geräth, die Wahrheit fortan nur in sich selbst und in dem Buche der Welt suchen will, aus dem Studirzimmer in die weite Welt flieht, die er haftig und abenteuerlich durchstreift, ohne von ihr gefesselt zu werden; suchen wir zu diesem Bilde in Wirklichkeit einen Mann, der diese Züge alle erlebt, diese Kämpfe und Wandlungen durchgemacht hat, so erscheint (noch in der Nähe jenes Zeitalters, welches die Faustsage zu gestalten begann) diesem erhabenen Typus keiner so ähnlich als Descartes. Ist doch in seinem Leben selbst ein Moment des Suchens gewesen, wo er sich von der Hoffnung auf magische Hülfe anwandeln ließ.

Das Leben des Philosophen theilt sich in drei Abschnitte, die seinen Entwicklungsgang in den eben geschilderten Umrissen so deutlich hervortreten lassen, daß sich ihre Begrenzung und Bezeichnung von selbst giebt. Die ersten sechszehn Jahre sind die Periode der Lehrjahre, die folgenden sechszehn die der Wanderjahre, die letzten zweiundzwanzig die Zeit der Meisterschaft und der Werke.

II. Erste Lebensperiode (1596—1612).*)

Unser Philosoph stammt aus einem altfranzösischen, vornehmen und begüterten Geschlecht der Touraine; der Name hieß in der alten Schreibart Des Quartes, im 14. Jahrhundert findet er sich in der lateinischen Form De Quartis. Die vornehme Geburt gewährte damals den Zutritt zu den höchsten öffentlichen Aemtern, und in solchen Aemtern, besonders militärischen und kirchlichen, haben sich einige dieses Namens ausgezeichnet. Neben der Armee und Kirche boten die obersten Gerichtshöfe Frankreichs, die Parlamente, einen der vornehmen Geburt angemessenen Schauplatz öffentlicher Thätigkeit, und die Parlamentsräthe bildeten eine besondere Classe der französischen Nobilität, einen Amtsadel, der vermöge seiner Stellung der unabhängigste war. Einer der Descartes war Erzbischof von Tours, der Großvater des unsrigen kämpfte gegen die Hugenotten, sein Vater, Joachim Descartes, nahm die Robe und wurde Parlamentsrath in Rennes. Die Familientraditionen waren nicht dazu angethan, einen Philosophen zu erziehen, geschweige einen Reformator der Philosophie, einen Erneuerer der Wissenschaft; sie waren vielmehr geeignet, die Laufbahnen der Descartes in den geläufigen und bequemen Gleisen des loyalen Adels zu halten und den Neuerungen der Zeit abgeneigt zu machen. Auch ist dieser Familiengeist in dem Leben unseres Philosophen nicht ohne Einfluß geblieben, er hat mitbedingt, daß Descartes bei aller Geistesfreiheit, die er in der Wissenschaft wie im Leben bedurfte, bei der gründlichsten Reform des Denkens, die von ihm ausging, nicht blos aus Grundsatz, sondern von Haus aus jeder gewaltsamen und willkürlichen Reform des öffentlichen Lebens, jeder Art des Umsturzes in Kirche und Staat innerlich abgeneigt war und in dieser Rücksicht nie aufhörte, ein altfranzösischer Edelmann

---

*) Unter den Schriften Descartes' ist für die Kenntniß seines Lebens und seiner Entwicklung die wichtigste sein „Discours de la méthode." Deutsch in meiner Uebersetzung: „René Descartes' Hauptschriften zur Grundlegung seiner Philosophie" (Mannh. 1863). Als biographische Darstellungen sind zu nennen: A. Baillet: La vie de M. Descartes (2. Vol. Paris 1691. Im Auszug, Paris 1692). Thomas: Éloge de René Descartes (1767). Dazu „notes sur l'éloge de Descartes (Oeuvres de Descartes publ. par V. Cousin T. I. p. 1—117. Die Noten sind auszugsweise mitgetheilt.) Fr. Bouillier: Histoire de la philosophie cartésienne (2. Vol. Paris 1854). J. Millet: Histoire de Descartes avant 1637 (Paris 1867), depuis 1637 Paris 1870).

von conservativem Schlage zu sein; auf der andern Seite hat dieser Familiengeist nicht hindern können, daß Descartes bei seinem wissenschaftlichen, von allen öffentlichen Aemtern entfernten Lebensgange seiner Familie mehr und mehr entfremdet wurde, und namentlich sein älterer Bruder auf ihn, der in seinen Augen nichts war, geringschätzend herabsah, selbst dann, als der Philosoph den Namen Descartes weltberühmt gemacht hatte. Zu seinem Vater, der den wissenschaftlichen Trieb schon in dem Kinde erkannte und gepflegt wissen wollte, ist das Verhältniß stets das beste geblieben.

Die Güter der Familie, wo sich der Vater Descartes' während der Parlamentsferien abwechselnd aufhielt, lagen in der Südtouraine und in Poitou, ich nenne besonders die Ortschaft La Haye, die zum Theil den Descartes gehörte, und Perron. In La Haye wurde René Descartes als das dritte Kind erster Ehe den letzten März 1596 geboren. Die Mutter (Jeanne Brochard) starb einige Tage nach der Geburt an einem Brustleiden, das sich auf den Sohn übertrug. Das blasse Aussehen des Kindes, der schwächliche Körperbau und ein trockener Husten gaben nach dem Urtheile des Arztes gar keine Hoffnung auf eine längere Lebensdauer. Daß dennoch das Kind am Leben erhalten wurde, ist das Verdienst seiner Amme gewesen, der Descartes auch stets ein dankbares Andenken bewiesen. Zum Unterschiede von seinem Bruder wurde er nach der kleinen, in Poitou gelegenen Herrschaft Perron, die er besitzen sollte, „René Descartes Seigneur du Perron" genannt, in der Familie hieß er schlechtweg „Perron", er selbst, der auf seinen Adelstitel kein Gewicht legte, nannte sich in der Welt einfach „René Descartes", in seinen lateinischen Schriften „Renatus Descartes" Der latinisirte und verstümmelte Name „Cartesius" war ihm zuwider.'

Sein Körper, klein und von schwacher Gesundheit, bedurfte in der Kindheit der größten Schonung, alle geistigen Anstrengungen mußten ferngehalten und das Lernen durfte nur spielend getrieben werden. Doch regte sich sein außerordentlicher Wissensdrang so früh und lebendig, daß ihn der Vater scherzend seinen kleinen Philosophen zu nennen pflegte. Als er sein achtes Jahr vollendet hatte, schien er kräftig genug, um einen geordneten Schulunterricht zu empfangen. Mit dem Anfang des Jahres 1604 war in dem königlichen Schloß zu La Flèche in Anjou eine neue Schule in's Leben getreten, von Heinrich IV. gegründet und bestimmt, die erste und vornehmste Bildungsanstalt des französischen Adels zu werden. Nachdem der König seinen Glauben der Krone geopfert und durch das Edict von Nantes seinen früheren Glaubensgenossen die Duldung gesichert hatte, wollte er sich auch den Jesuiten, seinen Feinden, günstig erweisen. Durch einen Act unkluger Großmuth rief er sie in das Land zurück, aus dem sie zehn Jahre vorher (1594) nach dem ersten Mordanfall, den einer der ihrigen auf das Leben des Königs gewagt hatte, vertrieben worden. Damals hatte der Vater des „großen Arnauld" seine philippischen Reden gegen die Jesuiten gehalten. Jetzt schenkte der König dem Orden das Schloß von La Flèche und übergab seiner Leitung die Schule, in der hundert französische Edelleute erzogen werden sollten. Die Anstalt war mit königlicher Pracht und Freigebigkeit ausgestattet; zum Zeichen seiner Gunst hatte der König verordnet, daß in der Kirche von La Flèche sein Herz zu bestatten sei.

Unter den ersten Zöglingen war Descartes und blieb hier bis zur Vollendung des Cursus. Er hatte die Schulwissenschaften nicht bloß durchgemacht, sondern vollkommen ausgelebt, als er in seinem siebzehnten Jahre die Anstalt verließ. Der Rector des Collegiums, Pater Charlet, war ihm verwandt und nahm sich mit besonderer Sorgfalt des schutzbefohlenen Zöglings an, der, was bei genialen Knaben selten der Fall ist, durch Gehorsam, Pflichttreue und Lernbegierde sehr bald ein wirklicher Musterschüler wurde. Charlet übergab den Knaben der speciellen Aufsicht und Fürsorge des Pater Dinet, der nachmals Ordensprovincial und Beichtvater der Könige Ludwig XIII. und XIV. wurde. An das Ansehen dieses ihm günstig gesinnten Mannes wendete sich Descartes, als ihn in den Zeiten seiner wissenschaftlichen Kämpfe der Jesuit Bourdin gehässig angriff. Hier lernte er zuerst Marin Mersenne kennen, der später in den Orden der Minimen (Eremitenbrüder des heiligen Francesco de Paola) trat, und dem Descartes nach seinen Lehrjahren zu guter Stunde in Paris wieder begegnete. Ich hebe diesen Namen sogleich hervor, da er in dem Freundeskreise des Philosophen die erste Stelle behauptet. Als die neue Lehre sich in der wissenschaftlichen Welt auszubreiten anfing und eine Menge Einwände zu erfahren und Aufklärungen zu geben hatte, machte Mersenne, der in der Hauptstadt Frankreichs war, während Descartes in der verborgensten Einsamkeit lebte, gleichsam den wissenschaftlichen Agenten und Geschäftsführer seines Freundes; man nannte ihn den Residenten Descartes' in Paris und den Decan der Cartesianer. Als sie sich in La Flèche trafen, war der acht Jahre ältere Mersenne schon in den letzten Stadien der Schullaufbahn, während Descartes sich noch in den ersten befand; jener stand schon in der Philosophie, als dieser mit der Grammatik begann. Die größte Begebenheit, die Descartes während seiner Schulzeit erlebte, war die Ermordung Heinrich IV., er war unter den erwählten Zöglingen, die am 4. Juni 1610 das Herz des Königs feierlich in Empfang nahmen.

Die Schulstudien begannen mit den alten Sprachen, die Descartes mit Leichtigkeit lernte, und deren Dichter er nicht blos zu lesen, sondern auch zu genießen und nachzuahmen verstand; dann folgte ein zweijähriger Cursus der Philosophie, im ersten Jahre Logik und Moral, im zweiten Physik und Metaphysik. Es war die Zeit, wo der Knabe zum Jüngling reifte und sein geistiges Selbstgefühl sich mächtig zu regen anfing, als er mit den philosophischen Fächern bekannt wurde (1610—1611). Diese Unterrichtsobjecte hatten den großen Einfluß, daß sie seinen Wissensdurst gar nicht befriedigten, sein Urtheil herausforderten, seine Kritik gegen sich aufbrachten und den ersten Anlaß zu den Zweifeln gaben, mit welchen Descartes sich von der Schule und dem scholastischen Zustande der Wissenschaft endlich lossagte. Zuletzt kam die Mathematik, die seinen wißbegierigen Geist ganz einnahm und unter allen Disciplinen der Schule die einzige war, die ihn erfüllte und zur Fortbildung reizte. Dieser Zug erleuchtet uns seine wissenschaftliche Geistesart. Es war ihm nicht um Vielwisserei, sondern lediglich um die Sicherheit, Klarheit, und Deutlichkeit des Wissens, d. h. um wirkliche Erkenntniß zu thun, nicht um die bunte Menge der Objecte, sondern um die Art der Erkenntniß. Sein Wissensdurst war gar nicht zur Polyhistorie angelegt, sondern durchaus philosophisch. Was er suchte, waren nicht Kenntnisse, diese oder jene, sondern Wahrheit, Klarheit und Deutlichkeit der Begriffe, einleuchtende Folge und Ordnung der Gedanken. Darum ergreift und befriedigt ihn vor allen Wissenschaften die Mathematik, sie macht ihm durch ihr eigenes Beispiel klar, was wissen heißt und worin sich die wahre Erkenntniß von der falschen unterscheidet, sie zeigt ihm die Richtschnur, welche das Denken befolgen muß, um die Wahrheit zu finden. So wird schon dem Geiste des Schülers die Mathematik bedeutend, nicht blos durch ihre Aufgaben, die ihn lebhaft beschäftigen, sondern vor allem durch ihre Methode.

Nach dem Vorbilde dieser Methode beurtheilt er die Wissenschaft überhaupt; in demselben Maße, als sich sein Geist an die Klarheit und Deutlichkeit der Vorstellungen, an den erfinderischen Gedankengang der Mathematik gewöhnt, fällt ihm das Gegentheil davon in den übrigen Wissenschaften auf, in der Syllogistik der Mangel eines erfinderischen und entdeckenden Denkens, in der Moral die Unfruchtbarkeit der Theorien, in der Physik und Metaphysik die unklaren, dunkeln, schwankenden Vorstellungen, aus denen die Lehrgebäude bestehen auf den unsichersten Grundlagen. Man sieht, daß dieser Geist nicht etwa an der Mathematik haften bleibt, als an dieser besonderen Wissenschaft, die seiner Begabung am meisten entspricht, sondern daß er sich an ihr orientirt, bildet und zu einem freien und großen Umblick über das menschliche Wissen als solches erhebt. Die Mathematik wird ihm der Probirstein, an dem er jede Erkenntniß prüft und deren Aechtheit beurtheilt, sie weckt in ihm den philosophischen Geist, der nach der Art seines Erkenntnißbedürfnisses in der Mathematik seine erste Befriedigung findet und hier seine ersten Früchte trägt. Die Vorliebe für diese Wissenschaft ist in Descartes der erste Zug des methodischen Denkers, die Abneigung gegen die Schulphilosophie der erste des skeptischen. Und so reift schon in dem Schüler die Aufgabe, der sein ganzes Leben gewidmet sein wird: die **gründliche Reformation der Wissenschaften durch eine neue Methode nach dem Vorbilde der Mathematik**. Zunächst liegt das Ziel noch fern und dunkel vor ihm, aber schon ist ihm klar, daß der einzige Weg zur Wahrheit die richtige Methode des Denkens sei, daß diese Methode gefunden oder, was dasselbe heißt, daß der Geist der Mathematik fruchtbar gemacht werden müsse auf dem Gebiete der Philosophie.

Die Methode, welche Descartes sucht und in die Philosophie einführen möchte, ist nicht die Kunst einer schulgerechten Darstellung, eine solche Kunst besitzt schon die Syllogistik: es soll nicht Bekanntes dargestellt, sondern Unbekanntes gefunden, aus Bekanntem hergeleitet und methodisch entwickelt werden; darum interessirt ihn in der Mathematik weniger das Beweisen der Sätze, als das Lösen der Aufgaben: die Analysis und die Algebra. In einer Schulstunde, wo die gewöhnliche Analysis vorgetragen wurde, soll es ihm aufgegangen sein, daß diese Analysis nichts anderes als Algebra sei, daß die letztere den Schlüssel zur Lösung geometrischer Aufgaben enthalte, daß die Größen der Geometrie durch Gleichungen ausgedrückt, also arithmetisch aufgelöst werden können. Damit war der erste, höchst fruchtbare Gedanke zu einer neuen Wissenschaft gefaßt, der analytischen Geometrie, deren Begründer er werden sollte. Diese große Erfindung ist die erste Frucht seines methodischen Denkens. Er bemächtigt sich der Mathematik von Seiten der Methode, ergreift sie als ein Instrument zur Lösung von Aufgaben und weiß dieses Instrument auf eine neue, zu den schwierigsten Lösungen geschickte Weise zu handhaben. So wird die Mathematik von ihren Meistern betrieben, und Descartes ist im Begriff, ein solcher Meister zu werden, während er noch Schüler heißt. Fortwährend beschäftigt er sich im Stillen mit mathematischen Problemen, die er sich aufwirft und vermöge seiner Methode löst. Nichts ist ihm angenehmer als diese einsamen Meditationen, welche die Schonung begünstigt, die man seinem Gesundheitszustande gewährt; er darf des Morgens später aufstehen, als nach den Vorschriften der Schulordnung die übrigen Zöglinge; in diesen Frühstunden, die er im Bett zubringt, verkehrt er am ungestörtesten und lebhaftesten mit seinen Gedanken, es sind die Stunden seiner freisten und fruchtbarsten Muße, er gewöhnt sich so sehr an diese eigenthümliche Art des Arbeitens, daß er sie beibehält und in vollem Maße das Gold der Morgenstunde erntet.

Hören wir, wie Descartes selbst die Geistesverfassung schildert, worin er sich am Ende seiner Schullaufbahn befand. „Von Kindheit an," sagt er im Rückblick auf jene Zeit, „bin ich für die Wissenschaften erzogen worden, und da man mich glauben machte, daß durch sie eine klare und sichere Kenntniß alles Nützlichen zu erreichen sei, so hatte ich eine außerordentlich große Begierde, sie zu erlernen. Doch wie ich den ganzen Studiengang beendet hatte, an dessen Ziel man gewöhnlich in die Reihe der Gelehrten aufgenommen wird, änderte ich vollständig meine Ansicht, denn ich befand mich in einem Gedränge so vieler Zweifel und Irrthümer, daß ich von meiner Lernbegierde keinen andern Nutzen gehabt zu haben schien, als daß ich mehr und mehr meine Unwissenheit einsah. Und ich war doch in einer der berühmtesten Schulen Europas, wo es nach meiner Meinung, wenn irgend wo auf der Erde, gelehrte Männer geben mußte. Ich hatte dort alles gelernt, was die Uebrigen dort lernten, und da mein Wissensdurst weiter ging als die Wissenschaften, die man uns lehrte, so hatte ich alle Bücher, so viel ich deren habhaft werden konnte, durchlaufen, die von den anerkannt merkwürdigsten und seltensten Wissenschaften handelten. Dabei wußte ich, wie die andern von mir urtheilten, und ich sah, daß man mich nicht für weniger hielt als meine Mitschüler, obwohl unter diesen einige dazu bestimmt waren, an die Stelle unserer Lehrer zu treten. Endlich schien mir unser Jahrhundert ebenso reich und fruchtbar an guten Köpfen, als irgend ein früheres. So nahm ich mir die Freiheit, alle andern nach mir zu beurtheilen und zu meinen, daß es keine Wissenschaft in der Welt gebe, die so wäre, als man mich ehedem hatte hoffen laßen." Er läßt in dieser Rückschau seines Lebens die Schulwissenschaften noch einmal an sich vorübergehen, die alten Sprachen, Beredsamkeit, Poesie, Mathematik, Moral, Philosophie; er hebt hervor, wie er zwar in jeder etwas Nützliches, aber in keiner, ausgenommen die Mathematik, Wissenschaft im strengen Sinn gefunden, wie ihm auch die vorhandene Mathematik beschränkt und unphilosophisch, die Schulphilosophie durchgängig unsicher und zweifelhaft erschienen. „Deßhalb," so fährt er fort, „gab ich das Studium der Wissenschaften vollständig auf, sobald das Alter mir erlaubte, aus der untergeordneten Stellung des Schülers herauszutreten. Ich wollte keine andere Wissenschaft mehr suchen, als die ich in mir selbst oder in dem großen Buche der Welt würde finden können, und so verwendete ich den Rest meiner Jugend auf Reisen, um Höfe und Heere kennen zu lernen, mit Menschen von verschiedener Gemüthsart und Lebensstellung zu verkehren, mannigfaltige Erfahrungen einzusammeln, in den Lagen, in welche das Schicksal mich brachte, mich selbst zu erproben und was sich mir auch darbot, so zu betrachten, daß ich einen Gewinn davon haben könnte. So befreite ich mich allmählig von vielen Irrthümern, die unser natürliches Licht verdunkeln und uns weniger fähig machen, auf die Vernunft zu hören. Nachdem ich einige Jahre darauf gewendet hatte, auf solche Weise in dem Buche der Welt zu studiren und mit aller Mühe Erfahrungen zu erwerben, entschloß ich mich eines Tages, eben so in mir selbst zu studiren und alle Kräfte meines Geistes aufzubieten, um die Wege zu finden, die ich nehmen mußte. Und dies gelang mir nun, wie ich glaube weit besser, als wenn ich mich nie von meinem Vaterlande und meinen Büchern entfernt hätte.

Zweites Capitel.

Zweite Lebensperiode (1612—1628): Die Wanderjahre.
A. Weltleben und Kriegsjahre (1612—1621).

I. Eintritt in die Welt.

Im August des Jahres 1612 verläßt Descartes die Schule von La Flèche. Sechszehn Jahre der ersten Jugend liegen hinter ihm, eben so lange dauern die Wanderungen, die er beginnt, das Weltstudium, aus dem er in einer reifern Lebensepoche wieder zurückkehren wird in sein innerstes Selbst. Auf die Periode der Schulbildung folgt die der Selbstbildung, einer Selbstbildung im buchstäblichen Sinn, die nichts von außen empfangen und auf guten Glauben annehmen, sondern alles aus sich schöpfen, aus eigenem Denken ergründen, prüfen, entdecken will. Die Schulbildung ist ein vielköpfiges Aggregat, aus allerlei Meinungen bunt zusammengesetzt, ohne Methode, innere Ordnung und Einstimmigkeit. Dieser Mangel, einmal empfunden, erschüttert für immer den Glauben an die Ueberlieferungen der Schule. Bei aller Dankbarkeit und Pietät, die Descartes für seine Lehrer (sogar mit einer gewissen Vorliebe für die Jesuiten) stets bewahrt hat, wollte er seiner Schulbildung nur den geringsten Theil seiner Leistungen schulden. Er bemerkte oft gegen Freunde, daß ohne die gelehrte Erziehung, die sein Vater ihm habe zu Theil werden lassen, er ganz dieselben wissenschaftlichen Werke verfaßt hätte, nur würde er sie alle französisch geschrieben haben, keines lateinisch.

Von den ersten Bedenken über den vorhandenen Zustand der Wissenschaften bis zu der Entdeckung neuer, sicherer Grundlagen ist der Weg weit, und die Ziele liegen noch in dunkler Ferne. Es ist ein Augenblick völliger Lebensungewißheit, in dem sich Descartes befindet. Der gelehrte Beruf zieht ihn nicht an, des philosophischen ist er nicht sicher, er glaubt Talent zum mechanischen Künstler zu haben, aber der Vater bestimmt ihn der Familiensitte gemäß zur militärischen Laufbahn, nachdem der ältere Bruder die gerichtliche ergriffen. Indessen ist sein Körper noch nicht stark genug zum Kriegsdienst. Um ihn zu kräftigen und für den künftigen Beruf vorzu=

bereiten, übt er sich zu Rennes, wo er die erste Zeit nach der Schule zubringt, im Reiten und Fechten. Der Weg eines französischen Cavaliers führt durch die vornehme Pariser Gesellschaft. Schon im Beginn des folgenden Jahrs (1613) geht Descartes, von einigen Dienern begleitet, nach Paris, um hier im Umgange seiner Standesgenossen Ton und Sitten der großen Welt kennen zu lernen. Einige Zeit gefällt ihm der Strudel des neuen, an Zerstreuungen und Genüssen reichen Lebens und er treibt mit dem Strome, doch erwachen bald, wie ihm geistesverwandte Menschen begegnen, die großen Bedürfnisse seiner denkenden Natur. Er lernt den Mathematiker Mydorge kennen und findet im Kloster der Minimen seinen Schulfreund Mersenne wieder, den Philosophen unter den Mönchen, mit dem er in einen vertrauten und geistig regen Verkehr tritt, leider nur für kurze Zeit, denn Mersenne wird von seinem Ordensprovincial als Lehrer der Philosophie nach Nevers geschickt (1614). Der wissenschaftliche Verkehr ist ihm lieber, als das Spiel, das unter den Cavalieren seine angenehmste Unterhaltung ausmacht. Plötzlich verschwindet Descartes aus der vornehmen Gesellschaft; niemand weiß, wo er geblieben, er lebt in Paris in einem abgelegenen Hause der Vorstadt St. Germain, ganz zurückgezogen, seinen Freunden, selbst seiner Familie verborgen. Er beschäftigt sich nur mit Mathematik, verkehrt nur mit einigen wissenschaftlichen Männern und vermeidet jeden Ausgang, der ihn verrathen könnte. So lebt er, vergebens gesucht, zwei Jahre mitten in der Weltstadt. Endlich gegen Ende des Jahres 1616 sieht ihn einer der Freunde, die er flieht, von ungefähr auf der Straße. Jetzt ist es um seine Freiheit und Einsamkeit geschehen, er muß sich gefallen lassen, noch einmal in die Gesellschaft zurückzukehren, die er ausgelebt hatte. Es ist jetzt nicht mehr das Spiel, sondern die Musik, die ihn am meisten ergötzt und zugleich geistig anregt. Zerstreut konnte Descartes leben, nie gedankenlos. Was ihn beschäftigt, wird sogleich ein Gegenstand seiner Betrachtung. Er treibt ritterliche Uebungen und schreibt in derselben Zeit eine Abhandlung über die Fechtkunst; er spielt, aber was ihn reizt, ist nicht der Gewinn, sondern die Berechnung, daher meidet er die Zufallsspiele; in der Tonkunst sind es hauptsächlich die mathematischen Verhältnisse, die Proportionen der Schwingungszahlen, die ihm zu denken geben; seine nächste Schrift, unter den erhaltenen die früheste, wird eine Abhandlung über die Musik sein.

II. Die Kriegsdienste in Holland (1617—19).

Die politischen Zustände Frankreichs vermochten das Interesse Descartes' eben so wenig zu fesseln, als der Umgang der Edelleute. Das größte Ereigniß jener Zeit war die Berufung der Reichsstände im Jahre 1614, die letzte, die Frankreich vor 1789 erlebt hat. Während ganz Paris zusammenströmte, um den feierlichen Zug der Deputirten nach Notre Dame zu sehen, hatte sich Descartes schon in die Verborgenheit von St. Germain geflüchtet und in mathematische Probleme vertieft. Die Verhältnisse des Hofes lagen damals in der schlimmsten Verwirrung. Die Herrschaft führte die Königin Mutter, Maria von Medici, unter dem Einfluß eines unwürdigen Günstlings, des Marschall d'Ancre, den sie emporgebracht hatte; die Prinzen traten mit bewaffneter Hand dem schmählichen Regimente entgegen, aber der Sturz desselben bestand nur darin, daß der herrschende Einfluß von dem Günstlinge einer ehrgeizigen und verderblichen Königin überging auf den eines schwachen und bevormundeten Königs. Ein Favorit schaffte den andern aus dem Wege, indem er ihn umbringen ließ. Unter solchen Umständen war es natürlich, daß Descartes, der die Katastrophe noch in Paris erlebte (1617), die französischen Kriegsdienste mied und seiner Heimath das befreundete Nachbarland vorzog.

Mit dem Waffenstillstand von 1609 hatten die vereinigten Niederlande nach langen und beharrlichen Kämpfen die erste Anerkennung ihrer Unabhängigkeit errungen; aus alter Feindseligkeit gegen die spanisch-östreichische Monarchie begünstigte Frankreich diese aufstrebende protestantische Macht und ließ dort seine kriegslustigen Söhne Waffen führen, die einen gemeinsamen Feind bekämpften. Viele französische Edelleute hatten schon unter Moritz von Nassau Dienste genommen. Diesem Zuge folgte Descartes. Er kam im Mai 1617 nach Breda und trat als freiwilliger Cadet in die Dienste des Statthalters. Daß der Zögling der Jesuiten von La Flèche unter die Soldaten geht, die der Sohn des großen Oraniers befehligt, darf uns nach den Verhältnissen jener Zeit nicht befremden; wir werden bald sehen, wie derselbe Mann, der noch eben Volontär unter Moritz von Nassau war, seine Kriegsdienste unter den Fahnen Tillys fortsetzt. Ueberhaupt ist von seiner kriegerischen Laufbahn nicht so viel Aufhebens zu machen, als thörichte Lobredner versucht haben.

Descartes selbst hat dazu keine Veranlassung gegeben. Ihm fehlte sowohl der militärische Ehrgeiz als die körperliche Kraft, die den Soldaten von Profession machen. Er wollte die große und fremde Welt wie ein Schauspiel kennen lernen, worin er sich nicht als „Acteur," sondern als „Spectateur" verhielt; seine Waffendienste waren die erste Form, unter der er reiste und einen guten Platz, sich in der Welt umzusehen, fand, das Kriegshandwerk interessirte ihn von Seiten der mechanischen Erfindungen und Künste in Befestigungen und Belagerungen, es stieß ihn ab durch die Rohheiten aller Art im Lager und Felde. Der Waffenrock war gleichsam der Reisepaß, mit dem er auf die leichteste Art und in nächster Nähe alle jene Dinge sehen konnte, die seine Wißbegierde reizten. Er war weniger Soldat als Tourist und wählte das militärische Leben nicht als Carrière, sondern als Costüm. Darum blieb er Freiwilliger und verzichtete auf Rang und Sold, er hat den letzteren nur einmal um des Namens willen, „wie gewisse Pilger Almosen", genommen und zum Andenken an seine Kriegszeit aufbewahrt.

In Breda findet er bewaffneten Frieden, der noch vier Jahre zu dauern hat und ihm daher volle Muße übrig läßt. So lebt er ungestört seinen wissenschaftlichen Interessen und macht durch einen günstigen Zufall die Bekanntschaft eines Mannes, mit dem er sie theilen kann. Auch der Statthalter wußte die Mathematik zu schätzen und zog sie wegen ihrer Bedeutung für die Kriegskunst allen übrigen Wissenschaften vor. Daher wurde sie in seiner Nähe gepflegt, und es traf sich, daß mathematische Aufgaben in öffentlichen Maueranschlägen zur Lösung gestellt wurden. Einen solchen Anschlag in niederländischer Sprache findet eines Tages Descartes und bittet den Nächststehenden um eine französische oder lateinische Uebersetzung; der Zufall will, daß dieser Nächststehende der gelehrte und angesehene Mathematiker Isaak Beeckman aus Middelburg ist, der, über die Frage des französischen Cadetten verwundert, ihm die Aufgabe erklärt unter der spöttischen Bedingung, daß er sie löse. Am andern Tage bringt ihm Descartes die Lösung, und aus der zufälligen Bekanntschaft entwickelt sich bald trotz der großen Ungleichheit des Alters ein freundschaftlicher und wissenschaftlicher Verkehr. Auf Beeckman's Anregung schreibt Descartes in Breda sein „compendium musicae" (1618), das er dem Freunde mit der dringenden Bitte widmet, es geheim zu halten; die Schrift ist erst nach seinem Tode gedruckt worden (1650). Wahrscheinlich hat er damals auch eine Abhandlung über Algebra verfaßt und sie jenem gelassen, wenigstens geht aus einem seiner späteren Briefe (Oct. 1630) hervor, daß sich eine solche Schrift in den Händen Beeckman's befand. Die Freundschaft beider ist später durch die prahlerische und tactlose Eitelkeit des letzteren gestört worden, der die Ungleichheit des Alters als eine Ungleichheit des Wissens ansah und Descartes für seinen Schüler ausgab, während dieser sich bewußt war, dem älteren Freunde vieles mitgetheilt und nichts von ihm gelernt zu haben, nicht mehr und weniger, wie er in dem erwähnten Briefe ihm offen erklärt, als er von allen Dingen zu lernen gewöhnt sei, auch von Ameisen und Würmern.

Wie in Paris, lebt Descartes auch in Breda seinen Ideen und bekümmert sich wenig um die stürmischen Begebenheiten, die in seiner Nähe geschehen. Während in den Niederlanden die äußeren Kämpfe in Folge des Waffenstillstandes zeitweilig ruhen, sind innere, verhängnißvolle Parteikämpfe kirchlicher und politischer Art ausgebrochen. Die kirchlichen, die den Protestantismus der Niederlande entzweien, hatten an der Universität Leyden zwischen den beiden Professoren der Theologie Jacob Arminius und Franz Gomarus begonnen und betrafen die Frage der unbedingten göttlichen Prädestination und Gnadenwahl, die Gomarus in streng calvinistischer Weise behauptete und Arminius zur Aufrechthaltung der menschlichen Freiheit bestritt. Es ist der Gegensatz des orthodoxen Calvinismus und Rationalismus, den diese beiden Männer verkörpern. Die Streitfrage kommt von den Kathedern auf die Kanzeln und gewinnt bald eine Tragweite und Stärke, welche das kirchliche Leben der Niederlande in die Parteien der Arminianer und Gomaristen zerreißt. Seit dem Jahre 1610, in welchem die Arminianer als Gemeinde auftraten und ihr Glaubensbekenntniß ("Remonstranz") mit dem Anspruch auf Duldung vor die Stände von Holland und Westfriesland brachten, stehen beide Richtungen als Remonstranten und Contraremonstranten einander entgegen. Mit diesen kirchlichen Parteien verbinden sich die politischen: die monarchisch gesinnte, an deren Spitze der Statthalter Moriz von Nassau (seit dem Februar 1618 Prinz von Oranien) steht, und die republikanische, deren Häupter Jan van Oldenbarneveldt, Großpensionär von Holland, und Hugo de Groot (Grotius), Syndikus von Rotterdam. Die oranische Partei geht mit den strengen Calvinisten, die zur Verdammung der Gegner eine allgemeine Synode fordern, die republikanische hält es mit der religiösen Freiheitspartei und besteht auf dem Rechte kirchlicher Selbstregierung der Einzelstaaten, ein Recht, das sie gegen die Angriffe der fanatischen Gegner durch eigene Milizen schützen. Jetzt läßt der Statthalter die Häupter der Gegenpartei gefangen nehmen und des Hochverraths gegen die vereinigten Niederlande anklagen. Oldenbarneveldt wird enthauptet (13. Mai 1619); durch die Beschlüsse der Synode von Dordrecht (1618) siegt der orthodoxe Calvinismus, die Arminianer werden verdammt und von der Kirchengemeinschaft ausgeschlossen. Unter ihren heftigsten und unduldsamsten Gegnern auf jener Synode war Gisbertus Voëtius, dem wir später als Professor in Utrecht im Leben unseres Philosophen wieder begegnen werden. Als Descartes Breda verließ, ahnte er nicht, wie sehr die Sieger von Dordrecht ihm seinen späteren Aufenthalt in den freien Niederlanden verleiden sollten.

III. Die Kriegsjahre in Deutschland (1619—21).

1. Die Feldzüge.

Die beiden ersten Kriegsjahre Descartes' waren von der friedlichsten Art, er hatte in Breda nicht den Krieg, sondern den Waffenstillstand kennen gelernt und sein interessantestes Erlebniß war die Bekanntschaft eines Mathematikers gewesen. So durchaus unkriegerisch durfte die einmal begonnene Laufbahn nicht enden, und eben jetzt eröffnete sich ein neues Kriegstheater in Deutschland. Die Kunde der böhmischen Unruhen, aus denen der dreißigjährige Krieg hervorging, hatte sich schon in den Niederlanden verbreitet. Die protestantischen Stände des Landes waren in der bewaffneten Vertheidigung ihrer Rechte, in der offenen Auflehnung gegen das kaiserliche Ansehen, in der Abwehr namentlich gegen die Nachfolge Ferdinands begriffen, der von seinem Vetter Matthias die böhmische Krone erben sollte und sich die Aufgabe gesetzt hatte, den Protestantismus zunächst in den Erblanden, dann wo möglich auch im Reich zu vernichten. An der Spitze des bewaffneten Aufstandes in Böhmen standen die Grafen Thurn und Mansfeld, an der Spitze der kaiserlichen Truppen Bucquoi. Der Kaiser Matthias starb den 20. März 1619. Trotz der Einsprache der böhmischen Stände geht Ferdinand als Kurfürst von Böhmen nach Frankfurt, wird den 28. August 1619 zum römischen Könige gewählt und den 9. September als Ferdinand II. zum Kaiser gekrönt. Noch vor der Kaiserkrönung hatten die böhmischen Stände einen protestantischen Fürsten, Friedrich V. von der Pfalz, zu ihrem Könige ausgerufen. So war der Krieg über die böhmische Krone zwischen dem neuen Kaiser und diesem von den Böhmen gewählten Gegenkönige unvermeidlich. Indessen lag hier nur der Ausgangspunkt des Streites, der nach der Lage der Dinge sogleich eine größere Ausdehnung annehmen mußte. Es handelte sich nicht blos um den Besitz Böhmens, sondern in weiterem Umfange um die Existenz des Protestantismus, um den Kampf der protestantischen und katholischen Interessen im Reich, die in den Verbindungen der Union und Liga sich gegenüberstanden. Das Haupt der letzteren war Baiern unter dem Herzoge Maximilian, dessen Armee Tilly befehligte. So lag der Zündstoff bereit zum Ausbruch eines europäischen Weltkrieges, der die deutschen Länder dreißig Jahre hindurch verwüsten sollte.

Diesen Schauplatz vertauscht Descartes mit den Niederlanden. Er kommt im Juli 1619 nach Frankfurt am Main, erlebt hier die Vorbereitungen zur Kaiserwahl und ist ein Augenzeuge der Kaiserkrönung, des prachtvollsten Schauspiels, welches die damalige Welt sehen konnte. Dann nimmt er Dienste im bairischen Heer, und so finden wir ihn im Anfange des dreißigjährigen Krieges als einen freiwilligen Waffenträger des Hauptes der Liga. Die erste Bewegung der bairischen Armee geht gegen Würtemberg, dessen Herzog auf Seiten der Union steht; sie rückt gegen Donauwörth vor, aber der Feldzug wird durch diplomatische Unterhandlungen gehemmt, die Winterquartiere werden bezogen, und Descartes verlebt den Winter 1619/20 in der größten, für seine Gedanken fruchtbaren Einsamkeit zu Neuburg an der Donau.

Die diplomatische Dazwischenkunft war von Frankreich ausgegangen. Der Kaiser hatte die französische Bundesgenossenschaft gesucht, der einflußreichste Mann am Hofe Ludwig XIII., der Günstling des Königs, Herzog Luynes, war für die östreichische Partei gewonnen worden, und unter dem Herzoge von Angoulême ging eine glänzende Gesandtschaft nach Deutschland, welche die feindlichen Parteien im kaiserlichen Interesse ausgleichen sollte. Die Gesandtschaft nahm zunächst ihren Sitz in der schwäbischen Reichsstadt Ulm, beschied hierher die feindlichen Parteien des Reichs und brachte im Juli 1620 einen Vertrag zu Stande, wonach der Krieg zunächst auf Böhmen localisirt, zu einer Sache ausschließlich zwischen Ferdinand und Friedrich von der Pfalz gemacht und die protestantischen Fürsten Deutschlands von der Theilnahme ausgeschlossen wurden. Von Ulm begiebt sich die Gesandtschaft nach Wien. Der Herzog von Baiern, als Bundesgenosse des Kaisers, führt seine Truppen nach Oberöstreich, unterwirft hier die aufständischen Protestanten, vereinigt sich in Böhmen mit der kaiserlichen Armee unter Bucquoi, und diese vereinigte Armee besiegt in der Schlacht bei Prag, den 8. November 1620, den böhmischen Aufstand und den Gegenkönig, Friedrich von der Pfalz, der an demselben Tage nach Schlesien flieht, wo die siegreichen Heere in Prag einziehen.

Während dieser Zeit war Descartes nicht immer bei der Armee, in der er diente. Nach den Winterquartieren in Neuburg geht er im Juni 1620 nach Ulm, wo er seine Landsleute findet und seinen wissenschaftlichen Interessen zu Liebe einige Monate bleibt; im September reist er nach Wien, wo die französische Gesandtschaft weilt, und kommt in Böhmen wieder zu dem bairischen Heer, wahrscheinlich kurz vor der Schlacht von Prag. Bis gegen Ende des Jahres bleibt er in Prag, verlebt dann in den Winterquartieren an der südlichen Grenze Böhmens wiederum einsame Monate, die dem Nachdenken gewidmet sind, und da die bairische Armee ihren Feldzug beendet hat, er aber das Soldatenleben, das ihm gerade jetzt Kriegserfahrungen bietet, noch eine Weile fortsetzen will, so tritt er im Anfang des Frühjahrs 1621 in die kaiserliche Armee unter Bucquoi in Mähren. Der mit den böhmischen Unruhen verbündete Aufstand in Ungarn unter Bethlen Gabor dauert noch fort; gegen diesen Feind ist der Feldzug der kaiserlichen Armee gerichtet, an dem Descartes theilnimmt. Seine Lobredner wollen, daß er sich in diesem Feldzuge militärisch ausgezeichnet habe, er selbst berichtet nichts davon. Bucquoi nimmt Preßburg, Tirnau, andere feste Städte und fällt im heldenmüthigen Kampf bei Neuhausel den 10. Juli 1621. Die Belagerung dieser Stadt wird den 27. Juli aufgehoben, bald darauf verläßt Descartes die kaiserlichen Dienste. Seine Kriegsjahre sind zu Ende. Was er in diesen drei Jahren (1619—1621) mitgemacht hat, war der niederländische Waffenstillstand, die Winterquartiere in Neuburg, der böhmische und der ungarische Feldzug. Es scheint, daß er schon in Neuburg die Absicht hatte, die Kriegsdienste aufzugeben, und von Wien nach Venedig reisen wollte, um von dort zu Fuß nach Loretto zu pilgern. Da rief ihn der Krieg nach Böhmen.

2. Einsamkeit in Neuburg. Innere Krisis.

Man muß tief in Descartes' inneres Leben hineinblicken, um ihn selbst zu finden; seine wichtigsten Erlebnisse sind nicht in Feldzügen und Schlachten, sondern in den Winterquartieren an der Donau und in Böhmen zu suchen, wo er sich ganz seinen Gedanken hingiebt. Ueberall verfolgen ihn wissenschaftliche Interessen. In Ulm lernt er den Mathematiker Faulhaber kennen und bleibt dort einige Monate, in Prag interessirt ihn nichts lebhafter, als was an Tycho de Brahe erinnert; aber am bedeutungsvollsten für seine innere Entwicklung ist jener Winteraufenthalt in Neuburg, wo er in tiefster Einsamkeit, ganz sich selbst überlassen, die Richtung findet, die ihn allmählig zur Begründung der neuen Philosophie führt. Es ist die Zeit der Krisis und des Durchbruchs. Seit La Flèche hatten ihn die Zweifel, die er schon gefaßt, nicht ruhen lassen, sie waren ihm in die Pariser Gesellschaft gefolgt, hatten ihn in die Einsamkeit der Vorstadt St. Germain getrieben und in das Garnisonsleben von Breda begleitet. Nur die Mathematik schien ihm sichere Erkenntnisse zu bieten; sie erfüllt ihn ganz und wird auch das Band seiner Freundschaften. Doch löst sie die Zweifel nicht, die ihn beunruhigen; ihre Klarheit macht die andern Wissenschaften nicht heller, die Sicherheit der mathematischen Einsichten, hilft nichts gegen die Unsicherheit der philosophischen. Wenn man diese eben so gewiß machen könnte als jene, wenn man die Natur der Dinge mit mathematischer Deutlichkeit denkend durchdringen und eine Philosophie nach geometrischer Methode bilden könnte, dann ließe sich ein Lehrgebäude wahrer Erkenntniß aufführen, zwar sehr langsam, aber mit der größten Sicherheit! Das ist die Aufgabe, die sich in diesem ebenso skeptischen als mathematischen Kopf vorbereitet hat und jetzt mit seiner innersten Lebensrichtung vereinigt. Die Philosophie liegt vor ihm, wie ein dunkles Chaos; die Mathematik leuchtet ihm in vollster Klarheit. Wenn es möglich wäre, dieses Licht in jenes Chaos eindringen zu lassen! Wie ist es möglich? An dieser Frage sinnt der Geist Descartes', er fühlt sich an der Pforte der Wahrheit und kann nicht hindurch, in jedem einsamen Moment mahnt diese Aufgabe, die er nicht loswerden und lösen kann. Im Gefühl seiner Ohnmacht fleht er um Erleuchtung von oben und gelobt eine Wallfahrt nach Loretto. Da er die Hülfsquellen nicht in sich finden kann, sucht er sie außer sich;

es ist ihm zu Muth, als ob jemand das Wort des Räthsels ihm zurufen könnte, als ob es irgendwo wie ein geheimer Schatz aufbewahrt werde, gleich dem Stein der Weisen, den nur die Adepten besitzen. Mitten in seinen Zweifeln erwacht in ihm der Zug nach dem Geheimnißvollen und Magischen. In dieser Stimmung hört er von der „Brüderschaft der Rosenkreuzer" reden, die, auf mystische Weise entstanden und in die wahre Erkenntniß der Dinge eingeweiht, den Zweck habe, die Welt zu erleuchten und die Wissenschaften von ihren Irrthümern zu erlösen; ihre Mitglieder seien nach außen vollkommen unkenntlich und dürften sich durch nichts verrathen. Um so mehr beschäftigen sie die Phantasie der Leute, die fabelhaftesten Gerüchte gehen von Mund zu Mund, Schriften erscheinen für und wider, das Interesse unseres Philosophen selbst wird auf das höchste erregt, eifrig sucht er, einem jener Eingeweihten nahe zu kommen, vielleicht durch eine Schrift, deren Titel sich erhalten hat und die den Rosenkreuzern gewidmet sein sollte; aber alle seine Bemühungen sind vergeblich gewesen, er hat in seinem Leben nie ein Mitglied jenes Geheimbundes ausfindig machen können. Aus dem einfachen Grunde weil es keine gab! Als Descartes sie suchte, war eben erst der Ruf einer solchen Gesellschaft entstanden und gedruckte Schriften in Umlauf (seit 1614), welche die Fama der Rosenkreuzer, ihre reformatorischen Pläne, die Wundergeschichte ihres Stifters und Ordens verkündeten. Die Sache beruhte auf nichts, es war eine reine Fiction, ein Roman, den der schwäbische Theologe Valentin Andreä (1586—1654) in der wohlgemeinten Absicht ersonnen hatte, der Welt die Magie und deren Pseudoreformatoren durch die übertriebenste Satyre zu verleiden und sie auf die ächte Reformation durch das biblische und praktische Christenthum hinzuweisen. Er wollte eine Zeitthorheit geißeln und mußte erfahren, daß er sie durch eine neue Nahrung, die alle Welt begierig verschlang, ungemein gefördert hatte. Ueberall suchte man die Rosenkreuzer, die nirgends waren. Nie hat eine Satyre so sehr die beabsichtigte Wirkung verfehlt und die entgegengesetzte gehabt, sie wurde zur allgemeinen Mystification, die erst das Scheinwesen der Rosenkreuzerei hervorrief, selbst einen Mann, wie Descartes, berückte und noch fünfzig Jahre nach ihrer Entstehung einen Leibniz neugierig machte.*) Aber was soll man sagen, wenn

---

*) Bd. II. dieses Werkes (2. Aufl.) S. 72 flgd.

noch in unseren Tage der jüngste französische Biograph Descartes'
die Rosenkreuzer für baare Münze nimmt und sogar vermuthet, daß
Descartes wirklich ein Mitglied jener Brüderschaft geworden sei,
deren Gründer oder damaliges Haupt Andreä gewesen! Freilich
habe Descartes stets verneint, Rosenkreuzer zu sein oder welche zu
kennen, aber das beweise nichts, denn er durfte es ja nicht sagen.*)

Die hülflosen Stimmungen, worin Descartes Wallfahrten gelobt
und sich nach den Rosenkreuzern sehnt, gehen vorüber; die Wahrheit
läßt sich nicht von außen empfangen, sondern will auf selbstent=
decktem und gebahntem Wege gesucht werden; dieser richtige und
sichere Weg ist die Methode, schon vorgebildet in der Mathematik
und Logik; jetzt gilt es, sie universell d. h. philosophisch zu machen,
zu vereinfachen, von allen Mängeln und Einseitigkeiten zu befreien.
Schon erkennt Descartes gewisse Regeln, die dem wahrheitsuchenden
Geiste den Weg zeigen: die Erkenntniß reicht nur so weit als das
klare und deutliche Denken, die dunkeln Vorstellungen müssen in ihre
Theile zerlegt und Schritt für Schritt aufgehellt, die klaren so ge=
ordnet und verknüpft werden, daß ihr Zusammenhang ebenso ein=
leuchtend ist als sie selbst. Zunächst ist alles dunkel. Was daher
gefordert wird, ist eine durchgängige und gründliche Analysis
unserer Vorstellungen, eine Zerlegung derselben bis in ihre einfachsten
Elemente, deren Unzerlegbarkeit gleich ist der absoluten Klarheit und
Gewißheit. Diese Regeln wollen nicht blos gegeben, sondern befolgt
sein, sie verlangen eine den innersten Menschen erleuchtende Selbst=
erkenntniß, die alle Geisteskräfte und darum das ganze Leben in
Anspruch nimmt und auf die Selbstbelehrung als seinen alleinigen
Zweck richtet. Jede Abhängigkeit von fremden Meinungen ist eine
Abweichung von diesem Ziel, ein Fehlschritt in der Lebensrichtung,
welche die größte Selbständigkeit im Denken und Urtheilen einzu=
halten hat; aber diese Selbständigkeit reicht nur so weit als die Ge=
danken, weiter soll und darf sie nicht reichen. Hier ist die Grenze,
deren Nichtbeachtung ebenfalls Fehlschritt wäre; daher fordert die
Selbstbelehrung zugleich die größte Selbstbeschränkung. Das Den=
ken geht seinen eigenen Weg, den zu finden und zu ordnen ein Kopf
sich selbst genug ist und besser als viele. Dagegen in der Welt
herrscht das Getriebe der menschlichen Interessen, schwierig zu ordnen,

---

*) Millet: Histoire de Descartes. Vol I. pg. 93.

mühsam zusammengefügt in den großen socialen Körperschaften, die allmählig entstanden sind und jeder willkürlich aufgedrungenen Theorie, jeder methodischen Einrichtung, die das Denken nach seiner Richtschnur ihnen geben möchte, widerstreben. Hier scheiden sich genau theoretisches und praktisches Leben, jenes bedarf einer systematischen, von einem Grundgedanken beherrschten Ordnung, während dieses eine solche Ordnung nicht verträgt; daher ist die Reform des Denkens etwas ganz anderes als die der Gesellschaft, und die wahrheitsuchende Selbstbelehrung hat weder die Zeit noch das Vermögen zur Weltverbesserung. Eine unmittelbare Uebertragung der Theorie auf die öffentlichen und praktischen Dinge ist in den Augen Descartes' die verfehlteste Anwendung der Methode und darum ein unmethodisches Verfahren der übelsten Art, das er grundsätzlich verneint. Ihm gilt die Selbstbelehrung als seine ganze Lebensaufgabe, als eine rein persönliche und private, die für andere nicht einmal ein theoretisches Vorbild sein will. Jenes faustische Wort: „Bilde mir nicht ein, ich könnte was lehren, die Menschen zu bessern und zu bekehren" ist bei ihm nicht der bittere, sondern wohlgemuthe und bescheidene Ausdruck seiner Lebensrichtung; dieses Nichtkönnen ist hier zugleich ein grundsätzliches Nichtwollen. Was in der Ordnung der öffentlichen Dinge geworden ist, kann nur allmählig geändert und reformirt werden; besser sonst, es bleibt wie es ist, als daß es von einer abstracten Theorie aus plötzlich umgestürzt wird, und die Uebelstände ärger werden als zuvor. Auf eine solche Erwägung gründet Descartes seine conservative Gesinnung. In seinem Denken will er frei sein, darum sucht er die Einsamkeit, vermeidet jede öffentliche Lebensstellung, verhält sich zum Treiben der Welt weniger mithandelnd als betrachtend; in seinen Lebensformen ändert er nichts, er bleibt aus Pietät und Grundsatz treu den Gesetzen seines Landes, der Religion seiner Väter, den Sitten seines Standes, und wo seine Gedanken mit den öffentlichen Autoritäten feindlich zusammenstoßen, da ist er im voraus entschlossen, diese Gedanken lieber nicht zu äußern, als durch ihre Veröffentlichung die Gemüther zu beunruhigen und die in Kirche und Staat eingelebten Vorstellungen zu erschüttern. Diese Denkweise, welcher man den nach außen gerichteten, reformatorischen Muth absprechen mag, aber eine weise Vorsicht, ein reifes, welterfahrenes Urtheil und eine große Menschenkenntniß zuerkennen muß, ist in Descartes schon methodisch befestigt, als er ein fünfundzwanzig=

jähriger Mann, die Kriegsdienste verläßt. Seine Bekenntniße über diesen Punkt sind so einfach und ungekünstelt, daß man sie nicht gelesen haben muß, wenn man die vorsichtige, bisweilen ängstliche Haltung Descartes' für charakterlos ansieht. „Ich war", schreibt er in seiner Abhandlung von der Methode, „damals in Deutschland, wohin mich der Anlaß des Krieges, der dort noch nicht beendet ist, gerufen hatte, und als ich von der Kaiserkrönung wieder zum Heere zurückgekehrt war, verweilte ich den Anfang des Winters in einem Quartier, wo ich ohne jede zerstreuende Unterhaltung und überdies auch glücklicherweise ohne alle beunruhigende Sorgen und Leidenschaften den ganzen Tag allein in meinem Zimmer eingeschlossen blieb und hier alle Muße hatte, mit meinen Gedanken zu verkehren. Unter diesen Gedanken führte mich einer der ersten zu der Betrachtung, daß Werke, die aus heterogenen Stücken zusammengesetzt sind, oft nicht so vollkommen sind, als solche, die ein Einziger ausführt. So sieht man, daß die Gebäude die ein und derselbe Baumeister unternommen und vollendet hat, gewöhnlich schöner und besser geordnet sind, als die, welche mehrere auszubessern bemüht waren, indem sie alte, zu andern Zwecken gebaute Mauern benutzten." „Freilich sehen wir nicht, daß man alle Häuser einer Stadt über den Haufen wirft, blos in der Absicht, sie in anderer Gestalt wiederherzustellen und schönere Straßen zu machen, wohl aber findet man, daß viele Leute die ihrigen abtragen lassen, um sie wiederaufzubauen, und manchmal sogar dazu gezwungen werden, wenn die Häuser in Gefahr einzufallen und ihre Grundlagen nicht fest genug sind. Demgemäß war ich überzeugt, daß es wahrlich ganz unvernünftig sein würde, wenn ein Privatmann den Staat oder auch nur die gewöhnlichen Wissenschaften und deren festgestelltes Schulsystem so reformiren wollte, daß er alles darin von Grund aus änderte und das Ganze umstürzte, um es wiederherzustellen; dagegen glaubte ich, was meine persönlichen Ansichten betreffe, nichts Besseres thun zu können, als sie einmal gründlich abzulegen, um dann nachträglich entweder andere oder auch sie selbst wieder an ihre Stelle zu setzen, nachdem sie von der Vernunft gerechtfertigt worden. Und ich war gewiß, daß es mir auf diese Art, gelingen würde, mein Leben weit besser zu führen als wenn ich nur auf alte Grundlagen baute und Grundsätze festhielt, die ich mir in meiner Jugend hatte einreden lassen, ohne je ihre Wahrheit zu prüfen. Obwohl ich auch hier mancherlei Schwierigkeiten bemerkte, so waren sie doch nicht heillos und mit denen nicht zu vergleichen, die in öffentlichen Dingen die Reformation der kleinsten Verhältnisse mit sich führt. Die großen Körper der Gesellschaft lassen sich nur mit vieler Mühe wiederaufrichten, wenn sie am Boden liegen, oder aufhalten, wenn sie schwanken, und ihr Sturz ist allemal sehr schwer. Was aber ihre Mängel angeht, so hat dieselben der Gebrauch der Zeit immer gemildert und sogar viele davon, denen sich mit keiner Klugheit so gut beikommen ließe, unmerklich abgestellt oder verbessert, und zuletzt sind diese Mängel fast in allen Fällen erträglicher als ihre Umwandlung. Es verhält sich damit ähnlich, wie mit den großen Wegen, die sich zwischen den Bergen hinwinden und durch den täglichen Gebrauch allmählig so eben und bequem werden, daß man weit besser thut, ihnen zu folgen als den geraden Weg zu nehmen, indem man über Felsen klettert und in die Tiefe jäher Abgründe hinabsteigt. Darum werde ich nie jene unruhigen und verworrenen Köpfe gut heißen können, die, ohne von Geburt oder Schicksal zur Führung der öffentlichen Angelegenheiten berufen zu sein, doch fortwährend auf diesem Gebiete nach Ideen reformiren wollen; und wenn ich dächte, daß diese Schrift irgend etwas enthielte, das mich in den Verdacht einer solchen Thorheit bringen könnte, so würde es mir sehr leid sein, ihre Veröffentlichung zugelassen zu haben. Meine Absicht hat sich nie weiter erstreckt als auf den Versuch, meine eigenen Gedanken zu reformiren und auf einem Grunde aufzubauen, der ganz in mir liegt. Wenn ich nun von meinem Werke, weil ich damit zufrieden bin, euch hier das Modell zeige, so geschieht es nicht, weil ich irgendwem rathen will, es nachzuahmen. Andere, die Gott besser mit seinen Gaben ausgestattet hat, mögen vielleicht Größeres im Sinn haben, doch fürchte ich, daß meine Absicht schon für viele zu kühn ist. Schon der Entschluß, sich aller Meinungen, die man ehedem gläubig aufgenommen hat, zu begeben, ist kein Vorbild für jedermann". Nachdem Descartes seine Methode und deren Grundsätze nach der theoretischen und praktischen Seite entwickelt und als seine Lebensmaximen ausgesprochen hat, fährt er so fort: „Da ich nun diese Lebensgrundsätze gefaßt und nebst den Glaubensvorschriften, die bei mir stets die ersten im Ansehen waren, sicher gestellt hatte, glaubte ich, den übrigen Theil meiner Ansichten mit voller Freiheit aufgeben und prüfen zu dürfen. Dies aber, so hoffte ich, würde im lebendigen Verkehre mit Menschen aller Art besser von Statten gehen, als wenn ich noch länger in meiner Zelle, wo ich alle diese Gedanken gehabt hatte, eingeschlossen bliebe. Darum begab ich mich noch vor Ende des Winters auf Reisen. Und während der ganzen Zeit der neun folgenden Jahre that ich nichts, als bald da bald dort in der Welt umherschweifen, denn ich wollte in ihren Komödien lieber Zuschauer als Acteur sein; bei jeder Sache erwog ich sorgfältig, was dieselbe bedenklich machen und uns Anlaß zur Täuschung geben könnte, und so schaffte ich im Lauf der Zeit alle Irrthümer mit der Wurzel fort, die sich ehedem eingeschlichen hatten. Nicht daß ich deßhalb die Skeptiker nachgeahmt hätte, die nur zweifeln, um zu zweifeln, und immer unentschieden sein wollen, vielmehr war meine Absicht die entgegengesetzte; ich wollte mir Sicherheit verschaffen und den schwankenden Boden und Sand bei Seite werfen, um Gestein oder Schiefer zu finden." „So lebte ich nun nach außen ganz wie die Leute, die weiter nichts zu thun haben als ein angenehmes und harmloses Leben zu führen, die sich bestreben, ihre Vergnügungen von den Lastern zu trennen, und, um ihre Muße zu genießen, ohne sich zu langweilen, alle ehrbaren Zerstreuungen mitnehmen. Doch unter dieser Außenseite ließ ich nicht ab, in der Ausführung meines Planes vorwärts zu schreiten und in der Erkenntniß der Wahrheit vielleicht mehr zu gewinnen, als wenn ich nie etwas anderes gethan hätte, als Bücher lesen und mit Gelehrten umgehen".*)

3. Die Epoche des Durchbruchs.

Wir haben an dieser Stelle die Selbstbekenntnisse Descartes' um ihrer biographischen Bedeutung willen so ausführlich reden lassen. Obwohl sie einen Zeitpunkt seines Lebens erleuchten, der achtzehn Jahre früher ist als ihre Veröffentlichung, so kann bei der Wahrheitsliebe und genauen Selbstkenntniß Descartes', die jede Gedächtnißtäuschung über den eigenen Entwicklungsgang ausschließt, nicht der mindeste Zweifel an der historischen Treue jener Schilderung bestehen, die zur Einsicht in die Epoche des Durchbruchs die einzige, völlig ungetrübte und authentische Quelle ausmacht. Es ist demnach sicher, daß Descartes die Schule als Skeptiker verließ, die Wahrheit suchend, des Weges unkundig und bedürftig, daß ihm das wegweisende Licht

---

*) Discours de la méthode. Part. II. et III. Vgl. meine Uebersetzung S. 12—16. S. 27. u. 28.

in der Einsamkeit seines winterlichen Aufenthaltes zu Neuburg im Jahre 1619 aufging, daß er hier zum erstenmale die Nothwendigkeit und Möglichkeit einsah, die analytische-Methode auf den menschlichen Geist und seine Erkenntnißzustände anzuwenden mit derselben Sicherheit und demselben Erfolge, die in der Geometrie durch ihn selbst gefunden und auf das Glücklichste erprobt waren. Der Grundgedanke der analytischen Geometrie stand ihm fest, als er den großen Entschluß faßte, an die Stelle der Größen sich selbst zu setzen, den eigenen Geist und seine Erkenntnißzustände zu analysiren, um das Dunkel zu verscheuchen und zur Klarheit zu gelangen, sein ganzes Leben demgemäß einzurichten und zu befruchten, damit es der beständige und lohnende Gegenstand dieses schwierigen und beispiellosen Experimentes sei. In diesem Vorsatz sind alle jene Regeln enthalten, die er schon damals zu seiner Richtschnur machte. Noch fühlt er sich weit vom Ziel, das er langsam und sicher erreichen will, aber er fühlt sich auf dem Wege. Mit dreiundzwanzig Jahren ist man noch kein Menschenkenner, noch nicht im Besitz jener Selbsterfahrung, die einer gründlichen und methodischen Selbstprüfung vorausgehen soll. Daher vertagt Descartes die Geistesoperation, die er an sich selbst ausführen will, bis zur Vollendung der Wanderjahre und stellt von jetzt an seine Reisen in den Dienst seiner Lebensaufgabe und Methode. Das Ziel, das auf diesem Wege gesucht wurde, konnte kein anderes sein als die Principien der neuen, von Descartes begründeten Philosophie. Der Keim dazu entstand in der Wintereinsamkeit von Neuburg, aber es bedurfte neun Jahre, bevor dieser Embryo zu voller Reife gedieh. Die Gewißheit des Durchbruchs erfüllte Descartes mit enthusiastischer Freude, die Aussicht öffnete sich, und in der Ferne leuchteten ihm die olympischen Höhen der Erkenntniß. Wir brauchen sein eigenes Bild. Es scheint, daß der Tag dieser merkwürdigen Lebensepoche bestimmt werden kann: es war der 10. November 1619. In dem Tagebuch des Philosophen, das jener Zeit angehört und bis jetzt leider verloren ist, — wir kennen es nur aus den Berichten Baillet's und unvollkommenen Abschriften, die Leibniz gemacht und Foucher de Careil veröffentlicht hat, — befand sich eine Aufzeichnung mit der Ueberschrift „Olympica" und der Randbemerkung: „am 10. November ist mir das Licht einer wunderbaren Entdeckung aufgegangen (intelligere coepi fundamentum inventi mirabilis)". In Leibniz' Abschrift ist das Jahr 1620 genannt, nach Baillet's Angabe lauteten die Worte Descartes: „am 10. November 1619 entdeckte ich, von Enthusiasmus erfüllt, die Grundlagen einer bewunderungswürdigen Wissenschaft (cum plenus forem enthusiasmo et mirabilis scientiae fundamenta reperirem)". Die Selbstbekenntnisse des Philosophen bezeichnen ohne alle näheren Umstände den Anfang des Winters 1619 als die Epoche des Durchbruchs. In einer weiteren Aufzeichnung des Tagebuchs heißt es: „ich werde vor Ende November in Loretto sein, vor Ostern meine Abhandlung vollenden und sie veröffentlichen, wie ich es heute, den 23. September 1620, versprochen habe". Der Gegenstand dieser Abhandlung konnte nur jene Entdeckung sein, für welche die Wallfahrt nach Loretto gelobt war. Die Pilgerreise erfolgte fünf Jahre später, die Veröffentlichung des Werkes nach siebzehn und, wenn die Grundlagen des Systems darunter verstanden sind, erst nach zwanzig Jahren.

Die Angaben über die erste Entdeckung sind schwankend; der jüngste Biograph will die „scientia mirabilis" und das „inventum mirabile" für zwei verschiedene gehalten wissen, deren erste Descartes den 10. November 1619, die andre den 11. November 1620 gemacht habe; der Gegenstand jener sei die neue Methode der Philosophie und zugleich die analytische Geometrie gewesen, der Gegenstand dieser unbekannt, wahrscheinlich speciell mathematischer Art und auf Gleichungen bezüglich. Ich bemerke, daß diese Combination aus der Luft gegriffen ist; in der Handschrift Descartes', soweit Leibniz dieselbe copirt und Foucher de Careil sie mitgetheilt hat, steht vom 11. November 1620 kein Wort. Im Text heißt es: „im Jahr 1620 ist mir das erste Licht einer wunderbaren Erfindung aufgegangen", am Rand ist als Datum der 10. November bemerkt; und weiter ist zu lesen, daß Descartes im November 1620 von Venedig nach Loretto pilgern wollte.

Alles erwogen und an Descartes' Selbstbekenntnissen geprüft, erscheint als die sicherste Annahme, daß der 10. November 1619 der epochemachende Tag war, wo der erste fortwirkende Gedanke seiner Philosophie geboren wurde. (Das Jahr 1620 in Verbindung mit diesem Datum ist wahrscheinlich ein Schreibfehler, den Leibniz gemacht hat.)

Baillet berichtet aus dem Tagebuche Descartes', daß dieser unmittelbar nach den enthusiastischen Erregungen des folgenreichen Tages drei merkwürdige Träume gehabt, die er ausführlich beschrieben und als Sinnbilder seiner Vergangenheit und Zukunft gedeutet. Im ersten sah er sich gelähmt, vom Sturme getrieben, in einer Kirche Schutz suchend, im zweiten glaubte er eine donnerähnliche Stimme zu hören und erblickte lauter Feuerfunken um sich her, im dritten schlug er die Gedichte des Ausonius auf und las die Worte: „Quod vitae sectabor iter?" Nach langer Ohnmacht und inneren Stürmen hatte Descartes am Tage vorher die Stimme der Wahrheit vernommen, plötzliche Helle gesehen und seinen Lebensweg gefunden.*)

Drittes Capitel.

Fortsetzung. B. Reisen und zweiter Aufenthalt in Paris (1621—28).

Acht Monate vergehen, bevor Descartes von Ungarn, wo er die Kriegsdienste verlassen hat, seine Rückkehr nach Frankreich vollendet; es ist ihm erwünscht, noch einige Zeit zu wandern, denn seine Reisen sind seine Studien in dem großen Buche der Welt, und seine Heimath ist gerade in diesem Augenblick wenig begehrenswerth; der Wiederausbruch der Hugenottenkriege in Frankreich und die Pest, die seit einem Jahr in Paris herrscht, sind zwei Umstände, die ihm ein längeres Verweilen im Auslande willkommen machen. Er reist durch Mähren und Schlesien nach der Mark Brandenburg und Pommern, wo wir ihn im Anfang des Herbstes 1621 finden, von hier nach Mecklenburg und Holstein, dann von Emden zur See nach Westfriesland und besteht während der Küstenfahrt ein Abenteuer, das er selbst in einer Aufzeichnung aus jener Zeit (unter der Ueberschrift „experimenta") erzählt hat, und wobei seine Geistesgegenwart und

---

*) In dem „Olympica" (nach Leibniz' Abschrift) findet sich nach der Zeitangabe seiner ersten „wunderbaren Entdeckung" unmittelbar folgende Stelle: „Im November 1619 habe ich von einem Gedichte geträumt, das mit den Worten begann: Quod vitae sectabor iter?" Auch daraus läßt sich schließen, daß unmittelbar vorher nicht „das Jahr 1620," sondern 1619 zu lesen ist, mit der Randbemerkung: am 10. November u. s. f.

Zu vgl. Foucher de Careil: Oeuvres inédites de Descartes I. (Paris 1859) Préf. IX—XIII. Introd. XI—XV. Millet: Hist. de Descartes I. pg. 74—82 pg. 96—98.

moralische Kraft eine glückliche Probe bestanden. Die Schiffer, mit denen er fährt, wollen ihn berauben und tödten; überzeugt, daß der fremde Mann ihre Sprache nicht versteht, verhandeln sie die Sache ganz offen, aber Descartes merkt, was sie vorhaben, zückt schnell seinen Degen und weiß durch die entschlossenste Haltung die Räuber dergestalt einzuschüchtern, daß er sich und seinen Diener rettet. Von Westfriesland geht er nach Holland, wo er einen Theil des Winters bleibt, er besucht im Haag den Hof des Prinzen von Oranien, unmittelbar darauf in Brüssel den der Infantin Isabella. Im März 1622 kehrt er nach Frankreich zurück, nimmt sein mütterliches Erbtheil in Besitz und begiebt sich im Februar 1623 nach Paris. Unter den Tagesneuigkeiten, welche die geselligen Kreise der Hauptstadt beschäftigen, stehen die Kriegsereignisse in Deutschland und der Geheimbund der Rosenkreuzer obenan. Niemand kann über den deutschen Krieg und die jüngsten Weltbegebenheiten unterrichteter sprechen als Descartes, dessen Erzählungen mit der größten Spannung gehört werden; auch hat sich das Gerücht verbreitet, daß Mitglieder der Rosenkreuzer, dieses Ordens der „Invisiblen", in Paris seien, daß Descartes mit ihnen in nächster Verbindung stehe, ja selbst dem geheimnißvollen Orden angehöre. Die Sache der Rosenkreuzer wird auch hier zu einem Gegenstand literarischer Controversen; Mersenne ist darüber in einem Streit mit dem englischen Naturphilosophen Robert Fludd begriffen, der die Rosenkreuzer vertheidigt, während Gassendi, der mit Descartes um den Ruhm, der erste Philosoph Frankreichs zu sein, später wetteifern sollte, sich auf die Seite der Gegner stellt. Nach neun Jahren trifft Descartes mit seinem alten Freunde Mersenne wieder zusammen, der, inzwischen nach Paris zurückgekehrt, im Kloster nahe der Place royale wohnt und sich eben mit der Herausgabe seines Commentars der Genesis beschäftigt. Was die Rosenkreuzer betraf, so konnte Descartes den neugierigen Fragern scherzhaft erwiedern, seine Gegenwart beweise, daß er keiner der „Invisiblen" sei.

Diesmal dauert sein Aufenthalt in Paris nur wenige Monate. Nachdem er in der Bretagne seine Familie wiedergesehen und in Poitou seine Güter verkauft hat, begiebt er sich im September 1623 von neuem auf Reisen, die jetzt nach dem Süden gerichtet sind. Er will Italien kennen lernen und in Rom einen Theil des Jubeljahres erleben, das Weihnachten 1624 beginnen soll. Zu dieser Zeit ist die päpstliche Stadt gleichsam ein Compendium von ganz Europa. Er nimmt seinen Weg durch die Schweiz nach Thyrol und besucht in Innsbruck den Hof des Erzherzogs Leopold, von da geht er nach Venedig und ist am Himmelfahrtstage ein Zeuge der großen Meeresfeier, dann pilgert er nach Loretto, um zu erfüllen, was er fünf Jahre vorher in Neuburg gelobt hatte. Mit dem Beginn der Feste ist er in Rom und verweilt hier bis zum nächsten Frühjahr. Auf der Rückkehr sieht er Florenz und den Hof des Großherzogs Ferdinand II., aber nicht Galilei, den größten Mann der Zeit, der in seinem Leben noch verhängnißvoll werden sollte. Der Angabe, daß er die Bekanntschaft Galilei's gemacht habe, widerspricht seine eigene Erklärung in einem späteren Briefe an Mersenne. Ueber Piemont und die Alpen kehrt er noch vor Mitte des Jahres 1625 nach Frankreich zurück.

Die drei folgenden Jahre bleibt Descartes mit wenigen Unterbrechungen in Paris, wo er gegen Anfang des Sommers eintrifft. Kurz vorher scheint er die Absicht gehabt zu haben, ein ihm angebotenes und seinem Range entsprechendes Amt in Chatellerault zu kaufen, doch bald giebt er die Idee, wenn sie je ernstlich gefaßt war, wieder auf und wahrt, dem ersten Entschluße treu, seine volle Unabhängigkeit und Muße. Der Kreis seiner wissenschaftlichen Bekannten und Freunde vermehrt sich, er wird von allen Seiten gesucht und gilt schon als einer der ersten Mathematiker und Philosophen des Zeitalters. Zu diesem Kreise gehören die bedeutendsten Mathematiker, Physiker und Theologen der Hauptstadt: ich nenne die Namen Hardy, de Beaune, Morin, Desargues, Balzac, den Arzt Villebressieux, die Theologen Gibieuf, de la Barde, de Sancy und vor allen als den ersten Gönner Descartes' den Cardinal Bérulle. Wir finden in den folgenden Jahren den Arzt Villebressieux und den Abbé Picot mit Descartes in naher Verbindung; seine vertrautesten Freunde sind noch von dem ersten Pariser Aufenthalt her Mersenne und Mydorge, der, eben damals mit optischen Versuchen und Studien beschäftigt, in Descartes die Untersuchungen anregt, deren spätere Frucht seine Dioptrik war. Beide werden in diesen Studien von einem der ersten optischen Künstler in Paris, dem wissenschaftlich und technisch gleich bedeutenden Ferrier unterstützt, der die Instrumente ausführt, die Mydorge entwirft, und bei dem Descartes selbst sich in der Kunst übt Gläser zu schleifen. Er schätzte Ferrier so sehr, daß er seine später so sorgfältig gesuchte und behutsam gewahrte Einsamkeit in Holland mit keinem lieber getheilt hätte.

Aus dem Hause des ihm befreundeten Le Vasseur d'Étioles, wo Descartes zuerst seine Wohnung genommen, hatte er sich im August 1626 wieder in die Vorstadt St. Germain zurückgezogen, um einige Zeit einsamer zu leben. Als er in das Haus Le Vasseur und in den größeren Kreis seiner Freunde zurückkehrt, beginnt von neuem der wissenschaftlich gesellige Verkehr, und es bildet sich in diesem Hause eine kleine Akademie, deren Mittelpunkt Descartes ist. Hier äußert er in geselligen Gesprächen zuerst seine philosophischen, in der Einsamkeit gereisten Gedanken, die durch ihre Neuheit und Tiefe so überraschend und einleuchtend wirken, daß schon jetzt Freunde, Gelehrte und Buchhändler ihn bestürmen, seine Ideen der Welt mitzutheilen. Doch Descartes war entschlossen, bei diesem Werke sich vor jeder Uebereilung und jedem Vorurtheil zu hüten, die Saat in seinem Geiste noch zu pflegen und mit der Ernte zu warten, bis der Zeitpunkt der vollkommensten Reise auch in seinem Lebensalter gekommen sei. Bald werden ihm Gesellschaft und Besuche wieder lästig, von neuem erwacht das unwiderstehliche Bedürfniß nach Einsamkeit, er flieht aus dem befreundeten Hause und verbirgt sich am Ende von Paris in einer nur den vertrautesten Freunden bekannten Wohnung (Sommer 1628). Le Vasseur sucht ihn umsonst, endlich trifft er den Diener, den er nöthigt, ihm die Wohnung zu zeigen, und hier findet er Descartes, den er eine Zeit lang ungesehen beobachtet, um 11 Uhr nach seiner Gewohnheit im Bett meditirend und von Zeit zu Zeit schreibend.

Als Descartes das erstemal Frankreich verließ, hatte sich eben Ludwig XIII. von der mütterlichen Bevormundung losgemacht und unter die Leitung seines Günstlings begeben; als er nach Paris zurückkehrt, ist diese Favoritenherrschaft vorüber, und neben dem matten König erhebt sich ein bedeutender, zum Regieren wirklich berufener Staatsmann. Das Jahr vorher war Richelieu Cardinal geworden, zwei Jahre später tritt er unter dem wiedererneuten Einfluß der Königin Mutter in den Staatsrath, bald ist er der erste Minister, in Wahrheit der alleinige Regent. Die Politik dieses Mannes duldet im Innern Frankreichs keine dem königlichen Regiment widerstrebende oder bedrohliche Macht und fordert aus diesem Interesse die Unterwerfung und Entwaffnung der Protestanten und ihrer Sicherheitsplätze, deren wichtigster La Rochelle ist. Die Stadt soll ausgehungert und deßhalb so belagert und eingeschlossen werden, daß die Zufuhr und die Entsetzung unmöglich ist; die Belagerungskunst hatte bei der Lage der Stadt die größten Schwierigkeiten zu besiegen, und daß sie es vermocht hat, macht die Belagerung von La Rochelle denkwürdig in der Geschichte der Kriegskunst. Eine Menge Neugieriger strömen herbei, um diese Werke der Kriegskunst zu sehen, unter ihnen Descartes, der sich vor La Rochelle für die verlorene Einsamkeit in Paris entschädigt. Sein Freund Desargues hatte als Ingenieur bei den Belagerungsmaschinen mitgewirkt und machte Descartes zuerst mit Richelieu bekannt. Der König selbst ist gegenwärtig, und für die Edelleute, welche die Neugierde herbeigeführt hat, ziemt es sich nicht, blos Zuschauer zu sein. Auch Descartes ist im Gefolge des Königs, als dieser eine Recognoscirung der englischen Flotte, welche die Belagerten vergeblich zu entsetzen sucht, unternimmt und später in die freiwillig übergebene Stadt einzieht. Im Anfang November 1628 kehrt Descartes von diesem seinem letzten Feldzuge (wenn man es so nennen darf) nach Paris zurück; es sind gerade neun Jahre, daß er in Neuburg an der Donau zuerst den Weg erblickte, auf dem er jetzt dicht vor dem Ziele steht.

Wenige Tage nach seiner Rückkunft feierte Descartes einen Sieg, der ihm unvergeßlicher blieb als seine Feldzüge, es war ein Triumph seiner Methode, eine wohlbestandene Probe derselben vor einem erwählten Kreise bedeutender und angesehener Männer. Wenn neue Ideen in der Luft sind, glauben viele, sie schon ergriffen zu haben, und neben dem wahren und seltenen Entdecker findet sich allemal eine Menge vermeintlicher Neuerer, die sich und andere täuschen. Gewöhnlich haben diese Leute Kenntnisse aller Art, gerade so viel als sie zur Schau tragen, eine kecke Zuversicht im Auftreten, eine erstaunliche Schlagfertigkeit und gesellschaftliche Gewandtheit im Reden, lauter Eigenschaften, welche namentlich die vornehme Welt, die Gold und Katzengold bisweilen schwer unterscheidet, zu blenden im Stande sind. Ein Typus dieser Art, der schon Aufsehen in Paris erregt hatte, war ein gewisser Chandoux, Mediciner und Chemiker seines Zeichens; Aristoteles und die Scholastik waren in seinem Munde abgemachte und veraltete Standpunkte, er wußte gegen dieselben so modern zu sprechen, wie Bacon, Hobbes und Gassendi, sein drittes Wort war „die neue Philosophie", die neuen unerschütterlichen Principien, die er selbst gefunden zu haben sich rühmte. Den päpstlichen Nuntius Marquis de Bagné hatten diese Prahlereien wirklich geblendet, er wünschte dieses Licht in seinem Kreise leuchten zu lassen und lud, um Chandoux zu hören, eine Gesellschaft der notabelsten Leute. Unter den Geladenen war außer dem Cardinal Bérulle auch Descartes, Mersenne, Villebressieux u. a. Chandoux sprach vorbereitet, geläufig, blendend und sein Vortrag gewann den lauten Beifall dieser erlesenen Zuhörerschaft. Descartes sagte nichts. Der Cardinal Bérulle, der es bemerkt, frägt ihn um seine Meinung, er antwortet ausweichend und zurückhaltend, als ob nach dem Beifall solcher Männer nichts weiter zu sagen wäre; endlich, von allen Seiten gedrängt, sein Urtheil abzugeben, geht er auf den Vortrag ein, lobt die fließende Rede, auch die Freimüthigkeit, womit sich Chandoux gegen die herkömmliche Philosophie und für eine völlig unabhängige erklärt habe; was aber die vermeintlich neuen Principien betreffe, so müsse er zweifeln, ob sie die Probe der Wahrheit aushalten. Descartes sah ein Beispiel jener Selbsttäuschung vor sich, die er auch an sich erfahren, unzähligemal an andern erlebt, bis auf den Grund durchschaut und völlig bemeistert hatte. Die Gelegenheit bot sich, ein Exempel zu statuiren. Man müsse einen Probirstein haben, um Wahrheit und Irrthum zu unterscheiden; wer dieses Mittel nicht besitze, tappe im Dunkeln; er mache sich anheischig, die augenscheinlichste Wahrheit, die man ihm geben wolle, so zu widerlegen und den augenscheinlichsten Irrthum so zu beweisen, daß man genöthigt sei, seine Gründe gelten zu lassen. Der Doppelversuch wird sogleich gemacht und von Descartes durch zwölf Gründe von zunehmender Wahrscheinlichkeit siegreich durchgeführt. Er will gezeigt haben, daß aus unbewiesenen Gründen nichts für wahr oder falsch gelten dürfe, und Scheingründe nichts beweisen, daß alles bisherige Philosophiren, auch wenn es noch so modern klinge, auf Scheingründen beruhe, und es in diesem Punkte mit Chandoux' neuer Philosophie nicht um ein Haar besser bestellt sei, als mit der alten und herkömmlichen, die jener verachte. Ohne den Probirstein der Wahrheit giebt es in der menschlichen Erkenntniß kein Mittel gegen die Falschmünzerei. Chandoux scheint diese Kunst in andern Dingen noch besser verstanden zu haben als in der Philosophie, er übte sie am Gelde und wurde als Falschmünzer auf dem Gréveplatz gehängt.

Descartes macht aus seinem Probirstein kein Geheimniß und

erklärt den Zuhörern, die das Experiment überzeugt und nach einem tieferen Einblick begierig gemacht hatte, daß alle Wahrheit nur durch methodisches Denken zu entdecken sei und die Probe desselben bestehen müsse. Auf den Cardinal Bérulle hatte der ganze Vorgang den größten Eindruck hinterlassen, er erkannte in Descartes den bahnbrechenden, zur Reformation der Philosophie berufenen Kopf, einen Erneuerer der Wissenschaft, der für Frankreich werden könnte, was Bacon für England geworden; in einer vertrauten Unterredung verpflichtete er ihn förmlich, ein Werk über seine Methode zu schreiben und der Welt mitzutheilen. Die Zusprache eines solchen Mannes mußte den Philosophen in dem schon gereiften Entschluß bestärken, von jetzt an ganz der Ausführung seines Werkes zu leben. Zu seiner völligen Sammlung bedurfte er einer Muße und Einsamkeit, die ihm Paris nicht gewährte. Es scheint, daß er noch einige Zeit in der Nähe von Paris auf dem Lande gelebt und hier vielleicht den ersten Entwurf seiner Methodenlehre, „die Regeln zur Richtschnur des Geistes (regulae ad directionem ingenii)" niedergeschrieben hat, wovon sich nur ein Bruchstück erhalten. Nachdem er sorgfältig erwogen, wo er sich und seiner Sache am besten in ungestörter Muße leben könne, geht er für die nächsten zwanzig Jahre nach Holland.

Viertes Capitel.

Dritte Lebensperiode (1629—1650). Die Zeit der Werke.

A. Aufenthalt in den Niederlanden.

I. „Die holländische Einsiedelei."

Die Wanderjahre sind zu Ende. Descartes hat ein großes Stück Welt gesehen, das Menschenleben in seinen verschiedensten Formen kennen gelernt und in seinen unfreiwilligen Verblendungen beobachtet; er ist ein großer Prüfer menschlicher Meinungen, ein Meister im Durchschauen des Irrthums geworden; sein Geist ist so kritisch gerichtet, so methodisch geübt in der Unterscheidung des Wahren und Falschen, so geschärft durch umfassende Menschenkenntniß, so unverblendet durch die Scheinwerthe der Welt, daß er jetzt reif ist, das schwierige Experiment der Selbstprüfung zu unternehmen und die Wahrheit in sich selbst zu finden. Wir erwarten von ihm keine Reisebeschreibungen, keine Schilderungen der Höfe und Heere, der Länder und Städte, die er gesehen, sondern eine tief eindringende, von keiner Zweifelsfurcht beschränkte Analyse der menschlichen Erkenntniß. Er wollte sich selbst als Repräsentant des menschlichen Bewußtseins erscheinen, als Beispiel eines von Welt- und Lebenserfahrung erfüllten Geistes, wie Montaigne gewesen; auf diesem Niveau mußte er stehen, um hier die Zweifel zu überwinden, die bei jenem die letzte und reifste Frucht seiner Erfahrungen blieben. Deßhalb war Descartes gereist, nicht um die Abenteuer eines französischen Cavaliers zu erzählen. Man kennt ihn nicht, wenn man (mit einem seiner heutigen Landsleute) den Weltmann und den Philosophen für zwei Personen ansieht, in welche Descartes zerfällt. Der Weltmann macht die Vorschule des Philosophen. So lag es den eigenen Bekenntnissen gemäß in seinem Lebensplan. Jetzt stand er am Ziel, von wo der Weg nicht weiter nach außen, sondern allein nach innen gerichtet sein sollte; jetzt suchte er, wie einst Montaigne, „das stille Plätzchen".

Die Erwartung der Welt war dem Wege Descartes' vorausgeeilt. Als er Paris verließ, war er mit der Methode seiner Untersuchung, mit der skeptischen und negativen Begründung der neuen Lehre im Reinen, noch nicht mit der positiven. Daß die Welt ein solches Werk von ihm erwartete und sogar glaubte, er habe es schon vollbracht, trieb ihn dazu, jetzt ernstlich an die Sache zu gehen. Die Männer, auf deren Urtheil er das größte Gewicht legte, sollten sich in ihrer Meinung von ihm nicht getäuscht haben. Wenigstens schildert Descartes selbst, als er sieben Jahre später (1636) auf die Periode seiner Wanderungen (1619—1628) zurückblickt, diese Beweggründe als die letzten, die ihn vermocht hätten, sich ganz in die Werkstätte des Philosophen zurückzuziehen. „Diese neun Jahre verflossen, ohne daß ich in den Streitfragen der Gelehrten mich entschieden oder den Anfang zur Grundlegung einer gewisseren Philosophie, als die gewöhnliche, gemacht hatte. Das Beispiel so vieler vorzüglicher Geister, die vor mir dieselbe Absicht gehabt und, wie mir schien, verfehlt hatten, ließ mich der Schwierigkeiten so viele in dieser Sache finden, daß ich das Unternehmen noch nicht so bald gewagt hätte, wäre nicht der Ruf verbreitet worden, ich sei damit zu Stande gekommen. Ich kann nicht sagen, worauf diese Meinung sich gründete, und sollte ich durch meine Aeußerungen sie mitveranlaßt haben, so besteht meine einzige Schuld darin, daß ich offener, als sonst wohl studirte Leute zu thun pflegen, meine Unwissenheit bekannte und auch die Gründe darlegte, warum mir vieles, was andere für sicher hielten, ungewiß erschien, nicht aber, daß ich mich einer Lehre gerühmt hätte. Doch zu ehrlich, um für mehr gelten zu wollen, als ich war, hielt ich es jetzt für meine Pflicht, mit allen Kräften zu versuchen, ob ich den Ruf, der mir zu Theil geworden, verdienen könnte. Deßhalb habe ich gerade vor acht Jahren den Entschluß gefaßt, alle Orte, wo ich Bekannte finden konnte, zu vermeiden und mich hierher zurückzuziehen, in ein Land, wo lange Kriege die Folge gehabt, daß die Heere, die man unterhält, nur um so sicherer die Früchte des Friedens genießen lassen, und wo unter der Masse eines großen und sehr thätigen Volks, das mehr für seine eigenen Angelegenheiten sorgt, als sich um fremde kümmert, ich, ohne die Annehmlichkeiten der volkreichsten Städte zu entbehren, ebenso einsam und zurückgezogen habe leben können, als in den entlegensten Wüsten".*)

Um seinem Werke mit völliger Freiheit zu leben, bedurfte Descartes ein günstiges Klima und ungestörte Einsamkeit; beides entbehrte er in Frankreich und Paris, beides fand er in Holland, wohin er sich im Anfange des Frühjahres 1629 begab, gerade zehn Jahre, nachdem er Breda verlassen. Mit der größten Vorsicht schützt er sich gegen alle äußeren Störungen. Er verabschiedet sich schriftlich von seiner Familie und nimmt in Paris nur von den vertrautesten Freunden Abschied. Der Abbé Picot besorgt seine ökonomischen Angelegenheiten, Mersenne die literarischen, namentlich geht der größte Theil der Briefe, die Descartes nach Frankreich schreibt und von dort empfängt, durch seine Hand. Die zudringliche Neugierde soll nicht wissen, wo er lebt. Er verheimlicht seinen Aufenthalt, selbst durch falsche Data, wechselt ihn oft und hat den verborgensten am liebsten: Vorstädte, Dörfer, abgelegene Landhäuser. Auch für seine Correspondenz in Holland hat er an verschiedenen Orten befreundete Agenten, die ihm seine Briefe vermitteln, wie Beeckman in Dordrecht, Bloemaërt in Haarlem, Reynier in Amsterdam, Hooghland in Leyden. Er lebt in seiner Einsamkeit nomadisch, „wie die Juden in der arabischen Wüste." Während der zwanzig Jahre, die er in Holland

---

*) Oeuvres T. I. Disc. de la méthode. Part. III pg. 155—56.

zubringt (1629—49), hat er etwa vierundzwanzigmal seinen Aufenthalt verändert und an dreizehn verschiedenen Orten gelebt: ich nenne Amsterdam, Franecker, Deventer, Utrecht, Amersfort, Leeuwarden, Abtei Egmond bei Alkmaar, Egmond van Hoef, Harderwijk an der Zuidersee, Leyden und Schloß Endegeest bei Leyden. Jetzt ist er vollkommen Herr seiner Zeit und Lebensart, er kann mitten in volkreichen Städten, in Gesellschaft und Verkehr mit Freunden, in der fruchtbarsten Zerstreuung leben und, sobald das Bedürfniß der Sammlung und Arbeit eintritt, sich an entlegene Orte zurückziehen, wo ihn kein Lästiger findet. Hier ist er sicherer, als in der Vorstadt St. Germain. In solcher Einsamkeit entstehen und reifen die Werke, die ihn zum Begründer der neuen Philosophie und zum Gegenstand der Bewunderung der Welt gemacht haben. Was die Entstehung seiner Werke betrifft, sind Franecker und Leeuwarden in Friesland, Harderwijk in Geldern, Endegeest bei Leyden und Egmond in Nordholland die wichtigsten seiner Aufenthaltsorte gewesen. Schloß Endegeest ist noch heute durch das Andenken Descartes' geweiht. In Franecker, wohin er sich, bald nach seiner Uebersiedelung, von Amsterdam aus begeben hatte (er trug den 16. April 1629 seinen Namen „Renatus Descartes Gallus philosophus" in das Album der Universität ein), bewohnte er ein einsames Schloß, das von der Stadt durch einen Graben getrennt war, und schrieb hier den ersten Entwurf seiner „Meditationen", die zehn Jahre später in Harderwijk ausgeführt und vollendet wurden (1639/40); in Leeuwarden entstanden während des Winters 1635/36 seine „Versuche", eingeführt durch den „Discours de la méthode", die erste von ihm selbst veröffentlichte Schrift; in Endegeest wurden die „Principien", das Hauptwerk seiner Philosophie, vorbereitet (1641—43), in Egmond vollendet. An diesem Ort, einem der schönsten Dörfer Nordhollands, hat Descartes am liebsten und wohl auch am längsten verweilt, der erste Aufenthalt fällt in den Winter 1637/38 gleich nach der Herausgabe seiner „Versuche", der letzte in die Jahre 1643—49, die letzten seiner holländischen Einsamkeit, die hier durch drei Reisen nach Frankreich in den Jahren 1644, 1647 und 48 unterbrochen wurde.

In Descartes' holländischer Lebensperiode lassen sich demnach drei Abschnitte so unterscheiden, daß der erste (1629—36) der Veröffentlichung seiner Hauptwerke vorausgeht, der zweite (1637—44) diese umfaßt, der dritte (1644—49) ihr nachfolgt. Während des ersten Abschnittes hat Descartes, nachdem er Franecker verlassen, hauptsächlich in Amsterdam, Deventer, Utrecht, Leeuwarden gelebt, während des zweiten zuerst in Egmond, dann in Harderwijk, Amersfort, Amsterdam, Leyden und Schloß Endegeest, während des dritten in Egmond. Gleich nach dem Entwurf der Meditationen, die im December 1629 in ihrer ersten Form fertig waren, ging Descartes an die Ausarbeitung eines umfassenden Hauptwerks, worin er der Welt nach seinen neuen Principien die Welt erklären wollte, es sollte „Kosmos" heißen und zuerst veröffentlicht werden; das Werk war so gut als vollendet, als Descartes aus Gründen, die alsbald zu erörtern sind, den Entschluß faßte, es nie herauszugeben. Dieser Arbeit waren die Jahre 1630—33 gewidmet. Nachdem so die Absicht, als Lehrer der Welt aufzutreten, gleich bei dem ersten Versuche gescheitert war, schwankte Descartes, ob er diese Absicht nicht für immer aufgeben sollte.

In die nächste Zeit fällt eine Episode, die er in seiner Lebensmethode nicht vorhergesehen hatte, aber die Neigungen sind oft mächtiger als die Grundsätze: er lernte während des Winters 1634/35 in Amsterdam ein Mädchen kennen, das er lieb gewann und ohne legitime Form zu seiner Frau machte, sie gebar ihm (in Deventer den 19. Juli 1635) eine Tochter, die auf seinen Namen „Francine Descartes" getauft und von ihm mit zärtlicher Liebe erzogen wurde, doch sollte er sich des väterlichen Glücks nicht lange erfreuen, das Kind starb in Amersfort den 7. September 1640.*)

Die Unabhängigkeit und Muße, die Descartes sich stets gewünscht und jetzt in den Niederlanden zum erstenmal in ungetheiltem Maße findet, genießt er mit vollen Zügen. Aus einigen Briefen namentlich der ersten Jahre weht die heiterste und zufriedenste Stimmung, die sich dem Leser wohlthuend mittheilt. Seinem Freunde Balzac in Paris, dem bekannten Schützlinge Richelieu's, bei dem er als Historiograph und Stylist in Ehren stand, schildert Descartes in der besten Laune sein holländisches Idyll. Er schreibt im Frühjahr 1631 aus Amsterdam, als Balzac von seinem Stammgut wieder nach Paris zurückgekehrt ist: „Ich habe mir wirklich Skrupel gemacht,

---

*) Alle näheren Umstände sind unbekannt. Im Taufregister der reformirten Kirche zu Deventer ist die Mutter als „Hélène fille de Jean" bezeichnet. Vgl. Millet: Histoire de Descartes I. pg. 339—40.

Ihre ländliche Ruhe zu stören, und darum lieber mit meinem Briefe gewartet, bis die Zeit Ihrer Einsamkeit vorüber wäre. Während ich in den ersten acht Tagen schreiben wollte, habe ich Sie achtzehn Monate lang, von der Abreise bis zur Rückkehr, unbelästigt gelassen, und Sie wissen es mir nicht einmal Dank. Jetzt aber, nun Sie wieder in Paris sind, muß ich mir doch von der Zeit, die an so viele zudringliche Besuche verloren geht, auch meinen Theil ausbitten und Ihnen sagen, daß in den zwei Jahren, die ich im Auslande lebe, ich nicht ein einzigesmal in Versuchung war, nach Paris zurückzukommen; nur seitdem ich weiß, daß Sie wieder dort sind, würde ich anderswo glücklicher sein können als hier. Und hielte mich nicht die Arbeit zurück, die wichtigste nach meinem geringen Urtheil, die ich je vorhaben kann, so würde der Wunsch, Ihre Unterhaltung zu genießen und alle die Gedanken voller Kraft, die wir in Ihren Schriften bewundern, unmittelbar vor mir entstehen zu sehen, diese Hoffnung allein würde stark genug sein, mich von hier zu vertreiben. Fragen sie mich nicht, ich bitte, welcher Art die Arbeit ist, die mir so wichtig erscheint, das Bekenntniß würde mich roth machen, ich bin so sehr Philosoph geworden, daß ich vieles, das bei der Welt in Ansehen steht, gering schätze und anderes, woraus man nichts zu machen pflegt, hochhalte. Doch ich weiß, Sie denken anders als die Leute, Sie urtheilen besser von mir als ich verdiene, und ich will mit Ihnen zu günstiger Stunde unverholen über meine Arbeiten sprechen. Für heute nur so viel: ich bin nicht in der Stimmung Bücher zu schreiben, ich verachte die Berühmtheit nicht, wenn man, wie Sie, im Stande ist, wirklich einen großen und gediegenen Ruf zu erwerben; dagegen dem mittelmäßigen und unsicheren, wie er etwa für mich zu hoffen wäre, ziehe ich den Frieden und die Gemüthsruhe vor, die ich besitze. Ich schlafe hier alle Nacht zehn Stunden, ohne daß je eine Sorge mich aufweckt. Ich träume lauter herrliche Dinge, die Wälder, Gärten und Zauberpaläste der Mährchen, und wenn ich erwache, finde ich mich mit noch größerem Behagen in der Sinnenwelt, die mich umgiebt. Nichts fehlt als Ihre Nähe!" — Wie nun Balzac dem Freunde antwortet, er sei jetzt geneigt, auch unter die Einsiedler nach Holland zu gehen, erwiedert Descartes: „Ich habe mir die Augen gerieben und zu träumen gemeint, als ich las, Sie wollten hierherkommen. Und doch ist es gar nicht befremdlich, wenn ein hochgesinnter Geist, wie der Ihrige, die Fesseln des Hofes nicht länger erträgt, und hat Gott, wie Sie schreiben, Ihnen eingegeben, das Weltleben zu verlassen, so würde ich ja wider den heiligen Geist sündigen, wollte ich Sie von einem solchen Entschluß abbringen. Vielmehr lade ich Sie ein, Amsterdam zu Ihrer Zuflucht zu nehmen, Ihm nicht blos vor allen Kapuziner= und Karthäuserklöstern, wohin so viele ehrbare Leute sich zurückziehen, sondern auch vor den schönsten Residenzen ganz Frankreichs und Italiens, sogar vor der berühmten Eremitage Ihres vorjährigen Aufenthaltes den Vorzug zu geben. Ein Landhaus mag noch so vollkommen eingerichtet sein, immer fehlen zahllose Bequemlichkeiten, die man nur in Städten haben kann, und selbst die Einsamkeit, die man auf dem Lande zu finden hofft, ist dort nie ganz ohne Anfechtung. Nun ja, Sie finden einen Bach, der die größten Schwätzer zu Träumern macht, ein einsames Thal, das Sie erfreut und entzückt, aber da sind zugleich eine Menge kleiner Nachbaren, die Besuche machen, weit unbequemere Besuche, als man in Paris empfängt. Hier dagegen, in dieser großen Stadt, bin ich der einzige Mensch, der nicht Handel treibt, alle andern sind von ihren Interessen so sehr in Anspruch genommen, daß ich hier mein ganzes Leben zubringen könnte, ohne daß je irgendwer mich bemerkte. Ich gehe täglich mitten in dem Getriebe einer großen Volksmenge so frei und ruhig spazieren, als Sie in Ihren Baumgängen, ich be= trachte die Menschen um mich her gleich den Bäumen in Ihren Wäldern und den Thieren auf Ihren Waiden, selbst das Geräusch ihres Treibens stört meine Träumereien so wenig, als das eines Bachs. Mit demselben Vergnügen, womit Sie die Bauern Ihre Felder pflügen sehen, bemerke ich hier, wie die Arbeit aller jener Leute dazu dient, den Ort, wo ich lebe, schöner und behaglicher zu machen. Wie Ihnen der Anblick reicher, in Ihren Gärten heran= reifender Früchte wohlthut, so sehe ich hier mit Ergötzen die Schiffe ankommen, die uns im Ueberfluß die Erzeugnisse beider Indien und die Seltenheiten Europas bringen. Nirgends in der Welt sind alle Annehmlichkeiten des Lebens so leicht zu haben als hier. Es giebt kein Land, in dem die bürgerliche Freiheit vollkommener, die Sicher= heit befestigter, Verbrechen seltener, und alt vererbte Sitteneinfalt größer wäre. Ich begreife nicht, daß Sie Italien vorziehen, wo die Hitze des Tages unerträglich, die Kühle des Abends ungesund, die Dunkelheit der Nacht, die Raub und Mord verbirgt, gefährlich ist. Sie fürchten die Winter des Nordens, aber welche Schatten, Fächer,

Quellen werden Sie vor der Hitze in Rom so gut zu bewahren im Stande sein, als hier vor der Kälte ein Ofen und ein tüchtiges Feuer? Kommen Sie also nach Holland, ich erwarte Sie mit einer kleinen Sammlung meiner Träumereien, die Ihnen vielleicht nicht mißfallen".*)

Nach der Veröffentlichung seines ersten Werks ging die Rede, daß Richelieu dem Philosophen Anerbietungen für Paris machen wolle. „Ich glaube nicht", schreibt Descartes an Mersenne, „daß die Gedanken des Cardinals sich bis zu einem Menschen meiner Art herablassen sollten. Uebrigens giebt es, unter uns gesagt, nichts, das meinen Lebensplänen weniger zusagt, als die Luft von Paris, wegen der zahllosen Zerstreuungen, die dort unvermeidlich sind; und so lange ich nach meiner Weise leben darf, werde ich auf dem Dorf in einem beliebigen Lande bleiben, wo mich die Besuche der Nach= barn so wenig belästigen als hier, in einem Winkel Nordhollands. Dies ist der einzige Grund, warum ich dieses Land der Heimath vorgezogen habe, und jetzt bin ich so daran gewöhnt, daß ich keine Lust spüre, meinen Aufenthalt zu ändern."**)

Fügen wir diesen brieflichen Aeußerungen noch einen Satz aus dem Anfange der Meditationen hinzu, einen der ersten, die Descartes in jenem einsamen Schlosse der Stadt Franecker geschrieben: „Die Gegenwart ist mir günstig, mein Gemüth ist frei von allen Sorgen, meine Muße ungestört; ich lebe einsam in der Einsamkeit und werde mich nun mit vollem Ernst und voller Geistesfreiheit meiner Aufgabe widmen, die zunächst den umfassenden und gründlichen Umsturz aller meiner bisher gehegten Ueberzeugungen fordert."

II. Geistiges Leben in den Niederlanden.

1. Bildungszustände.

Indessen würde Holland seine „geliebte Einsiedelei", wie Descartes sie nennt, kaum geworden sein, wenn hier nicht zugleich der regste geistige Verkehr ihm offen gestanden hätte. Die Niederlande waren

---

*) Der erste Brief Descartes' ist nach Cousins Meinung vom 29. März 1631, der zweite ist vom 15. Mai, zwischen beide fällt Balzac's Antwort vom 25. April 1631. Oeuvres T. VI. pg. 197—203.

**) Der Brief ist den 27. Mai 1638 offenbar in Egmond geschrieben. Oeuvres T. VII. pg. 155.

damals einer der ersten Sammelplätze der europäischen Geistesbildung jeder Art; Kunst und Wissenschaft, die humanistischen und exacten Fächer standen zugleich in hoher Blüthe und Ansehen. Der Protestantismus hatte in Kirche und Theologie neues Leben und neue Kämpfe geweckt, die auch den benachbarten Katholicismus erregten; in Leyden war der schon erwähnte Streit der Arminianer und Gomaristen entbrannt, in Löwen entsteht der Jansenismus, der sich in Frankreich mit der Lehre Descartes' berührt, zum Theil befreundet. Die niederländischen Universitäten treten in den Vordergrund des geistigen Lebens, neue werden gegründet, insbesondere die Universität Utrecht (bestätigt im Jahre 1636), wo die neue Philosophie ihre erste Schule und ihre heftigsten Gegner findet. Wissenschaft, Gelehrsamkeit, universelle Bildung sind an der Tagesordnung und verbreiten sich gleich einer Mode in den geselligen Kreisen, selbst in dem weiblichen Geschlecht. Aus dem Reichthum der Bildungsinteressen entwickelt sich in empfänglichen und begabten Frauengemüthern eine wissenschaftliche, gelehrte und künstlerische Cultur, die auch in ihren männlichsten Formen mit weiblicher Art sich verträgt und trotz des Erstaunens, das sie erregt, nicht den Eindruck künstlich gezüchteter „Blaustrümpfe" macht.

2. A. M. von Schürmann.

Das merkwürdigste Beispiel dieser Art war damals Anna Maria von Schürmann (1607—1678), „der Stern von Utrecht, die zehnte Muse, die holländische Minerva", wie ihre Verehrer sie nannten, ein wahres Wunder von Gelehrsamkeit und mannigfaltigster Bildung. Schon in ihrer Kindheit hat sie die alten Sprachen gelernt, Seneca, Virgil und Homer gelesen; dazu kommen die neueren Sprachen, italienisch, spanisch, französisch und englisch, sie schreibt Latein mit der Sicherheit eines Philologen, französisch mit der Eleganz eines Balzac; um die Bibel im Urtext zu lesen, studirt sie die semitischen Sprachen und Dialekte und versteht nicht blos hebräisch, sondern schreibt es, sie hat in lateinischer, griechischer, hebräischer und französischer Sprache Briefe, Abhandlungen und Gedichte verfaßt, die Spanheim herausgab (1648), sieben Jahre vorher hatte sie selbst eine lateinische Schrift zur Vertheidigung der wissenschaftlichen und gelehrten Frauenbildung veröffentlicht; sie ist kundig der Poesie, Beredtsamkeit, Dialektik, Mathematik und Philosophie bis in die

Probleme der Metaphysik, zugleich erfahren in der bildenden Kunst, ausübend mit bewährtem und öffentlich anerkanntem Talent in der Malerei, geschickt im Bildschnitzen, geübt im Kupferstechen, sogar in der Plastik. Diese ganze Bildung schätzt sie gering gegen das Studium der Bibel, der Kirchenväter und der Scholastik; sie kennt Aristoteles, Augustin und Thomas und will nichts von der neueren Philosophie wissen. Ihre tiefsten Interessen sind die religiösen, die sich zuletzt in der orthodoxen Kirche der Niederlande nicht mehr befriedigt fühlen. Sie will eine Kirche Christi, die gleich der Urgemeinde im Stande der Erwählten, in vollkommener Weltentsagung und brüderlicher Gemeinschaft lebt, von keiner anderen Liebe erfüllt als dem „amor crucifixus". Ihr Lehrer und Leiter in Utrecht war Voëtius gewesen, der feindseligste Gegner Descartes'; zuletzt folgt sie dem französischen Prediger Labadie, der sich von den Jesuiten zu den Calvinisten bekehrt hat und jetzt die Gemeinde der Erwählten verkündet; es war der romanische Vorläufer und in gewisser Weise das Vorbild des deutschen Pietismus, den Spener begründete. Diesen Mann ruft sie, schon eine Greisin, nach den Niederlanden (1667) und wandert mit dem Vertriebenen in's Ausland.*)

Es war viele Jahre vorher, wohl mehr als ein Menschenalter, daß Descartes die berühmte Schürmann in Utrecht aufgesucht und bei dem Studium der mosaischen Schöpfungsgeschichte gefunden hatte. Zwischen der biblischen Genesis und der klaren und deutlichen Einsicht in die Entstehung der Welt, welche Descartes forderte und in seinem „Kosmos" geben wollte, lag eine unübersteigliche Kluft. Der Philosoph warf die Bemerkung hin, daß man für die Erklärung der Dinge von Moses nichts lernen könne, und galt seitdem in den Augen der eifrigen Schülerin des Voëtius als ein „profaner Mann", vor dem man sich hüten müsse. Es wird aus ihren Schriften eine auf jene Unterredung bezügliche Stelle angeführt, worin sie Gott dankt, daß der „profane Mann" keinen Eingang bei ihr gefunden. Sie sah in Descartes einen gottlosen Philosophen, er in ihr ein vorzügliches Talent für die Kunst, das Voëtius mit seiner Theologie verdorben habe. So äußert er sich in einem seiner Briefe.**)

---

*) Gottfr. Arnolds unparteiische Kirchen- und Ketzerhistorie. Bd. II. (Schaffhausen 1741) Cp. 21. S. 307—319. Bej. § 30—34. Dr. P. Tichackert: A. M. von Schürmann, der Stern von Utrecht, die Jüngerin Labadies. (Gotha, 1876.)

**) Foucher de Careil: Descartes et la princesse palatine. (Par. 1862) p. 61—63.

3. Die Pfalzgräfin Elisabeth.

Wie es scheint, suchte diese „holländische Minerva" mit dem französischen Philosophen im Einfluß auf eine der bedeutendsten und interessantesten Frauen jener Zeit zu wetteifern, die ein tragisches Schicksal in das Asyl der Niederlande geführt hatte. Im Haag lebte, landesflüchtig und aus der Heimath vertrieben, die Familie Friedrichs V. von der Pfalz, der in der Schlacht bei Prag die böhmische Königskrone verloren hatte und seiner deutschen Erbstaaten beraubt war. Mit dem Tode Gustav Adolfs war seine letzte Hoffnung gescheitert, er hatte sie nur wenige Tage überlebt († Nov. 1632) und von den dreizehn Kindern, die ihm seine Gemahlin Elisabeth Stuart geboren, elf hinterlassen, darunter vier Töchter, deren älteste die Prinzessin Elisabeth (1618—1680) war. Es giebt in der neuen Zeit keine fürstliche Familie, die so viele tragische, abenteuerliche und wiederum glückliche Schicksale außerordentlicher Art erlebt hätte und durch ihre Nachkommen genealogisch interessanter wäre. Friedrich V., zweier Kronen verlustig, endet im Unglück und Exil, seine Wittwe in der Mitte ihrer zahlreichen Familie führt als Exkönigin von Böhmen eine Art Hofleben in der Emigration; der älteste Sohn ist in der Zuidersee ertrunken (1629), Ruprecht, der dritte in der Reihenfolge der Söhne, erwirbt und verliert in den englischen Bürgerkriegen den Ruhm eines siegreichen Reitergenerals, sein Bruder Moritz geht nach Amerika und niemand weiß, was aus ihm geworden; Eduard, der nächste der Brüder, begiebt sich heimlich nach Frankreich und bekehrt sich hier zur römischen Kirche (1645), seinem Beispiele folgt Louise Hollandine, die zweitälteste Tochter (1622—1709), sie wird die berühmte und berüchtigte Aebtissin von Maubuisson; Philipp, der vorletzte der Söhne, tödtet auf offener Straße einen französischen Edelmann, Marquis d'Épinay, der ihn Tages zuvor meuchlings angefallen (Juni 1646), und wird von der Mutter für immer verbannt, aus Rache, wie es scheint, denn sie war, so sagt man, jenem Edelmann mehr ergeben, als der Würde der Königin, der Mutter und Matrone ziemte. Unter den Kindern des unglücklichen Kurfürsten sind durch die Bedeutung ihrer Personen und Schicksale die Pfalzgräfin Elisabeth, deren älterer Bruder Karl Ludwig (1617-1680) und ihre jüngste Schwester Sophie (1630—1714) ohne Zweifel die ersten. Karl Ludwig wird durch den westfälischen Frieden in seine Erbrechte eingesetzt und durch seine Regententüchtigkeit der Wiederhersteller der Pfalz nach den Verwüstungen des dreißigjährigen Krieges. Seine Tochter ist die vortreffliche Elisabeth Charlotte, die als Herzogin von Orléans am Hofe Ludwigs XIV. deutsche Gesinnung und pfälzische Art zu bewahren wußte; ihr Sohn ist Philipp von Orléans der Regent, ihr Enkel Kaiser Franz I. der Gemahl der Maria Theresia. Der Stolz des pfälzischen Hauses ist Friedrichs jüngste Tochter Sophie, sie wird die erste Kurfürstin von Hannover, „die große Kurfürstin", ihr Sohn Georg der erste König von Großbritannien aus dem Hause Hannover, ihre Tochter Sophie Charlotte die erste Königin von Preußen. Daß diese drei Geschwister den größten Philosophen des Jahrhunderts günstig gesinnt waren, hat ihren Nachruhm erhöht. Karl Ludwig, ein Mann von tolerantester Denkart, wollte Spinoza nach Heidelberg rufen, Sophie und ihre Tochter wählten sich Leibniz zum vertrauten Freunde und Rathgeber, die Prinzessin Elisabeth war Descartes' begeisterte Schülerin.

Sie hatte ihre Kindheit, die ersten Jahre des dreißigjährigen Krieges, fern von den Eltern, zu Krossen in der Mark Brandenburg bei ihrer Großmutter Juliane, der Tochter des großen Oraniers, verlebt; unter der Pflege dieser hochgebildeten Frau waren Elisabeths Fähigkeiten geweckt und der Sinn für Wissenschaften und Sprachen frühzeitig genährt worden. Als sie in erster Jugendblüthe nach dem Haag an den Hof der Mutter kam, wurde sie durch den Reiz ihrer Anmuth und Talente bald eine gefeierte Erscheinung. Einer der ersten Gegenstände ihrer Bewunderung war „der Stern von Utrecht", in welchem die unterrichtete und hochstrebende Elisabeth ein leuchtendes Vorbild erblickte, sie lernte die Schürmann kennen und verkehrte mit ihr in freundschaftlichem Briefwechsel. Die Gemüthsart der Prinzessin, durch außerordentliche Schicksale aus dem herkömmlichen Gange eines fürstlichen Lebens herausgerückt, hatte einen ungewöhnlichen Aufschwung genommen und war ganz gestimmt, sich mit voller Hingebung den geistigen Interessen zu widmen. In derselben Zeit, als sie die Bewerbung des Polenkönigs ausschlug (1638), ergriff sie die Lehre Descartes'. Sie war neunzehn Jahre, als die erste Schrift des Philosophen erschien, sie las die Abhandlung über die Methode, die Versuche und die Meditationen und wünschte jetzt, den Mann zu sehen und kennen zu lernen, dessen Lebensanschauung sie sich verwandt fühlte, dessen Lehre und Lehrart durch ihre Tiefe und einleuchtende Klarheit sie dergestalt gefesselt, daß alles Frühere ihr dagegen nichtig erschien. Sie ist in dem seltenen Fall, daß sie den Metaphysiker und Mathematiker gleich gut verstehen und schätzen kann. Jetzt erblaßt der Stern von Utrecht unter dem Gestirne Descartes'. Sie macht die eifrig gewünschte Bekanntschaft des Philosophen, der die Verehrung der jungen Fürstin aus vollem Herzen erwiedert; er wird ihr Lehrer und Freund bis zum Ende seines Lebens, der treueste, den sie vielleicht je gehabt hat. Um in ihrer Nähe zu sein, nimmt Descartes im Frühjahr 1641 Schloß Endegeest zu seinem Aufenthalt; ihr widmet er sein Hauptwerk, die Principien der Philosophie (1644); zu ihrer Erquickung in den Tagen körperlicher und gemüthlicher Leiden schreibt er (im Frühjahr 1645) die Briefe über das menschliche Glück, die Seneca's Bücher de vita beata erörtern, einen Theil seiner Sittenlehre bilden und sein letztes (noch von ihm selbst veröffentlichtes) Werk über „die Leidenschaften der Seele" zur Folge haben, das er im Winter 1646 verfaßt und gleich darauf seiner fürstlichen Freundin mittheilt.

Es giebt für die Prinzessin Elisabeth kein schöneres Denkmal, als jene ihr gewidmete Zuschrift, die Descartes seinem Hauptwerk vorausschickte. „Es ist der größte Vorzug, den ich meinen Schriften verdanke, daß sie mir die Ehre verschafft haben, Ihre Hoheit kennen zu lernen und mich bisweilen mit Ihnen unterreden zu dürfen. So ist mir das Glück zu Theil geworden, ein Zeuge Ihrer hohen und seltenen Eigenschaften zu sein, und ich erweise der Nachwelt einen Dienst, wenn ich sie dieses Vorbild sehen lasse. Es wäre thöricht, wollte ich an dieser Stelle schmeicheln oder Dinge schreiben, von denen ich nicht überzeugt bin, hier, auf der ersten Seite eines Werks, worin ich die Grundwahrheiten aller menschlichen Erkenntniß darzuthun versuchen will. Ich kenne Ihre hochgesinnte Bescheidenheit und weiß, daß Ihnen die einfache und freimüthige Rede eines Mannes, der nur sagt, was er denkt, lieber ist, als die zierlichen und gewählten Lobreden derer, welche die Kunst der Höflichkeiten studirt haben. Ich werde in dieser Zuschrift nur sagen, was ich erfahren habe und weiß, ich werde hier genau so schreiben, wie in dem ganzen übrigen Werk: als Philosoph." In wenigen Zügen schildert Descartes den Charakter des wahren Menschenwerths, den Unterschied ächter und unächter Tugenden, welche letztere den Irrlichtern gleichen. Verwegenheit glänzt mehr als wirklicher Muth, Verschwendung mehr als wahre Freigebigkeit, ächte Herzensgüte gilt für weniger fromm als

Aberglaube und Heuchelei; Einfalt ist oft der Grund der Gutmüthigkeit, Verzweiflung die Triebfeder des Muthes. Der Inbegriff aller Tugenden ist die Weisheit, die das Gute deutlich erkennt, fest und beharrlich ausführt; sie glänzt nicht, wie die Scheintugenden, sie wird weniger bemerkt und darum weniger gelobt, sie verlangt Verstand und Charakter; die Einsicht ist an Kraft und Umfang nicht in allen gleich groß, der feste Wille kann es sein. Wo sich aber mit diesem der klare Verstand und die ernste Arbeit der Bildung vereinigt, da ist die Blüthe der Tugend. „Diese drei Bedingungen vereinigen Sie in vollkommenem Maße. Die Zerstreuungen des Hofes und die gewöhnliche Art, wie Prinzessinnen erzogen werden, sind dem Studium der Wissenschaften feindlich. Daß Sie diese Hindernisse bewältigt und sich die besten Früchte der Wissenschaften angeeignet haben, beweist, mit welchem Ernst Sie an Ihrer Bildung gearbeitet; daß Sie dieses Ziel in so weniger Zeit erreicht haben, spricht für die Vorzüglichkeit Ihrer Talente. Und ich habe dafür noch eine andere Probe, die mich persönlich angeht: ich habe keinen gefunden, der meine Schriften so umfassend und so gut verstanden; selbst unter den besten und gelehrtesten Köpfen giebt es viele, die sie sehr dunkel finden; ich habe fast durchgängig bemerken müssen, daß die einen die mathematischen Wahrheiten leicht fassen, aber den metaphysischen verschlossen sind, während es sich bei den anderen gerade umgekehrt verhält. Der einzige Geist, so weit meine Erfahrung reicht, dem beides gleich leicht wird, ist der Ihrige. Darum muß ich diesen Geist unvergleichlich hochschätzen. Und was meine Bewunderung steigert: es ist nicht ein bejahrter Mann, der viele Jahre auf seine Belehrung verwendet hat, bei dem sich eine solche umfassende, wissenschaftliche Bildung findet, sondern eine noch jugendliche Fürstin, die in ihrer Anmuth eher den Grazien, wie die Poeten sie beschreiben, als den Musen oder der weisen Minerva gleicht. Ich sehe in Ihnen alle Kräfte wirksam, die ächte und vorzügliche Weisheit von Seiten nicht blos des Geistes, sondern auch des Willens und Charakters fordert: Großmuth und Milde im Bunde mit einer Gesinnung, die ein ungerechtes Schicksal trotz fortdauernder und immer erneuter Verfolgungen nicht zu erbittern noch zu entmuthigen vermocht hat. Diese hochgesinnte Weisheit ist es, die ich in Ihnen verehre, ihr widme ich nicht blos dieses Werk, weil es von der Philosophie, dem Studium der Weisheit, handelt, sondern meine Person und deren Dienste."

In demselben Jahr, als Elisabeth diese Widmung empfing, schrieb ihr die Schürmann einen Brief, der unverkennbar einen bösen Seitenblick auf Descartes warf. Sie bekennt ihre Verehrung für die Doctoren der Kirche, die keine Neuerer sein wollten, sondern bescheiden den Weg gingen, „den Augustin und Aristoteles erleuchtet haben, jene beiden großen Gestirne der Wissenschaft göttlicher und menschlicher Dinge, die man nie verdunkeln konnte, welches trübe Gewölk und welches Chaos von Irrthümern man ihrem glänzenden Lichte auch entgegenzusetzen versucht hat".*)

Der persönliche Verkehr zwischen der Prinzessin und Descartes war während der Zeit seines Aufenthaltes in Endegeest der regste, er hatte vorher ein Jahr in Leyden gelebt (Apr. 1640—Apr. 41), dann wohnte er zwei Jahre in dem nur eine halbe Meile entfernten Landschloß (Apr. 1641—Ende März 43) und ging von hier über Amsterdam, wo er einige Wochen verweilte, nach Egmond, um in voller Ruhe die Herausgabe seiner Principien zu besorgen. Ich weiß nicht, ob er seitdem die Prinzessin wiedergesehen hat, da es aus den Briefen (leider sind die ihrigen verloren) nicht hervorgeht. Die Correspondenz beginnt gleich nach der Trennung und reicht von den Anfängen seines Aufenthaltes in Egmond (Mai 1643) bis nach seiner Ankunft in Stockholm (October 1649). Sie wünscht von ihm die Lösung philosophischer, geometrischer und physikalischer Fragen. Die erste und wichtigste, die sie ihm vorlegt, betrifft die Vereinigung von Seele und Körper, das Hauptproblem seiner Lehre; in einer Reihe von Briefen erörtert er das große Thema vom Werth und der Bedeutung des menschlichen Lebens (Mai und Juni 1645); Elisabeth schickt ihm Machiavellis Buch vom Fürsten mit ihren Bemerkungen und wünscht die seinigen (Herbst 1646); es ist bemerkenswerth, daß Descartes, schon über fünfzig, dieses Buch erst jetzt durch seine Schülerin kennen lernt. Stets begleitet er ihren Lebensweg und umgiebt sie mit seinen Rathschlägen und allen Empfindungen persönlichster Theilnahme. Für Elisabeth kamen düstere Zeiten, Krankheit und Mißgeschick aller Art, der Abfall zweier Geschwister von dem väterlichen

---

*) Foucher de Careil: Descartes et la princesse palatine pg. 11—12. Die lehrreiche und lohnende Aufgabe einer Monographie Elisabeths ist noch ungelöst; die genannte Schrift, unkundig, wie sie ist, der deutschen Verhältnisse und Zeitgeschichte, darf kaum als ein Beitrag dazu gelten.

Glauben, die Zwistigkeiten im Hause der Mutter, der Sturz der Stuarts in England. Nach der Conversion ihres Bruders Eduard und nach der Enthauptung ihres Oheims Karls I. schrieb ihr Descartes tröstende und aufrichtende Briefe. Er dachte an Elisabeth und das Schicksal des pfälzischen Hauses, als er in brieflichen Verkehr mit der Königin von Schweden trat und die Einladung nach Stockholm annahm, erfüllt von der Hoffnung, daß es ihm gelingen könne, die beiden Frauen einander zu befreunden und den mächtigen Einfluß Schwedens zu Gunsten Elisabeths und ihres Hauses zu stimmen; schon erfreute er sich der Aussicht, in naher Zukunft mit ihr vereinigt am Hofe in Heidelberg zu leben.

Nach der Tödtung des Marquis d'Épinay mußte Elisabeth, der Mitschuld wahrscheinlich ohne Grund verdächtig, den Haag verlassen; sie hat die nächsten Jahre in Berlin am Hofe des großen Kurfürsten, ihres Vetters, zugebracht; nach der Wiederherstellung ihres Bruders kehrte sie in ihre Vaterstadt zurück und lebte am Hofe in Heidelberg, bis die ehelichen Zerwürfnisse zwischen Karl Ludwig und seiner Gemahlin Charlotte von Hessen auch die Geschwister uneins machten und Elisabeth von Heidelberg vertrieben. Sie wurde im Jahre 1667 reichsfürstliche Aebtissin der lutherischen Abtei Herforden in Westfalen und starb hier am Todestage Descartes', ein Menschenalter nach ihm (11. Febr. 1680). Sie blieb, was sie stets gewesen: ein reicher, immer suchender und in die Tiefe gerichteter Geist, der die philosophischen Interessen mit den religiösen wohl zu verbinden wußte. Sie gewährte ihrer alten Freundin Schürmann, als diese mit Labadie und der neuen Christusgemeinde in Amsterdam nicht mehr geduldet wurde, das erbetene Asyl in Herforden (1670) und schützte mit entschlossener Festigkeit die eingewanderte Gemeinde gegen die drohenden Anfeindungen der Landeskirche. In demselben Jahre empfing sie den Besuch englischer Quäker, und es scheint, daß William Penn's Persönlichkeit einen überwältigenden Eindruck auf sie ausgeübt hat. Das Gemüth der alternden Frau hatte die Stürme der Welt im Uebermaße erlebt und war des Friedens bedürftig, den religiöse Weltentsagung giebt. Aber wie wechselnd immer ihre Schicksale, Stimmungen und Eindrücke sein mochten, sie verdankte ihre höchsten intellectuellen Befriedigungen der Lehre und Freundschaft Descartes', und diese Erinnerung ist auch der Aebtissin geblieben.

Fünftes Capitel.

B. Ausbildung und Veröffentlichung der Werke.
I. Das kosmologische Werk.
1. Anordnung und Plan.

Nachdem wir den Lebensgang Descartes' während seiner holländischen Periode in den Hauptzügen verfolgt haben, müssen wir jetzt näher auf die Arbeit und Entstehung der Werke eingehen, denen sein Aufenthalt in den Niederlanden gewidmet war. Wir haben dieselben im vorigen Abschnitt schon biographisch berührt und werden im nächsten Buche die Lehre Descartes' systematisch darstellen; daher soll jetzt blos von der Geschichte ihrer Ausbildung und Veröffentlichung die Rede sein und der Inhalt nur so weit in Frage kommen, als es zum Verständniß dieser Entwicklungsgeschichte nöthig erscheint.

Die Meditationen waren in ihrer ersten Gestalt den 18. December 1629 in Franecker vollendet worden und damit der Grund gelegt zu einer neuen Erklärung der Dinge aus den einfachsten, sichersten, durch methodisches Denken gefundenen Principien. Descartes' erste Entdeckung war die Methode, auf ihrem Wege fand er die Principien, durch welche eine neue Welterkenntniß sowohl begründet als gefordert war. Wollte er seinem Ideengange gemäß die Werke ausarbeiten und veröffentlichen, so mußte das erste die Methodenlehre, das zweite die Principienlehre oder Metaphysik, das dritte die Kosmologie, die Lehre von der Natur und vom Menschen, sein. Aus den dürftigen Ueberbleibseln früherer Schriften Descartes' aus den Jahren 1619—29 und den Berichten Baillet's ist so viel mit Wahrscheinlichkeit festzustellen, daß in einem Fragment „studium bonae mentis" und in den schon erwähnten „Regeln zur Richtschnur des Geistes" Entwürfe zur Methodenlehre vorhanden waren.

Aber Descartes glaubte sicherer und zur Belehrung der Welt richtiger zu verfahren, wenn er in der Ausarbeitung seiner Werke den entgegengesetzten Weg wählte, Methode und Principien vorläufig auf sich beruhen und beide durch ihre Anwendung, nämlich die Erklärung der Dinge selbst, zuerst die Probe vor den Augen der Welt bestehen ließe. Ein solcher Weg erschien ihm als die beste Einfüh-

rung in seine neue Philosophie; die Welt sollte diese Lehre nach dem
Worte beurtheilen: „an ihren Früchten sollt ihr sie erkennen!" Um
Descartes' Plan verständlich zu machen, müssen wir einen Blick in
die leitenden Grundgedanken thun, die ich hier weniger begründe, als
erzählend anführe.

Sein ganzes Nachsinnen war seit Jahren auf die Frage gerichtet:
welches unfehlbare Kriterium Wahrheit und Irrthum, richtige und
falsche Vorstellung, Wirklichkeit und Einbildung unterscheide? Daß
er im Besitz dieser Unterscheidungskunst sei, hatte er noch in den letzten
Tagen seines Aufenthaltes in Paris durch jene denkwürdige Probe
gegen Chandoux bewiesen. Er hatte gefunden, daß in unseren Vor=
stellungen ein solches Kriterium nicht sei, daß die sogenannten wirk=
lichen Erscheinungen eben so gut für bloße Traumbilder gelten können
und sich von diesen durch nichts unterscheiden; es bleibe nur eine
Gewißheit: nicht daß unsere Vorstellungen wirkliche Dinge bezeichnen,
oder die Gegenstände, die uns erscheinen, in Wahrheit existiren, son=
dern nur, daß wir solche Vorstellungen haben, daß uns solche Ge=
genstände erscheinen. Sicher ist nur, daß unser Vorstellen existirt,
daß unser Denken ist, und da jeder nur seines eigenen Denkens
gewiß sein kann, so lautet der einzige unumstößliche Satz: ich bin
denkend. Ich denke, also ich bin: diese Einsicht ist ganz klar
und deutlich; was ebenso klar und deutlich erkannt wird, ist darum
ebenso gewiß. Hier entdeckt sich das gesuchte Kriterium: die klare
und deutliche Einsicht entscheide über Sein und Nichtsein, die Klar=
heit und Deutlichkeit der Vorstellung beweise deren Realität; aus
der Vorstellung eines vollkommenen Wesens erhelle klar und deutlich
dessen Existenz, aus der Natur dieses Wesens folge seine Wahrhaftig=
keit, aus dieser das Dasein der Körperwelt, denn wenn letztere nicht
wäre, so würde der Schein ihrer Wahrheit eine Täuschung sein,
welche die Wahrhaftigkeit, die Vollkommenheit, die Existenz Gottes
aufheben würde. Wenn aber die Körperwelt in Wahrheit ist, so
muß sie klar und deutlich erkennbar d. h. sie muß eine gesetzmäßig
geordnete Welt, ein wissenschaftliches Object, ein Kosmos sein, den
wir begreifen können. Das klare und deutliche Gesetz alles Geschehens
ist die Causalität, der Zusammenhang von Ursache und Wirkung,
die Nothwendigkeit, vermöge deren nichts ohne Ursache geschieht, jedes
Ding stets aus einem andern hervorgeht. Wird also die Welt, der
Inbegriff der körperlichen Dinge oder die Natur, nach diesem Cau=

salitätsgesetze erklärt, so ist sie klar und deutlich erkannt, so ist eben dadurch ihre Wahrheit bewiesen und der Zweifel, daß sie eine bloße Scheinwelt sei, für immer widerlegt. Diese Betrachtungen eröffnen dem Philosophen zwei Wege: entweder er geht durch den vollendeten Zweifel zu der einzigen Gewißheit des eigenen denkenden Seins, gewinnt hier das Kriterium der Wahrheit, entdeckt in der Vorstellung Gottes dessen Existenz, schließt von der Wahrhaftigkeit Gottes auf die Wahrheit der Körperwelt, auf deren wissenschaftliche Erkennbarkeit und begründet so die Aufgabe der Naturwissenschaft; oder er beginnt mit der Lösung dieser Aufgabe, beweist durch die klare und deutliche Erkenntniß der Welt deren Existenz und trifft hier mit dem Ziel seiner metaphysischen Untersuchungen zusammen. Der erste Weg ist der metaphysische, der zweite der physikalische; jener ist deductiv, dieser in Rücksicht auf das ganze System und dessen Begründung inductiv. Auf dem zweiten wird durch die Dinge, gleichsam ad oculos, bewiesen, was die Metaphysik fordert; die Physik bildet den Erkenntnißgrund für die Richtigkeit der philosophischen Grundsätze, sie macht die Probe der Rechnung. Giebt es eine Physik, so giebt es eine gesetzmäßige Welt, so ist deren Existenz außer Zweifel und das Dasein der Körper ebenso sicher, als das Dasein Gottes und der Seele. Ist die Natur gesetzmäßig, so ist sie deutlich erkennbar und deßhalb nicht blos vorgestellt, sondern wirklich.

Diesen Weg ergreift Descartes, er will ein klares und deutliches Bild der Welt geben, wenn auch nur in einem umfassenden Entwurfe, um durch diese That seinen tiefsten Grundgedanken schon im voraus den Sieg zu sichern. Er konnte nicht pädagogischer verfahren. Hier verläßt er daher die metaphysische Untersuchung und beginnt eine Reihe physikalischer Arbeiten, die sich in einem Werke zusammenfassen sollen, welches die Welt im Großen von den himmlischen Körpern bis zum menschlichen erklärt. Dem Thema gemäß nennt er es „le monde". Diese Kosmologie ist das erste seiner für die Welt bestimmten Werke. Er will aus den Gesetzen der Materie die Welt ableiten, sie gleichsam vor unsereren Augen erzeugen und es dem Leser überlassen, diese so erklärte Welt, die ihm als eine Hypothese vorgetragen wird, mit der gegebenen zu vergleichen und die Entdeckung zu machen, daß sie mit dieser identisch ist.

Zuerst soll die Entstehung des Lichts aus der chaotischen Materie, dann die Bildung der Himmel und Himmelskörper, der selbstleuchtenden Gestirne, Fixsterne und Sonne, der dunklen Weltkörper, Planeten, Kometen und Erde gezeigt werden, weiter die Geschichte der Erde, die Bildung ihrer Atmosphäre, Oberfläche und Producte: die Entstehung der Elemente, des Wechsels von Ebbe und Fluth, der Strömungen des Wassers und der Luft (Winde), der Meere und Gebirge, der Quellen und Ströme, der Metalle und Pflanzen, der thierischen und menschlichen Körper bis zu der Vereinigung zwischen Seele und Leib, die den ganzen Menschen ausmacht, den Ausgangspunkt des geistigen und sittlichen Lebens. Hier eröffnen sich die Fragen nach dem Wesensunterschied zwischen Geist und Körper, der Vereinigung beider im Menschen, der Befreiung des geistigen Lebens aus den Banden des körperlichen. Die erste Frage ist metaphysisch, die zweite psychologisch, die dritte moralphilosophisch; die Principienlehre bildet die Grundlage der Kosmologie, die Seelenlehre deren Grenze, die Sittenlehre den höchsten und letzten Theil der praktischen Philosophie, die in ihrem ersten die Bewegung der physischen Körper durch menschliche Kunst und in ihrem zweiten die Kunst der Behandlung, Pflege und Heilung des menschlichen Körpers zu lehren hat. Die praktische Bewegungslehre ist die Mechanik, die praktische Anthropologie die Medicin, die praktische Geisteslehre die Moral: das sind die fruchttragenden Zweige am Baum der Erkenntniß, dessen Wurzeln die Metaphysik und dessen Stamm die Naturlehre ausmacht. Diesen Stamm wollte Descartes in seinem „Kosmos" darstellen. „Ich wollte darin alles zusammenfassen, was ich von der Natur der materiellen Dinge zu wissen meinte, bevor ich an dieses Werk ging. Aber wie die Maler auf einer ebenen Fläche nicht alle verschiedenen Seiten eines wirklichen Körpers darstellen können und deßhalb eine der hauptsächlichsten wählen, die sie allein ins Licht setzen, die übrigen dagegen schattiren und perspectivisch erscheinen lassen, so fürchtete ich, in meiner Abhandlung nicht alle meine Gedanken unterbringen zu können. Darum wählte ich zur eingehenden Darstellung meine Theorie vom Licht und wollte neben diesem Hauptobject von Sonne und Fixsternen handeln, weil das Licht fast nur von diesen Körpern ausgeht, dann von dem Medium der Himmelssphären, weil sie es durchlassen, von Planeten, Kometen und Erde, weil sie es zurückwerfen, und insbesondere von allen irdischen Körpern, weil sie entweder farbig oder durchsichtig oder leuchtend sind, endlich vom Menschen, weil er alle diese Objecte betrachtet. Um aber alle diese Dinge etwas im

Schatten zu behandeln und meine Ansichten freier aussprechen zu können, ohne die herkömmlichen Meinungen der Gelehrten entweder annehmen oder widerlegen zu müssen, entschloß ich mich, diese ganze Welt hienieden ihren Katheberkriegen zu überlassen und blos von dem zu reden, was in einer neuen geschehen würde, wenn Gott irgendwo in imaginären Räumen den Stoff dazu entstehen, chaotisch bewegt sein und nach festgestellten, unveränderlichen Gesetzen wirken ließe. Alles sollte auf die natürlichste nnd begreiflichste Weise geschehen. Ich zeigte, wie der größte Theil der Materie sich jenen Gesetzen gemäß ordnen und eine unserem Himmel ähnliche Form annehmen müsse, wie einige Theile sich zur Erde, andere zu Planeten und Kometen, wieder andere zu Sonnen und Firsternen gestalten. Hier verbreitete ich mich ausführlich über den Ursprung, den Fortgang und die Reflexion des Lichts und ließ die Leser merken, daß in den Himmeln und Gestirnen dieser Welt nichts zu finden sei, das der von mir beschriebenen Welt nicht ähnlich erscheinen müsse oder könne. Dann kam ich des Näheren auf die Erde zu sprechen und zeigte, wie ohne die Annahme der Schwere alle ihre Theile fortwährend nach dem Mittelpunkt streben, wie auf ihrer mit Wasser und Luft bedeckten Oberfläche unter der Einwirkung der Gestirne, hauptsächlich des Mondes, Ebbe und Fluth entstehe, gleich der unserer Meere, dann eine von Osten nach Westen gerichtete Bewegung des Wassers und der Luft, derjenigen ähnlich, die man in unseren Tropen bemerkt, wie sich Gebirge und Meere, Quellen und Ströme auf natürliche Weise bilden, Metalle in die Gruben kommen, Pflanzen auf den Feldern wachsen und überhaupt die zusammengesetzten Körper erzeugt werden. Und da ich außer den Gestirnen in der Welt keine andere Lichtproduction als das Feuer kannte, so suchte ich dieses nach Ursprung, Erhaltung und Wirkungsart genau zu erklären".*)

Zu der Lehre vom Licht hatte Descartes schon die optischen Vorstudien gemacht und ununterbrochen fortgesetzt; zu der Erklärung der complicirten irdischen Körper, insbesondere des thierischen und menschlichen, bedarf er chemischer, anatomischer und medicinischer Kenntnisse, die er sich praktisch zu erwerben sucht. In Amsterdam, seinem nächsten Aufenthalt nach Franecker, beschäftigen ihn während des Winters

---

*) Oeuvres I. Disc. de la méth. Part. V. pg. 168—172 (ich habe die wichtige Stelle mit einigen Abkürzungen wiedergegeben).

1630 besonders anatomische Studien, die er mit dem größten Interesse und Eifer treibt, er kauft selbst bei dem Fleischer die Thierstücke ein, die er zerlegend untersucht, er möchte die kleinsten Theile des thierischen Körpers, so genau zu erklären im Stande sein, als die Bildung eines Salzkorns oder einer Schneeflocke. Während dieser anatomischen und medicinischen Studien bewegt er in seinem Geist den Plan des Kosmos, aber schreibt fast nichts.

2. Ausführung und Hemmung.

Endlich geht er an's Werk und meldet seinem Freunde Mersenne schon im April 1630 die ersten Forschritte, er hofft, ihm die Schrift gegen Anfang des Jahres 1633 mittheilen zu können. Bald ist er im besten Zuge. „Eben bin ich beschäftigt, das Chaos zu entwirren und das Licht daraus hervorgehen zu lassen, eine der höchsten und schwierigsten Aufgaben, die ich je unternehmen kann, denn sie enthält fast die ganze Physik".*) Zwei Jahre nach der ersten Nachricht (April 1632) glaubt er, den Schlüssel der höchsten menschlichen Wissenschaft der materiellen Dinge finden zu können, die Erkenntniß der Ordnung, die in der Welt der Fixsterne herrscht und die Lage derselben bestimmt. Seit einigen Monaten ruht das Werk, noch hofft er den Abschluß vor dem bezeichneten Termin zu erreichen, dann wird derselbe bis Ostern 1633 vertagt. Kurz vor diesem Zeitpunkt (März 1633) ist er von der allgemeinen Beschreibung der Himmelskörper und der Erde zur Erklärung der irdischen Körper und ihrer verschiedenen Beschaffenheiten fortgeschritten und erwägt, ob er auch die Entstehung der Thiere noch in seinem Werk untersuchen solle. Um den Umfang nicht zu vergrößern, schließt er diese Materie aus; die Abhandlung hat sich unter seinen Händen sehr weit über das beabsichtigte Maß ausgedehnt und kann nicht mehr, wie Descartes anfänglich gewollt, zu einer bequemen „Nachmittagslectüre" dienen.**) Nur etwas von der menschlichen Natur soll noch in das Werk aufgenommen werden. So steht die Sache im Anfang Juni 1633 während seines Aufenthaltes in Deventer. „Ich werde in meinem Werk mehr vom Menschen reden, als ich die Absicht hatte, ich will

---

*) Oeuvres T. VI. pg. 181. (Ungewiß, ob der Brief aus dem Juni 1630 oder vom 10. Januar 1631 datirt.)   **) Ebendas. S. 101.

alle seine Hauptfunctionen erklären und habe schon einige Lebens=
thätigkeiten, wie Verdauung des Fleisches, Pulsschlag, Vertheilung
der Nahrungsstoffe u. a. nebst den fünf Sinnen dargestellt. Ich
untersuche anatomisch verschiedene Thierköpfe, um zu sehen, worin
Gedächtniß, Einbildung u. s. f. bestehen." Mitten in dieser Arbeit
hat er Harvey's berühmtes Werk „von der Bewegung des Herzens
(de motu cordis)", das vor fünf Jahren erschienen war (1628), er=
halten und kennen gelernt. Mersenne hatte ihn wiederholt darauf
aufmerksam gemacht. „Ich finde meine Ansicht wenig von der seinigen
verschieden, obwohl ich das Buch erst gelesen, nachdem ich meine Er=
klärung der Sache niedergeschrieben".*)

Mit einemmale stockt das Werk, der Abschluß scheint in's Un=
bestimmte verschoben. „Meine Abhandlung", schreibt er den 22. Juli
1633, „ist fast vollendet, nur Correctur und Abschrift sind noch übrig,
und ich habe einen solchen Widerwillen gegen die Arbeit, daß, hätte
ich Ihnen nicht vor drei Jahren die Zusendung noch vor Ablauf
des gegenwärtigen versprochen, es noch lange dauern könnte, bis ich
im Stande wäre, das Ziel zu erreichen. Doch will ich mein Ver=
sprechen zu halten suchen".**)

Was ist geschehen? Er hatte in diesem, bis auf die letzte Feile
vollendeten Werk die Welt nach dem Gesetze der Causalität aus
mathematisch=mechanischen Principien erkärt und die Bewegung der
Erde als ein nothwendiges Glied in der mechanischen Ordnung der
Weltkörper dargestellt. Nun war die kopernikanische Lehre durch
Galilei bewiesen und eben jetzt in einer neuen Schrift unter dem
Schein einer Hypothese vertheidigt worden. Sein berühmter Dialog
über die beiden wichtigsten Weltsysteme erschien 1632 und wurde von
der römischen Inquisition zur Vernichtung verurtheilt, gerade vier
Wochen, bevor Descartes den obigen Brief schrieb.***) Dieser kennt
den Proceß, noch nicht die Verdammung. Schon die Kunde der
Untersuchung ist genug, ihm sein Werk zu verleiden. Den 20. Sep=
tember 1633 wird in Lüttich der gegen Galilei gefällte Urtheilsspruch
publicirt, und jetzt erfährt Descartes, daß die Lehre von der Bewe=
gung der Erde auch als Hypothese verurtheilt ist, denn in dem
Verdammungsbeschluß stehen die Worte: „quamvis hypothetice a se

---

*) Oeuvres T. VI. pg. 235. — **) Ebendas. S. 237 u. 38. — ***) S. oben
Einleit. S. 121 flgd.

illam proponi simularet." Es vergeht fast ein Jahr, bevor er die Schrift selbst kennen lernt (August 1634), nur flüchtig, er muß sie eilig durchblättern, denn sie ist ihm heimlich nur für eine Anzahl Stunden geliehen. Plötzlich sieht er sich von einem jener Conflicte bedroht, die er grundsätzlich vermeiden möchte. Wenn er sein Werk, so wie es ist, veröffentlicht, fordert er den Kampf mit der Kirche heraus und wird unter die gefährlichen Neuerer gezählt, die ihm selbst verwerflich erscheinen. Wenn er sein Werk nicht verstümmeln und sinn= los machen will, so bleibt nichts übrig, als es geheim zu halten, der Welt zu verbergen und jeder Veröffentlichung seiner Gedanken zu entsagen. Der Rest ist schweigen. „Ich wollte es machen", schreibt er den 28. November 1633 an Mersenne, „wie die bösen Zahler, die immer kommen und ihre Gläubiger noch um etwas Aufschub bitten, sobald sie merken, daß der Zahlungstermin herannaht. Ich hatte mir wirklich vorgenommen, Ihnen mit meiner Welt ein Neujahrs= geschenk zu machen, und war vor etwa vierzehn Tagen ganz ent= schlossen, wenigstens einen Theil zu senden, wenn das Ganze zu jener Zeit noch nicht abgeschrieben sein sollte. Aber ich habe in diesen Tagen mich in Leyden und Amsterdam erkundigt, ob das Weltsystem Galileis nicht dort aufzufinden sei, denn ich meinte gehört zu haben, es sei im vorigen Jahre in Italien erschienen; nun erfahre ich, daß es allerdings gedruckt, aber alle Exemplare sogleich in Rom verbrannt und Galilei selbst zu einer Buße verurtheilt worden. Dies hat mich so sehr erschüttert, daß ich fest entschlossen bin, alle meine Papiere zu verbrennen oder wenigstens keinem Menschen zu zeigen. Ich habe mir gleich gedacht, daß man ihm, der Italiener und, wie ich höre, sogar vom Papst wohlgelitten ist, nichts anderes zum Verbrechen machen konnte, als seine Lehre von der Bewegung der Erde, die schon früher einige Cardinäle, wie ich weiß, für verwerflich erklärt haben. Aber man hat sie trotzdem, so weit meine Kunde reicht, fort= während selbst in Rom verbreitet, und ich bekenne: wenn sie falsch ist, so sind es alle Grundlagen meiner Philosophie eben= falls, denn sie tragen sich gegenseitig; diese Lehre hängt mit allen Theilen meines Werkes so genau zusammen, daß ich sie nicht herausnehmen kann, ohne das Uebrige völlig zu beschädigen. Aber um keinen Preis will ich eine Schrift herausgeben, worin das kleinste Wort der Kirche mißfallen könnte, darum will ich sie lieber unter= drücken als verstümmelt erscheinen lassen. Ich habe niemals Neigung zur Buchmacherei gehabt, und hätte ich nicht Ihnen und einigen andern Freunden das Werk versprochen, um durch den Wunsch, mein Wort zu erfüllen, mich um so stärker zum Arbeiten anzutreiben, so würde ich niemals so weit gediehen sein. Nach alle dem bin ich versichert, Sie werden mir keinen Executor auf den Hals schicken, um mich zur Schuldzahlung zu zwingen, und vielleicht selbst recht gern die Mühe sparen, schlimme Dinge zu lesen." „Indessen darf ich, nach allen meinen vielen und langjährigen Versprechungen, nicht mit einer so plötzlichen Laune meine Verpflichtungen gegen sie lösen; ich werde Ihnen daher so bald als möglich mein Werk vorlegen und bitte nur um ein Jahr Aufschub, um dasselbe durchzusehen und zu feilen. Haben Sie mir doch selbst das horazische Wort: „nonumque prematur in annum" verkündet, und es sind erst drei Jahre, daß ich die Arbeit begonnen habe, die ich ihnen zu senden denke. Schreiben Sie mir, ich bitte, was Sie von der Angelegenheit Galilei's wissen".*) Schon im nächsten (unterwegs verlorenen) Briefe, hat er auch dieses bilatorische Versprechen zurückgenommen. „Sie werden", schreibt er den 10. Januar 1634. „meine Gründe ganz in der Ordnung finden, und weit entfernt, den Entschluß der völligen Geheimhaltung meines Werkes zu tadeln, würden sie vielmehr der Erste sein, ihn hervorzurufen. Sie wissen ohne Zweifel, daß Galilei vor kurzem von der Inquisition bestraft und seine Ansicht von der Erdbewegung als häretisch verdammt ist. Nun erkläre ich Ihnen, daß alles, was ich in meiner Abhandlung auseinandergesetzt habe, eine Kette bildet, in welcher diese Ansicht von der Bewegung der Erde ein Glied ausmacht; wenn in dem Zusammenhang meiner Lehre etwas falsch ist, so sind alle meine Beweisgründe hinfällig, und obwohl ich sie für sehr sicher und einleuchtend hielt, möchte ich sie doch um keinen Preis gegen die Autorität der Kirche aufrechthalten. Ich weiß wohl, daß ein römischer Inquisitionsbeschluß noch kein Dogma ist, dazu muß ein Concil stattfinden, aber ich bin in meine Gedanken gar nicht so verliebt, daß ich zu ihrem Schutz solche außerordentliche Mittel aufwenden möchte. Mein Wunsch geht nach Ruhe, meinem Wahlspruch „bene vixit bene qui latuit" gemäß habe ich mein Leben eingerichtet und so will ich es fortführen; die Furcht, kraft meiner Schrift das wünschenswerthe Maß der Einsichten überschritten zu haben, bin ich

---

*) Oeuvres T. VI. pg. 238—40.

jetzt los, und das angenehme Gefühl dieser Freiheit ist größer, als
der Verdruß über die in der Ausarbeitung meines Werks verlorene
Zeit und Mühe". In einem späteren Briefe hatte Mersenne, der
die Schrift gar zu gern herauslocken wollte, scherzend gedroht, man
werde noch einen Mord an Descartes begehen, um seine Werke früher
kennen zu lernen. „Ich mußte lachen", erwiedert dieser, „als ich die
Stelle las, meine Schriften sind so gut aufgehoben, daß die Mörder
sie umsonst suchen würden, die Welt wird das Werk nicht eher zu
sehen bekommen, als hundert Jahre nach meinem Tode".*) Doch will
er zu anderer Stunde nicht ganz verreden, daß die Schrift, sei es
bei seinen Lebzeiten oder nach seinem Tode, erscheinen wird. Einem
seiner liebsten Freunde, de Beaune, der ihn dringend gebeten, das
Werk nicht länger geheim zu halten, es könne sonst leicht verloren
gehen, schreibt er (Juni 1639): „man läßt die Früchte auf den
Bäumen, so lange sie dort gedeihen und besser werden können, ob=
schon man recht gut weiß, daß Stürme, Hagel und andere Unfälle
sie jeden Augenblick verderben können; nun, ich halte meine Welt für
eine solche Frucht, die man auf dem Baume reifen lassen muß und
nie spät genug pflücken kann".**) De Beaune's Befürchtung hat
sich erfüllt. Die Schrift ist verloren gegangen, nur ein kurzer, auf die
ursprünglichen Grenzen zurückgeführter Abriß derselben, den Des=
cartes später verfaßt oder redigirt hat, fand sich in seinem Nachlaß
und erschien unter dem Titel: „Die Welt oder Abhandlung vom
Licht" (1664).

Eine unvorhergesehene Katastrophe hat den Philosophen bewogen,
den ersten Schritt zur literarischen Weltlaufbahn zurückzunehmen; es
war nöthig, seine Stimmungen und Gründe aus den brieflichen
Bekenntnissen genau kennen zu lernen, um jene Zurücknahme richtig
zu beurtheilen. Es ist wahr, daß er das Schicksal Galilei's gefürchtet
hat, er sah hier den ausgebrochenen Conflict zwischen einer Lehre, die
er für wahr erkennt, und einer Autorität, die er nach seinen prak=
tischen Lebensgrundsätzen für ehrwürdig achtet; er hatte den Fall
vor sich, in dem nach seinen Maximen die Theorie zurücktreten soll
vor der gebieterischen Geltung der politischen und kirchlichen Inter=
essen. Er empfindet diesen Conflict in seiner ganzen Schwere, ohne

---

*) Ebendas. S. 242—43. S. 137—38. (Der Brief ist aus dem Sommer 1637,
nach Veröffentlichung des disc. de la méth.) — **) Oeuvres T. VIII. pg. 127.

eine Spur jenes reformatorischen Muthes, der den Kampf wagt und begehrt. Auch hat er daraus, ich meine seine Scheu vor dem Kampf, sich und anderen kein Hehl gemacht. Doch würde man Descartes' Verhalten nicht vollständig und darum nicht richtig beurtheilen, wollte man dieses Motiv für das einzige und erschöpfende halten. Er hätte dem Conflicte ausweichen, sein Werk unveröffentlicht lassen und die Nöthigung dazu schmerzlich und tragisch empfinden können. Dies aber war gar nicht der Fall. Vielmehr giebt ihm das Schicksal Galilei's den willkommensten Grund, eine Verpflichtung los zu werden, die ihn drückt; die Versprechungen, die er seinen Freunden gemacht, das Werk zu schreiben und herauszugeben, waren auch eine Nöthigung, die er peinlicher empfand als die entgegengesetzte, die durch den Conflict mit der Inquisition eintrat. Jetzt kann er seinen Grundsätzen gemäß sagen: ich brauche mein Versprechen nicht zu erfüllen, ich darf meine Gedanken für mich behalten und bin dem Publicum nichts mehr schuldig, ihr seht, die Welt will mein Werk nicht haben! In dieser Stimmung schreibt er mit sichtbar erleichtertem Herzen, mit gutem Humor an seine Freunde. Und wie er sich damals gegen die letzteren äusserte, ebenso hat er sich später in der ersten Schrift, die er herausgab, der Welt gegenüber ausgesprochen. Nachdem er hier die Motive dargelegt, aus denen er sich zur literarischen Wirksamkeit entschlossen habe, kommt er auf die eingetretene Hemmung und die Zurücknahme seiner Entschlüsse zu sprechen und erklärt ganz offen: „Obwohl jene Motive sehr fest waren, ließ mich doch mein tiefer Widerwille gegen die Buchmacherei sogleich andere Gründe genug zu meiner Entschuldigung finden".*) Die Verurtheilung Galilei's dient ihm zur günstigen und willkommenen Schutzmauer, hinter die er sich vor der Welt mit seinen Schriften zurückzieht.

Es wäre richtig gewesen, wenn Descartes bei dieser so motivirten Zurückhaltung seiner Lehre von der Bewegung der Erde geblieben wäre. Daß er sie in gewisser Weise verstellte, um sie unbedenklich zu machen, ist die schlimmere Schuld, die ihm zur Last fällt. Hier ist sein Wahrheitssinn mit seiner Politik in einen Conflict gerathen, unter dem die Wahrheit zu leiden hatte. Er bietet einem Geistlichen in Paris, der Galilei's Lehre vertheidigen will, seine geheime Hülfe

---

*) Disc. de la méthode. Part. VI. Oeuvres T. I. pg. 191.

an und nimmt sie zurück, wie er erfährt, daß auch die hypothetische Fassung jener Lehre nicht erlaubt sei; er liest die verurtheilte Schrift und glaubt, bei der Differenz zwischen seiner Bewegungslehre und der Galilei's einen Ausweg zu finden, um dem Scheine nach die Ansicht von der Unbeweglichkeit der Erde zu retten. „Man sieht", sagt er in einem seiner Briefe, „daß ich mit dem Munde die Bewegung der Erde leugne und in der Sache das System des Kopernikus festhalte." Darf es zur Entschuldigung Descartes' dienen, wenn man einräumen muß, daß in ähnlicher Weise Galilei seine Lehre widerufen hat?

Gegen Ende des Jahres 1633 war die Geheimhaltung seiner Werke eine bei Descartes ausgemachte Sache. Wie kam es, daß er später dennoch öffentlich mit seiner Lehre hervortrat? Auf diese Frage hat der jüngste Biograph eine Antwort gefunden, die mehr rührend ist, als treffend; er hat es auch unterlassen, seine idyllische Erklärung verständlich zu machen. Das Vorgefühl bevorstehender Vaterfreuden soll den Philosophen zu dem Entschluß gebracht haben, Bücher für die Welt zu schreiben. „Neue Empfindungen sind in ihm erwacht, und was Mersenne, de Beaune und seine besten Freunde ihm nicht entreißen konnten, ein Kindeslächeln, das seinem Blick in leuchtender Zukunft entgegenstrahlt, hat es bereits vermocht." Nach der Geburt der Tochter bleibt er noch einige Monate in Deventer und geht dann mit Mutter und Kind nach Leeuwarden, um den discours de la méthode zu schreiben.*) Jetzt soll der Leser rathen, welchen Zusammenhang mit der Geburt der Tochter die Werke haben mögen, deren größten und wichtigsten Theil Descartes nach dem Tode derselben herausgab!

II. Die philosophischen Werke.

1. Motive zur Herausgabe.

Die Gründe, aus denen der Philosoph die literarische Thätigkeit gemieden und unternommen, dann aufgegeben, von neuem ergriffen und durch eine Reihe öffentlicher Werke beurkundet hat, müssen aus ihm selbst und seiner Lebensaufgabe erkannt werden, um so mehr, als er am Schluß seiner ersten Hauptschrift sich darüber ausführlich erklärt hat. Die Gegner sind mit dem Urtheile schnell bei der Hand,

---

*) J. Millet: Histoire de Descartes avant 1637. pg. 340.

daß er zur Geheimhaltung durch die Furcht, zur Veröffentlichung durch den Ehrgeiz bestimmt worden; die erste Behauptung ist sehr oberflächlich, die zweite grundfalsch. Welche äußeren Einflüsse auch hemmend oder fördernd auf seine literarische Thätigkeit eingewirkt haben: der innere, seinem Charakter gemäße Grund, der ihn zuerst von der Veröffentlichung abhielt, dann schrittweise zu derselben bewog, war die Selbstbelehrung, die Richtschnur seines Lebens. Daraus erklären sich alle jene Widersprüche und Schwankungen seiner literarischen Entschlüsse. Die beginnende Selbstbelehrung flieht jede Art der Veröffentlichung als Zeitverlust und Störung, während die fortgeschrittene zu ihrer eigenen Förderung die öffentliche Mittheilung und den Ideenaustausch braucht. Zuerst geht Descartes grundsätzlich den Weg ausschließender Selbstbelehrung, vertieft in seine Gedanken, die er nicht oder nur spärlich und flüchtig niederschreibt; dann kommt ein Zeitpunkt, wo die entwickelten Ideen die Probe ihrer Reife und Klarheit nicht besser machen können, als durch die schriftliche Ausführung und Feststellung. Wer sich selbst belehrt, muß sich auch selbst prüfen. Die Aufzeichnung der eigenen Gedanken ist diese Prüfung, und Descartes ist viel zu methodisch und gründlich, um sie entbehren zu wollen. So entstehen sorgfältig ausgearbeitete und geordnete Schriften, druckfertige Werke, die ihm selbst zur Prüfung seiner Gedanken, den Andern zur Belehrung dienen sollen, nur ist ihr öffentlicher Nutzen nicht auf die Mitwelt, sondern auf die Nachwelt berechnet, nicht aus Liebe zum Nachruhm, sondern um der Größe des Nutzens willen. Je ungestörter und stetiger er seinen entdeckenden Ideengang fortführen kann, um so weiter wird er kommen, um so mehr wird die Welt von ihm haben. Darum ist er entschlossen, seine Schriften, so lange er lebt, geheim zu halten; er fürchtet den Zeitverlust, den die Veröffentlichung der Werke unfehlbar kostet, er wird Angriffe abwehren, Mißverständnisse berichtigen, mit Gegnern und Anhängern streiten und verhandeln müssen, selbst der gewonnene Ruf wird seine Muße beeinträchtigen. Durch die Mittheilung des erworbenen Besitzes macht er sich die Vergrößerung desselben unmöglich. „Die Welt soll wissen, daß die wenigen Einsichten, die ich bis jetzt erreicht, fast nichts sind im Vergleich mit dem, was ich noch nicht durchdrungen habe, aber zu erkennen die Hoffnung hegen darf. Es geht mit der Wissenschaft, wie mit dem Reichthum. Wenn man reich zu werden anfängt, macht man viel leichter große Erwerbungen als vorher im Zustand der Armuth weit geringere. Die Entdecker im Reiche der Wahrheit sind auch den Feldherrn vergleichbar, deren Kräfte mit den Siegen zu wachsen pflegen, und die ihre Truppen geschickter führen müssen, um sich nach einer verlorenen Schlacht zu behaupten, als nach einer gewonnenen Städte und Provinzen zu nehmen: denn es heißt wahrhaftig Schlachten liefern, wenn man alle die Schwierigkeiten und Irrthümer zu besiegen sucht, die uns in der Erkenntniß der Wahrheit hindern, und es heißt eine dieser Schlachten verlieren, wenn man falsche Ansichten annimmt, wo es sich um Dinge von einiger umfassender Bedeutung und Wichtigkeit handelt. Um dann in den früheren unbefangenen Geisteszustand zurückzukehren, ist mehr Gewandtheit nöthig, als zu großen Fortschritten, sobald man sichere Principien bereits hat. Ich kann aus eigener Erfahrung versichern: wenn ich vordem einige Wahrheiten in den Wissenschaften entdeckt habe, so sind es nur Folgen von fünf oder sechs schwierigen Punkten gewesen, die ich zu überwinden vermocht und für eben so viele Schlachten halte, worin ich das Glück auf meiner Seite gehabt; ja ich sage es ohne Scheu: ich brauche nur noch zwei oder drei solcher Schlachten zu gewinnen, um am Ziel aller meiner Pläne zu sein, und noch bin ich nicht so alt, daß ich besorgen müßte, vor diesem Ziele zu sterben. Aber ich muß mit der Zeit, die mir noch übrig bleibt, sparsam umgehen, um so sparsamer, je besser ich sie anwenden kann, und die Herausgabe meiner Physik würde mir ohne Zweifel eine Menge Zeitverlust zuziehen. Wie einleuchtend und durchgängig bewiesen meine Sätze auch sein mögen, so können sie doch unmöglich mit den Ansichten aller Welt übereinstimmen und würden mir daher, ich sehe es voraus, allerhand Streitigkeiten und Störungen verursachen." Das sind die Gründe, die unserem Philosophen jede Veröffentlichung seiner Werke so zweckwidrig erscheinen lassen, als wollte ein Eroberer, während er von Sieg zu Sieg fortschreitet, Bücher über die Kriegskunst herausgeben und Controversen darüber führen. Man hat dem Philosophen vorgestellt, wie nützlich ihm und seiner Lehre die Verbreitung der letzteren sein könne: die Einen werden ihn auf gewisse Mängel aufmerksam machen, Andere durch brauchbare Folgerungen die Lehre praktisch verwerthen, so werde sich sein System unter fremder Mithülfe berichtigen und erweitern. Diese Aussichten lassen ihn ungerührt. Was die Mängel seiner Lehre betreffe, so gebe es keinen, der sie besser zu erkennen, strenger und billiger zu beurtheilen im Stande sei als er selbst; was die Anwendung und Verwerthung angehe, so sei das Werk noch nicht reif genug, um schon praktische Früchte zu tragen; wäre es so weit, so könnte diese Früchte niemand so gut ernten als er selbst, denn der Erfinder sei allemal der beste Kenner, der alleinige Meister. Nicht blos die Gegner fürchtet Descartes, auch die Schule, die sich ihm anhängen und sein Werk verunstalten werde; er weiß, was die Schulen jeder Zeit aus ihren Meistern gemacht haben, und verwahrt sich schon im voraus gegen die „Cartesianer". Ausdrücklich mahnt er die Nachwelt nichts für cartesianisch zu halten, als was er selbst urkundlich gesagt habe. Gerade solche Schüler seien am schädlichsten, die nicht blos nachbeten, sondern den Meister auslegen, ergänzen und mehr wissen wollen als dieser selbst. „Sie sind, wie der Epheu, der nicht höher hinaufstrebt als die Bäume, die ihn halten, und oft sogar, nachdem er den Gipfel derselben erreicht hat, wieder abwärts geht; so scheint mir auch jene Art der Schüler wieder abwärts zu gehen d. h. unter das Niveau einfacher Unwissenheit herunterzusteigen, die sich nicht mit den Einsichten ihres Meisters begnügen, sondern ihm alles Mögliche unterlegen, die Lösung vieler Probleme, von denen er nichts gesagt und an die er vielleicht nie gedacht hat. Diese Leute leben von dunkeln Begriffen, womit sich sehr bequem philosophiren, sehr dreist reden und in's Endlose streiten läßt; sie erscheinen mir, wie Blinde, die mit einem Sehenden ohne Nachtheil kämpfen wollen und ihn deßhalb in den Hintergrund eines ganz dunkeln Kellers hinabführen; sie sollen froh sein, daß ich meine Principien der Philosophie nicht veröffentliche, denn bei ihrer sehr einfachen und einleuchtenden Art würde ich gleichsam die Fenster aufmachen und Licht in jenen Keller fallen lassen, in den sie hinabgestiegen sind, um sich zu schlagen".*)

Gegen diese aufrichtigen Gründe zur Geheimhaltung seiner Werke erheben sich andere, die der Veröffentlichung das Wort reden und schwerer in die Wagschale fallen. Der erste, der schon an der Wiege seiner Schriften stand, hat fortgewirkt und nicht aufgehört ihn zu mahnen: er will seinen Credit rechtfertigen und sein Wort halten. Der Ruf in der Welt, der mit der Verbreitung seiner Schriften nicht ausbleiben wird, ist ein Feind seiner Ruhe, aber das Gefühl unerfüllter Versprechungen ist auch ein solcher Feind. Einen öffentlichen

---

*) Disc. de la méthode. Part. VI. Oeuvres I. pg. 196—203.

Namen eifrig suchen ist ebenso störend, als ihn ängstlich vermeiden. Descartes hat keines von beidem gethan, er hat geschehen lassen, daß sich der Ruf eines großen Denkers um ihn verbreitet hat, und möchte nicht für den Charlatan gelten, der einen solchen Ruf fälschlich besitzt und Hoffnungen erregt hat, die, wie man am Ende glauben muß, er nicht erfüllen kann, weil er sie nicht erfüllt. „Obwohl ich den Ruhm nicht übermäßig liebe, ja, wenn ich es sagen darf, hasse, sofern ich ihn für einen Feind der Ruhe halte, die mir über alles geht, so habe ich doch niemals meine Handlungen, als wären sie Verbrechen, sorgfältig zu verbergen, noch mit besonderer Vorsicht unbekannt zu bleiben gesucht, ich würde es für ein Unrecht an mir selbst gehalten und außerdem mich in eine ängstliche und unruhige Stimmung gebracht haben, die sich mit der völligen Gemüthsruhe, die ich suche, ebenso wenig verträgt. So habe ich bei dieser stets gleichgültigen Haltung zwischen der Sorge, bekannt zu werden, und der unbekannt zu bleiben, nicht verhindern können, einen gewissen Ruf zu erwerben, und ich halte es jetzt für meine Pflicht, alles zu thun, um keinen schlechten zu haben". Aber der wichtigste Grund, der den Entschluß zur Herausgabe seiner Werke entscheidet, liegt, wie gesagt, in den Bedürfnissen seiner Selbstbelehrung. Descartes läßt darüber nicht den mindesten Zweifel. „Ich sehe täglich mehr und mehr, wie unter dieser Verzögerung die Absicht meiner Selbstbelehrung leidet, denn ich habe unendlich viele Erfahrungen nöthig, die ich ohne den Beistand anderer unmöglich machen kann, und obwohl ich mir keineswegs mit der Hoffnung schmeichle, daß sich das Publicum an meinen Bestrebungen groß betheiligen wird, will ich meinen Nachtheil doch nicht so weit treiben, daß mir die Nachkommen eines Tages mit Recht den Vorwurf machen, sie würden in vielen Punkten besser unterrichtet gewesen sein, wenn ich die Belehrung, worin sie meinen Plänen förderlich sein könnten, nicht gar zu sehr vernachlässigt hätte".*) Eben diese Erwägung bezeichnet der Philosoph ausdrücklich als das zweite Motiv, das ihn veranlaßt habe, den „discours" zu verfassen. So ist es einunddasselbe, in der Selbstbelehrung enthaltene Grund, aus welchem Descartes zuerst die schriftliche Ausarbeitung seiner Gedanken vermeidet, dann ausführt, und wiederum die Veröffentlichung seiner Werke erst ablehnt, dann unternimmt.

*) Ebendas. S. 208—210.

2. Die methodologischen Schriften.

Er geht behutsam zu Werke und veröffentlicht zunächst nicht sein System, sondern Proben oder Versuche (essais), die nur die Methode und deren Anwendung betreffen; er giebt noch nicht die Methodenlehre selbst, sondern eine vorläufige Orientirung, die ausdrücklich kein „traité", sondern blos ein „discours de la méthode" sein, der Methodenlehre nur zur Vorrede oder Ankündigung dienen und mehr deren praktische Bedeutung begründen, als die Theorie derselben auseinandersetzen will. „Ich habe nicht die Absicht, hier meine Methode zu lehren, sondern nur darüber zu reden".*) Indessen soll die Anwendbarkeit sogleich durch die Anwendung selbst auf dem Felde der Mathematik und Physik gerechtfertigt werden. Darum läßt Descartes auf die Hauptschrift noch drei Abhandlungen folgen, die absichtlich so gewählt sind, daß die erste dem Gebiet der mathematischen Physik, die zweite dem der Physik, die dritte der reinen Mathematik angehört: das Thema der ersten ist „die Dioptrik", das der zweiten „die Meteore", die letzte ist „die Geometrie". Die Dioptrik handelt von der Brechung des Lichts, vom Sehen und von den optischen Gläsern; in den Meteoren will Descartes die Natur des Salzes, die Ursachen der Winde und Gewitter, die Figuration des Schnees, die Farben des Regenbogens und die Eigenschaften der einzelnen Farben, die Höfe um Sonne und Mond, insbesondere die Nebensonnen (Parhelien) erklären, deren vier einige Jahre vorher (den 20. März 1629) in Rom gesehen und ihm ausführlich beschrieben wurden; die Geometrie bewährt die von ihm selbst erfundene Methode der Analysis durch die Lösung völlig neuer Aufgaben. In der Dioptrik und den Meteoren will Descartes dem Leser die Geltung und Brauchbarkeit seiner Methode nur annehmbar gemacht, in der Geometrie dagegen unwidersprechlich bewiesen haben. Diese vier Versuche sollten unter folgendem Titel erscheinen: „Entwurf einer Universalwissenschaft, die unsere Natur zur höchsten Stufe ihrer Vollkommenheit zu erheben vermag; dann die Dioptrik, die Meteore und die Geometrie, worin der Verfasser, um jene Wissenschaft zu erproben, die geeignetsten Fälle gewählt und so erklärt hat,

---

*) Oeuvres VI. pg. 138. (Br. an Mersenne aus dem Sommer 1637.) Vgl. pg. 305. (Br. an einen Freund Mersenne's, April 1637.)

daß jeder ohne Voraussetzung gelehrter Studien die Sache verstehen kann".*) Es war gut, daß er diesem Titel, der das os magna sonaturum etwas zu weit öffnete, die einfache Bezeichnung „essais" vorzog und die Hauptschrift „eine Rede über die Methode zum richtigen Vernunftgebrauch und zur wissenschaftlichen Wahrheitsforschung (discours, de la méthode pour bien conduire sa raison et chercher la vérité dans les sciences)" nannte. Er wendet sich an denkende, von der Büchergelehrsamkeit unabhängige und unverdorbene Leser: darum schreibt er in seiner Muttersprache und motivirt es am Schluß seines discours: „wenn ich französisch, die Sprache meines Landes, lieber schreibe, als lateinisch, die Sprache meiner Lehrer, so hat mich dazu die Hoffnung bewogen, daß der natürliche und gesunde Verstand meine Ansichten besser würdigen kann, als die Gelehrsamkeit, die nur an die Bücher der Alten glaubt. Leute von gesundem und wissenschaftlich unterrichtetem Verstande sind die einzigen Richter, die ich mir wünsche; diese, ich bin es gewiß, werden nicht so parteiisch für das Latein sein, daß sie meine Gründe deßhalb ungehört lassen, weil ich sie in der Volkssprache entwickelt habe".**)

Im Frühjahr 1636 war das Werk mit Ausnahme der Geometrie druckfertig; da sich die Firma Elzevier in Amsterdam weniger entgegenkommend zeigte, als Descartes erwartet hatte, ließ er seine Schrift bei dem Buchhändler Jean Le Maire in Leyden erscheinen. Das zum Verkauf nöthige Privilegium wurde von den Generalstaaten den 22. December 1636, von Frankreich erst den 4. Mai 1637 ertheilt; Mersenne hatte das letztere besorgt und verzögert, es war seine Schuld und sein Verdienst, daß aus dem französischen Privilegium zugleich ein Elogium Descartes' gemacht wurde, während der Philosoph ausdrücklich gewünscht hatte, sowohl in seinem Werk als in den Urkunden ungenannt zu bleiben. Die Versendung der Essais konnte nun erst im Juni 1637 stattfinden.

3. Die metaphysischen Werke.

Der einmal ergriffene Weg führt weiter. Es ist unmöglich, daß Descartes bei diesen ersten Versuchen stehen bleibt; er hat von seiner Lehre so viel gesagt, daß er genöthigt ist, mehr zu sagen. Im

---

*) Oeuvres VI. pg. 276—77. (Br. an Mersenne vom März 1636.) — **) Disc. de la méth. Part. VI. Oeuvres I. pg. 210—11.

vierten Abschnitt seines „discours" sind schon die Grundlagen der neuen Lehre zum Vorschein gekommen: er hat von der Nothwendigkeit des durchgängigen Zweifels, dem alleinigen Princip der Gewißheit, der Regel der Erkenntniß, dem Wesen Gottes und der Seele geredet, mit einem Wort von den Principien seiner Philosophie. Aber wie es in dem Charakter jener Schrift lag, sind alle diese Ideen mehr nur besprochen und erzählt, als einleuchtend begründet und dadurch gegen Mißverständnisse geschützt. Diese Gefahr hat Descartes gerade da, wo sie am bedenklichsten ist, am wenigsten vermieden, nämlich in den Sätzen, die von der Gottesidee handeln, er selbst erkennt hier den schwächsten und dunkelsten Theil seiner Schrift, der eine eingehende und baldige Erläuterung fordert. Den Gottesbegriff erläutern heißt die Grundbegriffe seiner Metaphysik auseinandersetzen. Die Arbeit ist schon gethan, es war die erste in den Niederlanden, der in Franecker niedergeschriebene Entwurf der Meditationen; die Handschrift hat zehn Jahre geruht, als Descartes jetzt die Herausgabe beschließt und während seines Winteraufenthaltes in Harderwijk die letzte Hand an die Ausführung legt (1639/40).

Er giebt die Untersuchung, wie sie in ihm entstanden und von Problem zu Problem, von Lösung zu Lösung fortgeschritten ist; der Leser empfängt den vollen Eindruck tief erlebter und immer von neuem geprüfter Gedanken, die seit Jahren die beständigen Begleiter des Philosophen, die Freunde seiner Einsamkeit waren und reif geworden sind, wie er selbst. Die Betrachtungen haben den Charakter des bewegtesten Selbstgesprächs, eines monologischen Dramas, dem der Zuhörer mit der gespanntesten Theilnahme folgen muß, es handelt sich um Sein oder Nichtsein der Wahrheit, das Erkenntnißproblem erscheint als die große Schicksalsfrage des menschlichen Geistes und ist von Descartes so empfunden; es giebt keine Wahrheit, wenn nicht der Zweifel vollständig besiegt ist, und es giebt keinen solchen Sieg, wenn nicht der Zweifel, Mann für Mann, mit jeder Waffe, die er besitzt, sich vertheidigt und die Erkenntniß bekämpft hat. Wir vernehmen nicht blos die Gründe des Zweifels, sondern zugleich die Gemüthsunruhe des Zweiflers, der nach Wahrheit ringt und trotz der Sicherheit des schon errungenen Sieges die bestandenen Kämpfe, als ob er sie eben erlebt, schildert. Diese Verbindung contemplativer Ruhe mit dem lebendigsten Ausdruck eines von dem Heere der Zweifel aufgeregten und bestürmten Gemüths, während der Geist der Contemplation jenes Heer schon ordnet und beherrscht, giebt den Meditationen Descartes' einen unwiderstehlichen Reiz und den Charakter eines in seiner Art unvergleichlichen philosophischen Kunstwerks.

Zum erstenmale erscheint er vor den Augen der Welt unverhüllt als der Denker, der er ist; er hat die Grundgedanken, die er zwanzig Jahre in sich getragen und gezeitigt, endlich ausgesprochen, um die Welt darüber zu belehren; in der Sache selbst ist nichts verheimlicht, aber die Veröffentlichung geschieht mit der größten Vorsicht. Die Schrift soll zunächst nur der gelehrten Welt mitgetheilt werden, darum ist sie lateinisch geschrieben; sie ist dadurch noch nicht gegen Verdächtigungen und Mißverständnisse geschützt. Er besorgt für seine physikalischen Principien den Widerspruch der Aristoteliker, für die theologischen den der Kirche. Die Grundbegriffe seiner Naturlehre sind in den Meditationen enthalten, aber die Folgerungen sind noch verdeckt. Wenn man den Schulphilosophen nicht ausdrücklich sagt, daß es sich um eine rein mechanische Physik handelt, so werden sie es nicht merken und gewonnen sein, bevor sie wissen, daß sie vernichtet sind. Darum wünscht Descartes, daß man von seiner Physik zunächst schweige: „il ne faut pas le dire" lautet die Weisung, die er seinem Freunde Mersenne in dieser Rücksicht giebt.

Dagegen hat Descartes seine Gottesidee so hell erleuchtet, daß diese Lehre nicht zu verschweigen, nur zu beschützen ist. Vorsichtig sucht er jedem kirchlichen Verdachte durch Titel und Widmung vorzubeugen: er bezeichnet als den Hauptinhalt der Meditationen „das Dasein Gottes und die Unsterblichkeit der Seele" und widmet die Schrift den Doctoren der Sorbonne, der theologischen Autorität von Paris, dessen Universität seit den Zeiten des Mittelalters für die erste theologische Autorität der Kirche gilt. Ueberzeugt, daß wirkliche Vernunftbeweise für das Dasein Gottes und die Unsterblichkeit der Seele Gläubige nicht beirren, Ungläubige bekehren können, daher mit den Interessen der Kirche, den Aussprüchen der Bibel und den Beschlüssen des letzten lateranensischen Concil's übereinstimmen, unterwirft er seine Schrift der Censur und dem Schutz der Theologen von Paris. Diese hatten keine Einwürfe zu machen, der Pater Gibieuf, den er besonders um seine Prüfung gebeten, bezeugte ihm seinen vollen Beifall. Dennoch blieb der Widerspruch der Kirche nicht aus; zweiundzwanzig Jahre, nachdem es erschienen, wurde dieses erste grundlegende Werk der neuen Philosophie auf dem römischen Index gesetzt mit dem Zusatz: „donec corrigatur".

Descartes konnte voraussehen, daß seine Schrift durch die Neuheit der Gedanken Aufsehen in der gelehrten Welt erregen und Einwürfe aller Art hervorrufen würde; er wünschte einige der berufensten Urtheile noch vor der Herausgabe kennen zu lernen und mit seinen Erwiederungen zugleich als Anhang der Meditationen drucken zu lassen. Die Maßregel war klug, das Werk erschien bei seinem Eintritt in die Welt schon angegriffen und vertheidigt; die Kritik, die sonst nachfolgt und dem öffentlichen Urtheile die Richtung, oft eine verkehrte, giebt, wurde hier vorweggenommen und dem Buche selbst dergestalt beigefügt, daß der Verfasser vor dem Publicum das letzte Wort hatte. Zu diesem Zweck wurden einige Abschriften besorgt, Freunden mitgetheilt, durch diese im Kreise urtheilsfähiger Männer verbreitet, besonders wichtige Meinungen eingeholt und dem Philosophen theils berichtet, theils in authentischer Abfassung zugesendet. In den Niederlanden waren es hauptsächlich Bloemaërt und Bannius in Harlem, die einzigen katholischen Priester Hollands, mit denen Descartes befreundet war*), die eine solche Abschrift erhielten; der Agent in Frankreich war, wie zu erwarten steht, Mersenne. Durch die beiden erstgenannten wird das handschriftliche Werk einem angesehenen Gelehrten ihrer Kirche mitgetheilt, Caterus aus Antwerpen, Doctor der theologischen Facultät von Löwen, der in Holland missionirt, in Alkmaar wohnt; sein Urtheil ist das erste, das Descartes empfängt und mit seiner Erwiederung an Mersenne sendet (November 1640). Dieser verbreitet die Meditationen in pariser Gelehrtenkreisen, läßt sie von Theologen und Mathematikern beurtheilen und giebt über die verschiedenen Meinungen, die er hört, dem Verfasser zwei Sammelberichte. Zu diesen Stimmen kommen drei bedeutende und geschichtlich denkwürdige Männer, darunter zwei Philosophen, ein englischer und ein französischer, Zeitgenossen und Gegner Descartes', beide von Mersenne veranlaßt, die Meditationen zu lesen und schriftlich zu beurtheilen. Der englische Philosoph ist Thomas Hobbes, der französische Pierre Gassendi. Jener, dem englischen Bürgerkriege ausweichend, war Ende des Jahres 1640 zu einem neuen Aufenthalte nach Paris gekommen, der eine Reihe von Jahren dauern

---
*) Oeuvres T. VIII. pg. 424—25.

und die wichtigste literarische Epoche im Leben dieses Mannes werden sollte, denn er schrieb hier seine bekanntesten Hauptwerke. Mersenne ließ ihn bald nach seiner Ankunft die Meditationen lesen und beurtheilen; Descartes empfing den ersten Theil der Einwürfe dieses Gegners den 20. Januar 1641 während seines Aufenthaltes in Leyden und beantwortete sie schon am folgenden Tage, der zweite Theil wurde in der ersten Woche des Februar nachgesendet. In diesem Monat war Gassendi, der damals seine Hauptwerke über Epikur und dessen Lehre noch vor sich hatte, nach Paris gekommen und lernte durch Mersenne das neue Werk Descartes' kennen, aufgefordert dasselbe schriftlich zu beurtheilen. Gassendi hatte die Sucht gelobt und citirt zu werden; er war liebenswürdig im Verkehr, verschwenderisch im Lobe, ausgenommen, wenn es die aristotelischen Schulphilosophen galt, aber zu eitel, um ein unbefangener Kritiker zu sein; gegen Descartes war er verstimmt, weil dieser in seiner Abhandlung über die Meteore seine Erklärung der Parhelien nicht citirt hatte, was Gassendi „praeter decorum" fand. In übler Laune und ohne eindringendes Verständniß der Lehre Descartes' schrieb er seine Einwürfe („disquisitio metaphysica seu dubitationes"), die Mersenne Ende Mai 1641 erhielt; natürlich fehlte es am Schlusse nicht an den üblichen rhetorischen Lobsprüchen. Auf die Entgegnung Descartes' hat er eine Duplik („instantiae") geschrieben, die sein Schüler Sorbière mit der Verkündigung eines vollendeten Triumphes herausgab (1643). Der dritte unter den namhaften und bedeutenden Männern, die damals die Meditationen beurtheilten, war ein noch jugendlicher Theologe, Antoine Arnauld, der bald nachher unter die Doctoren der Sorbonne aufgenommen wurde (1643), in der Folgezeit den Namen „der große Arnauld" verdienen und einer der berühmtesten Jansenisten werden sollte.*) Descartes hat seine Einwürfe wegen ihrer Einsicht, Schreibart und mathematischen Schärfe für die wichtigsten erklärt und allen anderen bei weitem vorgezogen. Bei der Verbindung, die später zwischen der cartesianischen Philosophie und den Jansenisten von Port royal stattfand, darf Arnauld als Mittelglied und Führer gelten. Descartes hatte gewünscht, daß Mersenne die Abschrift auch dem Pater Gibieuf vom Oratorium Jesu und dem Mathematiker Desargues mittheile, welcher letztere ihm drei

---

*) S. oben Einleitung S. 138 39.

Theologen werth sei. Es erschien noch ein Gegner aus der Gesellschaft Jesu, Pater Bourdin, Professor der Mathematik am Collegium Clermont, der schon in gehässiger Weise Descartes' Dioptrik und Meteore in seinen Vorträgen bekämpft hatte und jetzt eben so feindselig gegen die Meditationen auftrat. Dem Philosophen kamen diese Angriffe sehr ungelegen, er wußte, wie einmüthig die Jesuiten handeln und sah sich ungern in einen Kampf mit dem Orden verwickelt, gegen den er die alten freundlichen Beziehungen aus Pietät und Politik zu erhalten wünschte. Daß ein Mitglied der Gesellschaft Jesu so feindlich und verdächtigend gegen ihn auftrat, mußte er doppelt peinlich in einer Zeit empfinden, wo er bereits die schlimmsten Händel mit den Calvinisten in den Niederlanden zu bestehen hatte. Indessen hatte der Orden nichts mit der Polemik Bourdin's zu thun; der Provincial Dinet stand auf Descartes' Seite und wußte den Streit beizulegen; Bourdin selbst, nachdem er den Philosophen persönlich kennen gelernt hatte, hörte auf sein Feind zu sein.

Wir haben es hier nur mit der Geschichte, nicht mit dem Inhalt dieser „objectiones" und „responsiones" zu thun, die gleichsam den zweiten größeren Theil der Meditationen ausmachen. Es waren sieben, nach chronologischer Reihenfolge geordnet: an erster Stelle stehen die Einwürfe des Doctor Caterus, an zweiter und sechster die beiden Sammelberichte Mersenne's, an dritter Hobbes, an vierter Arnauld, an fünfter Gassendi; die Einwürfe Bourdin's an siebenter Stelle konnten erst in die zweite Ausgabe der Meditationen aufgenommen werden.

Die erste erschien in Paris unter dem Titel: „Meditationes de prima philosophia, ubi de Dei existentia et animae immortalitate" (1641). Der Philosoph wollte diesmal seine Abneigung gegen den Namen „Cartesius" überwinden, da ihm der Name Descartes „un peu trop rude en latin" war.*) Die zweite Ausgabe erschien bei Elzevier in Amsterdam unter dem veränderten Titel: „Meditationes de prima philosophia, in quibus Dei existentia et animae humanae a corpore distinctio demonstrantur". Der Grund dieser Abänderung ist einleuchtend genug: das Dasein Gottes ist ein metaphysisches Princip, die Unsterblichkeit der Seele ist keines, wohl aber der Wesensunterschied zwischen Seele (Geist) und Körper; dieser

---

*) Oeuvres T. VIII. pg. 439.

Unterschied bildet die Grundlage der ganzen cartesianischen Lehre, das eigentliche Thema ihrer „prima philosophia". Darum ist der zweite Ausdruck eine Berichtigung des ersten, der aus speciell theologischen und religiösen Gründen gewählt war, wie es die Widmung erklärt. Auf den Wesensunterschied zwischen Seele und Körper gründet sich Descartes' Unsterblichkeitslehre, und in der Metaphysik redet man von den Gründen, nicht von den Folgen. Die Erklärung aus den Gefühlen des Philosophen, welche der jüngste Biograph an dieser Stelle zu geben versucht, opfert der Rührung wiederum die Richtigkeit. Während Descartes mit der Herausgabe der Meditationen beschäftigt war, starb seine Tochter, fast gleichzeitig sein Vater und die ältere Schwester. Nun war es dem Philosophen, der diese drei Todesfälle zu beklagen hatte, äußerst trostreich, auf dem Titel seines Werkes: „de animae immortalitate" zu lesen! Es war nicht eigentlich der Titel seines Werkes, sondern eine Grabinschrift. Wenn solche Empfindungen überhaupt an einer solchen Stelle eines Ausdruckes bedurften, so wären die Worte „animae humanae a corpore distinctio" eben so trostreich gewesen.*)

Die Meditationen haben den Ideengang entwickelt, in welchem die Grundbegriffe der neuen Lehre gefunden und festgestellt werden. Die nächste Aufgabe ist die Darstellung des gesammten Lehrgebäudes in systematischer Ordnung; Descartes beginnt die Arbeit gleich nach Herausgabe der Meditationen und vollendet sie binnen Jahresfrist: es ist sein zweites umfassendes Hauptwerk: „**Die Principien der Philosophie**" in vier Büchern, (1644 bei Elzevier in Amsterdam). Das erste Buch handelt von den Principien der menschlichen Erkenntniß, das zweite von den Principien der Körper, das dritte von der sichtbaren Welt, das vierte von der Erde; die beiden ersten bilden die eigentliche Principienlehre: Metaphysik und Naturphilosophie. In dem Fortgang der Werke sind die Meditationen zeitlich wie sachlich das Mittelglied zwischen den methodologischen Versuchen und dem System der Metaphysik. Descartes nannte sie auch seine „metaphysischen Essais" und bezeichnete damit treffend, daß sie den Charakter der „philosophischen Essais" und der „Principien der Philosophie" in sich vereinigen. Die Zeit, worin er dieses sein umfassendes Hauptwerk schrieb, war wohl die glücklichste seines Lebens. Der

---

*) J. Millet: Descartes, son histoire depuis 1637. pg. 23—25.

Erfolg der vorhergehenden Schriften hat ihn gehoben, die Scheu vor
der öffentlichen literarischen Wirksamkeit ist überwunden, er hat einen
Stoff zu gestalten und zu ordnen, den er vollkommen beherrscht, nichts
kann diesem methodischen Kopf genußreicher sein, als eine solche
ordnende und formgebende Thätigkeit; jetzt übt er die Kunst des
Baumeisters, die er gern als Beispiel braucht, um die Mängel des
Flickwerkes gegenüber einer planmäßigen und einmüthigen Composition augenfällig zu machen; er componirt das Gebäude seiner Ideen
und lebt dabei in der idyllischen und freien Muße, die ihm das
Landschloß von Endegeest gewährt, in beständiger Nähe, oft im Verkehr mit jener jugendlichen und hochbegabten Fürstin, die ihn ganz
versteht und würdigt. Damals sah er in der Pfalzgräfin Elisabeth
die Welt, für die er schrieb, und widmete ihr seine Werke, unbekümmert um die Doctoren der Sorbonne. Aber schon war ein Unwetter gegen die neue Lehre und den Philosophen selbst im Anzuge.

Sechstes Capitel.

C. Anfänge der Schule. Anhänger und Gegner.

I. Die Kämpfe in Utrecht.

1. Reneri und Regius.

So wenig Descartes eine äußere Verbreitung seiner Lehre sucht,
kann er doch nicht hindern, daß sie Freunde und Anhänger gewinnt,
die bald den Kern einer Schule bilden, für deren öffentliche Lehrthätigkeit die Werke des Meisters einen festen Anhalt und die Universitäten der Niederlande den nächsten Schauplatz bieten. Mit den
Freunden kommen die Gegner. Schon in ihrem Entstehen wird die
Schule Gegenstand heftiger Angriffe; in den Schülern bekämpft man
den Meister und versucht alles, die neue Lehre zu unterdrücken, selbst
die Person des Urhebers wird bedroht. Der Ort, wo die Schule
und mit ihr die Kämpfe beginnen, ist die neue Universität Utrecht.
Es ist weniger eine bestimmte Lehre, welche die Angriffe hervorruft,
als vielmehr Descartes' geistige Bedeutung überhaupt, es ist die
Neuheit und Macht seiner Gedanken, die den Haß und die feindseligen

Leidenschaften derer erregen, die sich gern selbst zum Gegenstand des ersten Gebotes machen: „ihr sollt nicht andere Götter haben neben mir!"

Um den Verlauf und Charakter der Utrechter Streitigkeiten zu verstehen, müssen wir etwas weiter ausholen. Gleich in den ersten Zeiten seines Aufenthaltes in den Niederlanden hatte Descartes in Amsterdam Heinrich Reneri (Renier) kennen gelernt, der in Lüttich und Löwen studirt, den katholischen Glauben verlassen, den reformirten angenommen, deßhalb von seinem Vater enterbt, aus der Heimath flüchtig, ein Asyl in Holland gesucht und in Amsterdam eine Privatschule gegründet hatte. Seine Bekanntschaft mit dem Philosophen war durch Beeckman vermittelt worden. Im Umgange mit Descartes erwacht in Reneri die Liebe zur Philosophie und er gewinnt durch eifrige Studien bald eine solche Bedeutung, daß er nach dem Tode des Aristotelikers in Leyden an die dortige Universität, dann nach Deventer und im Jahr 1634 nach Utrecht berufen wird. Der erste Schüler Descartes' ist die erste Berufung an die neu gegründete Universität, mit deren Geschichte die der cartesianischen Lehre während der ersten Jahre verwebt ist. Reneri's Lehrthätigkeit in Utrecht ist von kurzer, aber wirksamer Dauer. Fünf Jahre lang ist er eine Zierde der Universität; nach seinem frühen Tode (März 1639) wird sein Gedächtniß von den Behörden der Stadt und Universität auf die ehrenvollste Weise gefeiert. Die Trauerrede, die der Professor der Geschichte und Beredsamkeit Ant. Aemilius, selbst ein Anhänger der neuen Philosophie, hält, ist zugleich eine Lobrede auf Descartes. Die Regierung hat gewünscht, daß des Philosophen und seiner Lehre rühmend gedacht und die Rede gedruckt werde. Auf ihrem Titel heißt Reneri der Freund und Schüler Descartes' „des Atlas und Archimedes unseres Jahrhunderts" Diesem öffentlichen, etwas zu ergiebigen Lobe, wie es die akademische Beredsamkeit mit sich bringt, folgt der neidische Haß, der den Philosophen zunächst in seinen Anhängern zu treffen sucht.

Unter Reneri's Schülern in Utrecht war der talentvollste ein junger Mediciner Namens Regius (Henri Le Roi), der sich der neuen Lehre mit feurigem Eifer bemächtigt hatte und sie in seinen Privatvorlesungen über Physiologie so vorzutragen wußte, daß er bald eine Menge begeisterter Schüler gewann. An der Universität war nur eine Professur der Medicin, die Straaten inne hatte; nun wünschte dieser blos Anatomie und praktische Medicin zu lehren und betrieb deßhalb die Gründung eines zweiten Lehrstuhls für Botanik und theoretische Medicin. Regius wird für die neue Stelle gewählt und zum ordentlichen Professor ernannt (1638). Nach dem Tode Reneri's ist er das Haupt der neuen Philosophie in Utrecht und die erste Zielscheibe ihrer Feinde.

2. Gisbertus Voëtius.

Das Haupt der Gegner ist einer der angesehensten Männer von Utrecht, Gisbertus Voëtius, der erste Professor der Theologie an der Universität, der erste Pfarrer der Stadt, auf der Synode von Dordrecht einer der heftigsten Gomaristen, seit dem Siege dieser Partei einer der übermüthigsten. Er schreitet einher mit triumphirenden Mienen, seine äußere Erscheinung ist gepflegt und trägt den Ausdruck der Selbstzufriedenheit, er ist gewöhnt, seine Talente, Verdienste und Würden für unvergleichlich zu halten und alles zu verachten, was ihm fehlt. Dieser Mängel sind viele. Seine Gelehrsamkeit ist gering und oberflächlich, seine Belesenheit dürftig, nicht mehr umfassend als die loci communes, einige Commentare und Compendien, er macht in seinen Schriften die gröbsten Fehler, weil er die Quellen anführt, ohne sie gelesen und verstanden zu haben, sein Urtheil ist ohne Schärfe, seine Gedanken ohne Zusammenhang und Ordnung, in der Philosophie reichen seine Fähigkeiten und Kenntnisse nicht über die Grenze der gewöhnlichsten Scholastik. Man hätte nicht glauben sollen, daß ein so mittelmäßiger Kopf ein so angesehener und gefürchteter Mann sein und der gefährliche Gegner eines großen Denkers werden konnte. Seine Neigung nahm die Richtung seiner Talente. Er wählte sich ein Feld literarischer Thätigkeit, auf dem sich ohne Gelehrsamkeit und wirkliche Geistesbildung beim großen Publicum viel ausrichten läßt: die Polemik; er war kein Polemiker bedeutender Art, sondern ein gewöhnlicher Streithahn nach dem Geschmack Jan Hagels. Zu einer gerechten und unbefangenen Würdigung des Gegners hatte er weder genug Billigkeit noch genug Urtheil; vor allem haßte er die Katholiken und die Philosophen, die Leidenschaft verblendete ihn dergestalt, daß er beide kaum zu unterscheiden wußte und in der Bosheit denselben Mann für einen Jesuiten und Atheisten zugleich ansah; doch war er schlau genug, bei den Jesuiten den Gegner als Atheisten, bei den Protestanten als Jesuiten zu verschreien. Er war streitsüchtig, weil er Recht haben und herrschen wollte; die Herrschsucht machte ihn amtseifrig und leutselig, er wußte den Leuten zu gefallen und zu imponiren bald durch devotes Benehmen, bald durch dreistes und keckes Auftreten. Dem Volke gegenüber gefiel er sich in der Rolle des Prälaten, den Gelehrten gegenüber in der des Pedanten, am liebsten mochte er allen als ein Mann erscheinen, den jeder zu fürchten Ursache habe. Darum hielt er nichts so gern als Strafpredigten, kapuzinerartig, die beim Volke Effect machen, und um ja nicht als feig zu gelten, verfolgte er rücksichtslos wegen unbedeutender Dinge Personen von Macht und Ansehen. Er verstand, die Volksgunst zu gewinnen und darum zu werben ohne den Schein der Popularitäts=sucht. Und so war er wirklich ein angesehener, bei der Masse beliebter, von vielen gefürchteter Mann und hieß, was die Summe seines Ehrgeizes und der eigene Ausdruck seiner Bescheidenheit war: „der niederländischen Kirche Ruhm und Zierde (ecclesiarum belgicarum decus et ornamentum)".

Neben diesem Mann erhebt sich mitten in Utrecht eine von ihm unabhängige, einflußreiche geistige Macht in Descartes' Lehre und Schule. Seit jenem Lobe, das auf dem Titel einer akademischen Gedächtnißrede gedruckt zu lesen stand, ist Voëtius ihr Widersacher; er hatte ein Jahr vorher zu Regius' Anstellung mitgewirkt, nachdem sich dieser seiner Glaubenscensur unterworfen und ihm persönlich geschmeichelt hatte; jetzt mißfällt ihm sein Eifer für die cartesianische Lehre, noch mehr der Beifall, den seine Vorlesungen finden. Er sinnt Verderben gegen Descartes und Regius. Wenn er beweisen könnte, daß die neue Lehre dem Protestantismus und dadurch den Niederlanden gefährlich wäre! Wenn sich zeigen ließe, daß Descartes' Philosophie atheistisch sei, so wäre, da Regius Cartesianer ist, der Proceß leicht zu führen. Er durchsucht zu diesem Zweck den jüngst erschienenen „discours" und sammelt alle auf Theologie bezüglichen Aussprüche; glücklicherweise findet sich hier der Zweifel so offen bekannt und rücksichtslos geltend gemacht, daß der Atheismus mit Händen zu greifen ist.

3. Die Verurtheilung der neuen Philosophie.

Zunächst wird der Name Descartes gar nicht genannt, nur gewisse Züge seiner Lehre werden auf den Atheismus übertragen und dieser in einigen akademischen Thesen bekämpft (Juni 1639); damit eröffnet

Voëtius seinen Feldzug, der, wenn es nach Wunsch geht, mit Descartes' Vertreibung aus den Niederlanden enden soll. Eine Zeit lang spielt der Streit in der Form akademischer Thesen und Disputationen. Die Absicht geht gegen Regius, den zu verderben, Voëtius alles aufbietet, sein Ansehen bei den Professoren, seine Macht als Rector, seinen Einfluß auf die Obrigkeit.

Regius hatte mit seiner jungen und etwas unreifen Art bei mancher Gelegenheit das Uebergewicht der neuen Philosophie den Vertretern der alten fühlbar, diese letzteren auch wohl lächerlich gemacht und dadurch eine Anzahl seiner Collegen verstimmt. Das Operationsfeld gegen ihn ist günstig. Als er im Juni 1640 die neue Lehre vom Blutumlauf nach Harvey und Descartes öffentlich vertheidigt, wird ihm die Weisung ertheilt, sich mit seinen Sätzen nicht so weit von der herkömmlichen Medicin zu entfernen und die neuen Lehren nur „exercitii causa" zu vertheidigen. Im folgenden Jahr ist Voëtius Rector. Der Streit wird lebhafter, ohne noch den akademischen Spielraum der Thesen und Disputationen zu überschreiten. Unter den Thesen des Regius findet sich der Satz, daß die Verbindung von Seele und Körper in der Zusammensetzung zweier Substanzen bestehe und darum keine wirkliche Einheit, kein „unum per se", sondern „per accidens" ausmache. Gerade in diesem Punkt erscheint der erklärteste Gegensatz der cartesianischen Lehre gegen die aristotelisch-scholastische von der Entelechie der Seele und der Substantialität der Formen. Nun setzt sich Voëtius in Positur und erklärt in seinen Gegenthesen die neuen Lehren für ketzerisch. Die Ansicht von der Substantialität des Körpers und der Zusammensetzung des Menschen aus zwei Substanzen („unum per accidens") sei unvernünftig, die Lehre von der Bewegung der Erde, die Kepler (!) eingeführt habe, widerspreche der heiligen Schrift und aller bisherigen Philosophie, die Verneinung der substantiellen Formen finde sich in demselben Widerstreit, sie befördere den Skepticismus und gefährde den Glauben an Unsterblichkeit, Trinität, Menschwerdung, Erbsünde, Wunder, Weissagung, Gnade, Wiedergeburt 2c. Diese Thesen kennzeichnen den Mann und seine Geistesart.

Jetzt wird aus dem akademischen Wortstreit ein Schriftstreit; Regius vertheidigt sich gegen die Thesen des Voëtius und läßt die Schrift wider den Rath Descartes' und seiner Utrechter Freunde drucken. Ueberhaupt ist Descartes mit Regius' herausforderndem

Auftreten wenig zufrieden; seiner Denkweise muß die verletzende Art
mißfallen, womit jener gegen die Schulphilosophie loszieht; man
solle, mahnt ihn Descartes, die Vergangenheit nicht zum Spaß be=
kämpfen, er sehe in dem Streit, den Regius vorhabe, weder Nutzen
noch Plan; solle die Schrift gegen Boëtius gedruckt werden, was er
widerrathe, so müsse ihre Form ruhig gehalten und von allen an=
stößigen Ausdrücken frei sein. Diesen Rath befolgt Regius, aber so
behutsam, ja schmeichelhaft für Boëtius seine Worte sind, so findet
dieser schon darin ein unverzeihliches Verbrechen, daß Regius über=
haupt gewagt hat, gegen ihn zu schreiben. Noch dazu ist die Schrift
ohne Druckerlaubniß erschienen, der Drucker ist Katholik, der Ver=
leger Remonstrant; Boëtius entdeckt ein ganzes Nest von Ketzereien,
das zu vertilgen ist. Auf Befehl der Obrigkeit wird die Schrift
confiscirt, das Verbot macht sie gelesener, ihre Verbreitung den Zorn
des Boëtius noch grimmiger, und es kommt so weit, daß auf seinen
Antrieb dem Professor Regius die philosophischen Vorlesungen
untersagt werden. Jetzt gilt es, die neue Philosophie als solche an=
zugreifen und die alte zu vertheidigen. Boëtius der Sohn schreibt
Thesen gegen Regius, der Student Waterlaet, eine der Creaturen des
Vaters, verfaßt eine Schutzschrift für die schwer bedrohte rechtgläu=
bige Philosophie. Aber den Hauptschlag führt Boëtius durch die
von ihm beherrschte Universität: der akademische Senat beschließt eine
förmliche Mißbilligung gegen Regius' Schrift und Lehre und zugleich
eine förmliche Verurtheilung der neuen Philosophie. Der Beschluß ist
vom 16. März 1642 und enthält folgende Erklärung: „wir Pro=
fessoren der Universität Utrecht verwerfen und verdammen diese neue
Philosophie, weil sie erstens der alten widerspricht und deren Grund=
lagen umstürzt, weil sie zweitens die Jugend dem Studium derselben
abwendig macht und deßhalb in ihrer gelehrten Ausbildung hindert,
denn, einmal in die Grundsätze dieser vorgeblichen Weisheit einge=
führt, vermag sie nicht mehr die akademische Schulterminologie zu
verstehen; endlich weil nicht blos mancherlei falsche und vernunft=
widrige Ansichten aus dieser neuen Lehre hervorgehen, sondern un=
reife junge Leute leicht Folgerungen daraus ableiten können, die den
anderen Wissenschaften und Facultäten, insbesondere der wahren
Theologie zuwiderlaufen." Von zehn Professoren unterschrieben acht
dieses Urtheil. (Die beiden Ausnahmen waren Cyprianus und
Aemilius, der Bewunderer des Philosophen).

4. Streit zwischen Descartes und Voëtius.

Die Verdammung ist gegen Descartes gerichtet, obwohl sein Name nicht genannt wird. Jetzt erscheint dieser selbst auf dem Kampfplatz. Eben mit der zweiten Ausgabe der Meditationen und der Erwiederung auf Bourdins Einwürfe beschäftigt, findet er in dem gleichzeitigen Briefe an Dinet, worin er die Angriffe seines jesuitischen Widersachers beleuchtet, die beste Gelegenheit, zugleich die Kabalen des Utrechter Feindes zu schildern; er läßt Universität, Anhänger und Gegner ungenannt, aber entwirft von dem letzteren mit wenigen Zügen ein Bild ad vivum. „Es ist ein Mann, der in der Welt für einen Theologen, Prediger und Glaubensstreiter gilt, der großes Ansehen beim Volke genießt, weil er mit seinen Streitpredigten bald über die katholische Kirche, bald über andere Leute, die nicht seines Glaubens sind, bald über die Mächte des Zeitalters schmähsüchtig herfällt, er trägt einen glühenden und freimüthigen Religionseifer zur Schau, wobei er seine Reden auch mit Späßen untermischt, die dem Ohr des gemeinen Volkes gefallen; alle Augenblicke giebt er Schriftchen heraus, aber solche, die nicht werth sind, daß man sie liest, citirt darin verschiedene Autoren, aber solche, die mehr gegen als für ihn zeugen, und die er wahrscheinlich nur aus dem Inhaltsverzeichnisse kennt; er redet von allen möglichen Wissenschaften, als ob er ganz darin zu Hause wäre, keck und ohne Scheu und gilt deßhalb für gelehrt bei den Ungelehrten. Aber Leute von einigem Urtheile, welche wissen, wie zudringlich er mit aller Welt Händel anfängt, wie oft er statt der Gründe Beleidigungen vorbringt und, nachdem er den Kürzern gezogen, schimpflich zurückweicht, sprechen von diesem Mann, wenn sie nicht seine Glaubensgenossen sind, mit offener und spöttischer Verachtung; auch hat man ihn schon vor aller Welt Augen so übel zugerichtet, daß der Polemik noch kaum etwas übrig bleibt. Die verständigen Leute unter seinen Glaubensgenossen entschuldigen und dulden ihn zwar, so viel als möglich, aber im Stillen finden sie ihn ebenso verwerflich".*)

Voëtius erkannte sein Spiegelbild und sprühte Rache. Er hätte jetzt offen gegen Descartes auftreten und den Kampf direct führen sollen, aber er hielt sich im Versteck und suchte Leute, die für ihn

---

*) Oeuvres T. IX. pg. 34—35.

ins Feuer gingen; er wünschte sich jemand, der den Philosophen
wissenschaftlich angreifen, einen anderen, der Schmähschriften gegen
ihn schreiben oder mit seinem Namen das Pamphlet decken sollte,
das er selbst fabricirte. Dabei spielte er öffentlich den gekränkten
Mann, er war die reine Unschuld, Descartes der boshafte Verläum=
der. Mit dem Bundesgenossen, dem er die Rolle der wissenschaft=
lichen Bekämpfung zugedacht hatte, schlug die Sache fehl, er hätte
sie auch nicht charakterloser und ungeschickter anfangen können. Voë=
tius, der geschworene Feind der katholischen Kirche, schrieb zu diesem
Zweck an einen katholischen Theologen, der noch dazu Descartes'
langjähriger und treuer Freund war: Mersenne! Und wie schrieb
er? In dem Briefe, der schon in den Anfang der Streitigkeiten fällt
und früher ist als das Verdammungsurtheil der Universität, heißt
es unter anderem: „Ohne Zweifel haben Sie die philosophischen Ver=
suche gelesen, die Descartes in französischer Sprache herausgegeben
hat; er scheint eine neue, bisher unerhörte Secte stiften zu wollen
und findet Anhänger, die ihn wie einen vom Himmel herabgefallenen
Gott bewundern und anbeten. Ihrem Urtheil und Ihrer Censur
sollten diese $\varepsilon\dot{\upsilon}\varrho\acute{\eta}\mu\alpha\tau\alpha$ unterworfen werden. Kein Physiker oder Phi=
losoph könnte ihn erfolgreicher stürzen als Sie, der Sie gerade in
den Fächern hervorragen, worin Descartes seine Stärke zu haben
glaubt: der Geometrie und Optik; es wäre dies eine Ihrer Ge=
lehrsamkeit und Ihres Scharfsinns würdige Arbeit. Sie haben die
Wahrheit vertheidigt und in der Versöhnung der Theologie und
Naturlehre, der Metaphysik und Mathematik zur Geltung gebracht;
darum fordert die Wahrheit Sie zu ihrem Rächer!" Mersenne,
angewidert von dieser Zuschrift, behandelte Voëtius, wie er es ver=
diente; er ließ ihn lange auf Antwort warten und gab sie endlich
so abweisend und beschämend, als möglich; zugleich schickte er Brief
und Antwort an Descartes.

Mit dem Bundesgenossen, der das Pamphlet übernehmen sollte,
gelang die Machination. Es fand sich jemand, der zu der Schmäh=
schrift, die Voëtius im Schilde führte und zum Theil machte, Namen
und Feder hergab: Martin Schoock, Professor in Gröningen, ehe=
dem Schüler, jetzt Creatur des Voëtius. Die Schrift erscheint ein
Jahr nach jener akademischen Verdammung (März 1643) unter dem
Titel: „Philosophia cartesiana sive admiranda methodus novae
philosophiae Renati Descartes," nach Schreibart und Tendenz ein

boshaftes Libell. Die Vorrede geht gegen den Brief an Dinet, worin Descartes die reformirte Religion, die evangelische Kirche der Niederlande, insbesondere eines ihrer Häupter beleidigt habe; im Uebrigen wird die neue Philosophie der gefährlichsten Folgen beschuldigt, sie erzeuge Unglauben, Atheismus und Sittenlosigkeit. Descartes sei ein zweiter Vanini, Heuchler und Atheist, wie dieser, der deshalb mit Recht verurtheilt und zu Toulouse verbrannt worden sei. Diese Vergleichung, die etwas nach Scheiterhaufen riecht und mit besonderer, berechneter Ausführlichkeit behandelt wird, ist des Voëtius unverkennbares Werk.

Das Pamphlet erscheint in Utrecht. Während des Drucks empfängt Descartes die einzelnen Bogen und beginnt, nachdem er die ersten sechs gelesen, die Gegenschrift, das Meisterstück seiner Polemik: „Epistola ad celeberrimum virum D. Gisbertum Voëtium". Die Entgegnung hat einen dreifachen Zweck: das im Brief an Dinet enthaltene Charakterbild des Gegners soll gerechtfertigt, die nach Schoock genannte Schmähschrift entkräftet und ein neues eben erschienenes Machwerk des Voëtius gleichzeitig beurtheilt werden. So wächst ihm die Polemik unter der Hand, und aus dem Briefe wird ein Buch von neun Theilen. Noch bevor die letzten Bogen der „philosophia cartesiana" dem Philosophen zugesendet sind, hat Voëtius ein Libell „über die Brüderschaft der Maria (de confraternitate Mariana)" herausgegeben. Beide Schriften, wie ungleich ihre Themata sind, erscheinen in Denkweise, Schreibart und polemischer Methode einander so ähnlich, daß man leicht die literarischen Zwillinge erkennt. Jetzt unterbricht Descartes den Gang seiner Streitschrift, ergreift dieses neue Object, dem er den sechsten Theil der Epistel widmet, und kehrt, nachdem er die letzten Bogen des Pamphlets erhalten, zu dem ursprünglichen Thema zurück. Diese Unterbrechung ist der Composition der Streitschrift nicht günstig gewesen. Die Polemik springt plötzlich auf ein anderes Gebiet und nimmt einen fremdartigen Stoff in sich auf, der nur scheinbar ihre Stärke vermehrt, in der That ihre Kraft zersplittert und den Eindruck des Ganzen stört. Indessen erklärt sich sein Verfahren sowohl aus der polemisch gereizten Stimmung als insbesondere aus dem Umstande, daß er eine offene Schrift von Voëtius in die Hand bekommt, während er genöthigt ist, gegen eine versteckte zu schreiben. Wenn er nachweisen kann, daß der Autor der „philosophia cartesiana" und der der „confraternitas Mariana" ein und dieselbe Person ist, so hat er viel gegen Voëtius gewonnen und denselben einer zweifachen Nichtswürdigkeit, der Schmähung und Lüge, überführt.

Das Thema der zweiten Schrift hat als solches nichts mit der Sache Descartes' gemein. In Herzogenbusch gab es aus katholischen Zeiten her einen Verein der heiligen Jungfrau, im Besitz gewisser Rechte und Einkünfte, wozu die vornehmsten Männer der Stadt gehörten. Nach dem Abfall von der spanischen Herrschaft und dem Siege der Reformation war diese Brüderschaft von der neuen Regierung anerkannt worden (1629), sie behielt ihre Rechte und Einkünfte, verlor eben deßhalb den kirchlichen Charakter, von dem nur der Stiftungsname übrig blieb, und bestand jetzt als bürgerliche Gesellschaft. Um aber zu verhüten, daß sich hier ein heimlicher Sitz des Katholicismus und ein Heerd staatsgefährlicher Umtriebe bilde, hatte die Obrigkeit die Aufnahme reformirter Mitglieder gefordert, und der Bürgermeister von Herzogenbusch war selbst mit dreizehn der angesehensten Protestanten in die Brüderschaft eingetreten. Dieser Vorgang brachte Voëtius' Zorn in Flammen. Er schleuderte zunächst seine Thesen, immer die ersten Donnerkeile, nach denen er greift, gegen „die Idololatrie", die in Herzogenbusch getrieben werde. Die Obrigkeit der Stadt läßt durch einen ihrer Geistlichen die ihr gemachten Vorwürfe der Abgötterei, religiösen Indifferenz und gottlosen Toleranz ruhig und schonend widerlegen, aber Voëtius oder seine Genossen antworten mit einer anonymen Schmähschrift, und als diese in Herzogenbusch verboten wird, schreibt Voëtius das Buch „de confraternitate Mariana".

Die beiden Gegner sind jetzt mit ihren Schriften hart aneinander gerückt. Seit vier Jahren hat Voëtius den Angriff begonnen und in Thesen, Disputationen, Vorlesungen, Predigten, Privatbriefen den Kampf fortgeführt; er hat das Verdammungsurtheil der Universität Utrecht gegen „die neue Philosophie" bewirkt und sich dessen in einem Briefe gerühmt, der in Descartes' Hände gelangt ist, er hat zuletzt sich hinter den Namen Schoock versteckt, um in einer Schmähschrift die Person und Lehre des Philosophen zu verdächtigen und zu beschimpfen. Erst nach Jahren hat sich Descartes selbst in den Streit eingelassen und zwei Gegenschriften verfaßt: den Brief an Dinet und den an Voëtius; beide werden durch angesehene Männer in seinem Namen den ersten Bürgermeistern der Stadt Utrecht überreicht.

Jetzt wird aus dem Schriftstreit ein Proceß. Voëtius spielt den Verfolgten, der um des Glaubens willen leiden müsse; Descartes sei Jesuit, er sei als Emissär und Spion der Jesuiten in die Niederlande gekommen, um hier Zwietracht und Streit zu erregen, deshalb habe er ihn vor allen, „den Ruhm und die Zierde der niederländischen Kirche", angefeindet und verläumdet; er selbst habe jenem nie etwas zu Leide gethan, die Schrift gegen Descartes sei nicht von ihm, sondern von Schoock. So weiß er die öffentliche Stimmung in Utrecht, insbesondere die der Obrigkeit zu erbittern und ganz auf seine Seite zu bringen; bei ihr sucht der verfolgte Mann Schutz gegen die Verläumdungen des fremden Philosophen. Den 13. Juni 1643 läßt die Behörde an Descartes die Aufforderung ergehen, persönlich zu erscheinen und seine Anschuldigungen gegen Voëtius zu erhärten, namentlich zu beweisen, daß nicht Schoock, sondern Voëtius die Schrift gegen ihn verfaßt habe. Wären seine Anklagen wahr, so würden sie der Universität und Stadt zum größten Nachtheil gereichen. Die Aufforderung geschieht in allen Formen einer öffentlichen Kundgebung, sie wird mit der Glocke vor dem Volk ausgerufen, gedruckt, angeschlagen, versendet; schon diese Art der Citation ist ein Ausfluß feindseliger Gesinnung, sie war überflüssig, denn man wußte, wo Descartes zu finden war. In Egmond, wo er seit kurzem lebt, erhält er die Aufforderung und beantwortet sie schriftlich in der Landessprache; er dankt der Behörde für die Absicht der Untersuchung und erbietet sich seine Aussagen zu beweisen, aber als Franzose müsse er ihr das Recht bestreiten, gerichtlich gegen ihn zu verfahren. Da in Utrecht eine verläumderische Schrift gegen ihn erschienen sei, so dürfe er erwarten, daß die Untersuchung vor allem den Verfasser entdecken und zur Verantwortung ziehen werde. Indessen fühlt er seine Sicherheit gefährdet, er hat einen Verhaftbefehl zu fürchten, der in Egmond sogleich vollstreckt werden kann. Deshalb geht er nach dem Haag und begiebt sich unter den Schutz des französischen Gesandten de la Thuillerie, der sich der Sache annimmt und den Prinzen von Oranien bewegt, durch seinen Einfluß die weitere Verfolgung zu hemmen. Es ist den Schritten des Statthalters zu danken, daß Descartes unangetastet bleibt. Zwar wird die Sentenz gegen ihn gefällt, seine Sendschreiben werden als Schmähschriften verurtheilt und der Verläumdung des Voëtius für schuldig befunden (den 23. September 1643), aber das Urtheil wird fast ver-

ſtohlen publicirt und bei der Verkündigung deſſelben die Oeffentlich=
keit eben ſo gefliſſentlich vermieden, als man ſie bei der Citation
einige Monate vorher geſucht hatte; man war in Verlegenheit und
wünſchte durch eine Verurtheilung ohne Effect die Sache aus dem
Wege zu ſchaffen. So hatte Voëtius ſeine Abſicht nur zum kleinen
Theile erreicht; wäre es nach ihm gegangen, ſo mußte Descartes aus
den Niederlanden vertrieben und die verurtheilten Schriften durch
Henkers Hand verbrannt werden; man erzählt, daß er dem letztern
ſchon empfohlen hatte, den Scheiterhaufen groß zu machen, damit
die Flamme von weitem geſehen werde.

3. Ausgang des Utrecht=Gröninger Streites.

Noch iſt die Sache nicht zu Ende. Descartes hört von dem
Urtheilsſpruch, ohne Inhalt und Gründe officiell zu erfahren. Was
er hört, muß ihn von neuem für ſeine Sicherheit, ſelbſt für ſeinen
Ruf beſorgt machen, denn er ſcheint gegen Voëtius darin im bewie=
ſenen Unrecht zu ſein, daß er ihn angeklagt, die Schmähſchrift verfaßt
zu haben. Schoock hat ſich während des Sommers in Utrecht auf=
gehalten und dort auf das Beſtimmteſte verſichert, er allein ſei der
Verfaſſer der „philosophia cartesiana" ohne jede Mitwirkung und
Mitwiſſenſchaft des Voëtius, er wolle dies in einer neuen Schrift
öffentlich erklären. Dadurch iſt die Lage Descartes' verſchlimmert;
anonyme Briefe, die ihm von befreundeter Seite aus Utrecht und
dem Haag zukommen, warnen vor nahen Gefahren, die ſeiner Sicher=
heit drohen, er hat in Egmond van Hoef, wo er ſich eben aufhält,
die Verhaftung ſeiner Perſon die Beſchlagnahme ſeiner Papiere zu
fürchten und beabſichtigt deßhalb im November 1643 wieder nach
dem Haag zu gehen.*) Zum zweitenmale wendet er ſich an den Schutz
des franzöſiſchen Geſandten und ſchildert demſelben ausführlich die
Utrechter Vorgänge. (Der Brief iſt uns zum Theil erhalten und
neuerdings durch Foucher de Careil veröffentlicht worden.)**)

---

*) Oeuvres inédites Vol. II. pg. 22—23. (Br. an Staatsrath Wilhelm im
Haag vom 7. Nov. 1643.) — **) Ebendaſ. II. S. 43—63. (Br. an M. de la
Thuillière.) Aus den erſten Worten des Briefes erhellt, daß Descartes in der=
ſelben Angelegenheit den Schutz des Geſandten kurz vorher zum erſtenmale angerufen
hatte, was, wie mir ſcheint, der jüngſte Biograph überſieht. J. Millet: Histoire de
Descartes II. pg. 127—29.

Da aber Schoock selbst sich für den alleinigen Urheber des Pamphlets erklärt hat, so ist Descartes jetzt genöthigt, diesen Mann förmlich beim Senat der Universität Gröningen zu verklagen. Und hier nimmt die Sache einen ganz andern Ausgang als in Utrecht. Es trifft sich, daß der Angeklagte eben Rector der Universität ist. Um sein zeitweiliges Oberhaupt zu schonen und dem Philosophen gerecht zu werden, beschließt der Senat, die Form des Urtheils zu vermeiden und eine genugthuende Erklärung zu geben, worin er sein Bedauern bekundet, daß Schoock sich in den Streit wider Descartes eingelassen und gegen die Lehre desselben völlig grundlose Beschuldigungen gerichtet habe. Schoock selbst giebt die eidliche Versicherung, daß Voëtius ihn zu der Schrift, die er größtentheils in Utrecht geschrieben, gedrängt, das Material dazu geliefert, während des Drucks die stärksten Invectiven gegen Descartes hinzugefügt und Schoocks Namen wider seinen Willen in Titel und Vorrede gesetzt habe; er könne die Schrift, wie sie sei, nicht für die seinige erkennen und müsse dieselbe für unwürdig eines anständigen Mannes und Gelehrten erklären; nichts bereue er bitterer als seine Einmischung in diese Sache, auch habe er mit Voëtius gebrochen und demselben die Unterzeichnung eines falschen Zeugnisses verweigert. Nun ist Descartes gegen Voëtius im bewiesensten Recht und der Utrechter Urtheilsspruch völlig grundlos. Er sendet das Gröninger Actenstück vom 10. April 1645 an die Utrechter Behörde in der billigen Erwartung, daß man das ihm zugefügte Unrecht einsehen und durch einen öffentlichen Act wieder gutmachen werde. Aber es geschieht nichts weiter, als daß den 11. Juni 1645 an die Buchdrucker und Buchhändler in Utrecht das Verbot ergeht, keinerlei Schriften für oder gegen Descartes zu verkaufen oder in Umlauf zu setzen. Die eine Hälfte dieses Verbots ist gegen den Philosophen gerichtet, die andere bleibt wirkungslos, denn beide Voëtius, Vater und Sohn, hören nicht auf schriftlich zu agitiren und das Geschäft der Schmähungen fortzuführen. Der jüngere Voëtius schreibt eine Vertheidigung seines Vaters und ein Pamphlet gegen die Gröninger Universität, worin Descartes' Lehre und Person von neuem verunglimpft, der Inhalt der ersten Schmähschrift bejaht, nur die Autorschaft des älteren Voëtius in Abrede gestellt wird. Dieser letztere verklagt seinen Gröninger Collegen Schoock, läßt aber die gerichtliche Verfolgung fallen; die beiden Ehrenmänner finden es gerathen, sich bei Zeiten auszugleichen, da der gemeinschaftlichen Kabalen zu viele sind und jeder Ursache hat, die Enthüllungen des andern zu fürchten.

Endlich beschließt Descartes (in der letzten Juniwoche 1645) die Utrechter Händel, die von ihrer ersten Veranlassung bis zu dem bezeichneten Zeitpunkt sich durch sechs Jahre erstrecken, mit seinem „apologetischen Schreiben an die Obrigkeit der Stadt Utrecht gegen Voëtius, Vater und Sohn." Umständlich wird hier der ganze Verlauf der Streitigkeiten erzählt und aus Voëtius' Briefen an Schoock urkundlich bewiesen, daß jener das ehrenrührige Pamphlet angezettelt, betrieben, die Vergleichung mit Vanini gemacht, die Vorrede, den schlimmsten Theil der Schrift, selbst geschrieben und in Schoocks Händen gelassen habe; die Obrigkeit der Stadt Utrecht habe vier Jahre hindurch die beiden Voëtius begünstigt und geschont, ihn dagegen unbillig und ungerecht behandelt, erst wie einen Vagabonden citirt, dann als Verläumder verurtheilt, diese Verurtheilung selbst nach der Gröninger Erklärung nicht zurückgenommen, sondern ohne ein Wort der Wiederherstellung die Sache mit einem scheinbar neutralen, in Wahrheit parteiischen Verbot abmachen wollen; er erwarte von der Gerechtigkeit der Behörde, daß sie ihm endlich die schuldige Genugthuung gewähre.*)

Die Utrechter Obrigkeit blieb taub und allen Gründen verschlossen. Ihre Parteilichkeit erscheint um so gehässiger, je vorsichtiger die Haltung, friedfertiger der Charakter, verborgener das Leben des Verfolgten war. Ohne Grund hatte man ihm in einem freien Lande, wo er nichts als Muße und Einsamkeit suchte, die Gastfreundschaft fast gekündigt und den Aufenthalt in der empfindlichsten Weise verleidet. Seine Scheu vor jeder Art des öffentlichen Auftretens hatte sich gerechtfertigt, denn er mußte den Versuch, den er so zögernd und so vorsichtig unternommen, mit einer langen Reihe der Störungen und Widerwärtigkeiten büßen.

II. Angriffe in Leyden.

Als die Utrechter Händel zu Ende gingen, hatte die neue Philosophie an der Universität Leyden schon Wurzeln geschlagen und

---

*) Lettre apologétique de M. Descartes aux magistrats de la ville d'Utrecht contre MM. Voëtius père et fils. Oeuvres T. IX. pg. 250—322. Regius erhielt dieses „fasciculum epistolarum", wie er das Actenstück nennt, den 22. Juni 1645.

angefangen, Gegenstand akademischer Thesen und Disputationen zu sein. Hooghland, ein katholischer Edelmann, die Mathematiker Golius und Schooten, der Prediger Heidanus waren Freunde und Anhänger der Lehre Descartes'; namentlich wußte Adrian Heereboord dieselbe vorsichtig und erfolgreich an der Universität zu vertreten. Wie in Utrecht, zogen die Anhänger die Gegner nach sich; wie dort, kamen die letzteren aus der Mitte der Theologen, dem Voëtius nacheifernd, wahrscheinlich durch ihn aufgereizt. Es waren seit dem Ausgange des Utrechter Streites kaum zwei Jahre verflossen, als in Leyden die theologischen Angriffe einen solchen Grad der Heftigkeit und Verfolgung erreicht hatten, daß Descartes auf den Rath seiner Freunde sich genöthigt sah, von Egmond aus den Schutz der Behörden anzurufen. Und, fügen wir gleich hinzu, er machte auch hier mit den Obrigkeiten dieselbe Erfahrung als in Utrecht.

In den ersten Monaten des Jahres 1647 hatte Revius, ein theologischer Repetent, einige Thesen gegen die Meditationen vertheidigen lassen, worin dem Philosophen der baare Atheismus und andere Ketzereien zugeschrieben wurden. Die Person war so unbedeutend, die Angriffe so plump, daß sie wirkungslos blieben. Bald darauf erschien Triglandius, Professor der Theologie, mit anderen Thesen, um Descartes nicht blos der Gottesleugnung, sondern der Gotteslästerung (Blasphemie) und des Pelagianismus zu beschuldigen; er habe Gott einen Betrüger genannt und die menschliche Willensfreiheit für größer als die Gottesidee erklärt. In Wahrheit hatte Descartes die Möglichkeit, daß die Welt ein Trugbild, das Werk eines trügerischen Dämons sei, gesetzt, um das Gegentheil davon zu beweisen; in Wahrheit hatte er den menschlichen Willen für umfassender erklärt, als den Verstand. Diese Angriffe schienen so wenig bloße Mißverständnisse zu sein, daß die Freunde des Philosophen gefährliche Absichten darin erblickten und ihm riethen, Maßregeln dagegen zu ergreifen. Descartes schrieb den 4. Mai 1647 an die Curatoren der Universität und den Magistrat der Stadt Leyden und bat, das durch falsche Beschuldigungen ihm zugefügte Unrecht und Uebel wieder gutmachen zu lassen. Den 22. Mai wurde ihm geantwortet, man habe den Rector der Universität, wie die Professoren der theologischen und philosophischen Facultät zusammenberufen und denselben jede Erwähnung der Lehre Descartes', sei es für oder wider, sorgfältig verboten, man erwarte von dem Philosophen, daß er auch seinerseits jede weitere Erörterung der angegriffenen Lehrpunkte unterlasse.*) Die geleistete Genugthuung bestand also darin, daß man die angegriffenen Meinungen für cartesianische gelten ließ und die gesammte Lehre Descartes' an der Universität Leyden mit einer Art Interdict belegte, ja den Philosophen aufforderte, diese Maßregel selbst auf sich anzuwenden. Empört über die Ungerechtigkeit und Unlogik dieses Verfahrens erwiederte Descartes den Behörden, daß er den Sinn ihres Schreibens wahrscheinlich nicht verstanden habe; es sei ihm vollkommen gleichgültig, ob sein Name an der Universität Leyden genannt werde oder nicht, aber im Interesse seines Rufes müsse er die Erklärung fordern, daß die angegriffenen Lehren die seinigen nicht seien.**) „Bin ich denn ein Herostrat, daß man mich zu nennen verbietet?" schrieb er gleichzeitig an einen seiner holländischen Freunde. „Ich habe nie nach der Verbreitung meines Namens getrachtet und wünschte, daß kein Pedant der Erde etwas von mir wüßte!" „Aber die Sache ist jetzt so weit gekommen, daß man mir entweder Rechenschaft geben, oder öffentlich erklären möge, daß eure Herrn Theologen das Recht zu lügen und zu verläumden haben, ohne daß ein Mensch meiner Art in diesem Lande die geringste Gerechtigkeit erwarten darf."***) Kurz vorher schildert er der Prinzessin Elisabeth seine neuen Bedrängnisse: „ich habe einen langen Brief an die Curatoren der Universität Leyden geschrieben, um wider die Verläumdungen zweier Theologen Gerechtigkeit zu verlangen; noch weiß ich nicht, was sie mir antworten werden, aber ich erwarte nicht viel, denn ich weiß, wie die Leute hier zu Lande gelaunt sind und nicht Rechtschaffenheit und Tugend, sondern Bart, Stimme und Augenbrauen der Theologen fürchten; man wird das Uebel bepflastern, nicht heilen." „Sollte ich, wie ich vorhersehe, kein Recht bekommen, so denke ich daran, dieses Land sofort zu verlassen." „So eben erhalte ich Briefe aus dem Haag und Leyden, wonach die Versammlung der Curatoren aufgeschoben ist. Es heißt, die Theologen wollen Richter sein; in diesem Falle komme ich unter eine Inquisition, schlimmer als die spanische je war, und werde zum Feinde ihres Glaubens gestempelt. Deshalb räth man mir, den Credit des französischen Gesandten und die Autorität des Prinzen von Oranien nachzusuchen,

---

*) Oeuvres T. X. pg. 26—27.   **) Ebendas. S. 29—31. — ***) Ebendas. S. 36—40.

nicht um Gerechtigkeit zu erlangen, sondern durch ihre Dazwischen=
kunft die äußersten Maßregeln der Gegner zu verhindern. Indessen
glaube ich nicht, daß ich diesen Rath befolgen werde; ich will Gerech=
tigkeit haben, und wenn sie nicht zu erreichen ist, halte ich für das
Beste, in aller Stille mich zum Rückzuge zu rüsten".*)

Descartes urtheilte ganz richtig, wenn er in seinem Brief an
die Prinzessin die Leydener Angriffe als eine Folge der Utrechter
bezeichnete und von einer „theologischen Liga" sprach, die ihm gegen=
über stehe, entschlossen, seine Lehre zu unterdrücken. Die orthodoxen
Calvinisten der Niederlande waren in der Verdammung der neuen
Philosophie einverstanden und hatten keineswegs die Absicht, sich in
Verhandlungen über die Beschaffenheit und Gründe derselben einzu=
lassen; sie wollten kurzen Prozeß machen und den Theologen jeden
Gebrauch der Lehre Descartes' in Rede und Schrift durch synodale
Beschlüsse verbieten. Zehn Jahre später ist dieses Ziel erreicht wor=
den. Es war der erste Conflict zwischen der neuen Phisophie und
dem neuen Kirchenglauben.

Damit war das idyllische Leben unseres Philosophen in den
Niederlanden vorüber; die Utrecht=Leydener Händel hatten seine Stim=
mung gegen Land und Leute mehr und mehr verbittert, er hatte
allen Grund, sich unsicher zu fühlen und an einen neuen ruhigen
Aufenthalt zu denken.

Siebentes Capitel.

Letzte Jahre und Werke in Holland.

I. Neue Pläne und Freunde.

1. Reisen nach Frankreich.

Es gab Gründe genug, die den Philosophen bewegen konnten,
nach einer so langen Abwesenheit und nachdem er den wichtigsten
Theil seiner Aufgabe glorreich gelöst hatte, in das Land seiner Hei=
math zurückzukehren. Obwohl er Freunde und Anhänger in den
Niederlanden viele und bedeutende gefunden, namentlich im Haag,
in der nächsten Umgebung des Prinzen von Oranien und unter den

---

*) Ebendas. S. 40—44. (Der Brief ist vom 12. Mai 1647.)

Räthen desselben, Männer, wie Constantin Huyghens van Zuytlichen (Vater des berühmten Christian Huyghens), Wilhelm, Pollot u. a., so hatte er doch erfahren müssen, daß ihm die herrschende Partei der Landeskirche feindlich gegenüberstand, sein Gastrecht bedrohte, den Katholiken und eingewanderten Franzosen in seiner Person verdächtigte. Die Gegner in den Niederlanden wünschten ihn loszuwerden; unter seinen Landsleuten hegte man seit lange den Wunsch, daß er zurückkehre. Es schien Frankreichs nicht würdig, daß ein Mann, der den Ruhm des französischen Namens so außerordentlich vermehrt hatte, im Auslande lebe. Auch am Hofe hatte Descartes Bewunderer gefunden, den 6. September 1646 wurde ihm aus freien Stücken eine königliche Pension verliehen; unter der Aussicht einer neuen, deren Patent er anderthalb Jahre später erhielt (März 1648) wurde er eingeladen, in einer ihm angemessenen und seiner Muße günstigen Stellung in Paris zu leben. Schon vorher hatte die Sehnsucht, alte Freunde wiederzusehen und neue kennen zu lernen, dann die geschäftliche Pflicht, nach dem Tode des Vaters seine Familienangelegenheiten zu ordnen, ihn veranlaßt, seine Muße in Egmond zu unterbrechen und sich besuchsweise in Frankreich aufzuhalten.

Die beiden ersten Reisen in den Jahren 1644 und 47 geschahen hauptsächlich, um jene Erbschafts= und Familiengeschäfte zu besorgen; wir sehen aus den Briefen, daß er den 1. Mai 1644 Egmond van Hoef verläßt, über Haag, Leyden und Amsterdam nach Frankreich geht und den 10. Juli von Paris nach der Bretagne reist, um dort zwei Monate zu bleiben.*) Anfang October ist er wieder in Paris bei seinem Freunde Picot, Mitte November kehrt er nach Egmond zurück. Die Utrechter Verurtheilung war vorausgegangen und die Klage gegen Schoock in Gröningen angestellt, als er die Reise antrat. Zwei Jahre später finden wir ihn in der ersten Juniwoche im Haag, auf einer neuen Reise nach Frankreich begriffen, er verläßt Paris den 15. Juli, um wieder in Geschäftssachen nach der Bretagne und Poitou zu gehen; mit dem Anfange des Herbstes ist er nach Egmond zurückgekehrt. Unmittelbar vor dieser zweiten Reise hatte er die widerwärtigen Angriffe in Leyden erlebt und sich im Stillen zum „Rückzuge" entschlossen. Er trug sich mit dem Gedanken, in Frank=

---

*) Oeuvres inédites II. pg. 31. (Br. an Wilhelm im Haag vom 9. Juli 1644. D. erkundigt sich in diesem Briefe nach der Gröninger Sache.)

reich festen Fuß zu fassen, und folgte daher jener günstigen Einladung, die der alleinige Grund seiner dritten und letzten Reise nach Paris war.

Es sei in der Kürze erwähnt, daß er zwei Gegner seiner Meditationen in Paris kennen lernte und den Hader mit ihnen vergaß: bei seinem ersten Aufenthalt den Jesuiten Bourdin, bei seinem letzten Gassendi. Im Sommer 1647 machte er die Bekanntschaft des jüngern Pascal, den er öfter sah und zu überzeugen suchte, daß es in der Natur kein „vacuum" und keinen „horror vacui" gebe; nicht aus solchen Fictionen müsse man gewisse Bewegungserscheinungen flüssiger Körper, z..B. das Aufsteigen des Wassers im Pumprohr erklären, sondern aus dem Drucke der Luft.

2. Clerselier und Chanut.

Unter den neuen Freunden und begeisterten Verehrern, die Descartes in Frankreich gefunden hatte, waren die wichtigsten zwei Männer, die er im Sommer 1644 in Paris kennen lernte und deren Namen mit den persönlichen Schicksalen des Philosophen und den literarischen seiner Werke verwebt sind: der junge Parlamentsadvocat Claude Clerselier und dessen Schwager Pierre Chanut, damals Schatzpräsident in der Auvergne, schon im folgenden Jahr französischer Botschafter am Hofe der Königin von Schweden. Als er auf der Reise nach Stockholm durch Amsterdam ging (October 1645), kam Descartes von Egmond, um Chanut zu sehen, für den er die herzlichste Freundschaft gefaßt hatte. Er legte ein so großes Gewicht auf die Meinung dieses Mannes, den besonders die Fragen der philosophischen Sittenlehre interessirten, daß er seine Schriften von ihm geprüft und beurtheilt zu sehen wünschte. „Die Urtheilskraft der meisten ist so schlecht, daß ich mich mit ihren Meinungen nicht aufzuhalten brauche, aber die Ihrigen werde ich für Orakelsprüche halten" In demselben Briefe schreibt er dem Freund in der Ferne: „ich beklage oft, daß für die wenigen Trefflichen in der Welt diese viel zu groß ist, ich möchte, sie wären alle in einer Stadt beisammen, dann würde ich gern meine Einsiedelei verlassen, um mit ihnen zu leben, wenn sie mich aufnehmen wollten. Obwohl ich die Masse fliehe wegen der Menge Zudringlicher und Lästiger, denen man auf Schritt und Tritt begegnet, so halte ich doch stets den geistigen Verkehr mit solchen, die man hochschätzt, für den größten Genuß und das größte

Glück des Lebens. Wären Sie in Paris, so würde dies für mich ein Hauptbeweggrund sein, dorthin zu gehen". „Seit der ersten Stunde unserer Bekanntschaft war ich der Ihrige, ich liebe Sie so herzlich, als wenn ich mein ganzes Leben mit Ihnen zugebracht hätte".*)

Chanut nimmt den lebhaftesten Antheil an den Schriften und Bestrebungen des Philosophen und verkündet seinen Ruhm, wo er nur kann, er studirt von neuem die Principien der Philosophie und hat Clerselier gebeten, ihm die französische Ausgabe der Meditationen zu senden, um sie der Königin mitzutheilen; er freut sich, daß Descartes während des Winters (1645/46) eine kleine Abhandlung über die Natur der menschlichen Leidenschaften entworfen hat und ermuntert den Freund, dieses Werk, das schon mit den zur Sittenlehre gehörigen Fragen zusammenhängt, ja nicht liegen zu lassen. Diese Theilnahme wirkt erfrischend auf den einsamen, durch die letzten Erfahrungen verstimmten Philosophen. „Ich würde jetzt ganz gern noch einiges Andere schreiben," hatte Descartes bemerkt, als er jene Abhandlung über die Leidenschaften erwähnte, „aber ich sehe ja, wie wenige Menschen in der Welt es der Mühe werth halten, meine Schriften zu lesen, und der Widerwille darüber macht mich nachlässig".**)

Daß die jugendliche Königin von Schweden seine Meditationen von befreundeter Hand erhalten und lesen soll, gewährt ihm eine angenehme Aussicht und entwölkt sichtlich seine etwas verdrossene, von dem Eindruck einer feindlichen oder stumpfen Menge angewiderte Stimmung. Unwillkürlich stellt sich in seiner Phantasie das Bild der nordischen Fürstin neben das der Prinzessin Elisabeth und scheint dem letzteren ähnlich. Wünsche und Hoffnungen ungewisser Art werden in ihm rege und spiegeln sich in dem nächsten Briefe an Chanut, der unter den Selbstbekenntnissen des Philosophen eine wichtige Stelle verdient. Unter den Kränkungen und Widerwärtigkeiten der letzten Jahre hat er so oft bereut, seinem Wahlspruch: „bene qui latuit bene vixit" untreu geworden zu sein. Er will jetzt nur noch in seinen Freunden die Welt sehen. Vielleicht dünkt ihm Stockholm jene Stadt der Geistesverwandten zu sein, in der zu leben er für das höchste Gut hält! „Hätte ich nicht eine ganz ausnehmende Hoch-

---

*) Oeuvres T. IX. pg. 409—10. (März 1646) pg. 417. (Br. vom 1. Nov. 1646.) — **) Ebendas. S. 413. (Br. v. 15. Juni 1646.)

achtung vor Ihrem Scharfsinn und den äußersten Wunsch, von Ihnen zu lernen, so würde ich Sie nicht mit so viel Zudringlichkeit um die Prüfung meiner Schriften gebeten haben. Ich pflege sonst nicht mit einer solchen Bitte jemand lästig zu fallen. Ich habe meine Werke schmucklos in die Welt gehen lassen, ohne alle Zierathen, die in die Augen springen; Leute, die nach dem Schein gehen, sollen sie gar nicht anblicken; ich wünsche nur, daß einige gute Köpfe sie beachten und zu meiner Belehrung sich die Mühe nehmen, sie zu prüfen. Nun haben Sie mir zwar diese Gunst noch nicht erwiesen, wohl aber mich in andern Dingen zu großem Dank verpflichtet, ich weiß, daß Sie günstig von mir sprechen und erfahre von Clerselier, daß Sie meine Meditationen der Königin geben wollen. Ich habe nie den Ehrgeiz gehabt, von so hohen Personen gekannt zu werden, und wäre ich so klug gewesen, als nach dem Glauben der Wilden die Affen sind, so würde kein Mensch der Welt wissen, daß ich Bücher schreibe. Die Wilden nämlich, so sagt man, bilden sich ein, daß die Affen sprechen könnten, wenn sie wollten, sie thäten es aber absichtlich nicht, damit man sie nicht zu arbeiten zwinge. Ich bin nicht so klug gewesen, das Schreiben zu lassen: darum habe ich nicht mehr so viel Ruhe und Muße, als ich durch Schweigen behalten hätte. Indessen der Fehler ist einmal gemacht, ich bin von zahllosen Schulnachtretern gekannt, die meine Schriften schief ansehen und von allen Seiten mir zu schaden suchen; darum darf ich wohl mit Recht wünschen, auch von Besseren gekannt zu werden, die mich zu schützen Macht und Willen haben. Und von jener Königin habe ich so viel Gutes gehört, daß ich Ihnen aufrichtig dankbar bin, ihr gegenüber meiner gedacht zu haben, während ich sonst mich eher zu beklagen pflegte, wenn mir jemand die Bekanntschaft eines Großen verschaffen wollte. Ich würde auch die Schilderung der Königin, die de la Thuillerie bei seiner Rückkehr aus Schweden mir gemacht, nicht halb geglaubt haben, wenn ich nicht bei der Fürstin, der ich meine Principien der Philosophie gewidmet, selbst erfahren hätte, daß hohe Personen, gleichviel welches Geschlechts, nicht alt zu sein brauchen, um in wissenschaftlicher und sittlicher Bildung andere weit zu übertreffen. Nur fürchte ich, daß die Königin Ihnen die Empfehlung meiner Schriften nicht Dank wissen wird. Vielleicht würden sie lesenswerther erscheinen, wenn sie Gegenstände der Moral behandelten, aber dies ist ein Thema, in das ich mich gar nicht einlassen darf. Ereifern sich doch die

Professoren schon wegen der harmlosen Principien meiner Physik; sie würden mir keine Ruhe mehr lassen, wenn ich über Moral schriebe. Ein Pater (Bourdin) hat mich des Skepticismus beschuldigt, weil ich die Skeptiker widerlegt habe, ein Prediger (Voëtius) hat mich als Atheisten verschrieen, weil ich versucht habe die Existenz Gottes zu beweisen. Was würden sie erst sagen, wenn ich den wahren Werth aller der Dinge, die man begehrt oder verabscheut, untersuchen wollte, den Zustand der Seele nach dem Tode, bis zu welchem Grade wir das Leben lieben dürfen, und wie wir beschaffen sein müssen, um den Tod nicht zu fürchten! Und wenn meine Ansichten noch so sehr dem religiösen Glauben gemäß und dem Staate nützlich wären, so würde man mir nach beiden Seiten gerade die entgegengesetzten Meinungen auf den Hals reden. Darum halte ich für das Beste, überhaupt keine Bücher mehr zu schreiben und mit Seneca zu sagen: „der Tod ist eine schwere Last, wenn man stirbt, allen bekannt, nur sich selbst nicht". Ich will nur noch für meine Selbstbelehrung arbeiten und meine Gedanken im Privatgespräch mittheilen. Wie glücklich würde ich sein, könnte ich einen solchen Verkehr mit Ihnen haben, aber ich glaube nicht, daß ich je an den Ort, wo Sie leben, gelange, noch daß Sie je sich hierher zurückziehen; meine ganze Hoffnung ist, daß Sie vielleicht nach einigen Jahren, auf der Rückkehr nach Frankreich, mir die Freude machen, einige Tage in meiner Einsiedelei zu verweilen, und ich dann offenen Herzens mich Ihnen mittheilen kann".*)

Indessen war seine „geliebte Einsiedelei" ihm schon verleidet, bald nach diesem Briefe kamen mit den Angriffen der Leydener Theologen neue Störungen, die den Wunsch, seinen Aufenthalt zu ändern, noch verstärkten. Die nächsten Pläne waren auf Frankreich gerichtet.

3. Letzter Aufenhalt in Paris.

Hier aber hatten die öffentlichen Verhältnisse, insbesondere die Lage des Hofes, sich immer ungünstiger gestaltet und die Aussichten, die man dem Philosophen eröffnet hatte, waren verschwunden, als er Ende Mai 1648 zum letztenmal nach Paris kam. Schon bei seiner ersten Reise (1644) hatte er, nach einer fünfzehnjährigen Abwesenheit, den politischen Schauplatz sehr verändert gefunden. Lud-

---

*) Oeuvres T. X. 413—417. (Br. v. 1. November 1646.)

wig XIII. war ein Jahr vorher gestorben (14. Mai 1643), wenige Monate nach Richelieu (4. December 1642), und hatte das Reich einem fünfjährigen Kinde unter der Regentschaft der Königin-Mutter Anna von Oestreich und dem gebietenden Einflusse Mazarins hinterlassen, der an die Stelle Richelieus getreten war. Die neuen Steueredicte hatten bereits im Jahr 1644 Gegenvorstellungen des Pariser Parlaments und Unruhen im Volke hervorgerufen, ein politischer Beobachter konnte schon damals merken, daß stürmische Zeiten bevorstanden. Jetzt waren die Gewaltmaßregeln von Seiten des Hofes und der Widerstand von Seiten des Parlaments, die Zerklüftung der Parteien und die Ränke der Parteihäupter so weit gediehen, daß im Mai 1648 alle Zeichen den Ausbruch des Bürgerkrieges verkündeten. Die Verhaftung zweier Parlamentsräthe im August dieses Jahres hatten einen Volksaufstand zur Folge, und als Descartes gegen Ende des Monats die Hauptstadt verließ, sah er die Barricaden errichtet, womit der Krieg der Fronde begann. Aber der Absolutismus des französischen Königthums war in der Vollendung begriffen, und die letzte noch übrige Schattengewalt einer gesetzgeberischen Macht außerhalb der Krone wurde nach einer Reihe von Kämpfen zertrümmert.

Von der Stellung, die man Descartes versprochen, selbst von dem Jahrgehalt, das man ihm zugesichert, konnte unter diesen Umständen keine Rede sein. Der einzige Gewinn seiner Reise war ein philosophischer Briefwechsel mit Arnauld (im Juli 1648) und ein letztes Wiedersehen seines Freundes Mersenne, den er schwer erkrankt verließ, und dessen Todesnachricht er bald nach seiner Rückkehr in Egmond empfing. Den Plan, in Frankreich zu bleiben, mußte er vorläufig aufgeben. „Ich würde wohl gethan haben", schreibt er der Prinzessin Elisabeth bald nach seiner Ankunft in Paris, „mich an das Land zu halten, wo der Friede schon ist, und wenn sich diese Stürme nicht bald zerstreuen, so will ich in sechs oder acht Wochen nach Egmond zurückkehren und dort abwarten, bis sich der Himmel Frankreichs entwölkt hat. Indessen finde ich meine Lage sehr glücklich, sie ist frei, denn ich lebe, einen Fuß in Frankreich, den andern in Holland".*) Doch die Stürme nahmen zu, und Descartes fühlte sich noch glücklicher, als er auch den einen Fuß nicht mehr in Frank-

---

*) Oeuvres T. X. pg. 136.

reich), sondern beide wieder in Egmond hatte. „Gott sei Dank!"
schrieb er von hier, „ich habe meine Reise nach Frankreich, zu der
man mich förmlich verpflichtet hatte, hinter mir, ich bin nicht ver=
drießlich sie gemacht zu haben, aber noch weit froher bin ich über
meine Rückkehr. Keinen habe ich gefunden, der zu beneiden wäre,
und die im größten Glanze leben, verdienen das größte Mitleid.
Um zu erkennen, wie glücklich ein ruhiges und zurückgezogenes Leben
ist und wie reich die mäßigsten Vermögensverhältnisse, konnte ich zu
keiner besseren Zeit nach Frankreich kommen." Er hat eine Königin
unter Barricaden gesehen und preist Elisabeth glücklich, wenn er ihr
Loos mit dem der Königinen und Fürstinen Europas vergleicht: sie
ist im Hafen, jene treiben auf offenem stürmischem Meer! Man soll
zufrieden sein, wenn man im Hafen ist, gleichviel auf welchem Wege
man ihn erreicht hat, sei es auch in Folge eines Schiffbruchs!"*)

Einige Monate später entschuldigt er sich in einem Briefe an
Chanut, daß er ihm noch nichts über seine Rückkehr geschrieben, er
habe lieber schweigen wollen, weil die Schilderung seiner Erlebnisse
leicht als ein Vorwurf für jene wohlgesinnten Leute erscheinen könnte,
die ihn gerufen. „Ich habe sie wie Freunde, die mich zur Tafel
geladen, betrachtet; als ich kam, fand ich ihre Küche in Unordnung
und ihre Töpfe über den Haufen geworfen; darum bin ich zurück=
gekehrt ohne ein Wort zu sagen, um ihren Verdruß nicht zu ver=
mehren. Aber ich habe mir die Sache zur Lehre dienen lassen und
werde nie mehr auf Versprechungen hin, wenn sie auch auf Pergament
stehen, eine Reise unternehmen".**)

Doch hat Descartes die Täuschung, die er erfahren, nicht stets
so gleichgültig hingenommen; schon in dem nächsten Briefe an Chanut
geht er ausführlicher auf seine jüngsten Pariser Erlebnisse ein und
schildert sie mit etwas getrübter Laune. „Ich habe nie auf die
Glücksgöttin gerechnet und mein Leben stets so eingerichtet, daß es
ihrem Einfluß entrückt war, sie scheint deshalb eifersüchtig zu sein,
denn sie läßt keine Gelegenheit vorüber, mich, wo sie nur kann, zu
mißhandeln. Ich habe dies bei allen drei Reisen, die ich von hier
aus nach Frankreich gemacht habe, zur Genüge erfahren, ganz be=
sonders bei der letzten, die mir gleichsam im Namen des Königs

---

*) Ebendas. S. 165—66. (Brief an Elisabeth vom 1. October 1648 nach
Cousins Vermuthung.)   **) Ebendas. S. 310. (Br. v. 26. Febr. 1649.)

befohlen war. Um mich zu dieser Reise einzuladen, hatte man mir Briefe auf Pergament mit stattlichen Siegeln geschickt, die Lobeserhebungen über Verdienst und die Zusicherung eines anständigen Jahrgehalts enthielten, diese königlichen Documente waren von Privatbriefen begleitet, worin mir noch mehr nach meiner Ankunft versprochen wurde. Aber als ich da war, kam in Folge der plötzlich eingetretenen Unruhen die Sache ganz anders; keine der gemachten Versprechungen wurde erfüllt, man hatte sogar die Anfertigung der Patente durch einen meiner Verwandten bezahlen lassen, dem ich natürlich das Geld zurückerstatten mußte; es schien, ich sei nur deshalb nach Paris gereist, um das theuerste und nutzloseste Pergament zu kaufen, das mir je unter die Hände gekommen. So weit ist mir die Sache gleichgültig und ich würde sie lediglich auf Rechnung der ungünstigen Zeitverhältnisse geschrieben haben, wenn nur sonst die Leute, die mich gerufen, sich meine Gegenwart irgend wie zu Nutze gemacht hätten. Daß sie es nicht gethan, hat mich am meisten geärgert, keiner hat etwas anderes begehrt, als mein Gesicht zu sehen; ich muß wirklich glauben, daß man mich nicht zu einem ernsthaften Zweck, sondern blos um der Seltenheit willen, wie einen Elephanten oder Panther, nach Frankreich hat kommen lassen. Ich weiß wohl, daß es an dem Orte, wo Sie leben, nicht ähnlich zugehen wird, aber nach den schlechten Erfolgen aller Reisen, die ich seit zwanzig Jahren gemacht, bleibt für eine neue, ich muß es befürchten, nur noch übrig, daß ich unterwegs von Räubern geplündert oder durch einen Schiffbruch vernichtet werde".*)

Die Einladung nach Schweden war erfolgt, und schlimme Ahnungen bemächtigten sich des Philosophen. Es gab noch einen dritten Fall, der sicherer vorauszusehen war, als Räuber und Schiffbruch: das ungünstige Klima, vor dem er selbst in früheren Briefen Chanut gewarnt hatte, und das ihm einen vorzeitigen Tod bereiten sollte.

Paris und Descartes waren nicht für einander gemacht. So oft er dort lebt, überwältigt ihn die Sehnsucht nach Einsamkeit und Stille, dieses Bedürfniß hat ihn früher zu wiederholten malen in die Vorstädte getrieben, zuletzt aus Frankreich entfernt. In derselben Stimmung, worin er vor zwanzig Jahren Paris verlassen hatte, kehrte er jetzt in sein holländisches Dorf zurück und fühlte sich

---

*) Ebendas. S. 325—26. (Br. v. 31. März 1649).

hier wie im Hafen. Es ist einer der bemerkenswerthesten Züge Descartes', ohne den sein Charakter und seine Gemüthsart sich nicht würdigen lassen: daß dieser größte Denker Frankreichs vielleicht der einzige Franzose war, der sich in Paris nicht einleben konnte und eine natürliche Abneigung gegen die Weltstadt empfand. „Wenn ich aus Eitelkeit auf den Beifall der Königin hoffe," schreibt er an Chanut bald nach seiner letzten Ankunft in Paris, „so ist daran weniger meine Neigung als die hiesige Luft schuld; ich habe Ihnen, glaube ich, schon früher gesagt, daß mich die Atmosphäre von Paris immer zu Chimären stimmt, statt zu philosophischen Gedanken. Ich sehe hier so viele, die sich in ihren Meinungen und Berechnungen täuschen, daß mir die Illusion in Paris epidemisch zu sein scheint. Die harmlose Einöde, aus der ich komme, behagte mir weit mehr, und ich glaube, daß ich dem Heimweh nicht widerstehen und bald dorthin zurückkehren werde".*)

II. Ein neuer Gegner. Die letzten Arbeiten.

1. Regius' Abfall.

Descartes hatte nicht umsonst, als er die Schwelle seiner literarischen Laufbahn betrat, auch die Schüler gefürchtet, die dem Meister nicht blos nachfolgen, sondern die Lehre desselben auslegen und verbessern wollen; er sollte an Regius selbst, „dem ersten Märtyrer der cartesianischen Philosophie", diese Erfahrung im vollsten Umfange machen. Schon in dem Thesenstreit mit Voëtius hatte er die Form, in der damals Regius das Verhältniß von Seele und Körper gefaßt wissen wollte, nicht gut geheißen und den Schriftstreit, den jener bald darauf begann, namentlich die Art seiner Polemik gemißbilligt. Als ihm vier Jahre später Regius sein Lehrbuch der Physik (fundamenta physices) in der Handschrift vorlegte, fand Descartes darin so viele unbewiesene Behauptungen, so viele falsche Hypothesen und in der Lehre vom Menschen solche Abweichungen von seinen eigenen Principien, daß er ihm die Herausgabe der Schrift nachdrücklich widerrieth; er möge sich auf die Medicin einschränken, da ihm das Talent metaphysischer Untersuchungen fehle, die Universität Utrecht habe in seinem Interesse gehandelt, als sie ihm die philosophischen Vorlesungen

---

*) Oeuvres X. pg. 134.

untersagte; nicht genug daß er durch die Form seiner Darstellung die Lehre Descartes' verschlimmbessere, er entstelle den Inhalt derselben in einer Weise, die den Philosophen nöthigen werde, sobald er öffentlich auftrete, sich durch eine Gegenerklärung von ihm loszusagen. Nichtsdestoweniger wurde das Buch gedruckt und veröffentlicht (September 1646). Descartes schrieb der Prinzessin Elisabeth, das Werk verdiene nicht von ihr gelesen zu werden; es sei, wo es von ihm abweiche, falsch, wo es mit seiner Lehre übereinzustimmen scheine, ein schlechtes und unwissendes Plagiat.*)

Gegen Ende des Jahres 1647 erschienen zwei gegen die cartesianische Lehre gerichtete Schriften: die eine hieß „consideratio Reviana" und trug durch den Namen des Verfassers, wie durch die Schmähungen, die sie enthielt, die Feindschaft offen zur Schau. Descartes ließ sie unbeachtet; die zweite war ein völlig anonymes Placat, das in einundzwanzig Thesen die Lehre vom menschlichen Geist abhandelte und, ohne Descartes zu erwähnen, mit den in Regius' Schrift enthaltenen Sätzen dergestalt übereinstimmte, daß über den Verfasser kein Zweifel sein konnte. In diesem Placat sah Descartes eine (wenn nicht der Absicht, so der Sache nach) ihm feindliche Schrift, eine solche Entstellung und Carricatur seiner Lehre durch verderbliche und falsche Ansichten, daß er, um allen Mißverständnissen vorzubeugen, eine ausführliche Gegenkritik schrieb, die aber, wie es scheint, nur in wenigen Exemplaren gedruckt wurde.**) Wer hätte gedacht, daß der letzte Gegner, den er in den Niederlanden zu bekämpfen hatte, derselbe Mann sein sollte, den er einst seinen besten und vertrautesten Schüler genannt?

Wir bemerken in der Kürze, daß die Wendung, die Regius genommen und Descartes schon in dem physikalischen Lehrbuch mit höchstem Mißfallen bemerkt hatte, die Fundamentallehre des letzteren, nämlich den Dualismus zwischen Geist und Körper, in Materialismus zu verwandeln bestrebt war und schon jener Richtung voranging, welche die französische Philosophie des achtzehnten Jahrhunderts in Condillac und La Mettrie zur Geltung brachte. Denken und Ausdehnung seien nicht als entgegengesetzte Attribute verschiedener, sondern als verschiedene Attribute einer Substanz, nämlich der körper-

---

*) Oeuvres T. IX. pg. 323—30. (Drei Briefe an Regius aus dem Juli 1645. T. X. pg. 23—26. (Br. an Elisabeth v. 15. März 1647.) — **) S. flg. Cap.

lichen, aufzufassen, die Seele sei ein Modus des Körpers und in der Verbindung mit ihm völlig von den Zuständen und Veränderungen desselben abhängig; daher auch der Geist keine angeborenen Ideen besitze oder nöthig habe, sondern seine Vorstellungen von außen empfange. Was die Substantialität des menschlichen Geistes und seinen Wesensunterschied vom Körper betreffe, so gründe sich die Gewißheit dieser Lehre auf Religion und Offenbarung. Die Tendenz ist unverkennbar: der Dualismus gilt in der Religion, der Materialismus in der Philosophie. Die Thesen des Placats bezwecken die Zerstörung der cartesianischen Metaphysik. Wenn man wissen möchte, was Descartes zu Condillac und La Mettrie gesagt haben würde, so lese man, was er gegen Regius gesagt hat. Er sah ein Nest von Trugschlüssen vor sich.*)

2. Die letzten Werke.

Nachdem Descartes in den „Principien der Philosophie" sein System begründet und bis an die Grenze der organischen Naturlehre ausgeführt hatte, blieb als der ihm wichtigste Gegenstand der Mensch übrig: das anthropologische Problem, welches drei Hauptfragen in sich begriff, die physiologische, psychologische und ethische; die erste betraf die Organe und Functionen des menschlichen Körpers, die zweite die Verbindung der Seele mit dem menschlichen Körper, die dritte die Aufgaben und Zwecke des geistigen Lebens. Die physiologische Frage hing mit der zoologischen genau zusammen, die Verfassung des menschlichen Körpers wollte aus der Entstehung desselben, aus der Entwicklungsgeschichte des Embryo und diese wieder aus der Bildungsgeschichte thierischer Körper erkannt werden, in welche letztere der Philosoph durch anatomische Untersuchungen vergleichender Art einzudringen fortwährend und emsig bestrebt war. Hier schöpfte er unmittelbar aus den Quellen der Natur. Als jemand ihn in Egmond besuchte und nach seiner Bibliothek fragte, zeigte er diesem ein anatomisch zerlegtes Thier. Daß Descartes auf dem Wege vergleichender Anatomie und embryologischer Studien sich die Geheimnisse des Lebens zu lösen suchte, ist ein bewunderungswürdiges Zeugniß des methodischen Denkers und muß bei der Schätzung seiner biologischen Arbeiten höher angeschlagen werden, als der Werth oder

---

*) Oeuvres T. X. pg. 70–111 (in Egmond Ende December 1647 geschrieben).

Unwerth ihrer Resultate. Schon bei seinem Kosmos trug er sich mit der Untersuchung über die Entstehung der Thiere, schon damals hatte er eine Abhandlung über den menschlichen Körper geschrieben, die zur Aufnahme in jenes Werk bestimmt war. Es ist sein „traité de l'homme", der von der Verdauung, dem Blutumlauf, der Athmung, der Muskelbewegung, den Sinnesorganen und Empfindungen, den inneren Bewegungen und Gehirnfunctionen handelte. Er beschloß jetzt, sie umzuarbeiten, und es entstand ein neues, Thier und Mensch umfassendes Werk: „Beschreibung der Functionen des menschlichen Körpers und Erklärung der Bildung des Thiers" oder, wie der gewöhnliche Titel heißt, „traité de la formation du foetus". Diese Arbeit beschäftigte ihn in den Jahren 1647 und 48. In einem Briefe vom 23. December 1647 hatte die Prinzessin Elisabeth gewünscht, er möge eine Abhandlung über Erziehung schreiben; Descartes antwortete ihr, daß ihn drei Gründe hinderten ihren Wunsch zu erfüllen: „der dritte ist, daß ich soeben eine andere Schrift unter Händen habe, die Ihnen hoffentlich lieber sein dürfte, nämlich die Beschreibung der thierischen und menschlichen Functionen, denn was ich vor zwölf oder dreizehn Jahren darüber flüchtig entworfen und Ihnen gezeigt habe, ist wiederholt in ungeschickte Hände gerathen, ich fühle jetzt die Nothwendigkeit es besser zu ordnen d. h. umzuarbeiten und habe sogar gewagt (aber erst seit acht oder zehn Tagen) die Bildungsgeschichte des Thiers vom Anbeginn seiner Entstehung zu entwickeln, ich sage des Thiers im Allgemeinen, denn was den Menschen im Besonderen angeht, so würde ich aus Mangel an zureichender Erfahrung einen solchen Versuch nicht unternehmen. Diese letzten noch übrigen Wintermonate sind vielleicht die ruhigste Zeit, die ich überhaupt noch zu leben habe, deshalb will ich sie lieber auf diese Arbeit verwenden, als auf eine andere, die weniger Sammlung braucht".*)

Sein Vorgefühl war richtig. Es war die letzte ruhige Zeit, die er erlebte; die Reise nach Frankreich mit ihren Täuschungen stand nahe bevor, dann kamen noch bewegtere Tage, und sie waren gezählt.

Die psychologische Aufgabe hatte Descartes der Hauptsache nach bereits in der Schrift über „die Leidenschaften der Seele"

---

*) Oeuvres X. pg. 121—22. (Der Brief kann nicht vor dem 1. Februar 1648 geschrieben sein.)

gelöst: es war das letzte Werk, das er noch selbst herausgab, im Winter 1645/46 entworfen, später ausgeführt und im Jahr seines Todes erschienen. Ueber Moral und Erziehung wollte er nicht schreiben, um den schon erregten Streit nicht zu vermehren und, wie bei Fragen von solcher praktischen Bedeutung vorauszusehen war, noch heftiger zu entzünden; seine Gedanken über den Werth und die Ziele des menschlichen Lebens hat er den Briefen anvertraut, die zwei fürstliche Frauen von ihm empfingen: die Prinzessin Elisabeth*) und die Königin von Schweden.

Achtes Capitel.

Descartes' Lebensende in Stockholm.

I. Einladung der Königin.

1. Christine von Schweden.

Als Chanut im Spätherbst 1645 nach Stockholm kam, hatte die Tochter Gustav Adolfs seit einem Jahr den Thron Schwedens bestiegen und war eine neunzehnjährige Königin in der Fülle des Glücks und der Macht, Erbin eines gefürchteten Reichs und eines väterlichen Namens, der den Ruhm des Helden mit dem des Märtyrers verband; sie war von der Liebe und den Hoffnungen des Volkes getragen und schien die letzteren durch die Anfänge ihrer Regierung auch in hohem Maß zu erfüllen. Noch war sie frisch und unverdorben und bemeisterte willenskräftig die bizarren Neigungen, das launenhafte und wetterwendische Naturell, die falsche und theatralische Größensucht, der sie später leichtsinnig und verblendet ihr erhabenes Loos geopfert hat. Die erste Fürstin des Nordens, die sie durch ihre politische und persönliche Bedeutung war und bleiben konnte, wurde sie freiwillig eine fahrende und abenteuernde Frau, die alles that, ihres Vaters unwürdig zu werden. Ihre Geistestüchtigkeit stand damals, als Chanut ihr Interesse für Descartes gewann, in voller Blüthe und was an dem Wesen der

---

*) Vergl. oben S. 192.

Königin seltsam und ungezügelt erschien, durfte man jugendlicher
Ueberkraft und auch jener zu männischen Erziehung zuschreiben, die
sie nach dem Willen des Vaters erhalten. Sie liebt leidenschaftlich
die Jagd und nimmt es mit dem besten Jäger auf, sie ist eine kühne
und geübte Reiterin, die leicht ihre zehn Stunden aushält, ohne vom
Pferd zu steigen, sie zieht die männliche Tracht der weiblichen vor
und verschmäht jeden Putz, sie hat ihren Körper durch Strapazen
abgehärtet, durch einfache, aller Verweichlichung abgeneigte Lebensart
gestärkt. Sie führt nicht blos den Namen einer Königin, sondern
versteht zu gebieten und selbst dem Reichsrath ihre Ueberlegenheit
fühlbar zu machen: so wohlunterrichtet erscheint sie in den Staatsge=
schäften, selbständig in ihren Entschlüssen, hartnäckig in deren Aus=
führung. Auch ihre Bildungs= und Geistesinteressen sind männlich
geartet, sie liebt ernste Bücher und ernste Unterhaltungen, liest täg=
lich einige Seiten im Tacitus, spricht lateinisch und lernt griechisch.
Ihr Aeußeres verräth den unruhigen und erregbaren Geist, schnell
wechselt, wenn sie spricht, der Ausdruck des Gesichts und der Ton der
Stimme. Sie war keine religiöse Natur, aber gern mit religiösen
Fragen beschäftigt und für Einwürfe jeder Richtung empfänglich,
daher interessirten sie vorzugsweise die Gegenstände der philosophischen
Religions= und Sittenlehre, und sie nahm oder gab oft die Gelegen=
heit, solche Themata gesprächsweise zu erörtern. So kam es, daß sie
eines Tages nach der Audienz noch mit Chanut, der voller Bewun=
derung für die Königin war, ein solches Gespräch anknüpfte und im
Laufe desselben die Fragen aufwarf: worin das Wesen der Liebe
bestehe, ob aus unserer natürlichen Erkenntniß die Liebe zu Gott
folgen könne, und was schlimmer sei, das Unmaß der Liebe oder
des Hasses? Der Inhalt wie die aphoristische Natur der gestellten
Fragen ist für die philosophische Liebhaberei der Königin sehr be=
zeichnend. Das sind Probleme, die niemand besser lösen kann als
Descartes, dachte Chanut und schrieb an den Philosophen.

2. Philosophische Briefe.

Die Antwort, die Descartes in Egmond den 1. Februar 1647
in freudiger Stimmung schrieb, ist sein Brief über die Liebe,
gleichsam das erste Gespräch, das er indirect und aus der Ferne mit
der Königin von Schweden führte; denn daß diese die Erwiederung
lesen sollte, war die Absicht, in welcher Chanut die Meinung seines

Freundes einholte. Der Brief ist ein kleines Meisterwerk, ein wirkliches Cabinetsstück, bei dem jeder Kenner des Philosophen, der von dem Verfasser und der Veranlassung der Schrift nichts wüßte und blos den Gang der Untersuchung, die Art der Ideen, die Wahl der Ausdrücke beachtet, sogleich sagen würde: „ein ächter Descartes!" Es giebt keine zweite Schrift so geringen Umfangs (denn sie überschreitet nicht den Raum eines Briefes), woraus dieser Denker besser zu erkennen wäre, vorausgesetzt, daß man zwischen den Zeilen eines Philosophen zu lesen versteht.

Er unterscheidet die intellectuelle und leidenschaftliche Liebe und bestimmt zunächst durch eine analytische Untersuchung das Wesen der Liebe überhaupt: sie besteht darin, daß wir ein Object vorstellen, dessen Gegenwart und Besitz uns Freude, dessen Abwesenheit und Verlust uns Schmerz verursacht; daher begehren wir dieses Object mit voller Willenskraft, wir wollen mit ihm vereinigt sein oder ein Ganzes ausmachen und selbst nur einen Theil dieses Ganzen bilden; die Liebe ist nothwendig verbunden mit Freude, Schmerz und Verlangen: diese vier Willensrichtungen sind in der geistigen Natur begründet und der Seele eigen ohne Verbindung mit dem Körper, sie sind in dem Erkenntnißbedürfniß eines denkenden Wesens enthalten, wir lieben als denkende Naturen die Erkenntniß der Dinge, empfinden freudig ihren Genuß, schmerzlich ihre Entbehrung und trachten deshalb nach ihrem Besitz. Hier ist nichts dunkel, nur der Wille zur Erkenntniß bewegt unsere Seele, wir wissen, was wir lieben und verlangen, was uns erfreut und betrübt. Die Freuden und Leiden der intellectuellen Liebe sind daher keine Leidenschaften, sondern klare Ideen. Erst durch ihre Verdunkelung entsteht die leidenschaftliche oder sinnliche Liebe, die aus der Verbindung der Seele mit dem Körper hervorgeht. Es sind körperliche Zustände oder Veränderungen, mit denen in unserer Seele gewisse Begehrungen zusammenstimmen, ohne daß zwischen beiden Aehnlichkeit und Zusammenhang einleuchtet. So entstehen die unklaren, sinnlichen, leidenschaftlichen Begierden, die gewisse Objecte haben, andere los sein wollen, den Besitz jener freudig, die Gegenwart dieser schmerzlich empfinden, die verlangten Objecte lieben, die verabscheuten hassen: Freude und Schmerz, Liebe und Haß sind die vier Grundformen der sinnlichen Begierde, die elementaren und ersten Leidenschaften, aus denen durch Mischung und Modification alle übrigen sich bilden, die einzigen, die wir vor der

Geburt gehabt, denn sie regen sich schon in der Ernährung des embryonischen Lebens. Die intellectuelle Liebe fällt mit dem Erkenntnißbedürfniß der denkenden Natur zusammen, die sinnliche wurzelt in den Nahrungsbedürfnissen der organischen. Es giebt eine Vorstellung begehrungswürdiger Objecte (intellectuelle Liebe) ohne körperliche Erregung und sinnliche Begierde, ebenso kann die letztere vorhanden sein ohne Erkenntniß; es giebt Liebe ohne Passion und Passion ohne Liebe; im gewöhnlichen Sinn der menschlichen Liebe sind beide vereinigt. Seele und Körper sind dergestalt verbunden, daß bestimmte Vorstellungs- und Willenszustände mit bestimmten Zuständen körperlicher Organe zusammengehen und sich wechselseitig hervorrufen, wie Gedanke und Wort. So findet die Vorstellung begehrungswürdiger Objecte oder die Liebe in der Erregung des Herzens und der beschleunigten Bewegung des Bluts ihren unwillkürlichen, körperlichen Ausdruck. Diese geistig-sinnliche Liebe, diese Vereinigung des Verstehens und Begehrens macht jene Empfindung, nach deren Wesen die Königin gefragt hat.

Daraus scheint zu folgen, daß Gott, zu erhaben, um erreichbar, und zu geistig, um sinnlich vorstellbar zu sein, niemals Gegenstand einer Liebe im Licht der natürlichen Erkenntniß werden könne, denn die Versinnlichung der Gottheit ist entweder das Geheimniß der Incarnation, wie im Christenthum, oder sie ist der Irrthum der Idololatrie, wie in der heidnischen Religion, wo man, wie Ixion, die Wolke umarmt statt der Göttin. Doch kann durch tiefes Nachdenken die Idee Gottes Liebe und zwar die gewaltigste aller Leidenschaften werden, wenn wir in Gott den Ursprung und darum das Ziel unseres geistigen Lebens erkennen; nur darf dieses Ziel nicht als eine Art Gottwerdung erscheinen, sonst gerathen wir auf einen gefährlichen Abweg, das hieße nicht Gott lieben, sondern die Göttlichkeit begehren; vielmehr erkennen wir in Gott den Ursprung nicht blos unseres geistigen Daseins, sondern des gesammten Weltalls, das keine Kugel zu sein braucht, um in der Macht Gottes allein Grund und Bestand zu haben; diese Erkenntniß des allmächtigen Willens ist so erhaben, daß sie uns mit Freude und dem Bestreben erfüllt, den Willen Gottes demüthig zu befolgen. Darin besteht die wahre, von der natürlichen Erkenntniß erleuchtete Liebe zu Gott, die so mächtig ist, daß sie auch Herz und Nerven ergreift. Das Gefühl der Ehrfurcht thut dem der Liebe keinen Eintrag, sondern verbindet damit den Wunsch der Hingebung und Aufopferung; schon die Freundschaft ist aufopferungsfähig, noch mehr der Patriotismus; je erhabener die Objecte sind, die wir lieben, um so freiwilliger und freudiger wird die Unterordnung des eigenen Werths, daher hindert nichts, daß sich in demselben Gefühl höchste Verehrung und Liebe vereinigen. Diese Wahrheit könne Chanut selbst am besten bezeugen, da er sie erlebe. „Wenn ich Sie auf Ihr Gewissen fragte, ob Sie die erhabene Königin, in deren Nähe Sie jetzt leben, nicht lieben, so mögen Sie immerhin versichern, daß Sie nur Ehrerbietung, Ehrfurcht und Bewunderung für dieselbe empfinden, ich würde dennoch Ihr Gefühl für eine sehr feurige Neigung halten, denn so oft Sie von dieser Fürstin reden, strömen Ihnen die Worte so voll und ergiebig, daß, wie treu Ihre Darstellung auch ist, — ich kenne Ihre Wahrheitsliebe und habe von anderen Aehnliches gehört — ich doch überzeugt bin: so lebendig könnten Sie die Königin unmöglich schildern, wenn Sie nicht feurig erregt und Ihr Herz erwärmt wäre. Es kann auch nicht anders sein, in der Nähe eines solchen Lichts!"

Welche von beiden Leidenschaften in ihrem Unmaß schlimmer sei: die Liebe oder der Haß? Je mehr durch die Stärke eines Affects unser Wohlwollen leidet, unsere Zufriedenheit abnimmt, dagegen die Ausschreitungen schädlicher Art vermehrt werden, um so schlimmer ist die Leidenschaft und ihr Zustand. Es ist keine Frage, daß der Haß die Bosheit nährt und selbst gutmüthige Naturen vergiftet, daß er eine qualvolle und traurige Empfindung ist ohne jede wahre Erquickung; die Lust des Hasses ist dämonisch und gehört den Höllengeistern am Orte der Qualen. Was aber die schädlichen Ausschreitungen betrifft, so ist das größere Unmaß auch das schlimmere; deshalb muß gefragt werden, welche der beiden Leidenschaften zum Unmaß überhaupt geneigter sei? Hier antwortet Descartes: nicht der Haß, sondern die Liebe! Sie ist feuriger, darum mächtiger und heroischer als der Haß; Naturen, wie Herkules, Roland u. s. f. haben sich in der Liebe mehr als im Haß übernommen; die Liebe vereinigt, der Haß trennt; wenn uns jene an ein werthloses Object fesselt, so schadet sie weit mehr, als wenn dieser uns von einem besseren Objecte scheidet; endlich ist die Liebe, je leidenschaftlicher sie entbrennt, um so rücksichtsloser gegen alles, was sie hindert und bedroht, sie entfesselt in mehr als einer Richtung den Haß und dadurch ein Heer von

Nebeln, hat doch die Liebe jene Unglückssaat erzeugt, woraus zuletzt der Brand Trojas hervorging.*)

Nachdem die Königin den Brief gelesen, äußerte sie gegen Chanut: „so weit ich Descartes aus dieser Schrift und Ihrer Schilderung zu erkennen vermag, ist er der glücklichste aller Menschen und sein Leben scheint mir beneidenswerth; sagen Sie ihm, daß ich ihn hochschätze." Einige nähere Erklärungen, welche die Königin noch zu haben wünscht, giebt Descartes in einem Briefe an Chanut (den 6. Juni 1647). Bald kommt eine neue Gelegenheit, die sie begierig macht, die Ansicht des Philosophen wieder zu hören.

Unter den Gelehrten Schwedens war damals der deutsche Philologe Johann Freinsheim aus Ulm, berühmt durch die Entdeckung der Supplemente des Livius. Eine Lobrede auf Gustav Adolf hatte seinen Ruf nach Upsala als Professor der Politik und Beredsamkeit zur Folge gehabt, fünf Jahre später wurde er nach Stockholm als Historiograph und Bibliothekar der Königin berufen (1647). Seine Abschiedsrede in Upsala, bei welcher die Königin mit dem französischen Gesandten und einigen Herren ihres Hofes zugegen war, handelte über den Begriff des höchsten Gutes. Die Königin selbst hatte dieses Thema gewünscht. Nachdem sie die Rede, die sich in den Formen der lateinischen Rhetorik erging, gehört hatte, bemerkte sie gegen Chanut: „diese Herren können solche Objecte nur oberflächlich behandeln, man sollte Descartes darüber hören." Die Frage wurde ihm vorgelegt und in seinem Briefe über das höchste Gut beantwortet, den er im November 1647 schrieb und direct an die Königin richtete.

In wenigen Zügen entwirft Descartes den Grundgedanken seiner Sittenlehre und seiner Lebensrichtung. Er wolle das höchste Gut bestimmen nicht im absoluten Sinn, dieses sei Gott, sondern in Rücksicht des menschlichen Daseins, nicht der Menschheit, deren höchstes Gut in der Summe aller materiellen und geistigen Güter bestehe, sondern des einzelnen Menschen. In dieser Einschränkung genommen, müsse das höchste Gut ein erreichbares d. h. so beschaffen sein, daß wir im Stande sind, es zu besitzen oder zu erwerben, es müsse daher ganz in unserer Macht liegen. Alle äußeren und materiellen Güter liegen außerhalb unserer Macht, das höchste Gut

---

*) Oeuvres T. X. pg. 2—22.

könne daher nur innerhalb des Geistes gesucht werden, im Gebiete der Erkenntniß und des Willens; aber auch die Erkenntniß sei in ihren verschiedenen Graden durch Fähigkeiten und Umstände bedingt, die nicht lediglich von uns selbst abhängen; so bleibe als das Gebiet, auf dem die unbekannte Größe zu finden sei, nur der Wille übrig, dieser sei stets in unserer Macht, denn er sei unser eigenes und höchstes Vermögen, unser eigenstes innerstes Selbst, der Kern unseres Wesens. Der Wille zur Erkenntniß steht in unserer Macht, wir können den Entschluß, stets nach unserer besten Einsicht zu handeln, fest und beharrlich ausführen; wenn wir es thun, sind wir tugendhaft und glücklich zugleich und vereinigen das stoische Lebens=
ziel mit dem der Epikureer. Dieser Wille allein ist das wahrhaft Ehrwürdige in der Welt. „Freilich werden die Glücksgüter gewöhn=
lich höher gepriesen, aber weil ich überzeugt bin, daß Ihre Majestät auf Ihre Tugend einen größeren Werth legen als auf Ihre Krone, so sage ich offen, daß mir die Tugend als das allein Preiswürdige erscheint. Die übrigen Güter insgesammt verdienen geschätzt, aber nicht geehrt und gepriesen zu werden, es sei denn, daß man sie als Gaben Gottes oder als Mittel betrachtet, die kraft des freien Willens gut anzuwenden sind; denn Ehre und Lob sind Belohnungen, und nur was der Wille thut, läßt sich belohnen oder strafen. Das größte Gut des Menschen ist der Zustand seiner größten Befriedigung, diese, welcher Art sie auch sei, findet sich nur in unserem Innern, nur die Seele ist zufrieden, sie ist es nur dann, wenn sie sich im Besitze eines begehrten Objects weiß, ihre Vorstellung des Guten ist häufig eine sehr verworrene, sie stellt sich viele Güter weit größer vor, als sie sind, und lebt in Scheinwerthen, ihre Befriedigung ist stets so groß als nach ihrer Einbildung das Gut, das sie besitzt. Nun ist kein Werth größer, als der gute Gebrauch kraft des freien Willens: darum ist dieser Wille das höchste Gut, er allein.*)

Es traf sich sehr günstig, daß diese philosophischen und gelegent=
lich veranlaßten Briefe, die Descartes nach Stockholm schrieb, The=
mata zu behandeln hatten, die ihm vollkommen in der Feder lagen; die erste Frage über die Liebe hing genau mit dem Entwurf über die Leidenschaften der Seele zusammen, der ein Jahr vorher ent=
standen war; die zweite Frage über das höchste Gut berührte den=

---

*) Oeuvres T. X. pg. 59—64 (in Egmond den 20. Nov. 1647 geschrieben.)

selben Gegenstand, der kurz vor jenem Entwurf in den der Prinzessin
Elisabeth gewidmeten Briefen über das menschliche Glück erörtert
worden. Diese Briefe hatten den Entwurf über die Leidenschaften
zur Folge gehabt. Jetzt schickt Descartes beide Schriften an Chanut
zugleich mit dem Brief an die Königin; niemand solle sie lesen
außer Chanut und die Königin, diese letztere blos, wenn sie es aus=
drücklich wünsche.*)

Es vergeht mehr als ein Jahr, bevor Christine antwortet (De=
cember 1648).**) Sie hatte sich inzwischen mit noch anderen Dingen
zu beschäftigen als mit der Liebe und dem höchsten Gut: das Jahr
1648 war das des westfälischen Friedens. Aber sie verliert Descartes
nicht aus den Augen, und nachdem ihr Verkehr mit dem Philosophen
ein brieflicher geworden, wünschte die Königin lebhaft, diesen persön=
lich in ihrer Nähe zu sehen.

3. Einladung und Reise nach Stockholm.

Christine hatte sich in die Schrift über die Leidenschaften ver=
tieft und den Entschluß gefaßt, die philosophischen Werke Descartes'
gründlich zu studiren. Sie führt seine Schriften stets bei sich, auf
ihren Jagden begleitet sie der Entwurf über die Leidenschaften, auf
der Reise in die Bergwerke die Principien der Philosophie; Freins=
heim muß dieses Werk ebenfalls studiren, um ihrem Verständniß zu
Hülfe zu kommen, Chanut soll den Hofgelehrten dabei unterstützen.
„Weil Freinsheim gefunden hat", schreibt Chanut wohlgelaunt an
Descartes, „er bedürfe eines Gesellschafters auf diesem Wege, so bin
ich gebeten worden, mit ihm zugleich die Principien zu lesen. Ich
habe die Pflicht, der Fürstin, bei der ich dem Könige von Frankreich
diene, mich gefällig zu zeigen, und so gehört es jetzt zu den Functionen
des französischen Gesandten in Schweden, Descartes zu studiren."
Während der Philosoph in Paris ist, mitten unter den politischen
Tagesunruhen, die seine Aussichten für die nächste Zukunft zerstören,
erfährt er mit Vergnügen, daß man am schwedischen Hofe seine
Bücher liest und selbst auf den Jagden der Königin philosophirt.
Er empfiehlt statt der Meditationen das erste Buch der Principien,

---

*) Ebendas. S. 65—67. — **) Die Antwort der Königin ist verloren. Des=
cartes schrieb über den Inhalt und den französischen Styl derselben sehr befriedigt
an Chanut, den 26. Febr. 1649. Ebendas. S. 307 flg.

weil es gedrängter und faßlicher sei, mit der Bewegungslehre im zweiten Buch möge sich die Königin nicht aufhalten und nur den Hauptgesichtspunkt ins Auge fassen, daß in den sinnlichen Beschaffenheiten der Dinge nichts objectiv sei, als Größe, Figur und Bewegung, daß aus diesen Grundeigenschaften auch Licht und Wärme erklärt werden, die, wie Kitzel und Schmerz, blos in unseren Sinnen erscheinen.*)

Indessen findet Christine bald, daß die Schwierigkeiten der Lehre Descartes' besser durch diesen selbst als durch Freinsheim und Chanut zu lösen sind, und ihr diese Lehre überhaupt leichter aus dem Munde des Philosophen einleuchten werde als aus seinen Büchern; sie wünscht dringend, daß Chanut ihn einlade, nach Stockholm zu kommen, daß er die Einladung wiederhole. Das erste Schreiben, das in Paris eintraf, als Descartes bereits abgereist war, erhielt dieser erst in der Mitte Februar 1649, das zweite gegen Ende des folgenden Monats. Er antwortet (wahrscheinlich den 31. März 1649) in zwei Briefen an Chanut, deren einer bestimmt ist, der Königin gezeigt zu werden; in diesem nimmt er die Einladung an und verspricht seine Abreise für die Mitte des Sommers, um den Winter über in Stockholm zu bleiben. Anders lautet der vertrauliche Brief. Eine Menge Bedenken, weit mehr als er dachte, haben sich ihm aufgedrängt, er hat mit seiner Philosophie und mit seinen Reisen so viele üble Erfahrungen gemacht und nur sehr wenige gefunden, die seine Lehre wahrhaft zu würdigen wissen, auf den ersten Blick erscheine sie vielen überraschend und absonderlich, nach einigem Verständniß dagegen so einfach und natürlich, daß sie aufhöre, ein Object ihrer Aufmerksamkeit zu sein, denn die Wahrheit sei gleichsam die Gesundheit der Seele, mit der es sich wie mit der des Körpers verhalte, man schätze sie nur so lange man sie nicht habe. Nirgends sei eine solche Philosophie weniger an ihrem Platz als an den Höfen der Fürsten, wo ein Interesse das andere treibt. Wenn die Königin Muße und Ausdauer genug für seine Lehre habe, so wolle er kommen; wenn dagegen ihr Interesse

---

*) Oeuvres X. pg. 308—309. (Mit diesem Brief an Chanut vom 26. Febr. 1649 erwiedert Descartes gleichzeitig das Schreiben der Königin, er nennt seine Antwort „un compliment fort stérile." Am Schluß steht die Versicherung, daß seine Ergebenheit für die Königin nicht größer sein könnte, wenn er Schwede oder Finnländer wäre.)

nur flüchtige Neugierde war, so möge der Freund alles thun, damit er nicht zu reisen brauche.*)

Alle diese Bedenken steigern sich in seinem heimlichen Egmond, er wird unschlüssig im Hinblick auf die weite Reise, das fremde Land, das rauhe Klima. „Man wundert sich nicht," schreibt er einige Tage später an Chanut, „daß Ulysses die glücklichen Inseln der Kalypso und Circe, wo ihm alle erdenkbaren Genüsse zu Gebote standen, verließ, um in einem steinigen und unfruchtbaren Lande zu wohnen, denn es war seine Heimath; aber einem Menschen, der in den Gärten der Touraine geboren ist und jetzt in einem Lande lebt, wo, wenn auch nicht mehr Honig, doch wahrscheinlich mehr Milch als in dem gelobten Lande fließt, darf der Entschluß wohl schwer fallen, einen solchen Aufenthalt zu verlassen, um in das Land der Bären zu gehen mitten unter Felsen und Eis".**) Nicht die Natur allein, auch der Hof macht ihm bange, wo es an Gegnern und Neidern, an schlimmen Nachreden und allerhand Kabalen noch weniger fehlen wird, als in seiner holländischen Einsamkeit; er fürchtet, daß man die Königin, weil sie ihn gerufen, in ihrem eigenen Lande verdächtigen werde; schon bekrittelt man ihre Vorliebe für die Gelehrten, ihren Eifer für die Studien und spottet, daß sie die Pedanten Europas um sich versammle und Schweden bald werde von Grammatikern regieren lassen. Er ist auf's äußerste besorgt, daß durch beflissene Gegner, die von der Absicht seiner Reise gehört, die feindseligen Gerüchte über seine Lehre schon in Schweden verbreitet seien und dann sein Aufenthalt in der Nähe der Königin dieser nur zum Nachtheil gereichen könne. Er schreibt darüber mit aller Offenheit und allem Zartgefühl an Freinsheim und bittet diesen um Auskunft und Rath.***) Die Antwort fiel so aus, daß er beruhigt sein konnte.

Jeden Schritt, womit er etwas von seiner Unabhängigkeit und Einsamkeit aufgibt, fühlt Descartes als ein Hinausgehen aus seinem eigensten Element in ein fremdes; so oft er in seinem Leben diese Grenze überschreiten soll, bleibt er zaudernd stehen; er verhält sich jetzt zu seiner Reise nach Schweden ähnlich, wie früher zu der Herausgabe seiner

---

*) Oeuvres X. pg. 320—27. (Vgl. über den zweiten Brief unsere obige Darstellung S. 244.) — **) Ebendas. S. 330—31. (Br. v. 4. April 1649, nach Cousins Vermuthung. — ***) Oeuvres X. pg. 335—37. (B. 10. Juni 1649, nach Cousins Vermuthung. Am Schluß des Briefs frägt D., ob die Königin die Herausgabe seiner Schrift über die Leidenschaften gestatten wolle?)

Schriften; am liebsten hätte er damals keine veröffentlicht, am liebsten wäre er jetzt geblieben. Chanut hatte im Frühjahr auf seiner Durchreise nach Paris, wo er bis in den Spätherbst bleiben sollte, den Philosophen in Holland besucht und manche seiner Bedenken beschwichtigt. Gern hätte Descartes die Rückkehr des Freundes abgewartet, um mit ihm zu reisen. Aber die Ungeduld der Königin drängt, sie läßt Flemming, einen ihrer Admirale, nach Amsterdam gehen, um Descartes seine Dienste anzubieten und ihn nach Stockholm zu geleiten, wo sie ihn noch vor Ende April zu sehen hofft. Indessen hatte Descartes schon erklärt, daß er vor Mitte des Sommers nicht reisen könne. Nachdem er seine Verhältnisse geordnet, seine Schrift über die Leidenschaften für den Druck vollendet, dem Verleger in Amsterdam übergeben und sein Haus mit aller Vorsorge bestellt hat, verläßt er Egmond den 1. September 1649.

II. Descartes in Stockholm.

1. Aufenthalt und Stellung.

Mit Anfang October ist er in Stockholm und findet im Hause des französischen Gesandten, der noch in Paris weilt, bei der Frau und Schwester seiner beiden trefflichen Freunde die gastlichste Aufnahme, bei der Königin den ehrenvollsten Empfang. Einige Tage nach seiner Ankunft schreibt er der Prinzessin Elisabeth, daß er die Königin erst zweimal gesehen und ihre Erscheinung so bedeutend und anziehend gefunden, als er erwarten durfte; Freinsheim habe dafür gesorgt, daß er von allen drückenden Pflichten des Ceremoniels frei sei und nur an den Hof zu gehen brauche, wenn die Königin ihn sprechen wolle; selbst im günstigsten Fall werde er in Stockholm nicht länger als bis zum nächsten Sommer verweilen. Seine Blicke lenken sich schon wieder zurück nach der geliebten holländischen Einsiedelei. „Dort wird es mir leicht, in der Erforschung der Wahrheit fortzuschreiten, und darin allein besteht ja der Hauptzweck meines Lebens".*)

Die Königin hatte mit Descartes weiter aussehende Pläne und wünschte durch seinen Aufenthalt an ihrem Hofe nicht blos ihren eigenen wissenschaftlichen Interessen, sondern auch denen des Landes

---

*) Oeuvres T. X. pg. 373—75.

und des Philosophen selbst zu nützen: er sollte ihr Lehrer und Freund sein, eine wissenschaftliche Akademie in Stockholm gründen und in voller Muße, unter ihrem Schutz seine mitgebrachten Entwürfe ausführen und die begonnenen Werke vollenden. Auf diese Weise wollte Christine die neue Philosophie ebenso fördern als durch sie gefördert werden. Aber dann mußte Descartes in Schweden bleiben, nicht bloß vorübergehend und besuchsweise sich hier aufhalten. Daher betrieb die Königin seine förmliche Uebersiedlung, sie hatte die Absicht, ihn mit erblichem Grundbesitz auszustatten und einen Platz unter den Magnaten des Landes einnehmen zu lassen. Als Chanut im November zurückgekehrt war, theilte ihm die Königin ihre Pläne mit und wünschte, daß er seinen Freund dafür gewinne. Descartes, von sich aus der Sache abgeneigt, schützte vor, daß er für seine Gesundheit das Klima fürchten müsse; es war die einzige Schwierigkeit, welche die Königin gelten ließ und leicht aus dem Wege zu räumen wußte; er sollte Güter im südlichen Schweden haben, Chanut und ein Mitglied des Reichsrathes wurden beauftragt, unter den Besitzungen im Erzbisthum Bremen und Pommern, die, so eben durch den westfälischen Frieden an Schweden gekommen waren, eine Herrschaft für Descartes auszusuchen, die ihm stattliche Jahreseinkünfte bringen und in seiner Familie erblich sein sollte. Die Angelegenheit war schon im Gange, als sie durch Chanuts Krankheit unterbrochen und aufgeschoben wurde; sie war noch unausgeführt, als Descartes starb. So hatte der eigenthümliche Gang seiner Schicksale fast dazu geführt, daß dieser größte und für die deutsche Philosophie wichtigste Denker Frankreichs durch die Gunst der Tochter Gustav Adolfs ein Grundherr in deutschen Landen wurde.

Der philosophische Unterricht der Königin begann im November, nachdem Descartes in den neuen Verhältnissen sich einigermaßen zurechtgefunden. Um für den schwierigen Gegenstand in der aufgelegtesten Stimmung und von allen Staatsgeschäften völlig ungestört zu sein, hatte Christine die früheste Morgenstunde gewählt. Täglich um fünf Uhr mußte Descartes in der Kälte des nordischen Winters, der noch dazu in diesem Jahr ungewöhnlich streng war, den Weg nach dem Schloß machen und hier in dem Bibliothekzimmer seine königliche Schülerin erwarten. Er hatte das Klima nicht umsonst gefürchtet. Nach einem gemeinschaftlichen Spaziergang mit Chanut (den 18. Jan. 1650) erkrankte der letztere an einer Lungenentzündung, die ihn heftig ergriff und sein Leben in Gefahr brachte. Mit der größten Sorgfalt widmete sich Descartes der Pflege des Freundes. Nach durchwachten Nächten war er jeden Morgen um fünf Uhr in der Bibliothek der Königin, auch in den Nachmittagsstunden conferirte er mit ihr wegen der zu gründenden Akademie, deren Statuten er in den letzten Tagen des Januar entworfen hatte und der Königin den 1. Februar vorlegte. Es war das letztemal, daß er sie sah. Diese Statuten bezeugen, wie wenig Descartes auf sich und seine Vortheile bedacht war, er hatte gleich in den ersten Artikeln jeden Fremden von der Präsidentschaft ausgeschlossen, deren Stelle ihm die Königin zugedacht hatte.

2. Krankheit und Tod.

Die Anstrengungen der Arbeit und der gleichzeitigen Krankenpflege hatten seinen Körper erschöpft und für die verderblichen Einflüsse des Klimas und der Jahreszeit noch empfänglicher gemacht. Er war schon krank, als er von der letzten Unterredung mit der Königin zurückkehrte und hielt sich nur noch gewaltsam aufrecht. Um so heftiger erfolgte am anderen Tage (2. Februar) der Ausbruch des Fiebers, eine Woche lag er bewußtlos, schon am fünften Tage erschien sein Zustand den Aerzten ohne Hoffnung. Leider war der erste Leibarzt der Königin, du Rher, ein Landsmann und Freund Descartes', abwesend; der zweite Namens van Wulen war ein Holländer und, wie man sagt, ein Freund der Utrechter Gegner des Philosophen. Am siebenten Tage ließen die Fieberphantasien nach, sein Bewußtsein kehrte zurück, aber nur, um die Nähe des Todes zu erkennen und die letzten Gedanken auf das Ewige zu richten. Den 11. Februar 1650, früh um vier Uhr, starb Descartes noch vor Vollendung seines vierundfünfzigsten Jahres.

Als die Königin durch den französischen Gesandtschaftssecretär die Todesnachricht empfing, brach sie in Thränen aus. Um das Gedächtniß ihres „großen Lehres" zu ehren und vor der Nachwelt zu bezeugen, daß sie Descartes zu schätzen gewußt, sollte er unter den Großwürdenträgern der Krone zu den Füßen der Könige von Schweden begraben und über seinem Sarge ein Mausoleum von Marmor errichtet werden. Chanut bewog die Königin, diesen Plan unausgeführt zu lassen. Er hatte das richtige Gefühl, daß dem Andenken Descartes' eine einfache Ruhestätte auf dem Kirchhofe der

Fremden gemäßer sei, als ein Grabmal von königlicher Pracht in der Gruft der Könige. Die Beerdigung geschah den 12. Februar 1650. Ein schlichtes Denkmal bezeichnete den Platz, die Inschrift von der Hand des Freundes verkündete, daß hier Descartes ruhe, den die Königin von Schweden aus seiner philosophischen Einsamkeit an ihren Hof gerufen und dem Chanut dieses Denkmal gewidmet. Noch im Todesjahre wurde in Holland zu Ehren des Philosophen eine Denkmünze geprägt mit dem Symbol der Sonne, welche die Erde erleuchtet. Das französische Nationalgefühl empfand es peinlich, daß die Reste des größten aller französischen Philosophen im fernen Auslande ruhten. Sechszehn Jahre nach dem Tode des Philosophen ließ d'Alibert, einer seiner Freunde, unterstützt von Terlon, dem damaligen französischen Gesandten in Schweden, die Asche Descartes' auf seine Kosten nach Frankreich führen; sie wurde den 1. Mai 1666 in Stockholm eingeschifft und den 25. Juni 1667 in der Kirche der heiligen Genoveva, dem heutigen Pantheon, feierlich beigesetzt. Es dauerte lange, bis die kirchlichen Autoritäten sich bewegen ließen, der Asche eines Mannes, dessen Name seit einigen Jahren auf dem Index stand, so hohe kirchliche Ehren zu bewilligen. Man wußte ihren Widerstand zu besiegen, indem man dem Philosophen ein großes Verdienst um die Kirche zuschrieb. Königin Christine hatte im Juni 1654 der Krone entsagt und war bald darauf zum Katholicismus übergetreten. Descartes war einige Monate lang ihr Lehrer gewesen; man suchte beide Thatsachen, so fremd sie einander waren, zu verknüpfen und den Philosophen als Missionar darzustellen, dem es gelungen sei, die Tochter Gustav Adolfs zu bekehren. Und da diese selbst sich willig finden ließ, ihre Conversion durch Descartes zu bezeugen, so war es nicht mehr der Philosoph, sondern der Bekehrer, dessen Asche die Priester in die Kirche der heiligen Genoveva aufnahmen.

Das Zeugniß der Königin war unrichtig und aus frivoler Gefälligkeit gegeben, auch hat sie darüber sich privatim aufrichtig genug geäußert. Nichts war dem Charakter Descartes' fremder als Proselytenmacherei. Er blieb der Kirche, in der er geboren war, treu, weil er in ihr geboren, aber mit ihren Bekehrungsgeschäften hatte er nichts zu thun. Sein Leben, soweit er es nach freier Wahl seinem Genius gemäß gestalten konnte, gehörte der Philosophie und der Einsamkeit.

Neuntes Capitel.

Gesammtübersicht der Werke und Schriften.

I. **Die von Descartes selbst herausgegebenen Werke.**

Die Schriften, die der Philosoph selbst veröffentlicht hat, und deren Entstehung wir in seiner Lebensgeschichte kennen gelernt, sind, in philosophische und polemische gruppirt und in chronologischer Reihenfolge zusammengestellt, folgende:

1. Philosophische.

1) Essais philosophiques. Leyde. Jean Le Maire. 1637. Étienne de Courcelles übersetzte die Essais in's Lateinische mit Ausnahme der Geometrie, Descartes revidirte die Uebersetzung. Franz van Schooten, Professor der Mathematik in Leyden, gab eine lateinische Uebersetzung der Geometrie mit Bemerkungen von de Beaune und eigenen Erläuterungen. Die Titel heißen: 1) R. Cartesii specimina philosophiae, sive dissertatio de methodo recte regendae rationis, Dioptrice et meteora ex gallico latine versa (par Étienne de Courcelles) et ab autore emendata. Amst. Lud. Elzevir. 1644. 2) Geometria a R. Descartes gallice edita, cum notis Florim. de Beaune, latine versa et commentariis illustrata a Fr. a Schooten. Lugd. Bat. J. Maire. 1649.

2) Renati Descartes meditationes de prima philosophia, ubi de Dei existentia et animae immortalitate. His adjunctae sunt variae objectiones doctorum virorum in istas de Deo et anima demonstrationes cum responsionibus auctoris. Paris. 1641. Die zweite Ausgabe mit dem veränderten Titel (S. oben S. 218—19), den Einwürfen Bourdins und dem Brief an Dinet erscheint in Amsterdam bei Elzevier 1642, im Todesjahr des Philosophen erscheint die dritte. Die Meditationen übersetzte der Herzog de Luynes, die Einwürfe und Erwiederungen Clerselier ins Französische. Descartes sah diese Uebersetzungen durch, berichtigte sie, wo er es für gut fand, und veränderte einige Stellen im lateinischen Text. Diese Uebersetzung erschien in Paris 1647.

3) Renati Descartes principia philosophiae, Amstel. Elzev. 1644. Die zweite Ausgabe erschien im Todesjahre des Phi=

losophen. Die französische, von Descartes gebilligte und mit einem brieflichen Vorwort begleitete Uebersetzung besorgte der Abbé Picot: principes de la philosophie, ecrits en latin par René Descartes et traduits en français par un de ses amis. (Paris 1647). Der Brief an Picot, ins Lateinische übersetzt, wurde in die folgenden Ausgaben der Principien als Vorrede aufgenommen.

4) Les passio'ns de l'âme, Amst. Elzevir. 1650. Ueber die Entstehung der Schrift, die im Winter 1646 entworfen, im Sommer 1649 ausgeführt und vollendet wurde, nachdem sie handschriftlich zuerst der Prinzessin Elisabeth, dann der Königin von Schweden mitgetheilt worden, ist zu vergl. S. 239. Noch im Todesjahre des Philosophen erschien eine lateinische Uebersetzung.

2. Polemische.

1) Epistola Renati Descartes ad celeberrimum virum D. Gisbertum Voëtium, in qua examinantur duo libri nuper pro Voëtio Ultrajecti simul editi: unus de confraternitate Mariana, alter de philosophia Cartesiana, Amstelodami. Elzevir. 1643.

2) R. Descartes notae in programma quoddam sub finem anni 1647 in Belgio editum cum hoc titulo: explicatio mentis humanae sive animae rationalis, ubi explicatur, quid sit et quid esse possit. Amst. Lud. Elzevir. 1648. Diese notae sind Descartes' Gegenschrift gegen Regius (S. oben S. 246). Die Schrift ist so selten, daß selbst Pieters, der Verfasser der Annalen der Elzevier'schen Druckerei, sie erst nach der Publication jenes Werks entdeckt hat. (Einige Jahre später bekämpfte die Schrift Tobias Andrea: Replicatio pro notis Cartesii. Amst. Elzev. 1653).

II. Der Nachlaß und die opera postuma.

1. Schriften in fremdem Besitz.

Von den hinterlassenen Werken sind zunächst zwei zu nennen, die für Freunde geschrieben waren und sich daher nicht im verschlossenen Nachlaß befanden: 1) compendium musicae, unter den erhaltenen Schriften die früheste, für Beeckman im Jahr 1618 verfaßt (S. oben S. 160—61), in Utrecht 1650 erschienen, 2) das Bruchstück einer Abhandlung über Mechanik, für Constantin Hughens im Jahr 1636 geschrieben, worin einige Maschinen, wie Rolle und

Flaschenzug, die schiefe Ebene, Rad und Welle, Schraube und Hebel erklärt werden. Ein zweites Bruchstück über Hebemaschinen („explication des engins"), welches Daniel Mayor aufgefunden, ins Lateinische übersetzt und 1672 veröffentlicht hat, ist von dem zuvor genannten kaum verschieden. Dieses Fragment der Mechanik und das Compendium der Musik übersetzte Poisson ins Französische, sie erschienen unter folgendem Titel: traité de la mécanique, composé par M. Descartes, de plus l'abrégé de la musique du même auteur, mis en français avec les éclaircissements nécessaires par N. P. P. D. L. (Nic. Poisson, prêtre de l'oratoire). Paris, Angot. 1668.

2. Verlorene Schriften.

Die übrigen noch ungedruckten Schriften waren in einer Schatulle verschlossen, die Descartes mit nach Stockholm nahm; hier wurde nach seinem Tode der Inhalt in Gegenwart Chanuts inventarisirt: man fand eine Abhandlung über die Fechtkunst, wahrscheinlich jene erste Schrift, die er noch in Rennes verfaßt hat, ein Tagebuch aus den Jahren 1619—21, drei zur Methodenlehre gehörige Schriften: studium bonae mentis, Regeln zur Richtschnur des Geistes, ein Gespräch über die Erforschung der Wahrheit im Lichte der Vernunft; ein Fragment unter dem Titel: „thaumantis regia (Wunderpalast)," wahrscheinlich Vorstudien zur Physik, worin nach Baillet schon die Ansicht, daß die Thiere Automaten seien, enthalten war, Bruchstücke mathematischen, physikalischen, naturgeschichtlichen Inhalts, einen Theil des „Kosmos", die Abhandlung vom Menschen und der Bildung des Foetus, Briefe, das Bruchstück eines französischen Lustspiels und Verse zur Feier des westfälischen Friedens.

Außerdem hatte Descartes seinem Freunde Hooghland einen Koffer zurückgelassen, worin außer werthvollen Briefen sich eine Abhandlung „de Deo Socratis" befand, vielleicht sogar die vollständige Originalschrift des Kosmos. So vermuthet Millet.*) Sicheres läßt sich nicht sagen, da die bei Hooghland aufbewahrten Schriften nebst dem Verzeichniß verloren sind.

Von den Schriften, die das Stockholmer Inventarium nennt, sind bis jetzt nicht aufgefunden worden: die Abhandlung über die Fechtkunst, das Original des Tagebuchs aus den Jahren 1619—21,

---

*) J. Millet: Descartes avant 1637. Préface, pg. XXIII—XXIV.

wie das der Fragmente verschiedenen wissenschaftlichen Inhalts, thaumantis regia, studium bonae mentis, die poetischen Stücke.

Es ist kein Wunder, daß einige der im Stockholmer Nachlaß befindlichen Schriften unwiederbringlich verloren sind, man kann von Glück sagen, daß bei dem Unfall, der die Schatulle traf, noch so viele und zwar die wichtigsten erhalten wurden. Chanut schickte den gesammten Nachlaß seinem Schwager Clerselier nach Paris, der die Herausgabe besorgen wollte, das Schiff kam glücklich an die französische Küste, das Fahrzeug, welches die Sendung aufnahm, brachte sie glücklich bis nach Paris, aber bei der Landung, in der Nähe des Louvre, fiel das Behältniß der Papiere ins Wasser und lag drei Tage in der Seine; endlich wurde es aufgefischt, die Schriften wurden bogen- und blätterweise aufgehangen und getrocknet und gelangten so im Zustande der größten Unordnung in Clerseliers Hände. Die Folge war, daß die Herausgabe verzögert wurde und namentlich bei den Briefen unüberwindliche Schwierigkeiten mit sich brachte, diese waren dergestalt durch einander gerathen, daß eine durchgängige Ordnung sich nicht herstellen ließ, hier konnten heterogene Stücke nicht geschieden, dort zusammengehörige nicht vereinigt werden.

3. Die von Clerselier herausgegebenen Werke.

1) Das Bruchstück des vielbesprochenen Kosmos: le monde ou traité de la lumière. Die erste fehlerhafte Ausgabe war ohne Clerseliers Wissen unter dem Titel: „le monde de Descartes ou le traité de la lumière" in Paris 1664 erschienen. Die nach dem Original berichtigte gab Clerselier 1677.

2) Traité de l'homme. Diese Schrift hängt mit dem Kosmos genau zusammen und sollte einen Abschnitt desselben bilden (S. oben S. 201—202), sie war im Original als „chapitre XVIII" bezeichnet. Clerseliers Ausgabe mit Bemerkungen von Laforge erschien in Paris 1664. Kurz vorher hatte Florentius Schuhl, Professor der Philosophie in Leyden, eine lateinische Uebersetzung: „Renatus Descartes de homine" (Lugduni Batav. 1662—64) herausgegeben; Clerselier fand die Uebersetzung schlecht, aber die Vorrede gut und nahm die letztere (französisch) in seine Ausgabe auf.

Mit dieser Abhandlung zugleich und stets mit ihr verbunden erscheint: „de la formation du foetus", von Descartes selbst eingetheilt und articulirt, was bei dem „traité de l'homme" gar nicht der Fall war. Der ausführliche Titel lautet: „la description du corps humain et de toutes ses fonctions, tant de celles, qui ne dépendent pas de l'âme, que de celles, qui en dépendent, et aussi la principale cause de la formation de ses membres".

3) Les lettres de René Descartes. 3 Vol. Paris, 1657—67.

4. Sammlung nachgelassener Werke.

Es muß befremden, daß Clerselier zwei der wichtigsten Stücke des Nachlasses, die beiden zur Methodenlehre gehörigen Schriften nicht herausgegeben hat; sie erschienen ein halbes Jahrhundert nach dem Tode des Philosophen in der ersten Sammlung nachgelassener Werke: „Opera postuma Cartesii" (Amst. 1701), die außerdem noch das Bruchstück „die Welt oder die Abhandlung über das Licht", den Tractat der Mechanik, das Compendium der Musik, Bemerkungen über die Erzeugung der Thiere, zuletzt Excerpte enthielt, alles in lateinischer Sprache. Die beiden wichtigen, bis dahin ungedruckten Schriften sind:

1) Regulae ad directionem ingenii, auf drei Theile berechnet, deren jeder zwölf Regeln umfassen sollte; erhalten ist blos die erste Hälfte, achtzehn Regeln, die drei folgenden sind nur angeführt, nicht erläutert. Nach Baillet's Zeugniß war auch der Originaltext dieser Schrift lateinisch. (Vgl. oben S. 180).

2) Inquisitio veritatis per lumen naturale, Gespräch zwischen drei Personen, ebenfalls unvollendet,. nach Baillets Angabe ursprünglich französisch geschrieben. Der Titel der nachgelassenen Schrift lautet: „la recherche de la vérité par les lumières naturelles, qui, à elles seules, et sans le secours de la religion et de la philosophie, déterminent les opinions, que doit avoir un honnête homme sur toutes les choses, qui doivent faire l'objet de ses pensées et qui pénètrent dans les secrets des sciences les plus abstraites.

III. Ausgabe sämmtlicher Werke.

1. Collectivausgaben.

Noch vor dieser ersten Sammlung nachgelassener Werke sind im Elzevier'schen Verlage zu Amsterdam lateinische Collectivausgaben, mehr oder weniger vollständig, theils der philosophischen, theils, wie es hieß, sämmtlicher Schriften herausgekommen. Nach den Annalen der Elzevier'schen Druckerei erschienen „R. D. opera philosophica" in den Jahren 1644, 70, 72 und 77. Außerdem wird eine Ausgabe der O. ph. vom Jahr 1656 erwähnt und als „editio tertia" bezeichnet. Die erste Ausgabe der „opera omnia" erschien in 8 Bänden 1670—83, die zweite in 9 Bänden 1692—1701 und 1713; es war nicht eigentlich eine Gesammtausgabe, sondern eine Collection gesonderter Ausgaben, die in ihrem letzten Bande die opera postuma enthielt.

Die erste französische Ausgabe in 13 Bänden erschien zu Paris in den Jahren 1724—29. Ein Jahrhundert später (1824—26) gab Victor Cousin seine Ausgabe in 11 Bänden; es ist diejenige, die wir in unserem Werke citiren: Oeuvres de Descartes, publiées par Victor Cousin.

2. Ordnung der Briefe.

Nach der Herausgabe der opera postuma war eine Gesammtausgabe der Werke Descartes' nicht blos ein collectives, sondern ein kritisches Geschäft, das die Auffindung verlorener, die Sammlung zerstreuter Schriften zu unternehmen und die Ordnung der vorhandenen zu besorgen hatte. Von besonderer Wichtigkeit mußte die Sammlung und Ordnung der Briefe sein. Der bei weitem größte und bedeutendste Theil der brieflichen Hinterlassenschaft war in den Händen Mersennes und kam nach dessen Tod an den Mathematiker Roberval, der Descartes feindlich gesinnt war und die Briefe verschloß, sie fanden sich später im Besitze La Hire's wieder, der sie der Akademie übergab. Baillet wollte das Leben Descartes' schreiben, der Abbé J. B. Le Grand gleichzeitig die erste Gesammtausgabe der Werke besorgen, er hatte nach dem Tode Clerseliers (1684) den Nachlaß des Philosophen geerbt, selbst eine Reihe zerstreuter Briefe gesammelt und war mit Baillet zugleich durch die Akademie in den Stand gesetzt, jene Briefe zu benützen, die aus Mersennes Hinterlassenschaft herrührten. Die Ausgabe unterblieb, die Handschriften, die Le Grand besaß, sind nach seinem Tode (1704) in andere Hände gekommen und verloren gegangen; ein Theil ist dem Inhalte nach durch Abschriften erhalten und in den opera postuma vom Jahr 1701 veröffentlicht worden. Das Exemplar der Briefe Descartes' vom Jahr 1667, befindlich in der Bibliothek der Akademie, enthält kritische, auf Vergleichung mit den urkundlichen Handschriften gegründete Randbemerkungen über Data, Adresse, Zusammengehörigkeit der Briefe, die keinen Zweifel lassen, daß eine neue kritische Ausgabe derselben im Werk war. Man weiß nicht, von wem diese Bemerkungen herrühren; Cousin, der nach jenen Angaben die Briefe (Bd. VI.—X. seiner Ausgabe) geordnet hat, vermuthet den Urheber in Montempuis, Rector der Pariser Universität um die Mitte des vorigen Jahrhunderts (dessen Siegel sich in dem Exemplar vorfindet), Millet dagegen hält für gewiß, daß Baillet und Le Grand jene Bemerkungen gemacht haben, in den Jahren 1690—92 gemeinsam bemüht, die Correspondenz Descartes' zu ordnen.*)

3. Supplemente.

In dem Nachlaß des Philosophen wird ein Tagebuch aus den Jahren 1619—21 aufgeführt, welches Jugendschriften, Entwürfe, Aufzeichnungen verschiedener Art enthielt, also auf eine Epoche zurückwies, von der wir kein literarisches Zeugniß besitzen, so werthvoll und bedeutsam jedes, auch das geringfügigste, gerade aus dieser Zeit denen hätte gelten sollen, die mit der Herausgabe der Werke betraut waren. Nach dem Berichte Baillets war das Tagebuch in Pergament gebunden und begriff folgende Stücke in sich: einige Betrachtungen über die Wissenschaften im Allgemeinen, Algebraisches, „Democritica", „Experimenta", „Praeambula", „Olympica", eine Schrift von zwölf Seiten, in der jene vielbesprochene Randbemerkung stand, die den 10. November 1619 als den Tag einer Geistesepoche bezeichnete. (S. oben S. 172—74.)

Glücklicherweise fand sich noch zu Clerseliers Zeit jemand, der gern jede Zeile erhalten hätte, die Descartes geschrieben; es war kein geringerer als Leibniz, der während seines Aufenthaltes in Paris Clerselier kennen lernte, durch diesen Einsicht in die Papiere Descartes' gewann und im Anfang Juni 1676 sich Abschriften daraus machte, wenig geordnet und cohärent, wie es der Zustand der Manuscripte mit sich brachte; er rechnete sie zu den kostbarsten literarischen Schätzen, die er besaß, und hatte selbst die Absicht sie herauszugeben. „Man hat in Holland", schrieb er an Bernouilli, „schon seit geraumer Zeit

---

*) Oeuvres T. VI. Avant-Propos. J. Millet: Descartes avant 1637. Préface pg. XVI—XIX.

die Ausgabe einiger nachgelassener Schriften Descartes' in Aussicht gestellt. Ich weiß nicht, ob sie erschienen sind. Auch ich bin im Besitz einiger Postuma Descartes'. Dahin gehören die Regeln zur Erforschung der Wahrheit (die mir nicht so außerordentlich erscheinen als man rühmt), ferner das Bruchstück eines Gesprächs in französischer Sprache, seine ersten Gedanken über die Entstehung der Thiere u. s. f. Wenn die versprochene Ausgabe nicht erschienen ist, so möchte ich selbst eine solche veranstalten mit Hinzufügung einiger ungedruckter Sachen von Galilei, Valerianus Magnus und Pascal, nebst meinen Anmerkungen über den allgemeinen Theil der Principien Descartes'. Ich fordere nur eine große Anzahl Freiexemplare." Unter den Abschriften, die Leibniz genommen, fanden sich außerdem noch Anmerkungen zu den Principien, Aufzeichnungen physikalischen, physiologischen und anatomischen Inhalts, mathematische Schriften und namentlich Stücke aus jenem denkwürdigen Tagebuch, die Leibniz als „Cartesii cogitationes privatae" bezeichnete.

Die Ausgabe unterblieb. Was Leibniz aus dem Nachlasse Descartes' abgeschrieben hatte, kam in den seinigen und wurde in der Bibliothek von Hannover aufbewahrt, ohne nähere katalogische Bezeichnung, nur von den physiologischen und anatomischen Abschriften hieß es: „Excerpta ex Cartesii manuscriptis". Die übrigen lagen unbekannt und verborgen, bis neuerdings Foucher de Careil einen Theil derselben wiedergefunden und an's Licht gezogen hat: „Oeuvres inédites de Descartes (Paris 1859—60)."

Eine kritisch geordnete, genaue und umfassende Gesammtausgabe der Schriften Descartes' ist eine Aufgabe der Zukunft. Die Uebersetzung eines Werks ist nicht das Werk selbst. Es ist zu wünschen, daß die lateinischen Schriften in ihrem Originaltext gegeben werden, entweder allein oder neben der französischen Uebersetzung.

Zweites Buch.

Descartes' Lehre.

Erstes Capitel.
Die neue Methode der Philosophie. Der Weg zum System.
I. Quellen der Methodenlehre.
1. Thema.

Der Eingang in die Lehre Descartes' muß auf dem Wege seiner Methode gesucht und diese daher zuerst ins Auge gefaßt werden. Der Philosoph hat oft und nachdrücklich erklärt, daß in der wissenschaftlichen Forschung die Methode die Hauptsache sei, daß er eine neue und sichere gefunden, mit deren Hülfe allein er zu den Einsichten gelangt sei, die er in den Wissenschaften gewonnen. Und wenn er auch nicht eine solche Erklärung gegeben und den Weg der Wahrheitsforschung zum Thema einiger Schriften gemacht hätte, so müßten wir aus seinen übrigen Werken, aus der Art ihrer Composition, aus der Ordnung und dem Zusammenhange ihrer Ideen einen Meister der Methode erkennen, nämlich der Kunst, das Licht im Denken hervorzubringen. Um diese Kunst so zu üben, wie Descartes es verstand, muß man sie studirt haben. Da wir schon im vorigen Buch an verschiedenen Stellen von der Methode Descartes' haben reden müssen, denn die Richtschnur seines Denkens war auch die seines Lebens, so werden wir in dem gegenwärtigen Abschnitt nicht vermeiden können, einiges Bekannte zu wiederholen.*)

Methodisches Denken und methodologische Betrachtungen sind zweierlei, jenes besteht in dem Gebrauch und in der Uebung der Methode, diese in der Methodenlehre. Methodisch sind alle Schriften Descartes', methodologisch im Sinne einer genauen und vollständigen Darlegung oder Theorie der wissenschaftlichen Denkart streng genommen nicht eine. Es giebt bei Descartes kein neues Organon, wie bei Bacon. Unter den von ihm veröffentlichen Schriften ist nur eine, die dem Namen nach von der Methode handelt, der discours

---

*) Voriges Buch, Cp. I. S. 153—55. II. S. 165—171. III. S. 178—180. V. 197—198. S. 212.

de la méthode, und eine zweite, welche die Elemente der Erkenntniß dergestalt methodisch auffindet und darthut, daß hier aus dem Gebrauch der Methode zugleich deren Beschaffenheit und Charakter auf das Deutlichste erhellt: die Meditationen. Von jener ersten Schrift hat Descartes selbst gesagt: „kein traité, blos ein discours! Ich will hier die Methode nicht lehren, sondern nur darüber reden." Wer die Schrift nach ihrem Titel beurtheilt, könnte finden, daß sie nicht leistet, was sie verspricht. In Wahrheit leistet sie mehr. Man erwartet einen Wegweiser und lernt einen Menschen kennen, der sein Leben der Wissenschaft gewidmet und zu diesem Zwecke völlig methodisch eingerichtet und geordnet hat. Der Weg zur Wahrheit wird hier nicht blos mit ausgestrecktem Finger gezeigt, sondern gegangen und gelebt. Bacon wollte nur der Merkur am Wege sein, der auf seinem Postament stehen bleibt und anderen die Richtung zeigt; Descartes läßt uns sehen, wie er selbst den Weg findet und vorwärts schreitet. Darüber kommt freilich die erste Erwartung zu kurz. Es sind vier summarische Regeln zur Erkenntniß der Wahrheit, die in dem zweiten Abschnitt jener Schrift ertheilt und nicht einmal näher erörtert, sondern in der bündigsten Form vorgeschrieben werden.

2. Die methodologischen Posthuma. Kritische Fragen.

Dazu kommen aus dem Nachlaß des Philosophen jene beiden der Methodenlehre angehörigen, fragmentarischen Schriften: „regulae ad directionem ingenii" und „recherche de la vérité par les lumières naturelles."*) Wir sind über den Zeitpunkt ihrer Abfassung nicht unterrichtet und auf Schlüsse angewiesen, die sich besonders auf die Vergleichung derselben mit dem Discours und den Meditationen gründen. Schon der äußere Umstand, daß die erste lateinisch, die zweite französisch geschrieben ist, läßt vermuthen, daß jene der Periode angehört, in der Descartes seine wissenschaftlichen Objecte nur lateinisch schrieb und noch ganz mit der Methodenfrage beschäftigt war: sie würde demnach früher sein, als die philosophischen Essais. Was der Discours in seinen vier Erkenntnißregeln kurz zusammenfaßt und gleichsam nur punktirt, enthalten die Regeln zur Richtschnur des Geistes in einer ausführlichen, aber nicht vollendeten Entwicklung.

---

*) Voriges Buch, Cap. IX. S. 267.

Dieser innere Grund spricht dafür, daß sie dem Discours vorausgehen und Descartes schon deshalb den regulativen Theil des letzteren nicht weiter ausdehnen wollte. Endlich giebt es noch einen anderen inneren Grund, der die Frage entscheidet. Wir wissen, daß Descartes die mathematische Methode als Vorschule zur philosophischen nahm. Nun heißt es in den Regeln u. a.: „Deshalb habe ich diese universelle mathematische Wissenschaft bis heute nach Kräften gepflegt, so daß ich in Zukunft mich höheren Forschungen hingeben kann, ohne zu fürchten, daß meine Anstrengungen noch nicht reif genug sind."*) Als der Philosoph diesen Satz schrieb, stand er noch vor der Abfassung seiner Meditationen. Die Regeln sind daher früher als diese; sie wurden wahrscheinlich in Frankreich verfaßt, nach jener Unterredung mit Bérulle und bevor Descartes nach den Niederlanden ging, um in Franecker die Meditationen zu schreiben.**)

Nicht eben so sicher läßt sich der Zeitpunkt der zweiten Schrift bestimmen, deren Inhalt und Ideengang so genau, oft wörtlich mit den Meditationen übereinstimmt, daß der Zusammenhang beider am Tage liegt; ganz auf demselben Wege kommt die Untersuchung zu dem Princip der Gewißheit: „ich denke, also ich bin"; hier bricht sie ab mitten im Satz. Was die Meditationen in Form eines Selbstgesprächs entwickeln, wird hier in der eines Dreigesprächs ausgeführt: die Personen sind so gewählt, daß Eudoxe, der Hauptunterredner, in seiner ländlichen Einsamkeit den gesunden und natürlichen, von aller Schulgelehrsamkeit freien und unbeirrten Verstand repräsentirt, Polyandre den Welt- und Hofmann, der sich für Philosophie interessirt, aber nichts davon weiß, Epistemon den Schulgelehrten und Polyhistor, der an die Bücher der Alten glaubt und das natürliche, ungelehrte Denken verachtet; Polyandre begreift schnell und mit steigendem Interesse, was der im Geiste der Meditationen philosophirende Eudoxe nach sokratischer Art aus ihm herausfrägt, während Epistemon kopfschüttelnd daneben steht und hie und da seine Bemerkungen mit der Miene des Gelehrten dazwischenwirft. Man sieht in Eudoxe (wenn nicht den Philosophen selbst, so) den philosophisch gesinnten Leser, in Polyandre den empfänglichen Schüler vor sich, wie sie Descartes am Schlusse seines Discours sich wünscht.***)

---

*) Oeuvres T. XI. Reg. IV. pg. 224. — **) S. voriges Buch. Cp. III. S. 180. — ***) Ebendas. Cp. V. S. 213.

Es gab einen Zeitpunkt, in dem er nicht glaubte, daß seine Lehre Gemeingut werden und sein Zweifel ein Vorbild sein könne für jeden einfachen und natürlich denkenden Verstand. Als er jenes Gespräch verfaßte, hatte er diese Ansicht nicht mehr. Ich halte deshalb für höchst wahrscheinlich, daß es später ist, als die Meditationen und der Discours und zu dem letzteren, der auf völlig unbefangene Leser hofft, sich verhält, wie die Probe zur Rechnung. Daher ist das Gespräch auch französisch geschrieben. Es war auf zwei Bücher angelegt, die das ganze System der neuen Philosophie in sokratischer Art entwickeln sollten; ich glaube daher, daß es noch später ist als die Principien, denn man muß einer Sache völlig Meister sein, um sie dialogisch zu behandeln. Daß aber dieser Dialog, wie Millet annimmt, jener „traité de l'érudition", den die Prinzessin Elisabeth gewünscht hatte, ist oder sein soll, erscheint mir sowohl wegen des Themas als aus eben den Gründen zweifelhaft, die den Philosophen selbst vermochten, diese Arbeit abzulehnen.*)

II. Die Irrwege der Erkenntniß.
1. Mangel des Wissens.

Die Ueberzeugung, die Descartes früh erlebte und energisch festhielt, daß der vorhandene Zustand der Wissenschaften in und außer der Schule elend sei, hatte in ihm den Gedanken einer Reformation des wissenschaftlichen Denkens hervorgerufen. Was ihn abstieß, war nicht die Armuth oder der geringe Umfang der Kenntnisse, sondern die unsichere Art ihrer Begründung, es war nicht der Mangel an Gelehrsamkeit, der ihn unbefriedigt ließ, hatte doch schon die Renaissance den Stoff der gelehrten Bildung außerordentlich vermehrt, sondern der Mangel an wirklicher Einsicht erschien ihm, je gründlicher er prüfte, um so klarer als der Grund der Uebel und des Elends der Wissenschaften. Er fand, daß den letzteren in dem Zustande, den er vor sich sah, eines fehle, das in seinen Augen nicht blos das Beste, sondern alles war: das Wissen. Man hat Descartes mit gutem Recht bisweilen mit Luther verglichen; der Einwurf, daß er kein Protestant war und sein wollte, ist einfältig. Es handelt sich hier nicht um den Sohn der katholischen Kirche, sondern um den Refor-

---

*) Zu vgl. vor. Buch. Cp. VIII. S. 248. J. Millet: Histoire de Descartes, Vol. II. p. 326.

mator der Philosophie, der sich in der That zu dem vorhandenen Zustande der Wissenschaft ähnlich verhält, wie Luther zu dem der Kirche. Der Kirche fehlt die Religion: das war, mit einem Worte gesagt, die Ueberzeugung Luthers, sie gründete sich auf sein persönliches Heilsbedürfniß; den Wissenschaften fehlt das Wissen: das ist, in derselben Kürze gesagt, die Ueberzeugung Descartes', sie gründet sich auf sein persönliches Erkenntniß- und Wahrheitsbedürfniß. Diese Parallele ist unwidersprechlich und erleuchtet die Aufgabe und Bedeutung des Philosophen, er steht auf einem Punkte der Philosophie, den die Renaissance derselben nie erreicht hat und unter der Herrschaft des Alterthums nie erreichen konnte.

2. Mangel der Methode.

Das Wissen besteht in der Erkenntniß aus Gründen, die selbst aus Gründen erkannt sein wollen, welche zuletzt in einer zweifellosen Gewißheit wurzeln. Das heißt mit andern Worten: alles Wissen besteht in einer genauen Ordnung und Abfolge der Einsichten, deren jede das Glied einer wohlgefügten Kette ausmacht, jede im Wege der Wahrheit einen Schritt vorwärts thut und darum nur durch fortschreitendes Denken gewonnen werden kann. Um fortzuschreiten, muß man gehen; um im Denken fortzuschreiten, muß man die eigene Denkkraft anstrengen. In diesem selbständigen und geordneten Denken besteht die Methode; sie ist der einzige Weg des Wissens, alle übrigen sind Irrwege. Wenn daher Descartes an dem vorhandenen Zustande der Wissenschaften das Wissen vermißt, so findet er den Grund des Uebels in dem Mangel alles methodischen Denkens; entweder fehlt das eigene Denken, so verhält es sich in der Schule, wo die Ueberlieferung herrscht, oder es fehlt das geordnete, so verhält es sich außerhalb der Schule, wo planlose Neuerungssucht und abenteuerliche Projecte auf der Wildbahn schweifen.

Was wir als überlieferte Lehre empfangen, besitzen wir nicht als philosophische Einsicht, sondern blos als historische Notiz. „Und wenn wir jedes Wort von Plato und Aristoteles gelesen hätten, so würden wir ohne Sicherheit des eigenen Urtheils nicht einen Schritt in der Philosophie weiter gekommen sein, unsere geschichtlichen Kenntnisse sind bereichert worden, nicht unser Wissen."*) Je weniger die

---

*) Oeuvres XI. Règles pour la direction de l'esprit. III. pg. 211.

Schulgelehrsamkeit und die herkömmliche Philosophie, die vulgäre, wie Descartes sagt, wirkliche Einsichten besitzt, um so rastloser sammelt sie mit unersättlicher Neugierde Kenntnisse, die das Gedächtniß füllen und den Geist auftreiben, ohne ihn zu nähren. „Ich glaube, daß der Körper eines Wassersüchtigen kaum ungesunder ist, als der Geist unersättlicher Vielwisser."*) Das Jagen und Haschen nach allerlei Kenntnissen ist der Tod des methodischen Denkens, das gründlich und darum langsam fortschreitet, ohne jede Neigung zu ungesunder und unfruchtbarer Fülle. Die Vielwisser sind nicht Denker, sondern Sammler; der Denker sucht Einsicht und die klarste ist ihm die liebste, die einzig werthvolle; der Sammler sucht Notizen von allerlei Art und die seltensten sind ihm die willkommensten; jenem gilt die Klarheit das Höchste, diesem die Rarität. Je seltener und schwieriger zu haben der Kram seiner Kenntnisse ist, um so vornehmer dünkt sich der Polyhistor: er weiß, was andere nicht wissen, er ist gelehrt, die andern sind ungelehrt. Zu dem falschen Wissen kommt die falsche Einbildung, der Gelehrtendünkel, den schon Montaigne für eine Pest ansah. In dieser gründlichen Abneigung gegen die Schulgelehrsamkeit und Vielwisserei erinnert uns Descartes an den Ausspruch Heraklits: πολυμαθίη νόον οὐ διδάσκει. Nicht weniger unfruchtbar als das blinde Jagen nach Gelehrsamkeit erscheint ihm das blinde Jagen nach Entdeckungen, wie es die unberufenen Neuerer, die wissenschaftlichen Abenteurer treiben, den Schatzgräbern ähnlich, die auf gut Glück in der Erde wühlen; sie suchen meistens vergeblich, und machen sie einen Fund, so geschieht es nicht „par art", sondern „par un coup de fortune".**) Aehnlich urtheilte Bacon, als er die Nothwendigkeit einsah, das Denken erfinderisch und das Erfinden methodisch zu machen, damit aus dem blinden Werke des Zufalls das absichtsvolle der Kunst werde. Besser gar nicht suchen, als im Dunkeln; es ist die schlechteste Methode, um zu finden, aber eine unfehlbare, um die natürliche Sehkraft zu schwächen. Der ungelehrte, gesunde Verstand, der seine natürliche Denkkraft nicht entwickelt, aber auch nicht abgestumpft hat, ist weit empfänglicher für ächte Erkenntniß, als der durch blindes Sammeln und Suchen verdorbene. Den Charakter gelehrter Polyhistorie wollte Descartes in seinem Epistemon

---

*) Rech. de la vérité. pg. 338. — **) Règles. X. pg. 253.

darstellen; von den vielen Beispielen der Charlatanerie hatte er eines in Chandoux vor Augen gehabt.

III. Der Weg zur Wahrheit.
1. Die Aufgabe des Wissens.

Wie wird aus dem Denken Wissen? Das ist die Frage, um die es sich in der Methodenlehre handelt: sie ist rein theoretisch und durchaus allgemein. Der Erkenntnißobjecte giebt es viele und verschiedene, die Erkenntniß selbst ist nur eine, es kann auch nur auf eine Weise sicher und zweifellos d. h. wahrhaft erkannt werden. Wie sich die Sonne zu den Dingen verhält, die sie erleuchtet und sichtbar macht, so verhält sich zu den Objecten die Vernunft, das Licht in uns. Es ist für alle Objecte dasselbe. Die Frage, wie dieses Licht in unserem Denken erzeugt oder zur vollen Wirksamkeit gebracht wird, ist darum auch für alle Objecte, für alle Wissenschaften ohne Ausnahme gültig. Die Methodenlehre, in welcher diese Frage gelöst werden soll, hat daher die Bedeutung einer Universalwissenschaft, einer allgemeinen Wissenschaftslehre, die, wie sie für alle besonderen Zweige der Erkenntniß gilt, auch alle befruchtet. Denn das Vermögen des Wissens ist das Grundcapital, und dieses vollkommen sicher stellen, heißt den Reichthum des Wissens ins Unermeßliche steigern.

Jede Erkenntniß ist in demselben Maß sicher, als es die Gründe sind, aus denen sie folgt; nur aus vollkommen sicheren Gründen kann eine zweifellose Erkenntniß hervorgehen, nur um eine solche ist es zu thun. Wir wollen nicht den geringeren Zweifel dem größeren oder die größere Wahrscheinlichkeit der geringeren vorziehen, um von zwei Uebeln das kleinere zu wählen. Die Erkenntniß ist das höchste Gut, sie soll nicht nach einer Methode gesucht werden, die blos für die Wahl der Uebel empfohlen sein darf. Nun ist, je zusammengesetzter unsere Erkenntniß, um so größer die Zahl ihrer Gründe und um so leichter daher der Irrthum; in dem Gebiet des complicirten Wissens herrscht zunächst bloße Wahrscheinlichkeit, die den Zweifel und damit die Unsicherheit in sich schließt. Will man zweifellose Erkenntniß, so muß man mit den einfachsten Vorstellungen beginnen, den erkennbarsten Objecten, den leichtesten Problemen. Je einfacher der Gegenstand, um so eher kann derselbe vollkommen durchdacht werden. Die Gelehrsamkeit zeigt sich auch darin der Klarheit abgeneigt, daß sie den einfachen und leichten Fragen die complicirten und schwierigen vorzuziehen pflegt, weil man darüber vielerlei Ansichten und Meinungen aufstellen und hin und her streiten kann. Ein einziger klarer Begriff ist werthvoller und für die Erkenntniß fruchtbarer, als viele unklare und nebulose. Es ist mit dem Licht in unserem Geist, wie mit dem wirklichen Licht: es verbreitet sich. Ist es an einer Stelle ganz klar, so dringt die Klarheit weiter; ist eine Vorstellung völlig erhellt, so werden die anderen miterleuchtet, und es beginnt in unserer Gedankenwelt zu tagen. Es verhält sich auch mit dem Geistesnebel ähnlich, wie mit dem wirklichen: wenn die Dünste aus den Gründen emporsteigen, umwölken sie bald den ganzen Himmel. Wir müssen dafür sorgen, daß der Nebel in unserem Geist nicht steigt, sondern fällt; sind unsere Vorstellungen in ihrem Grunde unklar, so steigt der Dunst und unsere ganze Gedankenwelt trübt sich. Was gilt alle Gelehrsamkeit, wenn sie im Trüben liegt? Es ist nicht der Stoff, der das Wissen macht, sondern das Denken; es ist auch nicht wahr, daß die schwierigen Materien, wie sie behandelt zu werden pflegen, schwieriger sind, als die einfachste Erkenntniß; im Gegentheil: „es ist bei weitem leichter", sagt Descartes, „über irgend welche Frage eine Menge vager Ideen zu haben, als in der leichtesten, die es giebt, durchzudringen bis zur Wahrheit als solcher."*) Ebenso urtheilte Sokrates über den Werth der wahren Erkenntniß, über den Unwerth des sophistischen Meinens und den Tand der Gelehrsamkeit, der sich darin breit machte. In jeder großen Epoche der Philosophie ist der Genius des Sokrates gegenwärtig!

2. Die Methode der wahren Deduction.

Jetzt sehen wir schon, von welchem Punkte der Weg zur Wahrheit ausgehen und in welcher Richtung derselbe fortschreiten muß: er beginnt mit der einfachsten Einsicht, in der alles vollkommen klar ist, und geht zu den zusammengesetzten weiter, die aus den sicher und klar gestellten Elementen componirt werden, wie das Product aus seinen Factoren. Die Methode der Erkenntniß ist daher synthetisch, denn sie gewinnt und bildet die Wahrheiten durch fortschreitende Zusammenfügung. Nun sind alle weiteren Einsichten nur dann wahr, wenn sie eben so sicher und gewiß sind, als die erste, sie sind es

---

*) Règl. II. pg. 209.

nur dann, wenn sie aus dieser einleuchtend folgen: daher besteht jene Synthese näher in der logischen Ableitung jeder Wahrheit aus der vorhergehenden und aller aus der ersten, diese ist das Princip der gesammten Erkenntniß, jede abgeleitete Einsicht das Princip der folgenden. Die Beweisführung durch Principien nannte Aristoteles im engern Sinne Syllogismus, im Lateinischen heißt dieser syllogistische Beweis Deduction: mit diesem Namen bezeichnet Descartes seine Methode, die er von der aristotelischen Deduction ähnlich unterscheidet, wie Bacon seine Induction von der aristotelischen unterschieden wissen wollte.

Es giebt nach Descartes kein anderes Kriterium der Wahrheit als die wohlverstandene Deduction. Man muß die Quelle der Wahrheit auffinden und von hier aus die Richtung des Stromes mit der größten Genauigkeit und Vorsicht, Schritt für Schritt verfolgen. „Was die Objecte der wissenschaftlichen Betrachtung angeht, so dürfen wir nicht die Gedanken anderer, auch nicht unsere eigenen bloßen Vermuthungen zur Richtschnur nehmen, sondern nur dem folgen, was wir selbst klar und einleuchtend zu erkennen oder mit Sicherheit abzuleiten vermögen." Der Ausgangspunkt ist die einfachste Wahrheit, das Ziel die vollkommene Erkenntniß der Dinge. „Man muß", sagt Descartes, „diese beiden Punkte wohl ins Auge fassen: keine falsche Voraussetzung machen und den Weg zur Erkenntniß aller Dinge suchen."*)

Es scheint, daß zwei Wege zu jenem Ziele führen: Erfahrung und Deduction. Die Begründer der neuen Philosophie standen an diesem Scheideweg und trafen ihre Wahl in entgegengesetzter Richtung: Bacon ergriff die Erfahrung als den alleinigen Weg der wahren Erkenntniß, Descartes die Deduction. Es leuchtet ein, warum er die baconische Methode verwarf. Die Erfahrung beginnt mit den Thatsachen der Wahrnehmung, d. h. mit den complicirtesten Objecten, deren Erkenntniß von allen Seiten der Täuschung ausgesetzt ist. Unter den vorhandenen Wissenschaften sind die einen dialektisch, die andern empirisch; die einzigen, die deductiv verfahren, sind die mathematischen, die deshalb auch allein ohne Irrthum und Unsicherheit sind, denn die Erfahrung unterliegt der unfreiwilligen Täuschung, nicht die Deduction. „Daraus folgt nicht, daß Arithmetik und Geometrie

---

*) Regl. III. pg. 209. IV. pg. 216.

die einzigen Wissenschaften sind, die man lernen soll, wohl aber folgt, daß wer den Weg der Wahrheit sucht nur mit solchen Objecten sich beschäftigen möge. deren Erkenntniß eben so sicher ist als die arithmetischen und geometrischen Demonstrationen."*)

Descartes unterscheidet diese deductive Methode nicht blos von der empirischen, sondern auch von der dialektischen Denkart, welche letztere in den Schulwissenschaften herrscht. Die Erfahrung ist unsicher, die Dialektik in Absicht auf wirkliche Erkenntniß unnütz. Hier ist der Punkt, in welchem Descartes der aristotelischen Deduction die seinige entgegensetzt; jene besteht in den dialektischen Künsten der Schule, der gewöhnlichen Syllogistik, vermöge deren nur Bekanntes in schlußgerechter Form geordnet und dargestellt, aber nicht Unbekanntes gefunden wird; sie erzeugt die Erkenntniß nicht, sondern setzt sie voraus, sie gehört nicht in die Philosophie, sondern in die Rhetorik. Ueber die Unfruchtbarkeit dieser Art der Deduction oder des gewöhnlichen Syllogismus denkt Descartes ganz wie Bacon. „Die Dialektiker können keinen Syllogismus bilden, dessen Schlußsatz eine Wahrheit enthält, wenn ihnen der Inhalt derselben nicht vorher bekannt ist. Darum ist die gewöhnliche Dialektik zur Erforschung der Wahrheit vollständig unnütz, sie kann nur dazu dienen, die Resultate der Erkenntniß andern darzustellen und zu verdeutlichen, sie hat deshalb ihren Platz nicht in der Philosophie, sondern in der Rhetorik zu suchen."**)

Die Wissenschaft dagegen soll aus Bekanntem Unbekanntes entwickeln, neue Wahrheiten auffinden, Entdeckungen machen und zwar in methodischem Wege, der von Entdeckung zu Entdeckung fortschreitet. Jede neue Wahrheit ist eine Aufgabe, die nur dann gründlich und sicher gelöst wird, wenn alle Bedingungen deutlich erkannt sind, aus denen die Lösung nothwendig folgt; sie müssen daher eine Reihe bilden, in welcher jedes Glied den einleuchtenden Grund des nächstfolgenden ausmacht. In einem solchen Continuum fortschreitender und entdeckender Folgerungen besteht diejenige Methode der Deduction, welche Descartes fordert.

3. Universalmathematik. Analytische Geometrie.

Wir haben schon in seiner Jugendgeschichte erzählt, wie gerade in dieser Rücksicht ihn das Vorbild der Mathematik zuerst ergriff

---

*) Rég. II. pg. 204—209. — **) Rég. IV. pg. 217. X. pg. 256.

und orientirte.*) Hier fand er ein wissenschaftliches Denken, wie es seinem Bedürfniß entsprach, zugleich geordnet und erfinderisch, von Aufgabe zu Aufgabe, von Lösung zu Lösung fortschreitend; hier allein gab es eine Methode Probleme zu lösen und aus Bekanntem Unbekanntes zu finden. In dieser Methode erkannte Descartes den ächten Geist der Mathematik, nicht in der gewöhnlichen Schuldisciplin, die erst ihre Sätze verkündet, dann beweist; er sah auch, wie durch die Anwendung, Ausbildung, Verallgemeinerung dieser Methode die mathematischen Wissenschaften ihre größten Fortschritte gemacht hatten. Schon die Alten verstanden die Kunst, geometrische Aufgaben so zu lösen, daß aus den bekannten Größen die unbekannten hergeleitet wurden. Wie aus einer bekannten Thatsache durch deren Zergliederung oder Analysis die unbekannten Bedingungen gefunden werden, woraus sie folgt, so werden hier aus der bekannten Aufgabe oder der Annahme ihrer thatsächlichen Lösung die Bedingungen erkannt, die zu dieser Thatsache, d. h. zur Lösung der Aufgabe, erforderlich sind. Die Alten nannten ihre Methode deshalb Analysis, die Ausübung derselben bestand schon in der Vergleichung bekannter Größen mit unbekannten. Was diese Analysis der Alten in Betreff der Figuren war, das ist bei den Neueren die Algebra in Betreff der Zahlen; die Arithmetik ist umfassender als die Geometrie, die Algebra ist schon eine Verallgemeinerung der analytischen Methode; der nächste Fortschritt in der Ausbildung dieser Methode fordert, daß ihre Geltung auf die gesammte Größenlehre ausgedehnt oder, was dasselbe heißt, daß die Algebra angewendet wird auf die Geometrie, daß geometrische Probleme durch algebraische Rechnung oder durch Gleichungen gelöst werden: dieser mächtige Fortschritt besteht in der analytischen Geometrie, die Descartes erfindet. Die geometrische Analysis geschieht durch Construction, die analytische Geometrie durch Gleichung, also durch eine von der räumlichen Anschauung unabhängige, logische Operation, deren Methode das mathematische Denken zugleich verallgemeinert und vereinfacht. Es kann nicht genug hervorgehoben werden, daß Descartes die analytische Geometrie selbst auf methodischem Wege erfunden hat, indem er darauf ausging, die Analysis der Alten und die Algebra zu vereinigen, denn er erkannte ihre Identität. „Die menschliche Seele hat eine göttliche Erkenntniß-

---

*) Voriges Buch. (v. I. S. 153—56. II. S. 165.

anlgge, die trotz der Irrwege, welche die Studien genommen, ihre natürlichen Früchte getragen hat. In den leichtesten aller Wissenschaften, der Arithmetik und Geometrie, finden wir die Bestätigung. Schon die Alten haben in der Geometrie zur Lösung der Probleme eine gewisse Analysis gebraucht; in der Arithmetik blüht, wie wir sehen, die Algebra, die jene Methode, welche die Alten in Betreff der Figuren geübt, auf die Zahlen anzuwenden den Zweck hat. Diese beiden Arten der Analysis sind unwillkürliche Früchte, die aus den Principien des natürlichen Denkens stammen; ich wundere mich nicht, daß sie in der Anwendung auf so einfache Objecte sich erfolgreicher erwiesen haben als in andern Wissenschaften, wo ihrer Entwicklung größere Hindernisse im Wege standen, obgleich sie auch hier, wenn man sie sorgfältig ausbildet, zur vollkommenen Reife gelangen können."*)

Hier berührt Descartes sein eigentliches Problem, zu dessen Erkenntniß und Lösung die Entwicklung der mathematischen Methode in der Analysis der Alten, in der Algebra der Neueren und der von ihm selbst erfundenen analytischen Geometrie die Vorstufen bildet. Nachdem er diese Methode innerhalb der Mathematik oder der Größenlehre universell gemacht hat, bleibt nur übrig, die Erkenntniß aller Dinge überhaupt mathematisch zu machen. Er muß den letzten Schritt thun in der Erweiterung und Verallgemeinerung der mathematischen Methode, er muß die Analysis anwenden auf die gesammte menschliche Erkenntniß und deren Aufgabe zergliedern, um einzusehen, aus welchen Bedingungen die Wahrheit folgt und aus welchen der Irrthum, er muß daher alle unfreiwilligen und freiwilligen Täuschungen der menschlichen Natur bis in ihre Elemente auflösen. Die Größe, auf welche die Methode der Analysis angewendet sein will, ist der menschliche Geist, der Philosoph ist es selbst in eigener Person.**) Das complicirteste aller Objecte will in seine einfachsten Factoren zerlegt werden: in dieser Aufgabe bestand die ungeheure Schwierigkeit, mit der Descartes so lange gerungen hat. Sein Weg hatte ihn durch die Gebiete der Mathematik bis zu einem Punkte geführt, wo er gleichsam vor dem letzten Vorhange stand. Diesen zu lüften, die innerhalb der Größenlehre noch gebundene und verhüllte Methode zu voller und universeller Entfaltung zu bringen, ist die That,

---

*) Reg. IV. pg. 217—18. — **) S. vor. Buch Cp. II. S. 167. S. 171—72.

die er unternimmt. Es handelt sich um die Anwendung der mathematischen Methode auf die Erkenntniß des Universums, um die Mathematik nicht blos als Größenlehre, sondern als Wissenschaftslehre, als Universalmathematik. Die Methode, die in der Größenlehre nach Descartes' eigenen Worten noch verhüllt und verdeckt ist, soll im buchstäblichen Sinne entdeckt werden. „Das ist das Ziel", fährt Descartes in der oben erwähnten Stelle fort, „das ich in dieser Abhandlung vor Augen habe. Ich würde sonst auf diese Regeln kein so großes Gewicht legen, wenn sie nur zur Auflösung gewisser Probleme dienten, womit die Rechner und Meßkünstler sich die Zeit vertreiben. Dann würde ich nichts weiter thun als Bagatelle pflegen, vielleicht mit etwas mehr Feinheit als andere. Und wenn ich auch in dieser Abhandlung oft von Figuren und Zahlen spreche, weil ich keiner andern Wissenschaft so einleuchtende und sichere Beispiele entlehnen kann, so wird doch jeder Aufmerksame leicht sehen, daß ich hier keineswegs die gewöhnliche Mathematik behandle, sondern eine Methode auseinandersetze, die dort mehr in der Hülle erscheint als in ihrem Grunde. Diese Methode soll die Elemente der menschlichen Vernunft enthalten und dazu dienen, aus jedem Gegenstand die darin verborgenen Wahrheiten zu lösen. Auch bin ich, offen gesagt, überzeugt, daß sie jedes andere menschliche Erkenntnißmittel übertrifft, denn sie ist der Ursprung und die Quelle aller Wahrheiten." „Deshalb habe ich das specielle Studium der Arithmetik und Geometrie verlassen, um mich der Untersuchung einer universalmathematischen Wissenschaft zu widmen. Ich habe mich zuerst gefragt, was man eigentlich unter „Mathematik" versteht, warum blos Arithmetik und Geometrie für deren Theile gelten und nicht eben so gut Astronomie, Musik, Optik, Mechanik und so viele andere Wissenschaften? Das Wort „Mathematik" bedeutet Wissenschaft, daher haben die genannten Disciplinen eben so viel Recht auf diesen Namen als die Geometrie." „In aufmerksamer Erwägung dieser Dinge habe ich gefunden, daß alle Wissenschaften, die es mit der Erforschung der Ordnung und des Maßes zu thun haben, zur Mathematik gehören, gleichviel ob sie dieses Maß in Zahlen, Figuren, Gestirnen, Tönen oder in ganz anderen Objecten aufsuchen; daß es daher eine Universalwissenschaft geben müsse, die, abgesehen von jeder besonderen Anwendung, alles, was sich auf Ordnung und Maß bezieht, ergründet und deshalb den eigenen und durch sein Alter ehrwürdigen Namen **Mathematik** verdient, denn die andern Wissenschaften sind ihre Theile."*)

4. Enumeration oder Induction. Intuition.

Um eine Aufgabe methodisch zu lösen, müssen wir sämmtliche Voraussetzungen derselben kennen, alle fraglichen Punkte, durch welche der Weg zur Lösung hindurchführt: die vollständige Aufzählung dieser Punkte, die Zerlegung der Hauptfrage in die zur Lösung nothwendigen Bedingungen nennt Descartes **Enumeration oder Induction**. Durch eine solche Uebersicht orientiren wir uns in der Aufgabe und bringen dieselbe in unsere Gewalt; nichts bereitet die Lösung gründlicher und sicherer vor als die genaue und erschöpfende Kenntniß des Problems. Sind die fraglichen Punkte bekannt und methodisch geordnet von dem Bedingten aufwärts zu den Bedingungen, so kann jetzt mit völliger Sicherheit von der ersten Bedingung durch alle Mitglieder zur Lösung des Problems fortgeschritten werden. Um das einfachste Beispiel zu nehmen: die fortschreitende Reihe der Zahlen, 3, 6, 12, 24, 48 u. s. f. gründet sich auf die Gleichheit folgender Verhältnisse: $3:6 = 6:12 = 12:24 = 24:48$, und die Gleichheit dieser Proportionen gründet sich darauf, daß immer das folgende Glied das Doppelte des nächst vorhergehenden ausmacht. So wird der Fortschritt der Reihe aus dem Verhältniß der einzelnen Glieder und dieses aus der Vervielfältigung eines Gliedes begriffen. Der erste Satz heißt: $3 \times 2 = 6$, $6 \times 2 = 12$, $12 \times 2 = 24$; der zweite Satz heißt: also $3:6 = 6:12 = 12:24$; daraus folgt der dritte: daß die Zahlen 3, 6, 12, 24 u. s. f. eine nach dem Gesetz der Verdoppelung fortschreitende Reihe bilden. Auf diese Weise kommt Continuität und Zusammenhang in unsere Vorstellungswelt und die Ideen treten in Reih und Glied. Je größer die Vorstellungsreihe ist, welche die Deduction methodisch ordnet, um so größer ist der wissenschaftliche Gesichtskreis des Geistes, um so stärker die Geisteskraft, die ihn zusammenfaßt und beherrscht. Aber je weiter die Reihe fortschreitet, um so mehr entfernen sich auch die Glieder von der ersten Bedingung, aus der sie erzeugt wurden, und damit von der Quelle ihres Lichts. Es ist zu fürchten, daß mit dieser zunehmenden Entfernung die Klarheit der Einsicht abnimmt. Darum muß

---

*) Règl. IV. pg. 217—23.

man die gesammte Reihe oft durchlaufen, jedesmal schneller, bis man sie völlig bemeistert und in ihrer Totalität mit einem einzigen Blick überschaut. Auf diese Weise entwöhnt man sich der natürlichen Langsamkeit des Geistes und erweitert immer mehr und mehr seinen Gesichtskreis, das Denken wird beschleunigt und zugleich dem Gedächtniß eine große Erleichterung verschafft. Denn um viele Vorstellungen zu behalten, giebt es kein besseres Mittel als ihre durchdachte, deductive Verknüpfung. Das methodische Denken ist die sicherste aller Gedächtnißkünste.*)

Wie beginnt die Deduction? Diese Frage, die schon auf den Anfang des Systems hinweist und den Uebergang dazu vorbereitet, haben wir geflissentlich an den Schluß der Methodenlehre gestellt. Jedes Glied der Reihe ist durch das nächst vorhergehende begründet, also durch alle früheren vermittelt, es ist um so vermittelter, je weiter es von dem ersten absteht, welches selbst von keinem früheren abhängt. Daher ist der Anfang der Deduction keine Schlußfolgerung, sondern eine unmittelbare Gewißheit, eine im Lichte der Vernunft vollkommen klare Anschauung oder Intuition, wie Descartes sagt. Der Weg der Erkenntniß muß durch Intuition beginnen und durch Deduction fortschreiten: diese beiden Arten der Erkenntniß sind die einzigen Mittel der Gewißheit, die einzigen Bedingungen, kraft deren es Wissenschaft giebt. „Die Principien können nur durch Intuition, die entfernten Folgerungen nur durch Deduction erkannt werden." „Die ganze Methode besteht in der Ordnung und Reihenfolge der Objecte, in Rücksicht auf welche der Geist die Wahrheit zu erforschen sucht. Um die Richtschnur dieser Methode zu befolgen, muß man die verwickelten und dunklen Sätze Schritt für Schritt auf immer einfachere zurückführen und dann von der Anschauung dieser letzteren ausgehen, um eben so Schritt für Schritt zu der Erkenntniß der folgenden zu gelangen. Hierin allein besteht die Vollkommenheit der Methode und diese Regel muß jeder, der in die Wissenschaft eindringen will, ebenso sorgfältig festhalten, als den Faden des Theseus, wenn man die Absicht hat, das Labyrinth zu durchwandern. Freilich giebt es viele, die aus Unkunde oder Unverstand die Methodenlehre unbeachtet lassen und oft die schwierigsten Fragen auf einem so wenig geordneten Wege lösen wollen, wie jemand, der den Giebel eines

---

*) Regl. VI. pg. 226—33. VII. pg. 234—235. Vgl. XI. pg. 257—58.

hohen Gebäudes mit einem Sprunge zu erreichen sucht, weil er die Treppe, die Stufe für Stufe hinaufführt, entweder verschmäht oder nicht sieht. So machen es die Astrologen, die ohne sorgfältige Beobachtung der Natur und Bewegungen der Gestirne die Wirkungen derselben bestimmen; so machen es viele Leute, die Mechanik ohne Physik treiben und auf gut Glück Maschinen fabriciren; so macht es der größte Theil der Philosophen, die sich um die Erfahrung nicht kümmern und meinen, die Wahrheit werde aus ihrem Gehirn hervorgehen, wie die Minerva aus dem Haupte des Jupiter."*)

Die methodische Lösung jeder Aufgabe fordert die geordnete Enumeration oder Induction ihrer Bedingungen, die bis zu einer intuitiven Einsicht zurückgeführt sein wollen, von der aus die Deduction systematisch fortschreitet. Darin besteht die Summe der cartesianischen Methodenlehre. Die Deduction beginnt mit der Intuition. Welches ist deren Object? Es kann kein anderes sein als die Bedingung aller Deduction, die als solche nicht selbst deducirbar ist. Wie alle sichtbaren Objecte unter der Bedingung des Sehens, so stehen alle erkennbaren unter der des Erkennens oder der Intelligenz. Die Gewißheit der letzteren muß darum der Erkenntniß der Dinge vorausgehen. Hier ist das Princip der Deduction und wir sehen schon den bedeutungsvollen Anfang des Systems. Aus methodologischen Gründen fordert Descartes die Untersuchung des Erkenntnißvermögens in erster Linie, und der kritische Geist seiner Philosophie erscheint in dieser Forderung so klar und selbstbewußt, daß man meinen könnte, an dieser Stelle schon die Schwelle der kantischen Philosophie zu berühren. „Das wichtigste aller Probleme, die gelöst sein wollen, ist die Einsicht in die Natur und Grenzen der menschlichen Erkenntniß: zwei Punkte, welche wir in eine Frage zusammenfassen, die vor allem methodisch untersucht werden muß. Diese Frage muß einmal in seinem Leben jeder geprüft haben, der nur die geringste Liebe zur Wahrheit hat, denn ihre Untersuchung begreift die ganze Methode und gleichsam das wahre Organon der Erkenntniß in sich. Nichts scheint mir ungereimter, als keck ins Blaue hinein über die Geheimnisse der Natur, die Einflüsse der Gestirne, die verborgenen Dinge der Zukunft zu streiten, ohne ein ein-

---

*) Règl. III. pg. 211—12. pg. 214. V. pg. 225.

ziges Mal untersucht zu haben, ob der menschliche Geist so weit reicht."*)

Das einzige Object intuitiver Erkenntniß ist zugleich die oberste Bedingung aller erkennbaren Dinge und darum die Richtschnur der Deduction: die Intelligenz selbst. Alles andere erkenne ich durch Schlußfolgerungen, also durch Mittelglieder; eines Objectes bin ich unmittelbar gewiß: meiner selbst, meines eigenen Seins, meines Denkens. „Jedermann kann intuitiv erkennen, daß er existirt, daß er denkt."**) Diese Sätze giebt Descartes in seiner Methodenlehre als Beispiele der Intuition oder unmittelbaren Gewißheit; es sind die Principien seines Systems. Wir müssen sehen, wie diese Grundwahrheiten methodisch gefunden und von hier aus die weitern Aufgaben gelöst werden.

Zweites Capitel.
Der Anfang der Philosophie: der methodische Zweifel.
I. Entstehung und Umfang des Zweifels.
1. Die Ueberlieferung der Schule.

Seit der Verbreitung der cartesianischen Lehre sind die ersten Sätze derselben: „ich zweifle an allem", „ich denke, also ich bin" weltkundige Stichworte geworden, womit, wie es zu geschehen pflegt, die Unkundigen ihr Spiel treiben. Man weiß von diesen Sätzen nicht mehr als die Wörter, wenn man ihre Entstehung im Geiste Descartes' nicht genau kennt. Wie kommt ein so gründlicher und umfassender Zweifel in einen so vorsichtigen und behutsamen Geist? Es war nicht die Eingebung eines Augenblicks, nicht ein kühner, schnell gefaßter Entschluß, sondern die Frucht einer langen und fortgesetzten Selbstprüfung, die ein so bündiges und summarisches Resultat zur Folge hatte. Von jenen ersten Zweifeln, die schon in dem Schüler erwachten, bis zu dem Zweifel, womit der Philosoph sein System begründet, vergeht eine lange Reihe von Jahren.

---

*) Règ. VIII. pg. 245—46. — **) III. pg. 212.

Die ersten Bedenken regten sich gegen die Schulwissenschaft und die Büchergelehrsamkeit; hier fand sich eine Menge widerstreitender Lehren, aus verschiedenen Zeiten und Köpfen zusammengehäuft, ohne Prüfung fortgepflanzt, durch den Betrieb und die Autorität der Schule überliefert. Gegen die Annahme einer solchen ungeordneten und unbegründeten Tradition sträubt sich das Wahrheitsbedürfniß, welches Zusammenhang der Objecte und Einsicht aus Gründen fordert, eine Erkenntniß aus eigenem Denken und eigener Erfahrung, eine Wissenschaft, nicht aus fremden Einsichten und Büchern geschöpft, sondern, wie Descartes sagte: „aus mir selbst und dem Buche der Welt."

Indessen verbürgt das eigene Denken und die Welterfahrung noch nicht die Wahrheit. Beide können sich täuschen. Den Glauben an Lehrer und Bücher aufzugeben, um nicht von fremder Hand in die Irre geführt zu werden, hilft unserem Wahrheitsbedürfniß wenig, wenn wir uns in den Selbsttäuschungen des eigenen Denkens beruhigen. Viele brüsten sich mit allerlei Zweifeln und sind dabei in der eitelsten und flachsten Selbsttäuschung befangen. Auch die menschliche Natur, unabhängig von aller künstlichen Erziehung, geht den Weg der Ueberlieferung und wähnt sich selbständig, wo sie in der größten Abhängigkeit ist. Der Zweifel an uns selbst und der eigenen Herrlichkeit dringt tiefer und ist wichtiger, weil er um so viel schwieriger ist, als ein skeptisches Verhalten gegen äußere Autoritäten. Es handelt sich jetzt um einen Zweifel, der die menschliche Selbsttäuschung bis in ihre letzten Schlupfwinkel verfolgt.

2. Die menschliche Selbsttäuschung.

Wir finden in uns eine Menge eingewurzelter und wie durch Hausrecht verjährter Vorstellungen, die durch Gewohnheit zu unserer zweiten Natur geworden sind, so daß es schwer fällt, sich ihrer zu erwehren; sie beruhen auf unseren ersten Eindrücken, auf dem Glauben der Kindheit, und wir sind geneigt, uns auf diesen Glauben zu verlassen. Doch hat uns die Erfahrung belehrt, daß manche jener ererbten Vorstellungen falsch sind. Warum sollten es nicht auch die übrigen sein? Es giebt keine Bürgschaft für deren Wahrheit. Wollen wir sicher gehen, so müssen wir alles, wenn nicht für falsch, doch für unsicher und zweifelhaft halten.*)

---

*) Oeuvres T. I. Médit. I. pg. 235—36. T. III. Princ. § 1. pg. 63—64. (Meine Ueberf. S. 73, 165.)

So bringt der Zweifel erschütternd in unsere eigene Innenwelt ein und wird sich nicht eher beruhigen, als bis er auf Vorstellungen stößt, die ihm Stand halten. Wenn auch die Einbildungen der Kindheit gefallen oder wankend gemacht sind, so werden doch die Sinneswahrnehmungen dem Zweifel gegenüber feststehen. Eingewurzelt sind diese Vorstellungen auch, sie sind so alt wie der Kinderglaube und gehören in seine Sphäre; es ist nicht wahrscheinlich, daß von der Unsicherheit des letzteren sie die einzige Ausnahme bilden. Haben uns doch die Sinne schon oft genug getäuscht, so daß wir unmöglich alle ihre Vorstellungen für wahr halten können. Wollen wir uns ernstlich vor der Selbsttäuschung hüten, so dürfen wir unseren Sinneswahrnehmungen nicht völlig vertrauen und müssen daher den Zweifel auch in diese vermeintliche Festung der Gewißheit einlassen. Denn der unbedachte und darum voreilige Glaube an die Realität unserer Sinneseindrücke ist auch Selbsttäuschung.

Indessen sind doch einige dieser Wahrnehmungen, wie es scheint, von zweifelloser Gewißheit. Unser eigener Körper und dessen Glieder, unsere gegenwärtigen körperlichen Zustände und Thätigkeiten sind doch offenbare Erscheinungen, deren Realität niemand in Frage stellt. Aber auch hier ist zu bedenken, ob diese Realität unter allen Umständen gilt? Es giebt sehr häufige und bekannte Fälle, worin diese sinnlichen Vorstellungen der scheinbar sichersten Art sich als leere Einbildungen erweisen, die uns durch den Schein der Wirklichkeit täuschen. So oft wir träumen, erfahren wir diese Illusion. Wir erleben, was wir geträumt, und träumen, was wir erlebt haben; dieselben Erscheinungen sind jetzt Erfahrungsobjecte, jetzt Traumbilder, im ersten Fall gelten sie für wahr, im zweiten für falsch. Es liegt daher in dem, was vorgestellt wird, keine Bürgschaft seiner Realität; die Sinnesobjecte sind nicht deshalb real, weil sie sinnlich, auch nicht deshalb, weil sie diese Objecte sind, denn sie können als solche eben so gut imaginär sein. Sie existiren in Wirklichkeit, wenn sie keine Träume sind. Um diese Wirklichkeit zu erkennen und gegen jeden Zweifel zu sichern, müßte es ein Kennzeichen geben, wodurch wir Träumen und Wachen genau, untrüglich und stets zu unterscheiden im Stande sind. Es giebt kein solches Kriterium. „Wenn ich mir die Sache sorgfältig überlege, finde ich nicht ein einziges Merkmal, um den wachen Zustand vom Traum sicher zu unterscheiden. So sehr gleichen sich beide, daß ich ganz und gar stutzig werde und nicht weiß, ob ich nicht in diesem Augenblick träume!"*) In dem Fortgange der Selbstprüfung Descartes' bildet die Thatsache des Traumes ein bedeutsames Moment, dessen Gewicht wiederholt in die Wagschale des Zweifels fällt. An dieser Instanz läßt er die scheinbar stärkste Gewißheit der Sinnesobjecte scheitern. „Wie kannst du sicher sein", frägt Eudoxe, daß nicht dein ganzes Leben ein beständiger Traum ist?"**) Das Wort erinnert uns an den Ausspruch Calderons in seiner tiefsinnigen Dichtung:

> In dieser Wunderwelt ist eben
> Nur ein Traum das ganze Leben,
> Und der Mensch, das seh' ich nun,
> Träumt sein ganzes Sein und Thun,
> Kurz, auf diesem Erdenballe
> Träumen, was sie leben, alle!

So viel leuchtet ein, daß dieselben Erscheinungen, die im Zustande des Traumes völlig imaginär sind, in dem des Wachens nicht eher für real gelten dürfen, als wir im Stande sind, beide Zustände auf das Sicherste zu unterscheiden.

Noch ist in den Sinnesobjecten etwas übrig, das dem Zweifel Trotz bietet. Selbst wenn diese Objecte sämmtlich nur Traumbilder wären, so könnte doch nicht alles darin erdichtet oder imaginirt sein; das Traumbild ist, wie jedes Bild, eine Zusammensetzung, die aus gewissen Elementen besteht, ohne welche die Composition nicht geschehen kann. Wie imaginär immer die letztere sein mag, ihre Grundbestandtheile sind gegeben und haben den sichersten Anspruch auf Realität. Ohne gewisse Elementarvorstellungen, wie Raum, Zeit, Ausdehnung, Gestalt, Größe, Zahl, Ort, Dauer u. s. f. giebt es keine Sinnesobjecte, keine Bilder, auch keine Traumbilder. Wie das Gemälde die Farben voraussetzt, aber nicht macht, so verhalten sich jene Elemente zu unserer bunten und mannigfaltigen Vorstellungswelt. Diesen letzten Bedingungen aller sinnlichen Objecte gegenüber muß, wie es scheint, der Zweifel halt machen.***) Nur wird er vorher fragen müssen, von wem jene Elemente, woraus alle unsere Vorstellungen und Einbildungen bestehen, gegeben sind, und ob durch den Geber ihre Realität verbürgt ist? Denn das Gegebene und von

---

*) Méd. I. pg. 238. Princ. I. § 4. pg. 64—65. (Uebers. 74—75.) — **) Oeuvres T. XI. Rech. de la vérité. pg. 350. — ***) Méd. I. pg. 238—40. (Uebers. S. 76.)

außen Empfangene hat nicht als solches schon den Stempel der Wahrheit, sonst müßte jede Ueberlieferung für sicher gelten. War doch der Zweifel gleich im Anfange seiner Untersuchung auf überlieferte Vorstellungen gestoßen und hatte sie schon deshalb bedenklich gefunden, weil sie blos überliefert waren. Freilich kam die Unsicherheit jener Traditionen zugleich auf Rechnung ihres menschlichen Ursprungs, wogegen jetzt solche Vorstellungen in Frage kommen, die uns angeboren zu sein scheinen und nicht unter die Werke der menschlichen Ueberlieferung gehören, daher wird der Ursprung derselben jenseits der menschlichen Dinge in Gott selbst, als dem Grunde unseres Daseins und der Ursache der Welt, gesucht werden müssen. So steht der Zweifel unmittelbar vor dem höchsten Glaubensobject, und es wird fraglich, ob wir im Interesse ernster Selbstprüfung uns bei der Annahme, daß gewisse Vorstellungen in uns göttlicher Abkunft sind, beruhigen dürfen, ob mit dieser Annahme die Möglichkeit der Täuschung ausgeschlossen ist? Je unvollkommener wir uns diesen Gott vorstellen, sei es als Schicksal oder Zufall oder Naturnothwendigkeit, um so weniger hat er die Macht, uns vor Täuschung zu bewahren; je vollkommener derselbe erscheint, als ein allmächtiger Geist, um so mehr hat er die Macht, uns in Täuschung zu stürzen. Und hat er die Macht, warum sollte er nicht auch den Willen haben? Etwa wegen seiner Güte? Wenn er nicht will, daß ich irre, warum irre ich? Offenbar schützt sein Wille mich nicht vor dem Irrthum und sein Vermögen ist im Stande, mich zu verblenden. Es wäre möglich, daß ich in einer Scheinwelt lebe, in einer Welt der Täuschung und des Wahns, sei es um dereinst davon erlöst zu werden oder um nie zum Lichte der Wahrheit durchzudringen; es wäre denkbar, daß die göttliche Allmacht mich so geschaffen hat, daß die Welt, die ich vorstelle, blos in meiner Einbildung existirt, an sich ohne Wahrhaftigkeit und Realität.*) Allerdings, diese Annahme ist möglich und mehr als der Einfall eines selbstquälerischen Grüblers; die Vorstellung, daß die Sinnenwelt, in der wir leben, eine Scheinwelt sei, die uns blendet und täuscht, ist in der Idee der Maja das Thema einer der ältesten Religionen der Welt. So tief reicht in der Selbstprüfung unseres Philosophen das Senkblei des Zweifels, daß auch diese Vorstellung durchdrungen, ihre Möglichkeit berechtigt

---

*) Méd. I. pg. 240--42. Princ. I. § 5. pg. 65—66. (Ueb. S. 76—77. S. 166.)

und damit die letzte Schanze umgeworfen wird, hinter der sich der gewöhnliche, von der sinnlichen Gewißheit genährte Glaube vor dem Skeptiker schützt.

Es bleibt demnach in meinen Vorstellungen nichts übrig, das nicht bezweifelt werden könnte und, wenn wir uns aller Selbsttäuschung gründlich entschlagen wollen, bezweifelt werden müßte. Möglich, daß viele dieser Vorstellungen wahr sind, wir wissen es nicht, denn noch hat sich keine bewährt; wir haben keinen Grund, sie für gewiß, wohl aber Grund genug, sie für unsicher zu halten. Aus der Einsicht in diese durchgängige Ungewißheit unserer Vorstellungen folgt die Erklärung: „ich zweifle an allem". „Was kann ich gegen diese Gründe aufbringen? Ich habe nichts, sie zu entkräften. Ich bin am Ende zu dem offenen Bekenntniß genöthigt, daß an allem, was ich früher glaubte, gezweifelt werden dürfe, nicht aus Unbedachtsamkeit oder Leichtsinn, nein! aus gewichtigen und wohl überlegten Gründen; daß mithin, wenn es mir überhaupt in etwas um Wahrheit zu thun ist, ich mich ebenso sorgfältig hüten werde, das Unsichere als das offenbar Falsche beifällig anzunehmen."*)

II. Der methodische und grundsätzliche Zweifel.

Wir sind mit unserer ganzen Vorstellungswelt, welche die Probe der Selbstprüfung nicht bestanden, in der Selbsttäuschung befangen und an dieselbe gewöhnt. Der Zweifel will diese Gewohnheit nicht blos hie und da antasten und unterbrechen, sondern in ihrem ganzen Umfange ergreifen und los werden: er will uns die Selbsttäuschung abgewöhnen. Keine Gewohnheit ist stärker als der Glaube, keine Entwöhnung schwieriger als der dagegen gerichtete Zweifel. Und wenn der Zweifel wirklich die Macht haben soll, die Selbsttäuschung zu bannen, so ist es nicht genug, daß wir ihn fassen, begreifen, seine Gründe deutlich vorstellen; wir müssen uns an diese Denkart gewöhnen, uns in diese kritische Geistesverfassung hineinleben, wie vorher in die unkritische. Das Erste ist ebenso schwierig und anstrengend, als das Andere leicht und bequem war. Die Gewohnheit der Selbsttäuschung macht sich von selbst, die Entwöhnung geschieht durch Geisteszucht und Methode. „Es ist bei weitem nicht genug, diese Nothwendigkeit bemerkt zu haben; man muß dieselbe

---

*) Méd. pg. 242. Princ. I. § 2. (Uebers. S. 77. S. 165.) Rech. pg. 351.

sich immer von neuem wieder vergegenwärtigen, denn immer wieder kehren die eingelebten Meinungen zurück, immer wieder nehmen sie den leichtgläubigen Sinn gefangen, der wie durch Verjährung und Hausrecht ihnen unterthan ist; unwillkürlich kehren sie mir zurück, und ich kann es mir nicht abgewöhnen, diesen Vorstellungen beizustimmen und zu vertrauen. Obschon ich wohl weiß, wie zweifelhaft sie sind, so scheinen sie doch so wahr, daß man lieber daran glaubt, als sie in Abrede stellt."*)

Der Zweifel wird Grundsatz, die kritische Geistesrichtung zum bewußten Willensentschluß und zur Maxime. Ich will die Selbsttäuschung los werden, und zwar nicht blos in diesem oder jenem Fall, nicht blos hier oder jetzt, sondern gründlich und im Ganzen. Wie die Selbsttäuschung eine durchgängige und gewohnte ist, so muß der Zweifel, der sie aufheben soll, ebenso durchgängig gefaßt und in unsere Denkart eingelebt werden. Man merke wohl, wohin dieser Zweifel seine Spitze richtet. Er geht nicht gegen diese oder jene Vorstellung, etwa die religiösen, an die viele zuerst denken, wenn vom Zweifel die Rede ist, sondern gegen einen menschlichen Zustand, von dem selbst ein blödes Auge sieht, daß er sich vorfindet: gegen den Zustand unserer Selbsttäuschung, Einbildung, Verblendung. Wer den Zweifel Descartes' verwirft oder ansicht, muß den Zustand unserer Selbsttäuschung gut heißen. Wer es für gerathen hält, daß man sich jenem Zweifel besser nicht hingebe, der muß es für das Beste halten, daß wir in unserer Selbstverblendung beharren. Ein ernster religiöser Sinn kann es also nicht sein, nur ein verblendeter, der einen solchen Zweifel fürchtet. Das Gegentheil der Selbsttäuschung ist die Wahrhaftigkeit gegen sich selbst. Aus dieser Quelle entspringt alle Wahrheit und aller Muth zur Wahrheit. Wer nicht gegen sich wahr ist, nicht den Muth hat seine Verblendungen zu durchschauen, der hat überhaupt keinen Wahrheitsmuth, der ist überhaupt nicht wahr, und alle Aufrichtigkeit, die er im Uebrigen hat, ist in der Wurzel falsch. Das also ist die Absicht des cartesianischen Zweifels und die Aufgabe, die er sich stellt: sei wahr gegen dich selbst! rede dir nicht ein und lasse dir nicht einreden, daß du seiest, was du nicht bist, daß du erkennst, was dir nicht klar einleuchtet, daß du glaubst, woran du im Grunde zweifelst oder zweifeln solltest!

---

*) Méd. I. pg. 242—43.

So tief nach innen gerichtet ist der forschende und kritische Geist Descartes': er will statt der Selbsttäuschung die Selbsterleuchtung, er hat es nur mit der eigenen intellectuellen Verfassung, nicht mit der Welt zu thun, sein Zweifel greift nur die Geltung der Vorstellungen an, nicht die Weltzustände und ist daher nicht **praktisch**, sondern lediglich **theoretisch**. „Ich weiß, daß daraus weder Gefahr noch Irrthum erwächst, ich brauche mich nicht zu scheuen vor einem Uebermaß des Mißtrauens, da ich es hier nicht mit praktischen, sondern blos mit theoretischen Aufgaben zu thun habe. So will ich denn annehmen, daß nicht der allgütige Gott die Quelle der Wahrheit sei, sondern irgend ein böser und zugleich sehr mächtiger Dämon, der alle seine Kunst daran gesetzt hat, mich in Irrthum zu stürzen. Ich will die Meinung hegen, Himmel, Luft, Erde, Farben, Formen, Töne und alles, was ich außer mir wahrnehme, seien Trugbilder der Träume, mit denen jener böse Geist meiner Leichtgläubigkeit nachstellt; ich will mich selbst so betrachten, als ob ich weder Augen noch Fleisch noch Blut noch irgend einen Sinn in Wahrheit, sondern alle diese Dinge nur in der Einbildung habe; ich will in dieser Betrachtungsweise beharrlich bleiben und mich befestigen. Steht es dann nicht in meiner Macht, die Wahrheit zu erkennen, so werde ich doch im Stande sein, mich vor dem Irrthum zu hüten; ich will gegen jenen Lügengeist die Stirn erheben, und er sei noch so mächtig und noch so schlau, er soll mich nicht überwältigen! Doch ist es ein mühevolles Werk, das ich vorhabe. Die Trägheit führt mich zur alten Gewohnheit des Lebens immer wieder zurück, und wie ein Gefangener, der sich im Traume einer eingebildeten Freiheit erfreute, sich scheut zu erwachen, wenn er zu merken anfängt, daß er schläft, und die wohlthätigen Traumbilder so lange als möglich gewähren läßt, so blicke ich unwillkürlich zurück in die alten Vorstellungen und fürchte aufzuwachen, ich fürchte das wache arbeitsvolle Dasein, das auf den sanften Schlaf folgen wird und nicht in hellem Licht, sondern in den undurchdringlichen Finsternissen schon erregter Zweifel nun in Zukunft hingelebt sein will."*) Der Rückweg ist unmöglich. Aus dem Zweifel selbst muß das Licht der Wahrheit hervorgehen.

---

*) Méd. I. pg. 243—45. Pr. I. 3. pg. 64. (Ueberſ. S. 78—79. S. 165.)

Drittes Capitel.
Das Princip der Philosophie und das Erkenntnißproblem.
I. Das Princip der Gewißheit.
1. Das eigene denkende Sein.

Es giebt keine Vorstellung, die mir als wahr einleuchtet; vielmehr sind alle so beschaffen, daß ich ihre Unsicherheit einsehe. Gegen die überlieferten Vorstellungen der Kindheit zeugt die Erfahrung, die sie in so vielen Fällen widerlegt hat; gegen die sinnlichen Vorstellungen zeugt die Sinnestäuschung, gegen die scheinbar gewissesten Sinneswahrnehmungen der Traum, endlich gegen die Realität der Elementarvorstellungen, die allen übrigen zu Grunde liegen, erhebt sich die Möglichkeit, daß die Sinnenwelt überhaupt eine wesenlose Scheinwelt ist, daß wir in der Wurzel unseres Daseins der Täuschung und dem Wahne verfallen sind. So ist alles zweifelhaft und nichts gewiß, als eben dieser Zweifel. Alles ist zweifelhaft, d. h. ich zweifle an allem. So gewiß als der erste Satz, ist der zweite: so gewiß bin ich selbst. Wenn ich von meiner Selbsttäuschung die Täuschung abziehe, so bleibt mein Selbst; ist jene möglich, so ist dieses nothwendig. Ohne Selbst keine Selbsttäuschung, kein Zweifel. Hier erscheint ein Punkt, den der Zweifel nicht mehr ergreifen und erschüttern kann, weil er von ihm ausgeht. „Nur einen Punkt, der fest und unbeweglich wäre, forderte Archimedes, um die Erde aus ihren Angeln zu heben; auch wir dürfen Großes hoffen, wenn auch nur das Kleinste gefunden ist, das sicher und unerschütterlich feststeht." Selbst gesetzt, daß wir von einem bösen Dämon in eine Welt des Scheins und der Täuschung gebannt sind, so sind wir doch, gleichviel in welchem Zustande der Geistesverblendung, aber wir sind. „Wenn jener Dämon mich täuscht, so ist ja klar, daß ich auch da bin; er täusche mich, so viel er kann; niemals kann er bewirken, daß, so lange ich denke, daß etwas ist, ich selbst nicht bin. Und so, nachdem ich alles wieder und wieder erwogen habe, komme ich zu dieser Erklärung, die feststeht: der Satz „„ich bin, ich existire"" ist in dem Augenblicke, wo ich ihn ausspreche oder denke, nothwendig wahr."*)

---
*) Méd. II. pg. 246–48. (Ueb. S. 80–81). Pr. I. §7. In der Rech. de la vérité bezeichnet Eudore den Zweifel an allem (ce doute universel) mit dem obigen Ausdruck der Meditationen als „un point fixe et immuable."

Die nächste Frage heißt: was bin ich? Es kann nicht geantwortet werden: „ich bin Mensch" oder „ich bin dieser Körper", denn es wäre ja möglich, daß die Körper überhaupt nur Trugbilder sind; darum darf ich auch meine Wesenseigenthümlichkeit nicht durch solche Thätigkeiten erklären, die, wie Selbstbewegung, Ernährung, Empfindung, zwar der Seele zugeschrieben werden, aber ohne Körper nicht sein können. Wenn ich alles Zweifelhafte von mir absondere, so bleibt eines übrig: **das Zweifeln selbst**. Wenn nichts von dem existirt, was ich für unsicher halte, so bleibt doch meine Unsicherheit; wenn ich nichts von dem bin, was zu sein ich mir einbilde, so bleibt doch mein Einbilden; wenn alles falsch ist, was ich bejahe oder verneine, so ist doch wahr, daß ich bejahe oder verneine. Nun sind zweifeln, einbilden, bejahen, verneinen u. s. f. Arten des Denkens. Das Denken bleibt nach Abzug alles Zweifelhaften, in ihm besteht daher meine unveräußerliche Wesenseigenthümlichkeit, mein Denken ist mein wahres Sein: **ich denke, also ich bin**. „Was soll ich mir andere Einbildungen machen? Ich bin nicht jener Gliederbau, der menschlicher Körper heißt, auch nicht jener feine, den Gliedern eingehauchte ätherische Stoff, nicht Wind, Feuer, Dunst oder Hauch, nichts von allem, was ich in meiner Einbildung bin. Ich habe ja angenommen, daß alle diese Dinge nicht in Wahrheit sind, diese Annahme bleibt, trotz derselben bin ich doch etwas." Ich bin ein denkendes Wesen: in diesem Satz findet Descartes in Absicht auf die Erkenntniß der Dinge die Forderung des Archimedes erfüllt. Wollte ich die Gewißheit meines Denkens bezweifeln, so würde ich ja die Möglichkeit des Zweifelns selbst in Frage stellen und müßte in die alte Täuschung zurückkehren. Daher schließt der Satz: „ich denke, also ich bin" jede Ungewißheit aus, er ist die erste und sicherste Wahrheit, die jeder findet, der methodisch philosophirt.*)

Wenn auf die Frage: „was bin ich?" etwa die Antwort ertheilt wird: „ich bin Mensch", so muß weiter gefragt und die unbekannte Art durch die noch unbekanntere Gattung definirt werden, wie es „der Stammbaum des Porphyrius" vorschreibt. Was ist Mensch? was ist vernünftiges Thier, lebendiger Körper, Leben, Körper, Ding u. s. f.? Ein Labyrinth dunkler Begriffe! Dagegen die Antwort:

---

*) Disc. IV. pg. 158. (Ueb. S. 31.) Méd. II. pg. 248—53. (Ueb. S. 81—85.) Pr. I. § 7—10. (Ueb. S. 167—68.)

„ich bin ein zweifelndes, also denkendes Wesen" kann man nicht ebenso in einen endlosen Regreß von Fragen auflösen: was ist zweifeln, denken u. s. f.? Auf diesen Einwurf des Schulphilosophen Epistemon erwiedert Eudoxe treffend: „man muß zweifeln und denken, um zu wissen, was es ist." Wer diese Thätigkeit in sich erlebt, frägt nicht nach ihrer Gattung und Art, denn die Sache selbst ist ihm unmittelbar einleuchtend.*)

2. Die Regel der Gewißheit. Der Geist als das klarste Object.

Jeder Satz, der eben so einleuchtend ist, als die Selbstgewißheit des eigenen denkenden Seins, ist auch eben so wahr. Hier ist das vorgestellte Object unmittelbar gegenwärtig, daher leuchtet unmittelbar ein, daß und was es ist. Die Präsenz des Gegenstandes macht die Anschauung klar; daß derselbe zugleich in seiner Wesenseigenthümlichkeit, unvermischt mit anderen Dingen erscheint, macht sie deutlich. „Klar nenne ich die Vorstellung, die dem aufmerksamen Geist gegenwärtig und offen ist, so wie es heißt, wir sehen klar, wenn das Object dem anschauenden Auge präsent und der Gesichtseindruck stark und bestimmt genug ist; deutlich aber nenne ich die Vorstellung, die klar und zugleich so bestimmt von allen übrigen unterschieden ist, daß sie auch in ihrer Eigenthümlichkeit einer richtigen Betrachtung einleuchtet." Beides gilt von dem Satze der Selbstgewißheit: er ist vollkommen klar und deutlich, er wäre weniger gewiß, d. h. unsicher, wie alles andere, wenn er diese Eigenschaften in geringerem Grade hätte. Klarheit und Deutlichkeit sind darum die Kennzeichen der Gewißheit oder der Wahrheit; das Princip oder die „regula generalis" der letzteren faßt demgemäß unser Philosoph in die Formel: „was ich klar und deutlich einsehe, ist wahr."**)

Aus dem Satz der Gewißheit folgt die Regel der Erkenntniß. Es ist wichtig, eine ihrer Folgerungen sogleich ins Auge zu fassen. Je geringer die Klarheit und Deutlichkeit einer Vorstellung, um so geringer der Grad der Gewißheit, womit ihre Wahrheit und Realität einleuchtet. Nun wird die Klarheit bedingt durch die Gegenwart des Objects oder die Unmittelbarkeit unserer Vorstellungen; je mittel-

---

*) Rech. de la vérité pg. 354—71. — **) Disc. IV. pg. 159. (Ueb. S. 32.) Méd. III. pg. 264. (Ueb. S. 92.) Princ. I. 45. (Ueb. S. 183).

barer daher die letzteren sind oder je größer die Zahl der Mittelglieder zwischen Vorstellung und Object, um so unklarer ist unsere Einsicht. Nichts ist uns unmittelbarer gegenwärtig, als unser eigenes Wesen; nirgends gilt mit größerem Rechte der Satz, daß jeder sich selbst der Nächste ist, als in der Erkenntniß. Ich bin ein denkendes Wesen oder Geist. Der Geist ist daher unter allen Objecten das klarste, sein Dasein und Wesen ist einleuchtender, als das der Dinge außer uns, der körperlichen Objecte, deren Vorstellungen durch die Sinne vermittelt werden. Die sinnlichen Vorstellungen sind unklar, weil sie vermittelt sind; sie sind undeutlich, weil sich in die Natur des Gegenstandes die meiner Sinne einmischt. Ein Object verdeutlichen, heißt dasselbe rein darstellen und alles Fremde davon absondern, was nur durch Prüfung und kritisches Verhalten, d. h. durch urtheilen und denken geschehen kann. Klar und deutlich vorstellen heißt denken. Aus der Regel der Gewißheit folgt darum der Satz, in welchem der Rationalismus der Lehre Descartes' sich ausprägt: wahre Erkenntniß ist nur durch denken möglich. Das Denken allein klärt und läutert unsere Ideen der Dinge.

Jede Vorstellung, die ich habe, ist die meinige; gewisser daher, als irgend etwas Anderes, wird durch jede Vorstellung bewiesen, daß ich bin. Dieser Körper existirt, weil ich ihn betaste; es könnte sein, daß er nicht existirt, daß ich denselben zu betasten mir nur einbilde, daß ich träume; aber eines folgt mit unumstößlicher Gewißheit: daß ich, der ich den Körper betaste oder zu betasten mir einbilde, in Wirklichkeit bin. Daß die denkende Natur klarer und einleuchtender als die körperliche sein soll, erscheint dem gewöhnlichen Bewußtsein als eine ungereimte Behauptung; die Körper sind ja so deutlich, weil sie greifbar und augenscheinlich sind. Man wird die Behauptung weniger ungereimt und die Natur des sinnlich wahrgenommenen Körpers weniger deutlich finden, wenn man ernstlich versucht, sie zu fassen. Was ist an dem Stück Wachs, das wir als diesen festen, greifbaren Körper wahrnehmen, das Object einer deutlichen Vorstellung? Die eben wahrgenommenen Eigenschaften sind es nicht, das Wachs schmilzt, und sie sind nicht mehr vorhanden. Das bleibende Object ist etwas Ausgedehntes, Biegsames, Veränderliches, das vermöge seiner Ausdehnung eine endlose Reihe von Größenzuständen, vermöge seiner Biegsamkeit und Veränderlichkeit eine endlose Reihe von Formen durchwandern kann. Diese endlose Mannigfaltigkeit läßt sich durch keine sinnliche Vorstellung begreifen und zusammenfassen, sondern nur denken.*)

II. Das Erkenntnißproblem.

1. Die Vorstellung eines Wesens außer uns.

Wenn nun alle wahre Erkenntniß in der Klarheit und Deutlichkeit der Vorstellungen besteht, welche selbst nur durch denken möglich ist, so erhebt sich die Frage, wie kraft des Denkens eine Erkenntniß der Dinge zu Stande kommt? Meine Gewißheit reicht nur so weit, als meine denkende Selbstthätigkeit; wo diese aufhört, beginnt die Ungewißheit. Wenn wir uns die Innen- und Außenwelt gleichsam als die Hemisphären des Universums vorstellen, so liegt die eine im Erleuchtungskreise, die andere im Schatten. Wenn nicht das Licht in uns die dunkle Welt außer uns erhellt, so bleiben wir über das Dasein derselben im Zustande der Ungewißheit und des Zweifels. Hier ist der Punkt, der das Erkenntnißproblem in sich schließt: wie folgt aus unserer Selbstgewißheit die Gewißheit, daß Dinge außer uns sind? Um die Frage allgemein zu fassen: giebt es überhaupt ein Wesen außer uns, dessen Dasein uns eben so klar und deutlich einleuchtet, als das eigene denkende Sein? Giebt es eine Vorstellung in uns, aus welcher die Existenz eines solchen Wesens erhellt?

Untersuchen wir etwas näher die mannigfaltigen Arten der Vorstellungen, die wir in unserer Innenwelt finden: einige scheinen ursprünglich oder angeboren, andere willkürlich gebildet, die meisten von außen empfangen zu sein. Diese letzteren, die sinnlichen Vorstellungen, halten wir für Wirkungen und Abbilder der äußeren Dinge und darum für ein zweifelloses Zeugniß, daß es Dinge außer uns giebt. Wir wissen schon, wie unbegründet diese Ansicht ist, wie oft uns die Sinne und allemal die Träume täuschen. Zwar die sinnliche Vorstellung als solche ist nie falsch. Es ist gewiß, daß ich diese Wahrnehmung habe, daß ich die Sonne als eine runde Scheibe vorstelle, die sich bewegt, nur folgt daraus nicht, daß die Sonne eine solche bewegte Scheibe ist. In dieser Folgerung liegt der Irrthum, er liegt nicht in meinem Vorstellungszustande, sondern darin, daß ich meine Wahrnehmung für die Eigenschaft und den Zustand

---

*) Méd. II. pg. 256—58. (Ueb. S. 86—87.) Pr. I. § 8—12. (Ueb. S. 167—69.)

eines Dinges außer mir halte: das heißt nicht eine Vorstellung haben, sondern über dieselbe urtheilen. Es ist ein Urtheil, wenn wir eine Vorstellung in uns für die Wirkung und das Abbild eines Dinges außer uns erklären; es ist ein unbegründetes Urtheil, wenn wir sinnliche Vorstellungen auf äußere Objecte beziehen. Hier ist noch nicht der Ort, um die Frage, ob überhaupt aus unseren Sinneswahrnehmungen das Dasein der Körper begründet werden könne, endgültig zu entscheiden. An dieser Stelle wird nur erklärt, daß in der sinnlichen Beschaffenheit unserer Vorstellungen kein Grund liegt, ihre Ursachen oder Originale außer uns zu suchen. Die Gründe, die man dafür anführt, beweisen nichts; man beruft sich umsonst darauf, daß die sinnlichen Vorstellungen unwillkürlich entstehen und ihre Beziehung auf äußere Objecte durch den Naturinstinct gefordert werde. Diese Instincte sind nicht unfehlbar; die Unabhängigkeit jener Vorstellungen von unserer Willkür schließt nicht aus, daß sie auf unwillkürliche Weise aus den Bedingungen unseres Wesens hervorgehen. Und selbst den Fall gesetzt, daß sie Wirkungen äußerer Objecte sind, so folgt nicht, daß sie zu ihren Ursachen sich verhalten, wie Abbilder zu ihren Originalen, denn eine Wirkung kann ihrer Ursache sehr unähnlich sein. Es muß demnach erklärt werden, daß unsere sinnlichen Vorstellungen keineswegs zu dem sicheren Urtheil berechtigen, daß es Dinge außer uns giebt. Wenn daher eine Idee in uns das Dasein eines Wesens außer uns gewiß machen soll, so kann dieselbe eine sinnliche Vorstellung nicht sein.*)

2. Das Princip der Causalität.

So gewiß als die denkende Natur unseres eigenen Wesens, kraft deren wir Vorstellungen haben, ist der Satz der Causalität: „aus nichts wird nichts, jedes Etwas ist die Wirkung einer erzeugenden Ursache." Wäre in der Ursache weniger enthalten als in der Wirkung, so müßte dieser Ueberschuß durch nichts hervorgebracht sein. Daraus folgt, daß die Ursache nie geringer sein kann als die Wirkung, sondern mehr oder eben so viel Realität enthalten muß als diese. Im ersten Fall verhält sie sich zu der letzteren, wie der Künstler zum Kunstwerk, denn in jenem ist mehr enthalten, als in einem seiner Producte; im zweiten, wie die Form zum Abdruck: jene

---

*) Méd. III. pg. 268—72. (Ueb. S. 94—96).

Ursache nennt Descartes „causa eminens", diese „causa formalis". Setzen wir nun den Fall, daß sich eine Idee in uns findet, die mehr Realität enthält als unser eigenes Wesen, so ist klar, daß wir weder eminenter noch formaliter, also überhaupt nicht deren Ursache sein können, daß mithin die Ursache dieser Idee außer uns existirt. Die Frage ist, ob es eine solche Vorstellung giebt?*)

Was wir vorstellen, sind entweder Dinge oder Beschaffenheiten: entweder Substanzen oder Modi. Offenbar enthalten jene mehr Realität als diese, daher haben wir nur den Werth und Gehalt der vorgestellten Substanzen näher zu prüfen. Als solche nehmen wir unser eigenes Wesen und die Dinge außer uns; diese sind theils Unseresgleichen, theils von uns verschieden, die letzteren sind entweder höhere oder niedere Wesen als wir, die höheren sind Gott und Engel, die niederen thierische und unterthierische Körper. Demnach sind die Classen der vorgestellten Substanzen außer uns: Gott, Engel, Menschen, Thiere, (unterthierische) Körper. Engel sind Mittelwesen zwischen Gott und Mensch; haben wir die Ideen dieser beiden, so können wir die der Engel selbst machen und brauchen dazu kein Original außer uns. Menschen sind Wesen Unseresgleichen, deren Körper der unserige nicht ist; aus der Vorstellung unseres eigenen Wesens und körperlicher Substanzen können wir die anderer Menschen bilden. Die Idee Gottes und die der Körper sind demnach die Elemente, aus denen sich die Vorstellungen der übrigen Substanzen durch unsere eigene Thätigkeit erzeugen lassen. Was wir in den Körpern sinnlich vorstellen, ist unklar, darum entweder nichtig oder von geringerer Realität als unsere denkende Natur; was wir deutlich darin vorstellen, ist in unserer denkenden Natur enthalten oder läßt sich daraus herleiten. In keinem Falle enthält die Vorstellung eines Körpers mehr Realität als die unseres eigenen Wesens. Es ist daher zunächst kein Grund, warum wir die hervorbringende Ursache dieser Vorstellung nicht sein könnten. Ich bin ein denkendes Wesen, jedes andere endliche Ding ist weniger als ich; daher braucht, wenn ich endliche Wesen außer mir vorstelle, die Ursache und das Original meiner Vorstellung nicht außer mir zu sein. Es bleibt mithin nur eine Vorstellung als das alleinige Object unserer Frage übrig: die Idee Gottes.**)

---

*) Méd. III. pg. 272—75. (Ueb. S. 97—99). Pr. I. § 17. (Ueb. S. 171—72).
— **) Méd. III. pg. 276—80. (Ueb. S. 100—102). Pr. I. § 18. (Ueb. S. 172.)

3. Die Idee Gottes.

Ich bin ein endliches Wesen, Gott ist unendlich; ich bin unvollkommen und mangelhaft, er ist vollkommen und mangellos: es ist daher unmöglich, daß ich die Ursache dieser Idee bin. Entweder kann ich eine solche Vorstellung überhaupt nicht haben oder ihre Ursache muß ein Wesen von gleicher Realität d. h. Gott selbst sein. Nun habe ich die Idee Gottes. In diesem Fall ist haben so viel als empfangen haben. Jede Vorstellung hat, wie jede Erscheinung, ihre Ursache. Wenn ich klar und deutlich einsehe, daß ich diese Ursache nicht sein kann, so ist ebenso klar und deutlich erkannt, daß diese Ursache außer mir sein muß, daß es also ein Wesen außer mir giebt. „Wenn in einer meiner Ideen eine so mächtige Realität vorgestellt wird, daß ich gewiß bin, in mir könne dieselbe weder formaliter*) noch eminenter enthalten sein, ich könne daher unmöglich Urheber dieser Idee sein, so folgt, daß ich nicht allein in der Welt bin, sondern daß noch ein anderes Wesen als Ursache jener Vorstellung existirt. Wenn aber eine solche Idee sich nicht in mir findet, so giebt es keinen Grund, der mir beweisen könnte, daß ein von mir verschiedenes Wesen existirt. Ich habe die Sache nach allen Seiten und mit aller Sorgfalt erwogen und bis jetzt kein anderes Resultat finden können."**)

Durch die Idee Gottes soll das Dunkel außerhalb unserer einsamen Selbstgewißheit erhellt und das Erkenntnißproblem gelöst werden. Jetzt heißt die Frage: wie ist durch die Idee Gottes eine Erkenntniß der Dinge möglich? Auf diesen Punkt richtet sich die nächste Untersuchung, und man kann sicher sein, daß ohne dieselbe der Sinn und die Tiefe der Lehre Descartes' nicht gefaßt wird.

---

*) Zur Erläuterung des Ausdrucks „formaliter enthalten sein" diene folgende Bemerkung: wirken heißt (bei Aristoteles) gestalten oder formen. Was vorgestellt wird, nennt Descartes objectiv; was thatsächlich existirt, förmlich; die vorgestellte Sache heißt „realitas objectiva", die wirkliche „realitas actualis sive formalis". Was daher die Ursache formaliter enthält, ist nicht mehr und weniger als der Inhalt der Wirkung. — **) Disc. IV. pg. 160. (Ueb. S. 32—33). Méd. III. pg. 276. (Ueb. S. 100.)

Viertes Capitel.

Das Dasein Gottes. Die menschliche Selbstgewißheit und Gottesgewißheit.

I. Beweise vom Dasein Gottes.

1. Ursache der Gottesidee.

Gegen die menschliche Selbsttäuschung hatte Descartes die Selbstprüfung aufgeboten, jenen gründlichen Zweifel, der nur eine Gewißheit übrig ließ: daß wir zweifeln, denken, sind. Daraus folgte die Regel aller Gewißheit, daß in der Klarheit und Deutlichkeit der Erkenntniß die Wahrheit besteht. Der Satz der Causalität ist klar und deutlich; er folgt aus dem Satz der Gewißheit, denn es ist unmöglich, daß wir denken und nicht sind; dies wäre Thätigkeit ohne Subject, Veränderung ohne Substanz, Wirkung ohne Ursache. Aus dem Princip der Causalität folgt, daß eine Vorstellung, die mehr Realität enthält, als wir selbst, nicht unsere Wirkung sein kann; die Idee Gottes hat mehr Realität, also sind nicht wir die Ursache dieser Idee; daher muß ein Wesen außer uns existiren, das an Vollkommenheit nicht geringer sein darf, als unsere Vorstellung von ihm: die Ursache der Idee Gottes ist Gott selbst. Ursache sein heißt wirksam und darum wirklich sein. Die Existenz Gottes erhellt blos aus der Idee Gottes in uns.

Von hier aus soll die Lösung des Erkenntnißproblems stattfinden, daher muß dieser Punkt vor allem befestigt und gegen jeden Zweifel gesichert werden. Unsere Gewißheit der Existenz Gottes gründet sich zunächst auf die sichere Thatsache, daß wir selbst existiren und die Idee Gottes haben. Ist die Folgerung richtig? Folgt daraus, daß wir sind und Gott vorstellen, wirklich daß Gott existirt? Es könnte ja sein, daß wir aus eigenem Vermögen diese Idee zu erzeugen im Stande wären, oder daß weder Gott noch wir selbst, sondern eine andere Ursache uns selbst und die Gottesidee in uns hervorgebracht hätte. Läßt sich beweisen, daß ohne die Existenz des vollkommensten Wesens wir und die Idee desselben in uns unmöglich sein können, so sind jene Bedenken widerlegt.

Wir müßten vollkommen sein, um die Idee des Vollkommenen zu erzeugen. So fordert es der Satz der Causalität. Thatsächlich sind wir nicht vollkommen, und wenn wir es auch dem Vermögen oder der Anlage nach wären, so würde diese Vollkommenheit keine actuelle, sondern nur eine potentielle d. h. werdende oder wachsende Vollkommenheit sein, was so viel heißt als vorhandene Unvollkommenheit. Das Werden ist endlos, zunehmende Vollkommenheit ist nie vollendet. Daher sind wir stets in einem Zustande, der, mit der Idee Gottes verglichen, unvollkommener ist, als diese. Anlage zur Vollkommenheit ist factische Unvollkommenheit; bloße Anlage ist noch nicht Wirksamkeit, nicht erzeugende Ursache, also auch nicht die Ursache der Idee Gottes.

Der Satz der Causalität gilt nicht blos von unseren Ideen, sondern eben so sehr von unserem Dasein. Setzen wir, daß die Ursache desselben das vollkommenste Wesen nicht ist, so muß ein weniger vollkommenes diese Ursache sein, entweder ich selbst oder meine Eltern oder andere Wesen, es sei nun eines oder mehrere. Wäre ich mein eigener Schöpfer, so würde ich die Macht gehabt haben, mir alle diejenigen Vollkommenheiten zu geben, die ich vorzustellen die Fähigkeit habe: dann würde ich Gott geworden sein. Ich habe diese Vollkommenheiten nicht, sie standen daher nicht in meiner Macht und ich war nicht mein eigener Schöpfer. Erhalten ist fortgesetztes schaffen; nur wer schaffen kann, vermag zu erhalten, ich habe nicht die Macht, mich zu erhalten, also hatte ich auch nicht die, mich zu schaffen. Die Dauer meines Daseins steht nicht in meiner, noch meiner Eltern Hand, darum waren auch sie nicht meine Schöpfer. Als denkendes Wesen, welches ich bin, müßte ich mir jener Machtvollkommenheit, wenn ich sie hätte, bewußt sein; ich bin mir des Gegentheils bewußt, also nicht die Ursache meines Daseins. Es ist eben so wenig denkbar, daß die göttlichen Vollkommenheiten, die ich vorstelle, mehr als eine Ursache haben, denn mit der Einheit würde jenen Ursachen die wahre Vollkommenheit fehlen, sie wären also nicht, was sie sein müßten. Daher bleibt nur übrig, daß ein von uns verschiedenes und einziges Wesen, welches entweder von einem höheren abstammt oder aus sich selbst ist, jene Vorstellung erzeugt hat. Der Fall höherer Abkunft ist zu verneinen, denn dies hieße einen endlosen Regreß der Ursachen setzen, der nicht sein kann, weil es dann nie zur erzeugenden Ursache selbst, also auch nie zur Wirkung käme. Jenes erzeugende Wesen, das von uns verschieden und einzig in seiner Art sein muß, kann nur aus sich selbst sein: es ist Gott. Das Dasein Gottes in diesem Sinne verneinen, hieße unser eigenes Dasein und die Idee Gottes in uns für unmöglich erklären. „Daraus allein, daß ich bin und die Idee eines vollkommensten Wesens oder Gottes habe, folgt mit völliger Klarheit, daß Gott auch existirt."*)

2. Die Gottesidee als angeborene Idee.

Wir haben diese Idee empfangen, und da sie uns nicht durch die Sinne noch sonst wie vermittelt ist, so haben wir sie unmittelbar von Gott selbst, sie ist uns ursprünglich gegeben oder **angeboren**, Gott hat sie uns als seinem Werke eingeprägt, „wie das Zeichen des Künstlers". Dieses Zeichen ist hier nicht von dem Werke verschieden, sondern das Werk selbst: Gott ist nicht blos die Ursache, sondern das Urbild unseres Daseins. „Weil Gott mich geschaffen hat", sagt Descartes, „deshalb allein glaube ich, daß ich nach seinem Bilde gemacht und ihm ähnlich bin. In dieser Ebenbildlichkeit besteht die Idee Gottes. Dieses Ebenbild bin ich. Darum erkenne ich die Idee Gottes durch dasselbe Vermögen als mich selbst. Wie ich den Blick des Geistes in mein Inneres kehre, sehe ich nicht blos, daß ich ein mangelhaftes, abhängiges Wesen bin, welches nach höherer Vollkommenheit, nach Größerem und Besserem ins Endlose trachtet, sondern ich sehe zugleich, daß jenes Urwesen, von dem ich abhänge, alle Vollkommenheiten in sich enthält, nicht der Möglichkeit nach als Ziel endlosen Strebens, sondern in Wirklichkeit auf unendliche Weise. Ich erkenne das Dasein Gottes. Die zwingende Gewalt des Beweises liegt darin, daß ich zu der Einsicht genöthigt bin: ich selbst mit der Idee Gottes in mir könnte unmöglich existiren, wenn nicht in Wahrheit Gott wäre, ich meine den Gott, den ich vorstelle, der alle die Vollkommenheiten hat, die ich nicht begreifen, sondern gleichsam nur von fern mit meinen Gedanken berühren kann, der jede Art der Unvollkommenheit von sich ausschließt."**)

3. Beweisgründe ontologischer und anthropologischer Art.

Um das Dasein Gottes zu begründen, hat Descartes mehrere Beweise geführt und unterschieden; man behandelt ihn zu oberfläch-

---

*) Méd. III. pg. 280—89. (Ueb. S. 102—108.) — **) Méd. III. pg. 289—91. (Ueb. S. 108—109.)

lich, wenn man, wie gewöhnlich geschieht, blos den ontologischen hervorhebt. Wir wollen erst den Inhalt dieser Beweise, dann ihre Ordnung, zuletzt ihre tiefsten Beweggründe untersuchen.

Die Regel der Gewißheit erklärte: alles klar und deutlich Erkannte ist wahr. Nun erkenne ich in der bloßen Idee Gottes klar und deutlich dessen Existenz, die demnach zweifellos feststeht: dies ist der Schluß vom Begriff der Sache auf das Dasein derselben, das sogenannte ontologische Argument, welches Anselm in die scholastische Theologie eingeführt hat. Die Idee Gottes ist in uns als eine Thatsache innerer Erfahrung gegeben, sie ist ein Factum in unserer Vorstellungswelt, das nicht durch uns, sondern nur durch Gott selbst bewirkt sein kann; also existirt Gott: dieser Beweis schließt von der Thatsache auf die Ursache, er wird „a posteriori" geführt und darf deshalb als ein Erfahrungsbeweis gelten.

Die Thatsache unseres Daseins und der Idee Gottes in uns läßt sich so aussprechen: wir existiren und sind mit der Vorstellung eines vollkommensten Wesens begabt. Da wir nicht selbst die Ursache unseres Daseins sein können, so muß dieselbe ein solches von uns verschiedenes Wesen sein, welches alle die Vollkommenheiten, die wir vorstellen, besitzt, weil es sonst nicht im Stande wäre, uns mit der Idee derselben zu erzeugen: daher existirt dieses vollkommenste aller Wesen oder Gott. Dieser Beweis schließt von der Natur des Menschen, sofern dieselbe unvollkommen ist und Vollkommenheit vorstellt, auf das Wesen und Dasein Gottes: in ihm sind die beiden vorhergehenden Argumente, das ontologische und empirische, vereinigt. Wir nennen diesen Beweis den anthropologischen und fügen hinzu, daß ohne denselben das ontologische oder metaphysische Argument im Geiste unseres Philosophen nicht verstanden und gewürdigt werden kann: er ist der eigentliche cartesianische Beweis vom Dasein Gottes.

Es ist bemerkenswerth, in welcher Ordnung Descartes seine Beweisgründe entwickelt. Wo er uns in seinen methodischen, die Wahrheit suchenden Ideengang einführt und darum in seiner Darstellung analytisch verfährt, läßt er aus dem anthropologischen Argument das ontologische hervorgehen, wie in der Schrift von der Methode und in den Meditationen: dort in aller Kürze, hier in aller Ausführlichkeit. Wo er dagegen die gefundenen Wahrheiten in synthetischer Ordnung vorträgt, giebt er erst den ontologischen, dann den anthropologischen Beweis, wie namentlich in dem geometrischen Abriß der Meditationen, der in seiner Erwiederung auf die zweiten Einwürfe enthalten war, und in den Principien. In den Meditationen stützt er die ganze Kraft des Beweises zunächst auf das anthropologische Argument und entwickelt erst weit später, indem er noch einmal zur Gottesidee zurückkehrt, den ontologischen Beweis.*)

4. Der anthropologische Beweis als Grundlage des ontologischen.

Der ontologische Beweis Descartes' ist trotz seiner Parallele mit dem scholastischen von dem letzteren grundverschieden; dieser Unterschied ist so wichtig, daß die gewöhnliche Nichtbeachtung desselben einer völligen Nichteinsicht der Lehre unseres Philosophen gleichkommt. Descartes mußte überzeugt sein, daß die Einwürfe, die den scholastischen Beweis erschüttern, den seinigen nicht treffen, denn er hat diese Einwände gekannt und in der fünften Meditation ausführlich behandelt. Wir wollen zunächst die Fehler des gewöhnlichen ontologischen Arguments hervorheben.

Aus der bloßen Idee Gottes soll die Existenz desselben eben so einleuchtend folgen, als aus dem Begriffe des Dreiecks, daß die Summe seiner Winkel gleich zwei rechten ist, und aus dem Begriffe des Kreises die Gleichheit der Radien. So wenig wir einen Berg ohne Thal vorstellen können, so wenig läßt sich Gott ohne Dasein denken; so nothwendig Berg und Thal verbunden sind, so untrennbar sind Begriff und Existenz Gottes. Entweder ist er das vollkommenste Wesen oder er ist überhaupt nicht; denn das vollkommenste Wesen wäre nicht, was es ist, wenn ihm etwas fehlte und zwar nicht weniger fehlte, als die Realität selbst. Hier erhebt sich sogleich folgender Einwurf: unsere Idee Gottes ist eine Vorstellung, wie jede andere, es ist nicht einzusehen, daß von dieser Vorstellung gelten soll, was von keiner anderen gilt, daß nämlich die gedachte Existenz schon die wirkliche ist; in jedem anderen Falle ist das vorgestellte Object nur möglich, nicht wirklich; Gott allein macht nach der Ansicht des ontologischen Beweises eine Ausnahme, er existirt, weil ich ihn denke. Wenn ich ihn aber nicht denke? Steht nicht mein Denken in meiner Macht?

---

*) Disc. IV. pg. 159—162. (Ueb. S. 32—34). Méd. III. pg. 280—89. (Ueb. S. 102—108). Méd. V. pg. 312—17. (Ueb. S. 123—26). Obj. et Rép. Propos. I—III. (Oeuvres I. pg. 460—62. Ueb. S. 159—61). Princ. I. 18—22. (Ueb. S. 172—74).

Sind nicht meine Gedanken willkürlich? Es hinge dann von mir ab, ob es einen Beweisgrund für das Dasein Gottes geben soll oder nicht! Man muß daher als die erste Bedingung der Möglichkeit eines ontologischen Beweises fordern, daß die Idee Gottes in uns kein willkürlicher, sondern ein nothwendiger, mit unserem Wesen untrennbar verbundener Gedanke ist. Wenn sich diese Nothwendigkeit nicht aus dem Wesen des Menschen begründen läßt, so ist der ontologische Beweis schon in seinem ersten Ausgangspunkte verfehlt und hinfällig, denn ihm fehlt jeder solide Boden, auf dem er ruht. Hieraus erhellt, daß er anthropologisch begründet und gerechtfertigt sein will.

Indessen sind wir, selbst wenn jene erste Bedingung erfüllt ist, noch lange nicht am Ziele. Die Idee Gottes in uns sei nothwendig. Folgt daraus schon die Existenz Gottes? Wenn wir genöthigt sind, das vollkommenste Wesen vorzustellen, so müssen wir dasselbe freilich als wirklich denken, aber ist denn die gedachte Wirklichkeit schon die reale? Ist die Existenz in meiner Vorstellung auch die Existenz außerhalb und unabhängig von derselben? Es ist nicht einzusehen, wie mein Vorstellen und Denken jemals über sich selbst hinausgehen und die Realität eines Wesens jenseits aller vorgestellten und vorstellbaren Objecte bezeugen soll. So lange daher die Idee Gottes nur meine Vorstellung ist, erzeugt durch mein Denken, wie nothwendig immer dieses Denken sein mag, so lange ist auch die Existenz Gottes nur meine Idee. Die gedachte Existenz ist und bleibt nur eine mögliche; die von mir und meiner Vorstellung unabhängige Wirklichkeit ist auf blos ontologischem Wege schlechterdings nicht erweisbar. Soll die Idee Gottes in mir das Dasein Gottes beweisen, so muß sie mehr als blos meine Vorstellung sein, sie muß die Existenz Gottes nicht blos vorstellen, sondern in einem gewissen Sinne selbst sein. Setzen wir den Fall, daß diese Idee, die ich habe, Gottes selbsteigene Wesensäußerung, seine unmittelbare Wirkung wäre und als solche sich mir ankündigte, dann allerdings wäre sie der directe Beweis göttlicher Ursächlichkeit, also göttlichen Daseins. Wie aber darf ich eine Idee, die ich als meine Vorstellung, als eine unter anderen, vorfinde, als Wirkung Gottes betrachten? Und nicht genug, daß ich sie als solche betrachten darf, vielmehr soll ich sie gar nicht anders ansehen können. So gewiß als ich selbst bin, so gewiß soll diese Idee nicht mein Product, sondern die Wirkung Gottes in mir sein.

Dies ist nun der zu beweisende Punkt, auf den in der Gotteslehre Descartes' geradezu alles ankommt. Wenn sich beweisen ließe, daß die Idee Gottes in uns 1) nothwendig ist, 2) unmöglich unsere Wirkung sein kann, so würde der fragliche Punkt festzustellen sein. Es müßte gezeigt werden, daß ein unvollkommenes Wesen, wie das unsrige, nicht im Stande ist, die Vorstellung des vollkommenen zu erzeugen. In jedem Fall müßte die Selbsterkenntniß unserer Unvollkommenheit und Ohnmacht, also die Erforschung des eigenen Wesens, unsere Selbstprüfung der erste Schritt auf dem Wege zur Gotteserkenntniß sein. Nicht blos der erste Schritt, auch das Licht auf diesem Wege! Dieses Licht, welches die Gotteslehre Descartes' und ihr ontologisches Argument allein erleuchtet, fehlt dem scholastischen Beweise gänzlich. In dem letzteren ist die Hauptsache, daß wir ein vollkommenes Wesen vorstellen; in dem Beweise Descartes' ist die Hauptsache, daß wir eine Vollkommenheit vorstellen, die wir selbst nicht haben, und weil wir sie nicht haben. Darum geht bei ihm der ontologische Beweis an der Hand des anthropologischen, der sich auf die menschliche Selbsterkenntniß gründet. Wenn aus der menschlichen Natur einleuchtet, daß sie genöthigt ist, ein vollkommenes Wesen vorzustellen, dann allein hat der ontologische Beweis einen sicheren Ausgangspunkt; wenn eben so aus der menschlichen Natur einleuchtet, daß die Gottesidee nicht ihr Werk, sondern die Bethätigung und Wirkung Gottes in ihr ist, dann allein hat jener Beweis ein erreichbares Ziel.

Die Bedingungen, die unsere Gottesidee haben muß, um für das Dasein Gottes beweiskräftig zu sein, sind demnach ihre nothwendige oder ursprüngliche Conception und ihre göttliche Herkunft; beide faßt Descartes in den Ausdruck der „angeborenen Idee" zusammen. Nicht aus der bloßen Idee Gottes wird dessen Dasein erschlossen, sondern aus der angeborenen Idee, die als Bethätigung oder Wirkung Gottes ein Ausdruck ist des göttlichen Daseins in uns. Aus dieser uns angeborenen Idee Gottes seine Existenz folgern, heißt demnach so viel als: aus dem Dasein Gottes in uns das Dasein Gottes erkennen. Dies ist kein vermittelter Schluß, sondern ein unmittelbarer, kein Syllogismus, sondern eine einfache Gewißheit, es wird von dem Begriff Gottes zu dem Dasein desselben nicht als zu etwas Neuem fortgeschritten, sondern in dem Begriff wird das Dasein entdeckt, nicht als ein Merkmal unter anderen, sondern dieser

Begriff ist göttliches Wirken und Dasein selbst. Die Erkenntniß des letzteren ist daher durch keine Mittelglieder bedingt, sondern eben so intuitiv als unsere Selbstgewißheit; beide sind gleich einleuchtend und gleich gewiß. Wie aus dem „cogito" unmittelbar „sum" folgt, ebenso folgt aus „Deus cogitatur" unmittelbar „Deus est". Eben so gewiß, als ich bin, ist ein Wesen außer mir; eben so gewiß als ich weiß, daß ich bin, weiß ich jetzt, daß ich nicht allein bin, daß außer und unabhängig von mir noch ein anderes selbständiges Wesen existirt. In dem „cogito, ergo sum" war der Geist gleichsam monologisch in sich versunken, er hatte sich von der Betrachtung der äußeren Dinge abgewendet und aus seiner Innenwelt zunächst keine andere Gewißheit als die seines eigenen Daseins gewonnen. In der Musterung seiner Ideen entdeckt sich eine, die alle anderen übertrifft und gleich auf den ersten Blick ihre höhere Abkunft verräth; während alle übrigen Vorstellungen dem einsamen Denker immer wiederholen: „du bist, ich bin nur ein Spiegel deines Wesens, eine Wirkung deines Vermögens!" verkündet ihm diese allein: „ich bin, ich spiegele in dir ein anderes und weit besseres Wesen, als du selbst, und bin darum nicht aus dir, sondern aus meinem Urbilde entsprungen!" Bei allen übrigen Objecten bezeugt die Thatsache meiner Vorstellung die Möglichkeit ihrer Existenz, bei diesem allein die Nothwendigkeit derselben; bei allen übrigen ist Begriff und Sache, Wesen und Dasein, „essentia" und „existentia" zweierlei, hier allein sind beide ein und dasselbe.

III. Selbstgewißheit und Gottesgewißheit.

1. Die Gewißheit der eigenen Unvollkommenheit.

Der Satz: „Deus cogitatur, ergo Deus est" soll eben so gewiß sein als der Satz: „cogito, ergo sum". Die Methode fordert die deductive Verknüpfung der Wahrheiten; darum muß zwischen jenen beiden Sätzen ein unmittelbarer Zusammenhang sein und einleuchten, und da das „cogito" feststeht, so will dieses zunächst als der Grund des „Deus cogitatur" begriffen werden. Unsere Vorstellung Gottes ist nothwendig, wenn sie in der unseres eigenen denkenden Seins unmittelbar enthalten und durch dieselbe gegeben ist, wenn unser Selbstbewußtsein und Gottesbewußtsein zwei Seiten einer und derselben Anschauung bilden, die so genau zusammengehören, wie rechts und links, oben und unten. Dieser Zusammenhang zwischen „cogito" und „Déus cogitatur", zwischen Selbstgewißheit und Gottesgewißheit ist der zu beweisende und zu erleuchtende Punkt, ohne welchen die Lehre Descartes' unverstanden bleibt. Diese Lehre darf nicht, wie es gewöhnlich geschieht, so genommen und dargestellt werden, daß sie zuerst eine Methode verspricht, dann ihr Versprechen nicht hält, sondern von dem Satze der Selbstgewißheit auf den der Causalität und weiter auf den ontologischen Beweis vom Dasein Gottes springt, aus dem Wesen Gottes einige Eigenschaften, darunter die Wahrhaftigkeit ableitet und nun guten Muthes an die Erkenntniß der Dinge geht. Wenn es sich mit dem Ideengange Descartes' auf diese Art verhielte, dann gäbe es darin keinen methodischen Fortschritt, und Epistemon's Einwurf würde gelten, daß man mit dem Satz der Selbstgewißheit nicht von der Stelle rücke. „In der That, eine schöne Erkenntniß! Ihr habt die Methode, alles zu bezweifeln, um ja nicht zu straucheln, und trippelt darum auf demselben Punkte herum, ohne je einen Schritt vorwärts zu kommen!" Epistemon sagt, was Descartes ihn sagen läßt! Der Philosoph kannte diesen Einwurf.*)

Um den methodischen Fortschritt von der Selbstgewißheit zur Gottesgewißheit zu entdecken, muß man den Ausdruck der ersten, das „cogito" oder „sum cogitans", genau in dem Sinne nehmen, in welchem der Philosoph diesen Satz findet und feststellt. Das Wahrheitsbedürfniß fordert die Selbstprüfung, die in der Einsicht besteht, daß wir uns in so vielen Fällen wirklich, darum möglicherweise stets täuschen, daß wir keinen Grund haben, eine unserer Ansichten für wahr zu halten, vielmehr in einem Zustande durchgängiger Unsicherheit sind und die Wahrheit völlig entbehren. Auf diese Selbsterkenntniß gründet sich jener umfassende Zweifel, der die Möglichkeit der Täuschung ohne Ausnahme einräumt und deutlich erkennt, daß uns die Wahrheit fehlt. Der cartesianische Zweifel ist nichts anderes als die Gewißheit dieses Mangels, dieser unserer durchdurchgängigen intellectuellen Unvollkommenheit. In einem und demselben Act offenbart uns der Zweifel unsere denkende Natur und unsere mangelhafte Intelligenz. Nicht umsonst folgt das „cogito, ergo sum" unmittelbar aus dem „de omnibus dubito". Das Wesen,

---
*) Rech. de la vérité. Oeuvres XI. pg. 372—73.

dessen Existenz mir unmittelbar einleuchtet, bin ich selbst; das Wesen, an dessen Wahrheitsbesitz ich durchgängig zweifle, an dessen intellectueller Herrlichkeit ich ganz irre geworden, bin ich selbst. Wer in dem cartesianischen „cogito", diesem selbstgewissen Ausdruck des eigenen Denkens, nicht zugleich (was den vorhandenen Denkzu=
stand betrifft) das Selbstbekenntniß des eigenen und völligen intel=
lectuellen Elends findet, der weiß nicht, was jener Satz bedeutet, und kennt weder sein Thema noch seine Herkunft. Die Selbstgewißheit des eigenen denkenden Seins stammt aus dem Zweifel und ist von der Ueberzeugung des eigenen erkenntnißlosen, der Wahrheit bedürf=
tigen und ermangelnden Denkens durchdrungen.

Die eigene Unvollkommenheit erkennen, heißt Vollkommenheit erstreben und darum vorstellen. Die Idee des Vollkommenen ist daher nothwendig und unmittelbar mit dem Acte verbunden, ja in dem=
selben enthalten, der uns der eigenen Unvollkommenheit gewiß macht. Eben darin besteht der tiefe und jetzt einleuchtende Zusammenhang zwischen dem cartesianischen „cogito" und „Deus cogitatur".*)

2. Die Idee des Vollkommenen und deren Ursprünglichkeit.

So nothwendig als die Vorstellung meiner selbst, ist die Idee Gottes; so nothwendig die Gewißheit meines eigenen unvollkommenen Wesens, ist die Vorstellung des vollkommenen. Diese Vorstellung ist nothwendig und von unserem eigensten Denken unabtrennbar; daraus folgt noch keineswegs die Existenz des vollkommensten We=
sens. Im Gegentheil erheben sich von dem gewonnenen Punkt aus gegen diese Folgerung eine Reihe Zweifel. Gilt das Vollkommene als Ziel unseres Strebens, so kann es, wie nothwendig immer ein solches Ziel vorgestellt werden möge, nichts weiter sein als Idee in uns und durch uns. Mit unseren Kräften zugleich erkennen wir deren Mängel und Schranken; indem wir in Gedanken jene steigern und von diesen absehen, kommen wir auf der bekannten „via eminentiae" zu der Vorstellung eines vollkommensten Wesens, das nichts anderes ist, als unser eigenes unvollkommenes mit Weglassung alles dessen, was die erste Silbe bedeutet. Eben darum, weil die Idee des Vollkommenen aus dem Bewußtsein der unvollkommenen

---

*) Ueber diesen Fortschritt im Ideengange Descartes vgl. disc. de la méth. IV. pg. 159. (Ueb. S. 32.)

Menschennatur hervorgeht, ist sie ein bloßes Gebilde der letzteren, sie ist nur Idee, aber nicht Gott; und der anthropologische Beweisgrund, der den ontologischen zu stützen versprach, scheint denselben erst recht zu erschüttern.

Es ist richtig, daß aus der Idee des Unvollkommenen, wenn wir die Privationen weglassen, die des Vollkommenen erzeugt und ins Bewußtsein erhoben werden kann. Nur ist damit das Problem nicht gelöst, sondern auf die Frage hingewiesen: wie entsteht die Idee des Unvollkommenen? Wie kommen wir zu der Einsicht der eigenen Unvollkommenheit? Ein anderes ist, unvollkommen sein, ein anderes erkennen, daß man es ist. Im ersten Fall ist die Unvollkommenheit der Zustand, in dem ich befangen bin, im zweiten der Gegenstand, den ich mir klar mache. Diese Einsicht zum wenigsten ist nicht unvollkommen, sondern eben so vollkommen als wahr. Daß ich im Zustande der Selbsttäuschung befangen bin, ist ein unzweifelhafter Beweis meiner Mängel; daß ich die Schranken dieses Zustandes durchbreche und meine Selbsttäuschung einsehe, ist ein unzweifelhafter Beweis einer in mir vorhandenen Vollkommenheit, ohne welche ich im Dunkel der Täuschung beharren und die Idee meiner Unvollkommenheit mir nie aufgehen würde. Wenn es sich um die Schätzung eines Kunstwerks handelt, so weiß jeder, daß es der Kunstkenner ist, dem die Mängel desselben auf das Klarste einleuchten, weil er mit den Vollkommenheiten vertraut ist, welche die Kunst besitzt und die Natur dieses Kunstwerks fordert. Für den Idioten giebt es keine Mängel, entweder findet er alles gut oder tadelt ins Blaue. Unvollkommenheiten sieht nur der Kenner, sie sind nur im Lichte des Vollkommenen erkennbar; dieses Licht erleuchtet jene „via eminentiae", auf welcher der Mensch die Idee des Vollkommenen erst zu finden glaubt; es ist kein Wunder, daß er sie findet, da er sie hatte und haben mußte, als er seine eigene Unvollkommenheit einsah. Ohne Wahrheit kein Wahrheitsbedürfniß, keine Selbstprüfung, kein Irrewerden an uns selbst und allen unseren Vorstellungen, kein Zweifel, keine Selbstgewißheit, kein „cogito ergo sum"

3. Die Ursprünglichkeit, Realität und Wahrhaftigkeit Gottes.

Jetzt kehrt sich das Verhältniß um, und was die Folge zu sein schien, ist in Wahrheit der Grund: aus der Idee des Vollkommenen stammt die des Unvollkommenen, jene ist ursprünglicher als diese, also auch ursprünglicher als die Erkenntniß unserer eigenen Unvollkommenheit, unseres eigenen, denkenden Seins. In unserer Gottesgewißheit wurzelt unsere Selbstgewißheit. Die Idee Gottes ist nicht blos eine unter anderen, sondern einzig in ihrer Art, weil von ihr alles Licht ausgeht, sie ist nicht blos eben so klar und einleuchtend als die Vorstellung unseres eigenen Wesens, sondern weit klarer, weil sie diese Vorstellung erst erleuchtet: „sie ist unter allen Ideen, die wir haben, die hellste und deutlichste, darum die wahrste."*) Dieser Satz Descartes' ist erst jetzt verständlich.

Wie aber die Ursprünglichkeit der Idee Gottes, ihre Unabhängigkeit von unserem Denken und Sein, ihre Ursächlichkeit in Rücksicht auf unsere Selbsterkenntniß einleuchtet, so ist damit die Realität Gottes von selbst klar. Es ist bewiesen, daß die Idee des Vollkommenen, ursprünglich wie sie ist, nicht blos eine Idee ist, sondern Gott. Ohne Wirklichkeit Gottes keine Idee Gottes, keine Idee des Vollkommenen in uns, keine Einsicht unserer eigenen Unvollkommenheit, kein „de omnibus dubito", kein „cogito ergo sum". In diesem Zusammenhange erkennen wir den Ideengang Descartes' in seiner methodischen Bündigkeit.

Und nicht blos daß Gott ist, erscheint jetzt über jeden Zweifel erhaben (weil die Existenz und Idee Gottes überhaupt erst den wahren Zweifel ermöglicht), sondern auch, was er ist. Die Idee, welche uns den Zustand unserer eigenen intellectuellen Unvollkommenheit auf das Hellste erleuchtet, kann nichts anderes sein als die intellectuelle Vollkommenheit selbst, mit der sich keine Art des Mangels verträgt. Dieser Gott ist darum die absolute Wahrheit und Wahrhaftigkeit selbst, die mit der Täuschung auch die Absicht zu täuschen von sich ausschließt.**) Damit ist das letzte und schwerste Bedenken gehoben, das bei unserer Selbstprüfung der Möglichkeit einer wahren Erkenntniß in den Weg trat. Jetzt weiß ich, daß kein Dämon mich in eine Scheinwelt gebannt und mit undurchdringlicher Blindheit geschlagen hat; wäre ich vom Wahne, wie von einem dunklen labyrinthischen Kerker ohne Ausweg, gefangen gehalten, so könnte ich nicht einmal zweifeln, denn schon der Zweifel beweist, daß ich die Täuschung erkenne und mir etwas inwohnt von dem

---

*) Méd. III. pg. 281—82. (Ueb. S. 103—104.) — **) Méd. III. pg. 291. IV. 294. (Ueb. S. 109, 111.) Princ. I. § 29. (Ueb. S. 177).

untrüglichen Licht. Jetzt ist der Zweifel gelöst: die Erkenntniß der Dinge ist möglich, meine Vorstellungen sind keine Trugbilder, die Dinge sind so, wie ich sie vorstelle, wenn ich sie in jenem untrüglichen Licht betrachte, d. h. wenn ich sie klar und deutlich erkenne.

Nachdem wir so die Gotteslehre Descartes' in ihrem wahren Zusammenhange kennen gelernt, wird man einsehen müssen, daß die Sätze von der Idee, der Realität und der Wahrhaftigkeit Gottes nicht erbauliche Versicherungen sind, sondern Principien, welche die Erkenntniß begründen und das weitere System tragen.

Fünftes Capitel.
Der Ursprung des Irrthums. Verstand und Wille. Die menschliche Freiheit.

I. Der Irrthum als Willensschuld.

1. Die Thatsache des Irrthums.

Die Möglichkeit der Erkenntniß steht fest. Mit dieser Gewißheit erhebt sich ein neuer, dem ersten entgegengesetzter Zweifel, denn die Möglichkeit der Erkenntniß scheint in einer Weise begründet zu sein, die den Irrthum ausschließt. Zuerst war nichts einleuchtender als unser Irrthum, jetzt ist nichts räthselhafter. Wenn unser denkendes Wesen aus dem Urquell des Lichts und der Wahrheit stammt, wenn wir nicht unter die Macht der Täuschung gebannt sind und die Welt, die wir vorstellen, kein Trugbild ist, sondern wahrhaft wirklich: woher dann die Möglichkeit der Täuschung und jener Zustand der Verblendung, worin wir uns in der That befinden? Der Grund derselben kann nicht in Gott, auch nicht in der Natur unserer Vorstellungen, also nur in uns selbst gesucht werden. Nicht wir werden getäuscht, sondern wir täuschen uns selbst. Aller Irrthum ist Selbsttäuschung. Die Frage ist: worin diese Selbsttäuschung besteht und aus welcher Quelle sie herrührt?*)

Es ist schon früher gezeigt worden, daß in dem bloßen Zustande unserer Vorstellung noch kein Irrthum stattfindet und die Möglich-

---

*) Méd. IV. pg. 3. (Ueb. S. 110—111.)

keit des letzteren erst mit dem Urtheil eintritt, welches unsere Vorstellungen für Zustände oder Eigenschaften der Dinge außer uns erklärt.*) In einem Urtheil solcher Art wird der Irrthum vollzogen oder geäußert, aber dieser Ausdruck des Irrthums ist nicht dessen Quelle. Was im Urtheile behauptet wird, ist entweder wahr oder falsch; eine wahre oder falsche Behauptung ist noch nicht mein Irrthum. Erst dann habe ich geirrt, wenn ich ein wahres Urtheil für falsch, ein falsches für wahr, ein zweifelhaftes für gewiß, ein sicheres für unsicher halte. Ein wahres Urtheil für falsch halten, heißt dasselbe verneinen, ein falsches für wahr halten, heißt dasselbe bejahen; wenn ich ein zweifelhaftes Urtheil für gewiß und ein gewisses für zweifelhaft ansehe, so verneine ich im ersten Fall die Unsicherheit, im zweiten die Sicherheit desselben. Hieraus erhellt, daß nicht im Urtheil als solchem, sondern in unserer Annahme oder Verwerfung, in unserer Bejahung oder Verneinung des Urtheils der eigentliche Irrthum besteht und daher die Quelle desselben nur in unserem Vermögen des Bejahens oder Verneinens, des Annehmens oder Ablehnens enthalten sein kann.

Dieses Vermögen fordert eine nähere Bestimmung. Wenn wir jedes wahre Urtheil zu bejahen, jedes falsche zu verneinen gezwungen wären, so könnten wir nicht irren. Daher kann der Irrthum nur aus einem solchen Vermögen des Bejahens oder Verneinens entstehen, welches jeden Zwang von sich ausschließt und völlig von unserem Belieben abhängt. Dieses unbedingte und freie Vermögen, dasselbe ebenso wohl zu bejahen als zu verneinen, ist der Wille oder die Wahlfreiheit (Willkür). Das Urtheil ist Sache des Verstandes, die Bejahung oder Verneinung desselben ist Sache des Willens: der Irrthum besteht darin, daß wir dem wahren Urtheil das falsche vorziehen, daß wir das letztere lieber wollen; er ist nur dadurch möglich, daß die Wahl zwischen beiden völlig in unserer Macht liegt. Es ist demnach klar, daß im Irrthum die beiden Vermögen des Verstandes und Willens zusammenwirken, indem kraft seiner Freiheit der Wille den Irrthum durch den Verstand verschuldet oder, was dasselbe heißt, indem der Wille den Verstand von der Bahn der Erkenntniß ablenkt.**)

---

*) S. vor. Cap. S. 301 flgd. — **) Méd. IV. pg. 298. (Ueb. S. 113—114.)

2. Wille und Verstand.

Um die Quelle des Irrthums ganz zu erforschen, muß das Verhältniß jener beiden Vermögen näher untersucht werden. Wenn der Wille genöthigt wäre, das wahre Urtheil zu bejahen, das falsche zu verneinen, das unsichere dahingestellt sein zu lassen, so wäre er an den Verstand gebunden, von demselben beherrscht und geleitet, in seiner Tragweite ebenso beschränkt als dieser. So verhält es sich, wie schon dargethan, keineswegs. Unser Verstand ist beschränkt, es giebt vieles, das in seine Fassungskraft entweder gar nicht oder nur unklar und undeutlich fällt; es giebt nichts, wozu sich der Wille nicht bejahend oder verneinend, annehmend oder ablehnend oder auch indifferent d. h. weder bejahend noch verneinend verhalten könnte; er reicht daher weiter als der Verstand, er erstreckt sich auf das Erkannte ebenso wohl als auf das Nichterkannte und kann sich zu dem einen wie zu dem anderen sowohl bejahend als verneinend verhalten. „Der Wille ist daher größer als der Verstand." Er ist nicht blos größer, sondern da er sich auf alles erstreckt, während dieser in seiner Erkenntniß sich auf eine bestimmte Sphäre eingeschränkt findet, so ist der Wille unbeschränkt, während der Verstand beschränkt ist. Diese unbedingte Willensgröße ist unsere Freiheit und Gottähnlichkeit. „Der Wille oder die Willensfreiheit", sagt Descartes, ist unter allen das einzige Vermögen, das nach meiner Erfahrung so groß ist, daß ich mir ein größeres nicht vorstellen kann. Dieses Vermögen ist es vorzugsweise, kraft dessen ich das Ebenbild Gottes zu sein glaube." Wenn aber Wille und Verstand sich so zu einander verhalten, daß dieser einer natürlichen Schranke unterliegt, während jener völlig frei ist, so leuchtet ein, daß keines der beiden Vermögen, für sich genommen, die Quelle des Irrthums sein kann: nicht der Verstand allein, denn er ist als unser natürliches (von Gott abhängiges) Erkenntnißvermögen untrüglich; nicht der Wille allein, denn er ist als unser unbedingtes Freiheitsvermögen im eigentlichen Sinne des Worts göttlich.*)

Jenes Zusammenwirken beider Vermögen, wodurch der Irrthum zu Stande kommt, muß demnach darin bestehen, daß der menschliche Wille kraft seiner Freiheit den Verstand verkehrt und das untrügliche Licht in ein Irrlicht verwandelt. Der Irrthum kann nichts

---
*) Méd. IV. pg. 298—300. (Ueb. S. 114—116.) Princ. I. 34—38. (Ueb. S. 179.)

anderes sein als verschuldeter Unverstand. Diese Erklärung ist zu verdeutlichen.

3. Der verschuldete Unverstand.

Vermöge seiner Unbeschränktheit erstreckt sich der Wille sowohl auf das Erkannte als auf das Nichterkannte, auf die erleuchtete und auf die dunkle Verstandessphäre; kraft seiner Freiheit kann er das eine wie das andere sowohl bejahen als verneinen. Wenn er aber unabhängig von der klaren und deutlichen Erkenntniß bejaht oder verneint, so handelt er grundlos, d. h. er urtheilt unbegründet und irrt darum in jedem Fall, gleichviel wie er urtheilt, gleichviel welches Urtheil er bejaht oder verneint. Der Irrthum reicht daher weiter, als wir zunächst bestimmt hatten. Auch die Bejahung eines wahren Urtheils ist ein Irrthum, wenn sie grundlos stattfindet. Ich bejahe das Urtheil, ohne zu wissen, daß und warum es wahr ist, ich urtheile im Dunkeln, tappe durch Zufall in die Wahrheit und verhalte mich zu der letzteren, wie das blinde Huhn zum Korn. Wollte ich wahr gegen mich selbst sein, so müßte ich bekennen: ich weiß nicht, wie es mit der Sache steht, ich bin im Unklaren und lasse von mir aus jede sachliche Behauptung dahingestellt. Sobald ich aber urtheile, bilde ich mir eine Gewißheit ein, die ich nicht habe, ich täusche mich also selbst, d. h. ich irre. Oder ich will eine Gewißheit zur Schau tragen, die mir fehlt, und von der ich weiß, daß sie mir fehlt, ich täusche also andere, d. h. ich betrüge. Ist das bejahte Urtheil seinem Inhalt nach falsch, so ist der offenbare Irrthum ein doppelter, zugleich sachlich und persönlich, ich täusche mich in der Sache und zugleich über mich selbst. Um das frühere Beispiel zu wiederholen: es ist kein Irrthum, daß ich die Sonne als bewegte Scheibe vorstelle; ich irre, sobald ich urtheile, daß die Sonne eine bewegte Scheibe ist; ich irre sachlich und persönlich, wenn ich das geocentrische System bejahe; ich irre, wenn ich ohne Einsicht in die Gründe dieses System verneine und das entgegengesetzte für wahr halte.

II. Der Wille zur Wahrheit.

1. Die Verhütung des Irrthums.

Der Irrthum besteht in der grundlosen Behauptung, er entsteht aus der Willkür als dem grundlosen Vermögen des Bejahens und Verneinens. In diesem Vermögen liegt zugleich die Macht weder zu bejahen noch zu verneinen, d. h. jede grundlose Behauptung zurückzuhalten oder, was dasselbe heißt, jeden Irrthum zu vermeiden. Sobald ich wahr gegen mich selbst bin, muß ich den Zustand meiner persönlichen Ungewißheit, den Mangel meiner Einsicht erkennen, und kraft dieser Erkenntniß bin ich im Stande, mich jedes Urtheils und Scheinwissens zu enthalten. Wenn aber in jedem Fall, wo wir irren, die Möglichkeit nicht zu irren offen stand, so ist jeder Irrthum, in den wir gerathen, unsere selbsteigene That und Schuld, wir würden nicht irren, wenn unsere Erkenntniß vollkommen wäre, sie ist unvollkommen, diese Unvollkommenheit ist nicht unsere Schuld, sondern Mangel oder Schranke unserer Natur; ohne diesen Mangel gäbe es keine Möglichkeit zu irren, trotz desselben würden wir den Irrthum vermeiden, wenn wir unser Urtheil vorsichtig zurückhielten und niemals mehr zu wissen scheinen wollten, als wir in Wahrheit klar und deutlich einsehen: wenn wir in keinem Falle dem be= gründeten Urtheil das unbegründete vorzögen. Diese Wahl macht den Irrthum, unsere Willensfreiheit ermöglicht die Wahl. Der begründeten Urtheile sind wenige, der unbegründeten viele, der Schein mehr zu wissen, als man in Wahrheit weiß, ist verführerisch und veranlaßt jenen Mißbrauch der Freiheit, wodurch wir die unbegrün= deten Urtheile den begründeten vorziehen. Jetzt läßt sich genau sagen, was der Verstand und was der Wille zum Irrthum beiträgt: der Beitrag des Verstandes liegt in seiner Schranke, der des Willens in seiner Schuld; die Schranke des Verstandes ist natürlicher, die Schuld des Willens ist sittlicher Mangel, nämlich Mangel an persönlicher Wahrhaftigkeit, ächter Selbsterkenntniß und Selbstprüfung.*)

Aus der gegebenen Erklärung folgt, daß der Irrthum verschul= deter Weise eintritt, sobald wir Nichterkanntes als Erkanntes be= handeln. Unter das Nichterkannte gehört auch das Unerkennbare. Die Absichten Gottes vermögen wir nicht zu erkennen, darum dürfen wir auch nichts durch diese Absichten erkennen wollen: die teleo= logische Erklärung der natürlichen Dinge ist daher irrthümlich. „Schon aus diesem Grunde darf jenes ganze Geschlecht der Ursachen, das dem Zweckbegriff entlehnt wird, in der Erklärung der Natur, meiner Meinung nach, keine Stelle haben, denn ich halte es für tollkühn, nach den Absichten Gottes zu forschen." Hier begegnen sich Descartes

---

*) Méd. IV. pg. 304—308. (Ueb. S. 117—19.)

und Spinoza, beide verneinen die Geltung des Zweckbegriffes in der Erklärung der Dinge: jener wegen der Unerkennbarkeit, dieser wegen der Unmöglichkeit göttlicher Absichten. Der Schritt von der Unerkennbarkeit zur Unmöglichkeit ist nicht groß und in der Richtung des Rationalismus eine nothwendige Forderung.*)

Daß wir irren, ist nicht Gottes Schuld, sondern die unsrige. Soweit unser Wille den Irrthum verursacht, leuchtet schon ein, daß der letztere nicht unter die Werke Gottes gehört. Aber auch die Unvollkommenheit unserer intellectuellen Natur thut der göttlichen Vollkommenheit keinen Abbruch. Diese fordert die Vollkommenheit der göttlichen Werke, die im Ganzen besteht und durch die Mängel der einzelnen Dinge so wenig leidet, daß sie vielmehr daraus resultirt. Die Unvollkommenheit unseres beschränkten Daseins erscheint in Rücksicht auf das Ganze, also auch in Rücksicht auf Gott als Vollkommenheit. „Was, wenn es allein vorhanden wäre, vielleicht mit Recht für sehr unvollkommen gelten müßte, ist, als Theil des Ganzen betrachtet, vielleicht sehr vollkommen." Hier treffen sich Descartes und Leibniz. Die Rechtfertigung der Vollkommenheit des Ganzen aus der Unvollkommenheit des Einzelnen bildet den Grundgedanken der leibnizischen Theodicee, wie die Nichtigkeit der Zwecke und Zweckbegriffe den der Lehre Spinozas.**)

2. Die niedere und höhere Willensfreiheit.

Unser Irrthum ist unsere Willensschuld, er ist durch die Willensfreiheit verursacht und durch dieselbe zu vermeiden. Daher müssen wir innerhalb der letzteren gewisse Zustände oder Stufen unterscheiden, je nachdem sie durch ihr Verhalten den Irrthum verschuldet oder vermeidet; es giebt also verschiedene Freiheitsstufen, niedere und höhere, und für die niedrigste muß diejenige gelten, die den Irrthum unmittelbar erzeugt. Dieser besteht in der grundlosen Bejahung oder Verneinung und folgt aus dem grundlosen Verhalten des Willens, d. h. aus der bloßen Willkür, die durch keinerlei Vernunftgründe in der Wahl ihrer Urtheile oder Handlungen bestimmt wird. Daher ist die Willensindifferenz die unterste Stufe der Freiheit. Die Freiheit ist um so höher und der Wille um so freier, je klarer die Gründe sind, aus denen er bejaht oder verneint, d. h. je einsichtsvoller er handelt.

---

*) Méd. IV. pg. 297. (Ueb. S. 112—113.) **) Méd. IV. pg. 297—98. (Ueb. S. 113.)

„Jene Indifferenz aber, die ich erfahre, sobald keinerlei Vernunft=
gründe mich mehr nach der einen als nach der anderen Seite be=
wegen, ist die unterste Stufe der Freiheit und beweist nicht deren
Vollkommenheit, sondern nur das Nichtvorhandensein der Einsicht.
Wenn ich immer klar wüßte, was wahr und gut ist, so würde ich nie=
mals in Zweifel sein, was zu urtheilen und zu wählen, und mich
vollkommen frei, aber nie indifferent verhalten."*) So unterscheidet
sich von der niederen die höhere, von der indifferenten und grund=
losen die vernunftgemäße, von der erkenntnißlosen und blinden die
erleuchtete Freiheit. Durch die letztere allein ist sittliches Handeln
möglich. Hier erblicken wir den Grundgedanken der Sittenlehre
Descartes'.

3. Die Freiheit vom Irrthum.

An dieser Stelle erhellt sich auf das Klarste wieder der Anfang
der ganzen Lehre. Um die Blendungen unserer eingewurzelten Selbst=
täuschung zu durchschauen, gab es nur ein einziges Mittel: wir
mußten an uns selbst irre werden, an der Gültigkeit und Realität
aller unserer Vorstellungen zweifeln, uns an diesen Zweifel ge=
wöhnen und diese Selbstprüfung ebenso in uns befestigen, als
sich die Selbsttäuschung befestigt hatte. Diese intellectuelle Um=
wandlung kann nur durch den Willen geschehen: durch den Willen
zur Wahrheit. Jetzt sehen wir unserer Selbsttäuschung und dem
Zweifel, der sich gegen dieselbe richtet, auf den Grund. Nicht in
unseren Vorstellungen liegt der Irrthum, sondern in unseren Ur=
theilen, nicht in den Urtheilen als solchen, sondern in deren grund=
loser Bejahung oder Verneinung, also in einem Willensact, den
zurückzuhalten, wir die Freiheit haben. So ist es im letzten Grunde
der Wille, der den Verstand verdunkelt und uns in Irrthum stürzt;
ebenso ist es der Wille, der uns vor dem Irrthum bewahrt und von
demselben befreit.

Wir wollen bejahen oder verneinen, ohne gedacht und erkannt
zu haben: das ist die Unwahrheit gegen uns selbst, unsere Selbst=
täuschung, unser Irrthum. Wir wollen nur bejahen oder verneinen,
nachdem wir deutlich erkannt haben: das ist die Wahrheit gegen
uns selbst, der Zweifel an der Richtigkeit unserer Vorstellungen, die
Einsicht in unser Nichtwissen, der feste Entschluß zu erkennen, klar

---

*) Méd. IV. pg. 300—301. (Ueb. S. 115 16.)

und deutlich zu denken und, so lange wir im Unklaren sind, nicht zu urtheilen. Nach diesem Entschluß gleich einem unverbrüchlichen Gesetze zu handeln, ist Sache des Willens und des Charakters. „So erwerben wir die Freiheit nicht zu irren wie eine Art Gewohnheit und hierin besteht die größte und hauptsächliche Vollkommenheit des Menschen."*)

Sechstes Capitel.

Gegensatz zwischen Geist und Körper. Uebergang zur Naturphilosophie.

I. Die Substantialität der Dinge.

1. Das Dasein der Körper.

Nachdem die Möglichkeit der Erkenntniß bewiesen und die des Irrthums erklärt ist, muß jetzt zu der Frage geschritten werden, wie es sich mit der Realität der Gegenstände verhält, die wir als Dinge außer uns vorstellen? Der sinnliche Glaube bejaht diese Realität, die Selbstprüfung und der Zweifel haben den Glauben an die Wahrheit der sinnlichen Vorstellung erschüttert. Die Idee Gottes hat mich erkennen lassen, daß ich nicht allein in der Welt bin; aus der Vollkommenheit Gottes sollte einleuchten, daß die Unvollkommenheit meines Daseins zur Vollkommenheit des Ganzen gehört; ich bin unvollkommen, weil beschränkt, ich bin beschränkt, weil ich nicht das Ganze, sondern nur ein Theil desselben, nicht das einzige Wesen außer Gott, sondern nur eines unter anderen bin: also giebt es außer mir noch andere Wesen in der Welt.

Meine Vorstellungen sind wahr, sofern ich mich nicht selbst täusche; die Dinge sind so, wie ich sie vorstelle, wenn ich sie klar und deutlich denke. Sie erscheinen mir als Körper. Ist diese Erscheinung nicht meine Selbsttäuschung? Giebt es in Wirklichkeit Körper?

Gewiß ist, daß die Vorstellung oder das Bild der Körper meinem Geiste gegenwärtig ist, daß ich mir das Dasein derselben einbilde. Wenn mein Denken allein die Ursache dieser Einbildung sein kann oder, was dasselbe heißt, wenn denken und einbilden völlig

---

*) Méd. IV. pg. 306—307. (Ueb. S. 119.)

identisch sind, so ist kein Grund, die Thatsache, daß ich Körper vorstelle, aus einer äußern Ursache zu erklären. Aber das Einbilden ist, wie es scheint, von dem reinen Denken verschieden. Ich erfahre diesen Unterschied, sobald ich mich zu demselben Object denkend oder einbildend verhalte; es ist schwierig, ein Tausendeck bildlich vorzustellen, während dasselbe eben so leicht als ein Dreieck gedacht wird. Da nun das Wesen des Geistes im Denken besteht, so scheint das Vermögen der Einbildung nicht blos von der geistigen Natur abhängig zu sein, sondern die Verbindung derselben mit der körperlichen zu fordern; es scheint, daß ohne Körper unsere Einbildung der Körper nicht stattfinden könne. Daher soll die Thatsache dieser Einbildung als der Grund gelten, aus welchem das Dasein der Körper einleuchtet. Der ganze Beweis ruht auf der unbewiesenen Voraussetzung, daß denken und einbilden verschieden sind und das letztere etwas Anderes ist als eine bloße Modification des Denkens. Auf diesem Wege läßt sich das Dasein der Körper im günstigsten Fall wahrscheinlich, aber nie gewiß machen.*)

Dagegen scheint der gesuchte Beweis mit größerer Sicherheit sich auf die Thatsache unserer sinnlichen Empfindung stützen zu können. Wie sollen ohne die Wirklichkeit der Körper Affecte, wie Lust und Schmerz, Triebe, wie Hunger und Durst, Stimmungen, wie Freude und Trauer, Sensationen, wie Härte und Weichheit, Wärme und Kälte, Farben und Töne, Geruchs- und Geschmacksempfindungen, möglich sein? Es ist gewiß, daß wir solche Vorstellungen haben, daß sie unter allen die lebhaftesten und eindringlichsten sind, daß sie ohne unser Zuthun kommen, also, wie es scheint, von Dingen außer uns herrühren, daß wir von den letzteren auf keinem anderen Wege als durch unsere sinnlichen Eindrücke Kenntniß erhalten, daher wir diese für den Ausdruck der Dinge selbst, für deren ähnlichste Abbilder halten. Unwillkürlich beziehen wir unsere sinnlichen Vorstellungen auf körperliche Ursachen, wie durch einen Naturinstinct dazu geleitet; wir betrachten diese Vorstellungen, da sie die ersten sind, die wir haben, als die Elemente aller übrigen und kommen so zu der Ansicht: daß in unseren Verstand alle Ideen durch die Sinne eingehen, und alle sinnlichen Eindrücke durch körperliche Ursachen bewirkt werden. Indessen wissen wir ja, wie sehr wir uns über die Wahrheit unserer

---

*) Méd. VI. pg. 322 25. (Ueb. S. 129—31.)

sinnlichen Vorstellungen täuschen, nicht blos im Traum, wo sie gar keine Realität haben, auch im wachen Zustande, wo uns die Wahrnehmung denselben Gegenstand bald so, bald anders erscheinen läßt, bisweilen auch völlig täuscht. Der viereckige Thurm erscheint in der Ferne rund; nach einer Amputation wird der Schmerz noch in dem Gliede empfunden, das dem Leibe fehlt. Das Dasein der Körper läßt sich demnach aus unserer Empfindung eben so wenig gewiß machen als aus unserer Einbildung.*)

So viel ist gewiß, daß wir sinnliche Vorstellungen haben, daß diese verursacht sein müssen, und das hervorbringende Vermögen entweder in oder außer uns existirt. In uns könnte es nur der Verstand oder der Wille sein, der die sinnlichen Eindrücke macht; dann müßten die letzteren entweder gedacht oder gewollt werden, sie sind keines von beiden, sie kommen ohne Zuthun des Denkens und Wollens, oft sogar gegen den Willen; daher kann die Ursache derselben nicht unser Geist, d. h. nicht wir selbst sein. Also existirt diese Ursache außer uns, entweder in Gott oder in Dingen anderer Natur als Gott und unser eigenes geistiges Wesen. Setzen wir, Gott sei die Ursache unserer sinnlichen Vorstellungen, so müßten dieselben durch ihn entweder unmittelbar oder durch Mittelursachen höherer Art erzeugt sein; sie würden dann auf einem Wege entstehen, der uns völlig verborgen wäre und bliebe, während wir durch unsere Natur selbst getrieben sind, den Ursprung jener Vorstellungen in einer ganz anderen Richtung zu suchen. Der wahre Ursprung bliebe uns dann nicht blos verhüllt, wir wären darüber nicht blos mit Blindheit geschlagen, sondern in einer völligen Täuschung befangen, die keine Selbsttäuschung ist, sondern ohne unsere Schuld aus der Beschaffenheit unserer Natur hervorgeht; wir wären dann durch Gott selbst in die Irre geführt, was der göttlichen Wahrhaftigkeit (intellectuellen Vollkommenheit) widerstreitet. Es ist demnach sicher, daß die Ursache unserer Vorstellung der Körper nicht wir, nicht Gott, sondern die Körper selbst sind. So nennen wir die von Gott und Geist verschiedenen Naturen. Die Körper sind. Die nächste Frage heißt: was sind die Körper?**)

---

*) Méd. VI. pag. 325—31. (Ueberf. S. 131—34.) — **) Méd. VI. pag. 331—35. (Ueb. S. 135—37). Zu vgl. oben Cp. IV. S. 316.

2. Die Substanzen. Gott und die Dinge.

Es leuchtet ein, daß die Körper als Ursache unserer Vorstellung der Körper in Wirklichkeit sind, daß sie unabhängig von unserem Denken existiren und zu ihrem Dasein nicht des unsrigen bedürfen. Ein solches selbständiges Wesen nennt Descartes Substanz. „Ich sage: zwei Substanzen sind in Wahrheit verschieden, wenn jede von beiden ohne die andere sein kann." „Eben darin besteht das Wesen der Substanzen, daß sie sich gegenseitig ausschließen." Diese Bestimmung gilt von der körperlichen und geistigen Natur, jede existirt unabhängig von der anderen, jede ist in dieser Rücksicht Substanz. Nur in dieser Rücksicht. Denn ist die Substanz ein Wesen, das zu seiner Existenz keines anderen bedarf, also vollständig unabhängig ist, so kann streng genommen nur ein solches Wesen substantiell sein, welches selbst von nichts und von dem alles Andere abhängt. Wären solcher Substanzen mehrere, so müßten sie sich gegenseitig ausschließen, darum einschränken und bedingen: daher kann das absolut unabhängige Wesen, die Substanz im wahren Sinne des Wortes, nur ein einziges Wesen sein. Diese eine Substanz ist Gott. Er ist Substanz im absoluten Sinn, Geist und Körper sind es im relativen; Gott ist unendlich, Geist und Körper dagegen, weil sie sich gegenseitig ausschließen und beschränken, sind endlich. Es giebt demnach zweierlei Substanzen: Gott und die Dinge, jener ist unendliche Substanz, diese sind endliche. Wir können sie nicht zwei Arten der Substanz nennen, denn sie haben keinen gemeinschaftlichen Gattungsbegriff. Ausdrücklich erklärt Descartes: das Wort Substanz dürfe nicht in demselben Sinn (univoce) von Gott und den Dingen gebraucht werden. Gott ist die Ursache aller Dinge. Daher sind Geister und Körper in Rücksicht auf Gott abhängige Wesen, denn sie bedürfen zu ihrem Dasein der Existenz und Wirksamkeit Gottes. Der Begriff der Substanz muß demnach in Rücksicht auf die Welt oder den Inbegriff der endlichen Dinge dahin eingeschränkt werden, daß er solche Wesen bezeichnet, die zu ihrer Existenz blos Gottes Mitwirkung bedürfen. „Unter der Substanz, die in keiner Weise eines anderen Wesens bedarf, kann nur eine einzige, nämlich Gott, verstanden werden, alle anderen dagegen können begreiflicherweise nur unter der Mitwirkung Gottes existiren. Daher paßt der Name Substanz nicht „univoce"" wie sich die Schule ausdrückt, auf Gott und jene anderen Wesen, d. h. es giebt keine Bedeutung des Wortes

Substanz, die von Gott und den Creaturen gemeinschaftlich gelten könnte."*)

In dieser Erklärung sind zwei Begriffe folgenreich: die Einheit der Substanz, der gegenüber die Dinge (Geister und Körper) nur uneigentlich Substanzen genannt werden, also eigentlich nicht Substanzen sind, und die Mitwirkung Gottes. Der erste Begriff enthält das Motiv des Spinozismus, der zweite das der occasionalistischen Lehre.

3. Attribut und Modi.

Die Substanzen sind grundverschieden. Was sie sind, ist nur aus ihren Aeußerungen oder Eigenschaften erkennbar; diejenige Beschaffenheit, welche die Wesenseigenthümlichkeit der Substanz ausmacht und derselben nothwendig zukommt oder innewohnt, heißt Attribut. Das Attribut ist die Qualität, ohne welche die Substanz weder sein noch gedacht werden kann; innerhalb derselben sind verschiedene und wechselnde Bestimmungen möglich, das Attribut bleibt, aber es kann sich auf mannigfaltige Art gestalten und äußern: diese Arten heißen Modi oder Modificationen. Substanz und Attribut können ohne Modi, aber diese nicht ohne jene gedacht werden, daher sind die Modi (nicht nothwendige, sondern) zufällige Beschaffenheiten der Substanz und heißen in dieser Rücksicht Accidenzen. So kann der Geist nicht sein ohne Denken, wohl aber ohne dieses oder jenes Object einzubilden und zu begehren: das Denken ist das Attribut des Geistes, einbilden und begehren sind Modificationen des Denkens. Die Figur kann nicht ohne Raum, wohl aber der Raum ohne Figur gedacht werden kann, die Figuren sind Modificationen des Raums, welcher selbst ein nothwendiges Attribut der körperlichen Natur ausmacht. Die Substanz kann nicht ihr Wesen, nur ihre Modi ändern; der Wechsel ihrer Zustände und damit alle Veränderung überhaupt fällt unter den Begriff des Modus. In Gott ist keine Veränderung möglich, darum giebt es in ihm nur Attribute, nicht Modi.**)

In diesen Begriffen sind alle Arten der Unterschiede enthalten. Diese bestehen entweder zwischen verschiedenen Substanzen, oder zwi-

---

*) Obj. et Rép. Def. V—X. Prop. IV. (Oeuvr. I. pg. 453—54, pg. 464—65. Ueb. S. 154, 162). Pr. I. § 51—52. (Ueb. S. 186—87.) — **) Princ. I. § 52. 56. (Ueb. S. 187, 189.)

schen Substanz und Attribut, wie zwischen verschiedenen Attributen, oder zwischen Substanz und Modus, wie zwischen verschiedenen Modi: die erste Art des Unterschiedes nennt Descartes real, die zweite rational, die dritte modal. Real z. B. ist der Unterschied zwischen Geist und Körper, rational der zwischen Geist und Denken, Körper und Ausdehnung, Ausdehnung und Theilbarkeit, modal der zwischen Körper und Figur oder Figur und Bewegung.*)

II. Die Attribute der Dinge.

1. Die falschen Attribute.

Wir erkennen das Wesen der Dinge aus ihren nothwendigen Eigenschaften oder Attributen. Die Frage, worin diese bestehen, kann jetzt als die Formel gelten, die das Erkenntnißproblem eingeht. Was sind die Dinge an sich? Was sind sie als Objecte unserer klaren und deutlichen Vorstellung? Die Frage wäre einfach zu beantworten, wenn sie nicht zugleich auch Objecte unserer unklaren und undeutlichen Vorstellungen wären. In der Sichtung dieser beiden Denkarten liegt der schwierige und kritische Punkt, die Aufgabe, ohne deren Lösung von einer Erkenntniß der Dinge selbst keine Rede sein kann. Was wir in den Dingen klar und deutlich vorstellen, ist deren wahres Attribut; was wir in den Dingen unklar und undeutlich vorstellen, ist ein falsches. Es handelt sich daher um die kritische Sonderung beider. Wenn wir von unserer Anschauung der Dinge die falschen Attribute abziehen, so bleiben die wahren übrig. Welches also sind die falschen oder imaginären Attribute? Offenbar alle diejenigen Beschaffenheiten, die wir den Dingen als solchen zuschreiben, während sie nur unserer subjectiven Vorstellungsweise zukommen. Wenn wir für eine Eigenschaft der Körper ansehen, was Eigenschaft blos unseres Denkens ist, so setzen wir auf Rechnung der Körper, was allein auf die unsrige gehört; dann ist die Rechnung von Grund aus verwirrt und die Einsicht in das Wesen der Dinge unmöglich. Je gewohnter und unwillkürlicher diese falsche Betrachtungsart ist, um so gründlicher ist die Verwirrung, um so schwieriger die Sichtung.

Wir nehmen die Zeitdauer eines Dinges als eine in der Natur desselben enthaltene Beschaffenheit und sagen: die Zeit eines Dinges

---

*) Princ. I. § 61—62. (Ueb. S. 192—93.)

betrage so viele Tage, Monate, Jahre u. s. w. Diese Bestimmungen sind nichts anderes als gewisse Quanta oder Zahlen der Bewegung der Erde oder des Mondes. Das Ding, das so viele Monate dauert, hat als solches nichts mit dem Monde zu thun. Wir vergleichen sein Dasein mit der Bewegung des Himmelskörpers, wir zählen diese Bewegung, wir messen mit dieser Zahl die Dauer des Dinges und machen so die Zeitbestimmung, die das Ding als Eigenschaft haben soll: wir machen sie, d. h. unser Denken. Die Zeit ist nicht Eigenschaft des Dinges, sondern unseres Denkens, sie ist ein „modus cogitandi". Zählen und messen sind Arten des Denkens. Was von der Zeit gilt, gilt ebenso sehr von der Zahl und von allen jenen gemeinsamen Prädicaten, die das Denken, indem es die Dinge vergleicht, bildet, also von allen Gattungs= und Artbegriffen, den sogenannten Universalien, deren Porphyrius die bekannten fünf (quinque voces, wie die Schullogik sie nannte) unterschied: Gattung, Art, Differenz, Eigenthümlichkeit, zufällige Beschaffenheit. Das Dreieck ist Gattungsbegriff, das rechtwinklige Dreieck ist Art und spezifische Differenz, das pythagoreische Größenverhältniß seiner Seiten ist seine Eigenthümlichkeit (proprium), Ruhe oder Bewegung seine zufällige Beschaffenheit (accidens).*)

Die abstracten Merkmale der Dinge sind unsere Denkarten, die sinnlichen Qualitäten derselben unsere Empfindungsweisen. Wir meinen, das Ding sei hart oder weich, kalt oder warm, sauer oder süß, hell oder dunkel, es habe diese oder jene Farbe, diesen oder jenen Ton u. s. f. Alle diese Bestimmungen sind nicht Eigenschaften der Dinge, sondern Empfindungszustände unserer Sinnesorgane. Um die sogenannten sinnlichen Qualitäten klar und deutlich zu erkennen, müssen wir zwischen unserer Natur und der der Dinge genau unterscheiden und nicht dieser zuschreiben, was jener gehört. Die Empfindungen sind in uns, nicht in den Dingen. Sobald wir unsere Natur in die der Dinge einmischen, ist die Vorstellung der letzteren verdunkelt und die Erkenntniß verwirrt. Es scheint so, als ob Licht und Farbe dem Dinge, das wir sehen, als ob Schmerz oder Kitzel dem Gliede unseres Leibes, wo wir jenes Gefühl haben, wirklich zukomme oder inwohne. Auch irren wir nicht, so lange wir blos behaupten, daß es so scheint. Erst das Urtheil, daß es so ist, macht

---

*) Princ. I. § 57 - 59. (Ueb. S. 189—91.)

den Irrthum: dieses Urtheil, welches dem Scheine folgt! Wenn wir uns von diesem Scheine täuschen lassen, sind wir in der Selbsttäuschung befangen. Daß wir diese bestimmten Sensationen haben, ist richtig; daß wir sie als Eigenschaft der Dinge vorstellen, ist falsch. Die Sensation als Zustand unserer Empfindung ist klar; als Eigenschaft der Dinge ist sie unklar. Was in der Natur des Dinges dieser unserer Empfindung entspricht oder dieselbe veranlaßt, ist zunächst dunkel; wenn wir daher die sinnlichen Qualitäten den Dingen selbst zuschreiben, so stellen wir etwas vor, von dem wir nicht wissen, was es ist, d. h. wir haben eine unklare Vorstellung. Klar und deutlich erkennen wir in den Körpern Ausdehnung, Figur, Bewegung, nicht eben so Farben und Töne, Wärme und Kälte u. s. f. Unsere Empfindung als Eigenschaft der Dinge ist eine völlig unklare Vorstellung. Wir urtheilen: die Dinge sind so, wie wir sie empfinden. Jetzt zeigt sich, welcher Werth diesem Urtheile zukommt. Es ist vollkommen dasselbe, als ob wir sagen: die Dinge sind so, wie wir sie vorstellen, wenn wir sie unklar und undeutlich vorstellen. Dieses Urtheil ist grundfalsch. Nicht die Empfindung ist falsch, sondern das unbedachtsam und unkritisch darauf gegründete Urtheil. Hier fehlt die Selbstprüfung: dieser Mangel an dieser Stelle ist „der erste und hauptsächlichste Grund aller unserer Irrthümer."*)

2. Die Hauptquelle und das Heer unserer Irrthümer.

Um die wahren und falschen Attribute der Dinge zu sondern, ist eine Besonnenheit, eine aufmerksame Selbstprüfung und Geistesreife nothwendig, die wir im Alter der Kindheit noch nicht haben können. Unter der ersten Einwirkung der Dinge sind wir nicht im Stande, die wesentlichen und scheinbaren Eigenschaften derselben zu unterscheiden und setzen daher beide einander gleich. So beginnt die Verwirrung. Wir glauben, die Dinge sind so, wie wir sie wahrnehmen; wir beurtheilen die Realität der Körper nach der Art und dem Grade unserer Empfindung: je stärker der Eindruck, um so größer erscheint uns die Realität, je schwächer der Eindruck, um so ohnmächtiger, meinen wir, sei das Ding: wo der Eindruck fehlt, ist für uns nichts vorhanden. So halten wir die Sterne für kleine Flammen, die Erde für unbeweglich, ihre Oberfläche für eben,

---

*) Princ. l. § 66—71. (Ueb. S. 195—98.)

die Luft für weniger real als Steine und Metalle u. s. f. Wir leben nur in den Objecten, die wir äußerlich und sinnlich vorstellen, ohne unserer eigenen vorstellenden Thätigkeit inne zu sein und zu gedenken; diese Selbstvergessenheit oder dieser Mangel an Selbstbesinnung verbirgt uns unsere eigene geistige Natur; jetzt glauben wir, daß es überhaupt keine anderen Objecte gebe, als die wir sinnlich vorstellen, keine anderen Substanzen als Körper, keine anderen Körper als die sinnlich wahrgenommenen. In diesem Glauben leben die meisten Menschen und nehmen ihn zur Richtschnur ihrer Gedanken und Handlungen; es ist darum kein Wunder, daß sie ihr Leben lang unklar denken und handeln.

Nach den gewohnten Vorstellungen richtet sich die Sprache. Der Irrthum nistet sich in den Sprachgebrauch ein und gewinnt durch die Worte einen gemeingültigen und stereotypen Ausdruck, der selbst der entdeckten Wahrheit den hartnäckigsten Widerstand leistet. Trotz Kopernikus und Galilei wird in der Sprachgewohnheit der Menschen die Sonne nie aufhören, sich um die Erde zu drehen. Durch die Sprache allein geschieht die Mittheilung. So werden die Irrthümer in den Worten nicht blos befestigt, sondern überliefert und fortgepflanzt von Geschlecht zu Geschlecht; die Begriffe wachsen allmählig mit den Worten so eng zusammen, daß die Trennung sehr schwer fällt und die meisten sich nur an die Worte halten, ohne sich der Begriffe bewußt zu sein. Das Wort tritt an die Stelle des Dinges. „Da wir uns leichter an die Worte als an die Sachen erinnern, so haben wir fast nie den Begriff einer Sache so deutlich, daß wir ihn von aller Wortbedeutung absondern können. Und das Denken fast aller Menschen hat mehr mit den Worten als mit den Dingen zu thun, so daß sie gewöhnlich unverstandenen Worten ihren Beifall geben, weil sie meinen, sie hätten sie einst verstanden oder von den glaubwürdigsten Autoritäten empfangen." Daher ist die Büchergelehrsamkeit und die Schulweisheit an wahrer Erkenntniß so arm und unergiebig: sie beruht auf dem Glauben an Worte.

Die Worte werden dem Gedächtniß eingeprägt, und wenn sie hier eine Zeitlang aufbewahrt worden, so entsteht der Schein, als ob mit ihnen auch die Vorstellungen und Dinge längst bekannte Objecte wären und eine Prüfung derselben gar nicht nöthig sei. Das Wort wird zum völlig geläufigen und bekannten Gedächtnißobject, das bekannte Wort gilt als bekannte Sache, d. h. das Unbekannte gilt als bekannt, das Bekannte als erkannt: damit ist der Irrthum in seiner Grundform vollendet. Das blos Bekannte ist in der Regel am wenigsten erkannt, denn es wird am wenigsten geprüft, weil es die Prüfung als überflüssig erscheinen läßt; der Schein des Bekannten ist der größte Feind der Erkenntniß und der stärkste Schutz der Selbsttäuschung. So wird der Irrthum in der schlimmsten, weil der Selbstprüfung abgeneigtesten Form vollendet und chronisch gemacht. „Darin irren wir am häufigsten, daß wir in vielen Dingen meinen, wir wüßten sie längst, dieselben dem Gedächtniß überlassen und nun als völlig bekannte Objecte bejahen, während wir sie in Wahrheit niemals erkannt haben."

Nicht die sinnliche Vorstellung ist der Irrthum, sondern unser Glaube daran. Aus diesem Irrthum folgen die übrigen; Sprache und Gedächtniß tragen alles dazu bei, unsere Irrthümer zu befestigen, zu verbreiten und die Selbsttäuschung dergestalt zur Herrschaft kommen zu lassen, daß der Wille zur Selbstprüfung verschwindet. „Um ernsthaft zu philosophiren und die Wahrheit aller erkennbaren Dinge zu erforschen", so endet Descartes das erste Buch seiner Principien, „müssen wir vor allem die Vorurtheile ablegen und uns sorgfältig hüten, überlieferten Meinungen Glauben zu schenken, es sei denn, daß wir sie geprüft und für wahr befunden; dann müssen wir unsere eigenen Ansichten methodisch und aufmerksam untersuchen und nur als wahr gelten lassen, was wir klar und deutlich begriffen. Bei dieser Untersuchung werden wir zuerst erkennen, daß wir selbst denkende Wesen sind, daß ein Gott ist, von dem wir abhängen, und aus dem, als der Ursache aller Dinge, die Möglichkeit einer wahren Erkenntniß der letzteren folgt; daß wir außerdem ewige Wahrheiten, wie den Satz der Causalität, in uns tragen; daß wir eine körperliche oder ausgedehnte, theilbare und bewegliche Natur als wirkliches Object vorstellen, daß wir gewisse Affecte und Sensationen haben, deren Ursachen uns noch unbekannt sind. In diesen wenigen Sätzen sind, wie mir scheint, die hauptsächlichsten Principien der menschlichen Erkenntniß enthalten." „Der Philosoph darf nichts für wahr gelten lassen, das er nicht als solches eingesehen, und wenn er den Sinnen ohne Prüfung glaubt, so setzt er auf die Urtheile der kindischen Einbildung ein größeres Vertrauen als auf die Einsichten der reifen Vernunft."

Siebentes Capitel.

Naturphilosophie. A. Das mathematische Princip der Naturerklärung.

I. Die Ausdehnung als Attribut der Körper.

1. Der Körper als Gegenstand des Denkens.

Im Fortgange der methodischen Untersuchung ist die Realität unseres Geistes, Gottes und der Körper außer Zweifel gesetzt worden; wir erkennen klar und deutlich, daß es Dinge außer uns giebt, die unabhängig von unserem Denken existiren, also Substanzen sind: endliche, wie wir, im Unterschiede von Gott, körperliche im Unterschiede von uns, die wir geistige sind. Diese Einsicht in den Gegensatz der Geister und Körper bildet den Schlußpunkt der Metaphysik und den Ausgangspunkt der Naturphilosophie, den Uebergang von der Erkenntnißlehre zur Körperlehre. Die physikalische Grundfrage heißt: was sind die Körper an sich? Worin besteht das Attribut derselben?

Aus dem Gegensatz der beiden Substanzen folgt, daß in die Vorstellung der Körper keine Eigenschaft geistiger Natur eingemischt werden darf, daß alle blos subjectiven Vorstellungsweisen, insbesondere unsere Empfindungsarten in Abrechnung kommen müssen. Die Körper sind, was sie nach Abzug ihrer sinnlichen Beschaffenheiten sind; sie sind, auch wenn wir sie nicht wahrnehmen, daher gehören ihre wahrnehmbaren oder sinnlichen Qualitäten nicht zu ihrem Wesen als solchem. Der Stein erscheint hart, wenn wir ihn berühren; in Staub verwandelt, hört er nicht auf Stein, wohl aber hart zu sein. Was von der Härte gilt, gilt auch von Wärme und Kälte, Farbe, Schwere u. s. f. Die Farbe gehört nicht zum Wesen des Steins, denn es giebt durchsichtige Steine, die Schwere nicht zum Wesen des Körpers, denn es giebt solche, die nicht schwer sind, wie das Feuer. Descartes befolgt in der Sichtung und Kritik des Begriffs der körperlichen Natur genau dasselbe Verfahren, als in der Prüfung der geistigen. In der Selbsterkenntniß handelte es sich um den reinen Begriff unseres Wesens, in der Erkenntniß der Welt außer uns um den reinen Begriff des Körpers: dort mußte von unserem Wesen alles abgesondert werden, das nicht nothwendig zu demselben gehörte, alles, dessen Realität sich bezweifeln ließ; nichts blieb übrig, als die denkende Thätigkeit selbst: diese war das Attribut des Geistes. Eben so muß jetzt von dem Wesen des Körpers alles abgesondert werden, was nicht nothwendig zu demselben gehört, alles, was sich absondern läßt, ohne das selbständige Dasein oder die Substanz der körperlichen Natur aufzuheben; so bleibt nichts übrig als die reine Materialität oder Ausdehnung: diese ist das Attribut des Körpers.

Werden die beiden, einander entgegengesetzten Attribute vermischt, indem wir unsere Denk= und Empfindungsweisen als Eigenschaften der Körper betrachten, so entsteht eine zweifache Verwirrung, und wir täuschen uns sowohl über das Wesen der materiellen Natur als das der eigenen. Die Körper als Träger allgemeiner Begriffe und sinnlicher Beschaffenheiten vorstellen, heißt dieselben in denkende Naturen verwandeln oder anthropomorphisiren. Eben dagegen ist die cartesianische Naturphilosophie grundsätzlich gerichtet, sie will die Physik von allen Anthropomorphismen befreien und die körperliche Natur erkennen nach Abzug der geistigen des Menschen. Unwillkürlich dichten wir unsere Eigenthümlichkeiten den Körpern an, und die Art, wie wir sie betrachten, ist zugleich der Schleier, der uns die Körper verhüllt. Sie zu entschleiern, ist daher die erste Bedingung, sie zu erkennen. Wenn die Hülle, die gleichsam aus dem Stoff der geistigen Natur gewebt ist, fällt, so kann nichts anderes enthüllt werden als der Körper in seiner Nacktheit, in seiner dem Geist entgegengesetzten, geistentblößten Natur: diese ist bloße Ausdehnung. Der Geist ist als die selbstbewußte zugleich die selbstthätige innere Natur, alle Selbstthätigkeit ist geistiger Art; dieser völlig entgegengesetzt ist der träge Zustand des blos nach außen gerichteten Seins d. h. des Ausgedehntseins oder der Materie. Darum ist die Ausdehnung das Attribut des Körpers; der Gegensatz zwischen Geist und Körper ist gleich dem Gegensatz der denkenden und ausgedehnten Substanz.

Da von diesem Begriffe der Ausdehnung alle weiteren Folgerungen und Probleme der Lehre Descartes' abhängen, so soll die Begründung desselben noch eingehender verdeutlicht werden. Man muß sich klar machen, wie aus dem Gesichtspunkt der cartesianischen Geisteslehre keine andere Auffassung des Körpers möglich ist, wie dieser als Gegenstand des Denkens und Gegentheil des Geistes kein anderes Attribut als das der Ausdehnung behält. Der Körper soll rein physikalisch d. h. als bloßes Erkenntnißobjekt betrachtet werden, was nur geschehen kann, wenn unsere Betrachtung die Bedingungen erfüllt, unter denen es überhaupt erst Gegenstände giebt. Gewöhnlich meint man, diese seien ohne weiteres gegeben und wir haben nur die Sinne zu öffnen, um sie zu empfangen und ihre Eindrücke zu erwarten, sie seien das Modell, wir die wächserne Tafel. So einfach ist die Sache nicht. Es giebt keinen Gegenstand ohne Gegenüberstellung, ohne daß ich mich von dem Dinge, dieses von mir unterscheide, d. h. mein Wesen von dem seinigen absondere und als selbstbewußtes oder denkendes Wesen der Außenwelt gegenübertrete: es giebt kein Object ohne Subject, kein Du ohne Ich. Es giebt kein Subject ohne Selbstgewißheit, ohne selbstbewußte Unterscheidung, ohne Denken. Nur das Denken hat Objecte, weil es dieselben entstehen läßt, diese sind so wenig gegeben als das Denken selbst, das kein vorhandenes und fertiges Ding ist, sondern Thätigkeit, die nur so weit reicht, als wir derselben gewiß sind, als das Bewußtsein sie erleuchtet. Ohne die denkende Selbstgewißheit, das „cogito ergo sum" giebt es keine Objecte, auch keine Körper als Objecte. In unserer Empfindung stehen uns die Dinge nicht gegenüber, sondern berühren und ergreifen uns, sie sind nicht unsere Gegenstände, sondern unsere Zustände und Affecte, wir sind nicht von ihnen frei, sondern unter ihrem Eindruck und wissen darum nicht, was sie sind, sondern nur, wie wir sie empfinden. Den Körper als Object betrachten, wie es die Erkenntniß fordert, heißt darum genau dasselbe als sich zu der körperlichen Natur (nicht empfindend, sondern) rein denkend verhalten, sie dem Geist gegenüberstellen und von allem geistigen Wesen absondern d. h. sie dem Geist entgegensetzen, sie als das Gegentheil desselben betrachten, als ein selbstloses, träges, blos ausgedehntes Wesen. Ist der Geist nur denkend, so ist der Körper nur ausgedehnt; ist jener seinem Wesen nach körperlos, so ist dieser geistlos: diese beiden Begriffe fordern und tragen sich gegenseitig.*)

2. Der Körper als Raumgröße.

Der Körper ist eine ausgedehnte Substanz, er ist nichts weiter. Wie der Geist nichts ist ohne Denken, so der Körper nichts ohne Ausdehnung; zwischen Substanz und Attribut giebt es keinen realen Unterschied: daher sind Körper und Ausdehnung identisch, ein Körper

---

*) Princ. II. § 4. 9. 11. (Oeuvr. III.)

ohne Ausdehnung ist entweder ein Wort ohne Sinn oder ein verworrener Begriff. Die Ausdehnung unterscheidet sich in Länge, Breite und Tiefe, sie hat keine anderen Unterschiede als die der räumlichen Dimensionen, sie ist blos räumlich: daher sind Ausdehnung und Raum identisch. Mithin ist der Körper, deutlich vorgestellt, nichts anderes als Raumgröße: der physikalische Begriff desselben daher identisch mit dem mathematischen. Der Raum verhält sich zum Körper, wie die allgemeine Ausdehnung zur beschränkten. Jeder Körper ist eine begrenzte Raumgröße, außer ihm sind andere, deren einige ihn unmittelbar umgeben; der Raum, welchen der Körper einnimmt, ist sein Ort und in Rücksicht auf die Umgebung seine Lage; der äußere Ort ist der Raum (Oberfläche), worin der umgebene und die umgebenden Körper einander berühren, der innere Ort ist der Raum, den der Körper erfüllt, daher sind (innerer) Ort und Größe des Körpers identisch.*)

Gegen den Satz, daß Körper und Raumgröße (Ausdehnung) identisch sind, werden zwei Bedenken erhoben, die sich auf die Thatsache der Verdünnung der Körper und die des leeren Raumes berufen. Wenn Körper und Ausdehnung identisch wären, so müßte derselbe Körper immer dieselbe Ausdehnung haben und könnte nicht bald mehr bald weniger ausgedehnt sein, was der Fall ist, wenn er verdünnt oder verdichtet wird. Der Einwurf ist falsch. Verdünnung ist nicht vermehrte Ausdehnung, denn die Ausdehnung oder Materie besteht in der Menge der Theile, die Verdünnung dagegen nicht darin, daß die Theile des Körpers vermehrt, sondern daß die Zwischenräume desselben vergrößert werden, oder daß andere Körper in dieselben eintreten. So vergrößert sich der mit Wasser gefüllte Schwamm nicht deshalb, weil die Theile des Schwamms an Menge zunehmen, sondern weil sich mehr Wasser als vorher in seinen Zwischenräumen befindet. Die Verdünnung und Verdichtung der Körper besteht daher nicht in ihrer vermehrten oder verminderten Ausdehnung, sondern in der Vergrößerung oder Verkleinerung ihrer Poren.**)

Aber leere Zwischenräume sind leerer Raum, dieser ist Ausdehnung ohne Körper, also ein thatsächlicher Beweis, daß Körper und Ausdehnung nicht identisch sind. Auch dieser Einwurf ist nichtig und beruht auf verworrenen Begriffen. Entweder wird das Leere

---

*) Princ. II. § 10—15.   **) Princ. II.

in relativem oder in absolutem Sinne genommen: im erſten Fall iſt es nicht leer, im zweiten ſinnlos. Der Waſſerkrug, der Fiſchkaſten, das Handelsſchiff heißen leer, wenn im erſten das Waſſer, im zweiten die Fiſche, im dritten die Waaren fehlen, obwohl immer andere Körper da ſind, welche die Behältniſſe füllen. Man nennt den Raum leer, in welchem gewiſſe Körper fehlen, die man entweder dort er=wartet oder die überhaupt ſinnlich wahrzunehmen ſind. Indeſſen hat dieſer gewöhnliche (relative) Begriff des Leeren den philoſophiſchen (abſoluten) zur Folge gehabt. Zwiſchen einem Gefäß und ſeinem Inhalt iſt kein nothwendiger Zuſammenhang; in dem Körper kann Waſſer, auch Luft, auch Sand, auch gar nichts ſein; wenn jeder Inhalt fehlt, ſo iſt das Gefäß abſolut leer. Abſolute Leere iſt nichts, der Raum iſt etwas; es giebt ſo wenig einen leeren Raum, als ein Etwas, das nichts iſt. Das Gefäß kann ohne den Inhalt dieſes oder jenes Körpers, aber nicht abſolut leer ſein, ſonſt wäre es ſelbſt unmöglich. Bei abſoluter Leere würde buchſtäblich nichts ſein, was die concaven Wände der Vaſe von einander trennt, dieſe müßten zuſammenfallen, es gäbe keine Configuration und kein Gefäß mehr. In Wahrheit giebt es keine Leere, ſondern nur den Schein des Leeren. Jeder Körper iſt ausgedehnt und in demſelben Maße voll als er ausgedehnt iſt, er kann nicht mehr oder weniger ausgedehnt, alſo auch nicht mehr oder weniger voll ſein als er iſt, gleichviel ob das Gefäß mit Gold oder Blei, mit Waſſer oder Luft gefüllt iſt oder leer zu ſein ſcheint.*)

II. Die Körperwelt.

Körper und Ausdehnung ſind identiſch, es giebt nichts Leeres: wo Raum iſt, da ſind Körper, aber auch nur Körper, dieſe erſtrecken ſich durch den ganzen Raum, ſo weit derſelbe reicht; er reicht ſo weit als die Ausdehnung; innerhalb der letzteren iſt nichts, das unaus=gedehnt oder untheilbar wäre: es giebt keine Atome, die kleinſten Theile der Körper ſind immer noch theilbar, alſo nicht Atome, ſon=dern Molecüle oder Korpuskeln. Ebenſo wenig kann die Ausdehnung irgendwo aufhören oder begrenzt werden, mit dieſer Grenze müßte das Unausgedehnte anfangen, alſo könnte die Grenze ſelbſt nicht mehr ausgedehnt ſein. Es iſt daher abſolut unmöglich, die Aus=

---

*) Princ. II. § 16—19.

dehnung in Schranken zu schließen, sie ist schlechterdings schranken=
los: daher ist die Körperwelt endlos.

Da die Ausdehnung nirgends leer oder unterbrochen sein kann,
so ist sie stetig und bildet ein Continuum: es giebt daher nicht ver=
schiedene Arten der Ausdehnung oder Materie, also auch nicht ver=
schiedene materielle Welten. Die Körperwelt ist blos ausgedehnt,
schrankenlos und einzig. Außerhalb des Denkens giebt es keine andere
Welt als die körperliche.*)

Achtes Capitel.

Naturphilosophie. B. Das mechanische Princip der Naturerklärung.

I. Die Bewegung als Grundphänomen der Körperwelt.

1. Die Bewegung als Modus der Ausdehnung.

Alle Erscheinungen oder Vorgänge der inneren Welt sind Mo=
dificationen des Denkens; alle Erscheinungen und Vorgänge der
äußeren sind Modificationen der Ausdehnung, die als das Attribut
der körperlichen Substanz erkannt worden. Nun ist die Ausdehnung
ins Endlose theilbar, die Theile derselben lassen sich verbinden und
trennen, woraus verschiedene Bildungen oder Formen der Materie
hervorgehen. Diese Verbindung und Trennung geschieht durch die
Annäherung und Entfernung der Theile d. h. durch Bewegung: die
Ausdehnung ist demnach theilbar, gestaltungsfähig, beweglich. Ihre
möglichen Veränderungen bestehen in Theilung, Gestaltung, Be=
wegung; es giebt keine anderen Modificationen der Ausdehnung.
Mit dieser Erklärung schließt Descartes den zweiten Theil seiner
Principien. „Ich gestehe offen, daß ich in der Natur der körperlichen
Dinge keine andere Materie anerkenne, als jene, die in mannigfal=
tigster Weise getheilt, gestaltet und bewegt werden kann, welche
die Mathematiker Größe (Quantität) nennen und zum Gegenstand
ihrer Demonstrationen machen; daß ich in dieser Materie blos ihre
Theilungen, Figuren und Bewegungen betrachte und nichts für wahr
gelten lasse, das aus diesen Principien nicht so einleuchtend folgt,

---

*) Princ. II. § 20—22.

als die Gewißheit der mathematischen Sätze. Auf diesem Wege lassen sich alle Naturerscheinungen erklären. Deshalb bin ich der Ansicht, daß in der Physik andere Principien, als die hier dargelegten, weder erforderlich noch zulässig sind."*)

Diese Principien lassen sich vereinfachen. Alle Theilung und Gestaltung der Materie geschieht durch Bewegung; daher lassen sich sämmtliche Modificationen der Ausdehnung auf die letztere zurück= führen. Die Veränderungen in der Körperwelt sind insgesammt Be= wegungserscheinungen, aller Wechsel der Materie und alle Ver= schiedenheit ihrer Formen ist durch Bewegung bedingt.**) Jetzt ist der Standpunkt der cartesianischen Naturphilosophie vollkommen klar: das Wesen der Körper besteht in der Raumgröße, die Veränderung derselben in der Bewegung; jenes wird mathematisch, diese mechanisch begriffen: die Naturerklärung Descartes' beruht daher völlig auf mathematisch=mechanischen Grundsätzen.

2. Die Bewegung als Ortsveränderung.

Alle Bewegung besteht in einer räumlichen Veränderung. Nun ist der Raum, den ein Körper in Beziehung auf andere einnimmt, sein Ort oder seine Lage. Wenn sich ein Körper bewegt, verändert er diesen seinen Ort, daher ist alle Bewegung Ortsveränderung: „sie ist die Action, vermöge deren ein Körper aus einem Ort in einen anderen wandert."***)

Dieser Begriff ist näher zu bestimmen, um gegen den Einwurf gesichert zu sein, daß derselbe Körper in derselben Zeit zugleich be= wegt und nicht bewegt sein könne. Ein Körper kann seinen Ort ver= ändern, während er ruht, wie der Mann, der im Schiffe sitzt, während dieses mit dem Laufe des Stroms sich fortbewegt; der Mann ver= ändert seinen Ort in Rücksicht auf die Ufer des Stroms, nicht in Rücksicht auf den Schiffsraum, worin er sich befindet, er bleibt in derselben Nachbarschaft der ihn nächst umgebenden Körper: er ruht. Da die Bewegung lediglich als ein Modus des beweglichen Körpers oder als eine diesem eigene Veränderung gilt, so kann von einem Körper ohne eigene Action, wenngleich er seinen Ort verändert, nicht gesagt werden, daß er sich bewege. Ein Körper oder (da alle Körper Theile einer und derselben Materie sind) ein Theil der Materie

---

*) Princ. II. § 64. — **) Princ. II. § 23. — ***) Princ. II. § 24.

bewegt sich nur dann, wenn er seinen Ort in Rücksicht auf die nächst benachbarten Theile ändert. d. h. wenn er aus der Umgebung derjenigen Körper, die ihn unmittelbar berühren, in die Nachbarschaft anderer versetzt wird. Nur diejenige Ortsveränderung, die den Charakter einer solchen Ortsversetzung oder Translation (Transport) hat, gilt als Bewegung im eigentlichen Sinn.

Aber auch dieser Begriff bedarf noch einer näheren Bestimmung, um dem obigen Einwurf nicht von neuem zu begegnen. Die Ortsveränderung ist immer relativ. Wenn ein Körper A seinen Ort in Rücksicht auf die ihm nächst benachbarten Theile der Materie B verändert, so verändert B auch seinen Ort in Rücksicht auf A. Es ist möglich, daß beide Körper zugleich activ und bewegt sind; aber es giebt Fälle, wo bei der Ortsveränderung zwischen unmittelbar benachbarten Theilen der Materie die Bewegung nur von dem einen Körper und nicht ebenso von dem andern gilt. Zwei Körper A und B bewegen sich auf der Oberfläche der Erde unmittelbar gegen einander. Diese Bewegung ist reciprok und kommt jedem von beiden auf gleiche Weise zu; zugleich ändern beide Körper ihre Orte in Rücksicht auf die ihnen nächst benachbarten Theile der Erdoberfläche, auch diese Ortsveränderung ist reciprok, also müßte auch die Erde in Rücksicht auf A und B für bewegt gelten d. h. sie müßte in derselben Zeit sich in entgegengesetzten Richtungen bewegen, was unmöglich ist. Die Masse der Erde gilt daher in Betreff der irdischen und so viel kleineren Körper, die sich auf ihrer Oberfläche hin- und herbewegen, als ruhend. Hieraus erhellt, daß ein Körper dann bewegt ist, wenn er aus der Umgebung derjenigen Theile der Materie, die ihn unmittelbar berühren und in Rücksicht auf ihn als ruhend anzusehen sind, heraustritt; wenn er diesen seinen Ort nicht verläßt, ruht er. Ein Schiff, das vom Strome vorwärts und vom Winde mit gleicher Gewalt zurückgetrieben wird, bleibt dem Ufer gegenüber an derselben Stelle, es ändert seinen Ort auf der Erde nicht, sondern ruht, während die Theile des Wassers und der Luft, die es umgeben, unaufhörlich bewegt sind. „Wenn wir wissen wollen", sagt Descartes, „was die Bewegung in Wahrheit ist, so müssen wir, um dieselbe genau zu bestimmen, erklären: ""sie ist die Ortsversetzung (Transport) eines Theils der Materie oder eines Körpers aus der Nachbarschaft derjenigen Körper, die ihn unmittelbar berühren und als ruhend gelten, in die Nachbarschaft anderer."" „Unter einem Körper oder einem Theil der Materie verstehe ich die Gesammtheit der bewegten Masse, ganz abgesehen von den Theilen, woraus sie etwa besteht, und die gleichzeitig noch andere Bewegungen haben mögen. Ich sage: die Bewegung ist Ortsversetzung, nicht die Kraft oder Thätigkeit, welche diese Veränderung bewirkt, um durch den Ausdruck darauf hinzuweisen, daß die Bewegung stets in dem beweglichen Objecte stattfindet und nicht in der bewegenden Ursache, denn ich glaube, daß man diese beiden Dinge nicht sorgfältig genau zu unterscheiden pflegt. Wie nämlich die Figur dem geformten und die Ruhe dem ruhenden Dinge als Eigenschaft zukommt, so, meine ich, ist die Bewegung eine Eigenschaft des bewegbaren Dinges, nicht aber ein Wesen für sich oder Substanz."*)

Aus der gegebenen Erklärung lassen sich gewisse Folgerungen in Betreff sowohl der einfachen als der complicirten und zusammengesetzten Bewegung herleiten.

Zunächst folgt, daß jeder Körper, da seine active Ortsveränderung nur in Rücksicht der ihm benachbarten und ruhenden Materie gilt, in derselben Zeit auch nur eine, ihm eigenthümliche Bewegung hat und haben kann. Aber als Theil eines größeren, selbst eigenartig bewegten Körpers, der auch wieder Theil eines größeren und eigenartig bewegten Körpers ist, kann er unbeschadet seiner eigenen Bewegung an unendlich viel anderen theilnehmen. So bewegen sich die Räder eines Uhrwerks in der ihnen eigenthümlichen Art, während sie mit der Uhr in der Tasche des Seemanns, der im Schiff auf- und abgeht, an der Bewegung desselben theilnehmen, mit ihm an der Bewegung des Schiffs, mit diesem an der des Meeres, mit diesem an der Achsendrehung der Erde u. s. f. Die Räder dieser Uhr haben eine eigene, nur ihnen zugehörige Bewegung, während sie zugleich an einer Complication unendlich vieler anderweitiger Bewegungen theilnehmen. Ohne die eigene Bewegung des Körpers von der durch Theilnehmung vermittelten genau zu unterscheiden, würden wir nicht mehr bestimmen können, ob und wie sich ein Körper bewegt. Nun kann diese eigenthümliche Bewegung, obwohl sie in derselben Zeit nur diese und keine andere ist d. h. als einfache erscheint, sehr wohl aus verschiedenen Bewegungen zusammengesetzt sein oder resultiren, wie z. B. ein im Lauf begriffenes Wagenrad zugleich um seine

---

*) Princ. II. § 15. § 24—30.

Achse rotirt und in gerader Linie fortschreitet, oder ein Punkt, der zugleich nach verschiedenen Richtungen getrieben wird, sich in der diagonalen bewegt.

Weiter folgt aus dem Begriff der Bewegung, daß kein Körper für sich allein bewegt sein kann, während alle übrigen ruhen. Es giebt keinen leeren Raum, darum keinen leeren Ort. Wenn daher ein Körper seinen Ort verläßt, so muß sogleich ein anderer an seine Stelle treten, während er selbst aus dem neuen Ort, den er einnimmt, den hier befindlichen Körper verdrängt und nöthigt, wiederum andere Körper aus ihrer bisherigen Lage zu vertreiben. Daher ist mit jedem bewegten Körper zugleich eine Körperwanderung gegeben, die eine Kette bildet, deren letztes Glied in das erste eingreift, so daß stets ein Complex von Körpern bewegt wird, der einen Kreis oder Ring ausmacht.*)

II. Die Ursachen der Bewegung.

1. Die erste Ursache und die Größe der Bewegung.

Das Gesetz der Causalität fordert, daß nichts ohne Ursache geschieht. Die bewegende Ursache ist Kraft, das Gegentheil der Bewegung ist Ruhe. Ruhe ist aufgehobene oder gehemmte Bewegung. Kein Körper kann ohne Kraft bewegt, keine Bewegung ohne Kraft gehemmt werden. Daher ist auch die Ruhe nicht ohne Kraft möglich. Die gegentheilige Ansicht ist ein kindischer Irrthum, der sich auf die kindische Erfahrung gründet, daß wir Kraft und Anstrengung brauchen, um den eigenen Körper zu bewegen, aber keine, um ihn ruhen zu lassen. Sobald man einen anderen bewegten Körper hemmen oder in Ruhe setzen will, wird man sogleich erfahren, ob dazu Kraft gehört oder nicht.**)

Bewegung und Ruhe sind die beiden entgegengesetzten Modi oder Zustände der körperlichen Natur. Die Körper sind blos ausgedehnt und bewegbar, nicht aus eigener Kraft bewegt oder ruhend, denn sie sind von sich aus kraftlos. Woher also kommen Bewegung und Ruhe in die Körperwelt, da sie aus derselben nicht kommen? Beide müssen verursacht sein. Da sie weder durch die Körper noch die Geister bewirkt sein können, so kann ihre erste Ursache nur

---

*) Princ. II. § 31—33. — **) Princ. II. § 26.

Gott sein. Er ist in Rücksicht der Geister das Princip der Erkenntniß, in Rücksicht der Körper das der Bewegung und Ruhe: er erleuchtet jene und bewegt diese oder macht, daß sie unbewegt sind. Die Materie ist im Zustande theils der Bewegung, theils der Ruhe geschaffen, beide kommen ihr ursprünglich zu; wir müssen daher die Körperwelt als eine von Anbeginn theils bewegte, theils ruhende Masse auffassen.

Wenn nun die Körper von sich aus die Bewegung weder hervorbringen noch hemmen können, so haben sie auch nicht die Kraft, dieselbe zu vermehren oder zu vermindern. Darum bleibt das Quantum der Bewegung und Ruhe in der Körperwelt stets dasselbe. Wenn in einem Theile der Materie die Bewegung vermehrt wird, muß sie in einem anderen um eben so viel vermindert werden; wenn die Bewegung in einer Form verschwindet, muß sie in einer anderen erscheinen. Die Größe der Bewegung in der Welt ist constant. Descartes folgert dieses Gesetz aus der Unveränderlichkeit des göttlichen Wesens und Wirkens; das Gesetz ist nothwendig, weil sein Gegentheil sowohl in Folge der göttlichen als der körperlichen Natur unmöglich ist.*)

2. Die zweiten Ursachen der Bewegung oder die Naturgesetze.

Aus der Unwandelbarkeit Gottes folgt, daß alle Veränderungen in der Körperwelt nach constanten Regeln geschehen. Diese Regeln nennt Descartes Naturgesetze. Da alle Veränderungen der Materie Bewegungen sind, so sind sämmtliche Naturgesetze Bewegungsgesetze; da Gott als die erste Ursache der Bewegung gilt, so werden diese Gesetze als die zweiten Ursachen (causae secundae) derselben bezeichnet. Die Körper sind aus eigener Natur kraftlos, daher kann keiner von sich aus den Zustand, in dem er sich befindet, ändern: er bleibt oder beharrt in dem gegebenen Zustand seiner Gestalt und Lage, seiner Ruhe oder Bewegung, bis eine äußere Ursache die Aenderung desselben bewirkt.

1) Darin besteht das erste Naturgesetz. Alle Veränderungen in der Körperwelt erfolgen aus äußeren Ursachen. Man kann dieses Gesetz das der Trägheit oder Beharrlichkeit nennen, nur darf man darunter nicht Ruhe verstehen und etwa meinen, daß ein Körper

---

*) Princ. II. § 36.

von sich aus das Bestreben habe zu ruhen, im Zustande der Ruhe
zu beharren, aus dem Zustand der Bewegung in den der Ruhe zurück=
zukehren. Als ob der Körper die Ruhe lieber hätte als die Bewegung
oder lieber inactiv wäre als activ! Diese Vorstellung ist grundfalsch.
Wenn ein solches Bestreben vorhanden wäre, so würde jeder Körper,
sobald die äußere Ursache seiner Bewegung zu wirken aufgehört
hat, sogleich sich in Ruhestand setzen. Dann würde ein Körper, den
wir mit der Hand fortstoßen, in dem Augenblick ruhen, wo unsere
Hand ihn freiläßt; vielmehr setzt er seine Bewegung fort, bis äußere
Ursachen d. h. andere in seinem Wege befindliche Körper sie hindern
und aufhören machen. Weil wir diese Ursachen nicht einsehen, meinen
wir, daß der Körper nicht aus äußeren Ursachen, sondern aus eigenem
Bestreben ruht. Dieses Urtheil aus Unkenntniß ist unser Irrthum.*)

Wenn überhaupt von einem Streben des Körpers geredet wer=
den darf, so kann dasselbe nur ein Beharrungsstreben sein, aber
nicht darin bestehen, daß einer seiner Zustände auf Kosten des an=
deren erstrebt, sondern daß der Zustand, worin sich der Körper be=
findet, gleichviel ob er ruht oder sich bewegt, erhalten d. h. jeder
äußeren Ursache, die ihn angreift, widerstrebt oder Widerstand
geleistet wird. Dieses Beharrungsstreben fällt mit dem Dasein des
Körpers zusammen. Jedes Ding will sein Dasein erhalten und wehrt
sich gegen seine Vernichtung, jeder Körper vermöge seiner Trägheit
oder Beharrung wehrt sich gegen die Vernichtung seines vorhandenen
Zustandes d. h. er widersteht jeder äußeren Ursache, die jenen Zustand
ändert. Ohne einen solchen Widerstand wäre die Größe der Be=
wegung in der Körperwelt nicht constant. Daher ist der Widerstand
nothwendig. Nun ist jede Leistung ein Kraftausdruck, daher darf
von einer Widerstandskraft der körperlichen Natur geredet und
in diesem Sinn dem Begriffe der Kraft in der Körperwelt Geltung
eingeräumt werden. Die Körper haben keine ursprüngliche Kraft zu
wirken, wohl aber die Kraft äußeren Einwirkungen zu widerstehen.
„Die Kraft eines jeden Körpers, auf einen anderen zu wirken oder
der Einwirkung desselben Widerstand zu leisten, besteht lediglich darin,
daß jedes Ding, so viel es vermag, in dem Zustande, worin es sich
befindet, nach dem ersten aller Naturgesetze, zu beharren strebt."
Diese Kraft hat jeder Theil der Materie; je mehr Theile daher ein

---

*) Princ. II. § 37—38.

Körper hat, um so mehr hat er Kraft. Die Menge der Theile heißt Masse, die Größe der Bewegung Geschwindigkeit. Je größer daher die bewegte Masse, um so größer die Leistung, also die Kraft. Daher ist das Maß der Kraft gleich dem Product der Masse in die Geschwindigkeit.*)

2) Aus dem Gesetz der Beharrung folgt, daß jeder bewegte Körper seine Bewegung fortsetzt und zwar von sich aus in einer Richtung, die unverändert dieselbe bleibt. Wenn er eine Curve beschreibt, so wird in jedem Moment die Richtung verändert, was nur geschehen kann unter der beständigen Einwirkung einer äußeren Ursache. Die unverändert gleichförmige Richtung ist die gerade Linie. Daher muß jeder bewegte Körper von sich aus bestrebt sein, seine Bewegung in gerader Linie und, wenn er kraft einer äußeren Ursache (wie der Stein in der Schleuder) im Kreise bewegt wird, in der Tangente des letzteren fortzusetzen. Jeder Körper muß seinen Bewegungszustand erhalten, er muß deshalb bestrebt sein, in der Richtung der geraden Linie sich fortzubewegen, da jede Abweichung davon nur durch äußere Ursachen bewirkt werden kann. Darin besteht das zweite Naturgesetz.**)

3) Es giebt keinen leeren Raum; daher muß jeder bewegte Körper auf seinem Wege, den er in gerader Linie fortzusetzen bestrebt ist, einem andern Körper begegnen, mit dem er zusammenstößt. Der Zusammenstoß erfolgt entweder in entgegengesetzter oder in derselben Richtung. Im ersten Fall sind entweder beide Körper bewegt oder einer von beiden ruht: setzen wir, daß beide bewegt sind, so lassen sich drei Möglichkeiten unterscheiden, je nachdem auf beiden Seiten Massen und Geschwindigkeiten gleich oder bei ungleichen Massen die Geschwindigkeiten gleich oder bei gleichen Massen die Geschwindigkeiten ungleich sind; setzen wir, daß einer der beiden Körper ruht, so sind ebenfalls drei Möglichkeiten zu unterscheiden, je nachdem die ruhende Masse größer oder kleiner oder eben so groß ist als die bewegte. In dem zweiten der obigen Fälle, wenn die zusammentreffenden Körper in derselben Richtung bewegt sind, soll die kleinere und geschwindere Masse die größere und weniger geschwinde einholen, wobei nach dem Verhältniß der Größendifferenz zur Geschwindigkeitsdifferenz auch drei Möglichkeiten in Frage kommen,

---

*) Princ. II. § 43. — **) Princ. II. § 39.

die aber nicht als gesonderte Fälle betrachtet werden. Im Ganzen sind es daher sieben Fälle, die Descartes bei dem Zusammenstoß der Körper unterscheidet, und demgemäß sieben Regeln, nach denen die Veränderung, die aus dem Zusammenstoße folgt, geschehen soll.*)

Diese Regeln werden unter folgenden Voraussetzungen bestimmt: 1) daß in den Zuständen verschiedener Körper nicht die Bewegungen, sondern nur Bewegung und Ruhe einander entgegengesetzt sind, daher zwischen bewegten Körpern kein anderer Gegensatz als der ihrer Richtungen möglich ist; 2) daß die zusammenstoßenden Körper völlig hart oder fest sind; 3) daß von jeder Einwirkung anderer sie umgebenden Körper, welche die Bewegung der zusammenstoßenden vermehren oder vermindern können, insbesondere der Einwirkung flüssiger Körper, völlig abgesehen wird. Unter diesen Voraussetzungen soll in jedem der unterschiedenen Fälle die Regel bestimmt werden, nach welcher die Körper in Folge des Zusammenstoßes ihre Bewegung und Richtung ändern. Die Veränderung folgt aus der Widerstandskraft der Körper und berechnet sich aus deren Größe. Die größere Widerstandskraft, so rechnet Descartes, besiegt die kleinere oder hindert deren Wirkung.**)

Wenn daher ein Körper B sich in gerader Linie fortbewegt und einem anderen Körper C von größerer Widerstandskraft begegnet, so kann er denselben nicht von der Stelle bewegen oder fortstoßen, denn C ist der Voraussetzung nach vollkommen hart oder fest, aber B vermag in Folge des Widerstandes seinen Weg nicht fortzusetzen, sondern muß in entgegengesetzter Richtung zurückgehen, es verliert daher seine Richtung, nicht aber seine Bewegung, denn Richtungen sind entgegengesetzt, nicht Bewegungen. Wenn aber B die größere Widerstandskraft hat, so wird es seinen Weg mit dem Körper C fortsetzen, es ändert nicht seine Richtung, wohl aber die Größe seiner Bewegung, von der es so viel verliert, als es dem anderen Körper mittheilt. Da die Größe der Bewegung (bewegten Masse) d. h. das Product der Masse in die (einfache) Geschwindigkeit stets dieselbe bleibt, so muß sich die Geschwindigkeit in demselben Maße vermindern, als sich die bewegte Masse vermehrt oder vergrößert, diese kann sich nur durch mitgetheilte Bewegung vergrößern, daher muß jeder Körper,

---

*) Princ. II. § 46—52. — **) Princ. II. § 44, 45.

der einen anderen in Bewegung setzt, so viel von der eigenen Bewegung verlieren, als er diesem mittheilt.*)

Nennen wir die Bewegung, die ein Körper dem anderen mittheilt, seine Wirkung und den Bewegungsverlust, den er eben dadurch selbst erleidet, die Gegenwirkung, so sind in jeder mitgetheilten Bewegung **Wirkung und Gegenwirkung, Action und Reaction stets einander gleich**. Und da innerhalb der Natur keine Bewegung geschaffen, sondern alle nur mitgetheilt, weil nur aus äußeren d. h. körperlichen Ursachen bewirkt werden kann, so ist jene Gleichung das eigentliche Grundgesetz der mechanisch bewegten Körperwelt. Daß Descartes dieses Gesetz, das er aus der Constanz oder Erhaltung der Bewegungsgröße in der Welt ableitet**), als einen besondern Fall behandelt und nicht für alle Arten des Zusammenstoßes gelten läßt, ist der durch falsche Voraussetzungen bedingte Fehler seiner Bewegungslehre. Wenn alle Veränderungen körperlicher Zustände aus äußeren Ursachen folgen, so muß der Bewegungsverlust eines Körpers als eine Wirkung betrachtet werden, deren äußere Ursache die Widerstandskraft desjenigen Körpers ist, dem er Bewegung mittheilt, gleichviel wie groß oder klein dessen Widerstandskraft ist. Es ist falsch, daß die kleinere Wirkungskraft in Rücksicht auf die größere wirkungslos sein soll, oder daß diese die Wirkung jener völlig zu hindern vermag***); es ist falsch, daß im Zusammenstoß der Körper der eine als der stoßende, der andere blos als der gestoßene gilt und nun alles davon abhängt, ob jener größer oder kleiner ist als dieser, es ist endlich falsch, den Gegensatz zwischen Ruhe und Bewegung als absolut und Gegensätze zwischen Bewegungen gar nicht gelten zu lassen.

Aus den Principien Descartes' folgt, daß die Körper von sich aus kraftlos sind, daß sie nur, weil sie in ihrem Zustande beharren müssen, Widerstandskraft haben, daß alle Veränderungen in der Körperwelt aus äußeren Ursachen, darum alle Bewegungen durch Mittheilung d. h. durch Druck und Stoß erfolgen, daß es daher keine inneren, verborgenen Ursachen, keine geheimen Kräfte, überhaupt keine sogenannten qualitates occultae in der Körperwelt giebt. Als eine solche dem Körper eigene und ursprüngliche Kraft gilt die Schwere. Descartes verneint sie: darin besteht der Gegensatz zwischen ihm und Galilei; mit der Schwere muß er die Gravitation

---

*) Princ. II. § 40—42. — **) Princ. II. § 42. — ***) Princ. II. § 45.

und Anziehungskraft verwerfen: darin besteht der spätere Gegensatz Newtons gegen Descartes; er ist deshalb genöthigt, die sogenannten Centralkräfte, wie jede actio in distans, zu verneinen und den Fall der Körper, wie die Bahnen, welche die Planeten beschreiben, aus dem Stoß oder der äußeren und unmittelbaren Einwirkung anderer Körper zu erklären. Da die bisherigen Regeln nur den Zusammenstoß fester oder harter Körper ins Auge gefaßt haben, so werden alle Bewegungen, die daraus allein nicht abzuleiten sind, aus dem Unterschiede der festen und flüssigen Körper, insbesondere aus der Beschaffenheit, Bewegung und Einwirkung der letzteren erkannt werden müssen.*)

III. Hydromechanik. Feste und flüssige Körper.

1. Unterschied beider.

Da es in den Körpern keine anderen entgegengesetzten Zustände giebt als Bewegung und Ruhe, so leuchtet ein, daß hieraus allein die entgegengesetzten Cohäsionszustände fester und flüssiger Körper abzuleiten sind. Schon die handgreifliche Wahrnehmung belehrt uns, daß die festen Körper jeder eindringenden Bewegung, jedem Versuche, ihre Theile zu verschieben oder zu trennen, einen Widerstand entgegensetzen, der bei den flüssigen fehlt. Nun ist nach dem bekannten Satze Descartes' der Bewegung nicht die Bewegung entgegengesetzt, sondern die Ruhe. Was daher den Körper fest oder seine Theile gegen die eindringende Bewegung, die sie zu verschieben oder zu trennen sucht, widerstandskräftig macht, kann nichts anderes sein, als daß diese Theile sich durchgängig im Zustand der Ruhe befinden; während die leichte Verschiebbarkeit und Trennbarkeit der Theile des flüssigen Körpers darin besteht, daß dieselben bis in ihre kleinsten Theile durchgängig bewegt sind. Nichts kann die Verbindung oder den Zusammenhang materieller Theile kräftiger machen als ihre Ruhe, es müßte sie denn eine besondere Art Leim zusammenhalten und verknüpfen; dieses Medium könnte nur Substanz oder Modus sein, aber Substanzen sind die Theile selbst, und Modus derselben ist die Ruhe, sie ist unter allen körperlichen Zuständen der bewegungsfeindlichste. Die Thatsache, daß flüssige Körper, wie Wasser und Luft,

---

*) Princ. II. § 53.

manche feste Körper durch ihre Einwirkung aufzulösen im Stande sind, beweist, daß ihre Theile beständig bewegt sein müssen, da sie sonst jene Körper nicht zersetzen könnten.*)

2. Der feste Körper im flüssigen.

Die Theile der Materie sind entweder ruhend oder bewegt, daher die Cohäsionszustände der Körper entweder fest oder flüssig. Da es keinen leeren Raum giebt, so müssen überall, wo feste Körper nicht sind, flüssige sein; mithin sind von diesen alle Zwischenräume erfüllt und die festen Körper umgeben. Setzen wir nun, daß flüssige Materie, deren kleinste Theile fortwährend, zugleich und dergestalt bewegt sind, daß sie nach allen möglichen Richtungen streben, einen festen Körper rings umgiebt, so wird derselbe überall von flüssigen Theilen berührt und gleichmäßig nach entgegengesetzten Richtungen bewegt, so daß er in der flüssigen Materie, die ihn umgiebt, schwebt oder ruht. Es ist keine Ursache da, kraft deren sich der Körper eher in dieser als in jener Richtung fortbewegen müßte. Sobald daher eine solche äußere Ursache eintritt, sei es auch mit dem geringsten Aufwande von Kraft, die dem Körper einen bestimmten Impuls giebt, so wird sie denselben forttreiben. Die kleinste Kraft genügt, um einen festen, von flüssiger Materie rings umgebenen Körper zu bewegen.**)

Setzen wir nun, daß die flüssige Materie, in welcher der feste Körper schwebt oder ruht, mit ihrer ganzen Masse in einer bestimmten Richtung fortgetrieben wird, wie die Ströme nach dem Meer und die vom Ostwind bewegte Luft nach Westen, so wird jener feste Körper von der Gewalt der Strömung ergriffen und mit den flüssigen Theilen, die ihn berühren und umgeben, fortgetragen werden; er wird daher, während er mit dem Strome treibt, immer in derselben Nachbarschaft bleiben, also seine Umgebung oder seinen Ort nicht verändern: er ruht in der flüssigen Materie, die ihn umgiebt, und deren Gesammtmasse sich in bestimmter Richtung fortbewegt.***)

3. Himmel und Erde. Planetenbewegung. Hypothese der Wirbel.

Auf die Lehre von der Ruhe und Bewegung, von der festen und flüssigen Materie und der Einwirkung dieser auf jene gründet Des-

---

*) Princ. II. § 54—56.   **) Princ. II. § 56—57.   ***) Princ. II. § 61—62.

cartes seine Ansicht von der Ruhe und Bewegung der Weltkörper. Diese ruhen nicht auf Säulen und hängen nicht an Tauen, noch sind sie an durchsichtige Sphären befestigt, sondern schweben in den Räumen des Himmels, die nicht leer sein können, sondern aus flüssiger Materie bestehen, welche die Himmelskörper von allen Seiten umgeben. Die letzteren unterscheiden sich in Rücksicht der Größe, des Lichts und der Bewegung; einige sind selbstleuchtend, wie die Fixsterne und die Sonne, andere von sich aus dunkel, wie die Planeten, der Mond und die Erde, die Sonne ist den Fixsternen, die Erde den Planeten analog; einige scheinen ihre Lage gegen einander nicht zu verändern und unbeweglich zu sein, andere verändern diese ihre Orte und gelten als Wandelsterne: jene Gestirne heißen Fixsterne, diese Planeten. Das System der Himmelskörper, insbesondere das der Planeten, erscheint demnach als ein specieller Fall und zugleich als das größte Beispiel, in welchem flüssige Materie andere Körper von allen Seiten umgiebt.*)

Um die Bewegung der Planeten zu erklären, muß vor allem der Standpunkt bestimmt werden, aus dem sie betrachtet und beurtheilt wird. Denn es kommt alles darauf an, ob dieser Standpunkt selbst in Rücksicht der Planeten ruht oder bewegt ist. Es giebt drei Hypothesen, welche die Erklärung versucht haben: die des Ptolemäus im Alterthum, die des Kopernikus und Tycho in der neueren Zeit. Die ptolemäische ist von der Wissenschaft aufgegeben, denn sie widerstreitet sicheren Thatsachen, welche die neuere Beobachtung und Forschung festgestellt hat, insbesondere den teleskopisch entdeckten Lichtphasen der Venus, die denen des Mondes ähnlich sind. Daher können nur noch die Erklärungsversuche des Kopernikus und Tycho in Frage kommen, die in Rücksicht der heliocentrischen Planetenbewegung übereinstimmen, nicht in Rücksicht der Bewegung der Erde, welche letztere Kopernikus bejaht, Tycho dagegen verneint. Ist die Erde ruhend oder bewegt? Darin besteht die Streitfrage, in deren Lösung Descartes mit keinem jener beiden Astronomen einverstanden sein will. Obgleich die kopernikanische Hypothese etwas einfacher und klarer als die tychonische befunden wird, soll sie zwischen Bewegung und Ruhe nicht sorgfältig genug unterschieden haben, während Tycho die Erdbewegung in einem Sinne verneint habe, der

---

*) Princ. III. § 5—14.

mit der Wahrheit streite. Weil Tycho nicht genug erwogen, worin eigentlich die Bewegung besteht, behaupte er den Worten nach zwar die Ruhe der Erde, lasse aber im Grunde dieselbe noch mehr bewegt sein, als selbst Kopernikus. Man müsse daher sorgfältiger als Kopernikus und richtiger als Tycho verfahren. „Ich unterscheide mich nur darin von jenen beiden Astronomen," sagt Descartes etwas zweideutig, „daß ich mit größerer Sorgfalt als Kopernikus die Bewegung der Erde verneine und meine Ansicht darüber wahrer als Tycho zu begründen suche; ich werde hier die Hypothese darlegen, die mir die einfachste von allen und sowohl zur Erkenntniß der Erscheinungen als zur Erforschung ihrer natürlichen Ursachen die tauglichste zu sein scheint. Indessen will, wie ich ausdrücklich erkläre, diese meine Ansicht keineswegs als vollkommene Wahrheit, sondern nur als eine Hypothese oder Annahme gelten, die möglicherweise irrt."*)

Die beiden wesentlichen Voraussetzungen, unter welche Descartes seinen Erklärungsversuch stellt, sind die Unermeßlichkeit des Weltalls und die Nichtigkeit des leeren Raums. Aus der ersten folgt, daß die Welt keinen kugelförmigen Körper bildet und nicht in concentrischen Sphären besteht, woran die Gestirne befestigt sind; daß es daher keine Fixsternsphäre giebt jenseits des obersten Planeten (Saturn), und daß die Sonne nicht mit den Fixsternen in derselben sphärischen Oberfläche liegt. Aus der zweiten folgt, daß die Himmelsräume von flüssiger Materie erfüllt und die Weltkörper von der letzteren umgeben und ihren Einwirkungen unterworfen sind. Hier ist der Punkt, wo Descartes seine hydromechanischen Principien auf die Bewegung der Weltkörper d. h. auf Planeten und Erde anwendet. Die Erde ist rings von flüssiger Himmelsmaterie umgeben und wird, wie der feste Körper im flüssigen, gleichmäßig nach allen Richtungen bewegt oder von dem Strome derselben fortgetragen; sie ruht im Himmel, wie das Schiff auf dem Meer, das von keinem Winde bewegt, von keinem Ruder getrieben, von keinem Anker festgehalten, ruhig mit dem Meeresstrome treibt. Dasselbe gilt von den übrigen Planeten: „jeder ruht in dem Himmelsraum, wo er sich befindet, und alle Ortsveränderung, die wir an diesen Körpern bemerken, folgt lediglich aus der Bewegung der Himmelsmaterie, die sie von allen Seiten umgiebt". Man kann daher, wenn man den wahren Begriff

---

*) Princ. III. § 15—19. Zu vgl. oben, Einleitung, Cp. VI. S. 113—117.

der Bewegung kennt, nicht sagen, daß Planeten und Erde selbst bewegt sind; dies wäre der Fall, wenn sie ihre Umgebung änderten, d. h. wenn der Himmelsraum, der sie umgiebt, ruhte, während der Planet ihn durchwandert. Aber dieser Himmelsraum selbst ist in allen seinen Theilen flüssige, stets bewegte Materie, die als solche nicht aufhört, den Weltkörper zu umgeben, wenn auch im Einzelnen die berührenden Theile fortwährend wechseln d. h. bald diese bald andere Theile derselben Materie die Oberfläche jenes Körpers berühren. So sind auf der Oberfläche der Erde Wasser und Luft in fortwährender Bewegung, während die Erde selbst in Rücksicht auf die Theile ihrer Gewässer und Atmosphäre nicht für bewegt gilt. Sie ruht in ihrem bewegten Himmelsraum, in dieser im Flusse begriffenen Materie, die sie umgiebt und in Rücksicht auf welche sie ihren Ort nicht ändert; wohl aber ändert sich, während sie ruht, ihre Lage in Rücksicht auf andere Himmelskörper. Will man, nach der gewöhnlichen Art zu reden, der Erde eine Bewegung zuschreiben, so bewegt sich dieselbe, wie der Mann, der im Schiffe schläft, während ihn dieses von Calais nach Dover bringt.*)

Setzen wir nun, daß jener Fluß der Himmelsmaterie, welche die Planeten umgiebt und mit sich fortträgt, gleich einem Wirbel eine kreisende Strömung beschreibt, in deren Mittelpunkt sich die Sonne befindet, und daß die Erde einer dieser Planeten ist, so leuchtet ein, in welchem Sinne Descartes die heliocentrische Bewegung der Erde, wie Kopernikus, lehrt, ohne mit diesem die Ruhe derselben zu verneinen und noch weniger mit Tycho diese Ruhe im kosmischen Mittelpunkte zu bejahen; es leuchtet ein, wie er die Bewegung der Erde und Planeten nicht kraft der Schwere und Attraction, sondern lediglich aus der fortbewegenden Kraft der sie unmittelbar umgebenden und berührenden Materie erklärt.**)

Die kreisende Strömung oder Centralbewegung der Materie nennt Descartes Wirbel oder Strudel (tourbillon)***) und erklärt daraus den Gang der Wandelsterne (Planeten, Monde, Kometen). Es verhält sich mit dieser Bewegung der himmlischen Materie, wie mit den Wasserstrudeln, die in immer weiteren Kreisen um einen Mittelpunkt rotiren und die schwimmenden Körper, die in ihr Gebiet kommen, mit sich fortreißen. Je näher dem Mittelpunkt, um so

*) Princ. III. § 20—29.   **) Princ. III. § 30.   ***) Princ. III. § 47.

schneller die Drehung, um so geschwinder der Umlauf, je weiter entfernt, um so langsamer. „Wie die Gewässer, wenn sie zum Rückfluß genöthigt werden, Strudel bilden und schwimmende Körper leichter Art, wie Strohhalme, in ihre Wirbelbewegung hineinreißen und mit sich forttragen, wie dann diese vom Strudel ergriffenen Körper sich oft um ihren eigenen Mittelpunkt drehen und allemal die dem Centrum des Strudels näheren ihren Umlauf früher als die entfernteren vollenden, wie endlich diese Wasserstrudel zwar stets eine kreisende Richtung, aber fast nie vollkommene Kreise beschreiben, sondern sich bald mehr in die Länge, bald mehr in die Breite ausdehnen, weshalb ihre peripherischen Theile vom Centrum nicht gleich weit entfernt sind: so kann man sich leicht vorstellen, daß die Bewegung der Planeten sich ebenso verhält, und keine anderen Bedingungen erforderlich sind, um alle ihre Erscheinungen zu erklären."*)

Unter diesen werden besonders hervorgehoben die Bewegung und Umlaufszeit der Planeten und Sonnenflecken, der Erde und Monde, die Schiefe der Erd- und Planetenbahn (Ekliptik), die elliptische Form dieser Bahnen, die dadurch bedingte ungleiche Entfernung des Planeten von der Sonne, die dadurch bedingte ungleiche Geschwindigkeit seines Umlaufs. „Ich brauche nicht weiter zu entwickeln, wie sich aus dieser Hypothese der Wechsel der Tages- und Jahreszeiten, die Mondphasen, die Sonnen- und Mondfinsternisse, die Stillstände und Rückläufe der Planeten, das Vorrücken der Nachtgleichen, die Veränderung in der Schiefe der Ekliptik und ähnliche Dinge erklären lassen, denn alle diese Erscheinungen sind leicht zu begreifen, wenn man nur ein wenig in der Astronomie bewandert ist.**)"

Wir wissen jetzt, von welchen Voraussetzungen die cartesianische Hypothese abhängt und worin sie besteht. Es würde uns zu weit von dem Systeme selbst abführen, wollten wir die Wege näher verfolgen, auf denen Descartes seine Hypothese zu begründen und zu zeigen sucht, wie aus dem Chaos diese so geordnete Welt, die flüssige und feste Materie, die kreisenden Strömungen der flüssigen, die Arten der Materie und Weltkörper nach den Gesetzen der Bewegung entstehen. Er setzt voraus, daß die Materie in ihrem Urzustande auf eine gewisse gleichmäßige Weise getheilt war, daß in einigen ihrer Gebiete die Theile eine rotirende Bewegung hatten, woraus sich

---

*) Princ. III. § 30. — **) Princ. III. § 31—37.

flüssige Massen bildeten, die ein gemeinsames Centrum umkreisten, während ihre Theilchen jedes sich um den eigenen Mittelpunkt bewegte, woraus der Unterschied centraler und peripherischer Massen hervorging; daß die rotirenden und verschiedenartig gestalteten Molecüle durch ihre wechselseitige Berührung und Reibung ihre Configuration änderten, die Ecken derselben abstumpften und sich allmählig dergestalt abrundeten, daß sie die sphärische Form kleiner Kügelchen annahmen; so entstanden Intervalle, die ausgefüllt werden mußten und sogleich durch die noch kleineren und geschwinder bewegten Theilchen gefüllt wurden, die bei jener wechselseitigen Abstumpfung und Abrundung der Molecüle abfielen; der Ueberschuß dieser Abfälle wurde in die Centra der kreisenden Strömungen getrieben und das Material, woraus sich die Centralmassen (Fixsterne) bildeten, während die umgebenden, in concentrischen Sphären bewegten, in ihren kleinsten Theilen kugelförmig gestalteten Massen die Himmelsgebiete ausmachten. Aus den Bewegungsgesetzen folgt, daß jeder kreisförmig bewegte Körper, wie der Stein in der Schleuder, fortwährend das Bestreben hat, sich vom Centrum zu entfernen und in gerader Linie fortzugehen; dieses centrifugale Bestreben hat jedes Theilchen der Centralmassen und der Himmelsmaterie: in dieser Tendenz besteht das Licht. In Rücksicht auf das Licht unterscheiden sich die Arten der Materie und der Weltkörper. Die letzteren sind selbstleuchtende, durchsichtige und dunkle; die selbstleuchtenden sind die Centralkörper (Fixsterne und Sonne), die durchsichtigen die Himmel, die dunklen die Wandelsterne (Planeten und Kometen, Erde und Monde). Es giebt demnach drei Arten der Materie oder Elemente: das erste sind jene kleinsten und geschwindesten Theile, woraus die selbstleuchtenden Körper bestehen; das zweite die sphärischen Körperchen, die das Material der Himmel bilden; das dritte die durch ihre Größe und Gestalt schwerer bewegliche und gröbere Materie, die den Stoff der Wandelsterne ausmacht. Die leichte, beweglichste, fortwährend in schnellster Bewegung begriffene, subtile Materie ist der Weltäther, der jeden scheinbar leeren Raum füllt.*)

Wenn Descartes ausdrücklich sagt, daß seine Hypothese zur Erklärung des Weltgebäudes nicht blos falsch sein könne, sondern in einer gewissen Rücksicht in der That falsch sei, so wollte er sich offen-

---

*) Princ. III. § 54—64.

bar gegen das Schicksal Galileis sichern. Denn es war nach der Erfahrung des letzteren nicht genug, seine Weltansicht für eine bloße Hypothese auszugeben; es mußte erklärt werden, daß sie irre. Descartes sagte es freiwillig im voraus, um es nicht nachträglich sagen zu müssen. Er bekannte seinen Irrthum, weil seine Welterklärung mit der biblischen Schöpfungsgeschichte streite. Diese behaupte, daß die Ordnung der Weltkörper geschaffen sei, während er dieselbe, um sie der menschlichen Erkenntniß begreiflich zu machen, nach rein mechanischen Gesetzen allmählig entstehen lasse.*)

Diese Wendung kommt auf Rechnung seiner Zeit und seiner Person und bedarf nach den ausführlichen Erörterungen, die wir darüber in der Lebensgeschichte des Philosophen gegeben haben, keiner weiteren Rechtfertigung oder Verurtheilung. In dem Versuche, die Entstehung des Weltgebäudes rein mechanisch zu erklären, besteht die Bedeutung seines naturphilosophischen Systems. Das war die Absicht seines ersten Werks, das aus den bekannten Gründen unveröffentlicht blieb und bis auf jene Abhandlung vom Lichte verloren ging; der wesentliche Inhalt ist in den beiden letzten Büchern der Principien erhalten, und man darf annehmen, daß nach der Herausgabe dieses Werks die des „monde" aus sachlichen Gründen überflüssig war.

Was aber das Verhalten unseres Philosophen zu der neuen Astronomie, insbesondere zu Kopernikus und Galilei betrifft, so läßt sich jetzt ein abschließendes Urtheil aussprechen. Keplers große Entdeckungen hat er unerwähnt gelassen und dieselben wahrscheinlich nicht gekannt. Tychos geocentrische Hypothese hat er verworfen. Wenn man den Himmel um die Erde rotiren lasse und die Bewegung in ihrer relativen und reciproken Bedeutung richtig verstehe, so müsse man der Erde in Rücksicht auf den Himmel nach der tychonischen Ansicht weit mehr Bewegung zuschreiben, als selbst Kopernikus behauptet habe.**)

Descartes lehrt, daß die Planetenbewegung heliocentrisch und die Erde Planet ist, er lehrt deren tägliche Achsenrotation und jährliche Bewegung um die Sonne in elliptischer Bahn: er ist daher in der Sache einverstanden mit Kopernikus und Galilei. Aber er begründet diese seine Ansicht aus mechanischen Gesetzen anderer Art

---

*) Princ. III. § 43—45. — **) Princ. III. § 38—39.

als Galilei; diese Begründung, die wir kennen gelernt, folgt aus seinen Principien, und, wie es sich auch mit der Geltung und Richtigkeit derselben verhalten möge, die Differenz zwischen ihm und Galilei ist, was diesen Punkt betrifft, in keiner Weise erkünstelt. Auch. daß Descartes die Bewegung der Erde in einem gewissen Sinne verneint, folgt aus dem Begriff der Bewegung selbst, den er aufgestellt hat und auf die Weltkörper anwenden mußte. In allen diesen Punkten kann ohne Unkenntniß der Sache von keinerlei Accommodation des Philosophen die Rede sein. Die cartesianische Verneinung der Erdbewegung hat gar nichts gemein mit der kirchlichen, vielmehr ist sie der letzteren völlig entgegengesetzt. Descartes bejahte diejenige Erdbewegung, welche die Kirche, die Bibel, Ptolemäus und die gewöhnliche Ansicht verneinen; sagte er doch selbst: „man sieht, daß ich mit dem Munde die Bewegung der Erde leugne und in der Sache das System des Kopernikus festhalte." Er bejaht die heliocentrische Erdbewegung, und das ist der Punkt, um den allein es sich handelt. Es wäre mehr als sophistisch, wenn seine Lehre den Schein annehmen wollte, als ob sie die Ruhe der Erde im Gegensatz gegen Galilei, in Uebereinstimmung mit der Kirche oder aus Gefälligkeit gegen die letztere behaupte. Vielleicht wäre es Descartes nicht unangenehm gewesen, wenn sich die Welt und namentlich die kirchlichen Autoritäten über diesen Punkt seiner Lehre getäuscht hätten. Aber daß er irgend jemand über den Inhalt seiner Lehre zu täuschen gesucht, ist falsch und kann nur von solchen gemeint werden, die seine Werke nicht kennen. Daher bleibt von der Accommodation, die man ihm vorwirft, nur so viel übrig: daß Descartes, nachdem er seine Lehre offen und ehrlich vorgetragen und begründet hat, erklärt: seine Hypothese sei falsch, so weit sie mit dem Glauben streite. Er hat wie Galilei gehandelt, nur daß er den Widerruf anticipirte, um die Chicanen zu vermeiden.*)

4. Die Leere und der Luftdruck.

Die Ueberzeugung von der Unmöglichkeit des leeren Raums und der Nothwendigkeit, daß alle Bewegungen in der Natur durch äußere, körperliche Ursachen und deren unmittelbare Einwirkung, d. h. durch Druck und Stoß hervorgebracht werden, mußte Descartes dazu führen,

---

*) Vgl. oben Buch I. Cap. V. S. 202—207.

mit dem Vacuum auch den sogenannten „horror vacui" der Natur, eine bei den Physikern seines Zeitalters noch herrschende Vorstellung, grundsätzlich zu verneinen und für einen der größten Irrthümer zu erklären. Es ist eben so falsch, die Realität eines leeren Raumes zu bejahen, als mit den Peripatetikern deshalb zu verneinen, weil die Natur Abscheu vor der Leere habe und darum dieselbe nicht dulde. Es hieß beide Irrthümer vereinigen, wenn man, wie die fortgeschrittenen Physiker in den Tagen Descartes' wollten, den „horror vacui" auf ein gewisses Maß einschränkte, damit trotz desselben auch eine gewisse Leere in der Natur bestehen könnte. Aus Hypothesen solcher Art suchte man das Steigen der Flüssigkeiten, wie des Wassers im Pumprohr und des Quecksilbers in der Röhre, zu erklären. Descartes setzte der Annahme der Leere die seiner subtilen Materie (Aether) entgegen, kraft deren nirgends ein Vacuum sein könne. Dieser Punkt machte die Streitfrage zwischen ihm und Blaise Pascal, der die Existenz jener subtilen Materie bestritt und die Realität des Leeren auf Grund eines gemäßigten horror vacui behauptete.

Wenn wir Bewegungen oder deren Gegentheil wahrnehmen, ohne zugleich die körperlichen Ursachen, welche die Bewegung bewirken oder hemmen, wahrnehmen zu können, sind wir geneigt zu meinen, daß überhaupt keine Ursachen vorhanden sind. So ist die Bewegung der atmosphärischen Luft, der Stoß und Druck, den sie auf alle Körper, die sie umgiebt oder berührt, ausübt, eine beständig wirksame Kraft, so wenig die bewegende Masse in die Sinne fällt. Descartes forderte, daß zur wirklichen Erklärung gewisser Bewegungserscheinungen flüssiger Körper an die Stelle des leeren Raums und des Abscheus vor demselben der atmosphärische Druck (Schwere der Luft) gesetzt werden müsse. Selbst in dem Dialoge Galileis begegnete er der Annahme des „horror vacui", wo die Ursache des Phänomens in der Schwere der Luft zu suchen war, und tadelte diesen Irrthum in den kritischen Bemerkungen, die er im Oktober 1638 über jenes Werk brieflich niederschrieb. Neun Jahre später gab er in mündlichen Gesprächen Pascal den Rath, sich durch einen augenscheinlichen Versuch von der Nichtigkeit der Leere und der Wirksamkeit des atmosphärischen Drucks zu überzeugen, indem er die Höhenstände des Quecksilbers in der Röhre am Fuß und auf dem Gipfel eines sehr hohen Berges mit einander vergleiche; er werde finden, daß er mit der zunehmenden Höhe des Orts die Quecksilbersäule in Folge des abnehmenden Luftdrucks falle; Pascal könne dieses Experiment leicht in seiner Heimath, der Auvergne, bewerkstelligen lassen. Der Versuch wurde auf dem Puy-de-Dôme gemacht und bestätigte, was Descartes ohne die Probe desselben vorhergesagt hatte. Indessen hat Pascal diesen Umstand unerwähnt gelassen und auch nichts über den Erfolg jenes Experimentes dem Philosophen mitgetheilt. Der letztere schrieb dieses unbillige Verhalten dem feindseligen Einflusse Robervals zu, der Pascals Freund war und Profession daraus machte, Descartes' Gegner zu sein.*)

Was die Sache selbst betrifft, so kann die Priorität der Entdeckung nicht für Descartes beansprucht werden. Der Versuch, den er Pascal im Sommer 1647 empfahl, besteht in der barometrischen Höhenmessung, und das Barometer war von Torricelli einige Jahre früher (1643) erfunden worden. Aber das Gesetz, auf dem die Erfindung beruht, kannte Descartes vorher, wie seine Briefe aus den Jahren 1631 und 1638 beweisen. Und es bedarf nicht einmal brieflicher Zeugnisse, denn das Gesetz folgt, wie wir gesehen, nothwendig aus seinen Principien. Angewendet auf die Bewegung schwimmender Körper (fester Körper im Wasser), läßt sich aus der Wirksamkeit und den Modificationen des Luftdruckes leicht jene Erfindung machen und erklären, die unter dem Namen der cartesianischen Taucher bekannt ist.

Neuntes Capitel.

Verbindung zwischen Seele und Körper. Die Leidenschaften der Seele. Das natürliche und sittliche Menschenleben.

I. Das anthropologische Problem.

1. Bedeutung und Umfang des Problems.

Es bleibt noch ein Problem übrig, nachdem die metaphysischen Grundfragen gelöst sind. Diese betrafen das Wesen Gottes, des

---

*) Ueber Descartes' Lehre vom Luftdruck sind zu vgl. die Briefe desselben vom 2. Juni 1631, vom October 1638 an Mersenne (Galilei betr.), vom 11. Juni und 17. August 1649 an Carcavi (Pascal betr.). Oeuvres VI. pg. 204, VII. pg. 436, X. pg. 343, 351. Millet: Descartes etc. II. pg. 214—26. Siehe oben Buch II. Cap. VII. S. 238.

Geistes und der Körper und forderten die klare und deutliche Erkenntniß derselben, d. h. die Feststellung ihrer Realität und Wesenseigenthümlichkeit, die nur dann einleuchtet, wenn sie ohne jede Vermischung mit ihrem Gegentheil begriffen wird. Das Wesen Gottes wollte unabhängig von allen endlichen und unvollkommenen Dingen, das des Geistes unabhängig vom Körper, das des letztern unabhängig von jenem erkannt sein; beide mußten daher als völlig entgegengesetzte Substanzen betrachtet werden: der Geist blos als denkende Natur, die Körper blos als ausgedehnte, die Vorgänge der geistigen Natur nur als Modi oder Arten des Denkens, die der körperlichen nur als Modi oder Arten der Ausdehnung, d. h. als Bewegungen. Gott als der Realgrund aller Dinge mußte in Rücksicht des Geistes als Urquell der Erkenntniß, in Rücksicht der Körper als Urquell der Bewegung gelten.

Wenn es nun Vorgänge geistiger Art giebt, die mit gewissen Bewegungen dergestalt verknüpft sind, daß sie ohne dieselben nicht stattfinden können, so haben wir eine Thatsache vor uns, in der ein neues Problem liegt. Eine solche Thatsache läßt sich aus dem Dualismus zwischen Geist und Körper, diesem Grundbegriff der Principienlehre Descartes', nicht erklären: daher ist das neue Problem nicht metaphysisch. Eine Verbindung zwischen Geist und Körper kann nur in einem Wesen stattfinden, welches aus beiden besteht. Dieses Wesen sind wir selbst, und zwar unter allen endlichen Substanzen nur wir, denn wir sind denkende Naturen, als welche wir unmittelbar und darum mit zweifelloser Gewißheit unser Wesen und Dasein erkennen; zugleich sind wir mit einem Körper verbunden, den wir als den unsrigen vorstellen. Unsere äußeren Sinneswahrnehmungen beweisen, daß es Körper außer uns giebt, unsere Affecte und Naturtriebe beweisen, daß einer dieser Körper der unsrige ist. „Nichts lehrt mir die Natur ausdrücklicher, als daß ich einen Körper habe, mit dem es übel steht, wenn ich Schmerz empfinde, und der Speise oder Trank bedarf, wenn ich Hunger oder Durst leide. Ich kann nicht zweifeln, daß etwas Reales in diesen Empfindungen ist. Jene Affecte und Triebe machen mir klar, daß ich mich in meinem Körper nicht, wie der Schiffer im Fahrzeug, befinde, sondern auf das Engste mit ihm verbunden und gleichsam vermischt bin, so daß wir gewissermaßen ein Wesen ausmachen. Sonst würde ich kraft meiner geistigen Natur nicht Schmerz empfinden, wenn der Körper verletzt wird, sondern diese Verletzung blos als Erkenntnißobject einsehen, wie der Schiffer Kenntniß davon nimmt, wenn etwas im Schiffe zerbricht. Ich würde, wenn der Körper Speise und Trank bedarf, diese seine Zustände erkennen, ohne die unklaren Empfindungen des Hungers und Durstes zu haben. Diese Empfindungen sind in der That unklare Vorstellungen, die von der Vereinigung und gleichsam Vermischung des Geistes mit dem Körper herrühren." In dieser thatsächlichen Verbindung mit einem Körper befindet sich unter allen erkennbaren Geistern nur der menschliche: das neue Problem ist daher anthropologisch.*)

Das Wesen des Geistes besteht im Denken, die wahre Erkenntniß besteht im klaren und deutlichen Denken, das durch die absolute Kraft des Willens sowohl erstrebt und erreicht, als gehemmt und verfehlt wird. Die ächte Willensfreiheit sucht die wahre Erkenntniß und handelt ihr gemäß: darin erfüllt der menschliche Geist sein Wesen und seine Bestimmung.**) In der Verbindung mit dem Körper ist seine Klarheit getrübt und seine Freiheit beschränkt, also er selbst in einem Zustande, der seinem Wesen nicht gemäß ist. Jetzt erscheint die Freiheit des Wollens und die Klarheit des Denkens d. h. die wahre Geistesfreiheit als ein zu erringendes Ziel, als eine zu leistende Arbeit, als eine zu lösende, durch richtige Willensenergie allein zu lösende Aufgabe. So begreift das anthropologische Problem das ethische in sich.

Doch ist dieser mit dem Körper verbundene Geisteszustand in seiner Weise auch naturgemäß, denn er ist in der Ordnung der Dinge begründet; wir dürfen daher unser körperliches Leben nicht nach platonischer Art als Verhängniß oder durch Abfall von der geistigen Welt und Begierde nach irdischem Genuß verschuldete Strafe ansehen, sondern müssen dasselbe als die Erfüllung natürlicher Gesetze betrachten. Ist aber die Verbindung zwischen Geist und Körper naturgesetzlich, so kann sie auch in Rücksicht des Geistes, so wenig sie dem Wesen desselben conform ist, nicht als naturwidrig gelten; vielmehr ist mit der Natürlichkeit auch die Richtigkeit jener Verbindung und aller der Vorgänge anzuerkennen, die aus dem Zusammenleben des Geistes und Körpers nothwendig folgen, wie Triebe, Neigungen, Leidenschaften u. s. w. Alle diese Bewegungen der menschlichen Natur

---

*) Méd. VI. pg. 335 –36. (Ueb. S. 138). **) Vgl. oben Buch II. Cap. V. S. 322—23.

sind als solche gut und förderliche Bedingungen oder Werkzeuge des geistigen Lebens; wenn sie das letztere hemmen und verdunkeln, so ist dies nicht Folge der Natur, sondern Schuld des Willens. Nicht ihre ursprüngliche Richtung ist falsch, sondern die Ablenkung davon ist unsere Verirrung; nicht ihre natürliche Art ist schlimm, sondern die Entartung derselben kraft unseres Willens. Was in der menschlichen Doppelnatur vor sich geht, will natürlich erklärt und moralisch verwerthet d. h. in seinem Werth für die Befreiung des Geistes erkannt werden. Insbesondere sind es die Leidenschaften, auf welche Descartes diesen Gesichtspunkt einer rein natürlichen Ansicht anwendet, überzeugt, daß er damit in der Betrachtung derselben eine völlig neue Richtung einschlägt. „Wie mangelhaft die Wissenschaften sind, die uns die Alten überliefert haben, ist nirgends deutlicher zu sehen als in ihrer Behandlung der Leidenschaften; denn so viel man sich auch mit diesem Gegenstande beschäftigt hat und so leicht derselbe zu erkennen ist, da jeder die Natur der Leidenschaften in sich selbst entdecken kann, ohne weitere Beobachtung äußerer Dinge, so sind doch die Lehren der Alten darüber so dürftig und größtentheils so unsicher, daß ich die herkömmlichen Wege völlig verlassen muß, um mit einiger Zuversicht mich der Wahrheit zu nähern. Ich muß deshalb so schreiben, als ob ich mit einem Thema zu thun hätte, das vor mir noch keiner berührt hat." Mit diesen Worten beginnt Descartes seine Schrift über die Leidenschaften der Seele. „Meine Absicht ist", sagt er in dem brieflichen Vorwort, „nicht als Redner, auch nicht als Moralphilosoph, sondern nur als Physiker über die Leidenschaften zu handeln."*)

2. Der Cardinalpunkt des Problems.

Wenn nun Descartes die Leidenschaften zum Hauptobject seiner anthropologischen Betrachtung nimmt, so muß er hier den charakteristischen Ausdruck des menschlichen (geistig-körperlichen) Lebens, den Erkenntnißgrund der menschlichen Doppelnatur finden. Die Erklärung dieser Thatsache gilt ihm als der Cardinalpunkt des psychologischen Problems. Wie sich die Bewegung zum Körper verhält, so verhält sich die Leidenschaft zum Menschen; wie dort der Begriff

---

*) Les passions de l'âme. Part. I. Art. I. Rép. à la lettre II. Oeuvr. T. IV. pg. 34—38.

der Bewegung vor allem näher bestimmt werden mußte, so ist hier festzustellen, worin das Wesen der Leidenschaft besteht.

Es leuchtet sogleich ein, daß die Leidenschaften insgesammt passiver Natur sind. Doch ist nicht jedes Leiden schon Leidenschaft. Im Gegensatz zur körperlichen Natur besteht das Wesen der geistigen in der Selbstthätigkeit, die Quelle und Kraft der letzteren im Willen, daher ist alles, was in uns vorgeht, ohne von uns gewollt zu sein, im weitesten Umfange leidender Art. Dahin gehören alle unwillkürlichen Functionen, auch die Wahrnehmungen oder Perceptionen, die wir machen und erfahren, unabhängig von jedem Acte der Selbstbestimmung und Willkür. Einige dieser Wahrnehmungen sind innere und beziehen sich blos auf den Geist, wie die unwillkürliche Perception unseres Denkens und Wollens. Nicht unsere denkende Natur ist passiv, wohl aber die Wahrnehmung derselben, sofern dieselbe sich uns von selbst aufdrängt und wir genöthigt sind, sie zu machen. Es giebt andere Wahrnehmungen, die sich blos auf Körper beziehen, sei es auf äußere oder auf unseren eigenen: dahin gehören die Sinnesempfindungen oder Sensationen, wie Farben, Töne u. s. w., die körperlichen Affecte, wie Lust und Schmerz, die körperlichen Triebe, wie Hunger und Durst. Alle diese Wahrnehmungen, innere und äußere, sind Arten des Leidens, aber nicht Leidenschaften im eigentlichen Sinn, wir verhalten uns darin passiv, aber nicht passionirt.*)

Es giebt eine dritte Art leidender Zustände, die weder dem Geiste allein, noch dem Körper allein, sondern beiden zugleich zukommen, Zustände, in denen unter dem Einfluß und der Mitwirkung des Körpers die Seele selbst leidet: sie kann gleichgültig bleiben im Sehen und Hören, im Hunger und Durst, nicht in Freude und Zorn; sie allein kann freudig und traurig erregt, von Liebe und Haß bewegt sein, aber sie könnte es nicht, wenn sie körperlos wäre. In dieser Art des Leidens besteht die Leidenschaft. Unmöglich würden die Leidenschaften unsere Seele so gewaltig, wie es geschieht, spannen, beleben, erschüttern können, wenn sie nicht geistige Kräfte wären: unmöglich würden sie im Stande sein, den Geist so gewaltig, wie es der Fall ist, zu verdunkeln und zu verwirren, wären sie nicht zugleich körperlicher Natur. Sie sind Geisteszustände, aber nicht solche, die aus der freien Thatkraft des Geistes erzeugt werden, son-

---

*) Les passions. I. Art. XIX. XXIII—XXIV.

dern die ihn unwillkürlich befallen und ergreifen; sie sind Empfindungszustände, aber nicht solche, die im Leibe, sondern in der Seele stattfinden: sie sind mit einem Wort Gemüthsbewegungen (émotions de l'âme), gemischt aus beiden Naturen, der geistigen und körperlichen. „Man kann sie als Wahrnehmungen oder Empfindungen oder Bewegungen der Seele definiren, die ihr eigenthümlich angehören und durch die Wirksamkeit der Lebensgeister verursacht, unterhalten, verstärkt werden."*)

3. Die Leidenschaften als Grundphänomen der menschlichen Seele.

Hieraus erhellt die Bedeutung, welche Descartes der Thatsache der Leidenschaften zuschreibt. Sie gelten als Grundphänomen, als das dritte und wichtigste neben Denken (Wollen) und Bewegung. Verstand und Wille sind nur in der geistigen, die Bewegung nur in der körperlichen, die Leidenschaften nur in der menschlichen Natur möglich, die Geist und Körper in sich vereinigt. Um zu denken, bedarf es blos der geistigen Substanz; um bewegt zu werden, blos der körperlichen; dagegen um Leidenschaften zu haben, der Vereinigung beider. Die menschliche Doppelnatur ist der einzige Realgrund der Leidenschaften, diese sind der einzige Erkenntnißgrund jener, die aus der Thatsache der Sensationen und Naturtriebe nicht ebenso gut einleuchtet. Um zu verstehen, warum Descartes diese Bedeutung nur den Leidenschaften einräumt, die sinnlichen Wahrnehmungen und Begierden dagegen blos als körperliche Vorgänge gelten läßt, muß man sich die Grundlage seiner ganzen Lehre wohl vergegenwärtigen. Unter seinem Standpunkt nämlich giebt es, so weit unsere Erkenntniß reicht, nur einen mit dem Geiste verbundenen oder beseelten Körper: den menschlichen; alle übrigen Körper sind geist- und seelenlos, bloße Maschinen, auch die thierischen. Seele ist Geist, die Realität des letzteren erhellt nur aus seiner Selbstgewißheit und fällt mit dieser zusammen: ohne Selbstbewußtsein kein Denken, kein Geist, keine Seele. Die Thiere sind ohne Selbstbewußtsein, daher ohne Seele, also nichts als bewegte Körper oder Automaten; aber sie haben sinnliche Empfindungen und Triebe, mithin müssen diese für körperliche Bewegungen gelten, die nach rein mechanischen Gesetzen geschehen und zu erklären sind. Die Thiere

---

*) Les passions I. Art. XXV. XXVII—XXIX.

empfinden, aber sie sind seelenlos: das erste ist eine unleugbare Thatsache, das zweite in dem Systeme Descartes' eine nothwendige Folgerung. Es ist gewiß, daß die Thiere sehen und hören, hungern und dürsten; es ist eben so gewiß, daß sie keine klare und deutliche Erkenntniß, kein Selbstbewußtsein, also (nach den Grundsätzen Descartes') weder Geist noch Seele haben. Es bleibt demnach nur übrig, die Sensationen und Triebe überhaupt, also auch im Menschen, für mechanische Vorgänge zu nehmen, die mit psychischen Thätigkeiten nichts gemein haben. So findet Descartes keine andere Thatsache, die ihm das Zusammenleben von Geist und Körper erkennbar macht, als die Leidenschaften. Man kann fragen, ob die Leidenschaften nicht auch **thierischer** und die Sensationen und Triebe nicht auch **psychischer** Natur sind, man kann die cartesianischen Sätze, die beides verneinen, bestreiten und selbst zweifeln, ob der Philosoph denselben durchgängig treu blieb und bleiben konnte, aber man darf nicht in Abrede stellen, daß er sie lehrte und zufolge seiner Principien lehren mußte. Die Untersuchung dieser Punkte ist jetzt nicht unsere Sache. Wir haben es noch mit der Darstellung und Begründung des Systems zu thun und folgen den Wegen, die Descartes ging; sobald wir seine Lehre beurtheilen, werden wir auf jene Fragen zurückkommen und dann genau auf sie eingehen.

II. Verbindung zwischen Seele und Körper.

1. Der Mechanismus des Lebens.

So weit das menschliche Leben dem thierischen gleicht, muß dasselbe aus rein materiellen und physikalischen Ursachen, insbesondere aus Bewegung und Wärme erklärt werden. Man hat fälschlich gemeint, daß die Seele den Körper bewege und erwärme und darum auch physisches Lebensprincip sei. Indessen beweist jede Flamme, daß es die Seele nicht ist, die dem Körper Bewegung und Wärme mittheilt. Und wenn der menschliche Körper nach dem Tode erstarrt und erkaltet, so erleidet er diese Veränderung nicht, weil er beseelt zu sein aufgehört oder die Seele ihn verlassen hat. Der lebendige Körper ist nicht der beseelte, sonst müßten die Thiere beseelt sein, was den Principien der Lehre Descartes' widerstreitet. Das Leben besteht nicht in der Verbindung zwischen Seele und Körper, der Tod nicht in der Trennung beider; das Leben ist nicht das Product, welches die Seele erzeugt, sondern die Voraussetzung, unter der sie die Verbindung mit einem Körper eingeht, die Bedingung, ohne welche eine solche Vereinigung nicht stattfinden kann. Die Sache verhält sich daher gerade umgekehrt, als man sie gewöhnlich vorstellt: nicht weil der Körper beseelt ist, darum ist er lebendig, sondern weil er lebt, darum kann er beseelt werden; nicht weil sich die Seele vom Körper trennt, erstarrt und erkaltet der letztere, sondern weil er todt ist, darum verläßt ihn die Seele. Der Tod ist Vernichtung des Lebens und eine nothwendige Wirkung physischer Ursachen; das Leben ist Mechanismus, der Tod ist die Zerstörung desselben, er erfolgt, wenn ein Theil des lebendigen Körpers dergestalt Schaden leidet, daß die ganze Maschine stillsteht. Dem Irrthum, welcher die Seele zum Lebensprincip macht, hält Descartes folgende Erklärung entgegen: „Der Tod tritt nie ein, weil die Seele mangelt, sondern weil eines der Hauptorgane des Körpers zerstört ist; darum laßt uns urtheilen, daß der Körper eines lebendigen Menschen von dem eines todten nicht anders unterschieden ist, als eine Uhr (oder ein Automat anderer Art, d. h. eine von selbst bewegte Maschine), die das körperliche Princip der Bewegungen, die sie verrichten soll, nebst allen zu ihrer Thätigkeit erforderlichen Bedingungen in sich trägt und, wenn sie aufgezogen ist, geht, sich von dem zerbrochenen Uhrwerk unterscheidet, in dem das bewegende Princip aufgehört hat thätig zu sein."*)

Die Seele kann nur mit einem lebendigen Körper verbunden sein. Da sie geistiger, also unter den endlichen Wesen, so weit uns dieselben erkennbar sind, ausschließlich menschlicher Natur ist, so kann diese Verbindung nur mit dem menschlichen Körper stattfinden.

Der menschliche Körper ist, wie der thierische, Maschine. Sein Lebensprincip ist der Feuerheerd in ihm, der die Lebenswärme bereitet und sie dem gesammten Organismus mittheilt: das Feuer, dessen Brennmaterial das Blut und dessen Heerd das Herz ist. Harvey's große Entdeckung der Herz= und Blutbewegung der Thiere hat diese Grundbedingung des Lebensmechanismus erklärt und ist in der Geschichte der Biologie epochemachend gewesen. Descartes lernte sie kennen, als er, mit der Ausarbeitung seines Kosmos beschäftigt und in die Untersuchung des menschlichen Körpers vertieft,

---

*) Les passions I. Art. IV—VI.

auf eigenem Wege zu einer ähnlichen Anschauung gekommen war. Diese Lehre erschien ihm so wichtig und als ein so großer und augenscheinlicher Triumph der mechanischen Physik und der wissenschaftlichen Methode überhaupt, daß er sie als ein Beispiel der letzteren in dem fünften Abschnitt seines Discours darstellte und hier die Bewegung des Herzens und die Circulation des Blutes durch die arteriellen und venösen Gefäße auseinandersetzte, indem er auf Harveys glorreiche Entdeckung hinwies.*)

Nach diesen Grundbedingungen erörtert Descartes die übrigen Theile und Functionen der Maschine des thierisch-menschlichen Körpers. Die Bewegungsorgane sind die Muskeln, die Empfindungsorgane die Nerven; das Centralorgan des Blutes und seiner Bewegung ist das Herz, das der Nerven das Gehirn. Zwischen beiden läßt Descartes ein Mittelglied wirken, dessen Entstehung und Wirksamkeit er als die merkwürdigste Lebenserscheinung bezeichnet. Die feinsten, beweglichsten und feurigsten Theile des Bluts, die im Herzen durch eine Art Destillation erzeugt werden, steigen nach mechanischen Gesetzen durch die Arterien in das Gehirn empor und werden von hier aus den Nerven und durch diese den Muskeln zugeführt; sie sind es, die in jenen Organen Empfindung und Bewegung bewirken, also den eigentlichen Lebensfunctionen vorstehen: darum nennt sie Descartes Lebensgeister (esprits animaux). „Das Merkwürdigste in diesen Dingen ist die Entstehung der Lebensgeister, die einem sehr feinen Winde oder besser gesagt einer sehr reinen und lebhaften Flamme gleichen, die unaufhörlich in großer Fülle vom Herzen ins Gehirn emporsteigt und von hier durch die Nerven in die Muskeln eingeht und allen Gliedern die Bewegung mittheilt. Warum aber die bewegtesten und feinsten Bluttheile, die als solche den tauglichsten Stoff der Lebensgeister ausmachen, eher nach dem Gehirn als anderswohin gehen, erklärt sich sehr einfach daraus, daß die Arterien, die sie nach dem Gehirn führen, vom Herzen am geradesten aufsteigen; wenn nun mehrere Dinge zugleich nach derselben Richtung streben, während, wie bei den Bluttheilen, die aus der linken Herzkammer ins Gehirn wollen, für alle nicht Raum genug ist, so folgt nach den Regeln der Mechanik, die mit den Gesetzen der Natur identisch sind,

---

*) Disc. de la méth. Part. V. Oeuvr. I. pg. 174—184. (Ueb. S. 43—50). Les passions I. Art. VII. S. oben Buch I. Cap. V. S. 202.

daß die schwächeren und weniger bewegten den stärkeren weichen müssen und diese mithin allein ihren Weg machen."*)

So sind alle unsere unwillkürlichen Bewegungen, wie überhaupt alle Thätigkeiten, die wir mit den Thieren gemein haben, lediglich von der Einrichtung unserer Organe und der Bewegung der Lebensgeister abhängig, die, durch die Wärme des Herzens erregt, ihren naturgemäßen Lauf in das Gehirn und von hier in die Nerven und Muskeln nehmen, in derselben Weise, wie die Bewegung einer Uhr nur durch die Kraft ihrer Feder und die Figur ihrer Räder erzeugt wird.**)

2. Das Seelenorgan.

Der menschliche Körper ist eine sehr complicirte Maschine, deren Theile, wie Herz, Gehirn, Magen, Arterien, Venen, Muskeln, Nerven u. s. f. in durchgängiger Wechselwirkung sind, sich gegenseitig erhalten und eine Gemeinschaft ausmachen, in der jeder dem andern dient und jeder mit dem andern leidet. Diese Maschine bildet ein Ganzes, jedes ihrer Theile ist ein Werkzeug des Ganzen, daher sind ihre Theile nicht blos aggregirt, sondern articulirt: die Gemeinschaft oder der Complex der Organe macht den Organismus, die gegliederte Maschine. Organismus ist demnach eine besondere Art des Mechanismus; er ist eine solche Maschine, deren Theile sich von selbst bilden und zusammenfügen, daher kein bloßes Aggregat, sondern eine Einheit oder ein Ganzes ausmachen. Mit dieser Bestimmung, dem Kennzeichen des Organismus, nimmt es Descartes so ernsthaft, daß er von dem lebendigen Körper geradezu sagt: „er ist einer und in gewisser Weise untheilbar." Daher kann die Seele, wenn sie mit dem menschlichen Körper verbunden sein soll, nicht blos einem seiner Theile inwohnen, sondern muß in dem ganzen Organismus gegenwärtig sein. Da jeder Theil des lebendigen Körpers mit jedem zusammenhängt, so kann keiner eine ausschließende Verbindung mit der Seele eingehen; und da diese vermöge ihres Wesens nichts mit der Ausdehnung und Theilbarkeit gemein hat, so kann sie unmöglich mit einem Theile des Organismus in ausschließende Gemeinschaft treten.***)

---

*) Disc. de la méth. Part. V. pg. 183—84. (Ueb. S. 49—50). Les passions I. Art. X—XIII. **) Les passions I. Art. XVI. ***) Les passions I. Art. XXX.

Wohl aber kann sie mit einem der Organe vorzugsweise verknüpft sein, ja es muß bei der Grundverschiedenheit beider Substanzen, die eine unmittelbare Verbindung derselben nicht zuläßt, ein besonderes Organ geben, durch welches die Seele mit dem gesammten Organismus verkehrt. Da es sich nun zwischen beiden Substanzen hauptsächlich darum handelt, daß Bewegungen der Organe in Empfindung und Vorstellung, diese in jene verwandelt werden, so ist leicht zu sehen, daß es die Lebensgeister, diese Factoren der Empfindung und Bewegung, sein werden, die den Verkehr zwischen Seele und Leib vermitteln. In der Bewegung derselben giebt es zwei Centra: Herz und Gehirn; in jenem werden sie erzeugt, in dieses steigen sie empor und wirken von hier aus auf die Organe. Daher wird die Seele, wenn sie mit dem Organismus durch die Lebensgeister verkehrt, mit einem der beiden Centralorgane vorzugsweise verknüpft sein müssen. Die nähere Entscheidung giebt sich von selbst. Da die eigenthümliche Wirksamkeit der Lebensgeister vom Gehirn ausgeht, so kann nur dieses das bevorzugte Organ sein und nur in ihm, wie sich Descartes ausdrückt, „der Sitz der Seele" gesucht werden.

Der Ort des eigentlichen Seelenorgans ist in dem Centralorgan der Nerven selbst wieder central und liegt in der Mitte des Gehirns, wo die Lebensgeister aus den beiden Theilen desselben, den vorderen und hinteren Höhlungen, mit einander verkehren, so daß es hier am leichtesten von diesen bewegt werden und selbst sie bewegen kann. Es ist die Zirbeldrüse oder das Conarion (glans pinealis), deren Gebilde Descartes für das eigentliche Seelenorgan erklärt. Er findet noch einen besondern Grund zur Unterstützung dieser Hypothese. Die Sinneseindrücke unseres Gesichts und Gehörs sind, wie die Organe, durch die sie empfangen werden, doppelt, während das sinnliche Object selbst, wie unsere Vorstellung desselben einfach ist, was nicht möglich wäre, wenn nicht in dem Centralorgan eine Vereinigung der Doppeleindrücke stattfände. Es scheint daher nothwendig, daß im Gehirn ein Organ existirt, welches die zweifachen Eindrücke empfängt und einzig in seiner Art ist. Dieses Organ sieht Descartes in der Zirbeldrüse, darum gilt sie ihm als der hauptsächliche Sitz (principal siège) der Seele, als derjenige Theil des menschlichen Körpers, mit dem die Seele am nächsten (étroitement) verbunden ist. Die centrale Lage und die Einzigkeit jenes Gehirntheils waren die Gründe, die den Philosophen vermocht haben, hier die psychische Wirksamkeit, so weit sie körperliche Eindrücke empfängt und bewirkt, zu localisiren.*)

Aus dem Zusammenhange zwischen Seele und Körper, wie derselbe jetzt einleuchtet, erklärt sich der natürliche Ursprung der Leidenschaften. Der empfangene Eindruck wird kraft der psychischen Thätigkeit in Vorstellung und Motiv umgewandelt. Wenn ein solcher Eindruck als etwas unserem Leben Schädliches empfunden wird, z. B. wenn wir ein wildes Thier auf uns losstürzen sehen, so entsteht mit der Vorstellung des Objects zugleich die der Gefahr; unwillkürlich rührt sich der Wille, um den Körper zu schützen, sei es durch Kampf oder Flucht; unwillkürlich wird demgemäß das Seelenorgan bewegt und dem Laufe der Lebensgeister derjenige Impuls gegeben, der die Glieder entweder zum Kampf oder zur Flucht disponirt. Der Wille zum Kampf ist Kühnheit, der zur Flucht ist Furcht. Kühnheit und Furcht sind nicht Sinneseindrücke, sondern Willenserregungen, sie sind nicht bloße Vorstellungen, sondern Gemüthsbewegungen oder Leidenschaften. Die Bewegung, die bei solchen Emotionen im Herzen empfunden wird, beweist so wenig, daß die Leidenschaften im Herzen ihren Sitz haben, als die schmerzhafte Empfindung im Fuße beweist, daß der Schmerz im Fuße sitzt, oder der Anblick der Sterne am Himmelsgewölbe den wahren Ort derselben anzeigt.**)

3. Wille und Leidenschaften.

Diese Erklärung der Leidenschaften aus der geistig-körperlichen Natur des Menschen ist durch die Annahme, die sie macht, und die Richtung, die sie grundsätzlich ergreift, für die Lehre Descartes' charakteristisch. Mit Hülfe der Lebensgeister und des Seelenorgans, welches letztere die Zirbeldrüse sein soll, sucht der Philosoph den Ursprung der Leidenschaft rein mechanisch zu begründen. Hier liegt der Schwerpunkt und die Neuheit seines Versuchs, die Descartes im Auge hatte, als er gleich im Anfange seiner Schrift aussprach, daß er in der Lehre von den Leidenschaften den herkömmlichen Weg gänzlich verlassen müsse und über dieselben nicht als

---

*) Les passions I. Art. XXXI—XXXII. XXXIV. XLI. **) Les passions I. Art. XXXIII. XXXV—VI. XL.

Redner und Philosoph, sondern lediglich als Physiker handeln wolle. Man hatte vorher die menschlichen Leidenschaften blos als psychische Vorgänge betrachtet und nicht eingesehen, daß sie Factoren enthalten, die nur auf Rechnung des Körpers kommen. Da sie nun den Geist bemeistern und seine Freiheit überwältigen, daher dem Wesen desselben widerstreiten, so wußte sich die psychologische Erklärung nicht anders zu helfen als durch eine Theilung der Seele in höhere und niedere Kräfte, in ein oberes und unteres Begehrungsvermögen, in eine vernünftige und vernunftlose Seele, welcher letzteren man die Leidenschaften zuschrieb. So wurde die Seele in verschiedene Theile gespalten, sie sollte gleichsam aus verschiedenen Personen oder Seelen bestehen, ihre Einheit und Untheilbarkeit wurde preisgegeben und damit ihr Wesen vollkommen verleugnet. Dies ist der Punkt, den Descartes angreift und als die Verirrung bezeichnet, in der die gesammte frühere Seelenlehre befangen war.

Es ist richtig, daß die Vernunft mit den Leidenschaften kämpft, daß sie in diesem Kampfe siegen oder unterliegen kann, daß hier in der menschlichen Natur zwei Mächte in Streit gerathen, von denen die größere den Sieg davon trägt. Aber es ist falsch, diese Thatsache so zu erklären, daß jener Kampf in der geistigen Natur des Menschen stattfindet und diese sich gleichsam gegen sich selbst erhebt. In Wahrheit besteht der Conflict zwischen zwei ihrer Richtung nach entgegengesetzten Bewegungen, die dem Seelenorgan mitgetheilt werden: die eine von Seiten des Körpers durch die Lebensgeister, die andere von Seiten der Seele durch den Willen; jene ist unwillkürlich und allein durch die körperlichen Eindrücke bestimmt, diese ist willkürlich und durch die Absicht motivirt, die der Wille entscheidet. Jene körperlichen Eindrücke, welche die bewegten Lebensgeister in dem Seelenorgan und durch dieses in der Seele selbst erregen, werden hier in sinnliche Vorstellungen umgewandelt, die entweder den Willen ruhig lassen, wie es bei der gewöhnlichen Wahrnehmung der Objecte der Fall ist, oder durch ihre unmittelbare Beziehung zu unserem Dasein denselben beunruhigen und bewegen: die Vorstellungen der ersten Art sind leidenschaftslos, und es ist kein Grund, sie zu bekämpfen; die der zweiten dagegen haben die leidenschaftliche Erregung zur nothwendigen Folge, da sie auf den Willen einstürmen und seine Gegenwirkung hervorrufen. Die Einwirkung folgt aus körperlichen Ursachen, sie geschieht mit naturnothwendiger

Kraft und erfolgt nach mechanischen Gesetzen: in ihrer Stärke besteht die Macht der Leidenschaften; die Gegenwirkung ist frei, sie handelt mit geistiger, an sich leidenschaftsloser Kraft, sie kann daher die Leidenschaften bekämpfen und beherrschen: in dieser Stärke besteht die Macht über die letzteren. Die Seele kann, von den Eindrücken der Lebensgeister bestürmt, Furcht leiden und, durch den eigenen Willen aufgerichtet, Muth haben und die Furcht, welche die Leidenschaft zuerst einflößte, bemeistern, sie kann dem Seelenorgan und dadurch den Lebensgeistern die entgegengesetzte Richtung geben, kraft deren die Glieder zum Kampfe bewegt werden, während die Furcht sie zur Flucht treibt. Jetzt ist klar, welche Mächte in den Leidenschaften mit einander kämpfen. Was man für den Streit zwischen der niederen und höheren Natur der Seele, zwischen Begierde und Vernunft, zwischen der sinnlichen und denkenden Seele hält, ist in Wahrheit der Conflict zwischen Körper und Seele, zwischen Leidenschaft und Wille, zwischen Naturnothwendigkeit und Vernunftfreiheit, zwischen Natur (Materie) und Geist.*) Selbst die schwächsten Gemüther können durch den Einfluß auf das Seelenorgan die Bewegung der Lebensgeister und dadurch den Gang der Leidenschaften dergestalt bemeistern und lenken, daß sie eine vollkommene Herrschaft über dieselben zu erwerben im Stande sind.**)

Der mechanische Ursprung der Leidenschaften hindert nicht die moralische Folge, sondern begründet dieselbe vielmehr. Die Geistesfreiheit will errungen sein, was nur durch die Unterwerfung der Gegenmächte geschehen kann; diese Gegenmächte sind die Leidenschaften, die darum zur Befreiung des menschlichen Geistes nothwendige Bedingungen sind: darin besteht die Bedeutung und der Werth, den sie haben. Sie wären nicht die Gegenmächte des Willens, wenn sie nicht in der dem Geist entgegengesetzten Natur ihren Ursprung hätten: daher die Nothwendigkeit ihrer mechanischen Entstehung; sie wären nicht Gegenmächte, wenn sie nicht mächtig wären, d. h. auf den Willen einwirken könnten, was nur möglich ist, wenn Geist und Körper vereinigt sind, wie in der menschlichen Natur: daher diese als der nothwendige und alleinige Erklärungsgrund der Leidenschaften gilt. Jetzt ist die Grundlage vollkommen klar, auf der innerhalb des cartesianischen Systems die Lehre von den Leidenschaften beruht. Die nächste Frage ist, worin sie bestehen?

---

*) Les passions I. Art. XLVII.   **) Les passions I. Art. L.

III. Die Arten der Leidenschaft.

1. Die Grundformen.

Wir haben unter den sinnlichen Vorstellungen schon die leidenschaftslosen von den leidenschaftlich erregten unterschieden. Nicht in dem Object als solchem liegt der Grund einer passionirten Empfindung, sondern in dem Interesse, welches unser Wille am Dasein desselben nimmt, oder in der Art und Weise, wie sich das Object zu unserem Dasein verhält und wir dieses Verhältniß empfinden. Die Art des letzteren ist unendlich variabel, denn sie ist abhängig von der Verschiedenheit der Individuen und unserer jeweiligen Seelenzustände: was dem einen furchtbar erscheint, findet ein anderer verächtlich, ein dritter gleichgültig; bei dem Wechsel unserer Lebenszustände und Stimmungen macht dasselbe Object auf dieselbe Person jetzt einen freudigen, jetzt den entgegengesetzten, jetzt gar keinen Eindruck. Daher geht die Mannigfaltigkeit der Leidenschaften ins Endlose. Doch lassen sich aus dem Wesen der leidenschaftlichen Erregung überhaupt gewisse einfache und nothwendige Formen herleiten, die sich zu allen übrigen wie die Grundformen zu den Modificationen oder die (im Zeiger der Combinationsrechnung gegebenen) Elemente zu den Variationen verhalten. Die Grundformen nennt Descartes die ursprünglichen oder „primitiven", die daraus abgeleiteten oder combinirten die besonderen oder „particularen Passionen". Unter diesem Gesichtspunkt lassen sich unsere Leidenschaften unterscheiden und ordnen. Was wir leidenschaftlich empfinden, sind nicht die Dinge, sondern die Werthe derselben, d. i. der Nutzen oder Schaden, den wir von den Dingen haben oder zu haben uns einbilden. Es scheint, daß der dritte Fall, in dem ein Object weder als nützlich noch als schädlich empfunden wird, jeden Werth und darum jede leidenschaftliche Erregung ausschließt. Dem ist nicht so. Es giebt Objecte, die blos durch die Macht und Neuheit des Eindrucks unser Gemüth mit unwiderstehlicher Gewalt ergreifen, ohne im mindesten unsere Begierde zu locken. Mit Vorstellungen dieser Art ist wegen ihrer unwillkürlichen und mächtigen Wirkung auch eine leidenschaftliche Erregung verbunden, die Descartes mit dem Worte „Bewunderung" bezeichnet. Wir erkennen sogleich, daß diese Empfindung affectvoll ist und weder den gewöhnlichen Charakter der Begierde noch weniger den der Gleichgültigkeit hat.

Was wir als nützlich oder unserem Dasein förderlich vorstellen, erscheint als etwas Begehrenswerthes oder als ein Gut, das Gegentheil davon als ein Uebel, dessen Vernichtung begehrt wird. Das Gut wollen wir haben, das Uebel loswerden; in dem ersten Fall wird die Aneignung des Objects, im zweiten unsere Befreiung von demselben begehrt, während wir das bewunderte Object blos betrachten, also weder besitzen noch lossein wollen. Demnach lassen sich zunächst zwei Grundformen der Leidenschaft unterscheiden: die Bewunderung und die Begierde. Diese letztere verhält sich zu ihrem Object entweder positiv oder negativ, sie will das Gut haben und erhalten, das Uebel loswerden und vernichten: sie ist in der ersten Richtung Liebe und in der entgegengesetzten Haß. Nun sind die begehrten Objecte entweder künftige oder gegenwärtige. Das bevorstehende Gut lockt, das bevorstehende Uebel droht: in beiden Fällen ist die Begierde gespannt und besteht in der Erwartung oder dem „Verlangen" (désir) nach der Erreichung eines Guts und der Vermeidung eines Uebels. Da nun in beiden Fällen auch das Gegentheil eintreffen (das zu erreichende Gut verfehlt, das zu vermeidende Uebel erlitten werden) kann, so ist das Verlangen von Hoffnung und Furcht bewegt, d. h. positiv und negativ zugleich. Wenn die begehrten Objecte gegenwärtig sind, so befinden wir uns entweder im Besitze des gewünschten Guts oder sind von einem Uebel betroffen: im ersten Fall erfüllt uns die Empfindung der Freude, im zweiten die der Trauer. Demnach giebt es folgende primitive Leidenschaften, die allen übrigen zu Grunde liegen: Bewunderung, Liebe und Haß, Verlangen, Freude und Trauer. Die Bewunderung ist die einzige Leidenschaft, die weder positiv noch negativ ist, das Verlangen die einzige Begierde, die beides zugleich ist, alle übrigen Passionen sind Begierden entweder der einen oder der anderen Art.*)

2. Die abgeleiteten oder combinirten Formen.

Wir wollen jetzt zunächst die Begierden betrachten und zuletzt auf die Bewunderung zurückkommen: wir wollen von diesen particularen Leidenschaften die hauptsächlichsten Formen hervorheben und zeigen, wie sie aus einigen der gegebenen Elemente entweder combinirt oder Species derselben sind.

---

*) Les passions II. Art. LXIX.

Die Grundwerthe der Objecte, die wir als Nutzen und Schaden bezeichnet haben, sind in Rücksicht ihrer Grade unendlich verschieden. Es giebt einen Maßstab, um die Stärke oder Größe unserer Begierden zu bestimmen und gewisse Hauptabstufungen zu unterscheiden. Wir lieben oder hassen, was uns nützlich oder schädlich erscheint: daher ist unsere **Selbstliebe** das Maß, womit unsere Begierde nach den Dingen zu vergleichen und die Größe derselben zu schätzen ist. Wir können andere Wesen entweder weniger oder eben so sehr oder mehr lieben als uns selbst, unsere Liebe zu dem Object kann, mit unserer Selbstliebe verglichen, geringer oder gleich stark oder stärker als diese sein: im ersten Fall ist sie **Neigung** (affection), im zweiten **Freundschaft** (amitié), im dritten **Hingebung** (dévotion). Was wir im höchsten Grade, d. h. mit Selbstaufopferung lieben, sind die Mächte, von denen unser Dasein abhängt und durch die es bedingt ist, wie Gott, Vaterland, Menschheit u. s. w. Unter den Objecten, die in unserer Seele Liebe und Haß erregen, sind besonders das Schöne und Häßliche als Gegenstände des sinnlichen Ergötzens und Widerwillens hervorzuheben: die Liebe zum Schönen ist **Wohlgefallen** (agrément), die entgegengesetzte Empfindung **Abscheu** (horreur), beide Leidenschaften sind, weil sie die Sinne erregen, die stärksten Arten der Liebe und des Hasses, aber auch die am meisten trügerischen.*)

Das Verlangen war die auf das bevorstehende Gut oder Uebel gespannte Begierde: die leidenschaftliche, noch ungewisse Erwartung. Nach dem Grade ihrer Ungewißheit ist diese Erwartung entweder **Hoffnung** (espérance) oder **Furcht** (crainte); der höchste Grad der Hoffnung ist **Zuversicht** (securité), der höchste Grad der Furcht **Verzweiflung** (désespoir). Die Eifersucht nennt Descartes beiläufig eine Species der Furcht. Wenn der gehoffte oder gefürchtete Erfolg nicht von äußeren Umständen, sondern blos von uns selbst und unserer eigenen Thätigkeit abhängt, wenn wir nur durch eigene Kraft das Gut erwerben, das Uebel vermeiden können und zur Erreichung dieses Ziels die Mittel wählen, gewisse Handlungen ausführen und dabei mit Schwierigkeiten kämpfen müssen, so modificiren sich demgemäß Hoffnung und Furcht. Die Furcht, sich in der Wahl der Mittel zu vergreifen, kommt vor der Menge ihrer Bedenken und Erwägungen zu keinem Entschluß und wird zur **Unentschlossenheit**

---

*) Les passions II. Art. LXXIX—LXXXV.

(irrésolution); die thatkräftige Hoffnung, die Schwierigkeiten der Ausführung bekämpfen und besiegen zu können, ist Muth (courage) und Kühnheit (hardiesse), die entgegengesetzte Empfindung, welche die Schwierigkeiten des Handelns fürchtet und sich vor ihnen entsetzt, ist Feigheit (lâcheté) und Schrecken (épouvante).*)

Die Vorstellung vorhandener Güter oder Uebel erregt uns Freude (joie) oder Trauer (tristesse). Wenn jene Güter oder Uebel nicht uns selbst, sondern andere betreffen, so ist es fremdes Glück oder Unglück, das uns erfreut oder betrübt. Demgemäß modificiren sich Freude und Trauer, Liebe und Haß. Die Mitfreude an fremdem Glück ist Wohlwollen, das Mitgefühl an fremdem Unglück ist Mitleid (pitié); wenn uns das Glück des Anderen betrübt, so empfinden wir Neid (envie), wenn sein Unglück uns erfreut, Schadenfreude. Descartes hat diese Empfindungen von einer moralischen Bedingung abhängig gemacht, die bei der natürlichen Erklärung der Leidenschaften nicht mitsprechen sollte: er läßt das fremde Glück und Unglück verdient oder unverdient, die betroffenen Personen würdig oder unwürdig desselben sein, so daß ihnen von Rechtswegen zukommt, was sie Gutes oder Schlimmes erfahren. Wir haben dann weniger die glücklichen und unglücklichen, als die verschuldeten Zustände anderer vor Augen und freuen uns des gerechten Laufes der Dinge. Nur das verdiente Glück des Anderen erregt unser Wohlwollen, wie das unverdiente unseren Neid, nur das verdiente Unglück erregt unsere Schadenfreude, wie das unverdiente unser Mitleid. Jetzt erscheinen diese Gemüthsbewegungen als gerecht, als so viele Arten unseres natürlichen Rechtsgefühls, dessen Befriedigungen freudig und dessen Verletzungen schmerzlich empfunden werden. Neid und Mitleid gehören zum Geschlecht der traurigen, Wohlwollen und Schadenfreude zu dem der freudigen Erregung, nur daß die Empfindungsweise der letzteren darin verschieden sein soll, daß die Freude über verdientes Glück ernst gestimmt ist, während in die Freude über verdientes Unglück sich Hohn und Spott (moquerie) mischen.**) Man erkennt sogleich, daß in der Erklärung dieser Leidenschaften Descartes die natürlichen und moralischen Beweggründe nicht genug auseinander gehalten hat. Das Rechtsgefühl kann unser Wohlwollen und Mitleid verstärken, aber es hat nichts mit Schadenfreude und Neid zu

---

*) Les passions II. Art. LVII—LIX.   **) Les passions II. Art. LXI—LXII.

schaffen. Hier hat der Philosoph die natürliche Erklärung, die zu geben war, verfehlt und nicht, wie er wollte, „als Physiker" von den Leidenschaften geredet.

Die guten und schlimmen Werke der Menschen sind besondere Arten nützlicher und schädlicher Objecte, sie sind darum besondere Gegenstände unserer Freude und Trauer, die sich verschieden gestalten, je nachdem wir selbst oder andere die Urheber jener Werke sind und die fremden Handlungen uns betreffen oder nicht. Die Freude über das eigene gute Werk ist Selbstzufriedenheit (satisfaction de soi-même) und das Gegentheil Reue (repentir). Das Ansehen, das wir durch unsere Verdienste in der Meinung anderer gewinnen, ist der Ruhm (gloire), dessen Gegentheil in der Schande (honte) besteht. Fremde Verdienste wecken in uns eine dem Anderen günstige Gesinnung (faveur) und, wenn unser eigenes Wohl dadurch gefördert worden, unsere Dankbarkeit (reconnaissance); wogegen der Uebelthäter unseren Unwillen (indignation) und, wenn er uns selbst Schaden zugefügt, unseren Zorn (colère) erregt. Die Güter und Uebel, die uns zu Theil werden, sind von längerer oder kürzerer Dauer, die lange Gewohnheit stumpft die Empfindung ab und verwandelt die satte Freude zuletzt in Ueberdruß (dégoût), während sie die Trauer über unsere Verluste und Leiden allmählig vermindert. Die guten und schlimmen Zeiten, die wir erleben, gehen vorüber; wir sehen die ersten mit Bedauern (regret) schwinden und empfinden mit Fröhlichkeit (allégresse) das Ende der anderen.*)

Unter den primitiven Leidenschaften hat Descartes die Bewunderung (admiration) als die erste und über den Gegensatz der anderen erhabene bezeichnet. Wir müssen jetzt auf den Charakter, die besonderen Arten und Eigenthümlichkeiten dieser Leidenschaft etwas näher eingehen. Sie wird stets durch ein neues und ungewöhnliches, seltenes und außerordentliches Object hervorgerufen, dessen Eindruck unser Gemüth ergreift und als Ueberraschung empfunden wird. Ihre Kraft wächst nicht erst in allmähliger Steigerung, sondern ist, weil sie alle gewohnten Eindrücke unterbricht, sogleich in ihrer ganzen Stärke wirksam: daher ist die Bewunderung unter allen Leidenschaften die stärkste, sie hat, wie jede Ueberraschung den Charakter einer plötzlichen Wirkung. In allen Gemüthsbewegungen werden

---

*) Les passions II. Art. LXIII—LXVII.

wir unwillkürlich von einem Object ergriffen, aber nirgends ist der Zustand eines solchen Ergriffenseins so rein und vollkommen ausgeprägt als in der Bewunderung, deren Wesen derselbe ausmacht, darum ist sie in gewisser Weise mit allen Leidenschaften verbunden oder etwas von ihrer Empfindungsweise ist in allen gegenwärtig. Ihre Stärke kann so gewaltig sein, daß sie jeden Widerstand ausschließt und das Gemüth nicht blos bewegt, sondern dergestalt bannt und fesselt, daß alle Lebensgeister im Gehirn nach dem Orte des Eindrucks strömen und sich hier concentriren, der übrige Körper wird bewegungslos und wir erstarren gleichsam im Anblick des Objects: dann geht die Bewunderung in Staunen (étonnement) über und entartet durch den Exceß.*)

So lange wir nur von der Macht des neuen und ungewöhnlichen Eindrucks bewegt sind, empfinden wir noch nichts von der Nützlichkeit oder Schädlichkeit des Objects, die das Grundthema aller übrigen Leidenschaften ausmachen: daher ist die Bewunderung früher als diese, sie ist die erste der Leidenschaften und an der gegensätzlichen Natur der anderen nicht betheiligt. Ihr wirkliches Gegentheil würde in einem Gemüthszustande bestehen, der sich von gar nichts ergreifen läßt und in seiner Unempfänglichkeit für die Macht der Eindrücke völlig leidenschaftslos ist: es giebt daher keine der Bewunderung entgegengesetzte Leidenschaft, d. h. sie hat kein Gegentheil. Wohl aber giebt es Unterschiede oder Arten der Bewunderung, die sich nach dem Object richten, dessen Seltenheit uns überrascht, je nachdem sein außerordentlicher Charakter in der Größe oder Kleinheit besteht, je nachdem wir oder andere freie Wesen dieses Object sind. Descartes nennt die beiden Grundformen der Bewunderung Hochachtung (estime) und Verachtung (mépris); demgemäß ist die Selbstschätzung entweder Großherzigkeit (magnanimité) und Stolz (orgueil) oder Kleinmüthigkeit (humilité) und niedrige Gesinnung (bassesse), während der überraschende Eindruck fremder Größe oder Kleinheit unsere Verehrung (vénération) oder Geringschätzung (dédain) erregt.**)

Unter diesen Arten der Bewunderung sind die unserer eigenen Werthschätzung die bemerkenswertheften. Nichts prägt sich in der

---

*) Les passions II. Art. LXX. LXXII—LXXIII. — **) Les passions II. Art. LIII—LV.

Haltung des Menschen, im Ausdruck der Miene, in Geberde und Gang sichtbarer aus als ein außerordentlich gesteigertes oder gedrücktes Selbstgefühl. Es giebt in unserer Selbstschätzung eine richtige und falsche Erhebung des eigenen Werths, wie es eine richtige und falsche Verkleinerung desselben giebt. Die wahre Selbstachtung nennt Descartes **Großherzigkeit** (magnanimité), nicht Hochmuth, sondern **Großmuth** (générosité), die falsche dagegen Stolz; die ächte Demuth nennt er humilité (humilité vertueuse), die unächte dagegen „bassesse". Nun ist das Kriterium zu bestimmen, das in der Macht und Richtung unserer Selbstgefühle das wahre vom falschen unterscheidet. Ueberhaupt können nur freie Wesen Gegenstände der Hochachtung und Verachtung sein; nur ein Object ist in Wahrheit achtungswerth, wie sein Gegentheil verächtlich: unsere Willensfreiheit, kraft deren in unserer Natur die Vernunft herrscht und die Leidenschaften dienen. In dieser freien und vernünftigen Selbstbeherrschung besteht aller sittliche Menschenwerth, das einzige Gut, das keine Gunst des Schicksals gewähren, sondern nur Arbeit und Willenszucht, die jeder an sich selbst übt, verdienen kann. Wer die Meisterschaft über sich selbst errungen hat, besitzt jene Seelengröße, woraus das wahrhaft hohe und allein berechtigte Selbstgefühl, die großmüthige Gesinnung hervorgeht, die Descartes als générosité bezeichnet. Nichts ist werthvoller als dieses Gut, aber auch keines ist schwieriger zu erreichen, denn man muß dagegen die gewöhnlichen Güter des Lebens für nichts achten und sich über die Schwächen der menschlichen Natur hoch erheben. Wenn man mit den eigenen Schwächen ernsthaft kämpft und seine Freiheit ihnen abzuringen sucht, erst dann erkennt man, wie zahlreich dieselben sind und wie gebrechlich die menschliche Natur; daher wird die Kleinheit und Begehrlichkeit der letzteren in demselben Maße empfunden, als die Seelengröße erstrebt und errungen wird: die wahre Selbstachtung geht deshalb mit der wahren Demuth Hand in Hand. Jede Selbstachtung, die nicht aus dem Gefühle der eigenen Willensgröße und Freiheit herrührt, ist falsch und verkehrt, wie jede Demuth, die sich auf andere Empfindungen gründet, als die der eigenen Willensohnmacht. Die verkehrte Selbstachtung ist Hochmuth oder Stolz, die verkehrte Demuth Wegwerfung und niedrige Gesinnung. Wie mit dem großmüthigen Selbstgefühl die ächte Demuth sich nicht blos verträgt, sondern nothwendig zusammenhängt, so mit dem Stolz die Kriecherei. „Der Stolz ist so unvernünftig und ungereimt, daß ich kaum glauben würde, wie sich Menschen dazu versteigen können, wenn nicht so viel unverdientes Lob gespendet würde, aber die Schmeichelei ist eine so landläufige Sache, daß jeder noch so fehlerhafte Mensch sich ohne jedes Verdienst und selbst für seine Schlechtigkeiten gepriesen findet: daher kommt es, daß die Unwissendsten und Dümmsten stolz werden." „Menschen der niedrigsten Gesinnung sind häufig die Anmaßendsten und Uebermüthigsten, wie große Seelen die Bescheidensten und Demüthigsten. Diese bleiben im Glück und Unglück gleichmüthig, während die kleinen und niedrigen Seelen von den Launen des Zufalls abhängen und vom Glück ebenso aufgeblasen, als vom Mißgeschick niedergeworfen werden. Ja man erlebt sogar oft, daß diese Leute vor anderen, die ihnen nützen oder schaden können, sich in schimpflicher Weise erniedrigen und sich zugleich unverschämt gegen solche betragen, von denen sie nichts zu hoffen oder zu fürchten haben." Achtung verdienen kann jedes willenskräftige oder freie Wesen, darum ist kein Mensch als solcher verächtlich, am wenigsten deshalb, weil ihm gewisse äußere Vorzüge und Glücksgüter, wie Talente, Schönheit, Ehre, Reichthum u. s. f. fehlen. Wenn der Andere unsere Hochachtung verdient, so empfinden wir Respect oder Verehrung, die sich aus Scheu und Bewunderung mischt, während wir in der begründeten Verachtung den Anderen so tief unter uns sehen, daß uns seine Schlechtigkeit zwar Verwunderung, aber nicht die mindeste Furcht erregt.*)

IV. Die sittliche Lebensrichtung.

1. Der Werth und Unwerth der Leidenschaften.

Hier ist der Punkt wo die Seelenlehre in die Sittenlehre übergeht und das Thema der letzteren vollkommen einleuchtet. Frei sein ist alles. Die Willensfreiheit, das höchste Vermögen in uns, bezeichnet die Richtung und das Ziel. Die Erhebung unserer geistigen Natur über die sinnliche, die Geistesfreiheit, welche die Begierden und Leidenschaften unter sich hat, ist der Endzweck des menschlichen Lebens, das höchste Gut, dessen Besitz allein unsere Glückseligkeit, den einzigen sittlichen Werth, den einzigen Grund unserer Selbstachtung ausmacht. Descartes hat seine Sittenlehre

---

*) Les passions III. Art. CXLIX—CLXIII.

nicht in einem besonderen Werke ausgeführt, sondern nur die Hauptpunkte derselben theils in seiner Schrift über die Leidenschaften, theils in den Briefen behandelt, die er über das glückselige Leben (Seneca beurtheilend und berichtigend) der Prinzessin Elisabeth schrieb und über die Liebe und das höchste Gut der Königin von Schweden widmete. Wir kennen den directen Zusammenhang zwischen jenen Briefen und der Entstehung wie Vollendung der Schrift über die Leidenschaften der Seele.*)

Wenn das höchste Gut in der Freiheit besteht, welche die Leidenschaften beherrscht, so kann es ohne den Kampf mit den letzteren nicht errungen, also ohne das Dasein derselben nicht gedacht werden. Wenn das höchste Gut unter allen das begehrenswertheste ist, so muß es in gewissem Sinne auch als ein Gegenstand unserer Begierde gelten, und es muß eine Leidenschaft geben, die von sich aus die sittliche Lebensrichtung einschlägt. Hier sind die beiden Punkte, wo in der Erklärung der Gemüthsbewegungen die Seelenlehre und die Sittenlehre ineinander greifen.

Alle unsere Leidenschaften lassen sich auf jene sechs primitiven zurückführen, deren einfachste Formen die Bewunderung und die Begierde waren. Auch die Bewunderung, sofern sie die Vorstellung oder Betrachtung ihres Gegenstandes begehrt, ist eine Begierde. Daher sind im Grunde unsere Leidenschaften insgesammt Begierden und als solche die natürlichen Triebfedern des Handelns. Alles menschliche Handeln ist dadurch bedingt, daß etwas gewünscht oder begehrt wird, das richtige Handeln besteht im richtigen Begehren; wenn wir das letztere bestimmen können, so ist die Grundregel gefunden, die das Thema der gesammten Moral ausmacht. Diese Grundregel ist sehr einfach und einleuchtend. Der Besitz aller begehrenswerthen Güter ist entweder ganz oder zum Theil oder gar nicht von uns selbst, d. h. von unserem eigenen Vermögen abhängig. Was wir nicht selbst kraft eigener Thätigkeit erwerben können, das können wir auch nicht wahrhaft besitzen, darum vernünftigerweise auch nicht begehren. Wir begehren daher unvernünftigerweise, was zu erwerben oder uns anzueignen die eigene Kraft nicht allein ausreicht, vielmehr von Bedingungen abhängt, die ganz oder zum Theil außer unserer Macht

---

*) S. oben Buch II. Cap. IV. S. 192. Cap. VIII. S. 250–56. Die Briefe an Elisabeth über das »beate vivere« finden sich: Oeuvr. T IX. p. 210—249.

liegen. Unsere Wünsche sind unvernünftig, wenn ihre Erfüllung unmöglich ist; sie ist streng genommen unmöglich, sobald das Vermögen dazu weiter reicht, als wir selbst. So unvernünftig sind die gewöhnlichen und meisten Wünsche der Menschen, sie begehren am leidenschaftlichsten, was von ihrer eigenen Thatkraft am wenigsten abhängt: die äußeren Lebensgüter, wie Schönheit, Ehre, Reichthum u. s. w. Die Regel der Erkenntniß sagt: denke klar und deutlich, nur das klar und deutlich Erkannte ist wahr. Die Willensregel sagt: begehre klar und deutlich, nur das so Begehrte ist gut; wünsche nichts, was du zu erreichen nicht vermagst, durch dich allein vermagst; dein höchstes Vermögen ist die Freiheit, sie kann dich nicht schön, reich, angesehen, mächtig, glücklich in den Augen der Welt, sondern nur frei machen, sie macht dich nicht zum Herrn der Dinge, nur zum Herrn deiner selbst. Wolle nichts anderes sein! Das einzige Gut, das du begehrst, sei diese Selbstherrschaft, sie sei das einzige Ziel deines Strebens, das einzige Object deiner Bewunderung! Alle übrigen Wünsche sind eitel.*)

2. Der Werth der Bewunderung.

Demgemäß ist das richtige Handeln durch die wahre Erkenntniß unserer Macht und Ohnmacht bedingt. Aus der ersten Einsicht entspringt das Gefühl unserer wahren und erreichbaren Erhabenheit, aus der zweiten die ächte Demuth. Nichts ist der letzteren förderlicher als die Betrachtung des unermeßlichen Weltalls, worin der Mensch nicht der Mittelpunkt und Zweck der Dinge, sondern ein verschwindender Theil ist, zu ohnmächtig, um den Gang der Dinge nach seinen Wünschen zu ändern. „Weil die Leidenschaften uns nur durch das Verlangen, das sie erregen, zum Handeln treiben, so muß unser Verlangen regulirt werden, und darin besteht der hauptsächlichste Nutzen der Moral." „Es giebt zwei Mittel gegen unsere eitlen Wünsche: das erste ist das hohe und wahre Selbstgefühl (générosité), von dem ich später sprechen werde, das andere die Betrachtung, die wir oft anstellen müssen: daß die göttliche Vorsehung den Gang der Dinge von Ewigkeit her gleich einem Verhängniß oder einer unabänderlichen Nothwendigkeit bestimmt hat, welche letztere dem blinden

---

*) Les passions II. Art. CXLIV—VI. Vgl. Brief an Elisabeth: Oeuvr. IX. pg. 211—14.

Schicksal entgegenzustellen ist, um diese Chimäre, ein bloßes Hirngespinnst unserer Einbildung, zu zerstören. Denn wir können nur wünschen, was nach unserer Meinung irgendwie im Reiche der Möglichkeit liegt; was dagegen von unserer eigenen Macht unabhängig ist, können wir nur dann für möglich halten, wenn wir es von jenem blinden Schicksal abhängen lassen und der Ansicht sind, daß es geschehen könne und Aehnliches sonst schon geschehen sei. Wir glauben an den Zufall, weil wir die wirksamen Ursachen nicht kennen. Wenn ein Ereigniß, das nach unserer Meinung vom Zufall abhängt, nicht eintritt, so ist klar, daß eine seiner hervorbringenden Ursachen gefehlt hat, daß es daher nicht geschehen konnte und Aehnliches nie geschehen ist, nämlich nie etwas ohne Ursache. Hätten wir vorher diesen nothwendigen Gang der Dinge klar vor Augen gehabt, so würden wir die Sache nie für möglich gehalten, darum auch nie begehrt haben."*) Alle eitlen Wünsche sind Irrthümer, die richtigen eine nothwendige Folge unserer wahren Selbstschätzung und der darauf gegründeten großen Gesinnung (générosité): darum nennt Descartes diese letztere „gleichsam den Schlüssel aller übrigen Tugenden und ein Hauptmittel gegen den Taumel der Leidenschaften."**)

Die Selbstachtung ist eine Art Bewunderung. Hier ist die Gemüthsbewegung, die von selbst die sittliche Richtung ergreift und allen übrigen den Weg zeigt. Denn die Bewunderung ist ein Verlangen, das sich nicht im Besitz, sondern in der Vorstellung oder Betrachtung der Dinge befriedigt und darum das Gemüth in einer Richtung bewegt, die der Erkenntniß vorausgeht und dieselbe vorbereitet. Wenn wir von der Macht eines überraschenden Eindrucks, von einem neuen, ungewöhnlichen, seltenen Objecte ergriffen sind, so verlieren wir uns gleichsam in die Betrachtung desselben; nichts ist jetzt natürlicher als der Wunsch, diese Betrachtung zu vervollkommnen oder durch eingehende Erforschung zu verdeutlichen. In dieser Verdeutlichung besteht die Erkenntniß. Aus der Begierde zur Betrachtung folgt naturgemäß die Begierde zur Erkenntniß. Unter allen unseren Leidenschaften ist keine so theoretischer Natur und dem Erkennen so günstig gestimmt als die Bewunderung. Sie ist auf dem Wege zum Ziel, sie steht an der Schwelle des Weges: der Satz des Aristoteles, daß die Philosophie mit der Bewunderung beginne, gilt auch bei Descartes, ohne

---

*) Les passions II. Art. CXLIV—CXLV. **) Les passions III. Art. CLXI.

der eigenthümlichen Erklärung des letzteren, daß der Zweifel den Anfang der Philosophie mache, zu widerstreiten. Ein anderes ist der Wille zur Erkenntniß, ein anderes die Gewißheit derselben: jener entspringt aus der Bewunderung, diese aus dem Zweifel. Wir wissen, welche Bedeutung die Lehre Descartes' dem Willen in Rücksicht der Erkenntniß der Wahrheit und der Vermeidung des Irrthums zuschreibt. Die Bewunderung giebt dem Willen unwillkürlich die theoretische Richtung und macht ihn der Erkenntniß geneigt: daher gilt sie unserem Philosophen nicht blos als die erste unter den primitiven, sondern als die wichtigste aller Leidenschaften.

Es ist von der naturgemäßen und gesunden Bewunderung die Rede, die das menschliche Gemüth bewegt, nicht fesselt, und die Begierde zur Erkenntniß hervortreibt, nicht aber hindert. An dieser Stelle unterscheidet Descartes, was Aristoteles in Rücksicht der natürlichen Triebe überhaupt gethan hatte, die beiden fehlerhaften Extreme des Zuwenig und Zuviel: den Mangel und den Excess, die Stumpfheit und die Widerstandslosigkeit gegen die Macht der Eindrücke, die Unfähigkeit zu bewundern und die Bewunderungssucht. Die erste Gemüthsart besteht in der ausgemachten Gleichgültigkeit, die sich von nichts rühren und ergreifen läßt, die zweite in der blinden Neugierde, die nach neuen Eindrücken hascht und sich jedem ohne Forschungstrieb hingiebt: diese Art der Bewunderung ist nicht eigentlich Gemüthsbewegung, sondern Stillstand, nicht eigentlich Bewunderung, sondern, wie Descartes schon früher gesagt hatte, Staunen. Gerade darin besteht der Werth der Bewunderung, daß sie nicht den nützlichen oder schädlichen, sondern den seltenen und außerordentlichen Charakter der Eindrücke auf das Stärkste empfindet und dem Gemüthe dergestalt einprägt, daß sie die intellectuelle Fortwirkung derselben sichert und unser Nachdenken hervorruft. „Die übrigen Leidenschaften können dazu dienen, uns die nützlichen oder schädlichen Objecte bemerkenswerth zu machen, die Bewunderung allein beachtet die seltenen. Wir sehen auch, daß Leute ohne jede natürliche Neigung zu dieser Gemüthsbewegung gewöhnlich sehr unwissend sind." „Viel häufiger aber findet sich der entgegengesetzte Fall, daß in der Bewunderung zu viel geschieht und man über Dinge erstaunt, die wenig oder gar nicht beachtenswerth sind. Und dadurch wird der vernünftige Werth dieser Leidenschaft entweder völlig aufgehoben oder in sein Gegentheil verkehrt. Gegen den Mangel hilft die geflissent=

liche und besondere Aufmerksamkeit, wozu unser Wille den Verstand stets verpflichten kann, sobald wir einsehen, daß die Beachtung des Objects der Mühe werth ist; aber gegen die excessive Bewunderung hilft kein anderes Mittel, als daß man viele Dinge kennen und die seltensten und ungewöhnlichsten unterscheiden lernt. Obwohl nur die stumpfen und stupiden Menschen von Natur zur Bewunderung unfähig sind, so geht die Fähigkeit derselben nicht immer mit der Größe der geistigen Begabung Hand in Hand, sondern ist hauptsächlich solchen Gemüthern eigen, die einen guten natürlichen Verstand haben, ohne sich deshalb groß einzubilden, sie seien fertig. Zwar vermindert sich der Bewunderungstrieb in Folge der Gewohnheit; je mehr man seltene Objecte erlebt hat, die man bewunderte, um so mehr gewöhnt man sich, sie nicht mehr zu bewundern und alle folgenden für gewöhnlich zu halten; wenn aber der Bewunderungstrieb alles Maß überschreitet und seine Aufmerksamkeit immer nur an dem ersten Eindruck der jedesmaligen Objecte haften läßt, ohne nach einer weiteren Erkenntniß derselben zu trachten, so folgt daraus die Gewohnheit, nach immer neuen Eindrücken zu haschen. Und dies ist der Grund, der die Krankheit der blinden Neugierde chronisch macht, dann sucht man die Seltenheiten, blos um sie zu bewundern, nicht um sie zu erkennen, und die Leute werden allmählig so bewunderungssüchtig (admiratifs), daß sie von läppischen Dingen eben so gefesselt werden als von den wichtigsten."*)

3. Die Geistesfreiheit.

Ohne Leidenschaften würde die Seele an ihrem körperlichen Leben keinen Antheil nehmen, ohne sie gäbe es für die menschliche Natur in der Welt weder Güter noch Uebel, sie allein sind die Quelle unseres freud- und leidvollen Daseins. Je mächtiger sie uns bewegen und erschüttern, um so empfänglicher sind wir für die Fülle der Freuden und Leiden des Lebens, um so süßer empfinden wir jene, und um so bitterer diese; und zwar sind die letzteren um so schmerzlicher, je weniger wir unsere Leidenschaften zu lenken vermögen und je widriger unsere äußeren Schicksale sind. Aber es giebt ein Mittel, unsere Leidenschaften zu bemeistern und dergestalt zu mäßigen, daß ihre Uebel sehr erträglich werden und sich alle in eine Quelle freu-

---

*) Les passions II. Art. LXXV. LXXVIII.

bigen Lebens verwandeln. Dieses einzige Mittel ist die Weisheit.
Mit dieser Erklärung schließt Descartes seine Schrift über die Leiden=
schaften der Seele.*)

Den natürlichen Impuls, den Weg zu ergreifen, dessen Ziel die
Weisheit ist, giebt die Bewunderung; sie entbindet den Erkenntniß=
trieb, der nicht befriedigt werden kann ohne unsere Selbsterkenntniß,
ohne die Einsicht in unsere Selbsttäuschung, ohne den gründlichen
Zweifel, der zur Gewißheit, zur richtigen Selbsterkenntniß, darum
zur richtigen Selbstschätzung führt, auf welche letztere sich jene er=
leuchtete Selbstachtung, jenes ächte Freiheitsgefühl gründet, das mit
der wahren Erkenntniß zusammenfällt und den sittlichen Werth be=
stimmt. So geht aus dem Trieb der Bewunderung der Drang nach
Erkenntniß, aus diesem der Zweifel und die Selbstgewißheit und
daraus im Lichte der Vernunft diejenige Bewunderung hervor, deren
Object das größte und erhabenste aller Vermögen ist: die Willens=
freiheit. Hier entspringt jene Gemüthsbewegung, die Descartes die
großherzige Gesinnung (magnanimité oder générosité) genannt hat
und die den Zügel des sittlichen Lebens in der Hand hält.

Vor dieser Erkenntniß schwinden die eingebildeten Werthe der
Dinge, die Scheinwerthe der Welt, die von solchem Schein geblendeten
Begierden, die Macht aller der Leidenschaften, deren Thema diese Art
der Begierde oder Selbstsucht ist. So lange die Seele sich diesen
Leidenschaften überläßt, wird sie von ihnen hin= und herbewegt, sie
kann die eine unterdrücken, indem sie der entgegengesetzten folgt und
auf diese Weise einen Herrn mit dem andern vertauscht. Ein solcher
Triumph ist scheinbar, nicht die Seele triumphirt, sondern eine ihrer
Leidenschaften, sie selbst bleibt unfrei. Wenn sie dagegen aus eigener
Willenskraft und Freiheit durch ihre klare und deutliche Erkenntniß
sich über das Niveau jener Begierden erhebt, erst dann hat sie „mit
ihren eigenen Waffen" und darum wahrhaft gesiegt. Dieser Sieg
ist der Triumph der Geistesfreiheit. „Was ich ihre eigenen Waffen
(ses propres armes) nenne, sind die festen und sicheren Urtheile
über das Gute und Böse, nach denen die Seele zu handeln ent=
schlossen ist. Das sind unter allen die schwächsten Seelen, deren
Wille, ohne das Steuer der Einsicht, sich von seinen jeweiligen Lei=
denschaften jetzt nach dieser, jetzt nach der entgegengesetzten Richtung

---

*) Les passions III. Art. CCXII.

treiben läßt, diese Leidenschaften kehren den Willen gegen sich selbst und bringen die Seele in den elendsten Zustand, in den sie gerathen kann. So läßt uns von der einen Seite die Furcht den Tod als das größte Uebel erscheinen, dem nur durch die Flucht zu entgehen sei, während von der anderen der Ehrgeiz diese schmachvolle Flucht als ein Uebel empfinden läßt, das noch schlimmer ist als der Tod. Die beiden Leidenschaften treiben den Willen nach verschiedenen Richtungen, und dieser, bald von der einen, bald von der anderen bewältigt, streitet beständig mit sich selbst und macht so den Zustand der Seele knechtisch und elend."*)

Hier schließt die Lehre Descartes', indem sie in ihre tiefsten Grundlagen zurückkehrt. Was dem Zweifel zu Grunde lag, war der Wille, der die Selbsttäuschung durchbrechen und zur Gewißheit durchdringen wollte; diese bestand in der klaren und deutlichen Selbst- und Gotteserkenntniß und daraus folgte die klare und deutliche Erkenntniß der Existenz und Natur der Dinge außer uns. Wir erkannten im Lichte der Vernunft den vollen Gegensatz zwischen Seele und Körper. Nun bezeugen unsere Leidenschaften die Verbindung beider, denn nur diese konnte die Quelle derselben sein: sie verneinen, was die klare Erkenntniß bejaht. So besteht ein Widerstreit zwischen unserer freien Vernunfteinsicht und unseren unwillkürlichen Gemüthsbewegungen. Das in diesem Widerspruch enthaltene Problem wird gelöst, indem wir die Leidenschaften erkennen, die eingebildeten Werthe ihrer Objecte durchschauen und die Macht derselben brechen. Jener Gegensatz zwischen Seele und Körper hindert nicht ihre Verbindung in der menschlichen Natur, diese Verbindung hindert nicht den Gegensatz beider, vielmehr findet dieser erst in der Erhebung der Seele über das körperliche Dasein, in der Befreiung von den Leidenschaften und Begierden, mit einem Worte in der Geistesfreiheit seinen wahren und thatkräftigen Ausdruck. Die Leidenschaften verhalten sich zu unserer denkenden Natur, wie die unklaren Vorstellungen zu den klaren. In dieser ihrer Unklarheit liegt ihre Ohnmacht. Wenn der Wille kraft des Zweifels die Selbsttäuschungen durchbrechen und kraft des Denkens zur klaren und deutlichen Erkenntniß gelangen konnte, so kann er durch diese auch die Macht der Leidenschaften bewältigen, denn die Begierden sind auch Selbsttäuschungen, die uns durch die

---

*) Les passions I. Art. XLVIII.

Scheinwerthe der Dinge verblenden und in dieser Blendung gefangen halten. Der Zweifel trifft und erschüttert jede unserer Selbsttäuschungen, auch die Macht der Leidenschaften, und die Geistesfreiheit, d. i. der von der Erkenntniß erleuchtete Wille siegt über jede.

Zehntes Capitel.
Die erste kritische Probe. Einwürfe und Erwiederungen.
I. Einwürfe.
1. Standpunkte und Richtungen der Verfasser.

Wir haben die philosophische Lehre Descartes' in dem Zusammenhang aller ihrer wesentlichen Theile ausgeführt und wenden uns jetzt zur Prüfung derselben. Hier begegnen uns sogleich jene gegen das erste der grundlegenden Werke gerichteten Einwürfe, welche der Philosoph selbst hervorgerufen, erwiedert und mit seinen Entgegnungen zugleich veröffentlicht hat. Es war die erste kritische Probe, die das neue System vor seinem Urheber und der Welt zu bestehen hatte. Descartes wünschte, seine Lehre gleich bei ihrer ersten öffentlichen Erscheinung auf eine solche Probe zu stellen und als ihr bester Kenner auch ihr erster Interpret und Vertheidiger zu sein. Deshalb sind diese kritischen Verhandlungen geschichtlich denkwürdig.*)

Wenn die Einwürfe, wie es gewöhnlich geschieht, in die Darstellung der Lehre eingemischt und willkürlich an verschiedenen Orten auseinandergestreut werden, so geht der Gesammteindruck derselben völlig verloren, während der des Systems ohne Noth unterbrochen wird. Es giebt keine Quelle, aus der die erste Wirkung der neuen Lehre auf die philosophischen Stimmungen des Zeitalters und die ersten Gegenwirkungen des letzteren sich besser erkennen lassen, als diese von so verschiedenen Seiten her geltend gemachten, durch berufene und unberufene Kritiker erhobenen, unter dem frischen Eindruck des noch handschriftlichen Werks entstandenen Bedenken. Man findet hier die herrschenden Richtungen des philosophischen Zeitbewußtseins bei einander und einige derselben durch die namhaftesten Stimm=

---

*) S. oben Buch I. Cap. V. S. 216—18.

führer vertreten. Es ist daher der Mühe werth, dieser Gruppe der ersten Kritiker Descartes' eine zugleich aufmerksame und übersichtliche Betrachtung zu widmen.

Abgesehen von den Sammelberichten Mersennes an zweiter und sechster Stelle, hat Descartes die Einwürfe von Caterus, Hobbes, Arnauld, Gassendi, Bourdin in der eben genannten Reihenfolge empfangen und erwiedert. Die späteren, die sich als achte und neunte bezeichnen lassen und nicht mehr in die Ausgabe der Meditationen aufgenommen werden konnten, wurden brieflich verhandelt. Dahin gehören die Einwürfe unter dem Namen Hyperaspistes und die des englischen Philosophen Henry More; jene sind kaum bemerkenswerth, da sie nur wiederholen, was schon gesagt war; diese erneuern gegen Descartes den theosophischen Standpunkt, sie bestreiten die bloße Materialität der Ausdehnung und behaupten eine immaterielle, die von den geistigen Wesen gelten und die Gegenwart Gottes in der Welt, wie die der Seele im Körper erklären soll.*)

Die zweiten und sechsten Einwürfe, in denen die Bedenken verschiedener Philosophen und Theologen zusammengefaßt sind und Mersenne wohl auch die seinigen untergebracht hat, sind nach Art der Dilettanten, sie sind deshalb nicht verächtlich, denn in einem philosophisch so bewegten und rührigen Zeitalter, wie das cartesianische war, sind die mitspielenden Dilettanten keine unwichtige Macht. Caterus' Einwürfe bezogen sich nur auf den Gottesbegriff, insbesondere auf den ontologischen Beweis und treffen daher nicht die Grundrichtung und Grundlagen der neuen Lehre.

Um die principiellen und darum bemerkenswerthesten Gegensätze zu erkennen, müssen wir uns die fundamentalen Gedanken vergegenwärtigen, auf denen das gesammte cartesianische Lehrgebäude beruht. Die methodische Erkenntniß der Dinge in dem natürlichen Licht der Vernunft oder des Denkens war die Aufgabe und das durchgängige Thema des Philosophen. Sofern das Licht der Erkenntniß das natürliche ist und sein will (les lumières naturelles), bezeichnen wir seine Richtung als naturalistisch; sofern dieses natürliche Licht die Vernunft oder das reine (klare und deutliche) Denken ist und sein will, bezeichnen wir diese naturalistische Erkennt-

---

*) Die Briefe zwischen H. More und Descartes fallen in die letzte Lebenszeit des Philosophen (Dec. 1648 bis Oct. 1649). Oeuvr. T. X. pg. 178—296.

nißrichtung als **rationalistisch**. In der Art und Weise, wie jenes Licht im Denken entdeckt und dergestalt hervorgebracht wird, daß es die Dinge erleuchtet, besteht die **Methode**. Hier sind die Grundideen. Wer diese angreift, bekämpft grundsätzlich die neue Lehre. Dieser Gegensatz ist ein dreifacher. Man kann das natürliche Licht der Erkenntniß bejahen, aber zugleich verneinen, daß es im Denken entspringt und wirke, dieses Licht soll nicht in der Vernunft, sondern in den Sinnen gesucht werden: dann bestreitet man nicht den Naturalismus, sondern den Rationalismus Descartes', man bekämpft nicht die philosophische (natürliche), sondern die metaphysische (rationale) Erkenntniß der Dinge, und stellt dieser die empiristische oder sensualistische entgegen. Dieser Sensualismus ist so alt, als die atomistische Denkart, und so neu, als die baconische Philosophie. Die Renaissance hatte die alte Lehre Demokrits, die Epikur und nach ihm Lucrez schon im Alterthum erneuert hatten, wieder belebt. In dieser Richtung gegen Descartes steht Gassendi, den wir als einen Spätling der Renaissance ansehen können, da er dem Vorbilde Epikurs folgte. Aus der Erneuerung der Philosophie durch Bacon, der den Empirismus begründet hatte, mußte eine sensualistische Richtung hervorgehen, die schon den Materialismus in sich trug: in diesem Gegensatz gegen Descartes steht Hobbes. Wir haben jene Antithese vor uns, die wir bei dem ersten Ausblick auf den Entwicklungsgang der neuern Philosophie innerhalb derselben entstehen sahen.*) Es ist der erste der bezeichneten Gegensätze.

Aber auch das natürliche Licht der Erkenntniß bleibt nicht unbestritten. Die Gegenmacht gegen den Naturalismus bildet das übernatürliche Licht des Glaubens und der Offenbarung, welches das Reich der Gnade und Kirche erleuchtet: das **theologische** und näher **augustinische** System, das die Reformation gegen die römische Kirche erneuert hatte und der Jansenismus innerhalb derselben wieder aufrichten wollte, dieser erschien gleichzeitig mit der Lehre Descartes' und darf als der mächtigste Ausdruck des religiösen Zeitbewußtseins gelten. In dieser Richtung tritt der neuen Philosophie der augustinisch gesinnte Arnauld entgegen, einer der bedeutendsten Theologen des damaligen Frankreichs, später das Haupt der Jansenisten.

---

*) S. oben Einleitung, Cap. VII. S. 142—44.

Es giebt einen kirchlichen Rationalismus, den die Scholastik ausgebildet hatte, und dessen Aufgabe nicht darin bestand, neue Wahrheiten zu finden, sondern die dogmatisch gegebenen zu beweisen. Kein größerer Gegensatz als zwischen der cartesianischen und scholastischen Methode, zwischen dem voraussetzungslosen, durch den Zweifel geläuterten und dem dogmatisch gebundenen und geschulten Denken, zwischen der erfinderischen Deduction und der unfruchtbaren Syllogistik, die mit „barbara" und „celarent" Staat macht. Diese Methode hatte Descartes durch die Jesuiten, die Neuscholastiker des Zeitalters, die besonders die dialektischen Künste der alten Schule zu brauchen wußten, frühzeitig kennen und aus eigenstem Urtheile verachten gelernt. Jetzt wurde seine Methode die besondere Zielscheibe, die der Jesuit Bourdin, der Verfasser der siebenten Einwürfe, zu treffen und damit die neue Lehre selbst über den Haufen zu werfen suchte. So wenig diese Polemik in der Sache zu bedeuten hatte, so charakteristisch war es, daß gerade ein Jesuit die Methode bekämpfte, und die Art, wie er es that.

2. Gegensätze und Berührungspunkte.

Unter den Richtungen, die sich im Widerstreit mit der Lehre Descartes' befinden, giebt es keinen größeren Gegensatz als die augustinisch gesinnte Theologie und die sensualistisch (materialistisch) gerichtete Philosophie: Arnauld und Hobbes! Gleichzeitig bekämpfen beide das neue System, nämlich die rationale Erkenntniß Gottes und der Dinge; sie greifen von entgegengesetzten Seiten her die metaphysischen Grundlagen des Lehrgebäudes an, die Principien, die durch methodisches Denken gefunden und nicht blos sicherer als alle bisherigen, sondern absolut gewiß und unzweifelhaft sein wollen. Der theologische Standpunkt verwirft diese Grundlagen, denn er anerkennt kein anderes Fundament als die Thatsachen der Religion und Offenbarung; der sensualistische Standpunkt verwirft sie ebenfalls, weil er der menschlichen Erkenntniß kein anderes Fundament einräumt als die Thatsachen der Sinnenwelt und Erfahrung. Dieser theologische und sensualistische Gegensatz gegen die Lehre Descartes' ist unvermeidlicher Art und erleuchtet zugleich die Grundzüge des ganzen Systems in ihrem naturalistischen und rationalistischen Charakter. Darum gelten uns die Einwürfe, welche Hobbes, Gassendi und Arnauld gegen die Meditationen gerichtet haben, als die bemerkenswertheſten und lehrreichſten. Hobbes, obwohl bedeutender und moderner als Gaſſendi, nahm die Sache, die in Frage ſtand, etwas oberflächlich und behandelte ſie weniger genau und eingehend, als dieſer; weshalb Descartes den Streit mit ihm abbrach und mit Gaſſendi zu Ende führte. Aus dieſem Grunde dürfen wir Arnauld und Gaſſendi, dieſe beiden Landsleute des Philoſophen, als die wichtigſten Gegner betrachten, gegen welche es galt die neue Lehre zu vertheidigen.

Nicht minder bedeutſam als die Gegenſätze ſind die Berührungs= punkte zwiſchen der Philoſophie Descartes' und der auguſtiniſch ge= richteten Theologie, zwiſchen ihr und dem materialiſtiſch gerichteten Senſualismus. Sobald man von der metaphyſiſchen (rationalen) Be= gründung abſieht, treten nach beiden Seiten die Aehnlichkeiten deut= lich zu Tage. Die ſenſualiſtiſche Lehre iſt ihrer ganzen Anlage nach einer materialiſtiſchen und mechaniſchen Naturerklärung zugeneigt; Descartes gab dieſe Erklärung, ſie konnte nicht ſtrenger ſein; Hobbes, der zunächſt nur dieſe Seite der neuen Lehre bemerkt hatte, glaubte ſchon, daß ſie mit der ſeinigen völlig übereinſtimme. Indeſſen war die carteſianiſche Naturerklärung eine nothwendige Folge der uns be= kannten dualiſtiſchen Principien, ihre rein materialiſtiſche und me= chaniſche Richtung kam aus einer ganz anderen Gegend, als bei den ſenſualiſtiſchen Philoſophen. Dieſe dachten: weil die Natur materiell iſt, darum iſt es auch der Geiſt; weil jene nur mechaniſch erklärt werden kann, darum ſind auch die geiſtigen Thätigkeiten ſo zu er= klären. In der Lehre Descartes' dagegen verhielt ſich die Sache ge= rade umgekehrt: weil der Geiſt gar nicht materiell iſt, darum iſt die Körperwelt nur materiell; weil die Erſcheinungen der geiſtigen Welt gar nicht aus materiellen Bedingungen abgeleitet werden können, darum ſind die der körperlichen nur aus ſolchen Bedingungen zu er= klären; weil der Geiſt das Gegentheil der Materie iſt, darum iſt auch die Materie das Gegentheil des Geiſtes. In dieſem Punkte lag die Streitfrage zwiſchen unſerem Philoſophen auf der einen Seite und Hobbes wie Gaſſendi auf der andern.

In der Entgegenſetzung der geiſtigen Natur gegen die körper= liche, in dieſem ausgemachten Dualismus beider hatte das neue Syſtem ſeinen Schwerpunkt. Eben hier, wo es von den Senſualiſten bekämpft wurde, übte es eine unwillkürliche Anziehungskraft auf den auguſtiniſch geſinnten Theologen. Descartes ſelbſt fühlte ſich dieſem verwandter als seinen philosophischen Gegnern, er sah sich von Arnauld weit besser verstanden, als von Hobbes und Gassendi, deren ganze Denkweise ihn abstieß, und nahm die Einwürfe, die ihm jener gemacht hatte, für die wichtigsten unter allen. Wir kennen seine tiefsinnige Untersuchung über den Gottesbegriff und die entscheidende Bedeutung, die das Ergebniß derselben für das ganze System hatte. Wenn der Philosoph erklärte, daß er durch diese Richtung seiner Lehre auch die Sache der Religion fördern und innerlich stärken wollte, so war dies keine leere oder nur vorsichtig conservative Redensart: Er meinte es aufrichtig mit den religiösen Interessen. Dieser Zug wurde von Arnauld sympathisch empfunden. Dazu kam eine wörtliche Uebereinstimmung mit Augustin, die dem Theologen willkommen sein und um so bedeutsamer erscheinen mußte, als sie gerade an der Stelle hervortrat, die Descartes seinen Archimedespunkt genannt hatte: in dem Satz der Gewißheit. Um das Dasein Gottes zu beweisen, nimmt Augustin in seiner Schrift vom freien Willen unsere Selbstgewißheit zum Ausgangspunkt; er läßt hier den Alypius zu Euodius sagen: „ich will mit der sichersten Sache beginnen: darum frage ich dich zuerst, ob du selbst bist oder in deiner Antwort auf diese meine Frage eine Täuschung befürchtest, obgleich hier keinerlei Irrthum möglich ist, denn wenn du nicht wärest, könntest du auch nicht getäuscht werden." Genau so hatte Descartes in seinen Meditationen gesprochen, ohne zu wissen, daß sein „cogito ergo sum" in Augustin einen Vorgänger hatte. Als er durch Arnauld die Uebereinstimmung erfuhr, dankte er ihm diese erfreuliche Ueberraschung.

Indessen wird durch ähnliche Ausgangspunkte so wenig eine wirkliche und endgültige Uebereinstimmung bewiesen, als durch ähnliche Resultate. Richtungen, die von entgegengesetzten Principien ausgehen, können in gewissen Punkten zusammentreffen, wie z. B. die cartesianische und sensualistische Lehre in Rücksicht der mechanischen Naturerklärung; ebenso können aus einem gemeinsamen Anfang Richtungen entspringen, die in ihrem Verlauf weit auseinandergehen; so verhält es sich in gewisser Rücksicht mit der cartesianischen und augustinischen Lehre. Wenn man ihre Tragweite verfolgt und die geschichtlichen Entwicklungsformen beider vergleicht, so entdeckt sich ein Gegensatz, der nicht größer gedacht werden kann: aus dem augustinischen System folgte das kirchliche Bewußtsein des Mittelalters und die Herrschaft der Scholastik, aus der Lehre Descartes' das

System Spinozas. Indessen lag ein solcher Gegensatz dem Bewußtsein unseres Philosophen noch fern. So weit die Richtung der Philosophie, die er begründet hatte, in ihm selbst entwickelt und ausgeprägt war, durfte er sich über den gründlichen Gegensatz seiner Lehre und des theologischen Systems täuschen und in den wesentlichen Punkten die Uebereinstimmung beider für ausgemacht halten. Galt ihm doch das Dasein der Dinge, die Erkenntniß der Geister, die Bewegung der Körper als das schöpferische Werk Gottes. Der menschliche Geist wäre in undurchdringliches Dunkel gehüllt, wenn nicht die Idee Gottes, also Gott selbst ihn erleuchtete; die Körperwelt wäre starr und leblos, wenn nicht Gott selbst sie bewegte; die Dinge könnten weder sein noch bestehen, wenn nicht Gott sie geschaffen hätte und erhielte. So ist die menschliche Erkenntniß in ihrem letzten Grunde Erleuchtung, das Dasein der Welt Schöpfung, ihre Dauer fortwährende Schöpfung. Dies alles lehrte auch Augustin, aber er lehrte aus supranaturalistischen Gründen, die auf der Thatsache des Glaubens und der christlichen Offenbarung beruhten, was Descartes im natürlichen Lichte der Vernunft, dessen Urquell er in Gott sah, beweisen wollte. Die Richtschnur des augustinischen Systems ist das christliche Glaubensinteresse und die (schlechterdings übernatürliche) Thatsache der Erlösung; die Richtschnur des cartesianischen ist nur das natürliche Licht der Vernunft, das klare und deutliche Denken. Darin besteht der durchgängige Gegensatz beider. Arnauld fühlte diesen Gegensatz; seine Bedenken regten sich gegen die rationalistische Denkart und deren nothwendige Folgerungen. Mit der Methode des klaren und deutlichen Denkens ist die Wahrheit der kirchlichen Glaubenslehre nicht verträglich. Wir erkennen klar und deutlich, daß die Modi nicht ohne Substanz, diese Beschaffenheiten nicht ohne dieses Ding, dem sie zukommen, sein können; es ist unmöglich, daß die Beschaffenheiten sind, während das Ding nicht mehr ist, daß jene bleiben, während dieses sich verwandelt, daß Brod und Wein in Fleisch und Blut umgewandelt werden und doch ihre Beschaffenheiten, Gestalt, Farbe, Geschmack u. s. f. behalten. Es ist unmöglich, daß Substanz und Modi je von einander getrennt werden, eine solche undenkbare Trennung kann auch die göttliche Allmacht nicht bewirken, sonst würde sie dem klaren und deutlichen Denken zuwiderhandeln. Descartes verneint diese Möglichkeit, die der Glaube an die Transsubstantiation im Sacrament des Altars bejaht. Arnauld und die Einwürfe an sechster Stelle hielten dem Philosophen diese Bedenken entgegen. Wir erkennen klar und deutlich, daß Substanzen unabhängig von einander sind, also niemals ein Wesen ausmachen können, Personen sind Substanzen, die Einheit dreier Personen, wie sie in der göttlichen Trinität gelehrt wird, erscheint undenkbar. Mit dem Satz, daß Substanz und Modi untrennbar verbunden sind, streitet die Abendmahlslehre, mit dem Satz, daß Substanzen nothwendig getrennt sind, die Trinitätslehre.*) Arnauld bemerkte, daß die Regel der Gewißheit auf die philosophische Erkenntniß einzuschränken und nicht auf Religion und Moral anzuwenden sei, Descartes möge in Uebereinstimmung mit Augustin die Grenzen zwischen Glauben und Wissen einhalten, dieses beruhe auf Gründen, jener auf Autorität. Descartes konnte sich leicht mit Arnauld vereinigen, denn jene Einschränkung war nach seinem Sinn und nach der Richtschnur seiner Lebensmethode. Indessen sind die Probleme der Philosophie mächtiger als die Neigungen und Lebensregeln des Philosophen. Die Selbstbeschränkung, welche Descartes für seine Person sich aufzulegen für gut fand, konnte der Geist seiner Lehre nicht auf die Dauer ertragen.

3. Die Angriffspunkte.

Wir werden uns über den Inhalt der Einwürfe und ihre Angriffspunkte am besten orientiren, wenn wir uns die Cardinalpunkte des Systems, soweit dasselbe in den Meditationen enthalten ist, vergegenwärtigen. Die hervorspringenden Lehren sind: der methodische Zweifel, das Princip der Gewißheit, die Idee, das Dasein und die Wahrhaftigkeit Gottes, die Realität der Sinnenwelt, die Ursache des Irrthums, der Wesensunterschied zwischen Geist und Körper. Gegen diese Hauptpunkte concentriren sich die Einwürfe und lassen sich demgemäß ordnen.

Die neue Methode und deren skeptische Begründung findet ihren Hauptgegner in dem Scholastiker, der sich in der alten Richtung der Syllogismen und Kettenschlüsse heimisch und stark fühlt. Das Princip der Gewißheit kraft des reinen Denkens und die darauf gegründete Lehre der absoluten Unabhängigkeit des Geistes vom Körper wird von den sensualistischen Philosophen bekämpft, denen die sinnliche Denkart,

---

*) Obj. IV. (T. II. pg. 35.) Obj. VI. (T. II. pg. 29.)

die das Bewußtsein der meisten Menschen beherrscht, zur Seite steht. Daher ist an dieser Stelle der Haufen der Einwürfe am dichtesten; hier verbinden sich mit Hobbes und Gassendi jene „verschiedenen Theologen und Philosophen", von denen die zweiten und sechsten Einwürfe herrühren. Gegen die Beweise vom Dasein und der Wahrhaftigkeit Gottes, insbesondere gegen die Folgerung, daß Gott nicht zu täuschen vermöge, erheben sich eine Reihe Bedenken, worin die ungenannten Theologen mit Caterus und Arnauld wetteifern; nur daß der letztere, der in den Geist der neuen Lehre tiefer eindrang, die Einsicht voraushatte, daß Descartes' ontologischer Beweis der scholastische nicht war.

1. Es ist bei den Philosophen der neuen Zeit, gleichviel welcher Richtung sie angehören, ein stehender Zug, daß sie die alte Schule, insbesondere die Disputirkunst, die auf den Kathedern des Mittelalters ihre Triumphe geerntet hatte, von Grund aus verachtet. Das Recht, womit sie auf die Scholastik herabsehen, wird sich aus einem concreten Fall am besten beurtheilen lassen, wenn man vor Augen sieht, wie ein Klopffechter der alten Dialektik gegen den Begründer einer neuen, entdeckenden Methode seine Lanze einlegt. In dieser Rücksicht sind die Einwürfe des Jesuiten Bourdin charakteristisch und selbst nicht ohne culturgeschichtliches Interesse. Der Gegner will nach den Regeln der Syllogistik beweisen, daß die Methode Descartes' unmöglich sei, daß sie weder anfangen noch fortschreiten, noch irgend etwas, ausgenommen das reine Nichts, beweisen könne, sie sei zugleich absurd und nihilistisch im Sinne der völligen Nichtigkeit.

Der Satz der Gewißheit, mit dem die methodische Erkenntniß beginnt, gründet sich auf den völligen Zweifel, der jede Gewißheit verneint. Zuerst wird erklärt: „Nichts ist gewiß"; dann wird hieraus bewiesen: „Einiges ist gewiß". Aus einem allgemein verneinenden Urtheil soll ein particular bejahendes folgen, was nach den Regeln des Schlusses unmöglich ist: so unmöglich ist der Satz der Gewißheit, der vermeintliche Anfang aller Erkenntniß.

Dasselbe gilt von dem Satze des Zweifels. Weil wir uns in einigen Fällen getäuscht haben, soll die Möglichkeit der Täuschung für alle Fälle gelten; weil einiges ungewiß ist, darum soll alles ungewiß oder nichts gewiß sein. Diese Folgerung ist unmöglich, denn aus einem Urtheil von particularer Geltung läßt sich kein allgemeingültiges ableiten: so unmöglich ist der Satz des Zweifels, der vermeintliche Anfang der Philosophie. Wenn der Satz des Zweifels in Wahrheit gilt, so muß er auch rückwirkende Kraft haben und seine eigene Voraussetzung zerstören: wenn nichts gewiß ist, so ist auch nicht gewiß, daß Einiges ungewiß ist. So unmöglich ist nicht blos das Resultat, sondern auch der Anfang des Zweifels.*)

An der Unmöglichkeit, ein universelles Urtheil durch ein particulares zu begründen, scheitert nach Bourdin die ganze cartesianische Philosophie, auch der Dualismus zwischen Geist und Materie, auch die Physik, die auf dem Satz beruht, daß die körperliche Natur blos ausgedehnt ist. Wenn einige Körper ausgedehnt sind, so folgt nicht, daß diese Eigenschaft von allen Körpern gilt, noch weniger, daß sie das Wesen derselben ausmacht, und darum die Seele, weil sie untheilbar (nicht ausgedehnt) sei, niemals körperlicher Natur sein könne. Auf diese Art beweist man dem Bauern, daß die Eigenschaften, die er an seinen Hausthieren kennt, alle wesentlichen der Thiere sind und darum der Wolf kein Thier ist.**)

So unmöglich jeder Versuch des Anfangs der Erkenntniß nach der Methode Descartes' ist, so unmöglich ist jeder Versuch des Fortschritts; sie sinkt bei jedem Schritt, den sie thut, ins Bodenlose, ins leere Nichts. Man braucht den Gang dieser Methode nur nach der Richtschnur der Syllogistik zu beurtheilen und nach den regelrechten Formen in „celarent", „cesare" u. s. w. fortschreiten zu lassen, um zu sehen, wohin sie führt. Alle Wesen, deren Existenz zweifelhaft ist, sind nicht wirklich; die Existenz des Körpers ist zweifelhaft, also ist der Körper kein wirkliches Wesen, also kein wirkliches Wesen ein Körper: ich bin wirklich, also bin ich kein Körper. Nun ist nach Descartes alles zweifelhaft, folgerichtigerweise auch der Geist; also ist dieser eben so wenig real als der Körper, daher sind wir selbst weder Geist noch Körper, also nichts. Da nun alles entweder Geist oder Körper sein muß und keines von beiden sein kann, so ist überhaupt nichts. Es ist demnach einleuchtend, daß nach der neuen Methode der Erkenntniß weder angefangen noch fortgeschritten noch irgend ein Ziel erreicht werden kann. Daher muß man vor der Schwelle derselben umkehren zur alten Methode, wie die Schule sie

---

*) Obj. VII. (T. II. pag. 393—404, 412—415.) — **) Obj. VII. pag. 441—43.

lehrt: von der nihilistischen zur syllogistischen, von der skeptischen zur dogmatischen, vom Cartesianismus zur Scholastik.*)

2. Anderer Art, wie zu erwarten steht, sind die Bedenken, welche Hobbes, Gassendi und Arnauld dem cartesianischen Zweifel entgegensetzen. Hobbes behandelt die Sache etwas von oben herab, er bestreitet die Neuheit des Zweifels und seine Gültigkeit in Rücksicht der sinnlichen Erkenntniß; schon unter den alten Philosophen vor und nach Plato habe es Skeptiker von Profession gegeben, und Plato selbst habe viel von der Unsicherheit der sinnlichen Wahrnehmung geredet, Descartes würde besser gethan haben, das alte Zeug nicht wieder zu erneuern, die Sache sei nicht modern, sondern gehöre zu den Schrullen des Alterthums. Gassendi will sich einen gemäßigten Skepticismus nach Art der Weltleute gefallen lassen, aber den cartesianischen findet er übertrieben, hier wird das Kind mit dem Bade ausgeschüttet und ein neuer Irrthum an die Stelle des alten gesetzt: man täusche sich selbst, wenn man sich einen Zweifel einbilde oder einrede, der gar keine Gewißheit übrig lasse, und so sehr man auch versichere, nichts für gewiß gelten zu lassen, behalte man doch Objecte genug, die man nicht bezweifeln könne, sondern als vollkommen sicher ansehe und behandle; daher sei der Zweifel Descartes' zu einem guten Theil Selbsttäuschung. Arnauld dagegen fühlt, daß dieser Zweifel die intellectuelle Selbstgerechtigkeit des Menschen erschüttert, und bejaht seine Geltung, sofern dieselbe sich blos auf das natürliche Erkennen erstreckt und die Gebiete des Glaubens und der Moral grundsätzlich von sich fernhält.**)

3. Das Princip der Gewißheit war in dem Satz „cogito ergo sum" enthalten: „ich denke, also ich bin; ich bin ein denkendes Wesen (Geist)." Wir müssen die Einwürfe, die in Menge gerade diesem Satze gegenüberliegen, genau sondern. So kurz derselbe ist, schließt er eine Reihe wichtiger und maßgebender Behauptungen in sich, die Descartes in solcher Geltung aus ihm ableitet. Daher bietet das „cogito ergo sum" mehr als einen Angriffspunkt. Aus dem „ich denke" folgen genau genommen zwei Sätze: 1) ich bin oder existire, 2) ich bin denkend oder ich bin Geist. Die Art der Folgerung ist genau zu würdigen in dreifacher Rücksicht: 1) die Gewiß-

---

*) Obj. VII. pg. 444—55, 461—63, 489—504. — **) Obj. III. (T. I. pg. 466—67.) Obj. IV. (T. II. pg. 30.) Obj. V. (T. II. pg. 91—92.)

heit des eigenen Seins, folgt nur aus dem Denken, aus keiner anderen Thätigkeit; 2) aus dem Denken folgt zunächst nur die Gewißheit der eigenen denkenden Natur, keine andere; 3) diese Gewißheit folgt aus dem Denken (nicht mittelbar, sondern) unmittelbar: der Satz ist kein Schluß, sondern eine unmittelbare oder intuitive Gewißheit.

Daraus ergeben sich folgende Angriffspunkte und Einwürfe: 1) aus dem „ich denke" folgt zwar der Satz: „ich bin oder existire", aber nicht: „ich bin Geist"; 2) der Satz: „ich bin" folgt keineswegs nur aus meinem Denken, sondern eben so gut aus jeder anderen meiner Handlungen; 3) der Satz: „ich denke, also ich bin" ist ein Schluß und setzt voraus, was er beweisen will, so lange sein Obersatz nicht bewiesen ist; er ist eine „petitio principii" und hat als solche keine Gewißheit. Das erste Bedenken erhebt namentlich Hobbes, das zweite Gassendi, das dritte behandelt und widerlegt Descartes bei Gelegenheit der zweiten Einwürfe.

Aus dem „ich denke" folgt ohne Frage, daß ich bin und daß zu meinen Thätigkeiten oder Eigenschaften die des Denkens gehört, daher darf ohne Bedenken geurtheilt werden: ich bin denkend oder ich bin ein denkendes Wesen, aber nicht: ich bin Geist oder mein Wesen besteht im Denken. Dies hieße, die Eigenschaft zum Dinge selbst machen. Der erste Satz ist richtig, der zweite absurd. Das Denken ist so wenig ein für sich bestehendes Wesen als das Spazierengehen. Eben so gut könnte man sagen: „ich gehe spazieren, also ich bin Spaziergang."*) Aus dem Satz „ich denke" folgt vernünftigerweise: ich bin ein denkendes Wesen, d. h. ein Subject, dem unter anderen Eigenschaften oder Thätigkeiten die des Denkens zukommt. Offenbar kann die Thätigkeit nicht auch Subject der Thätigkeit, das Denken nicht auch Subject des Denkens sei. Ich kann wohl sagen: ich denke, daß ich gedacht habe, d. h. ich erinnere mich, was eine besondere Art des Denkens ist; aber es ist Unsinn zu sagen: „das Denken denkt" oder „ich denke, daß ich denke", denn dies würde zu einem endlosen Regreß führen und alles Denken unmöglich machen, da das Subject, der Träger des Denkens, nie zu Stande kommt. Nichts ist einleuchtender als der Unterschied zwischen Subject und Thätigkeit, zwischen Ding und Eigenschaft; ich bin daher als Subject des Denkens ein vom Denken verschiedenes Wesen, d. h. ich bin

---

*) Obj. III. (T. I. pg. 168—69).

ein Körper, welcher denkt. Nach diesem Satz ist der Cartesianismus abgethan, und der sensualistische Materialismus an seinem Platz.*) Der Geist besteht in der denkenden Thätigkeit des Körpers, das Denken in der Verknüpfung der Worte, welche Vorstellungen oder Einbildungen bezeichnen, die von der Bewegung und den Eindrücken der körperlichen Organe bewirkt werden: daher sind alle Ideen sinnlichen Ursprungs und der Geist nichts vom Körper Unabhängiges. Klare und unklare Vorstellungen sind nichts anderes als klare und unklare Eindrücke; ein nahes Object sehen wir deutlich, ein entferntes undeutlich, mit bewaffneten Augen sehen wir genau, was den unbewaffneten undeutlich oder gar nicht erscheint. Die astronomische Vorstellung der Himmelskörper verhält sich zu dem gewöhnlichen Anblick derselben, wie das teleskopische Sehen zum bloßen Sehen, wie der deutliche Eindruck zum undeutlichen; sinnlich sind beide Arten der Vorstellung. Alle unsere Vorstellungen sind nur sinnlich, die sogenannten Allgemeinbegriffe sind aus unseren Eindrücken abstrahirt und haben keine reale, sondern nur nominale Bedeutung. Was wir sinnlich wahrnehmen, sind nicht die Dinge selbst, sondern ihre Eigenschaften und Aeußerungen; daher ist der Begriff der Substanz eine Vorstellung ohne Object. Alle Eindrücke empfangen wir von außen, daher giebt es keine angeborenen Ideen, keine besondere Mitgift des Geistes, die der Mensch vor den übrigen Wesen voraus hätte, daher ist er nicht der Natur, sondern nur dem Grade nach von den Thieren verschieden.**)

4. So ist mein Denken auch nicht die einzige Thätigkeit, aus der die Gewißheit folgt, daß ich bin. Ohne Zweifel folgt diese Gewißheit aus der Thätigkeit meines Denkens, aber nicht weil diese Thätigkeit Denken, sondern weil dieses Denken meine Thätigkeit ist. Der Satz: „ich gehe spazieren, also ich bin" ist eben so gewiß als das „cogito ergo sum."***) Wenn mein Sein im Denken bestände, so könnte ich ohne zu denken keinen Augenblick sein, dann müßte der Mensch auch im embryonischen Zustande und im lethargischen Schlafe sich denkend verhalten. Wir können ohne Bewußtsein nicht denken, wohl aber existiren, daher sind unser Sein und unser Denken keineswegs identisch.†)

---

*) Obj. III. (T. I. pg. 469—70, pg. 475.) Vgl. Obj. VI. (T. II. pg. 318—19). —
) Obj. III. (T. I. pg. 476—77, pg. 485—87, pg. 483.) Vgl. Obj. VI. (T. II. pg. 320—21.) — *) Obj. V. (T. II. pg. 93. Vgl. pg. 248, T. I. pg. 451—52.) — †) Obj. V. (T. II. pg. 101—102.)

Auch leistet, wie Gassendi findet, der Satz der Gewißheit nicht, was wir nach den Verheißungen Descartes' erwarten durften: die genauste und tiefste Erkenntniß unserer eigenen Natur. Was ist mit der Einsicht, daß wir denkende Wesen sind, Neues und Besonderes gewonnen? Wir erfahren, was wir längst gewußt haben. Wenn man uns eine gründliche Belehrung über die Natur des Weins verspricht, so erwarten wir eine genaue chemische Analyse seiner Bestandtheile, aber nicht die Erklärung, daß er ein flüssiges Ding ist. Wir haben die Eigenschaft zu denken, wie der Wein die Eigenschaft der Flüssigkeit hat. Was weiter? Ein solcher Gemeinplatz ist der cartesianische Satz der Gewißheit.*)

5. Nun aber ist dieser Satz nicht einmal gewiß, denn er ist 1) nach des Philosophen eigener Erklärung durch unsere Gottesgewißheit bedingt, daher allen Bedenken über die Gültigkeit der Beweise vom Dasein Gottes ausgesetzt (ein Einwurf, der zu verschiedenen malen wiederkehrt), und 2) ein Schlußsatz, der von einer unbewiesenen Voraussetzung abhängt. Der vollständige Syllogismus heißt: „alle denkenden Wesen sind oder existiren, ich denke, also ich bin". Um den Obersatz zu beweisen, muß schon die Geltung des Schlußsatzes vorausgesetzt werden: daher ist dieser Syllogismus nicht blos eine petitio principii, sondern auch ein circulus vitiosus, wie die Logiker sagen. Diese Bedenken würden treffend sein, wenn der Satz der Gewißheit ein Syllogismus wäre. Wir erwarten, was Descartes erwiedern wird.**)

6. Der letzte Grund aller Gewißheit und Erkenntniß war die Gottesidee in uns, deren Ursache nur Gott selbst sein konnte. Das war in der Kürze der ontologische Beweis, dessen tiefsinnige Begründung in der Lehre Descartes' wir ausführlich kennen gelernt haben, und die von den Gegnern keiner zu würdigen gewußt hat. An dieser Stelle schaaren sich die Einwürfe. Um die Angriffspunkte zu sondern, unterscheiden wir die Sätze, die der Beweis in sich schließt. Es wird gefordert: „daß der Satz der Causalität auch von den Ideen gelte, 2) daß insbesondere die Gottesidee einer realen Ursache bedürfe, 3) daß diese Idee uns angeboren sei, 4) daß aus dieser angeborenen Idee die Realität Gottes unmittelbar einleuchte, 5) daß Gott die Ursache seiner selbst sei und darum unendlich. Jeder dieser Sätze bietet einen Angriffspunkt.

---

*) Obj. V. (T II. pg. 122—23.) — **) Obj. II. (T I. pg. 403—404.)

Die Ideen sind Gedankendinge, die keine reale, sondern nur nominale Existenz haben, darum bedürfen sie keiner realen oder activen Ursachen, am wenigsten solcher, die mehr „objective Realität" enthalten, als sie selbst. Diesen Einwurf stellte Caterus an die Spitze seiner Bedenken.*)

Die Gottesidee ist uns **nicht angeboren**; sie müßte sonst allen stets gegenwärtig sein, auch im Schlafe; viele haben sie gar nicht, keiner immer: daher kann die Ursache derselben nicht Gott sein. Wir sind diese Ursache, die Gottesidee ist unsere Fiction, ein Machwerk des menschlichen Verstandes, der sich die Vorstellung eines vollkommenen und unendlichen Wesens bildet, indem er die Vollkommenheiten, die er kennt, steigert, die Schranken erweitert, von den Unvollkommenheiten absieht. So entsteht durch Steigerung und Abstraction in unserer Einbildung die Idee Gottes. Es ist nicht wahr, daß die Vorstellung eines unendlichen Wesens durch dieses selbst bewirkt sein müsse. Das unendliche Weltall ist auch nicht die Ursache unserer Vorstellung desselben, sondern wir gelangen zu dieser Weltidee, indem wir unsere zunächst beschränkte Weltanschauung allmählig erweitern und zuletzt ins Unermeßliche ausdehnen.**)

Daher enthält unsere Gottesidee nichts von der Realität Gottes. Die letztere läßt sich auch nicht aus dem Dasein der Dinge beweisen, denn die Voraussetzung einer letzten oder ersten Ursache ist nichtig, da der Causalnexus der Dinge endlos ist und wir nicht berechtigt sind, ihm eine Schranke zu setzen. Aber selbst eingeräumt, es gäbe ein Wesen, welches Ursache seiner selbst wäre, so würde aus dieser Unbedingtheit (Aseität) noch keineswegs seine Unendlichkeit folgen.***)

Aus der Idee Gottes folgt nicht die Existenz Gottes, noch weniger erhellt sie daraus **klar und deutlich**. Dann müßte vor allem jene Idee selbst klar und deutlich sein, sie ist das Gegentheil, auch nach Descartes' eigener Meinung, denn wir sind endliche und unvollkommene Wesen, Gott dagegen unendlich und vollkommen. Wäre die Idee Gottes der Grund aller Gewißheit, so wäre nie zu begreifen, wie Atheisten ihre mathematischen Einsichten für zweifellos halten könnten.†)

---

*) Obj. I. (T. I. pg. 355—56). — **) Obj. II. (T. I. pg. 400—402). Obj. III. (T. I. pg. 479—80. Obj. V. (T. II. pg. 139—40). — ***) Obj. I. (T. I. pg. 359—60). Obj. V. (T. II. pg. 139—142). †) Obj. V. (T. II. pg. 174—75) Obj. VI. (T. II. pg. 321—22).

Die Idee Gottes ist weder angeboren noch ist sie klar und deutlich. Hobbes geht weiter und bestreitet überhaupt ihre Möglichkeit, denn es fehlt einer solchen Idee der Ursprung, der Gegenstand und das Vermögen. Da sie nicht angeboren ist, so müßte sie von den Dingen abstrahirt sein; von den Körpern läßt sie sich nicht abstrahiren, von der Vorstellung der Seele auch nicht, denn wir haben von der letzteren überhaupt keine bestimmte Vorstellung. Der Gegenstand jener Idee soll eine unendliche Substanz sein, ein Ding, das alle anderen an Realität übertrifft, aber von der Substanz giebt es überhaupt keine Vorstellung, und ein Ding, das mehr Ding als alle anderen ist, läßt sich nicht denken. Alles Denken besteht im Folgern und Ableiten, daher ist das Unbedingte undenkbar, die Idee Gottes unfaßbar, und alle Untersuchungen über dieselbe unnütz. Nun beruht auf der Gottesidee in uns die ganze Beweiskraft der cartesianischen Argumente. Wenn Gott nicht in Wahrheit existirte, so könnte in uns niemals die Gottesidee sein. Die Existenz dieser Idee in uns, sagt Hobbes, ist unbewiesen, unbeweisbar und meiner Meinung nach unmöglich. Darum hat Descartes das Dasein Gottes nicht bewiesen und noch viel weniger die Schöpfung.*)

7. Wenn es überhaupt keine rationale Gotteserkenntniß giebt, so darf auf dieselbe auch nicht die Möglichkeit einer Erkenntniß der Dinge gegründet werden. Descartes gründet sie auf die Wahrhaftigkeit Gottes, auf die Unmöglichkeit einer Täuschung durch Gott. Die Gotteserkenntniß eingeräumt, ist diese Folgerung falsch sowohl im Lichte der Offenbarung als in dem der Vernunft. Entweder enthält die Bibel Unglaubwürdiges, oder es giebt Täuschungen, die Gott gewollt hat; er verblendet Pharao, er läßt die Propheten Dinge weissagen, die nicht eintreffen, die heilige Schrift im alten wie im neuen Testament lehrt, daß wir im Dunkeln wandeln. Auch ist aus Vernunftgründen nicht einzusehen, warum die Täuschung dem Wesen Gottes widerstreiten oder seiner unwürdig sein sollte. Es giebt heilsame Täuschungen, die in der besten und weisesten Absicht geschehen. So täuschen Eltern die Kinder, Aerzte die Kranken.**)

Daß Gott der Grund unseres Irrthums nicht sein könne, ist demnach eine verwerfliche Behauptung. Descartes erklärt den Irr-

---

*) Obj. III. (T. I. pg. 484, pg. 493).   **) Obj. II. (T. I. pg. 404—406). Obj. VI. (T. II. pg. 322—24). Obj. III. (T. I. pg. 501 502).

thum aus unserer Willensfreiheit und nimmt ihn als Willensschuld. Es ist zu erwarten, daß gegen diese Schuld die Theologen, gegen diese Freiheit die Sensualisten ihre Einwürfe richten. Wenn jedes Fürwahrhalten aus undeutlicher Einsicht eine Schuld, eine verkehrte und mißbräuchliche Handlung sein soll, so steht es schlimm mit den Bekehrungen zum Christenthum, die in den wenigsten Fällen aus der klarsten und sichersten Ueberzeugung geschehen; die Mission der Kirche wäre dann zu unterlassen. Die Willensindifferenz, d. h. die unbedingte, völlig indeterminirte Willkür gilt bei Descartes für die unterste Stufe der Freiheit, während die höchste der erleuchtete oder durch die Vernunfteinsicht determinirte Wille ist. Willkür verträgt sich nicht mit Weisheit: jene ist absolut frei, sie kann thun und lassen, was ihr beliebt; diese ist an die Nothwendigkeit des Denkens und der Vernunftgesetze gebunden, ihr gegenüber giebt es in Gott keine Willkür. Eine für den cartesianischen Standpunkt sehr charakteristische, für den theologischen sehr bedenkliche Lehre!*)

Die Sensualisten können ein von allen natürlichen Bedingungen unabhängiges Vermögen nicht einräumen und bestreiten daher die menschliche Willensfreiheit. Sie ist von jeher angefochten, nie bewiesen, von den strenggläubigsten Calvinisten vollkommen verneint worden. Selbst Hobbes beruft sich in diesem Fall auf die Calvinisten. Die Freiheit ist nicht blos unbewiesen, sondern unbeweisbar, wie alles Unbedingte; sie ist aus natürlichen Gründen unmöglich. Den Irrthum aus der Willensfreiheit ableiten, heißt das Bekannte aus dem Unbekannten und Unerkennbaren, das Natürliche aus dem Unmöglichen erklären. Vielmehr ist der Irrthum die natürliche und sehr begreifliche Folge unseres beschränkten Erkenntnißvermögens.**)

8. Aus dem Princip der von der Gottesidee erleuchteten Selbstgewißheit folgte der cartesianische Dualismus: nämlich die Einsicht, daß Geist und Körper Substanzen und zwar einander völlig entgegengesetzte sind; hieraus erhellte die Unabhängigkeit der geistigen Natur von der körperlichen. Gegen diesen Punkt richten sich die Einwürfe aller Gegner, wie verschieden sie sonst sind; die Theologen und Sensualisten bestreiten diese Lehre gemeinsam, ihre Gegengründe sind ähnlich, ihre Motive entgegengesetzt. Das sensualistische

---

*) Obj. II. (T. I. pg. 406). Obj. VI. (T. II. pg. 324—25). — **) Obj. III. (T. I. pg. 494—95). Obj. V. (T. II. pg. 186—92).

Interesse ist für die Abhängigkeit des Geistes von der körperlichen Natur, weil es die Unabhängigkeit und Herrschaft der letzteren im Sinn hat; das theologische Interesse ist gegen die Freiheit und Unabhängigkeit des Geistes, weil ihm an der gänzlichen Abhängigkeit des menschlichen Wesens alles gelegen ist. Die Schwäche der körperlichen Natur ist einleuchtend genug. Wenn unsere geistige Natur mit der körperlichen verbunden ist und von ihr abhängt, so ist die Gebrechlichkeit und Ohnmacht des Menschen eine so bewiesene Sache, wie es das theologische System fordert. Durch ihren Antheil an der körperlichen Natur unterscheiden sich die (endlichen) Geister von Gott, nach der Meinung der Kirchenväter und Platoniker sind selbst die Geister höherer Ordnung körperlich, das lateranensische Concil erlaubte deshalb, die Engel zu malen. Um so weniger dürfe der menschliche Geist sich einbilden, vom Körper unabhängig zu sein. Auch folge aus der Verschiedenheit der beiden Substanzen, selbst wenn sie hinlänglich bewiesen wäre, noch nicht die Unsterblichkeit der Seele, diese könnte ihrem Wesen nach unkörperlich sein, aber durch die göttliche Allmacht zerstört werden. Außerdem beweise ein solcher Schluß mehr, als bewiesen sein wolle: dann müßten auch die Thierseelen, da sie vom Körper ebenfalls verschieden sind, unsterblich sein, was zu behaupten keinem einfalle. Freilich leugne Descartes, daß die Thiere beseelt seien, und erkläre sie für bloße Maschinen, aber diese Ansicht streite so sehr mit der Erfahrung, daß sie schwerlich jemand überzeugen werde.*)

Indessen ist, wie Arnauld findet, auch der Beweisgrund, aus dem der Gegensatz zwischen Körper und Geist einleuchten soll, nicht stichhaltig. Was ohne den Begriff eines anderen Wesens gedacht werden kann, soll ohne das Dasein desselben existiren können, also unabhängig von dem letzteren sein; so verhalte es sich mit dem Begriffe des Geistes in Rücksicht auf den des Körpers und umgekehrt. Dieser Schluß von der Idee auf das Dasein der Sache ist falsch, denn er beweist zu viel. Ich kann mir das rechtwinklige Dreieck ohne Kenntniß des pythagoreischen Satzes, die Länge ohne Breite, diese ohne Tiefe vorstellen: gleichwohl existirt kein rechtwinkliches Dreieck ohne die Eigenschaften, die Pythagoras bewiesen hat, und in

---

*) Obj. VI. (T. II. pg. 319—20). Obj. II. (T. I. pag. 408—409). Obj. IV. (T. II. pg. 15—16).

Wirklichkeit ist keine Dimension ohne die andere. Daß wir den Begriff des Geistes ohne den des Körpers klar und deutlich vorzustellen vermögen, ist daher kein Beweisgrund für die körperlose Existenz des Geistes. Der Gegensatz der Substanzen läßt sich auch nicht aus dem der Attribute (des Denkens und der Ausdehnung) ableiten, deren Begriffe nothwendig zu trennen sind. Was vom Denken gilt, gilt darum nicht ebenso vom Geist, sonst müßte man das Wesen des letzteren der bewußten Thätigkeit des Denkens gleichsetzen und alle dunklen und unbewußten Geisteszustände, wie sie im embryonischen Leben, im Schlaf u. s. f. stattfinden, für unmöglich erklären. Die Erfahrung lehrt, daß unser Seelenleben von körperlichen Zuständen beeinflußt wird, daß unsere geistige Entwicklung mit der körperlichen Hand in Hand geht und die gesunde Geistesthätigkeit in Folge physischer Ursachen Hemmungen erleidet. In der Kindheit schlummert der Geist; im Wahnsinn ist er erloschen. Thatsachen dieser Art zeugen wider die rein geistige Natur des Menschen, und man braucht kein Materialist zu sein, um sie beachtungswürdig zu finden.*)

Es bedarf keiner weiteren Ausführung, wie die Sensualisten auf Grund solcher und ähnlicher Thatsachen die volle Abhängigkeit der geistigen Natur von der körperlichen behaupten, den cartesianischen Dualismus verwerfen und zwischen Mensch und Thier nur einen graduellen Unterschied gelten lassen.

II. Die Erwiederungen.

Da wir Descartes' Erwiederungen auf die ihm gemachten Einwürfe schon in unserer Darstellung des Systems im Auge gehabt und verwerthet haben, so ist nicht zu erwarten, daß uns jetzt über Inhalt und Bedeutung der Lehre ein neues Licht aufgeht. Konnte doch der Philosoph selbst in den meisten Fällen nichts anderes thun, als jenen Einwürfen gegenüber auf seine Meditationen zurückkommen, und da er bei der Reife und dem durchdachten Charakter des Werks sich nirgends zu berichtigen fand, so waren die Erläuterungen, die er gab, im Grunde nur Umschreibungen und Wiederholungen des Gesagten. Um solche Wiederholungen zu sparen, werden wir uns hier kürzer fassen als bei den Einwürfen und nur diejenigen Cardinalpunkte der Lehre hervorheben, welche die hauptsächlichsten Mißverständnisse zwar

---

*) Obj. IV. (T. II. pg. 11—15, pg. 30).

nicht verschuldet, aber immer wieder erfahren haben. Sie betreffen sämmtlich das Princip der Gewißheit: dieses wird vollkommen verkannt, wenn man es syllogistisch auslegen, materialistisch deuten, sensualistisch begründen, skeptisch vernichten will. Weil in allen diesen Punkten, namentlich in den drei letzten, die Mißverständnisse, so grob sie sind, etwas Scheinbares haben, das leicht täuschen kann, so wollen wir hören, wie Descartes die unmittelbare Gewißheit seines Princips vertheidigt, deren erstes und unmittelbares Object nur unser geistiges Dasein, deren Grund nur die Thätigkeit unseres Denkens ist und deren Entdeckung (nicht aus der Ungewißheit, sondern) aus der Gewißheit des Zweifels hervorgeht.

1. Wider den Einwurf der syllogistischen Begründung.

Das Princip der gesammten Lehre besteht in unserer Gottes- und Selbstgewißheit, in unserer von der Gottesidee erleuchteten Selbstgewißheit oder, wenn man diese Bezeichnung vorzieht, in den Beweisen unseres geistigen und des göttlichen Daseins. Wir haben ausgeführt, wie genau und direct diese beiden Ueberzeugungen zusammenhängen und dieselbe Sache in verschiedenen Rücksichten ausdrücken.*) Was daher von der einen gilt, betrifft auch die andere: entweder sind beide unmittelbar oder mittelbar gewiß, im letzteren Fall sind sie syllogistisch begründet, d. h. sie bleiben unbewiesen und sind darum ungültig. Wenn man den cartesianischen Gottesbeweis, insbesondere die ontologische Form desselben, syllogistisch versteht, so wird er dem scholastischen Beweise gleichgesetzt und den Bedenken preisgegeben, die der letztere von Rechtswegen hervorruft. Dieses Mißverständniß berichtigt Descartes in seiner Erwiederung auf Caterus' Einwürfe, indem er darthut, worin sein ontologisches Argument sich von dem thomistischen (er hätte sagen sollen von dem anselmischen) unterscheidet: sein Beweis sei kein Schluß, sondern eine unmittelbare Gewißheit, denn in der Idee Gottes werde das Dasein desselben ohne Mittelglieder klar und deutlich erkannt. Dasselbe gilt von dem Satz der Selbstgewißheit, der eben so wenig auf syllogistischem Wege oder durch Mittelglieder, sondern unmittelbar oder intuitiv einleuchtet. Die letztere Erklärung giebt Descartes in seiner Erwiederung auf die zweiten Einwürfe: „Wenn jemand sagt: „„ich denke, also

---

*) S. oben Buch II. Cap. IV. S. 312—17.

ich bin oder existire"", so folgert er nicht etwa die Existenz aus dem Denken durch einen Syllogismus, sondern erkennt dieselbe als etwas unmittelbar Gewisses durch die einfache Selbstanschauung des Geistes."*)

Wenn man die Lehre Descartes' durchschaut, so erscheinen die eben erwähnten Mißverständnisse so unverständig, daß sie lächerlich sind. Die cartesianische Selbstgewißheit gründet sich nicht auf diesen oder jenen Lehrsatz, sondern auf das Bewußtsein unserer eigenen intellectuellen Unvollkommenheit, das von der Idee intellectueller Vollkommenheit erleuchtet sein mußte; diese Idee, da sie unserem Bewußtsein vorausgeht und dasselbe begründet, ist nothwendigerweise unabhängig von dem letzteren und ursprünglicher Natur, d. h. sie ist nicht blos eine Idee, sondern Gott. Wenn ich an mir selbst und allen meinen Einbildungen irre geworden bin und diesen meinen Zustand völliger Ungewißheit mit voller Ueberzeugung erkläre, so sollte man nicht glauben, daß jemand kommt, der sich nach dem Syllogismus erkundigt, auf den sich diese meine Ueberzeugung gründe. Wer es thut, weiß nicht, wovon ich rede; er kennt weder die Ungewißheit, in der ich mich befinde, noch weniger die unerschütterliche Gewißheit, die ich habe. In dieser Art völliger Unkunde stehen der Lehre Descartes' die obigen Einwürfe gegenüber.

2. Wider die materialistischen und sensualistischen Einwürfe.

Hobbes hatte aus dem Satze der Selbstgewißheit, dessen Ursprung und Tiefe ihm gänzlich verborgen blieb, den Materialismus gefolgert. Wenn ich ein denkendes Wesen bin, so unterscheide ich mich vom Denken, wie das Subject von seiner Eigenschaft oder Thätigkeit, ich bin also ein vom Denken verschiedenes Wesen, d. h. ein Körper, welcher denkt; daher ist das Denken eine körperliche Thätigkeit oder eine Art der Bewegung. Daß es sich so verhält, bezeugen die Thatsachen der Erfahrung, die überall darthun, wie das sogenannte geistige Leben von den Zuständen, Eindrücken und Vorgängen der körperlichen Natur abhängt, also nichts anderes ist, als eine Erscheinung und Wirkung der letzteren.

Descartes hat diese Einwürfe der oberflächlichsten und sophistisch gröbsten Art, die eines Hobbes unwürdig waren, so leicht und weg-

---

*) Rép. aux Obj. I. (T. I. pg. 388—95). Rép. aux Obj. II. (pg. 427).

werfend behandelt, wie sie es verdienten. Nichts erfordert weniger
Mühe, als zwei beliebige Dinge in das Verhältniß von Subject und
Prädicat zu bringen und zu erklären, daß jenes von diesem ver=
schieden sein müsse, dann kehrt man den Satz um und beweist das
Gegentheil; so kann man den Himmel zur Erde und die Erde zum
Himmel machen, den Geist zum Körper und eben so gut den Körper
zum Geist. Eine solche Beweisführung hat gar keinen Grund, sie
widerstreitet aller gesunden Logik und selbst dem gewöhnlichen Sprach=
gebrauch.*)

Gassendi hatte den Satz der Gewißheit im Sinne Descartes'
durch den Einwurf entwerthen wollen, daß derselbe auch sensualistisch
begründet werden könne: daß wir sind, erhelle nicht blos aus un=
serem Denken, sondern eben so sehr aus jeder beliebigen Thätigkeit
anderer Art, die wir verrichten. Mit demselben Recht als „cogito
ergo sum" müßte auch „ambulo ergo sum" gelten; der Satz: „ich
gehe spazieren, also ich bin" wäre dann eben so gewiß als der Satz:
„ich denke, also ich bin". Descartes selbst braucht dieses Beispiel,
um das Bedenken Gassendis handgreiflich zu machen. Unter allen
Einwürfen ist dieser für das gewöhnliche Bewußtsein der schein=
barste, und wenn er trifft, ist der cartesianische Satz der Gewißheit
verloren.

Aus jeder Thätigkeit, die ich vorstelle, folgt unzweifelhaft der
Satz: ich bin. Die näheren Bestimmungen der Thätigkeit sind dabei
vollkommen nebensächlich und gleichgültig; daß ich sie vorstelle, ist
die Hauptsache und der einzige Grund, aus dem jene Gewißheit ein=
leuchtet. Eine Thätigkeit vorstellen oder sich derselben bewußt sein,
heißt denken. Aus jeder Thätigkeit, sofern ich dieselbe vorstelle
oder denke, folgt, daß ich bin. Wenn ich sie nicht vorstelle, folgt für
mein Bewußtsein gar nichts. Das Spazierengehen ist der Bewegungs=
zustand eines menschlichen Körpers; daraus folgt nicht, daß ich bin;
erst wenn ich diesen Körper und seinen Bewegungszustand als den
meinigen vorstelle, gilt der Satz: „ich gehe spazieren" Möglich, daß
diese Bewegung nicht in Wahrheit, sondern nur in meiner Einbil=
dung oder im Traume stattfindet, daß ich nicht in Wirklichkeit lust=
wandle, aber unmöglich, daß ich, der ich diese Einbildung habe, nicht
bin. Daher folgt die Gewißheit meines eigenen Seins nicht aus

---

*) Rép. aux Obj. III. (T. I. pg. 472—74, 476—78).

meiner Bewegung, sondern nur aus meiner Vorstellung derselben, d. h. aus meinem Denken. Es ist ganz gleichgültig, was ich vorstelle, ob das Object mein eigener Spaziergang oder der eines andern ist, es könnte in beiden Fällen imaginär sein, aber daß ich vorstelle, ist gewiß und daraus allein folgt die Gewißheit meines Seins. Darum gilt unanfechtbar der Satz: „ich denke, also ich bin". Diesem Satze gegenüber war Gassendi in einem doppelten Irrthum und Mißverständniß: er sah nicht, daß es abgesehen von meiner Vorstellung und meinem Bewußtsein, gar keine Thätigkeit giebt, die ich als die meinige bezeichnen könnte; er sah noch weniger, daß es die Thätigkeit jedes anderen, wie jedes beliebige Object sein kann, aus dessen Vorstellung in mir die Gewißheit meines Seins unmittelbar einleuchtet, daß deshalb in allen Fällen mein Vorstellen oder Denken den alleinigen Grund der letzteren ausmacht.*)

3. Wider den Einwurf des nihilistischen Zweifels.

Der Satz der Selbstgewißheit war einem dreifachen Angriff ausgesetzt. Die Einen hielten ihn für syllogistisch und darum für unbewiesen, Hobbes ließ ihn gelten, aber nur von unserem körperlichen Dasein, Gassendi ebenfalls, aber auf Grund nicht blos unseres Denkens, sondern jeder Thätigkeit, welche die unsrige ist, gleichviel welcher. Alle diese Einwürfe gegen die Fundamente der Lehre sind hinfällig. Nun ist noch Bourdin übrig, der den Satz der Gewißheit für vollkommen ungültig und unmöglich erklärt, da er bedingt sei durch den Zweifel.

Wir haben jene dialektischen Künste wohlfeilster Art kennen gelernt, womit der Verfasser der siebenten Einwürfe die Lehre Descartes' ad absurdum führen, jeden ihrer Schritte hindern und zuletzt als deren folgerichtiges Resultat den Satz herausbringen wollte, daß überhaupt nichts sei. Lassen wir seine scholastischen Possen und Bocksprünge unbeachtet und halten uns gleichsam an das Horn, womit der streitlustige Mann die neue Lehre, insbesondere die Methode Descartes' einzurennen und niederzuwerfen suchte; die vermeintliche Stärke seiner ganzen Polemik liegt in dem Satz: wenn man die Realität aller Dinge bezweifelt, so muß man die Nichtrealität derselben behaupten. Oder um mehr nach Bourdins Art zu reden:

---

*) Rép. aux Obj. V. (T. II. pg. 247—48).

wenn alle Dinge zweifelhaft sind, so existirt in Wirklichkeit nichts. Zwei Mißverständnisse, die man der Lehre Descartes' gegenüber als Roheiten des Unverstandes bezeichnen muß, liegen dieser Fassung zu Grunde. „Zweifelhaft sein" hält der Gegner 1) für gleichbedeutend mit „unwirklich sein" und 2) für einen Zustand der Dinge! Daher verkehrt sich in seinem Verstande der cartesianische Satz: „ich zweifle an allem" in den Satz: „es giebt überhaupt keine wirklichen Dinge".

Zweifelhaft sein, sofern es sich um ein Object handelt, heißt möglicherweise nicht sein. Wenn wir ein Object oder die Realität eines Dinges bezweifeln, so verneinen wir dasselbe nicht, sondern lassen dahingestellt, ob das Ding ist oder nicht, ob es so ist oder anders. Zweifelhaft sein ist kein Prädicat, das einem Objecte in derselben Weise zukommt, wie etwa dem Körper Ausdehnung, Bewegung und Ruhe. Etwas ist zweifelhaft heißt: es ist mir zweifelhaft, ich zweifle oder ich bin ungewiß, ob die Sache ist oder nicht, ob sie so ist oder anders. Daher ist zweifelhaft sein nicht ein Zustand der Dinge, sondern blos unseres Denkens, es ist der Zustand unserer Ungewißheit; das Gegentheil desselben ist unsere Gewißheit, die entweder blos in unserer Einbildung oder in Wahrheit besteht: im ersten Fall ist sie Selbsttäuschung, im zweiten Erkenntniß. Der Weg zur Wahrheit geht nicht durch unsere Selbsttäuschung, sondern durch unsere Erkenntniß derselben, d. h. durch den Zweifel an unserer vermeintlichen oder eingebildeten Gewißheit. Diesen Weg ging Descartes, darin bestand sein Zweifel und dessen Methode. Entweder muß man verneinen, daß wir im Zustande der Selbsttäuschung befangen sind, was der Gipfel der Selbstverblendung wäre, oder man muß diesen Zustand einsehen, an sich irre werden und in eben den Zweifel gerathen, den Descartes erlebt und vorbildlich gemacht hat. Dieser Zweifel ist das einzige Mittel gegen die Selbsttäuschung und darum unvermeidlich, er ist so alt, als die Erfahrung, daß wir im Zustande der Täuschung befangen sind, und er wird immer wieder neu, so oft sich diese Erfahrung erneut, was in jedem wahrheitsbedürftigen Menschen der Fall ist. Darum machte Hobbes' Einwurf, daß der Zweifel keine moderne Erfindung sei, auf unseren Philosophen nicht den mindesten Eindruck. Neu oder nicht, erwiederte dieser, der Zweifel ist nothwendig, denn ich will Wahrheit.*) Am wenigsten

---

*) Rép. aux Obj. III. (T. I. pg. 467).

vermochte Bourdin in seiner dreisten Selbstgefälligkeit den Ernst und die Tiefe des cartesianischen Zweifels zu fassen. Nichts folgt klarer und einleuchtender, als aus diesem Zweifel der Satz der Selbstgewißheit, weil er bereits in ihm liegt. Es heißt nicht: die Dinge sind unwirklich oder nichtig, sondern ihre Existenz und Beschaffenheit ist unsicher oder zweifelhaft. Es heißt nicht: die Dinge sind zweifelhaft oder ungewiß, sondern ich bin es, ich bin ungewiß und zwar in allem. Aus dem Satz: „ich bin ungewiß" folgt unmittelbar der Satz: „ich bin", denn er ist ihm enthalten.*)

Die Nothwendigkeit des Zweifels, der Satz der Selbstgewißheit, die Begründung des letzteren durch unser Zweifeln oder Denken, die alleinige und unmittelbare Geltung dieses Grundes, darum die principielle Gewißheit unserer geistigen Existenz: diese Fundamente der Lehre Descartes' stehen den Einwürfen gegenüber fest und sicher, sie sind von allen angegriffen, von keinem erschüttert.

Wie verhält es sich nun mit dem Lehrgebäude selbst, das auf diesen Grundlagen ruht? Diese Frage führt uns zu der letzten Untersuchung: der Prüfung des Systems.

Elftes Capitel.

Beurtheilung des Systems. Ungelöste und neue Probleme.

I. Object und Methode der Untersuchung.

Jene kritischen Verhandlungen, die wir im vorigen Abschnitt dargestellt haben, sind nicht blos historisch denkwürdig, sondern auch für die Prüfung des Systems noch heute bedeutsam; sie lassen die Lehre Descartes' in dem Lichte erscheinen, worin sie betrachtet und gewürdigt sein will. Daß sowohl Theologen als Naturalisten die Principien unseres Philosophen angreifen, ist schon ein Beweis, daß sein System weder ein theologisches noch ein naturalistisches im Sinne der Gegner ist. Diese bekämpfen aus entgegengesetzten Standpunkten die rationale Principienlehre oder das metaphysische Fundament: das natürliche Licht des klaren und deutlichen Denkens erscheint den

---

*) Obj. VII. Remarques de Descartes (T. II. pg. 385—87, pg. 405—412).

theologischen Gegnern bedenklich im Hinblick auf die kirchliche Glaubenslehre, den sensualistischen im Hinblick auf die empirische Naturlehre; jene vermissen das übernatürliche Licht der Offenbarung, diese das natürliche Licht der Sinne. Das Licht der Vernunft (la lumière naturelle), dem Descartes gefolgt ist, fällt nicht vom Himmel herab und geht nicht aus den Sinnen hervor: den Theologen gilt es als blos natürlich und darum als etwas ihrer gläubigen Anschauungsweise Fremdes, den Sensualisten dagegen als nicht natürlich und darum als etwas ihrer sinnlichen Vorstellungsart ebenfalls Fremdes; jenen ist die neue Lehre zu naturalistisch, diesen ist sie nicht naturalistisch genug. Von der einen Seite wird befürchtet, daß die Theologie naturalisirt und dadurch der Kirche untreu gemacht, von der andern, daß die Naturlehre rationalisirt und dadurch der Erfahrung entfremdet werde.

So vereinigen sich gegen Descartes, trotz ihres eigenen Widerstreits, die theologische Richtung, die von Augustin und der Scholastik herkommt, und die sensualistische, die in Gassendi von Epikur und in Hobbes von Bacon ausgeht. Zugleich findet jeder der beiden Standpunkte in der neuen Lehre eine ihm zugewendete Seite, und es ist eine sehr bemerkenswerthe Thatsache, daß es namentlich zwischen Arnauld und Descartes Berührungspunkte gab, die beide als eine Geistesverwandtschaft empfanden. Keinem unter den Verfassern der Einwürfe fühlte sich Descartes so nah, auf keine Uebereinstimmung legte er ein größeres Gewicht. Er wollte in seiner Lehre das theologische und naturalistische System so vereinigt haben, daß beide einen Bund eingehen konnten, bei dem keines, am wenigsten das theologische, zu kurz käme. Es ist auch richtig, daß beide in dem neuen System enthalten und nicht blos äußerlich und künstlich zusammengefügt, sondern im Geiste unseres Philosophen zusammengedacht sind. Hier entsteht nun die Frage: ob in der Lehre Descartes' jene Richtungen sich wirklich einigen und vertragen, die außerhalb desselben einander widerstreiten und in der Polemik dagegen zusammentreffen?

Man kann ein System nicht richtig und sachgemäß beurtheilen, wenn an dasselbe der Maßstab fremder Ansichten gelegt und darnach seine Annehmbarkeit und sein Werth bestimmt wird; ein Beispiel solcher subjectiven Schätzung, waren jene Einwürfe, die wir kennen gelernt haben. Jedes durchdachte System, wie es aus dem Geiste eines großen Philosophen hervorgeht, ist in seiner Art ein Ganzes, das als solches erkannt und geprüft sein will. Es ist daher zu untersuchen, ob es die Aufgabe, die seinen bewegenden Grundgedanken ausmacht, wirklich gelöst hat. So nothwendig die Aufgabe ist, so nothwendig müssen die Bedingungen gelten, ohne welche die Lösung nicht geschehen kann: diese Bedingungen sind die Principien des Systems; in der vollständigen und folgerichtigen Entwicklung derselben besteht die Lösung der Aufgabe. Ein System sachgemäß prüfen heißt daher nichts anderes als seine Lösung mit seiner Aufgabe, seine Resultate mit seinen Principien, seine Folgesätzen mit seinen Grundsätzen vergleichen und zusehen, ob geleistet ist, was geleistet sein wollte. Setzen wir, daß die Lehre eines Philosophen vollendet und mangellos wäre, so ließe sie nichts übrig als ihre Anerkennung und Verbreitung, wie sie die Anhänger betreiben, die das Werk des Meisters für vollkommen halten. Die Mängel zu erkennen ist Sache der eingehenden und fortschreitenden Prüfung, die zunächst weder die Richtigkeit der Consequenzen, noch weniger die der Principien in Anspruch nimmt, sondern nur untersucht, ob alle Folgerungen, die aus den Principien gezogen werden können, auch wirklich gezogen sind. Wenn sie es nicht sind, so ist das System zu vervollständigen und zu ergänzen: darin besteht die Ausbildung desselben, die das eigentliche und erste Geschäft der Schule ausmacht. Die zweite Untersuchung bringt tiefer: sie betrifft die Richtigkeit der Consequenzen, die Uebereinstimmung der Folgesätze mit den Grundsätzen, die Anwendung der Principien, deren Geltung unangefochten feststeht: kurz es handelt sich um die Folgerichtigkeit der Lösung. Wenn sich in diesem Punkte Mängel finden, so ist das System in Betreff der Consequenzen zu ändern und dergestalt zu berichtigen, daß die letzteren den Principien nicht widerstreiten, sondern völlig gemäß sind: darin besteht die Fortbildung der Lehre, eine Arbeit der fortschreitenden Schule. Mit der Vollständigkeit und Richtigkeit des Systems in dem eben erklärten Sinn ist geleistet, was innerhalb der gegebenen und noch unbestrittenen Principien geleistet werden konnte. Ist trotzdem die Aufgabe nicht gelöst, so liegt die Schuld in den Grundlagen, in dem Mißverhältniß zwischen dieser Aufgabe und diesen Principien, in der unzureichenden Fassung der letzteren. Es leuchtet ein, daß die in dem System erkannten und anerkannten Probleme unter der Herrschaft seiner Grundsätze nicht gelöst werden konnten. Zu dieser Einsicht führt die dritte in den Kern der Sache eindringende Untersuchung, sie betrifft nicht mehr die Vollständigkeit und Richtigkeit der Consequenzen, sondern die der Principien, sie macht die eigentliche kritische Probe, aus welcher erhellt, ob die Rechnung stimmt oder nicht. Die Mängel in den Folgerungen sind secundär, in den Grundlagen dagegen primär. Wenn die Rechnung nicht stimmt, so entdecken sich in dem System primäre Mängel; jetzt müssen die Principien geändert, berichtigt und der zulösenden Aufgabe conform gemacht werden: darin besteht die Umbildung des Systems; die über die Grenzen der engeren Schule hinausgeht.

Auch in der Umbildung lassen sich fortschreitende Stufen unterscheiden, deren wichtigste wir sogleich hervorheben wollen. Auf der ersten, die den Anfang macht, werden die herrschenden Principien **theilweise** umgebildet, um der Aufgabe zu entsprechen. Hier wird die äußerste Grenze der Schule erreicht, und es kann fraglich sein, ob der gemachte Fortschritt noch der Schule angehört oder nicht. Wenn nun trotz dieser Veränderung in den Grundlagen des Systems die Aufgabe nicht gelöst werden kann, so muß auf der zweiten Stufe fortgeschritten werden zur **gänzlichen** Umbildung der Principien, und es ist jetzt keine Frage mehr, daß die alte Schule gründlich verlassen ist. Wird auf dem neuen Wege das geforderte Ziel noch nicht erreicht, so leuchtet ein, daß der Mangel, gleichsam der Fehler der Rechnung, nicht blos in der Fassung der Principien, sondern in der Aufgabe selbst, in der Stellung der letzteren, gleichsam im Ansatze der Rechnung zu suchen ist. Dann muß die Aufgabe lösbar gemacht werden durch die Aenderung der Grundfrage, durch die Berichtigung des ganzen Problems; diese Umbildung ist **Umschwung** oder **Epoche**.

Demnach besteht die sachgemäße und richtig fortschreitende Prüfung eines großen und epochemachenden Systems in denjenigen Einsichten, die zunächst dem Systeme folgen, in seine Richtung eingehen und dasselbe erst ausbilden, dann fortbilden, zuletzt umbilden; während die Aufgabe in ihrer bisherigen Fassung noch fortbesteht, werden jetzt die Principien erst theilweise, dann gänzlich umgestaltet; zuletzt wird die Aufgabe selbst umgewandelt, die Herrschaft der gesammten bisherigen Philosophie gestürzt und eine neue Epoche begründet. Mit diesem Wege sachgemäßer, von Frage zu Frage fortschreitender Prüfung fällt, wie man sieht, der **entwicklungsgeschichtliche** Gang der Philosophie selbst zusammen.

Die Lehre Descartes' ist ein solches großes und epochemachendes System, an dem sich alle jene Stufen der Kritik und des entwicklungsgeschichtlichen Fortschrittes nachweisen lassen. Wir berühren sie hier nur beispielsweise, da sie erst in der Folge auszuführen sind. So verhalten sich zu dem cartesianischen System ausbildend die ersten Schüler, Männer wie Reneri und Regius, dieser in seinen Anfängen, fortbildend Geulinx und Malebranche, theilweise umbildend Spinoza, gänzlich umbildend Leibniz, umstürzend und eine neue Epoche begründend Kant.

II. Die kritischen Hauptfragen.

Im Lichte der Vernunft oder des klaren und deutlichen Denkens hatte Descartes die Realität Gottes, wie die der Geister und Körper, die Abhängigkeit der beiden letzteren von Gott, wie ihre Unabhängigkeit von einander erkannt. „Gerade darin besteht das Wesen der Substanzen, daß sie sich gegenseitig ausschließen." Gott ist die unendliche Substanz, Geister und Körper sind endliche, jene sind denkende, diese ausgedehnte Substanzen. Es besteht demnach in unserem System ein doppelter und grundsätzlicher Dualismus: 1) der Gegensatz zwischen Gott und Welt und 2) innerhalb der Welt zwischen Geistern und Körpern, woraus der zwischen Mensch und Thier nothwendig folgt.

Diese Lehre bejaht die Substantialität Gottes im Unterschiede von der Welt, die Substantialität der Welt im Unterschiede von Gott: in der ersten Bejahung besteht der theologische Charakter des Systems, in der zweiten der naturalistische. Daß Gott in der Lehre Descartes' als der absolut mächtige Wille galt, der die Geister erleuchtete, die Körper bewegte, alle Dinge schuf und erhielt, gewann den Beifall der Theologen, während das natürliche Licht der Vernunft und die darin erhellte Substantialität der Dinge ein Gegenstand ihrer Bedenken war. Die Natur der Dinge zerfiel in den Gegensatz der Geister und Körper. Wenn unser System blos die Natur der Dinge als wirklich gelten ließe, so wäre es im ausschließenden Sinn naturalistisch; es wäre materialistisch, wenn es nur die Substantialität der körperlichen Natur bejahte. Indessen beschränkt es den Naturalismus durch die Geltung, die es dem Gottesbegriff einräumt, denn es läßt die Dinge von dem göttlichen Willen abhängig sein, und es beschränkt den Materialismus durch die Gel=

tung, die es dem Begriffe des Geistes einräumt, indem es diesen der Materie entgegengesetzt und für unabhängig von der letzteren erklärt. Daher finden sich die Materialisten hier von zwei Seiten beengt und abgestoßen und nur darin mit der Lehre Descartes' einverstanden, daß auch die Substantialität der Materie bejaht und in Folge dessen die Körperwelt rein mechanisch erklärt wird.

Aus demselben Princip, in welchem der Schwerpunkt der ganzen Lehre liegt, entscheidet sich ihr zweifacher Dualismus. Sie kommt durch den Zweifel zur Selbstgewißheit und durch diese zur Erkenntniß Gottes und der Körper. Aus unserer Selbstgewißheit erhellt unmittelbar die Selbständigkeit oder Substantialität des Geistes, seine Wesensverschiedenheit von Gott und den Körpern, also der Gegensatz sowohl zwischen dem endlichen und unendlichen, als zwischen dem denkenden und ausgedehnten Wesen. Der dualistische Charakter des Systems wird durch das Princip gefordert und gilt daher grundsätzlich. Nun ist zu untersuchen, ob diese dualistischen Grundsätze mit der Aufgabe, ob alle folgenden Sätze mit jenen Principien übereinstimmen, d. h. ob in dem System nichts gelehrt wird, was dem Dualismus zwischen Gott und Welt, Geist und Körper, Mensch und Thier widerstreitet? Diese Fragen betreffen die kritischen Hauptpunkte.

1. Das dualistische Erkenntnißsystem.

Da gemäß der Erklärung Descartes' Substanzen sich wechselseitig ausschließen und völlig unabhängig von einander sind, so giebt es zwischen ihnen weder gegenseitige noch einseitige Abhängigkeit, weder Wechselwirkung noch Causalität, also keinerlei Gemeinschaft und Verknüpfung. Die Aufgabe der Erkenntniß fordert den durchgängigen Zusammenhang der Dinge, der Dualismus setzt die Trennung: daher widerstreitet der letztere der Aufgabe, die er lösen soll, oder das dualistische Erkenntnißsystem geräth in einen Widerstreit mit sich selbst. Die Methode Descartes' wollte (es war sein eigenes Bild) der Faden der Ariadne sein, die Richtschnur, welche Schritt für Schritt die Erkenntniß auf stetigem und sicherem Wege durch das Labyrinth der Dinge hindurchführt. Nun öffnet sich an mehr als einer Stelle die Kluft des Dualismus und hemmt den Weg der Erkenntniß. Hieraus erhellt, daß die Lehre Descartes' aus den Prin-

cipien, die sie hat, ihre Erkenntnißaufgabe nicht lösen kann, daß die
Tragweite der letzteren weiter reicht, als die des Systems.

2. Der Dualismus zwischen Gott und Welt.

Wäre Gott von den Dingen in Wahrheit geschieden und so ge=
trennt, wie es der Begriff der Substanz und die dualistische Lehre
fordert, so könnte zwischen beiden keinerlei Zusammenhang bestehen,
und es gäbe keine Möglichkeit der Gottesidee in. den Geistern, der
Bewegung und Ruhe in den Körpern, jene könnten durch Gott nicht
erleuchtet, diese nicht bewegt werden. Unsere Gottesidee ist nach des
Philosophen eigener und nothwendiger Erklärung Gottes Wirkung,
Bethätigung, Dasein in uns. Eben so gilt der Urzustand der Be=
wegung und Ruhe in der Körperwelt als göttliche Willensthat. Dem=
nach sind die Geister und Körper, also die endlichen Dinge überhaupt
von Gott abhängig, also nicht in der eigentlichen Bedeutung des
Worts Substanzen.

Descartes sagt es selbst. Etwas anderes ist die Substantialität
Gottes, etwas anderes die der Dinge: im eigentlichen Sinn gilt nur
die erste, nicht die zweite. In Rücksicht auf Gott sind die Dinge
keine Substanzen. Ohne Gott sind die Geister im Dunkel, so un=
erleuchtet, daß sie ihre eigene Unvollkommenheit nicht einmal einsehen,
denn nur die Idee des Vollkommenen erhellt das Unvollkommene,
ohne die Idee Gottes (d. h. ohne Gott) giebt es in den Geistern
keinen Zweifel, also auch keine Selbstgewißheit, aus der allein unsere
Substantialität einleuchtet; ohne Gott giebt es in den Körpern weder
Bewegung noch Ruhe: daher sind ohne ihn sowohl Geister als
Körper, also die endlichen Dinge überhaupt so gut als nichts. Sie
sind nicht blos von Gott abhängig, sondern existiren auch nur durch
ihn: sie sind seine Wirkungen, er ihre Ursache. Je nachdrücklicher
die Substantialität Gottes geltend gemacht wird, um so weniger gilt
die der Dinge, um so mehr verliert die Selbständigkeit der Welt an
Gewicht. Sie hat am Ende gar keines. Der absoluten Unabhängig=
keit Gottes entspricht nur noch die absolute Abhängigkeit und Nichtig=
keit der Dinge: sie sind Gottes Geschöpfe, der Begriff der Substanz
verwandelt sich in den der Creatur. Um beides zugleich zu sagen,
nennt Descartes die Dinge „geschaffene Substanzen", womit der
Widerspruch nicht gelöst, auch nicht verdeckt, sondern offen erklärt
wird. Der Begriff einer geschaffenen Substanz ist contradictio in

adjecto, denn unter Substanz soll nach des Philosophen eigener Erklärung ein Ding verstanden werden, das zu seiner Existenz keines anderen bedarf, während das Wort Creatur ein Wesen bezeichnet, das ohne den Willen Gottes weder sein noch gedacht werden kann. Und nicht blos zu ihrer Existenz sollen die Dinge Gottes Willen und Schöpferkraft bedürfen, sondern auch zu ihrer Fortdauer; weil sie nicht durch sich selbst sind, können sie auch nicht durch eigene Kraft erhalten werden: darum nennt Descartes mit Augustin den Bestand der Welt eine fortdauernde Schöpfung (creatio continua). Die endlichen Substanzen sind demnach nicht blos in einer gewissen Rücksicht abhängig und unselbständig, sie sind es in jeder; es giebt, genau zu reden, nicht mehr drei Substanzen, sondern in Wahrheit nur eine: Gott ist die einzige Substanz. Descartes selbst zieht diese Folgerung, die seinem dualistischen Erkenntnißsystem widerstreitet: „unter Substanz ist nur ein solches Wesen zu verstehen, das zu seiner Existenz keines anderen bedarf; diese Unabhängigkeit kann nur von einem einzigen Wesen gelten, nämlich von Gott, alle anderen Dinge können begreiflicherweise nur unter Gottes Mitwirkung existiren. Es giebt keine Bedeutung des Wortes Substanz, die von Gott und den Creaturen gemeinschaftlich gelten könnte."*)

Hier ist nun der Punkt, in welchem sich jene kritische Hauptfrage entscheidet: ob in der Lehre Descartes' das theologische und das naturalistische System dergestalt vereinigt sind, daß jedes von beiden seine Berechtigung hat? Die Frage muß zunächst verneint werden. Die Substantialität der Dinge (Welt) kann sich gegen die Substantialität Gottes nicht aufrechthalten; in die letztere fällt nicht blos das Uebergewicht, sondern alles Gewicht, und die endlichen Substanzen verlieren der unendlichen gegenüber zuletzt alle Selbständigkeit. An die Stelle der Natur tritt der Begriff der Schöpfung, der fortdauernden Schöpfung, die den Dingen keine Art eigener Selbstständigkeit läßt: daher scheint in der Lehre Descartes' das theologische Element eine solche Alleinherrschaft zu gewinnen, daß hier der Augustinismus über den Naturalismus den Sieg davonträgt.

Doch lassen wir uns durch diesen Schein nicht täuschen. In Wahrheit ist der Gott Augustins dem unseres Philosophen sehr unähnlich. Ein anderer ist der Erkenntnißgrund des augustinischen

---

*) Princ. phil. I. § 51. (Ueb. S. 186.)

Gottes, ein anderer der des cartesianischen: jener erhellt aus der Thatsache der Erlösung, dieser aus der Thatsache der menschlichen Selbstgewißheit. Der Gott Augustins erwählt die einen zur Seligkeit, die andern zur Verdammniß, er erleuchtet die einen und schlägt die anderen mit Blindheit, er erlöst, wen er will, und erbarmt sich, wessen er will; er ist die absolute Machtvollkommenheit und die grundlose Willkür.*) Dagegen gilt in der Lehre Descartes' Gott als die Ursache (Realgrund) unserer Selbstgewißheit, die das Princip der Erkenntniß nach der Richtschnur des klaren und deutlichen Denkens ausmacht; dieses Denken ist das natürliche Licht in uns, welches nie täuscht, die Quelle desselben ist Gott; daher ist diesem Gotte die Täuschung nicht möglich. Wenn eine solche Täuschung stattfinden könnte, so wäre die menschliche Erkenntniß unmöglich und die Grundlage erschüttert, auf welcher die Lehre Descartes' in vollster Sicherheit ruht. Fassen wir diesen Punkt genau ins Auge. Es giebt etwas, das nach der Lehre unseres Philosophen dem göttlichen Willen unmöglich ist und daher die göttliche Willkür in der bedeutsamsten Weise einschränkt: unmöglich ist in Gott, was die Erkenntniß in uns zunichte machen und das natürliche Licht in ein Irrlicht verwandeln würde. Descartes erklärt ausdrücklich: „Die erste Eigenschaft Gottes besteht darin, daß er absolut wahrhaft ist und Geber alles Lichts. Es ist darum unvernünftig, zu meinen, daß er uns täuschen oder im eigentlichen und positiven Sinne die Ursache der Irrthümer sein könne, denen wir, wie die Erfahrung zeigt, unterworfen sind. Täuschen können mag bei uns Menschen etwa als ein Zeichen von Geist gelten, täuschen wollen ist stets eine unzweifelhafte Folge von Bosheit, Furcht oder Schwäche und kann darum nie von Gott gelten."**)

Die menschliche Erkenntniß ist nur möglich, wenn die menschliche Täuschung durch Gott unmöglich ist. Je weniger aber Gott unseren Irrthum will und wollen darf, um so weniger darf er nach gesetzloser Willkür, sondern nur nach der gesetzmäßigen Nothwendigkeit handeln, die eines ist mit seinem Wesen und Willen. Wäre er grundlose Willkür, wie er absolute Allmacht ist, warum sollte er die menschliche Täuschung nach seinem unerforschlichen Rathschluß nicht wollen dürfen, und wie könnten wir sicher sein, daß er sie nie will?

---

*) S. oben Einleitung, Cap. III. S. 48. **) Princ. phil. I. § 29. (Ueb. S. 177.)

Wie vermöchten wir den unbegreiflichen Willen Gottes dergestalt zu erkennen, daß wir mit voller Gewißheit einsehen: eines könne er nie wollen, nämlich unsere Täuschung? Dann sehen wir zugleich ein, was er immer will, nämlich unsere Erkenntniß. Mithin ist uns der göttliche Wille erkennbar, was er nicht sein könnte, wenn er grundlose Willkür wäre; er ist es nicht, denn er kann nicht eben so gut unseren Irrthum wollen als unsere Erkenntniß, er will nur die letztere, sein Wille ist daher nicht indifferent, sondern stets von der deutlichsten Einsicht erleuchtet. Der göttliche Wille ist nicht von dem göttlichen Licht unterschieden; das natürliche Licht, weil untrüglicher Art, ist eines mit dem göttlichen. Worin unterscheidet sich jetzt noch das Wesen Gottes von dem der Natur? In einem seiner bemerkenswerthesten Sätze sagt Descartes: „es ist gewiß, daß in allem, was die Natur uns lehrt, Wahrheit enthalten sein muß. Denn unter Natur im Allgemeinen verstehe ich nichts anderes als entweder Gott selbst oder die von Gott eingerichtete Weltordnung, und unter meiner eigenen Natur im Besonderen verstehe ich nichts anderes als den Inbegriff der mir von Gott verliehenen Kräfte."*)

Wir sehen jetzt, wie es sich mit der alleinigen Substantialität Gottes in der Lehre Descartes' verhält. Je mehr das naturalistische Element gegen das theologische zurücktritt und verschwindet, je mehr die Selbständigkeit der Dinge in der Selbständigkeit Gottes aufgeht: um so mehr kommt in dem theologischen Element selbst das naturalistische wieder zum Vorschein, um so mehr hört der cartesianische Gott auf, ein supranaturales Wesen zu sein, um so mehr naturalisirt sich dieser Gottesbegriff und entfernt sich bis zum äußersten Gegensatz von dem augustinischen. Aus der dualistischen Erklärung: „Gott und Natur" erhebt sich schon die monistische: „Gott oder Natur" (Deus sive natura). Descartes berührt sie, Spinoza bringt sie zur Herrschaft. Während Descartes sich Augustin zu nähern scheint, nähert er sich Spinoza wirklich und geht diesem so weit entgegen, daß er schon die Formel ausspricht, die den Spinozismus in sich trägt; während er nach seinen persönlichen Neigungen sich zu dem Kirchenvater und dem augustinisch gesinnten Theologen hingezogen fühlt und sich der Uebereinstimmung freut, die in seiner Lehre

---

*) Méd. VI. (T. I. pg. 335. Ueb. S. 137.)

mit dem Augustinismus bemerkt worden, bereitet der Geist dieser Lehre eine Richtung vor, die den Naturalismus vollenden und dem theologischen System in der schärfsten Form entgegenstellen wird. Die Geschicke der Philosophie sind mächtiger als die Personen, die ihre Träger und Werkzeuge sind. Descartes ist auf dem Wege, der zu Spinoza führt, während er die kirchliche Glaubenslehre tiefer zu begründen meint und die Doctoren der Sorbonne zu Zeugen nimmt, daß er ein der Kirche wohlthätiges Werk ausgeführt habe. Er ist von den Mächten ergriffen, von denen es heißt: nolentem trahunt! Die Grundrichtung seines Systems, welche die theologische durchdringt und in ihre Gewalt nimmt, ist die naturalistische.

Indessen kommt in der Lehre Descartes' der Begriff Gottes als der alleinigen Substanz noch keineswegs zur Herrschaft. Der Dualismus wehrt sich gegen den Monismus. In der Natur der Dinge bleibt etwas zurück, was ihnen eigenthümlich gehört und ihr unantastbares Grundwesen ausmacht. Gott bewegt die Körper, die von sich aus nur bewegbar sind, denn sie sind blos ausgedehnt. Nun kann die Ausdehnung oder Materie nach Descartes' eigener Erklärung nicht aus dem Immateriellen begriffen werden; da Gott nicht materiell ist, so kann die Materie nicht aus Gott hervorgehen, es widerstreitet daher dem klaren und deutlichen Denken, also auch dem Wesen Gottes, wenn Descartes die Materie als ein Machwerk behandelt. Wir bemerken den charakteristischen Widerspruch, der hier entsteht: der Körper kann Gott gegenüber nicht Substanz sein, die Ausdehnung kann nicht Creatur werden. So wird die Einzigkeit der göttlichen Substanz wiederum in Frage gestellt, denn neben ihr macht sich die Ausdehnung als die von Gott unabhängige Wesenseigenthümlichkeit der Körper geltend. Gott erleuchtet die Geister, in dieser Erleuchtung, dem natürlichen Lichte der Vernunft, können sie nicht irren, sie irren dennoch, der Grund ihres Irrthums kann kein anderes Wesen sein, als sie selbst, als ihr Wille: kraft dieses Willens sind sie eigenmächtige, von Gott unabhängige Wesen.

Gegen die alleinige Geltung der göttlichen Substantialität erheben sich demnach in der Natur der Dinge zwei Mächte, die für sich selbständige Realität beanspruchen: von Seiten der Körper die Ausdehnung, von Seiten der Geister der Wille. Sobald es aber etwas giebt, das von Gott unabhängig oder selbst substantiell ist, kann der Satz, daß Gott die einzige Substanz ist, nicht mehr bejaht

werden. So sehen wir in der Lehre Descartes' eine Reihe unauf=
löslicher und nothwendig entstandener Schwierigkeiten vor uns. Das
dualiftische Erkenntnißsystem streitet mit der Aufgabe der Erkenntniß,
mit der Lösbarkeit dieser Aufgabe; der Dualismus zwischen Gott
und Welt kommt in Widerstreit mit sich selbst, sobald die Substan=
tialität auf einer Seite verneint wird; sie wird auf beiden in Frage
gestellt: die Dinge sollen Creaturen und Gott die einzige Substanz
sein, aber diesem Begriff widerstreitet die Natur der Dinge durch
die Unabhängigkeit sowohl der Ausdehnung als des Willens.

3. Der Dualismus zwischen Geist und Körper.

Wenn der Dualismus zwischen Gott und Welt dem Philosophen
unter der Hand ins Schwanken geräth, so erscheint dagegen der
Zwiespalt in der Natur der Dinge selbst, der Gegensatz zwischen den
Geistern und Körpern in der ausgeprägtesten und sichersten Form.
Aus unserer Selbstgewißheit folgte, daß wir selbständige und be=
wußte Wesen d. h. denkende Substanzen (Geister) sind. Sobald außer
Zweifel gesetzt war, daß Dinge außer uns existiren, mußten diese als
von uns unabhängige, in ihrer Art selbständige Wesen d. h. auch
als Substanzen begriffen werden, die mit der geistigen Natur
nichts gemein haben können, daher der letzteren völlig entgegenge=
setzt oder, was dasselbe heißt, blos ausgedehnte Substanzen (Körper)
sind. So trat der Gegensatz zwischen Geist und Körper in das
volle Licht des klaren und deutlichen Denkens. Nichts Denkendes
ist ausgedehnt, nichts Ausgedehntes ist denkend. Denken und Aus=
dehnung sind, wie sich Descartes gegen Hobbes ausdrückt, „toto
genere" verschieden. Wenn aber nur der Gegensatz oder die Tren=
nung zwischen Geist und Körper klar und deutlich zu denken ist,
so muß die Vereinigung beider im natürlichen Lichte der Vernunft
als undenkbar oder unmöglich erscheinen, und wenn es thatsächlich
eine solche Vereinigung giebt, so streitet dieselbe mit den Grundlagen
des Systems und ihre Erklärung stellt die Lehre Descartes' auf die
schwierigste Probe. Es ist zu untersuchen, ob der Philosoph ohne
Verleugnung seiner Principien diese Probe besteht.

Keine Einwürfe gegen ein Erkenntnißsystem sind stärker als die
unleugbaren Thatsachen der Natur selbst. Die negative Instanz
gegen den ausgemachten Dualismus der geistigen und körperlichen
Natur ist der Mensch, denn er ist beides in Einem. In ihm sind
Geist und Körper verbunden und zwar so eng, daß sie nach Descartes'

eigenem Ausdruck gewissermaßen ein Wesen ausmachen.*) Wo bleibt dieser Thatsache gegenüber jener klar und deutlich erkannte Gegensatz der beiden Substanzen? Der Philosoph erklärt: „in Wahrheit sind Geist und Körper völlig getrennt, es giebt keine Gemeinschaft beider, ich erkenne es im Licht der Vernunft." Die menschliche Natur bezeugt das Gegentheil, denn sie ist eine solche Gemeinschaft. Nach den Begriffen des Dualisten sind die natürlichen Dinge entweder Geister oder Körper. Der Mensch ist der lebendige Gegenbeweis: ein natürliches Wesen, welches beides zugleich ist. Die Stimme seiner Selbstgewißheit ruft ihm zu: „du bist Geist!", die Stimme seiner natürlichen Triebe und Bedürfnisse ruft eben so vernehmbar: „du bist Körper!"

Nachdem die Prinzessin Elisabeth, Descartes' gelehrigste Schülerin, die Meditationen studirt hatte, war ihre erste Frage, die sie schriftlich beantwortet wünschte: wie verhält es sich mit der Vereinigung von Seele und Körper? Descartes erwiederte, daß keine Frage berechtigter sei, aber die Antwort, die er gab, war keine genügende Erklärung. Er löste das Problem nicht, sondern veränderte es nur und ließ es stehen. Klar und deutlich erkenne man blos den Gegensatz von Seele und Körper, nicht deren Vereinigung; daß die Wesenseigenthümlichkeit des Geistes im Denken und Wollen, die der Körper in der Ausdehnung und deren Modificationen bestehe, sei ein Object der deutlichsten Einsicht, wogegen die Vereinigung beider und ihre wechselseitige Einwirkung auf einander nur sinnlich wahrgenommen werde. „Der menschliche Geist ist nicht fähig, den Wesensunterschied zwischen Seele und Körper und zugleich ihre Vereinigung deutlich zu begreifen, denn er müßte beide als ein einziges Wesen und zugleich als zwei verschiedene auffassen, und das widerspricht sich."**) Dieser eingestandene Widerspruch bedeutet, daß die Auflösung des anthropologischen Problems mit dem Dualismus der Principien streitet.

Es ist kein Zweifel, daß die vollständige Natur des Menschen in einer Vereinigung von Geist und Körper besteht, daß daher keine der beiden Substanzen, verglichen mit der menschlichen Natur, den Charakter der Vollständigkeit hat. Die verschiedenen Beziehungen, in welchen Geist und Körper betrachtet sein wollen, sind genau auseinander zu halten, um zu prüfen, ob die dualistischen Principien

---

*) Méd. VI. (T. I. pg. 336. Ueb. S. 138.) **) Vgl. die beiden ersten Briefe an Elisabeth aus dem Frühjahr 1643 (T. IX. pg. 123—135). S. o. Buch I. Cp. IV. S. 194.

standhalten. Geist und Körper sind endliche Substanzen, einander entgegengesetzte Wesen, und Bestandtheile der menschlichen Natur: sie sind endlich im Unterschiede von Gott, entgegengesetzt in Rücksicht auf einander, Bestandtheile, die sich gegenseitig ergänzen, im Hinblick auf den Menschen. In jeder dieser drei Beziehungen modificirt sich der Charakter ihrer Substantialität.

In der ersten Beziehung sind Geist und Körper, wie schon gezeigt wurde, eigentlich nicht Substanzen, sondern Creaturen (substantiae creatae); sind sie aber überhaupt keine Substanzen, so können sie auch nicht als entgegengesetzte gelten: hier scheitert ihr Dualismus am Gottesbegriff, der die Selbständigkeit der Dinge aufhebt oder ungültig macht. In der zweiten Beziehung sind sie vollständige Substanzen (substantiae completae), denn sie sind einander entgegengesetzt und schließen sich gegenseitig aus. Aber die gegenseitige Ausschließung ist auch Wechselseitigkeit, also eine Art Gemeinschaft. Wenn zwei Wesen sich so zu einander verhalten, daß jedes als das Gegentheil des anderen begriffen werden muß, so kann keines ohne das andere begriffen werden. Beide sind durch den Charakter der Entgegensetzung, der ihre Wesenseigenthümlichkeit ausmacht, an einander gebunden. Das Wesen des Körpers besteht in der bloßen Ausdehnung, weil es im völligen Gegentheil des Denkens bestehen muß. So scheitert der Dualismus zwischen Geist und Körper an dem Begriff der Substanz selbst, der jedes Verhältniß der Substanzen, also auch den Gegensatz ausschließt. In der dritten Beziehung, d. h. in Rücksicht auf die menschliche Natur, sind Geist und Körper unvollständige Substanzen (substantiae incompletae), jede bedarf der anderen zu ihrer Ergänzung und ist, für sich genommen, so wenig ein Ganzes, als etwa die Hand der ganze menschliche Körper. Descartes selbst braucht diesen Vergleich. Wenn die Substanz nach des Philosophen eigener und oft wiederholter Erklärung ein Wesen sein soll, das zu seiner Existenz keines anderen bedarf, so ist ein unvollständiges, ergänzungsbedürftiges Wesen keine Substanz. Hier scheitert die Substantialität der geistigen und körperlichen Natur und damit ihr Dualismus an dem Begriff und der Thatsache des Menschen. Der Widerspruch ist so augenscheinlich, daß ihn der Philosoph selbst einräumt.

Mit der Lehre Descartes', daß Geister und Körper selbständige und von einander völlig getrennte Wesen sind, streitet demnach das

System selbst, indem es die creatürliche Abhängigkeit beider von Gott, ihre nothwendige Entgegensetzung in der Welt und ihre Vereinigung im Menschen behauptet. Wir müssen näher sehen, wie bei diesem Widerstreit der Begriffe das anthropologische Problem zu lösen gesucht wird.

Der Mensch ist ein Wesen, welches aus zwei Naturen besteht. Wie löst sich dieses Räthsel? So stellt sich die anthropologische Frage unter dem Gesichtspunkt der cartesianischen Lehre. Man kann, schrieb der Philosoph seiner Schülerin, nicht beides zugleich erkennen und behaupten. Wenn man das eine bejaht, muß man das andere verneinen. Und es finden sich Stellen, wo dieser grundsätzliche Dualist, in unwillkürlicher Anerkennung der Individualität unseres Wesens, die Einheit der menschlichen Natur dergestalt bejaht, daß er die Verbindung von Seele und Körper im Menschen als substantielle Einheit (unio substantialis) bezeichnet, und die Zweiheit der Naturen dergestalt verneint, daß er die Grundeigenschaft der einen auf die andere überträgt, einmal die Seele ausgedehnt, ein anderesmal den menschlichen Körper untheilbar sein läßt und auf diese Weise den Gegensatz der Attribute auslöscht.*)

Indessen bleibt die dualistische Grundlehre der leitende Gesichtspunkt, unter welchem die Vereinigung von Seele und Körper im Menschen so erklärt sein will, daß die Zweiheit der Naturen keinen Eintrag leidet. Sie bilden nicht in Wahrheit, sondern nur „gewissermaßen" ein Wesen. Ohne Beziehung auf den Menschen sind sie keineswegs unvollständig, da ist jede sich selbst genug und keine bedarf der anderen, aber die menschliche Natur ist erst vollständig, wenn sie beide in sich vereinigt, daher gilt nur in dieser Rücksicht, wie Descartes in seiner Erwiederung auf die vierten Einwürfe hervorhebt, die Bezeichnung unvollständiger Substanzen. Was die Natur von Grund aus getrennt hat, bleibt getrennt auch in der Verbindung. Die grundverschiedenen Substanzen können daher nicht eigentlich vereinigt, sondern nur zusammengesetzt werden, ihre Vereinigung ist nicht die Einheit der Natur, sondern der Zusammenfügung, nicht „unitas naturae", sondern „unitas compositionis". Der Mensch ist ein Compositum aus Geist und Körper: in dieser Fassung gilt zugleich der Gegensatz und die Vereinigung der Substanzen und nur

---

*) Les passions I. Art. 30.

unter diesem Gesichtspunkt kann in der Lehre Descartes' die anthropologische Frage gestellt werden. Das dualistische System hat keinen anderen.*)

Nun entsteht die Frage: ob diese anthropologischen Grundsätze mit den metaphysischen wirklich übereinstimmen, ob Seele und Körper als die Bestandtheile eines zusammengesetzten Wesens noch jene grundverschiedenen Substanzen bleiben, die sie nach der dualistischen Principienlehre sind? Jedes zusammengesetzte Wesen ist theilbar und, da nur die Ausdehnung getheilt werden kann, nothwendigerweise ausgedehnt, also körperlich oder materiell; dasselbe gilt von jedem seiner Theile. Die Theile, welche durch äußere Zusammenfügung ein Ganzes ausmachen, behalten ihre Selbständigkeit gegen einander und bleiben Substanzen, aber nur solche Substanzen lassen sich componiren, die gleichartig, ausgedehnt, körperlich sind. Zwischen dem Ausgedehnten und Nichtausgedehnten, dem Materiellen und Immateriellen, der körperlichen und unkörperlichen Substanz ist keinerlei Zusammensetzung möglich. Ist der Mensch ein Compositum aus Seele und Körper, so ist es um die Grundverschiedenheit der Substanzen geschehen. Die Seele muß den Körper, mit dem sie die engste Verbindung eingeht, berühren; der Punkt, wo sie ihn berührt oder mit ihm zusammenhängt, muß räumlich, örtlich, körperlich sein, jetzt localisirt sich die Seele und wird in dieser Hinsicht selbst räumlich. Es ist nicht einzusehen, in welcher Hinsicht sie noch unräumlich oder immateriell bleibt. Die Ausdehnung ist zudringlich; wenn ihr die Seele, bildlich zu reden, den kleinen Finger giebt, so nimmt sie die ganze Hand; wenn die denkende Substanz erst irgendwo sitzt, so ist ihre Unabhängigkeit und Verschiedenheit von der körperlichen verloren, nicht blos in einer Rücksicht, sondern in jeder. Wird die Seele localisirt, so wird sie eben dadurch auch materialisirt und mechanisirt. Zu diesen Folgerungen ist Descartes nothwendig gedrängt, und wir haben gesehen, wie er sie in der Schrift von den Leidenschaften ausführt. Er läßt die Seele in der Mitte des Gehirns, im Conarion ihren Sitz haben, wo sie die Bewegung der Lebensgeister sowohl empfängt als verursacht; hier bewegt sie den Körper und wird von diesem bewegt. Sonst gilt der cartesianische Satz, daß nur die Körper bewegbar sind und, abgesehen von der ersten bewegenden Ursache, nur von Körpern

---

*) Méd. VI. (T. I. pg. 338. Ueb. S. 139.)

bewegt werden. Nach diesem Satz zu urtheilen, muß die (bewegbare und den Körper bewegende) Seele selbst körperlich sein; sie ist ein materielles Ding geworden, wie sehr auch versichert wird, sie sei die denkende, vom Körper grundverschiedene Substanz. Jene Zweiheit der Naturen, die der Dualismus behauptet, und die in der Zusammensetzung erhalten bleiben sollte, ist gerade durch diese vollständig aufgehoben; der mechanische Einfluß und Zusammenhang, der nur zwischen Körpern stattfinden soll, gilt jetzt zwischen Seele und Körper. Die Zusammensetzung der beiden Substanzen kann, wie die Prinzessin Elisabeth treffend bemerkte, ohne die Ausdehnung und Materialität der Seele nicht gedacht werden. Die cartesianische Anthropologie widerstreitet nicht blos den dualistischen Principien der Metaphysik, auch den mechanischen der Naturphilosophie. Daß die Größe der Bewegung in der Welt constant bleibt, daß Action und Reaction, Wirkung und Gegenwirkung einander gleich sind: diese fundamentalen Sätze der Bewegungslehre hören auf zu gelten, sobald in den Körpern Bewegungen durch immaterielle Ursachen hervorgebracht werden.

Wie auch die Vereinigung der beiden Substanzen in der menschlichen Natur gedacht wird, ob als Einheit oder als Zusammensetzung: in jeder Fassung widerstreitet sie dem grundsätzlichen Dualismus und hat das Gegentheil desselben zur nothwendigen Folge.

4. Der Dualismus zwischen Mensch und Thier.

Die Vereinigung der beiden Substanzen gilt nur von der menschlichen Natur, nur in dieser Rücksicht wollte Descartes sie unvollständige Wesen genannt wissen, wie sie nur in Beziehung auf Gott geschaffene, also eigentlich keine Substanzen waren. Im Uebrigen behält der Dualismus seine volle ungeschwächte Bedeutung. Unter allen endlichen Wesen ist der Mensch das einzige, das aus Seele und Körper besteht, unter allen lebendigen Körpern ist er der einzige beseelte. Alle übrigen Dinge sind (soweit unsere Kenntniß reicht) entweder Geister oder Körper, alle übrigen Körper sind seelenlos, mechanisch geordnete und bewegte Massen, bloße Maschinen, auch die Thiere. Hier ist der Wesensunterschied zwischen Mensch und Thier, der aus dem grundsätzlichen Dualismus der Lehre Descartes' nothwendig folgt und keineswegs einen paradoxen Einfall des Philosophen ausmacht. Seele ist Geist, das Kennzeichen des letzteren ist seine

Selbstgewißheit, diese bildet den einzigen Erkenntnißgrund unseres geistigen Daseins; wo das Selbstbewußtsein fehlt, fehlt Geist und Seele: daher sind die Thiere seelenlos, denn sie haben kein Selbstbewußtsein, während der Mensch kraft seiner Selbstgewißheit geistiger Natur ist. Der Gegensatz zwischen Mensch und Thier verhält sich demnach zu dem zwischen Geist und Körper, wie der besondere Fall zum allgemeinen, oder wie die Folge zum Grund. Und der Satz, daß die Thiere Automaten sind, folgt aus dem Wesensunterschied zwischen Mensch und Thier.

Es ist zu untersuchen, ob hier die Folgesätze mit den Grundsätzen übereinstimmen, ob jener Dualismus besonderer Art in der Lehre Descartes' sich ebenso aufrechthalten läßt, als er nothwendig gefordert wurde, und wie der Philosoph sich mit den Thatsachen abfindet, die von Seiten sowohl der menschlichen als thierischen Natur mit seiner Lehre streiten. Wir sind an der schon früher angedeuteten Stelle, wo auf diese kritische Frage näher einzugehen ist.*) Der Kern derselben liegt in der Erklärung derjenigen Lebenserscheinungen, welche der Mensch mit dem Thiere gemein hat, wie die Empfindungen und Triebe. Wenn Descartes die Leidenschaften, weil sie Gemüthsbewegungen sind, den Thieren abspricht, so kann er doch nicht leugnen, daß sie Empfindungen haben. Wie sind diese zu erklären? Sind sie geistig oder körperlich, psychisch oder mechanisch, Arten des Denkens oder der Bewegung? In der Beantwortung dieser Frage geräth Descartes in eine Reihe unvermeidlicher Widersprüche.

1. Alle wahre Erkenntniß besteht nach der Regel der Gewißheit im klaren und deutlichen Denken. Wäre unser Denken nur klar und deutlich, so gäbe es keinen Irrthum, der Wille verschuldet den Irrthum, indem er falsche Urtheile bejaht; diese letzteren entstehen, wenn wir unsere sinnlichen Vorstellungen (Sensationen) für Eigenschaften der Dinge halten. Die Empfindungen machen den Irrthum nicht, aber ohne sie wäre kein Stoff da, woraus der Wille ihn machen könnte; besteht der Irrthum im falschen Urtheil, so bestehen die Empfindungen in sinnlichen Vorstellungen und diese bilden die Materie des Urtheils. Vorstellungen sind nur im Geist, sie sind Arten des Denkens: demnach sind die Empfindungen psychisch. Unter den verschiedenen Ideen, die wir haben, finden sich auch die Vor-

---

*) S. oben Buch II. Cap. IX. S. 364—65.

stellungen der Körper, Descartes läßt zunächst noch dahingestellt, ob wir selbst oder Dinge außer uns diese Ideen bewirken, aber er läßt nicht dahingestellt, daß unsere Sensationen Vorstellungen sind: er bezieht demnach die Empfindungen blos auf den Geist.*)

2. Unwillkürlich beziehen wir unsere Empfindungen auf Körper außer uns als ihre Ursache. Wenn es solche Körper nicht gäbe, so würde unsere Vorstellung der Sinnenwelt eine natürliche, also im letzten Grunde durch Gott selbst gewollte Täuschung sein, was nach Descartes unmöglich ist. Daher sind unsere sinnlichen Vorstellungen auch körperlich verursacht, d. h. sie sind zugleich körperliche Bewegungen und Eindrücke und können nur in einem solchen Geiste stattfinden, der mit einem Körper auf das Engste verbunden ist. Jetzt bezieht Descartes die Empfindungen nicht blos auf den Geist, sondern auf den Menschen, als ein aus Geist und Körper zusammengesetztes Wesen.**)

3. Der Antheil, den der Körper an den Empfindungen fordert, wird immer größer und zuletzt so groß, daß der Geist den seinigen verliert und die Empfindungen in das völlige Eigenthum des Körpers übergehen. Da sie der Mensch mit dem Thiere gemein hat, so sind sie auch thierische Vorgänge und als solche blos mechanisch, nur Eindrücke und Bewegungen, ohne Vorstellung und Perception. Damit hört die Empfindung auf zu sein, was sie ist. Aus dem Satz, daß die Thiere blos Maschinen sind, folgte der Satz, daß sie keine Empfindungen haben, womit die Cartesianer in allem Ernste die Vivisectionen rechtfertigen wollten. Sobald man die Empfindungen als Phänomene des thierisch=menschlichen Lebens betrachtet, können sie nur auf den Körper allein bezogen werden. Wir bemerken, daß die Lehre Descartes' in Betreff der Empfindungen schwankt und vermöge ihrer dualistischen und anthropologischen Grundsätze nach drei verschiedenen Richtungen getrieben wird. Die ersten Meditationen behandeln die Empfindungen und Sinneswahrnehmungen als psychische Thatsachen und beziehen sie blos auf den Geist, die letzte nimmt sie als anthropologische und bezieht sie auf die Zusammensetzung von Geist und Körper, die Schrift von den Leidenschaften läßt nur diese als leiblich=psychische Vorgänge gelten und bezieht die Empfindungen und Triebe blos auf den Körper.***) Daraus ergiebt sich die zweifache

---

*) Méd. III. (T. I. pg. 277—79. Ueb. S. 100—101.) — **) Méd. VI. (T. I. pg. 336—40. Ueb. S. 138—140.) — ***) Les passions I. Art. XXIII—XXIV.

Antinomie: 1) Thesis: die Empfindungen sind als unklare Vorstellungen Modificationen des Denkens, also psychisch; Antithesis: die Empfindungen sind als sinnliche Vorstellungen nicht blos psychisch, sondern zugleich körperlich. 2) Thesis: die Empfindungen (als menschliche Vorgänge) sind nicht blos körperlich; Antithesis: die Empfindungen (als thierische Vorgänge) sind blos körperlich und mechanisch.

4. Wenn die Empfindung nur mechanisch ist, so kann von Perception und Gefühl keine Rede sein, es giebt dann überhaupt keine; was von der thierischen gilt, muß auch von der menschlichen gelten, denn der lebendige Körper ist in beiden Fällen blos Maschine, daher unempfindlich, und zwar in jedem seiner Theile, also auch im Gehirn. Wenn es aber überhaupt keine Empfindungen, das Wort richtig verstanden, giebt, so sind auch keine sinnlichen Vorstellungen, keine unklaren Gedanken, keine Irrthümer möglich. So kommt die Lehre Descartes' in die unvermeidliche und charakteristische Lage: daß sie die Thatsache der Empfindungen sowohl bejahen als verneinen muß und zugleich keines von beiden vermag; der Versuch, sie zu erklären, verstrickt sich daher in das Netz der Antinomie wie des Dilemmas. Wird die Empfindung bejaht, so muß sie auch im Thiere bejaht werden, so kann dieses nicht mehr für seelenlos gelten, so fällt der Wesensunterschied zwischen Mensch und Thier, zwischen Geist und Körper. Wird die Empfindung verneint, so muß auch die sinnliche Vorstellung, das unklare Denken, der menschliche Irrthum, der Zustand unserer intellectuellen Unvollkommenheit, also unsere Selbsttäuschung, unser Zweifel, unsere Selbstgewißheit verneint werden. Es ist daher eben so unmöglich, die Empfindung zu bejahen als zu verneinen. Kurz gesagt: unter dem Standpunkt der Lehre Descartes' ist die Thatsache der Empfindung unerklärt und unerklärlich.

III. Neue Probleme und deren Lösung.

1. Occasionalismus.

Diese Widersprüche, die wir in der Lehre Descartes' entdeckt und nachgewiesen haben, sind Aufgaben, welche gelöst sein wollen und den entwicklungsgeschichtlichen Fortgang des Systems bedingen. Zunächst entfernt sich die Fortbildung nicht von den dualistischen Grundsätzen, sondern folgt deren Richtschnur und bestimmt demgemäß die Consequenzen. Wenn Geist und Körper von Natur einander entgegengesetzt sind, so ist eine natürliche Vereinigung beider, wie sie im Menschen stattfindet, nicht zu begreifen: es ist daher folgerichtig, daß dieselbe für unbegreiflich erklärt wird. Thatsächlich findet sie statt. Da sie aus natürlichen Ursachen unmöglich ist, so ist sie eine Wirkung übernatürlicher und kann nur durch die göttliche Causalität hervorgebracht werden. Zwei Thatsachen beurkunden, daß Seele und Körper im Menschen vereinigt sind: die Thatsache unseres geistig-körperlichen Lebens und die unserer Anschauung und Erkenntniß der Körperwelt. In beiden Fällen muß den dualistischen Grundsätzen gemäß erklärt werden: daß die Vereinigung weder durch den Geist noch durch den Körper noch durch beide zusammen, sondern nur durch Gott möglich sei. Nicht die Seele bewegt kraft ihres Willens den Körper, noch erzeugt dieser durch seinen Eindruck die Vorstellung, sondern Gott macht, daß auf unsere Absicht die entsprechende Bewegung in unseren Organen und auf unsere Sinneseindrücke die entsprechende Vorstellung in unserem Geiste erfolgt. Unser Wille und seine Absicht ist nicht die Ursache, sondern nur die Veranlassung, bei welcher kraft göttlicher Wirksamkeit die ausführende Bewegung in unseren körperlichen Organen geschieht; dasselbe gilt von unseren Sinneseindrücken in Betreff der Ideen: die Veranlassung ist nicht erzeugende, sondern gelegentliche Ursache (causa occasionalis), die bewirkende Ursache (causa efficiens) ist in beiden Fällen Gott allein. Dieser Standpunkt des Occasionalismus, den Geulinx auf das anthropologische Problem anwendet, ist die nächste consequente Fortentwicklung der cartesianischen Lehre. Gelten die dualistischen Grundsätze, so ist die Vereinigung der beiden Substanzen, die in unserer Anschauung und Erkenntniß der Körperwelt stattfindet, ebenfalls unbegreiflich. Sind Geist und Körper, Denken und Ausdehnung völlig getrennt, wie kommt die Idee der Ausdehnung in unseren Geist? Diese Idee kann nur in Gott sein, daher ist unsere Erkenntniß der Körper oder unsere Anschauung der Dinge nur in Gott möglich. Zu dieser Erklärung gelangt Malebranche in folgerichtiger Entwicklung der Grundsätze Descartes', die er bejaht und festhält.

Das Problem des Menschen und der menschlichen Erkenntniß wird durch den Occasionalismus nicht gelöst, vielmehr wird jeder Schein einer natürlichen Erklärung vermieden und die Unmöglichkeit der rationalen Lösung behauptet. So lange der Gegensatz der beiden

Substanzen grundsätzlich gilt, sind die anthropologischen Fragen unlösbar, und das Verdienst wie der Fortschritt der Occasionalisten besteht eben darin, diese Lage des anthropologischen Problems verdeutlicht zu haben.

2. Spinozismus.

Aber die rationale Lösung bleibt durch die Lehre Descartes' gefordert, denn diese stellt die Aufgabe einer durchgängigen Erkenntniß der Dinge. Die Vereinigung von Seele und Körper will daher im Lichte der Vernunft betrachtet und als eine nothwendige Wirkung natürlicher Ursachen begriffen werden. Da nun der grundsätzliche Dualismus der cartesianischen Lehre eine solche Erklärung unmöglich macht, so ist jeder weitere Fortschritt durch eine Umbildung der Principien bedingt, die zunächst theilweise stattfindet. Aufgehoben wird der Gegensatz der Substanzen, anerkannt bleibt der der Attribute. Sind Denken und Ausdehnung die Attribute entgegengesetzter Substanzen, so ist die Vereinigung von Geist und Körper unbegreiflich und gleich einem Wunder. Daher müssen jene beiden Grundbeschaffenheiten der Dinge als die entgegengesetzten Attribute (nicht verschiedener, sondern) einer Substanz gefaßt werden: diese eine Substanz ist die einzige und göttliche, Geister und Körper sind nicht selbständige Wesen, sondern Modi oder Wirkungen Gottes, der als die ewige und innere Ursache aller Dinge gleich ist der Natur. Jetzt steht der Satz: „Deus sive natura" in voller Geltung. Da die eine göttliche Substanz die entgegengesetzten Attribute des Denkens und der Ausdehnung in sich begreift, so wirken die beiden Kräfte eben so unabhängig jede von der anderen als nothwendig vereinigt, so sind alle Dinge Wirkungen sowohl des Denkens als der Ausdehnung, d. h. sie sind zugleich Geister und Körper. Diese werden nicht vereinigt, sie sind es von Ewigkeit her; sie verbinden sich nicht erst im Menschen, sondern in jedem Dinge, denn von jeder natürlichen Wirkung muß gelten, was von dem Wesen der Natur und ihrer Wirksamkeit selbst gilt: sie ist denkend und ausgedehnt. Als Wirkungen derselben Natur sind alle Dinge beseelte Körper, also wesensgleich und nur nach dem Maße ihrer Kraft verschieden. Damit ist der Dualismus der Substanzen, der bei Descartes gegolten hatte, aufgehoben: nämlich der Wesensunterschied zwischen Gott und Welt, Geist und Körper, Mensch und Thier. An die Stelle des dualistischen Systems ist das monistische getreten, womit sich die naturalistische Richtung vollendet und zur alleinigen Geltung erhebt. Diesen Standpunkt entwickelt Spinoza, indem er den Grundgedanken der Lehre Descartes' folgerichtig ausbildet und ihm gemäß die Principien umgestaltet. Dieser Grundgedanke lag in der Forderung einer stetig fortschreitenden, die Natur und den Zusammenhang aller Dinge erleuchtenden Methode des Denkens und in dem Satz: daß es in Wahrheit nur eine einzige Substanz giebt. Die Alleinheit der Substanz und der Gegensatz ihrer Attribute bildet den Grundbegriff der Lehre Spinozas.

3. Monadologie.

Noch gilt der Gegensatz der Attribute: der Dualismus zwischen Denken und Ausdehnung. Daher ist die Umbildung der cartesianischen Lehre durch Spinoza erst eine theilweise. Trotz ihres monistischen Charakters bleiben die Grundlagen des Spinozismus noch zum Theil in dem dualistischen System des Meisters befangen und sind daher von dem letzteren noch abhängig. Der nächste entwicklungsgeschichtliche Fortschritt der Philosophie muß auch den Gegensatz der Attribute verneinen und die Principien, die Descartes begründet hatte, gänzlich umbilden, ohne die Erkenntnißaufgabe selbst zu ändern.

Wenn es in Wahrheit nur eine einzige Substanz giebt, wie schon Descartes erklärt hatte und Spinoza feststellt, so sind alle übrigen Dinge nur Modificationen derselben, also durchaus abhängiger Natur, so ist kein einzelnes und endliches Ding ein selbständiges Wesen, auch nicht die Geister, auch nicht der menschliche Geist. Mithin ist die Selbstgewißheit des letzteren hinfällig und unmöglich, denn sie war der Ausdruck und Erkenntnißgrund seiner Substantialität. Ohne Selbständigkeit auch keine Selbstgewißheit, ohne diese überhaupt keine Gewißheit und keine Möglichkeit der Erkenntniß. Hier ist der Punkt, in welchem die Lehre Descartes' unerschütterlich feststeht. An der Macht dieses Princips scheitert das monistische System, und es muß daher, um die Philosophie weiter zu führen, zunächst zu dem Anfange der cartesianischen Lehre zurückgekehrt und ein solcher Fortschritt gesucht werden, der das dualistische System vermeidet und von Grund aus überwindet. Eben darin besteht die gänzliche Umbildung oder Reform der Philosophie. Der Begriff der Substanz muß so gefaßt werden, daß sich die Selbstgewißheit des menschlichen Geistes damit verträgt, daß die Selbständigkeit der Einzelwesen dadurch nicht aufgehoben, sondern vielmehr begründet wird. Daher gilt die Substantialität der Einzelwesen: es giebt nicht eine einzige Substanz, sondern unendlich viele. Wenn diese einander wieder entgegengesetzt sein und in die beiden Arten der Geister und Körper zerfallen sollen, so haben wir den alten Cartesianismus wieder gewonnen und müssen von hier aus den Weg durch den Occasionalismus zur monistischen Lehre Spinozas zum zweiten male machen. Daher ist der Begriff der Substanz dergestalt zu reformiren, daß der Gegensatz von Denken und Ausdehnung, dieser Rest des dualistischen Systems, aufgelöst wird. Dieser Gegensatz ist unauflöslich, so lange Geist und Selbstgewißheit, Denken (Vorstellen) und selbstbewußte Thätigkeit für identisch gelten und die Möglichkeit unbewußter Geistesthätigkeit oder bewußtloser Vorstellungen nicht einleuchtet. Giebt es dunkle Vorstellungen oder bewußtloses Seelenleben, so ist das Gebiet und Wesen des Geistes nicht mehr auf das Selbstbewußtsein eingeschränkt, so sind die Körper, weil sie bewußtlos sind, darum nicht auch seelenlos, so verkleinert sich der Gegensatz zwischen Geist und Körper (Mensch und Thier) und löst sich auf in graduelle Differenzen, in Abstufungen der vorstellenden Kraft, in Entwicklungsstufen lebendiger und beseelter Wesen, deren jedes eine selbstthätige, durch den Grad seiner Kraft bestimmte Natur oder Individualität ausmacht. Der Begriff der Substanz verwandelt sich in den des individuellen Kraftwesens oder der Monade, die Welt erscheint als ein Stufenreich solcher Monaden, als ein Entwicklungssystem, demjenigen ähnlich, welches einst Aristoteles gelehrt hatte. Das neue Erkenntnißsystem hat den Dualismus zwischen Denken und Ausdehnung, Geist und Körper aufgelöst und damit zugleich den Gegensatz zwischen Descartes und Aristoteles, zwischen der neuen und alten Philosophie geebnet: es reformirt die erste dergestalt, daß es die zweite wiederherstellt. Diesen Standpunkt begründet Leibniz in seiner Monadenlehre, welche die Metaphysik des achtzehnten Jahrhunderts, insbesondere die deutsche Philosophie und Aufklärung beherrscht.

Descartes, Spinoza und Leibniz sind die drei größten Metaphysiker der neuen Zeit vor Kant. Man kann sich die Bedeutung derselben klar machen, unabhängig von der gelehrten Erforschung ihrer Werke. Es giebt gewisse Grundwahrheiten, die jedem Nachdenkenden aus der Betrachtung des eigenen Geistes wie der Natur der

Dinge unwidersprechlich einleuchten. Kein Gegensatz in der Welt ist größer als der zwischen den selbstbewußten und bewußtlosen Wesen, dieser Gegensatz besteht, gleichviel zunächst, ob vermittelt oder nicht; wenn wir die dunkle Welt der Körper und die erleuchtete des Bewußtseins vergleichen, so tritt uns eine Kluft entgegen. Eben so einleuchtend als dieser Gegensatz ist die Nothwendigkeit eines durchgängigen, naturgemäßen und stetigen Zusammenhangs, worin jedes Ding aus Ursachen hervorgeht, die selbst wieder nothwendige Folgen sind. Die natürliche Zusammengehörigkeit der Dinge fordert einen solchen unzerreißbaren Zusammenhang oder Causalnexus. Wir müssen beide Grundwahrheiten bejahen und vereinigen: darin besteht die dritte. Der Gegensatz in der Natur der Dinge ist vermittelt durch den Zusammenhang, d. h. die Kette der Dinge bildet eine Entwicklung, die von der untersten Tiefe der bewußtlosen Wesen von Stufe zu Stufe emporsteigt zu den bewußten, von der natürlichen Welt zur sittlichen, von der Natur zur Cultur, von den niederen Culturstufen der Menschheit zu den höheren. Die drei Grundwahrheiten sind demnach die des Gegensatzes, des Causalzusammenhangs und der Entwicklung in der Natur der Dinge: die erste bewegt und erfüllt das dualistische System Descartes', die zweite das monistische Spinozas, die dritte das harmonistische (evolutionistische) unseres Leibniz.

4. Sensualismus.

Wir haben den Weg bezeichnet, auf dem in folgerichtiger Entwicklung der Principien Descartes' durch die abhängigen Standpunkt der Schule hindurch fortgeschritten wird zu einer Umbildung des metaphysischen Systems. Wenden wir uns jetzt zu der entgegengesetzten Richtung des Empirismus, um sie mit Descartes zu vergleichen und die Wege zu sehen, die in gerader Linie von ihm zu den Gegnern führen. So orientiren wir uns über die Lage seines Systems nach den verschiedenen Weltgegenden der neuen Philosophie.

Der entgegengesetzte Standpunkt des Sensualismus läßt sich von der Lehre Descartes' aus gleichsam mit einem Schritt erreichen. Wenn nämlich das Wesen des Geistes in der Selbstgewißheit besteht, so muß, was im Geiste ist, sich auch im Bewußtsein darstellen, die ursprünglichen oder angeborenen Ideen müssen daher in jedem Bewußtsein stets gegenwärtig sein. Da sie es thatsächlich nicht sind, so folgt, daß es keine angeborenen Ideen giebt, daß daher dem Geiste nichts angeboren, derselbe vielmehr von Natur leer ist, gleich einer „tabula rasa", und alle seine Ideen blos durch die (äußere und innere) Wahrnehmung empfängt. Auf diese Weise wollte Locke in seinem „Versuch über den menschlichen Verstand" Descartes widerlegen und den Sensualismus begründen. Aus dem letzteren entspringen zwei einander völlig widerstreitende Richtungen: Idealismus und Materialismus. Vergleichen wir beide mit unserem Philosophen.

5. Materialismus und Idealismus.

Nichts darf nach Descartes für wahr gelten, als das zweifellos Gewisse; unsere Selbstgewißheit war Grund und Vorbild aller Erkenntniß. Nun sind wir blos unserer Vorstellungen oder Ideen unmittelbar gewiß, daher sind diese unsere alleinigen Erkenntnißobjecte, die einzig sicheren; es giebt außer uns oder unabhängig von dem vorstellenden Geiste nichts Reales, keine Materie als ein vom Geiste unabhängiges Ding, alle Objecte sind nur vorgestellt, daher keine Substanzen, keine selbständigen für sich bestehenden Wesen, sondern Phänomene. Substantiell sind nur die wahrnehmenden oder vorstellenden Wesen, es giebt daher nur Geister und Ideen: dieser Satz ist das Grundthema, welches Berkeley in seinem Idealismus ausführt; wir begegnen diesem Standpunkt, wenn wir die durch den cartesianischen Satz der Selbstgewißheit gewiesene Richtung in gerader Linie verfolgen.

Um den Dualismus der denkenden und ausgedehnten Substanz aufrecht zu halten, faßte Descartes die Vereinigung beider im Menschen als eine Zusammensetzung von Geist und Körper, woraus die Oertlichkeit und Materialität der Seele unvermeidlich folgte. Hier öffnet sich in seiner Lehre eine breite Gasse für den Materialismus. Wenn die Seele im Gehirn sitzt, so haben die Materialisten leicht zu schließen: die Seele ist das Gehirn, denken ist empfinden, empfinden ist Gehirnart, nichts weiter als eine Bewegung der Gehirnmolecüle; nicht blos das Thier, auch der Mensch ist Maschine, er ist es ohne Rest. Wir sehen einen Weg vor uns, der in gerader Linie von Descartes zu La Mettrie führt, von dem „cogito ergo sum" zu dem „l'homme machine", von dem französischen Metaphysiker des siebzehnten zu dem französischen Materialismus des achtzehnten Jahrhunderts, der zwar von dem englischen Sensualismus herkam, aber in der cartesianischen Anthropologie einen Stützpunkt fand, den sich auch La Mettrie nicht entgehen ließ. Was vom Menschen gilt, wird ausgedehnt auf das Weltall. Das Universum ist Maschine: diesen Satz machte das système de la nature zu seinem Thema.

6. Kriticismus.

Indessen haben wir schon gesehen, wie gebrechlich in der cartesianischen Lehre selbst jene Stütze ist, die sich dem Materialismus bietet; es ist keine Frage, daß von dem Princip der Selbstgewißheit, auf dem das System unseres Philosophen ruht, der folgerichtige Weg nicht zum Materialismus, sondern zum Idealismus führt. Die wirkliche und wahrhaft objective Welt kann keine andere sein als die vorgestellte. Nur müssen wir genau unterscheiden, ob unsere Vorstellungen willkürliche Producte oder nothwendige Handlungen der Intelligenz sind. Descartes hatte schon in seiner ersten Meditation erklärt, daß es Elementarvorstellungen gebe, die allen übrigen zu Grunde liegen, und ohne welche keinerlei Vorstellung der Dinge möglich sei; er hatte hauptsächlich zwei solcher Grundbegriffe angeführt: Raum und Zeit. In der weiteren Erwägung erschien die Zeit als ein bloßer modus cogitandi, als ein Gattungsbegriff, den unser Denken macht und irrthümlich für eine Beschaffenheit der Dinge selbst ansieht. Unter den verschiedenen Ideen, die wir in uns finden, gab es, abgesehen von der Gottesidee, nur eine, die Descartes verificirte: die Idee der Dinge außer uns oder der Körper, deren Attribut in der Ausdehnung oder im Raume besteht. Der Raum macht das Wesen der Körper aus, die unabhängig von der Intelligenz als Dinge an sich existiren. Von unseren Grundvorstellungen ist (abgesehen von der Gottesidee) der Raum die einzige, die das Wesen einer vom Denken unabhängigen Substanz ausdrückt. Wäre der Raum blos unsere Vorstellung, so müßte dasselbe von der Materie und der gesammten Körperwelt gelten, wir würden dann der äußeren Dinge eben so unmittelbar gewiß sein, als unseres eigenen Daseins. Descartes bejaht die Realität des Raumes, weil er die Körper als Dinge an sich betrachtet, als die äußeren Ursachen unserer sinnlichen Vorstellungen, so wie wir selbst nach dem natürlichen Instinct der Vernunft sie zu nehmen genöthigt sind: es wäre ein Werk göttlicher Täuschung, wenn es sich anders verhielte. Die Urspünglichkeit der Raumvorstellung hat Descartes bejaht; der einzige Grund, warum er die Idealität derselben verneint, ist die Wahrhaftigkeit Gottes. Derselbe Grund hätte ihn nöthigen sollen, auch die sinnlichen Qualitäten als Eigenschaften der Körper an sich gelten zu lassen, doch hat er diese Einsicht für die ärgste Selbsttäuschung erklärt und wiederholt eingeschärft: um klar und deutlich zu erkennen, was die Körper an sich sind, müsse man von der Vorstellung derselben unsere Denk- und Empfindungsweisen abziehen. Wenn wir von unserer Vorstellung der Dinge gewisse Vorstellungen abziehen, so ist nicht einzusehen, wie etwas übrig bleiben soll, was von allem Denken grundverschieden ist. Nach Descartes bleibt nichts übrig als der Raum oder die Ausdehnung. Daher muß der Raum als diejenige Vorstellung gelten, deren wir uns nicht entäußern oder die wir von unserem Vorstellen nicht abziehen können: d. h. als die nothwendige Handlung unserer Intelligenz. Sind Denken und Ausdehnung einander völlig entgegengesetzt, wie Descartes wollte, so kann es in unserem Denken auch keine Idee der Ausdehnung geben, wie Malebranche aus jenem Dualismus richtig geschlossen hat. Giebt es in uns die Idee der Ausdehnung, die Grundvorstellung des Raums, wie Descartes nachdrücklich behauptet, so sind Denken und Ausdehnung einander nicht entgegengesetzt, sondern die Ausdehnung oder der Raum gehört in die Natur des Denkens, in die Verfassung unserer Vernunft, er und die Körperwelt in ihm sind dann unsere bloße Vorstellung. Jetzt heißt die Frage nicht mehr: "wie vereinigen sich Geist und Körper als entgegengesetzte Substanzen?" sondern: "wie kommt der Geist zur Raumvorstellung oder wie vereinigen sich Denken und (äußere) Anschauung?" Genau auf diese Frage hat Kant das psychologische Problem der Lehre Descartes' zurückgeführt, nachdem er bewiesen hatte, daß der Raum nichts an sich, sondern unsere bloße Vorstellung sei, die nothwendige Anschauung unserer Vernunft. Diese Wahrheit entdeckte Kant durch seine kritische Untersuchung, die das natürliche Licht der Sinne und des Denkens prüft, keineswegs die Untrüglichkeit desselben voraussetzt. Hier ist der Wendepunkt, in welchem nicht blos das Princip der Philosophie, sondern die Aufgabe selbst umgestaltet und vor allem nach der Möglichkeit und den Bedingungen des Erkennens gefragt wird, bevor man ausmacht, ob das Wesen der Dinge erkennbar ist und worin es besteht. Als Descartes sich auf die Wahrhaftigkeit Gottes und der Natur berief, um davon die Untrüglichkeit unserer Intelligenz abhängig zu machen, jenes Licht der

Vernunft, worin die Körper als Dinge an sich erscheinen, begründete er die dogmatische Philosophie.

Doch ist auch die Aufgabe der kritischen in ihm angelegt und in seiner ersten methobologischen Schrift so ausgesprochen, daß Kant sich diese Fassung wörtlich hätte aneignen können: „Das wichtigste aller Probleme ist die Einsicht in die Natur und Grenzen der menschlichen Erkenntniß. Diese Frage muß einmal in seinem Leben jeder geprüft haben, der nur die geringste Liebe zur Wahrheit hat, denn ihre Untersuchung begreift die ganze Methode und gleichsam das wahre Organon der Erkenntniß in sich. Nichts scheint mir ungereimter, als keck ins Blaue hinein über die Geheimnisse der Natur, die Einflüsse der Gestirne und die verborgenen Dinge der Zukunft zu streiten, ohne ein einziges mal untersucht zu haben, ob der menschliche Geist so weit reicht."

Wir schließen mit dieser Aussicht auf Kant, wozu uns die Lehre Descartes' in der angeführten Stelle einen so günstigen und scheinbar nahen Standpunkt bietet.

www.ingramcontent.com/pod-product-compliance
Lightning Source LLC
Chambersburg PA
CBHW051202300426
44116CB00006B/412